Theodor Wolff

Die Wilhelminische Epoche

Theodor Wolff

Die Wilhelminische Epoche

Fürst Bülow am Fenster
und andere Begegnungen

Herausgegeben und eingeleitet
von Bernd Sösemann

athenäum

Erweiterter Neudruck des 1936 im Allert de Lange Verlag, Amsterdam, erschienenen Buchs »Der Marsch durch zwei Jahrzehnte«. Der Neudruck erfolgt mit freundlicher Genehmigung von Rudolf Wolff.

CIP-Titelaufnahme der Deutschen Bibliothek

Wolff, Theodor:
Die Wilhelminische Epoche: Fürst Bülow am Fenster und andere Begegnungen / Theodor Wolff. Hrsg. u. eingel. von Bernd Sösemann. – Frankfurt am Main: Athenäum, 1989
    ISBN 3-610-08522-3

© 1989 Athenäum Verlag, Frankfurt am Main
Umschlaggestaltung: Karl Gerstner, Basel
Umschlagbild: Theodor Wolff und Fürst Bülow (aus dem Nachlaß)
Satz: Computersatz Bonn GmbH, Bonn
Druck und Bindung: Clausen & Bosse, Leck
Printed in West Germany
ISBN 3-610-08522-3

INHALT

Vorwort   VII

EINLEITUNG

Biographie und Selbstdarstellung   VIII
Zur Entstehung, Wirkung und Bedeutung
des Werkes   XXXV

DIE WILHELMINISCHE EPOCHE

Vorbemerkung: *Zur Niederschrift und zum Exil*   3
Fürst Bülow am Fenster   11
Der Gegner: *Graf Monts*   48
Der Briefschreiber: *Fürst Bülow*   103
Das tragische Haus: *Bethmann Hollweg,
Michaelis, Hertling, Max von Baden*   128
Die Revolution des Schlemihl – *Die revolutio-
nären Ereignisse des Winters 1918/19 in
Deutschland*   165
Ludendorff bei Nacht   206
Der Jude Ballin   218
Der romantische Ritter: *Graf Brockdorff-
Rantzau*   259
Das Exil und Sokrates: *Otto Braun*   323
Schlußbemerkung   344

ANHANG

Editorische Notiz   355
Historischer Kommentar und ergänzende
Materialien   356

Schriftenverzeichnis von Theodor Wolff 405
Literaturhinweise 411
Personenregister 422

VORWORT

Flucht und Exil erschwerten oder verhinderten das Erscheinen der letzten Erinnerungsbücher von Theodor Wolff. Bereits Anfang der dreißiger Jahre hatte der damalige Chefredakteur des »Berliner Tageblatts« eine Fortsetzung seiner beiden Werke »Das Vorspiel« (1925) und »Der Krieg des Pontius Pilatus« – 1934 in der Schweiz publiziert – geplant. Doch erst 1936 veröffentlichte der Verlag Allert de Lange in Amsterdam Wolffs Manuskript »Der Marsch durch zwei Jahrzehnte«. Ein weiteres, unvollendet gebliebenes Manuskript, »Die Juden«, der erste Teil einer Trilogie, erschien postum im »Jüdischen Verlag« bei Athenäum; weitere Texte unterschiedlicher Bearbeitungsstufen verwahrt das Bundesarchiv in Koblenz.

Nach dem Zweiten Weltkrieg würdigten die Historiker den »Marsch durch zwei Jahrzehnte« als eine Sammlung ergiebiger Aufzeichnungen aus der Feder eines großen Publizisten. Die historische Bedeutung der Jahre von der Jahrhundertwende bis zu der Konstituierung der Weimarer Republik, die gelungene literarische Gestaltung der persönlichen Erinnerungen, das Niveau politischer Reflexionen und nicht zuletzt der hohe Preis der von Antiquaren nur gelegentlich annoncierten Exemplare rechtfertigen eine Neuausgabe dieses Werkes.

Rudolf Wolff, dem hochbetagt in Paris lebenden Sohn und Freund, gilt der herzliche Dank für seine Bereitschaft, den »Marsch durch zwei Jahrzehnte« in einer neu gestalteten, erheblich erweiterten Auflage unter einem neuen Titel veröffentlichen zu lassen. Ein Personenregister erschließt zum ersten Mal den Wolffschen Text. Es berücksichtigt auch die in der Einleitung und für die Erläuterungen herangezogenen Nachlaßmaterialien, Zeitungsartikel und Korrespondenzen. Für die gründlich und kenntnisreich durchgeführten Arbeiten am Register und für ihre Mithilfe bei der Drucklegung danke ich Gunda Behrens.

Berlin, 3. Dezember 1987   *Bernd Sösemann*

EINLEITUNG

Biographie und Selbstdarstellung

Aus nahezu allen Büchern[1] Theodor Wolffs (1868−1943) erfährt der Leser Aufschlußreiches zur Vita des Autors: sei es
aus den Reisefeuilletons, den Korrespondentenberichten aus
Frankreich, den Leitartikeln der Kriegs- und Friedensjahre in
Deutschland, den Tagebüchern oder aus den in mehreren
Bänden vorliegenden historisch-politischen Aufzeichnungen
über die ersten Jahrzehnte unseres Jahrhunderts. Als entschiedener Kritiker der Wilhelminischen Epoche, der verzö-
gerten Parlamentarisierung während des Ersten Weltkriegs
und des Versailler Vertrags begründete er seinen Ruf als einer
der kenntnisreichsten Journalisten im Umfeld der Fortschrittlichen. Als wohlinformierter Chefredakteur der größten liberalen Tageszeitung Berlins und als engagierter Mitbegründer
der »Deutschen Demokratischen Partei« hat Wolff über
Deutschlands Grenzen hinaus aufmerksame Beachtung gefunden. Reichskanzler suchten seinen Rat, Minister zogen
ihn zu diplomatischen Missionen heran, Staatssekretäre und
Parteiführer bemühten sich darum, seine journalistische Unterstützung zu finden und sie sich zu erhalten.

Im Schatten des langjährigen Publizisten und kurzzeitig
agierenden Politikers steht bis heute − eine entsprechend
konzipierte Werkausgabe gibt es noch nicht − der künstle-
risch interessierte und auch selbst literarisch tätige Theodor
Wolff. Das Theaterpublikum in Berlin und Wien sah es vor
1914 anders; es applaudierte den wiederholt aufgeführten
Schauspielen »Die stille Insel«, »Niemand weiß es« und »Die
Königin«. Die Öffentlichkeit verfolgte Wolffs hartnäckige
Bemühungen um Organisation und Programmgestaltung der
»Freien Bühne« mit Aufmerksamkeit. Das geistige Deutsch-
land ließ sich von seiner Leidenschaft für die skandinavische
Literatur und Malerei anstecken. In dem Roman »Nils Lyh-
ne« von Jens Peter Jacobsen schrieb Wolff unter Verzicht auf
jegliches Honorar für den anfangs skeptischen, dann ob des
Erfolgs begeisterten Verleger Philipp Reclam jun. ein glühen-

des Vorwort, »ein erstes Hallelujah, das dem Einzug des fremden Dichters vorausklang«.

Im privaten Nachlaß Theodor Wolffs finden sich wegen der Emigration – sie führte den jüdischen Publizisten 1933 über Österreich zuerst in die Schweiz, dann nach Südfrankreich – zumeist nur Fragmente seines Wirkens: seine wertvollen Tagebücher, einige autobiographische Aufzeichnungen und Korrespondenzen.[2] Nur ein Bruchteil des Materials ist bekannt; etliches davon ist unter verschiedenen Gesichtspunkten interessant. Hier soll deshalb die Gelegenheit genutzt werden, Wolff ausführlich selbst zu Wort kommen zu lassen.[3] Die schönste bis zu den Großeltern reichende Retrospektive stammt aus dem Jahr 1940. Diese Aufzeichnungen werden im Nachlaß unter dem Titel »La Terrasse, in der Gascogne« aufbewahrt. Wolff konnte sie ebensowenig publizieren wie z. B. seine Manuskripte »Die Juden«, »Notes sur l'Histoire de la Presse« oder »Das Grabmal des Unbekannten Soldaten«. Dem Ich-Erzähler hat Wolff mit »Herrn Mathias« eine Art Eckermann an die Seite gestellt:

»Ich beginne diese Niederschrift in der vollen Ungewißheit, wie lange es möglich sein wird, sie fortzusetzen, und welche Abgründe sich auf ihrem Weg öffnen werden und wo sie hinführen, wo sie enden wird. Natürlich ist diese Schriftstellerei im gegenwärtigen Augenblick sinnlos, und man muß alle beneiden, deren Arbeit einem Zweck dient, auch den armen Teufel, der die Chaussee ausbessert, und den Lastträger, der etwas leistet, wenn er auf seinem Rücken die Kiste zum Transportwagen schafft. Warum legt man dennoch, in dieser Situation, das weiße Papier vor sich hin und strengt sich an, es mit Worten zu füllen, über deren Nichtigkeit man sich nicht täuscht? Zwingt man sich zu einer Disziplin, wie sie dem Gefangenen auferlegt wird, der unablässig Tüten drehen muß, oder wie der Klosterabt sie dem Mönch vorschreibt, der tausend Bibelverse auswendig zu lernen hat, damit seine Phantasie sich nicht in die Sünde verirrt? Geschieht es so, um die Gedanken festzubinden, sich durch eine strenge geistige Hygiene vor dem Versinken in dunkle Stimmungen zu bewahren, und ist dieses Blatt Papier eine Schutzwand, mit der man sich die andrängende Unruhe fernzuhalten glaubt? Oder folgt man der mechanischen Notwendigkeit, dem Gesetz der

Tätigkeit, dem Gesetz des Lebens, dem Instinkt der Ameise, die noch unter dem Fuß des Schicksals zu ihrem gewohnten Weg zurückfinden will?

Aber vielleicht ist es noch kläglicher, jetzt ein literarisches Handwerk ausüben zu müssen, dessen Ergebnisse nicht im Schubkasten liegen bleiben und pflichtgemäß, auf Bestellung oder in Folge kontraktlicher Bindung, Worte zu produzieren, die den Zeitungsleser erreichen sollen. Nichtssagende, mit Anstrengung großgereckte Worte, das in der Routine abgenutzte Kraftpathos, hinter dem sich vergeblich die Angst zu verbergen sucht. Der geistvollste französische Literat vermag seinem zerpreßten Gehirn keinen Gedanken zu entlocken, ohne sein Mittun schnurrt die Spieldose ihre Melodie noch weiter, auf die niemand mehr achtet, und das reichste, vornehmste künstlerische Talent ist in diesen Stunden beinahe ebenso arm wie der am geringsten geschätzte Handlanger in der Redaktion eines Winkeljournals. [...]

Ich verfasse kein Epos, nicht einmal ein unheldisches, und obwohl ich eine entfernte Verwandtschaft mit den Erzvätern nicht bestreiten möchte, brauche ich mich um die Jahrtausende, die längst vom Sande der Wüste bedeckt sind, nicht zu kümmern, aber bedauerlicherweise stelle ich bereits beim Aufräumen in Jahrzehnten die Dinge nicht immer auf den richtigen Platz. Es ist sehr einfach für den ersten Abschnitt des Lebens, man hat es auf Amtspapier: ›geboren am 2. August 1868 in Berlin‹, die Kinderjahre liegen ohnehin in einem anmutigen Halbdunkel − auch über die Ereignisse der sogenannten höheren Mannesjahre läßt sich das richtige Datum setzen, aber vor dem Erscheinen der ersten grauen Haare liegt eine Jünglingsperiode, in deren Jahrgängen ich mich leicht, wie in den Gängen eines Labyrinths, verirre, weil das Gedächtnis mir nicht seinen Ariadnefaden reicht.

Herr Mathias und ich hocken im Grase auf dem hohen Ufer über dem See, dessen schwärzliche Decke die erträumten Karpfen verbergen soll. Jetzt, in den ersten Augusttagen, sind in ungeheurer Menge die Schmetterlinge aus den Puppen herausgeschlüpft, und die Luft ist hier plötzlich so voll von ihnen, als habe ein Riese seinen gewaltigen Sack geöffnet und sie in die Freiheit hinausgeschickt. Gewichtlos, sich auf den Sonnenstrahlen wiegend, schweben und segeln sie über der

Erde, lichtblaue, blutrote, schwarzbetupfte weiße, weißge-
streifte schwarze, gelbe, silbergraue, vielfarbige, herrlich geschmückt von dem erfindungsreichsten, phantasievollsten
und geschmackvollsten Bekleidungskünstler, der Natur. Admirale, Zitronenfalter, Schwalbenschwänze, Weißlinge, Pfau-
enaugen, das »Rote Ordensband«, mindestens einige Hundert von den hunderttausend festgestellten Varietäten, und
alle so erlebensfroh, im Genuß des hellen Tages, so schnell
von einem Blumenkelch zum anderen Blumenkelch wech-
selnd, so rastlos das Licht und die Süßigkeit auskostend, als
wäre ihnen die Kurzfristigkeit des Glückes bewußt. ›Waren
Ihre Eltern‹, fragt Herr Mathias, ›schon in Berlin geboren,
oder waren sie erst hingezogen wie die meisten Berliner —
denn sehr viele richtige Berliner hat es doch früher nicht gegeben, fast alle kamen aus der Provinz?‹ — Sehr wahr, erst
nach 1870 rief man begeistert, und in komischer Prahlerei:
Berlin wird Weltstadt — dabei gab es damals erst 800 000
Einwohner, aber die Leute strömten dann von überall herbei,
und zehn Jahre später, so um 1880, erreichte man die erste
Million. Seither hat sich die Million schnell vervierfacht oder
verfünffacht, die Zahl der heute dort residierenden Seelen
kenne ich nicht genau.

Mein Vater[4] war als junger Mann aus Schlesien gekommen, aus der Gegend von Grünberg, wo der sauerste Wein
wächst und wo mein Großvater, der solche wenig respektier-
ten Weinberge besaß, eine offenbar einträgliche Schnapsfa-
brikation betrieb. Die Firma, die mein Vater in Berlin gründete, verkaufte ›en gros‹ die geblühmten Kattune, die damals
bei den Berlinerinnen sehr beliebt waren, offenbar ein Nach-
klang der Mode aus der sogenannten Biedermeierzeit. Er war
mittelgroß, schlank, hatte volles kastanienbraunes Haar und
einen kleinen Backenbart wie unter Wilhelm I. die meisten
Bürger — die österreichischen Franz-Joseph-Backenbärte waren länger —, und er trug immer schwarze Anzüge, einen
sorgfältig gebügelten Zylinderhut und duldete, bis zu seiner
Krankheit sehr penibel und korrekt auch in seinem Äußeren,
kein Stäubchen auf seinem Rock. Noch weniger gab es auf
seiner Rechtschaffenheit auch nur den kleinsten Staubfleck,
alles mußte bis auf den letzten Pfennig stimmen, seine schöne, klare und kräftige Handschrift war der graphische Aus-

druck dieser kaufmännischen Solidität. Solange seine Gesundheit es ihm erlaubte, pflegte er am Nachmittag eine Stunde in seinem Club zu verbringen, aber er war nur Zuschauer am Spieltisch, er selber rührte keine Karte an. Sein religiöses Empfinden hielt sich nicht an rituelle Vorschriften, aber an den höchsten Feiertagen nahm er in der Synagoge seinen gemieteten Sitz ein, und er fastete am Versöhnungstag. Eine seiner Schwestern war in Grätz mit einem Arzt, dem Doktor Mosse, verheiratet, und aus dieser Ehe stammten dreizehn oder vierzehn Kinder, die es fast alle zu Reichtum und großem Ansehen gebracht haben − unter ihnen Rudolf Mosse[5], der Verleger, und Albert[6], der Geheime Justizrat, hoher Richter und Reformator japanischer Gesetze − und die rechtzeitig, in glücklicher Unkenntnis der kommenden Dinge, gestorben sind. Wir dagegen waren nur vier Geschwister, zwei Mädchen und zwei Jungen. Meine eine Schwester[7] wohnt jetzt mit ihrer Tochter, von dem deutschen Bombenhagel beängstigt, in London, die andere[8] in einer deutschen Stadt, unter den Bombenwürfen der englischen Flieger, mein Bruder[9], der fröhliche Zeichner, ist in Paris gerade vor dem Einzug der Sieger aus dem bedrohlichen Leben geschieden, er hat noch die Tür zur letzten Flucht erreicht, und ich für meinen Teil treibe nach dem Schiffbruch auf einer gebrechlichen Planke durch das aufgewühlte Meer.

Als mein Vater an einem quälenden Nervenleiden erkrankte und sich aus dem Geschäft zurückzog, besaß er zwar nicht blendende Reichtümer, aber er war mit einem durch Fleiß und Sparsamkeit erworbenen Vermögen ein wohlhabender Mann. In dem großen Aktienkrach, der auf die Gründerperiode, auf den neuberlinischen Bauschwindel folgte, verlor er einen zu vertrauensvoll angelegten Teil seines Geldes, und es machte mir einen tiefen Eindruck, daß ich ihn bei dem Empfang der Unglücksnachricht weinen sah. Nachträglich hat es mir in anderer Weise Eindruck gemacht, daß er trotz alledem den Abgeordneten Lasker[10] liebte und bewunderte, der den Gründungsschwindel enthüllt hatte und so der Urheber des Aktiensturzes und unserer Verluste war. Die Sympathie für einen berühmten Glaubensgenossen − denn Eduard Lasker, der rücksichtslos der Börsenspekulation die Köpfe abschlug, war Jude − mag mitgewirkt haben, aber der noch stärkere

Antrieb kam von einem klaren und festen Redlichkeitssinn. Vergeblich suchte mein Vater in allen Badeorten Heilung von seinem Leiden, und auch all die vielen Ärzte, die Konsultationen, hatten keinen Erfolg. Er starb, 73 Jahre alt, zermürbt von dieser Krankheit, deren Bisse und Stiche ihn bisweilen zwangen, laut aufzuschreien. Als ich am Tage vor seinem Ende seine abgemagerte Hand in der meinen hielt, waren seine letzten Worte: ›Ich würde gern noch bei euch bleiben, aber die Schmerzen sind zu furchtbar, ihr müßt mir verzeihen‹, und dann folgten die Stunden stoßhaften Röchelns, des Erlöschens und des Hinabsinkens in den Tod. An seinem Sarge sprach ein alter, gelehrter Freund sehr schön von Pflichttreue und von bürgerlichem Heldentum.

Wenn ich von meinem Vater ein Pflichtgefühl geerbt habe, das freilich erst nach den Schuljahren erwachte, so ist sehr wahrscheinlich von meiner Mutter[11] mancherlei anderes auf mich übergegangen. Sie war die Tochter eines hervorragenden Arztes in Danzig, der als wissenschaftliche Kapazität und als Mensch von außerordentlicher Verehrung und Liebe umgeben war. Ich habe ihn nicht mehr gekannt, aber in seinem ›Stammbuch‹ − damals schrieben sich in solche Stammbücher die Herzen poetisch oder in Prosa ein − sah ich, daß viele große Mediziner und zahlreiche demokratische und liberale Politiker der Generation von 1848 ihn als Freund und Gesinnungsgenossen grüßten, unter anderen der tapfere Ostpreuße Johann Jacoby[12], der an Friedrich Wilhelm IV. die berühmten sträflichen Worte gerichtet hatte: ›Es ist das Unglück der Könige, daß sie die Wahrheit nicht hören wollen.‹ In dem Haus meiner Großeltern, einem der hübschen, schmalen Patrizierhäuser am Langen Markt, gegenüber dem Artushof, befand sich als Sehenswürdigkeit eine Zimmerdecke, die angeblich Schinkel entworfen haben sollte − das Haus ist, wenn ich nicht irre, am Jahrhundertende verkauft worden, und selbstverständlich hängt jetzt aus den Fenstern die Fahne mit dem Hakenkreuz. Es gibt in Deutschland eine große Anzahl Städte mit so geschlossener Eigenart der Bevölkerung, daß eine Exklusivität, eine Nichtvermischung mit anderen Elementen durchaus begreiflich erscheint. Wer früher in Danzig gewesen ist, weiß, daß der Charakter und der Reiz dieser merkwürdigen alten Stadt − nicht nur der äußerliche pittoreske Reiz, sondern auch der kulturelle und geistige — gerade in der Mischung von Westpreußen, Polen und Juden lagen, daß die Vielheit eine Harmonie war und daß die nationalsozialistische schematisierende ›Pädagogik‹ eine saftreiche, originale Pesönlichkeit in eine der gleichförmigen Dutzenderscheinungen verwandelt hat.

Wenn man von seiner Mutter sagt, daß sie eine wundervolle Frau war, so ist das nur eine abgedroschene Gebetsformel an Gräbern, denn ist nicht im Gedächtnis ihrer Kinder fast jede Mutter die beste und jede wundervoll? Hohle Schaupuppen, Amüsierweiber, die keine Häuslichkeit kennen, natürlich ausgenommen. Ich rühme unsere Mutter nicht mit den Worten aus dem Lexikon der Liebe, das arm und durch den Gebrauch schäbig geworden ist. Es gibt Schätze, die man entwertet findet, wenn man sie zeigt. Alles läßt mich annehmen, daß meine Mutter als Mädchen in Danzig mit jungen Menschen verkehrte, die wie sie selbst ein reges Interesse für Poesie hatten, und genau weiß ich, daß sie mit dem Dichter Johannes Trojan[13] befreundet war, der in Deutschland sehr populär wurde und die Frauen und den Wein besang. Als ich etwa 17 Jahre alt war und Journalist werden wollte, bat sie diesen Jugendfreund, dessen Dichterbart inzwischen ergraut war, um Rat, worauf er, vermutlich durch persönliche Erfahrungen etwas verbittert, grimmig vor einem Beruf warnte, der ›ein Nest von Nattern und Schlangen‹ sei. Sie selber verfaßte, noch im Alter, mit unbestreitbarer Formbegabung, bisweilen ein hübsches Gedicht, aber nur, wenn ihr Gefühl, ein Gedanke oder ein Eindruck sie dazu bewog, und sie tat es so im stillen, so verborgen hinter ihrer Hausarbeit, daß niemand etwas von diesen literarischen Momenten erfuhr. Sie war durchaus keine ›geistreiche‹ Frau, sie paradierte nicht in der Konversation, sie hatte für die Beurteilung der Dinge und Menschen nur die Wärme ihres Herzens und den geraden, helläugigen Verstand. Ihre Ehe, niemals durch ernste Uneinigkeit getrübt, war nicht unter den Blütenzweigen der Jugendromantik geschlossen, eine feine, nur für sie vernehmbare Melodie stellte sich manchmal ein, durch ihre Seele zog ein erinnernder Ton, der aus den Jugendträumen herüberklang und, von der gesunden Natürlichkeit ihres Wesens bezwungen, wieder verklang.

XIV

Das Glück, das sie in der Liebe für Kinder und Enkel fand, erfüllte sie mehr als die Phantasien der Goldharfe, und was war die blaue Blume der Romantik, verglichen mit der Hyazinthe, die man ihr brachte und die sie so rührend bescheiden und dankbar bewunderte und so sorgsam pflegte, daß im nächsten Frühjahr das neue Blühen erstand? Wenn unser ältester Junge[14], der Sonnenschein ihres Alters, damals noch ein kleiner und unaufmerksamer Schüler der untersten Klassen, aus der Schule kam, blickte sie ihm schon aus dem Fenster ihres Salonerkers wartend entgegen, er warf, bei ihr angelangt, die Büchermappe verächtlich von sich, nach der zärtlichen Umarmung half er ihr in der Wirtschaft, und ihr gutes altes Großmuttergesicht war verklärt und verjüngt. Als sie, im November 1922, auf dem Sterbebett lag, saß er neben ihr, streichelte sie, flüsterte ihr seinen kindlichen Trost zu, und solange ihre Augen noch suchen konnten, suchten sie, wie ehemals am Erkerfenster, die geliebte Gestalt. Sie hatte ein schweres und langes Sterben, das Herz, das bisweilen seine Schwächekrisen gehabt hatte, wehrte sich nun zu kräftig gegen den Tod. Sie war 84 Jahre alt geworden, sie hatte Kriege und Revolution erlebt, ich empfand, daß mit ihr unendlich viel Schönheit aus meiner Welt verschwand, und bald begann ja, was ihr erspart geblieben war, nicht nur für eine engere Welt die Zeit der großen Verfinsterung.

Die Stätte meiner Geburt war die elterliche Wohnung in einem Hause am Dönhoffplatz, neben dem Schnittpunkt der Leipziger Straße, an der Ecke, wo dann, nach der Niederlegung der ganzen Gebäudereihe, das Warenhaus errichtet wurde, das jetzt nicht mehr nach dem jüdischen Besitzer Tietz[15] heißen darf. Diese Stadtgegend, in der es heute fast nur Geschäftshäuser gibt, war damals ein gutes Wohnviertel, wenige Schritte von dem Platz lag in der Leipziger Straße das vornehme ›Hôtel de Russie‹, noch ein paar Schritte weiter das Konzerthaus Bilse, in das die Kükenmütter ihre Töchter und Söhne führten, um bei Musik, Kaffee und Kuchen die zur Verlobung reifen Herzen einander näher zu bringen. Meine Eltern bewirteten an ihrem Eßtisch die vielen tüchtigen Neffen[16], die nacheinander aus Grätz eintrafen, während ich noch im Säuglingsbett meine Milch erhielt. Nach dem Kriege von 1870 folgte man dem allgemeinen Zug nach We-

sten, wir wohnten nun an dem schöneren Platz der Matthäi-
kirche, in einem Eckgebäude mit großen runden Erkern, an
der Einmündung der Margaretenstraße, unser Nachfolger in
diesen Räumen war der Schriftsteller Julius Rodenberg[17],
eine der vielen literarischen Berühmtheiten, die heute in
Deutschland vergessen sind. Aus dieser Zeit stammen die ersten, vereinzelt hervorlugenden Veilchen meiner Erinnerung.
Zum Beispiel weiß ich, daß in dem Eckhaus uns gegenüber,
in dem später der kunstverständige Julius Elias[18] die skandi-
navischen Dichter Ibsen, Björnson und die anderen Großen
und die Meister der Malerei zusammenlud, der Polizeidirek-
tor Stieber[19] lebte, Bismarcks geriebener Oberspion, wie
mein Vater erzählte, mit zwei blonden Töchtern, die ich gern,
lieber als den gefürchteten Oberspion, hinter ihren Blumen-
töpfen sah. Dann kaufte mein Vater ein Haus in der Potsdamer Straße, etwas jenseits der Potsdamer Brücke, und wir
richteten uns dort ein. Dort verbrachte ich meine Kinderzeit
und die Jahre, in denen man den Stimmwechsel hinter sich
hat, sich zu rasieren beginnt, den Mädchen nachläuft und
den von idealistischen Poeten veredelten Namen ›Jüngling‹
erwirbt.

Die Potsdamer Straße ist heute eine entsetzliche Verkehrs-
straße, durchzogen von den rasselnden Wagen der Tram-
bahn, charakterlos gebaut, ohne eine Spur von Poesie und
Geschmack. Früher war der Fahrdamm eingerahmt von
prachtvollen alten Bäumen, deren einander fast berührende
Kronen ein Dach über ihm bildeten, und jedes Haus hatte
einen hübschen Vorgarten, aber als die elektrischen Bahnen
die ›Pferdebahn‹ ersetzten, was natürlich als ein großer Fortschritt der Zivilisation begrüßt wurde, hieb man, um den
Damm zu verbreitern, die ehrwürdigen Bäume nieder, die
Vorgärten mit ihren Blumenbeeten wurden ausgetilgt und
überall, um Geschäftsläden schaffen zu können, die halbwegs
anständigen Fassaden zerstört. Vor dieser vandalischen Ver-
hunzung war man jenseits der Kanalbrücke — sie war noch
eine hölzerne Brücke, die aufgezogen wurde, wenn die breiten Obstkähne durchgelassen werden mußten — eigentlich in
einer Villenstadt, gewissermaßen außerhalb Berlins. Die Bekannten meines Vaters schüttelten die Köpfe und fanden den
Kauf eines Hauses in so verlorener Gegend unverständlich,

sogar ein bißchen verrückt. Uns gegenüber gab es nur große Cafégärten, den des Cafés Milentz, an der Brücke das ›Karlsbad‹, wo wir Kinder im Winter Schlittschuh liefen, und das ›Schlößchen‹, wo in jedem Jahr einmal auf der Rasenfläche die humpelnden und mit Orden geschmückten Veteranen von 1866 und 1870 gespeist wurden und aus den Feenhänden majestätisch huldvoller Damen, auf deren Busen patriotische Schleifen wogten, kleine Tabakpäckchen empfingen. Wer nur das moderne Berlin gesehen hat, das alle Vororte, ehemaligen Außenbezirke, Dörfer und ein ganzes Land in sich aufgenommen, nivelliert, lückenlos an sich herangeklebt und zu einer steinernen Häßlichkeit verschmolzen hat, kann sich die Zeit nicht vorstellen, in der man durch die Potsdamer Straße Ausflüge nach einem Ort machte, der Schöneberg hieß und Tanzlokale hatte, die fast so berühmt waren wie der ›Schwof‹ bei Kreideweis in dem gleichfalls noch idyllischen Tempelhof. Er kann sich nicht vorstellen, daß man am Sonntag vom Brandenburger Tor, zusammengepökelt mit anderen Vergnügungssüchtigen oder allein, stolz, heimlich an die Kosten denkend, in einem ›Torwagen‹ zur ›Flora‹, einem Konzertgarten mit Palmenhaus, nach Charlottenburg fuhr.

In dem Königlichen Wilhelmsgymnasium, in das ich nach Erreichung des sechsten Lebensjahres zur Verbüßung meiner Schulzeit gebracht wurde, zeichnete ich mich durch einen besonderen Mangel an Interesse und an Aufmerksamkeit aus. Das Schulgebäude befand sich auf einem großen Terrain, zu dem von der Bellevuestraße ein Tor und eine hohle Gasse hinführten, und lange, nachdem es seine ursprüngliche Bestimmung verloren hatte, wurde es unter der nationalsozialistischen Herrschaft Sitz des sogenannten Volksgerichtes, das die Gegner des Regimes mit Hinrichtung durch das Beil bestraft. Man kann nicht sagen, daß diese jetzige Verwendung der Räumlichkeit absolut gegen den überlieferten Geist des Ortes verstößt. Meine dort erworbenen Erfahrungen sind später meinen beiden Söhnen[20] zugute gekommen, denn obwohl die von ihnen besuchte Schule sich aufs Günstigste von jener königlichen Anstalt unterschied, hielt mich die Erinnerung davon ab, ihre Versäumnisse anders als mit kameradschaftlichem Verständnis anzusehen.

Der Direktor des Wilhelmsgymnasiums war ein schon sehr

bejahrter Pädagoge mit einem bartlosen, grauen und bigotten Künstlergesicht. Er hatte mehrere Prinzen unterrichtet, und es war allgemein bekannt, daß er jedesmal Tränen loyaler Rührung vergoß, wenn er in der Aula am Geburtstag des allerhöchsten Herrn oder am Sedantage von ›unserem geliebten Kaiser‹ sprach. Meinem Vater, der ihn aufsuchte, als ich eine besonders schlechte Zensur nach Hause gebracht hatte, riet er, mich in eine Handelsschule zu schicken, worin sich ebenso die Würde des klassischen Philologen äußerte wie ein nicht überhörbares antisemitisches Nebengeräusch. Die meisten Lehrer waren in langer, redlicher Dienstzeit so trocken und ein bißchen schimmelig geworden, wie abgelagerte Backpflaumen, sie schienen nur den Wunsch zu haben, das Pensum des Semesters, immer das gleiche, pünktlich zu erledigen, nicht einmal eine stille Trinkerfreude, ganz abgesehen von anderen Passionen, traute man ihnen zu. Sie machten dem Schüler den ohnehin schon schwer erträglichen bellum gallicum nicht schmackhafter, und Schillers Balladen – in denen ich den herrlichen vollen Klang und den Rhythmus der Dramenverse nie wiedergefunden habe – paukten sie uns ebenso pedantisch ein wie den Homer, den Sophokles und den Horaz. Mein Bruder Fritz, der, nach mir und jünger als ich, die Leitersprossen der Gelehrsamkeit gleichsam bedächtig hinaufkletterte, gewann im Berliner Westen eine Popularität durch die witzigen Karikaturen, die er nach den geeignetsten Lehreroriginalen schuf. Jetzt sind all diese biederen und menschlich achtbaren Jugenderzieher schon längst in den ewigen Ruhestand versetzt, obgleich sie ohne Zweifel so alt werden konnten wie Generäle, Kardinäle und Mitglieder der französischen Akademie. Auch im Studium der deutschen Sprache wurden meine Bemühungen nicht lobend anerkannt. Meine Aufsätze erhielten niemals mehr als ein ›genügend‹ oder ein ›allenfalls genügend‹, und jedesmal hatte der korrigierende Philologe sehr viel rote Tinte verbraucht. Ganz ähnliches ist mir noch widerfahren, als ich eines Tages meiner Tochter bei der Anfertigung eines Aufsatzes über das für junge Mädchen schwierige Thema ›Versailler Vertrag und Dawes-Plan‹ half. Es bereitete uns beiden, meiner Tochter und mir, viel Vergnügen, daß der Lehrer diese Arbeit ungenügend fand, und es tat mir leid, daß er dann, als die getadelte Schülerin ihm spitzig die wahre Autorenschaft bekannte, in Verlegenheit geriet.

Nein, ich hatte mit der deutschen Sprache bei den Magistern kein Glück. Dennoch wäre es eine Undankbarkeit, wenn ich nicht zugeben wollte, daß mir in dieser Schulzeit einige nützliche Lehren zugeflogen sind. Die Regeln der Grammatik habe ich immer als ein unentbehrliches Korsett betrachtet, als ein Korsett, das man vielleicht locker schnüren, aber nicht, wie es ungebildete Sprachbarbaren oder eitle Stilfexe machen, in der Kommode lassen darf. Und ebenso, wie ich es liebte, daß in seiner ›Technik des Dramas‹ Gustav Freytag an Exposition, Peripetie und Katastrophe streng und konsequent festhielt, bin ich der Meinung, daß ein anständiger Zeitungsartikel nicht ohne überlegte Einteilung und klare Dispositionen entsteht. Als ich einmal den Fürsten Bülow fragte, ob er in seinen improvisierten Reden sich von der augenblicklichen Eingebung habe treiben lassen, antwortete er mir: ›Ich habe immer ein paar Schlagworte bereit gehabt, und ich habe immer, wenn ich zu sprechen begann, den Schluß, den letzten Satz, das letzte Wort gewußt.‹ Das erschien auch mir als die richtige Methode, der Autor soll nicht — manche Romandichter wagen sich so ins ungewisse hinaus — ohne Kompaß und ohne Ziel herumirren, er muß den Schlußpunkt vor Augen haben, und wenn heute unsere Gedanken ebenso wie unsere heimatlose Person auf planloser Wanderung sind, so geschieht das ja nur deshalb, weil wir das Ende der Tragödie gar nicht voraussehen können und der Weg sich ins Unbekannte verliert.

Herr Mathias ist in der Mittagshitze ein wenig schläfrig geworden, die Schmetterlinge haben ungestört seine Nase umflattern dürfen, aber beim Wort ›Katastrophe‹ ist er jäh erwacht. ›Ganz wie bei uns‹, sagte er, ›dieselbe dramatische Steigerung, auch wir sind von der Exposition über die Peripetie zur Katastrophe gekommen. Nur hat da keine technische Absicht mitgespielt. Erzählen Sie noch ein bißchen weiter, wir haben bis zum Essen noch eine halbe Stunde, aber entschuldigen Sie, wenn ich der Sonne wegen die Augen nicht offen halten kann. Sie haben also gesagt, daß Sie ein guter Schüler gewesen sind, das hat man natürlich auch immer angenommen.‹ Wie ein glänzend bezahlter Conferencier, der ein gelegentliches Gähnen seines Publikums nicht bemerken will, fahre ich fort.

Statt die häuslichen Schularbeiten zur Zufriedenheit meiner Lehrer zu erledigen, betrieb ich, wohl vom vierzehnten Lebensjahr an, in allen freien Stunden eine emsige Schriftstellerei. Ich füllte viele dicke Hefte und Notizbücher mit Novellen und Liebesgedichten und entwarf Komödien und Dramen, von denen einige sogar bis zum zweiten Akt gediehen − eine Posse ›Doktor Blau‹ gefiel meiner Mutter besonders und wurde in unserer Wohnung von Freunden aufgeführt. Meine poetische Produktion übertraf an Quantität gewiß das übliche Maß, aber zweifelhaft ist mir, ob sie sich durch ihre literarischen Eigenschaften sehr von den ähnlichen Bemühungen manches Altersgenossen unterschied, der dann schmerzlos und ohne Reue einen solideren Beruf ergriff. Indessen, wenn man von der Höhe des Schneeberges herab die Früchte kritisiert oder belächelt, die im Talg der eigenen Jugend reiften, so wirkt da oft, ohne daß man es sich eingesteht, eine neidische Sehnsucht mit. Ich trat in eine, freilich auf der Türschwelle verbleibende Verbindung mit der zeitgenössischen deutschen Literatur und der Kunst, indem ich Autographen sammelte und berühmte Persönlichkeiten um einen Beitrag bat, den ich tatsächlich fast immer erhielt. Heute ist es mir fast unbegreiflich, daß mir Geibel[21], Paul Heyse[22], Theodor Fontane, Robert Hamerling[23], Friedrich Spielhagen[24], Eduard von Bauernfeld[25], Ludwig Anzengruber[26], Friedrich Bodenstädt[27] Gedichte schenkten, der Feldmarschall Moltke mir die Zeile sandte: ›Arbeit in der Jugend trägt Frucht im Alter‹, Adolph Menzel, Paul Meyerheim[28] und andere Künstler mir Zeichnungen gaben, und diese Mildtätigkeit ist auch wohl ein Symptom der beschaulichen, behaglichen Ruhe, in der man damals lebte und schuf.

Einige meiner Bekannten, Schüler des französischen Gymnasiums, wollten einen ›Verein Kaliope‹ gründen und luden mich zu ihren Beratungen ein. In dem noch erhaltenen Relief des Sarkophages im Louvre[29] nimmt Kaliope, die neunte Muse, aus der Hand des vor ihr sitzenden Homer eine Schreibtafel entgegen, und so sollten wir unsere Dichtungen zu dem Altar der Vereinsmuse bringen[30]. Die Zahl der Mitglieder blieb gering, wir waren kaum mehr als ein halbes

Dutzend, aber wir stellten eine ›Zeitung‹ her, die ›Annalen des Vereins Kaliope‹, die hektographiert wurde und leider nur zweimal, in wenigen Exemplaren und in schwer leserlicher Schrift, erschien, weil der Kopierapparat miserabel war. Beträchtlicher literarischer Sachschaden ergab sich aus diesem technischen Versagen indessen nicht. Schon erheblich näher kam ich in meinem siebzehnten Lebensjahr dem nun schon bewußt und hastig angestrebten Ziel. Ich hatte ein kleines Theaterstück mit dem etwas süßlichen Titel ›Der Märchenerzähler‹ verfaßt, und da kunstbegeisterte junge Leute aus dem Vorstand eines Theatervereins, denen ich das Manuskript gegeben hatte, das Werk sehr schön fanden, wurde es einstudiert. Die Vorstellung fand auf einer richtigen Bühne in dem großen Saal eines Ballokales in der Kommandantenstraße statt, ein zahlreiches Publikum spendete freigebig Beifall, und am Schluß überreichte mir die Darstellerin der weiblichen Hauptrolle einen Lorbeerkranz. Sie war sehr hübsch und hatte schon damals eine Bubifrisur, oder, wie man das nannte, einen Tituskopf.

Ungefähr um diese Zeit, genaue Daten fehlen, trennte ich mich von dem Wilhelmsgymnasium, bis zum Abiturientenexamen war ich nicht gelangt. Jetzt, nachdem ich der Schulatmosphäre entronnen war, hatte ich einen gewaltigen Lerneifer, ganz wie jemand, der lange mit Wassersuppen genährt worden ist und nun plötzlich einen Heißhunger verspürt. Ich nahm Unterricht bei Max Dessoir[31], der noch Student war und später Professor der Philosophie an der Berliner Universität geworden ist. Er geleitete mich mit Erfolg durch die verschiedensten Fächer des Wissens und versuchte, mit weniger Erfolg mich auch in die spiritistischen oder doch übersinnlichen Mysterien, in die Lehren eines Carl du Prel[32] und eines Hübbe-Schleiden[33] einzuführen, die ihn beschäftigten, während mein geistiger Boden unempfänglich blieb. In den Universitätssälen hörte ich die Vorlesungen der Philosophen Lasson und Dilthey, des hypernationalen, an einem Sprachfehler würgenden Treitschke und des Kunsthistorikers Herman Grimm[34]. Ich fand, daß regelmäßiger Besuch der Hörsäle und das Nachschreiben nur eine mechanische Zeitvergeudung der Phlegmatischen und Faulen seien. Gleichfalls in diesem Augenblick des Überganges von der Sklaverei zur Freiheit geschah etwas Neues, das den Beteiligten die Gelegenheit zur Befriedigung ehrgeizigen Tätigkeitsdranges bot. Mit Max Dessoir, Felix Hollaender[35], Max Osborn[36], damals noch Gymnasiast und noch weit entfernt von dem Amt des Kunstkritikers bei der ›Vossischen Zeitung‹, und mit einigen anderen aufstrebenden Zeitgenossen vereinigte ich mich zur Herausgabe einer Zeitschrift ›Erste Waffengänge – Monatsschrift der Deutschen Jugend‹, wie sehr großspurig, in naiver Prahlerei, unter dem Titel stand[37].

Wir hatten berühmte Schriftsteller gebeten, die Zeitschrift mit einem passenden Namen zu taufen, und der Vorschlag, der von Paul Lindau kam, hatte uns am besten gefallen. Die Redaktion war ein Zimmer in der Wohnung von Osborns Eltern, ich zeichnete als Redakteur, die Druckerei eines kleinen Lokalblattes übernahm die Herstellung, jede Nummer umfaßte sechzehn Seiten und kostete dreißig Pfennige, und wir fanden wirklich Abonnenten, besonders in den Mädchenschulen, in denen wir viele Freundschaften hatten und in denen man hingebungsvoll für die gute Sache warb. Im Januar 1886 erschien die erste Nummer, mit einer Proklamation, die um Nachsicht bat. Auch meine Mutter hatte ein Gedicht gestiftet, das, ohne Nennung der Verfasserin, gebracht wurde und nur ausnahmsweise aufgenommen werden konnte, da das Alter der Dichterin nicht so jung war wie ihr Geist und ihr Herz. Fünf Hefte kamen heraus, Felix Hollaender begann dort mit Novellen und einem Märchen seine Laufbahn, Dessoir behandelte ernste psychologische Probleme, ein Student, Max Kaufmann, der sich bald darauf erschoß, gab Proben eines mehr als nur durchschnittsmäßigen Talentes, und aus meiner Feder flossen abwechselnd Prosa und Poesie.

Nach dem fünften Monat trat ohne Sang und Klang das Ende ein, in den Schulen hatten wachsame Hirten ihre Herde gewarnt, die Mädchentreue wich zurück vor der Drohung, und gleich so vielen Zeitschriften starb die unsrige, mitten in einem Überfluß an Manuskripten und in einem Mangel an Geld. Eigentlich war es nicht sehr schade, daß sie, noch nicht halbjährig, starb. Ich urteile nicht mit der misogynen Altersweisheit, wenn ich sage, daß dieses Jugendorgan allzusehr einem Pudel glich, der sich in der guten Familienstube niemals unmanierlich benimmt. Es fehlten der Pfeffer und das Salz. Kein Sturm und Drang. Kein Hauch von einem Karl Moor. Man war jugendlicher Idealist ohne ein bestimmtes Ideal.

Meine ersten politischen Eindrücke empfing ich lange vor diesen literarischen Ereignissen, aber sie bewegten mich nur eine kurze Zeit hindurch. Bei einer Reichstagswahl siegte, wie gewöhnlich, der Kandidat der Fortschrittspartei, der große Virchow, über den ehemaligen Hofprediger Stöcker, dessen einziges Programm der Judenhaß war, und am Abend nach der Wahlschlacht ging ich mit meinem Vater zu dem jenseits der Brücke gelegenen Teil der Potsdamer Straße, wo in einem Bierlokal das Wahlkomitee, geschart um den gelehrten Volksmann, bereits den Triumph der demokratischen Sache hatte verkünden können. Die Straße war verstopft von einer kolossalen Menschenmasse, die jubelte und immer wieder ›Hoch Virchow!‹ rief. Über den Köpfen der Menge thronend, auf den Schultern seiner Freunde getragen, ein wenig unsicher auf diesem Sitz, zog der berühmte Professor durch das Gewühl. Ich sah seinen kurzen grauen Bart, seine Augen hinter der Brille, seinen Schlapphut und die der schwankenden Position wegen etwas behutsamen Dankesgesten seiner Hand. Die Begeisterung des Volkes wirkte auf mein Gemüt natürlich ansteckend, und vermutlich habe auch ich nach besten Kräften mitgeschrien. Berlin war in den Bezirken, die noch nicht die Sozialdemokratie erobert hatte, eine freiheitliche, bürgerlich-demokratische Stadt. Bismarck sagte 1881 im Reichstag: ›Ja, ich glaube, es ist eine weltbekannte Tatsache, daß in Berlin der Fortschritt regiert, ein fortschrittlicher Ring die Stadt beherrscht. Sehen Sie bei den Wahlen, bei den Anstellungen, bei den Stadtverordneten − alle Instanzen gehören in ihrer Majorität der gleichen Fortschrittspartei an.‹ In der Tat, ein Führer der Fortschrittspartei, Max von Forckenbeck[38], wurde immer wieder zum Oberbürgermeister gewählt, und die weit überwiegende Mehrheit des unabhängigen Bürgertums unterstützte die Opposition in dem fortwährenden Kampf gegen Bismarcks konservative, hemmende und lastende innere Politik. Die fortschrittliche Linke hatte im Reichstag bedeutende Persönlichkeiten, glänzende Redner, Eugen Richter, Theodor Barth[39], Virchow, den Juristen und

Dichter Albert Träger[40], Ludwig Loewe[41], den jüdischen Begründer der größten Gewehrfabrik. Im Grunde war es eine von nicht übermäßigen stürmischen Winden gekräuselte, geistig und ästhetisch immerhin sehr genießbare Epoche, tüchtig, ehrenwert, undramatisch, an Sensationen, die uns heute sehr bescheiden erscheinen, Genüge findend, allzu exzentrischem Wesen abgeneigt. Der breitschultrige Schutzmann behütet auch in der demokratischen Stadt die Persönlichkeit und das Eigentum, jeder hatte das Gefühl der Sicherheit, und wenn man den Antisemitismus eines Stöcker, den mein Vater als sehr kränkend empfand und den Bismarck derb verwarf, und seine Wirkungen mit den Erlebnissen einer späteren Zeit oder gar der Gegenwart vergleichen wollte, so hieße das, Kirschwasser mit Arsenik vergleichen, eine zahnlose Ringelnatter mit der Boa Constrictor, ein römisches Bad mit dem Höllenschlund.

An dem Fenster im unteren Stockwerk seines Palais erschien an jedem Vormittag der weißbärtige Kaiser, auf dem Pflaster warteten die Besucher der Provinz geduldig auf diesen Augenblick, und der schon müde alte Mann dankte mit einem Kopfnicken, pünktlich und gleichmäßig, als werde der Kopf durch eine längst eingespielte Mechanik in Bewegung gesetzt. So habe ich ihn noch gesehen. Der ruhmreiche Felsblock Bismarck lag einer freieren Entwicklung im Wege, das Leben hatte einen gemächlichen Gang. Wir fanden es allzu ruhig, manchen langweilte das zahme Schicksal, er ahnte nicht, wie es aussieht, wenn es bestialisch wird.

›Allerdings‹, bestätigte Herr Mathias, ›das hat niemand geahnt. Sie sagen mit Lynkeus dem Türmer im ›Faust‹: ›Es sei wie es wolle, es war doch so schön!‹ Bis das ›greuliche Entsetzen‹ kam, ›aus der finsteren Welt‹. Bei einem solchen Rückblick ist selbstverständlich all das, was uns belästigt, geärgert, verdrießlich gemacht oder bekümmert hat, in einem schmeichelhaften Sonnendunst untergetaucht. Der Mensch empfindet nur die Gegenwart in ihrer ganzen Wirklichkeit, die Erinnerung treibt gewöhnlich ein bißchen Schönfärberei, weshalb ist nicht ebenso ein Optimismus gestattet, der auch die Zukunft nicht in den dunkelsten Farben malt?‹ Da wir schon im Aufbruch sind und vermutlich schon erwartet werden, lasse ich mich auf eine Entfädelung dieser Logik nicht ein. Ich gebe zu, daß die sonnige Vernebelung uns manche Härten und steinige Stellen verbirgt, die heute allerdings sehr geringfügig erscheinen können. Unsere Sinne vernähmen nur noch die wunderbare Stimme Carusos, und wir dächten nicht mehr daran, daß uns gerade bei der großen Arie unser Nachbar in der Oper durch sein Husten störte oder uns seinen spitzen Ellenbogen in die Seite stieß. Aber es sei nicht nur Vergeßlichkeit, sondern auch Dankbarkeit für das Gewesene, denn jetzt werde man nicht nur mit einem Ellenbogen gepufft.«

Die autobiographischen Aufzeichnungen Theodor Wolffs ziehen den chronologischen Faden nicht in dieser Form und Intensität weiter aus. Sie sind vorrangig angefüllt mit einzelnen Berichten, Szenen, Anekdoten und farbigen Schilderungen des politischen, gesellschaftlichen und literarischen Lebens der Jahrzehnte um 1900, weniger der Weimarer Zeit und des Exils[42]. Wolff erleben wir als knapp Zwanzigjährigen in der Zeitungsredaktion seines Cousins Rudolf Mosse. Er schreibt Feuilletons, Theater- und Buchrezensionen für das »Berliner Tageblatt«, hin und wieder auch einmal eine Reportage. Die enge Verbindung zu Otto Brahm, Maximilian Harden und Samuel Fischer führte dazu, daß Wolff zu den Mitbegründern der ›Freien Bühne‹ gehörte. Diese Welt des deutschen Theaters und schließlich auch die des Literatentums ließ er im Verlauf seiner Pariser Korrespondententätigkeit für das »Berliner Tageblatt« hinter sich. Zeitlich fast genau übereinstimmend mit der Affäre Alfred Dreyfus, berichtete er von 1894/95 bis 1906 aus Frankreich. In der »Révolution dreyfusienne« erhielt er die entscheidenden politischen Eindrücke. Die Republik in der Krise und die parlamentarischen Debatten, die Selbstheilungskräfte und die demokratischen Prinzipien, die Heftigkeit der öffentlichen Diskussion und die Mächtigkeit chauvinistischer und antisemitischer Strömungen beeindruckten ihn ebenso stark wie die Entschlossenheit und Zielstrebigkeit der Opponierenden um Emile Zola und Georges Clemenceau.

Als Wolff 1906/07 die Chefredaktion des »Berliner Tageblatts« übernahm, war er entschlossen, diese Zeitung umzugestalten: »Mein Bestreben war, das an erheblichen Gebrechen leidende Blatt innerlich und äußerlich völlig umzugestalten, es auch nicht mehr so regenbogenhaft schimmernd und sanft lispelnd, sondern in klarer und demokratischer Sprache reden zu lassen [...].«43 Innerhalb von einem halben Jahrzehnt erreichte er dieses Ziel. Die Zeitung wurde zur entschieden liberal argumentierenden Stimme Deutschlands, die im Ausland ebenfalls hohes Ansehen genoß. Mit publizistischen und politischen Mitteln – er war Mitglied der »Deutschen Gesellschaft 1914«44 – versuchte er, daß Deutsche Reich auf dem Weg der Parlamentarisierung und Demokratisierung voranzutreiben. ›Je länger der Krieg dauerte, desto mehr hielt ich die Umbildung des absoluten Staates in einen demokratischen für eine zwingende, unabweisbare Notwendigkeit. Würde man dem einfachen Mann aus der Volksmasse, der im Schützengraben und in den Granatlöchern ebenso tapfer ausgehalten und ebenso den Tod vor sich gesehen hatte, wie dicht neben ihm der adlige oder reiche Familiensohn, nach dem Friedensschluß noch sagen können, nun habe er wieder ein niedrig geborener Untertan zu sein, sich gehorsam unterzuordnen, den Mund zu halten und ohne unstatthafte Fragerei nach den Gründen das ihm von höherer Weisheit bereitete Schicksal zu empfangen?‹45

Im Ersten Weltkrieg hatte er gegen Schreib- und Erscheinungsverbote anzukämpfen. In der Unterzeichnung des Versailler Vertrags sah er einen aus politischer Fehleinschätzung geborenen tiefgreifenden Fehler und eine verhängnisvolle Hypothek für die junge Republik. Die Verabschiedung des sog. Schmutz- und Schundgesetzes von 1926 erkannte er als einen Irrweg, der obrigkeitsstaatliches Denken und Handeln in unverantwortlicher Weise stärken würde. Da die von ihm 1918/ 19 mitbegründete »Deutsche Demokratische Partei« diese Zensurpolitik unterstützte, kündigte er seine Mitgliedschaft auf. Auf die Anfangsjahre zurückblickend, urteilte er leicht resignierend: »Die Deutschen wußten von einer Republik nicht mehr als vom Mond. Den nicht sehr ehrgeizigen, braven und zum Teil auch klugen sozialistischen Parteiführern war sie so unwillkommen, wie einem eingefleischten Junggesellen die ihm aufgenötigte, seiner Versorgungspflicht überlassene Braut. Indessen, es gab nichts anderes, keinen anderen festen Punkt, keine Basis und keinen Erben für einen Thron. Als ich eine Woche nach der Revolution [es war bereits am 12. November 1918][46] eine Anzahl unkompromittierter Persönlichkeiten bei mir zusammenbat, um eine demokratische Partei zu gründen, und den Gründungsaufruf entwarf, war mein Gedanke, daß eine republikanische Verfassung, die einigermaßen haltbar sein solle, nicht nur ein Geschöpf der Sozialdemokratie und des katholischen Zentrums sein dürfe, und daß man die ziellos und kopflos herumschwimmenden Bürger aus ihrem tragikomischen Geplätscher zum vereinigenden Strand lotsen müsse — die Republik war der Ararat. Sie drängten sich mit der Bitte um Einlaß heran, wir hatten Mühe, ihre Legitimation zu prüfen, am Wahltag kletterten 85 % des Volkes, die noch niemals von dieser Staatsform geträumt hatten, in die rettende republikanische Arche, Fuchs und Schaf, Taube und Schlange, Reh, Büffel und Krokodil. Als nach dem Sinken der Flut die Arche gelandet war, zeigte es sich, daß jedes Geschöpf sehr bald seine eigene Natur wiederfand. Die Republik war ein Knochengespenst, oder doch von Geburt an zu frühem Tode verurteilt, wenn nun sie den Versailler Vertrag unterschrieb. Dann würde es heißen, daß sie nicht befreit, sondern versklavt, nicht aufgerichtet, sondern erniedrigt, nicht errettet, sondern verraten habe, und ein neues Geschlecht, das den Zusammenbruch nicht erlebt hatte, würde ihr verächtlich ins Antlitz speien. Und was wurde aus der Versöhnung zwischen Deutschland und Frankreich, aus diesem schönen Trostbild, an dem noch in den Schützengräben idealistische Herzen hingen? Mit dem mir in Freundschaft verbundenen Grafen Brockdorff-Rantzau, dem Minister des Äußeren, und, die Gerechtigkeit zwingt, es zu unterstreichen, mit Ebert, bekämpfte ich bis zuletzt die Annahme des Diktates, aber wir wurden besiegt von den strebsamen Neophyten des Pazifismus, die, wie Harden, mit dem Fuchsschwanz die Spuren ihrer Sünden verwischten, und von dem pausbäckigen Erzberger, der wohlgemut vor Foch hintrat und, wie Zettel der Weber, alle Rollen spielen wollte, den Pyramus und die Thisbe, den Löwen und den Prolog«.[47]

In keiner Phase der Präsidialkabinette wandte Wolff sich von den Prinzipien der parlamentarischen Demokratie ab, zu keinem Zeitpunkt sah er in einer Koalition mit dem Links- und Rechtsradikalismus eine Rettungschance aus der politischen und wirtschaftlichen Dauerkrise. Wenn Joseph Chapiro am 29. Juli 1928 im »Neuen Wiener Journal« zum sechzigsten Geburtstag nicht nur den Journalisten, den glänzenden Stilisten feierte, sondern auch den mutigen und anständigen Zeitgenossen, dann war damit eines kampfentschlossenen Liberalen gedacht, der sich auch jenseits der Schwelle des 30. Januar 1933 bewähren sollte. »Theodor Wolff ist heutzutage unbestritten der vielseitigste und dabei tiefste und stilvollste Journalist Deutschlands. Jeder Leitartikel, jeder Wochenbericht ist ein Kunstwerk, ein Edelstein von vollendetem Schliff, wie jener des Amsterdamer Diamantenschleifers, an den Wolff während seines Besuches bei Anatole France denken mußte. Er ist ein Maupassant der Politik, ein Skizzenzeichner, der selten zu bunten Farben greifen, aber mit dem Bleistift alle Nuancen herausholt, die dem behandelten Thema seine Prägnanz und seine Abgeschlossenheit geben. Wenn man seine Skizzen zu einem Band vereinigen und sie katalogisieren wollte, würde das bunteste Inhaltsverzeichnis herauskommen, das sich der Leser denken könnte. Hier ist nicht nur Kenntnis der Zeit und Wissen um sie, der scharfe Blick in die Seele der Persönlichkeiten, die unsere Schicksale lenken, sondern auch ein enzyklopädisches Wissen von seltener Buntheit. Ob es sich um innerpolitische Angelegenheiten handelt oder um diplomatische Verhandlungen mit dem Ausland, um Verträge, um die Wirtschaft, um rein ideologische, literarische oder künstlerische Dinge – der Wochenbericht gibt von allen Fragen ein klares, aufklärendes Bild, wie selten ein Buch dazu imstande ist. [...] Die Stärke Theodor Wolffs ist nicht die Polemik. [...] Theodor Wolff stellt den Typus des politischen Kritikers dar, aber mit aufbauenden, positiven Vorschlägen. Seine stärkste Kampfwaffe ist die kritische Betrachtung. Eben diese Eigenschaft macht aus ihm einen Historiker und zieht ihn von den Tagesskizzierungen ab und zu breit angelegten Fresken hin. [...] Dieser dichterische Hauch, dies Künstlerische in seiner Natur ist neben seinen anderen Vorzügen das, was Theodor Wolff so sehr von seinen übrigen Kollegen unterscheidet. [...]

In diesem Meister des deutschen Journalismus steckt ein großes Stück französischer Kultur. Nicht nur in seinem Geschmack ist das zu spüren, sondern auch in seinem Stil, in seinen Zitaten, seinen Vergleichen, seinem Lächeln, in den so häufigen Berufungen auf französische literarische Quellen, wie man das sonst selten bei einem deutschen politischen Schriftsteller findet. [...] Seine größte Autorität in diesen Kampfjahren um die Ruhe der Völker verdankt Theodor Wolff seinem mutigen Eintreten für den Frieden und die europäische Verständigung. In der schlimmsten Kriegszeit, unter der schärfsten Zensur sandte Theodor Wolff Worte des Friedens in die Welt, für die ihm jeder anständige Mensch dankbar war und dankbar bleibt. Seine reiche Kultur gestattete es ihm, diese Worte so zu formulieren, daß sie dem Gewissen und dem Verstand jedes unvoreingenommenen Lesers des In- und Auslandes zugänglich wurden, zugänglich sind.«

Hitlers Eid auf die Weimarer Verfassung hielt Wolff für eine Maskerade, die Vorstellungen der deutschnationalen Einrahmungspolitiker für gefährliche Illusionen über einen Gegner, der nur auf eine passende Gelegenheit wartet, um seine Diktatur zu etablieren. Auch ohne offenen Staatsstreich werde es den Nationalsozialisten alsbald gelingen, jede Opposition zum Schweigen zu bringen.[48] Deshalb maß Wolff den Wahlen zum Reichstag am 5. März 1933 einen hohen Stellenwert und eine außerordentliche Funktion bei. Sie unterschieden sich für ihn von allen vorausgegangenen Wahlen nicht allein dadurch, daß ein Teil der Opposition vollständig ausgeschaltet, ein weiterer stark behindert und eine nicht geringe Wählergruppe tiefgreifend verängstigt worden war, sondern entscheidend dadurch, daß es wohl auf lange Sicht die letzte Gelegenheit sein dürfte, mit dem Stimmzettel in der Hand Zivilcourage zu beweisen.

»So hat auch diese Wahl zunächst noch immerhin einen Sinn. Der Wähler hat zu sagen, ob er die heutige Regierung bestätigen und ob er ihr für den vorgesehenen Fall der völligen Parlamentsausschaltung das Recht absolut freien, unbeschränkten und unkontrollierten Handelns zuerkennen will. In der Presse der Regierungsgegner wird der Wahlkampf mit einer durch die Notverordnung gebotenen Wortsparsamkeit geführt. Diese Zeitungen können im allgemeinen, wenn nicht gerade eine immerhin noch gewichtige Macht wie das Zentrum mit ihnen im Bunde ist, nur die Tatsachen registrieren und in sehr gemessener Form den eigenen Standpunkt zur Geltung bringen. Gegen eine etwas gedämpfte Wahlsprache, und selbst gegen einen Zwang zur stilistischen Wohlerzogenheit würde man wenig einwenden können, wäre diese Zurückhaltung in gleicher Weise auf allen Seiten festzustellen. Daß diese Gleichheit nicht besteht und nicht zu bestehen braucht, ist ein Gleichheitsmangel, der mit den Zeitumständen zusammenhängt. Dabei finden sich immer wieder, auch jetzt noch, jene Leute mit verschwiegenem Namen oder unbekannter Adresse, die von den republikanischen Zeitungen stärkere ›Ermutigung‹ verlangen. Nun, bei denjenigen, die erst noch durch laut tönendes Zureden ermutigt werden müssen, ist jedenfalls die Zivilcourage keine angeborene Eigenschaft. Keine besondere Zivilcourage aber gehört für einen freiheitlich gesinnten Staatsbürger dazu, heute in acht Tagen zum Wahllokal zu gehen und mit Hilfe des Stimmscheines die Bestätigung einer Regierung abzulehnen, die seiner Auffassung vom Staatswohl und vom Einzelwohl, seinem Freiheitsbedürfnis und seiner Weltanschauung widerspricht. Wer lieber daheim bleibt oder gegen die eigene Überzeugung handelt, kann auch auf die Achtung des Gegners nicht rechnen, denn dieser Gegner verachtet nichts so sehr wie jenen letzten Pazifismus, der sein Schicksal, und das des Landes, preisgibt und immer gleich die weiße Fahne schwingt. [...]

Achtungswert ist eine Opposition, wenn sie mit der natürlichen Treue zum Vaterlande die Treue zu ihren Überzeugungen verbindet, die Treue zu sich selbst. Diejenigen, die zu dem heutigen Regime in solcher Opposition stehen, haben ihre Überzeugungstreue zu bekunden, und der Tag, an dem ihr Abwehrwille sich bewähren muß, ist der 5. März.«[49]

Die Nationalsozialisten bedurften derartiger kritischer Leitartikel nicht, um einen ihrer gefährlichsten Kontrahenten zu erkennen. Bereits 1923 hatte der Name Theodor Wolff auf Plakaten rechtsradikaler Organisationen geprangt. 1932/33 mußte der Chefredakteur des »jüdischen Demokratenblattes« zu den akut Gefährdeten im Straßenterror Berlins gerechnet werden. Das Werk »Die Juden in Deutschland« — es wurde 1935 von dem nationalsozialistischen »Institut zum Studium der Judenfrage« herausgegeben — handelte Theodor Wolff unter der Rubrik »machtbewußtes Judentum« ab. Aus

Wolffs scharfer Kritik am sog. Schmutz- und Schundgesetz von 1926 glaubte der Verfasser auf eine »unheilvolle Rolle [...] auf dem Gebiete der Volksmoral« schließen zu können. Wolff gehöre zu den Liberalen, die »das Wesen der liberalen Demokratie in dem Gewährenlassen jedes unsittlichen Volksvergifters erblicken [...]«

Resümierend heißt es: »Man kann sogar mit Fug und Recht behaupten, daß wohl niemand der Sache der liberalen Demokratie und der Weimarer Republik in Deutschland mehr geschadet hat als die Scharen von jüdischen Patentdemokraten und Patentrepublikanern, die sich in den Vordergrund drängten und ohne jeden Takt versuchten, dem deutschen Volke ihre hemmungslosen Freiheitstheorien aufzudrängen – bis das Volk die Geduld verlor und sie aus dem Lande jagte, wenn sie nicht schon vorher sich in Sicherheit gebracht hatten. Sie selbst haben in erster Linie der Republik von Weimar das Grab gegraben«![50]

Wolff zählte für dieses Werk also zu den »unerfreuliche[n] Erscheinung[en] in der Galerie führender jüdischer Journalisten. [...] Auch ihm [wie Georg Bernhard, dem Chefredakteur der »Vossischen Zeitung«] ist der Vorwurf des politischen Opportunismus von seinen eigenen politischen Gegnern gemacht worden. Auch er hat zu denen gehört, die während des [Ersten Welt-]Krieges sich gehütet haben, es mit den Machthabern zu verderben, um dann nach dem Umsturz von 1918 mit fliegenden Fahnen in das Lager der neuen Regenten überzugehen. Er hat sich vor allem dadurch ausgezeichnet daß er mit besonderer Boshaftigkeit über die gefallenen Größen von einst, die Hohenzollerndynastie, das Beamtentum und den Soldatenstand hergefallen ist und sie nach dem Umsturz mit allen Mitteln herabzusetzen und lächerlich zu machen versucht hat. Man ist versucht, von ›Eselsfußtritten‹ zu sprechen. Er war mehr Feuilletonist, im Unterschied von dem dozierenden ›Professor‹ Georg Bernhard. Gerade durch diesen seinen koketten und schillernden, bisweilen frivolen Kulturliberalismus hat er dazu beigetragen, die Sache der Demokratie und der Demokratischen Partei in den Augen des deutschen Volkes zu diskreditieren«.[51]

Seit dem Winter 1930/31 war das Verhältnis zwischen dem Chefredakteur und dem Verleger, Hans Lachmann-

Mosse, anhaltend gespannt. Lachmanns finanziellen und wirtschaftlichen Entscheidungen, der Umfang seiner Kündigungen und seine Versuche, die liberale Ausrichtung des »Berliner Tageblatts« zugunsten einer weniger entschieden demokratischen Position zu verändern – die Deutschnationalen würden schließlich auch zum parlamentarischen Spektrum gehören –, bereiteten einer Haltung in der Leitung des Mosse-Verlags den Boden, auf der nach dem 30. Januar 1933 langfristig keine wirkungsvolle Verteidigungsposition errichtet werden konnte. Der Briefwechsel zwischen Chefredakteur und Verleger sogleich nach der Reichstagswahl zeigt die unversöhnlichen Positionen:

»Sehr geehrter Herr Lachmann-Mosse,

wie man Ihnen mitgeteilt haben dürfte, kam ich am vorigen Mittwoch nach Berlin, hauptsächlich in der Absicht, mit Ihnen zu sprechen. Auf die dringlichen Vorstellungen hin, die mir gemacht wurden, mußte ich wieder zurückreisen, und eine Aussprache mit Ihnen war auch nicht möglich, da Sie noch von Berlin abwesend waren. Nun ist das ja täglich erwartete Verbot des Tageblattes gekommen und anschließend daran die gestern zwischen dem Verlag und den Behörden vereinbarte Erklärung in der heutigen Sonntagsnummer. Selbstverständlich vermag ich es nicht gut zu heißen, daß der Verlag wegen eines dreitägigen Verbotes und nur um die einzige noch ausstehende Nummer frei zu bekommen, eine solche Erklärung zugestanden hat. Der Verlag des Berliner Tageblattes unterscheidet sich damit von all den anderen deutschen Zeitungsverlagen, die meist weit längere Verbote ohne derartige Zugeständnisse auf sich genommen haben. Helfen wird diese Nachgiebigkeit vermutlich auch nicht, nur eine rechtzeitige Umwandelung des Verlages hätte eine gewisse Sicherung schaffen können, aber die ist versäumt worden. Obgleich ich mit dem Verhalten des Verlages nicht einverstanden bin, habe ich die Redaktion telephonisch wissen lassen, daß ich auch die Nummer, in welcher die Erklärung veröffentlicht wird, als Chefredakteur mit meinem Namen zeichnen wolle. Ich wollte die dortigen Schwierigkeiten nicht noch vermehren und nicht öffentlich eine Meinungsverschiedenheit zwischen mir und dem Verlage in Erscheinung treten lassen. Ich glaube, daß der Eindruck auf das Publikum des B. T. noch übler gewesen wäre, wenn mein Name grade in dem Augenblick, wo diese Erklärung herauskam, von der Titelseite verschwunden wäre. Ob Sie ihn weiterhin stehen lassen wollen, ob Sie vorziehen, dort etwa hinter meinem Namen bemerken zu lassen; z. Z. Vertreter ..., und ob Sie sich von dergleichen etwas für das Weiterbestehen der Zeitung versprechen, überlasse ich ganz Ihnen. Telephonisch habe ich natürlich noch meine Zustimmung dazu gegeben, daß mein Sonntagsartikel, der übrigens möglichst einwandfrei gehalten war, nicht gedruckt wurde, um meinerseits jeden neuen Zwischenfall zu vermeiden.«52

»Sehr geehrter Herr Wolff!

Ich bestätige den Empfang Ihrer Zeilen vom 12. März ds. Js. und kann es sehr gut verstehen, daß Sie von der Ferne die Situation so falsch übersehen haben. Beim ›Berliner Tageblatt‹ handelt es sich absolut nicht um das dreitägige Verbot, was natürlich zu verschmerzen gewesen wäre, es handelt sich vielmehr darum, daß auf dieses dreitägige Verbot ein so langes Verbot gefolgt wäre, was die Vernichtung des ›Berliner Tageblatt‹ zum Ziele gehabt hätte. Dies ist uns von den verantwortlichen Stellen im Beisein der führenden Persönlichkeiten der N. S. D. A. P. im Polizeipräsidium wiederholt in ganz unmißverständlicher Weise zum Ausdruck gebracht worden.,
Was Sie unter rechtzeitiger Umwandlung des Verlages meinen, verstehe ich nicht. Fantastereien haben für mich absolut kein Interesse, denn der Verlag ist niemals Anstoß von Verboten gewesen, sondern lediglich die Arbeit der Redaktion, das beweisen die mehrfachen Hinweise in der entscheidenden Besprechung am Sonnabend, wo uns wiederholt zum Ausdruck gebracht wurde, daß am ›Berliner Tageblatt‹ Rache und Vergeltung geübt würde wegen der Politik und der Kulturpolitik während der vergangenen Jahre. Das können Sie auch schon daraus ersehen, daß beim ›8-Uhr-Abendblatt‹, dessen Verlag ja anders geartet ist, ebenfalls Verbot bis zur Vernichtung in Aussicht gestellt worden ist, was nunmehr durch einen Wechsel in der Chefredaktion gegenstandslos ge-

worden ist. Sie sagen mit Recht, daß sich das ›Berliner Ta-geblatt‹ von anderen Verlagen unterscheidet, darum ist der Gegner auch auf Vernichtung ausgegangen, wie er es in Tau-senden von Versammlungen seinen Mitgliedern versprochen hat. Diesem Vernichtungswillen dürfte nunmehr – trotz aller Zweifel, die den Behörden-Erklärungen vom Sonnabend viel-leicht entgegenzusetzen wären – Genüge getan sein.

Wenn Sie in diesem Zusammenhang auch die Frage des weiteren Verbleibens Ihres Namens an der Spitze des Blattes aufwerfen, dann muß ich Ihnen folgendes sagen:

Für unabsehbare Zeit wird sich das ›Berliner Tageblatt‹ in-nerpolitisch im wesentlichen neutral, auf die Bearbeitung der großen wirtschaftlichen und außenpolitischen Fragen kon-zentrieren müssen. Aber wahre Demokratie und Gerechtig-keit verlangen, daß positive Leistungen des Staates, auch dann, wenn dieser Staat eine wesentlich andere Gestalt ange-nommen hat, sachliche Anerkennung erfahren. Ich kann mir nicht denken, daß Sie sich der Gefahr aussetzen wollen, von der Öffentlichkeit mißverstanden zu werden, wenn Sie das ›Berliner Tageblatt‹ auch dann noch als Chefredakteur ver-antwortlich zeichnen.

Bei ruhiger Überlegung werden Sie diesen Gedankengän-gen folgen können. Ein Blatt kann nur wirken, wenn es er-scheint, die Rolle eine Märtyrers kann es nicht spielen, denn jeden Tag, den es nicht erscheint, verliert es an Gewicht und Bedeutung.

Mit besten Grüßen Ihr ergebener Hans Lachmann-Mos-se.«[53]

Wolff emigrierte sogleich nach dem Reichstagsbrand über Österreich und die Schweiz – seine Aufenthaltsbewilligung erfuhr nicht die erhoffte Verlängerung – nach Frankreich. Der Plan, in die USA auszuwandern, von ihm nur halbherzig verfolgt, scheiterte an einer Verkettung von unterschiedlichen amtlichen Vorgängen und persönlichen Hemmnissen.[54] Mit der Reise über den Atlantik hätte er den Kultur- und Lebens-bereich aufgeben müssen, der ihm in Nizza des Krieges we-nigstens noch in Resten eine Existenz ermöglichte. Hier ver-mochte er noch zu schreiben, vor sich selbst Rechenschaft abzulegen und zu hoffen, daß eines Tages der nationalsozialistische Verbrecherstaat besiegt werden würde. Doch die in Nizza im November 1942 einmarschierenden Italiener verhafteten ihn und lieferten den Vierundsiebzigjährigen an die Gestapo aus. Er starb, viel zu spät aus der Haft ins Krankenhaus gebracht, vier Monate später.

Erst im Winter 1943/44 erhielt die ausländische Öffentlichkeit über die Schweiz die Nachricht vom Tod Theodor Wolffs; demnach soll Wolff zunächst nach Dachau, dann nach Oranienburg geschleppt worden sein. »Die Zeitung« schrieb in ihrem Nachruf: »Er repräsentierte einen Typus, der unter deutschen Journalisten nur selten zu finden war: seine politischen Ziele gingen über die Gestaltung des nächsten Tages weit hinaus, und er verfügte über eine Form, die jede seiner Arbeiten zu einem sprachlichen Kunstwerk machte. [...] Theodor Wolffs Arbeiten, denen der deutsche Journalismus in den letzten hundert Jahren nichts Gleichwertiges zur Seite zu stellen hat, sind eine der wichtigsten Quellen zur deutschen Geschichte des zwanzigsten Jahrhunderts. Von seinen Büchern – Romanen, Bühnenwerken und zeitgeschichtlichen Darstellungen – ist das im Exil geschriebene ›Marsch durch zwei Jahrzehnte‹ eines der anziehendsten deutschen Memoirenwerke. Über seiner Arbeit lag ein kühler, heiterer Skeptizismus (eine sehr französische Geisteshaltung – die Prägung, die er in seinen Pariser Jahren erhielt, hat er nie verleugnet), das Bewußtsein, daß nichts vollkommen ist und kein Ideal vollkommene Wirklichkeit wird, und zuletzt Resignation, als er beobachten mußte, wie wenig sein Ideal Wirklichkeit geworden war.«[55]

Zur Entstehung, Wirkung und Bedeutung des Werkes

»Stellvertreterkämpfe« aus dem Ausland liebte Theodor Wolff nicht, doch schrieb und korrespondierte er auch im Exil in aufrichtiger Klarheit. Dem Briefwechsel mit Gerhart Hauptmann zum Weihnachtsfest und Jahreswechsel 1933 läßt sich nicht nur unschwer Wolffs erneute[56] Kritik an dem

Verhalten des Dichters entnehmen, sondern auch Aufschlußreiches über Wolffs politische Grundhaltung. Hauptmann
hatte, »bevor das Schicksalsjahr erster Ordnung 1933 zu
Ende geht«, geschrieben: »Sie standen in der gefahrvollen
Arena der Politik, ich habe meinem Dichtwerk gelebt und
mich, zwar nicht von Menschen, aber von Parteien und ihren
Dogmen, von täglichen Einwirkungen auf das öffentliche Leben ferngehalten. [...] Was sich im übrigen in der Welt begibt, hat wohl elementaren Charakter.

Ich will nicht sagen, daß ich müde bin, auch fehlt es mir
durchaus nicht an Mut. Aber mehr als das, nämlich Übermut
gehört zum tatkräftigen Leben: den habe ich nicht mehr.
Was schadet es, da neue Jugend vorhanden ist. Ich wünsche
Ihnen und den Ihren zum Feste dieses Weihnachtsmonates
innen und außen Wiedergeburt. Ich wünsche Ihnen und Ihrer
Gattin philosophische Heiterkeit und, vereint mit meiner
Frau, jeden Segen für Sie und Ihre Kinder.«[57]

Wolff antwortete postwendend: »Wie Sie es von sich sagen, so kann ich's auch von mir vermelden: Ich habe mich in
dieser Zeit abseits von der Arena gehalten, übrigens ohne
irgendeine Anwandlung von Müdigkeit und Resignation. Ge-
nützt hat es mir freilich nicht viel und erspart hat es mir
nichts, aber soweit mein eigenes, im großen Rahmen sehr
unwichtiges und auch erträgliches Ergehen in Betracht
kommt, und am Ufer des Stromes, habe ich die philosophische Heiterkeit, von der Sie sprechen. Schicksalen gegenüber,
die schwer auf anderen lasten, fühle ich mich allerdings nicht
zu dieser Heiterkeit berechtigt. Daß Sie, lieber Gerhart
Hauptmann, sich nicht in eine politische Aktivität hineinbe-
geben sollten, habe ich, wie Sie wissen, immer gewünscht,
und auch dann, als Sie sich mit solchem Gedanken trugen.
Aber nicht nur der Dichter der ›Weber‹ und des ›Florian Gey-
er‹, sondern die ganze Persönlichkeit Gerhart Hauptmanns
ist durch ihr Werk, ihre Vergangenheit, ihre Beziehungen zu
Menschen und Dingen mit einem Kreise von Kulturideen,
mit einer Weltanschauung verbunden, und deshalb werden
Schritte immer auffällig sein und viel erörtert werden, die den
Anschein erwecken, als führten sie von dort heraus. Sicherlich empfinden Sie, daß auch diejenigen, die keine kämpferi-
schen Gesten und Bekenntnisse, sondern nur die schlichten

und stillen Zeichen jener Verbundenheit sehen wollen, solche Betrachtungen anstellen mußten. Mir scheint es, daß Sie den Zusammenhang mit dem zurückgelegten Wege auch dann wahren dürfen, wenn Sie der neuen Jugend das Recht auf den eigenen Weg zuerkennen. Die Freundschaft, die nicht verletzen will und zu verstehen versucht, darf so offen reden.«[58]

Wolff resignierte nicht. Enttäuscht, jedoch voller Pläne fügte er sich dem Ausweisungsbefehl der Schweizer Behörden. Der ebenfalls in die Schweiz emigrierte ehemalige Reichsschatzminister Georg Gothein berichtete darüber am 15. August 1933 einem Bekannten. Wolff beteilige sich an keiner der im Ausland erscheinenden deutschen Zeitungen, sondern habe ihm erklärt, daß er »nur ein historisches Werk schreiben möchte, das aus der Vogelperspektive und an großen Aspekten die Vergangenheit« behandle.[59] Damit war nicht Wolffs Buch »Der Krieg des Pontius Pilatus« gemeint; dieses Werk konnte noch im Züricher Verlag Oprecht und Helbling erscheinen. Doch für die von ihm im selben Jahr abgeschlossenen Erinnerungen, Dokumente und Briefe »Der Marsch durch zwei Jahrzehnte« mußte Wolff sich einen neuen Verlag suchen. Er fand ihn in den Niederlanden, in Amsterdam. Die »Deutsche Verlagsabteilung« des Allert de Lange-Verlags verfolgte auch nach dem Tod des Verlegers im Frühsommer 1935 die Publikation des Wolffschen Manuskripts mit Nachdruck. Die erhaltenen Fragmente der damaligen Korrespondenz zwischen dem Autor und dem Verlagshaus zeigen Stärken und Schwächen des ursprünglich noch »literarischer« gestalteten Manuskripts auf.

»Ich habe mich in diesen Tagen, soweit es möglich war, mit Ihrem Manuskript beschäftigt, das mir außerordentlich geglückt zu sein scheint. Diese Mischung zwischen psychologischer Betrachtung und historischen und politischen Reminiszenzen hat einen ganz großen Reiz. Figuren wie die Grafen Monts, Ballin, werden ganz nahe gebracht. Man sieht sie plötzlich deutlich vor sich. Ein Glanzstück und besonders interessant ist der große Brief des Fürsten Bülow. Besondere Bewunderung habe ich für Ihre wahrhaft überlegene Haltung, die Kritik und Anerkennung auf das richtige Maß reduziert. Über die Rahmengespräche sage ich sehr gerne meine Meinung, die gewiß nicht maßgebend ist. Durch das einleitende und abschließende Gespräch gewinnt zweifellos das Buch. Es wird, was wichtig ist, eine Einheit hergestellt.

Hingegen bin ich von den Zwischenunterhaltungen nicht so ganz überzeugt. Sie haben einen gewissen Reiz, soweit sie sich auf den vorausgegangenen Aufsatz beziehen. Hingegen scheint mir nicht erforderlich zu sein, daß diese Zwischenunterhaltungen ankündigen, was sonst noch in diesem Kreise erörtert wird, aber ich halte diese ganze Frage nicht für sehr entscheidend. Mehr Kopfzerbrechen macht mir die Titelfrage. Ich bin auch nicht so sehr entzückt von dem Titel ›Der Marsch durch 2 Jahrzehnte‹, aber ich glaube, daß man ihn nehmen muß, falls uns kein anderer Titel einfällt. Ich muß mich jedenfalls bald entscheiden, da ich schon in diesen Tagen den Titel für den Umschlag geben möchte. Ich könnte mir noch einen Titel vorstellen in der Art wie: ›Erinnerungen und Begegnungen‹. Jedenfalls wäre das ein Titel, der gleichsam neutral ist und sicherlich nichts verdirbt. Ich wäre Ihnen also dankbar, wenn Sie mir sobald wie möglich Ihre Ansicht betr. der Titelfrage mitteilen werden.«[60]

Aus dem nächsten Brief des Lektorats läßt sich auch das von Wolff geteilte Unbehagen an der Titelwahl ablesen: »Ich danke Ihnen für Ihren Brief vom 2. 7.[61] Ich glaube, es bleibt uns nichts anderes mehr übrig als den Titel: ›Der Marsch durch 2 Jahrzehnte‹ zu lassen. Ich habe die Hoffnung, daß er sich doch wirkungsvoller erweisen wird, als er Ihnen im Moment scheint. Die Zwischenunterhaltungen laß ich also heraus. An sich dürfte sich durch Ihre Einleitung niemand gekränkt fühlen, da sie eigentlich jeder Auffassung gerecht wird. Immmerhin wäre es denkbar, daß bei der großen Sensibilität eines Teiles der Emigration, eine Sensibilität, die sich ja aus den ganzen Umständen erklären läßt, sich der eine oder der andere verletzt fühlen könnte. Im Ausland, soweit ich es beurteilen kann, wird man gerade für diesen Gedankengang Ihrer Einleitung sehr viel Verständnis haben.«[62]

Um die »Zwischenunterhaltungen« kürzte Wolff sein Manuskript; doch den Titel ließ er unverändert. Erst für die heute vorgelegte Neuausgabe wurde einvernehmlich mit Rudolf Wolff ein neuer, weniger »militaristisch« klingender und die Gesamtthematik stärker andeutender Titel gefunden.

Das Werk erfuhr sogleich Rezensionen im »Observer«

vom 1. September 1936 (W. Steed), in »The Sunday Times« vom 8. November (E. H. Carr) und von Harold Nicholson am 23. Oktober im »Daily Telegraph«: »The value of Dr. [sic] Wolff's writings is to be sought, not only in the mass of unpublished material which he provides, not only in his acute psychological penetration, but perhaps mainly in the balance of his judgment. Although exiled from his country in circumstances of great unfairness, he remains unembittered and uncomplaining. Not for one moment does he allow a sense of grievance to ruffle the extreme dignity of his detachment. His loyalty to Germany and the Germans remains as warm as ever, and even the brilliant criticism which in this book he makes of the German character is one which he made twelve years ago when he was still a power in the land.« Außerdem erschien in Frankreich eine ausführliche Besprechung von F. Bourgin (»Europe Nouvelle«, 11. IX. 1937, 883−885) und in der Schweiz eine Einschätzung aus dem Kreis der deutschen Pazifisten. Der nur mit einem »W.« zeichnende Verfasser betonte in der Schweizer Zeitschrift »Die Friedens-Warte«: »Das vorliegende Buch ist für den Pazifisten von ganz besonderem Interesse, da es die Haltung bekannter Pazifisten wie Schücking und Quidde zu den Friedensbedingungen der Entente deutlich zeigt. [...]

Auf S. 381 [jetzt S. 350 f.] wendet sich der Verfasser gegen den ›gelehrten‹ (gemeint ist wohl der ›organisatorische‹) Pazifismus. ›Der beste Pazifist sei der Staatsmann, der mit klarem Wirklichkeitssinn, unverführbar durch gefällige Wunschbilder, vorausschauend und jedes Unternehmen vor dem Beginn bis zur letzten Eventualität prüfend, die Gefahr fernzuhalten versteht‹. Zu diesen Ausführungen kann die Frage gestellt werden, ob denn ein von Fall zu Fall mit Hilfe eleganter Formeln und kluger Diplomatie aufrechterhaltener Friede, so wünschenswert auch solche diplomatischen Bestrebungen sind, *auf die Dauer* genügt, um die Menschheit nach Möglichkeit vor der Wiederkehr eines neuen Weltbrandes zu bewahren. Wir glauben nicht. Ohne eine Staatenorganisation, welche den Frieden auch wirklich zu sichern vermag, wird die Menschheit sich von der Geißel des Krieges nicht befreien können. Ganz abgesehen von solchen und ähnlichen Erörterungen über grundsätzliche Fragen enthält das Buch sehr interessante Erinnerungen an Staatsmänner wie Bülow, v. Bethmann Hollweg, Graf Monts usw.«[63]

Winfried Baumgart erfaßt in seiner »Quellenkunde zur deutschen Geschichte der Neuzeit von 1500 bis zur Gegenwart«[64] Wolff als »Kritiker der wilhelminischen Außenpolitik«. Zu Recht nennt er das »Vorspiel« ein »lose zusammengefügtes [...] Erinnerungsbuch«[65]. Diese Charakterisierung läßt sich auf den »Krieg des Pontius Pilatus« und den »Marsch durch zwei Jahrzehnte« übertragen. Die Bedeutung der drei Werke für die Geschichtswissenschaft liegt nach Baumgart demnach in folgendem: »Da er [Theodor Wolff] in persönlichen Beziehungen zum Reichskanzler gestanden hatte, weiß er stellenweise kenntnisreich zu berichten. Die deutsch-englischen Bündnisverhandlungen 1898−1901 sieht er, einer weitverbreiteten Auffassung zu Beginn der zwanziger Jahre entsprechend, als verpaßte Gelegenheit. Besonders ergiebig sind seine Ausführungen zur ersten Marokko-Krise. In seinem zweiten, wenig gelesenen Buch, in dem die Darstellung die persönliche Erinnerung überlagert, berichtet Wolff über die internationalen Krisen der letzten Vorkriegsjahre vom Agadir-Coup bis zum Juli 1914 [»Der Krieg des Pontius Pilatus«]. Es ist wertvoll wegen Wolffs guter Personalkenntnisse. In seinem dritten, ebenfalls in der Emigration publizierten Erinnerungsbuch schreibt Wolff vor allem über seine Begegnungen mit den Reichskanzlern von Bülow bis Max von Baden [»Der Marsch durch zwei Jahrzehnte«]. Er druckt mehrere von Bülow während dessen römischer Mission 1915 und in der Nachkriegszeit an ihn gerichtete Briefe politischen Inhalts ab.«[66]

Die 1936 beigegebenen Dokumente hat Wolff in der Regel korrekt und mit Anführung der jeweiligen Kürzungen veröffentlicht. Auf eine gravierende Abweichung muß jedoch im »Tagebuch«-Fall hingewiesen werden. In dem Kapitel »Die Revolution des Schlemihl« gibt Wolff vor, Tagebuchaufzeichnungen herangezogen zu haben, um das Atmosphärische des am 8. November 1918 hin- und herwogenden Kampfes besser wiedergeben zu können. Ausdrücklich entschuldigt er sich bei seinem Leser für die »Dürftigkeit« des diaristischen Materials. Bereits ein knapper Auszug aus dem originalen Tagebuch von Wolff klärt in der Gegenüberstellung mit dem späteren Buchmanuskript über den Umfang und über den Stil der starken Bearbeitungen auf:

»8. November. Fieberhafte Spannung.

Alle Augenblicke telephonirt einer an, der wissen will, d. Abdankung sei vollzogen, oder der Kaiser weigere sich, der Kronprinz rate zum äußersten Widerstand etc. Dabei die Revolutionsnachrichten aus dem ganzen Lande immer näher an Berlin.

8. November. Die Spannung ist fieberhaft. Wird der Kaiser abdanken oder wird er Widerstand leisten wollen? Da die Sozialdemokraten gestern nachmittag beschlossen haben, aus der Regierung auszutreten, wenn die Abdankung nicht komme, wird bei einer Weigerung oder auch schon bei zu langem Zögern das jetzige Kabinett verschwinden und wahrscheinlich, wenn auch nur für den ersten Augenblick, die Einigung der Arbeiterschaft sich vollziehen. Die Führer werden dann einfach mitgeschleift. In jeder Minute telephoniert irgendein Bekannter oder Unbekannter bei mir an, der wissen will, Wilhelm habe bereits abgedankt, oder er weigere sich, oder er sei mit einer Armee gegen Berlin unterwegs. Aus dem ganzen Lande Meldungen über die Fortschritte der Revolution, nirgends rühren die Kreise, die sich so kaisertreu gebährdeten und so stolz mit ihren Orden waren, auch nur einen Finger für die Verteidigung der Monarchie, und die Soldaten laufen überall aus den Kasernen heraus. In Berlin sind die Bahnhöfe militärisch besetzt, vor dem Palais, dem Kriegsministerium und anderen Gebäuden stehen noch Doppelposten, äußerlich ist das alles wie sonst. In den

In München völliger Umsturz.

Köpfen unter den Helmen wird wohl der Gedanke rumoren, dies sei die letzte Wache, und morgen oder heute abend schon werde das freie Leben beginnen. Im Bürgerpublikum sind viele ängstlich, nervös, verstecken ihre Geldscheine, versorgen sich, um für alle Fälle eine Beleuchtung zu haben, mit den kleinen Karbidlampen, die so entsetzlich stinken, und einige Villenbesitzer, die ich kenne, ziehen aus dem Grunewald oder von den Haveluferrn, wo sie sich zu einsam und ungeschützt fühlen, in die Stadt. Sie alle haben Angst vor dem Spartakismus, und ihre einzige Hoffnung ist jetzt die Sozialdemokratie, die ja vernünftig ist und nicht gleich alles kaputtschlagen wird. Um ein Uhr ist noch keine Antwort des Kaisers da. Der sozialdemokratische Parteivorstand, der so dringend eine Regelung in Güte wünscht, will sich noch gedulden und verlängert die Ultimatumsfrist. Gegen Mitternacht telephoniert mir aus dem Auswärtigen Amt Ferdinand von Stumm, der Kaiser werde gewiß nachgeben, aber das alte Regime könne sich leider nicht so schnell umstellen, kostbare Zeit gehe verloren, nun würden wir morgen auch in Berlin die Revolution haben, und ob man dann dem Bolschewismus werde entgehen können, sei doch sehr zweifelhaft. Gleich darauf

Nach ein Uhr noch keine Antwort des Kaisers — die Sozialdemokraten haben die Frist verlängert.

Abends um 12 telephonirt F[erdinand] v. Stumm mich an, es gehe kostbare Zeit verloren, ein Widerstand gegen d. Abdankung l[i]ege offenbar nicht vor, aber das alte Regime könne sich leider so schnell nicht umstellen, schnelle Abdankung hätte uns noch die Revolution in Berlin ersparen können.

Gleich darauf telephonirt Haußmann, an der Regierung liege es nicht, sie so bestimmt wie nur irgend möglich dem Kaiser die Lage geschildert und ihre Ansicht gesagt. Um Mitternacht kommt auch die Meldung, daß Linsingen, der Kommandeur in den Marken, zurückgetreten sei. Ein deutliches Zeichen dafür, daß man auch in Berlin vor der Revolution das Feld räumt.«[67]

Konrad Haussmann am Telephon: an der Regierung liege es nicht, sie habe dem Kaiser die Lage so bestimmt wie nur möglich geschildert und ihre Ansicht gesagt. Dann wird in der Nacht noch bekanntgegeben, daß der Generaloberst Linsingen, der Oberkommandierende in den Marken, der militärische Befehlshaber von Berlin, zurückgetreten sei. Also diese eben noch so großartigen Diener der Monarchie denken auch in Berlin an keinen Widerstand mehr und räumen das Feld, ohne den Degen zu ziehen.«[68]

Hin und wieder finden sich Datierungsfehler. So berichtet Wolff in dem Kapitel »Fürst Bülow am Fenster« von einem Gespräch mit dem ehemaligen Reichskanzler, das am 2. Dezember 1914 stattgefunden haben soll. Wolffs Tagebuch-Hefte II (8. Oktober bis 11. Dezember 1914) und III (11./ 15. Dezember 1914 bis 17. Februar 1915) – datieren diese Unterredung eindeutig und korrekt auf den 11. Dezember 1914. Entsprechendes gilt für die sich anschließende Begegnung vom 15. Dezember 1914, die irrtümlich auf den 6. Dezember datiert wird. In der Edition der Wolffschen »Tagebücher 1914–1919« sind die störenden, aber nicht gravierenden Fehler dieser Art im einzelnen aufgeführt und korrigiert.

Auch bei den Zitaten aus Briefen oder Unterredungen verfährt Wolff in ähnlich großzügiger Weise wie mit dem »tagebuchartigen« Bericht über den 8. November 1918. Hier seien exemplarisch zwei Passagen einander gegenübergestellt, die aus der Unterredung mit Bülow am 11. Dezember 1914 stammen.

»Er [Bülow]. Ja, ich schätze ja Jagow gewiß, und Bethmann ist ein vornehmer, durch und durch anständiger Mann. Er will das Beste. Aber ein Mann mit diplomatischer Erfahrung hätte es nie zu diesem Krieg kommen lassen. Niemals. Böswilligkeit lag noch nicht vor, es fehlte also doch wohl an der Geschicklichkeit. Ich habe 1905 den Krieg vermieden, und 1909. Nie hätte ich es soweit kommen lassen. Uebrigens halte ich auch von prophylaktischen Kriegen gar nichts, ich bin ganz dagegen. Jeder Diplomat von Erfahrung brauchte auf das oesterreichische Ultimatum doch nur mit dem Finger hinzutippen und mußte die Stelle herausfinden, wo die Serben nicht mehr nachgeben konnten und wo die Russen eingreifen würden.

Alexander II., der auch lieber bei seiner ... geblieben wäre, ist aus solchen Gründen gegen die Türkei in den Krieg gegangen, und Nikolaus I. hat den Krieg gemacht und der jetzige Zar mußte auch, wenn er auch lieber bei Mutter geblieben wäre. Das mußte jeder voraussehen. Und dann, warum hat man eigentlich, als es nun soweit war, das Mittel nicht angenommen, das Cambon in seiner Unterhaltung mit Jagow vorschlug? Ich habe sie im Berliner Tageblatt gelesen. Warum

»Ich schätze ja Jagow, und Bethmann ist ein vornehmer, durch und durch anständiger Mann. Er will das Beste, ganz gewiß. Aber ein Mann von diplomatischer Erfahrung hätte es nie zu diesem Kriege kommen lassen − niemals, dieser Meinung sind Sie ja auch. Böswilligkeit lag nicht vor, bestimmt nicht, es fehlte also doch wohl an Geschicklichkeit. Ich habe 1905 den Krieg vermieden, und 1909. Niemals hätte ich es soweit kommen lassen, ich glaube, daß ich das von mir sagen darf. Jeder Diplomat von Erfahrung brauchte doch auf das österreichische Ultimatum nur mit dem Finger hinzutippen und mußte die Stelle herausfinden, wo die Serben nicht mehr nachgeben konnten und die Russen eingreifen würden.

Alexander II., der auch lieber zu Hause geblieben wäre, ist aus solchen Gründen gegen die Türkei in den Krieg gezogen, und Nikolaus I. hat den Krieg gemacht, und der jetzige Zar, der auch lieber still bei Mutter gesessen hätte, mußte auch. Das war doch vorauszusehen. Und warum hat man das Mittel, das Cambon in seiner Unterhaltung mit Jagow vorschlug, nicht angenommen? Warum wollte Jagow nicht, daß die vier Mächte, Deutschland, Italien, Frankreich und wollte Jagow nicht, daß die vier Mächte Deutschland, Italien, Frankreich und England sich zusammentäten und einen Ausweg suchten? Von den vier Mächten waren mindestens drei, Deutschland, Frankreich, Italien, doch absolut für den Frieden.«[69] England sich zusammentaten, um eine Einigung zustande zu bringen? Von den vier Mächten waren mindestens drei, Deutschland, Italien und, ich bin überzeugt, auch Frankreich, nicht für den Krieg.«[70]

Anmerkungen

1 Die genauen bibliographischen Nachweise finden sich in dem Abschnitt »Manuskripte und veröffentlichte Schriften Theodor Wolffs«, in dem erstmals eine vollständige Bibliographie vorgelegt wird.

2 Der »Nachlaß Theodor Wolff« wird vom Bundesarchiv in Koblenz verwahrt und ist frei benutzbar.

3 Zu biographischen Einzelheiten, zum Œuvre und zu den historischen Zusammenhängen vgl. die ausführliche Einleitung »Zu dem Leben und Werk Theodor Wolffs« in Wolff, Tagebücher I, 18−49, und Sösemann, Ende, 21−26. − Hier und im folgenden werden die in den beiden Literaturverzeichnissen vollständig angeführten Werke nur mit dem Nachnamen des Verfassers oder Herausgebers und einem Titelstichwort benannt.

4 Es war Adolph Wolff; vgl. dazu Köhler, Chef-Redakteur, 12 f.

5 Rudolf Mosse (1843−1920), Verleger; erlernte in Posen den Buchhandel, gründete 1867 eine Annoncen-Expedition und Verlagsbuchhandlung mit zahlreichen Zweigstellen im In- und Ausland, verlegte seit 1872 das »Berliner Tageblatt«, besaß seit 1872 auch eine Buchdruckerei, seit 1889 verlegte er die »Berliner Morgen-Zeitung« und seit 1904 die »Berliner Volks-Zeitung«; vgl. den Nachruf Wolffs auf Mosse im »Berliner Tageblatt« 432, 13. XI. 1920 (Abendausgabe).

6 Albert Mosse (gestorben 1925), Oberlandesgerichtsrat a. D., Universitätsprofessor in Berlin, Stadtrat und Stadtältester.

7 Käthe (1866−1941), verh. Hirschfeld.

8 Martha (1871 geb.), 1942 im Konzentrationslager in Theresienstadt umgebracht.

9 Fritz (1876−1940).

10 Eduard Lasker (1829—1884), Politiker, Jurist; nahm 1848 an den Kämpfen in Wien teil, war 1865 bis 1879 Mitglied des preußischen Abgeordnetenhauses, 1867–1884 Mitglied des Reichstags, Mitbegründer der National-liberalen Partei; im Februar 1873 hielt er seine Rede über die schwindelhaften Gründungen von Wirtschaftsunternehmen.

11 Recha Wolff, geb. Davidsohn; vgl. Köhler, Chef-Redakteur, 13 f.

12 Johann Jacoby (1805–1877), Mediziner, Politiker; seit 1830 als Arzt in Königsberg, politische Publizistik, 1849 Mitglied der preußischen Nationalversammlung und des Stuttgarter Rumpfparlaments, 1863–1871 Mitglied des preußischen Abgeordnetenhauses, 1864 zu sechs Monaten Gefängnis verurteilt (Steuerverweigerung propagiert), seit 1872 Mitglied der SPD, Herausgeber der Zeitschrift »Die Zukunft«.

13 Johannes Trojan (1873–1915), Schriftsteller; studierte Medizin und Philologie, 1886–1909 Chefredakteur der Zeitschrift »Kladderadatsch«.

14 Richard (1906 geb.); zu ihm und seinen Geschwistern Rudolf (1907 geb.) und Lilli (1909 geb.) vgl. Wolff, Tagebücher I, 67, Anm. 11.

15 Leonhard Tietz (1849–1914), gehörte zu den ersten Warenhausgründern, ausgedehntes Filialnetz im Rheinland, 1905 verwandelte er die Firma in eine Aktiengesellschaft.

16 Es waren die dreizehn Kinder des Landarztes Mosse.

17 Julius Rodenberg (1831–1914), Schriftsteller; studierte Jura, veröffentlichte lyrische und epische Dichtungen, 1867 bis 1874 Mitherausgeber der Zeitschrift »Salon für Literatur, Kunst und Gesellschaft«, 1874 Begründer und Herausgeber der Zeitschrift »Deutsche Rundschau«.

18 Julius Elias (1861–1927), Schriftsteller, Theater- und Kunstkritiker; Studium der Germanistik und Literaturgeschichte, 1892 bis 1925 Herausgeber der »Jahresberichte für neuere deutsche Literaturgeschichte«, seit 1919 leitete er die Kunstabteilung des Ullstein-Verlags.

19 Wilhelm Stieber (1818–1882), preußischer Polizeibeamter, 1860 wegen Überschreitung der Amtsbefugnisse angeklagt, aber freigesprochen; 1866 und 1870/71 Chef der Feldpolizei; vgl. idem, Denkwürdigkeiten des Geh[eimen] Regierungsrathes und Polizeidirectors Dr. Stieber, herausgegeben von L. Auerbach, Berlin 1884; neuerdings: idem, Spion des Kanzlers, Die Enthüllungen von Bismarcks Geheimdienstchef, Stuttgart 1978.

20 Richard und Rudolf besuchten das Mommsen-Gymnasium.

21 Emanuel Geibel (1815–1884), Dichter; studierte klassische und

romanische Philologie, 1840 erschien seine erste Gedichtsammlung (129. Aufl. im Jahr 1902), 1851−65 Honorarprofessor für Ästhetik in München, lebte seit 1869 in Lübeck als Privatmann.

22 Paul von Heyse (1830−1914), Schriftsteller; studierte klassische, dann romanische Philologie, 1854 von König Maximilian nach München berufen, erhielt 1910 den Nobelpreis.

23 Robert Hamerling (1830−1889), österreichischer Dichter; 1851 Hilfslehrer der klassischen Sprachen in Wien, Graz, 1855 Professor am Gymnasium in Triest.

24 Friedrich Spielhagen (1829−1911), Schriftsteller; studierte Jura, dann Philologie, Philosophie, Übersetzungen aus dem Englischen, Französischen; veröffentlichte Novellen, Romane, gab die »Deutsche Wochenschrift« und »Westermanns Monatshefte« heraus.

25 Eduard von Bauernfeld (1802−1890), österreichischer Jurist, Schriftsteller; 1830−48 Beamter, Leiter des Lotto-Steueramts, verfaßte äußerst populäre Lustspiele.

26 Ludwig Anzengruber (1839−1889), Schriftsteller; Buchhändlerlehre, 1858−67 Schauspieler, 1869 Kanzlist in der Polizeidirektion von Wien, seit 1870 Erfolge auf dem Theater, 1882−85 Redakteur der Zeitung »Heimat«, dann des Wiener »Figaro«.

27 Friedrich von Bodenstädt (1819−1892), Schriftsteller; studierte Philologie, seit 1841 Erzieher in Rußland, 1854 Professor für slawische Sprachen in München, 1858 für altenglische Literatur, 1866−69 Leiter der Hofbühne von Meiningen, 1881−88 Herausgeber der »Täglichen Rundschau«.

28 Paul Meyerheim (1842−1915), Maler; Sohn Friedrich Eduard Meyerheims; Schüler seines Vaters und der Berliner Akademie; bevorzugte Tierdarstellungen, aber auch menschliche Bildnisse sowie Genrebilder aus dem Volksleben.

29 Gemeint ist wohl der »Sarkophage des Muses« in der »Galerie Denon« des Louvres.

30 Köhler, Chef-Redakteur, 21−26; dort sind Gedichte wiedergegeben.

31 Max Dessoir (1867−1947), Philosoph, Psychologe; wurde in Berlin und in Würzburg zum Dr. phil. und zum Dr. med. promoviert, habilitierte sich 1892 in Berlin für Philosophie, lehrte dort bis 1934, begründete 1909 die »Gesellschaft für Ästhetik und allgemeine Kunstwissenschaft«, gilt als Begründer der Parapsychologie.

32 Carl Freiherr du Prel (1839−1899), Schriftsteller; veröffentlichte philosophische, ästhetische und okkultistische Studien.

33 Wilhelm Hübbe-Schleiden (1846−1916), Jurist, Publizist, Kolo-

nialpolitiker; studierte Volkswirtschaft, Jura, 1875–77 in Äquatorialafrika, 1886–96 Herausgeber der spiritistischen Monatsschrift »Sphinx«.

34 Herman Grimm (1828–1901), Kunst- und Literaturhistoriker; 1872 Professor der Kunstgeschichte, veröffentlichte Romane, Dramen, als sein Hauptwerk gilt das »Leben Michelangelos« (1860–63; [15]1912.)

35 Felix Hollaender (1867–1931), Schriftsteller; begründete 1894 die Wochenzeitung »Welt am Montag«, die er mit Alfred Plötz herausgab und für die u. a. K. Eisner, G. Landauer, G. Bernhard, A. Kerr arbeiteten, seit 1902 freundschaftliche Zusammenarbeit mit M. Reinhardt, übernahm 1920 die Leitung der drei Berliner Reinhardt-Bühnen, danach Theaterkritiker des »8-Uhr-Abendblatts«.

36 Max Osborn (1870–1946), Kunsthistoriker, Schriftsteller; 1900–33 Redakteur der »Morgenpost«, emigrierte 1938 in die USA.

37 Vgl. dazu Köhler, Chef-Redakteur, 25 ff.; die »Ersten Waffengänge« wurden gedruckt und verlegt bei Robert Ohde.

38 Max von Forckenbeck (1821–1892), Politiker; beteiligte sich 1848 am Glogauer Demokratisch-konstitutionellen Verein, mußte deshalb die Richter-Laufbahn aufgeben und war ab 1849 Rechtsanwalt, 1858–73 Mitglied des preußischen Abgeordnetenhauses (seit 1866 als Präsident), 1866 Mitbegründer der National-liberalen Partei, 1867–92 Mitglied des Reichstags, 1872 Oberbürgermeister von Breslau und Mitglied des preußischen Herrenhauses, seit 1878 Oberbürgermeister von Berlin, schloß sich 1884 der Deutsch-Freisinnigen Partei an.

39 Theodor Wilhelm Barth (1849–1909), Schriftsteller, Jurist, Politiker; 1876–83 Syndikus der Bremer Handelskammer, 1879 Vertreter der Hansestädte im Bundesrat, seit 1881 Mitglied des Reichstags (liberal), 1883 bis 1907 Herausgeber der Wochenschrift »Die Nation«, 1898–1903 Mitglied des preußischen Abgeordnetenhauses, 1908 scheiterte sein Versuch, eine neue Partei zu gründen.

40 Albert Träger (1830–1912), Parlamentarier und Dichter, Rechtsanwalt in Nordhausen am Harz 1874–1878, seit 1880 wieder Mitglied des Reichstags (Deutsch-Freisinnige Partei).

41 Ludwig Loewe (1837–1886), Unternehmer, Politiker; gründete 1869 eine Nähmaschinenfabrik, später baute er Werkzeugmaschinen, seit 1864 Berliner Stadtverordneter, seit 1876 Mitglied des preußischen Abgeordnetenhauses und seit 1878 Mitglied des Reichstags (Fortschrittspartei).

42 Diese autobiographischen Aufzeichnungen finden sich im Bun-

desarchiv Koblenz, Nachlaß Wolff 22, La Terrasse, 1 f., 141−158. − Von den Erlebnissen und Erfahrungen als Emigrant in Nizza berichtet Wolff in dem postum veröffentlichten Manuskript »Die Juden«, 216−285.

43 La Terrasse, Teil III, Abschnitt 2a, 18.

44 Vgl. dazu Sösemann, Bernd: Politische Kommunikation im Reichsbelagerungszustand. Programm, Struktur und Wirkungen des Klubs »Deutsche Gesellschaft 1914«. In: Bobrowski, M./ Langenbucher, W. (Hg.), Wege zur Kommunikationsgeschichte (Schriftenreihe der Deutschen Gesellschaft für Publizistik und Kommunikationswissenschaft 13). München 1987, 630−649.

45 Wolff, Grabmal, 36 f.

46 Wolff, Tagebücher, Nr. 806.

47 Wolff, Grabmal, 73 f.

48 Vgl. dazu Sösemann, Ende, 123−153.

49 Auszug aus Leitartikel in »Berliner Tageblatt« 97, 26. II. 1933: »Der 5. März«.

50 S. 108.

51 Ebd., 107.

52 Brief von Theodor Wolff an Hans Lachmann-Mosse; Seefeld/ Tirol, 12. III. 1933 (Bundesarchiv, Nachlaß Wolff 14; maschinenschriftlicher Durchschlag ohne Unterschrift).

53 Brief von Hans Lachmann-Mosse an Theodor Wolff; Berlin, 13. III. 1933 (Bundesarchiv, Nachlaß Wolff 14; handschriftliche Ausfertigung).

54 Köhler, Chef-Redakteur, 300−306.

55 Der namentlich nicht genannte Verfasser zeichnete mit »D. E. M.« (Artikel »Theodor Wolff« in »Die Zeitung« 361, 4. II. 1944).

56 Vgl. dazu Wolff, Tagebücher, Nr. 33 (8. X. 1914), 228 (9. X. 1915) und 823 (3. XII. 1918).

57 Auszug aus Brief von Gerhart Hauptmann an Theodor Wolff; Agnetendorf i. R., 29. XI. 1933 (maschinenschriftliche Kopie; Bundesarchiv Koblenz, Nachlaß Wolff).

58 Brief von Theodor Wolff an Gerhart Hauptmann; Lugano, 4. XII. 1933 (maschinenschriftliche Kopie; Bundesarchiv Koblenz, Nachlaß Wolff)

59 Bundesarchiv Koblenz, Nachlaß Gothein 31, Brief an J. Stern (Ausfertigung).

60 Lektor [Unterschrift unleserlich] des Verlags Allert de Lange, Deutsche Verlagsabteilung, an Theodor Wolff (Auszug); Amsterdam, 29. VI. 1935 (Ausfertigung; Bundesarchiv Koblenz, Nachlaß Wolff).

61 Der Antwortbrief von Wolff an das Lektorat war im Nachlaß nicht zu finden.

62 Brief des Verlags Allert de Lange an Theodor Wolff (Auszug); Amsterdam, 8. VII. 1935 (Bundesarchiv Koblenz, Nachlaß Wolff).

63 Auszug aus »Die Friedens-Warte« 36 (1936), 162; Verfasser ist vermutlich Hans Wehberg. – Vgl. auch die Reaktion von Thomas Mann auf das Erscheinen des »Marsches durch zwei Jahrzehnte« in dessen Tagebüchern, 1935–1936, Frankfurt/M. 1978, 7. XI. 1935.

64 Hier im Bd. 5, Teil 2: »Das Zeitalter des Imperialismus und des Ersten Weltkrieges (1871–1918), persönliche Quellen«, Darmstadt 1977, 77 f.

65 Auf die Rezension des »Vorspiels« von Veit Valentin, s. unten S. 364–366, wird hier ausdrücklich verwiesen, weil sie Allgemeingültiges zum Wolffschen Stil und zur Darstellungsweise festhält.

66 S. o. Anm. 64, ebd., 78.

67 Wolff, Tagebücher, Nr. 802, 646.

68 Wolff, Marsch, 192 f., jetzt 176 f.

69 Wolff, Tagebücher, Nr. 65, 134f.; Auslassungspunkte im Original.

70 Wolff, Marsch, 25 f. bzw. jetzt 22 f.

L

DIE WILHELMINISCHE EPOCHE

Vorbemerkung

Im Garten eines Landhauses, das auf einem der Hügelzüge an der französischen Küste, in ziemlicher Höhe über dem Meere steht, fanden sich regelmäßig an jedem Sonntag, und manchmal auch an einem Wochentage, sehr verschiedenartige, aber durch geistige Interessen verbundene Menschen zusammen. Sie stammten aus vielerlei Ländern, sie hatten nicht die gleichen Arbeitsgebiete, ihre politischen Anschauungen gingen oft auseinander, aber sie waren entweder voll Wissen oder voll Wißbegierde und lebten zwischen der Erbschaft vergangener Jahrhunderte und den Problemen der Gegenwart. Allerdings nahmen sie an diesen Problemen mehr oder minder leidenschaftlich teil, und während einige von ihnen erregt und sogar erschüttert waren, betrachteten andere die Dinge so überlegen und so von der Erkenntnis der Vergänglichkeit durchdrungen wie ein Marabu, der auf den verschütteten Gräbern unzähliger Pharaonengeschlechter herumspaziert. Gerade die meisten derjenigen, die durch die Ereignisse aus ihrem liebgewonnenen Wohnsitz, ihrem Beruf, ihrem Verdienst vertrieben, plötzlich entwurzelt und zu der Wanderung ins Ungewisse gezwungen worden waren, wollten in diesem Kreise ihre Gefühle nicht zur Schau stellen – sie hatten den Takt des Kranken, der in einer animierten Gesellschaft die beängstigende Not seines Herzens verbirgt. Der Besitzer des schönen Landhauses war ein aus Hamburg gebürtiger Kunsthistoriker, der in Amerika einem reichen Manne Gemäldegalerie und Bronzesammlung eingerichtet, dann die Tochter des Mäzens geheiratet hatte und selber Amerikaner geworden war. Er hatte mehrere Bücher über die Meister von Siena, über Giotto und seinen Lehrer Cimabue geschrieben, und da er fand, daß man die Werkstätten der alten Kunst nachgerade bis in ihre letzten Winkel durchstöbert habe, und da er ein ironischer Geist war, beschäftigte er sich jetzt damit, in den Museen Fälschungen oder irrtümlich mit einem großen Namen bezeichnete Bilder aufzuspüren und ihren Bewunderern zu erklären, daß sie genarrt worden seien.

Liebenswürdig, gastfrei, von jeder einengenden Ideologie losgelöst, vereinigte er bei sich, unter den Orangenbäumen und in seinem prachtvollen Bibliothekszimmer, Bewohner der Küste und Durchreisende, die ihm in seine Tafelrunde zu passen schienen, und war auch hilfsbereit, wenn er eine ihm sympathische Person in Bedrängnis sah. Seine echt amerikanische, noch junge Gattin mischte sich nur selten mit einem Wort in die Unterhaltung, beschränkte sich auf ein aufmerksames Zuhören und häkelte unablässig Sweater und Shawls. Aus Deutschland waren, neben mir und den Meinigen, noch sechs Menschen hierher verweht. Einer von ihnen war der Dichter eines viele hunderte Male gespielten Dramas und köstlicher, vom Duft der Heimaterde durchwobener Romane, hochstehend durch seinen Schöpfersinn, durch seine vieles umfassende Bildung, durch die Vornehmheit seines Charakters und die Weite seines Denkens, verfeinerter Vollgermane, den, ebenso wie seine Frau, nur das Bedürfnis nach einem Luftwechsel fortgetrieben hatte, und eine andere Berühmtheit dieser deutschen Gruppe war ein jüdischer Arzt und Forscher, eine große Autorität auf dem Gebiet der Nierenerkrankungen, Mitglied der Akademien in zahlreichen Ländern, nun ausgestoßen aus deutschen Hörsälen und einstweilen damit beschäftigt, für einen englischen Verleger ein Buch über sein Spezialgebiet fertigzustellen. Sodann gab es da einen ebenfalls jüdischen, schon bejahrten Professor der Mathematik, der bescheiden und bedrückt umherschlich, und seine lebhaftere Gattin, die resolut zu sagen pflegte, wenn sich ihre Lage nicht bessere, so würden sie und ihr Mann ein Ende machen und entschlossen – die Entschlossenheit war nur auf ihrer Seite – aus dem Leben gehen. Vorläufig war ihre Lage sehr schlecht, und jeder mußte sich fragen, wie sie ohne die Freundlichkeit des Hausherrn, der ihnen ein Zimmer in seinem Gartenpavillon eingerichtet hatte, noch hätten existieren können. Sie hatten zwei Töchter, bei Verwandten in Deutschland – der einzige Sohn war gleich in den ersten Tagen des Krieges bei den Kämpfen im Elsaß gefallen. Schließlich ist noch ein schönes junges Mädchen zu nennen, die Tochter einer preußischen Generalswitwe aus der Mark Brandenburg, bei dem berühmten Mediziner als Sekretärin tätig, aber, wie nähere Beobachtungen ergaben,

4

befreundet mit einem deutschen Maler, der unten in einem Küstenort wohnte und niemals hinauf zu der Hügelvilla kam.

Es fanden sich an manchen Tagen noch andere Deutsche ein, und ich habe nur diejenigen, die immer da waren, aufgezählt. Die meisten Gäste gehörten anderen Nationen an, was nicht verhinderte, daß die Unterhaltung sich häufig um Deutschland drehte und dann gewöhnlich weit temperamentvoller wurde als bei Berührung irgendeines anderen Themas, bei Erwähnung der russischen oder spanischen Dinge zum Beispiel, obgleich es in der Gesellschaft auch Zuwanderer und sogar einige richtige Emigranten aus diesen Ländern gab. Ein intimer Freund des Gastgebers war ein amerikanisierter Norweger, der für Revüen und Zeitungen sehr witzige kleine Geschichten schrieb und sich nebenbei, ähnlich wie Flaubert, eine Sammlung all der Dummheiten, dünkelhaft vorgebrachten banausischen Behauptungen, pompösen Unsinnsdokumente angelegt hatte, die er mit Vorliebe aus angeblich wissenschaftlichen Zeitschriften herausfischte und triumphierend in seine Trophäenkammer trug. Regelmäßig erschienen der französische Professor für neurere Literatur an dem Lyzeum der nahen Stadt und seine rundliche, gutmütige Lebensgefährtin, ein offenbar nicht mehr an sein Geschäft gefesselter Bankier aus Genf, ein englischer Landbesitzer, der auf den Nachbarhügeln Nelken züchtete und allerlei religionsphilosophische Studien trieb, und eine italienische Gräfin, geschiedene Gattin eines Diplomaten, die trotz ihrer Bewunderung für Mussolini außerhalb Italiens lebte, um hier draußen einen fast ganz erblindeten Politiker zu trösten und zu versorgen, der früher, in der Vergangenheit Italiens, etwas bedeutet hatte, und vermutlich auch in ihrer eigenen Vergangenheit.

Unvermeidbar war es, daß häufig von der Emigration gesprochen wurde, nicht ausschließlich von der deutschen, aber auch dann im Gedanken an sie, wenn die Unterhaltung über sie hinaus ins Allgemeine ging. Es wurde gesagt, daß ein jäher Schicksalswechsel die besseren Naturen über sich selbst hinausheben müsse, aber diesen Entwicklungskursus konnten nicht immer diejenigen durchmachen, denen die Angst vor dem kommenden Tag an der Kehle saß. Alle waren einig in der Meinung, daß es in der Emigration zwar eine gemeinsame Pflicht sei, unverschuldetes Unglück zu lindern, aber keine andere Solidaritätsverpflichtung geben könne, denn welche Verantwortung trugen der Dichter, der Arzt, der Mathematiker und ehrenhafte Kaufleute für das Tun und Benehmen eines nicht ebenso sauberen Individuums? Als man einmal von ziemlich unwichtigen Leuten sprach, die vom Martyrium nicht getroffen worden waren und nur gern ein wenig mit ihrer Heldenrolle renommierten, zitierte der Dichter eine Stelle aus Dostojewskis »Dämonen«: »Wenn aber damals jemand Stephan Trofimowitsch unwiderleglich bewiesen hätte, daß er eigentlich nichts zu fürchten hatte – er würde in den Tod gekränkt gewesen sein.«

Daß zwischen den Unterworfenen, die in Deutschland geblieben waren, und den Auswanderern sich eine Entfremdung herausbilden müsse, erschien klar. Die Ansicht überwog, daß jeder Fall einzeln und nach den besonderen Umständen zu betrachten sei. Unterschiede in Auffassung und Haltung bestanden auch hier draußen, denn es gab diejenigen, die im Auslande den Kampf gegen die neuen Machthaber fortsetzten, und diejenigen, die andere Arbeitsmethoden wählten und darauf verzichteten, ihre völlig unzweifelhaften Gedanken wie Pfeile gegen den Feind abzuschnellen. Unzweifelhaft und nicht mißzuverstehen waren die Gedanken und Gefühle aller, die dort in der freien, durchsonnten Luft beieinander waren, und auch wenn sie Jeffersons Dokument nicht kannten, bildeten die Sätze zur amerikanischen Unabhängigkeitserklärung vom 4. Juli 1776 den Zentralpunkt ihres geistigen und moralischen Wesens: »Wir halten diese Wahrheiten für von selbst einleuchtend: daß alle Menschen gleichgeschaffen, von ihrem Schöpfer mit gewissen unveräußerlichen Rechten begabt sind, daß darunter sind Leben, Freiheit und das Streben nach Glückseligkeit.« Übrigens hatten solche Diskussionen keine Ähnlichkeit mit den zänkischen Bosheiten, die aus dem Pariser Exil Heines und Börnes hinaus auf den Straßendamm drangen. Einer der Anwesenden äußerte, daß jede Emigration ihre streitbare Mannschaft gehabt habe und haben müsse, daß aber mancher, der mit Lust im Nahkampf stand, es unbefriedigend finden könnte, Geschosse abzusenden, die, wenn sie auch lästig werden, doch nicht über die Mauern des Gegners hinüberdringen. Der Hausherr, der zeigen wollte, wie wenig Neues es unter der Sonne gebe, holte aus seiner Bibliothek Jacob Burckhardts 1868 entworfene »Weltgeschichtliche Betrachtungen« und entnahm daraus Sätze über die »Emigranten, welche man sich mit enormer Überschätzung viel zu mächtig denkt oder zu denken vorgibt«, und über die seltsame Neigung, es »wie einen Raub« zu achten, »wenn sich jemand der Mißhandlung und dem Mord entzogen hat«. Mit Ausnahme eines einzigen Gastes war die ganze Gesellschaft der Ansicht, daß jeder Emigrant, der Deutsche sowohl wie der Russe, Spanier und Italiener, sich davor hüten müsse, seinem Ursprungsland feindselig gegenüberzustehen oder sich sogar in eine gegen sein Land gerichtete Front einzureihen. Wenn der vertriebene Dante den Kaiser Heinrich, den Fremden, kniend beschwor, seine Vaterstadt, das hochmütige Florenz, zu belagern und niederzuzwingen, so mag immerhin in seiner Phantasie diese Handlungsweise vom Traum des großen allumfassenden Imperiums umglänzt worden sein. Heinrich Heines Heimatliebe verkümmerte nicht auf dem Boden der Verbannung, und der tönende Hohepriester der Emigration Victor Hugo, der von Jersey und Guernsey aus seine Donner gegen die Tyrannis schleuderte, blieb der entflammte französische Patriot. Nur der norwegische Amerikaner meinte, einwenden zu sollen, weder habe diese Tyrannis Victor Hugo seiner Gesinnung wegen unwürdig gefunden, Franzose zu heißen, noch habe die vormärzliche Reaktion Heine seiner Rasse wegen aus der deutschen Gemeinschaft ausgelöscht. Es war aber anzunehmen, daß auch dieser Teilnehmer der Tafelrunde, der gewissermaßen eine radikale Opposition verkörperte, die französischen Royalisten, die in Koblenz für den Sieg der Koalition beteten und unter ihrem Schutz zurückkehrten, nicht für vorbildlich hielt. Die Gattin des Mathematikprofessors dachte an das, was sie zunächst bewegte, und bemerkte, Victor Hugo habe auf Jersey gewiß nicht Not gelitten, und Heine habe unter der so rücksichtslos verhöhnten Reaktion seine Arbeit in Deutschland verwerten können und Geld verdient. Um seine literarischen Kenntnisse nicht ganz im verborgenen zu lassen, äußerte sich der Bankier aus Genf über Victor Hugo, in dessen Werk und in dessen geräuschvollem

Titanentum französische Kritiker jetzt respektlos alle Lächer-
lichkeiten und jede Leere unter dem blendenden Wortluxus
aufdeckten, der aber die Melodie des Verses wie kaum ein
anderer habe schwingen lassen, Posaune und Flöte gemeistert
habe und in der Unruhe und Fülle seiner Zeugerkraft den
Zeitgenossen zu einem sagenhaften Beherrscher der Elemente
geworden sei. Unvergängliches Vorbild jeder Anklagelitera-
tur seien die »Châtiments«. Der Dichter erwiderte, dieser
Meinung stimme er zu, aber schließlich habe nicht Victor
Hugo mit den Posaunentönen, die viele Jahre hindurch ohne
Pause von Jersey und Guernsey nach Paris hinüberdröhnten,
sondern Bismarck die Herrschaft Napoleons III. gestürzt.
Selbstverständlich nähmen diese historischen Tatsachen den
»Châtiments« nichts von ihrem Wert.

Das schöne Mädchen zitierte die Stelle aus Rilkes »Cor-
net«:

> Nicht immer Soldat sein. Einmal die Locken offen tra-
> gen und den weiten offenen Kragen und in seidenen Ses-
> seln sitzen und bis in die Fingerspitzen so »nach dem
> Bad sein« —

und man konnte dagegen nur einwenden, daß der Emigrant
selten auf seidenen Sesseln saß. Der französische Professor
der Literatur erinnerte daran, daß Sièyès, der große Theoreti-
ker der Verfassungsgrundsätze und des dritten Standes, in
den späteren Jahren der Revolution sich in ein »philosophi-
sches Schweigen« einschloß und hinterher denjenigen, die ihn
fragten, was er während der Terrorzeit getan habe, die Antwort gab: »J'ai vécu« — »ich habe gelebt«. Streitsüchtig wie
immer erklärte der norwegisch-amerikanische Geschichtener̦-
finder, Sièyès habe Verfassungsideen gehäkelt, wie die ver-
ehrte Hausfrau die Sweater, und in dem Vergnügen an seiner
Kunstfertigkeit die Farben bald so und bald so zusammenge-
stellt. Die übrige Gesellschaft war bereit, anzuerkennen, daß
das »philosophische Schweigen« des Abbé Sièyès und der
Kampf Victor Hugos berechtigt gewesen seien, und daß es
auf die Gesinnung ankomme und auf den richtigen Geist.

Mitunter aber erhitzten sich in den Gesprächen über die
Zeitereignisse die Gemüter, und besonders einige Frauen hatten starke Ausdrücke für ihre Empfindungen, während der
männliche Organismus im allgemeinen besser dazu befähigt

schien, still zu verdauen. Wenn zufällig gerade ein paar im Exil lebende Russen anwesend waren, ergab sich eine Art Rivalität zwischen dem älteren Unglück und dem neuen. Um der Gesellschaft eine Disziplin aufzuzwingen, wurde beschlossen, daß für jeden sprachlichen Exzeß eine Strafe, verschieden gestuft je nach der Schwere des Vergehens, zu zahlen sei. Ein an der Vorderseite mit primitiver gotischer Schnitzerei versehener Opferkasten, der wohl einmal in einer ländlichen Kirche gestanden hatte und mit wertvolleren Stücken in die Sammlung des Kunsthistorikers gelangt war, wurde herbeigeschleppt, und jeder, der seine Zunge nicht zügeln konnte und der Verurteilung verfiel, warf seine Bußmünze hinein. Sodann drang, gegen eine Minorität, die Ansicht durch, daß man nicht immer nur und allzuviel über das sprechen solle, was doch durch kein Hin- und Herreden geändert werde, sondern sich bemühen müsse, nach dem Rezept des »Decamerone« eine Ablenkung zu finden, die Gedanken von dem zu hartnäckig umkreisten Punkte abzubringen. Mehrere Mitglieder der Tafelrunde wurden gebeten, durch Vorlesungen oder Vorträge, erzählend oder belehrend, das ihrige für solche Abwechslung und Zerstreuung zu tun.

Der Hausherr versprach eine Schilderung der Abenteuer, die er erlebt hatte, als er in Spanien auf der Jagd nach falschen Meisterbildern war. Der französische Literaturprofessor kündigte eine Reihe von Vorträgen über die Liebe bei den Romantikern an. Der Dichter wollte seinen eben beendeten Roman vorlesen, in dem er die menschliche Gestalt des heiligen Franz von Assisi aufleben ließ. Von dem Wikinger aus Amerika erwartete man heitere Geschichten und als gleichfalls humoristische Beigabe einige Proben des gespreizten Unsinns, der, sorgfältig eingeordnet und mit Verfassernamen, Ursprungsort und Datum versehen, bereits viele Aktenmappen füllte und sich vermehrte wie die Fliegen im August. Der Arzt, dem man verschiedene Vorschläge machte, entschuldigte sich, was jeder verstand. Mich forderte man auf, Erlebtes und Gesehenes zu berichten, etwas über jene »Führer der Nation« zu erzählen, mit denen ich in Berührung gekommen sei, und da ich meinen Beitrag nicht gut verweigern konnte und die Idee sich auch ein wenig umformen ließ, sagte ich zu. Von den Menschen und Ereignissen der Zeit vor

9

dem Kriege hatte ich in zwei Büchern, »Vorspiel« und »Der Krieg des Pontius Pilatus«, gesprochen, jetzt, dachte ich, müßten spätere Bilder gezeigt werden, müsse der Film weiterrollen. Es könnte dann ein Vorbeimarsch der Männer werden, die, wie ehemals die hohen Herren in den Krönungszügen die Reichsinsignien, den Schatz des deutschen Schicksals in ihren Händen trugen – oder doch an dieser Ehre teilzuhaben schienen –, und immer marschiert, marschiert in gleichmäßiger Bewegung, marschiert in gleichmäßiger Willigkeit das Volk.

FÜRST BÜLOW AM FENSTER

Es war ein heilloser Skandal, als die Memoiren des Fürsten Bülow erschienen und man sich diese Hinterlassenschaft besah. Seit der Comte de Mirabeau, am Vorabend der Revolution, der Madame Le Jay, der Dalila in der Galerie seiner Frauengestalten, das Manuskript der »Correspondance secrète« über Berlin und den Hof Friedrich Wilhelms II. ausgeliefert hatte, war keine Stinkbombe von diesem Kaliber geplatzt. Die gutgesinnten Kreise in Deutschland – die Kreise, in denen man den Marschallstab im Tornister und die Einladung zum Hofball in der Tasche trug – hatten allerdings an den Memoiren, die aus ihrer Mitte hervorgegangen waren, niemals viel Freude erlebt. Das hatte schon mit den Tagebüchern Varnhagens begonnen, war in einer späteren Periode weitergegangen mit denen des Kaisers Friedrich, mit den Kapiteln über Wilhelm II. in den »Gedanken und Erinnerungen« des Fürsten Bismarck, mit den Aufzeichnungen des Fürsten Hohenlohe und des Grafen Waldersee, und an diese gewissermaßen klassischen Werke hatten sich, wie in Frankreich die Literatur der »petits maîtres« an die Dichtungen der Großen, die Bücher des Freiherrn von Eckardtstein, des ehemaligen Hofmarschalls von Zedlitz-Trützschler, des Geheimrats Hammann angereiht. Aber teils wegen der Art, wie Fürst Bülow das Gift zubereitet hatte und verabreichte – in so enormer Quantität und dabei aus so zierlich geschliffenen Flacons –, und teils wegen der Stellung, die er eingenommen hatte, wurden seine Memoiren besonders ruchlos gefunden, war der Zorn über seine Untat grenzenlos. Wären auf öffentlichen Plätzen Denkmäler des Fürsten Bülow vorhanden gewesen, so hätte man die Bronze eingeschmolzen, den Marmor zertrümmert, jede Spur ausgetilgt. Glücklicherweise hatte die Verehrung nicht voreilig zum härtesten Material gegriffen, sondern sich mit dem Porträt in Öl begnügt.

Auch die meisten derjenigen, denen gegenüber Fürst Bülow gelegentlich Andeutungen über seine Arbeit gemacht hatte, waren überrascht, hatten sich das Werk jedenfalls nicht ganz so vorgestellt. Wenigstens muß ich für mein Teil bekennen, daß ich weit eher jene weiße Salbe erwartet hatte, mit der eine diplomatische Heilkunst Beulen und Geschwüre milde überstreicht, als das berüchtigte weiße Pulver aus der Apotheke Cesare Borgias. Wenn Fürst Bülow in Plauderstunden von Wilhelm II. sprach, der ja auch manche Fehler habe und vor allem so schlecht bedient werde, kam die Wahrheit, die leider gesagt werden mußte, stets in Begleitung eines innigen Bedauerns heraus. Natürlich konnten unterrichtete und einigermaßen verständnisvolle Zuhörer die Leichtgläubigkeit nicht allzu weit treiben und nicht meinen, Grillparzers »Treuer Diener seines Herrn«, dessen demütige Treue durch keinen Schimpf und keine Schändlichkeit erschüttert wird, sei in dem Fürsten Bülow wieder auferstanden, aber sie dachten, die staatsmännische Miene der vornehmen ironischen Überlegenheit werde sich in dem Buche wiederfinden, und die Ranküne werde sich nicht allem Marktpublikum zeigen wollen, sondern verborgen bleiben hinter jener Noblesse und jener Eleganz, die dem Weltmann eigen sind. Auf diese weltmännischen, eleganten Lebensformen hatte ja Fürst Bülow immer sehr viel Wert gelegt, er war das Muster des feingebildeten europäischen Staatsmannes, Würde und Grazie vereinigten sich in seinem Wesen, und ein kleiner Schönheitsfehler lag nur darin, daß er, der doch kein bürgerlicher Parvenu war, zu viel Zufriedenheit über diese Vorzüge erkennen ließ. Allzuoft verglich er in seinen Memoiren die distinguierten Manieren, das sichere Auftreten und den geschulten Takt derjenigen, die wie er in der »großen Welt«, in der europäischen Gesellschaft zu Hause waren, mit dem Benehmen demokratischer Eindringlinge, über die sich sein mitleidiger Spott ergoß. Und nun las man, gleich auf der nächsten Seite, zwischen den hübschen Bosheiten, die den männlichen Objekten seiner Abneigung galten, beleidigende Indiskretionen über Frauen, über allerhöchste Damen sogar. Der Lack der weltmännischen Vornehmheit hatte weite Risse, und unglücklicherweise hatte zeitweilig auch — und das war die einzige wirkliche Überraschung — die Bremse der Vorsicht und der Klugheit versagt.

Ich fand es weit weniger peinlich, daß er sehr häufig die Wahrheit übermalte, ihr ein verändertes, neues Aussehen verlieh. Wer Gelegenheit hatte, ihn in näherem Verkehr zu beobachten, wußte genau, wie in seinen Erzählungen die Tatsachen bisweilen einen allmählichen Umformungsprozeß durchmachten, der Pinsel immer noch Lichter hinzufügte und den Schatten revidierte, und der ursprüngliche rohe Stoff so zum Kunstwerk gedieh. Auch bei dieser künstlerischen Ausgestaltung der Tatsachen verfuhr er freilich oft mit einer bedauerlichen Nonchalance, und man brauchte nicht den geschärften Blick eines Eifersüchtigen zu haben, um die allzu deutlichen Spuren der Untreue zu erkennen. Aber wenn die empörten Tugendgeister ihn nun Lügner und Betrüger nannten und total aus dem Häuschen gerieten, so bewiesen sie bei dieser Gelegenheit einen Wahrheitsfanatismus, der sie in zahllosen anderen Fällen weit weniger beseelt. Sie schlürfen doch sonst so gern alle Legenden ein, lassen sich so wollüstig die Pflicht eigenen kritischen Nachdenkens abnehmen, halten sich für das Publikum Kants und sind das ewige Publikum des Jahrmarktes, und denen, die sich so erhaben über die Verehrer des heiligen Rockes von Trier dünken, braucht man nur einen anderen Rock hinzuhängen, um sie zur höchsten Gläubigkeit und zur höchsten Begeisterung zu bringen. Und haben nicht fast alle, die auf öffentlicher Bühne standen oder zu stehen meinten, ihre Rolle im täuschenden Schein des Theaterlichtes gesehen, lassen sich die Grenzlinien zwischen den Einbildungen der Phantasie, der instinktiven Verteidigungsgeste und der beabsichtigten raffinierten Entstellung immer mit Sicherheit ziehen? Ja, sind nicht auch die tapfersten Offenherzigkeiten gewöhnlich nur Selbstbespiegelung und Eitelkeit? Der herrliche Dulder, der »erfindungsreiche« Odysseus, wie Johann Heinrich Voss so vortrefflich übersetzte, konnte dem edlen Phäakenbeherrscher Alkinoos und seinem Hofstaat, und später auf Ithaka der Gattin, dem Sohn und dem treuen Hüter der Schweine viel von seinen Abenteuern erzählen, da seine Reisegefährten auf dem Meeresgrund lagen und keine beweiskräftige Widerlegung zu befürchten war. Zweifellos hat auch dieser Erfindungsreiche sich in der Schilderung seiner eigenen Schlauheit starke Übertreibungen gestattet, und wer weiß, wie sich die Geschichte mit der Überlistung des Polyphem in Wirklichkeit zugetragen hat.

Der Sinn für Nuancen ist ein hauptsächliches Merkmal

kultureller Fortgeschrittenheit und Verfeinerung. Aber als Fürst Bülow nach dem Erscheinen seiner Memoiren sich den allgemeinen, ihm freilich nicht mehr vernehmbaren Unwillen zugezogen hatte, war er nur noch der elende Scharlatan, der infame Schwindler, der Urheber alles deutschen Unglücks und der Schmierfink, der sein eigenes Nest beschmutzt. Natürlich warfen gerade diejenigen, die ihn in den Tagen seiner Macht und seiner großen politischen Sünden liebedienerisch verhimmelt hatten, ihm nun die dicksten Steine auf das Grab. Auch die besten von ihnen vergaßen, wankelmütig wie die Römer, ihre Liebe von gestern, als er, zwar nicht mit dem Dolch des Brutus, aber mit der Feder des Memoirenschreibers, die empfindlichsten Stellen des Cäsar traf. Vielleicht darf man der Ansicht sein, daß die Figur des Fürsten Bülow kräftiger, ihr Rückgrat fester erschien, als offenbar wurde, wieviel aufgespeicherten Haß und welch konsequente Rachsucht dieses Gemüt in sich trug. Man hatte bei ihm immer nur die kleinen, halben Gefühle gesehen, und daß er zwischen den Blumen im Garten von Klein-Flottbeck oder im Park der Villa Malta so lange dieses Schlangennest versteckt gehalten hatte, war ein vielleicht nicht edler, aber angenehm gradliniger Charakterzug.

Wahrscheinlich wird eine spätere Zeit finden, daß von all den Erinnerungswerken, in denen hohe Mitwirkende die wilhelminische schilderten und sich selbst verteidigten oder verherrlichten, wenige so lesbar und so lesenswert wie das Buch des Fürsten Bülow sein. Trotz Klatschsucht und Selbstgefälligkeit, trotz Taschenspielerkünsten und allen trüben Wassern, die in dem Buch zusammenfließen, ist aus diesem Zeitgemälde mehr für das Verständnis der Epoche zu entnehmen als aus den grautönigen Arbeiten ehrbarer Historienmalerei. Keinem Kenner Saint-Simons braucht man erst noch zu sagen, daß der geschliffene, geglättete Geist des Fürsten Bülow, wie geschaffen für die Kunst der wirksamen Pointe, nicht mit diesem Genie, mit dieser einzigartigen, instinktiv waltenden, in keiner Schule herangebildeten Kraft konkurrieren konnte, die geheimnisvoll, gierig und erbarmungslos die nichtsahnende Hofgesellschaft von Versailles umlauerte – er glich, sagt Saint-Beuve einmal, einem Wolfe, der in eine Hürde eingebrochen ist – und hinter ihren Physiognomien das Innerste herauszusaugen schien. Aber wenn Fürst Bülow nicht, wie Marcel Proust, dieser großartigen Schloßgalerie ein modernes Gegenstück geben wollte, so besteht doch zwischen ihm und dem französischen Herzog eine Ähnlichkeit, die freilich, genauer betrachtet, zur Unähnlichkeit wird. Auch Saint-Simon konnte nicht »objektiv«, nicht unparteiisch sein, und er wußte es, und da er ein Moralist war, empfand er bisweilen Reue und klagte darüber, daß er gezwungen sei, immer wieder in die Sünde der Ungerechtigkeit zu verfallen. Fürst Bülow watete tief in dieser Sünde, aber er war kein Moralist und wurde in der Heiterkeit der Rache nicht von Gewissensbissen geplagt.

Sind übrigens nicht auch das Falsche, Unechte, die durchsichtige Scheinheiligkeit und die Pose der Grandezza Objekte der Beobachtung, die Vergnügen und Genuß bereiten können? Gewiß, nämlich dann, wenn man eine solche Persönlichkeit mit Humor, mit einem ironischen Humor, genießt. Man könnte eine umfangreiche Abhandlung darüber schreiben, ob es Historikern gestattet sei, Humor zu haben und die Menschheit und ihre einzelnen Gipfel gelegentlich mit einem Lächeln, einem sarkastischen oder verzeihenden, anzusehen. Aber wenn sie diesen Humor besitzen, so verjagen sie ihn aus ihrem Arbeitszimmer, als befürchteten sie von ihm eine Beeinträchtigung ihres guten Rufes, ihrer Autorität bei den Fachgenossen oder ihrer richterlichen »Objektivität«, die sich nur wie in ein in der Spiritusflasche abgeschlossenes Präparat bewahren läßt. Sogar Voltaire machte als Historiker Ludwigs XIV. unter der Hofperücke sein frömmstes Gesicht, ein Gesicht ohne ein einziges mokantes Zucken, ein richtiges Gesicht für die Huldigungsfeier gelehrter Vereinigungen, das Gesicht des »Historiographe du roi«, und nichts von der lächelnden Philosophie des »Candide« glitt in den pompösen Hymnus hinein. Einmal hat er sich mit der Bemerkung entschuldigt, er habe patriotische Zurückhaltung üben wollen, – und leuchtet nicht, ganz wie bei ihm, bei neunundneunzig von hundert neueren Geschichtsschreibern die Sonne des Patriotismus so hell, daß dem geblendeten Auge die Wahrheit nicht sichtbar wird? Der seinen Bewunderern zu früh entschwundene Lyton-Strachey, der den subtilsten Sinn für das Ungewisse, Schwebende, Zwielichthafte besaß und mit auskostendem Behagen den Menschen auf seinen Fehlern und Schwächen ertappte, beachtete mit vollendetem Taktgefühl die Grenzlinie, an der selbst der leiseste ironische oder humoristische Unterton sein Recht verliert. So ließ sich die Gestalt des Generals Gordon dem Betrachter näherbringen, ein solches Scheinwerferlicht könnte man sogar über Charakterseiten Napoleons, Friedrich des Großen und über das Irdische in dem privaten Olympier hinhuschen lassen, aber nicht einmal sekundenlang dorthin richten, wo in lückenloser Vollendung, wie bei Dante und Schiller, die Harmonie zwischen der Erhabenheit der Schöpfung und der Reinheit des Schöpfers vorhanden ist. Ebensowenig kann irgendeine linde Spielart des Humors das geeignete Hilfsmittel für die Schilderung von etwas brutal Infamem sein. Aber wenn man sich dem Fürsten Bülow gegenüber befindet, der mit viel Anmut zwischen der Höhe und der Tiefe wandelte, ist das ewige Stirnrunzeln der Pedanterie nicht unbedingt erforderlich.

Dieses Vergnügen, das uns die falschen und sofort als falsch erkannten Töne bereiten − und das neben dem Vergnügen an brillanten Talenten ungemindert einhergehen kann −, verspürte ich, als ich zum ersten Mal in die Nähe des Fürsten Bülow geriet. Es war bei irgendeinem großen, zu Ehren eines ausländischen Gastes veranstalteten Empfang im Reichskanzlerpalais, und ich hatte nicht absagen können, wie ich es sonst prinzipiell und regelmäßig tat. Da ich mich genötigt fühlte, den Reichskanzler Bülow ziemlich unablässig wegen seiner inneren und wegen seiner äußeren Politik anzugreifen, trug ich kein Verlangen nach einem persönlichen Verkehr, durch den man unter solchen Umständen sowohl sich selbst wie dem anderen gegenüber nur in eine zweideutige Lage gerät. Fürst Bülow war ein gefährlicher Herzensbrecher, ein unwiderstehlicher Menschenfänger, und so sehr man auch gegen Verführungskünste gefeit sein mag − für gesellschaftliche Liebenswürdigkeiten am nächsten Morgen mit neuen Stichen gegen die Politik des Hausherrn danken zu müssen, ist nicht allzu angenehm. Diesmal entging ich dem Schicksal nicht. Der Gesandte von Flotow, Bülows diplomatischer Adjutant und später Botschafter in Rom, wurde ausgeschickt, mich zu holen, und ich wurde, nachdem ich die Vergeblichkeit weiteren Sträubens eingesehen hatte, in ein kleines Zimmer geschleppt, das abseits vom Gewühl lag und in dem gleich darauf, aus einer anderen Tür tretend, der gefürstete Reichskanzler erschien. Was er mir im Verlauf der kurzen Unterhaltung sagte, weiß ich nicht mehr, und ich habe nur noch den Klang von ebenso schmeichelhaften wie unglaubwürdigen Komplimenten im Ohr. Aber ich weiß noch, daß er in eine zu pralle Husarenuniform eingezwängt war, daß seine Körperformen sich gegen die enge Haft auflehnten und daß der kriegerische Schmuck zu der wohllebigen Gestalt und dem runden und damals noch glatten Gesicht so wenig paßte, wie auf dem Gemälde Tizians im Pradomuseum die metallene Rüstung, in der am Morgen nach der Schlacht von Mühlberg Karl V., die stählerne Lanze tragend, auf geharnischtem Streitroß reitet, zu der dürftigen Erscheinung dieses Weltherrschers paßt. Es ist ja bekannt, und es steht so ziemlich in jeder »Psychologie de l'amour«, daß oft schon die geringfügigste Äußerlichkeit, und besonders eine, die einen Beigeschmack von Komik hat, die Stimmung eines Rendezvous verdirbt. An diesem Abend war ich nicht verführt.

Wie ich dann mit dem Fürsten Bülow, nachdem er vom Gipfel der Macht zur Ebene des Privatlebens hatte niedersteigen müssen, in rege Beziehungen kam, ist anderswo erzählt worden und gehört nicht hierher. Er hat mir freigebig aus seinem Schatz von Dichtung und Wahrheit gespendet, er hat mit gleicher Grazie die echten Brillanten und die beinahe echten funkeln lassen, ich habe manches Wissenswerte von ihm erfahren, habe im gleichen Augenblick die Bewegungen des virtuosen Prestidigiatuers zu verfolgen versucht, dann oft wieder seinem witzig formulierten Urteil zugestimmt, und habe in diesen Unterhaltungen neben der Bereicherung meiner Kenntnisse das künstlerische Amüsement gefunden, das man früher von einem souverän gespielten französischen Salonstück empfing. Allerdings war es nicht immer ganz einfach, den Fürsten Bülow bei einem bestimmten Gesprächsgegenstand festzuhalten oder ihn dorthin zurückzulenken, aber man gewann darin allmählich eine technische Geschicklichkeit. In seinen letzten Jahren wiederholte er bisweilen eine schon kurz vorher erzählte Geschichte oder ein Witzwort, und er wirkte dann auch etwas ermüdend, aber beim nächsten Besuch sagte man sich wieder, daß er doch immer noch erstaunlich sei. Jedesmal, wenn er in Berlin eingetroffen war und ich, zu sehr beschäftigt oder unlustig, ihn noch nicht aufgesucht hatte, sandte er mir einige Zeilen, oder er ließ durch seinen Kammerdiener telephonisch eine Aufforderung an mich ergehen. Ich folgte dann gehorsam und fast immer gern dem empfangenen Wink. Manchmal vor dem Kriege kam er auch selber, und ich sehe noch, wie er eines Abends, als er bei mir dem Grafen Keyserling am Tische gegenübersaß, sehr unzufrieden und ungeduldig den interessanten, aber schwer zu hemmenden Redestrom des großen Reisephilosophen, der keinen anderen Propheten neben sich duldete, vorbeirauschen ließ. Während des Krieges war er besonders mitteilsam, und dieses Bedürfnis, sich auszusprechen, hatten ja in diesen Jahren sehr viele Menschen und vor allem viele von denen, die sich zu den »führenden Kreisen« zählten und sich allabendlich in den Klubräumen der für solche Kriegszwecke gegründeten »Deutschen Gesellschaft« einfanden, um in diesem Delphi den Orakeln zu lauschen oder ihre eigenen letzten Orakelsprüche herauszubringen. Fürst Bülow konnte nicht den Markt der Gerüchte aufsuchen, aber mußte seine Besorgnisse mitteilen und die mißbilligenden Gedanken äußern, die ihn erfüllten, wenn er die Fehler seines Nachfolgers und die furchtbare Unzulänglichkeit der diplomatischen Gehilfen sah. Ich war zwar ein Gegner seiner Politik gewesen, aber ich fand die Politik des Herrn von Bethmann Hollweg und des Herrn von Jagow noch unverständlicher und war für ihn ein bevorzugter Gesprächspartner, denn wenn unsere Ansichten bei der Station Bülow, die schon ferner lag, weit auseinander gingen, so kamen sie bei der Endstation Bethmann unfehlbar zusammen.

Ich möchte einiges aus diesen Kriegsgesprächen mit dem Fürsten Bülow wiedergeben, und wenn diese Aufzeichnungen gewiß der historischen Forschung nichts Neues liefern, so wird man vielleicht finden, daß die Methode, eine Persönlichkeit sich durch die charakteristische Art ihrer Rede selbst schildern zu lassen, nicht nur in Romanen und auf der Bühne ihre Vorzüge hat. Fürst Bülow, der beim Ausbruch des Orkans in Klein-Flottbeck war, kam am zweiten August nach Berlin, als er die Nachricht erhalten hatte, daß sein Bruder,

der Generalmajor, gefallen sei. Am Tage nach seiner Ankunft ging ich, um ihm zu kondolieren, ins Hotel Adlon, wo unten in der Halle die reichen amerikanischen Familien beieinander standen, auf die Möglichkeit zur Abreise wartend und sehr umschmeichelt, da Amerika für »deutsch-freundlich« galt. Oben in dem kleinen Salon, der regelmäßig dem Ehepaar Bülow reserviert wurde, traf ich zuerst nur die Fürstin an — in Halbtrauer, schwarz mit weißem Kragen und einem das Haar überhüllenden schwarzen Schleierbehang. Sie sagte mir, wie sehr ihr Mann diesen Bruder geliebt habe, und dann: »Ich gestehe Ihnen, mir ist dieser ganze Krieg schrecklich, ich kann noch immer nicht begreifen, daß Leute, die sich gestern gekannt haben, heute aufeinander schießen können.« Ich antwortete, es ginge mir wie ihr, und es sei sehr schwer, solche Gedanken und Gefühle beiseite zu drängen. In diesem Augenblick trat Bülow ins Zimmer, etwas schmäler als noch kurz vorher, und nachdem ich mein Beileid geäußert hatte, erzählte er, wie er in Hamburg den Tod seines Bruders erfuhr. »Ballin kam zu mir und fragte mich, ob ich nichts gehört habe, es gehe das Gerücht, mein Bruder sei gefallen. Ich wußte nichts, ich hatte ein paar Tage zuvor einen Brief von meinem Bruder erhalten, worin er mir schrieb, er gehe ins Feld und sage mir für alle Fälle Lebewohl. Ich bat Ballin, nach Berlin an den Großen Generalstab zu telephonieren, und Ballin telefonierte in meinem Zimmer im Hotel. Ich saß auf dem Sofa und wartete, und nach zwei Minuten kam die Antwort durchs Telephon — ich hörte sie von meinem Platz aus —, es sei wahr, mein armer Bruder sei tot.« Von seiner persönlichen Trauer ablenkend, wandte er sich dem großen allgemeinen Drama zu und erklärte, er habe zu dem Generalstabschef von Moltke, den er genau kenne, volles Vertrauen. Den Einmarsch in Belgien halte er für richtig und teile meine Einwendungen und Bedenken nicht.

Von Italien habe er doch mehr erwartet, und er finde die italienische Politik auch nicht sehr klug. Natürlich fürchte Italien, seiner langen Küste wegen, die Feindschaft Englands, aber die Engländer würden schwerlich Genua und Neapel bombardiert haben und hätten sich das wohl zweimal überlegt. Das deutsche Volk sei in dieser Stunde so einfach, so natürlich, so ohne Pose, wirklich bewundernswert — »zum

Küssen«, habe die Fürstin gesagt. Er schätze ja auch die Franzosen, sie hätten ausgezeichnete Eigenschaften, aber etwas Pose sei immer dabei. In dieser Unterhaltung war er selber einfacher und natürlicher als an vielen anderen Tagen, denn unter dem Eindruck der Todesnachricht empfand er die Eitelkeit der Dinge, und es lag über ihm wie ein milder Schein. Ich glaube, daß das Gefühl für einige wenige Personen, die ihm verwandtschaftlich am nächsten standen, das einzige warme Gefühl war, das nicht an der Oberfläche flakkerte und nicht in schönen Worten verdampfte, und man hat das ja auch sehen können, als er, viel später, still und ohne auf diesem Wege eine lästige Teilnahme zu suchen, den Sarg mit der toten Frau nach Klein-Flottbeck geleitete und, gleichgültig gegen religiöse und andere Vorwürfe, nur darauf bedacht war, die letzten Wünsche der Lebenskameradin zu erfüllen.

In den ersten Tagen des Dezember 1914 wurde der Beschluß, den Fürsten Bülow als Sonderbotschafter nach Rom zu entsenden, nach längerem Geisterkampf endgültig gefaßt und bekanntgemacht. Der zähe Widerstand des Staatssekretärs von Jagow und seiner Gruppe im Auswärtigen Amt hatte diesen Beschluß auf die Dauer nicht verhindern können, da der öffentlichen Meinung gezeigt werden mußte, man habe, um Italien von der Kriegserklärung zurückzuhalten, alles versucht und nichts versäumt. Am zweiten Dezember erhielt ich einen Brief von Bülow, der mir schrieb, er wolle mit mir »Eindrücke und Gedanken austauschen«, und am Nachmittag ging ich zu ihm ins Adlon, nicht sehr austauschfähig, da ich nichts zu geben hatte, aber sehr bereit, seine Eindrücke und Gedanken zu empfangen. Die Weihe des Schmerzes umgibt ihn nun nicht mehr, die Tatsache, daß er zur wichtigsten Mission berufen wurde und wieder auf den großen Schauplatz der europäischen Politik zurückkehren kann, hat ihn sofort wieder in Schwung gebracht. Er ist nicht mehr ein geistvoller Privatmann, ein »Ehemaliger«, der nur Erinnerungen und Lesefrüchte auftischt, sondern ein aktiver Staatsmann, und unwillkürlich hat seine Ausdrucksweise, trotz ungemindert fortdauernder Gesprächigkeit, wieder an Schärfe und Präzision gewonnen. Auch körperlich ist er behender, elastischer, und auch die Brust ist wieder unternehmungslu-

stiger gewölbt. Es wäre natürlich unsinnig, ihm die Genugtuung über die neue Wirkungsmöglichkeit übel zu nehmen,
und jeder Ehrgeizige von geringerem Kaliber und glanzlose-
ren Eigenschaften hätte prahlerischer und geschmackloser in
solchem Glück gestrahlt. Fürst Bülow, als alter Routinier
schließlich doch an Größe gewöhnt, schlägt kein Pfauenrad,
sondern ist nur aufgepolstert, erfrischt und angeregt. Alles ist
wieder da, auch das leichte, wohltönende Pathos, das manchmal so herrlich nach Theater klingt, obgleich er es nicht erst
hatte lernen müssen, wie Napoleon vom Tragöden Talma
den kaiserlichen Schritt. Er kommt mir mit den Worten entgegen: »Es ist eine ernste Zeit, eine ernste Zeit.« Bei dieser
zweimaligen Feststellung scheint sein nachdenklicher Blick
auf das dunkle Schicksal gerichtet zu sein, das rätselhaft am
fernen Horizont steht. In Wirklichkeit sieht er sich inmitten
dieser ernsten Zeit, wie er mit seinen Pairs, den anderen
Staatsmännern von Rang, die von den kleinen Stümpern und
Dilettanten heillos verpfuschte Weltsituation wieder in Ordnung bringt. Der alte Hexenmeister der Ballade, der das von
den täppischen Zauberlehrlingen angerichtete Malheur repa-
rieren muß. Da er gerade Ursache hat, zufrieden zu sein,
spricht er von diesen ungeschickten Zauberlehrlingen nur ein
bißchen von oben herab und geht diesmal noch verhältnis-
mäßig sanft mit ihnen um. Immerhin, auf eine sachliche Kritik braucht er auch in verantwortlicher Stellung nicht zu verzichten, und er verzichtet nicht darauf. Vorher aber kommt
die große Arie, wie in der italienischen Oper vor dem Tode
des Troubadour.

»Man darf diesem Volke, das so wunderbar ist, nicht den
Glauben nehmen, daß der Krieg unvermeidlich war. Nicht
den Glauben nehmen – Sie haben das auch sehr schön geschrieben, es hat den Glauben, ich empfinde da ganz wie Sie.
Sehen Sie, ich war in Hamburg vier Stunden in einem Laza-
rett. Ich habe einen Mann gesehen, dem beide Beide abgenommen waren, er hat mir gesagt, ob ich die Stumpfen sehen
wolle. Ich habe die Decke emporgehoben und habe sie mir
angesehen, mit den blutigen Schnitten daran. Ich habe ihm
gesagt: Sie sind ein braver Mann. Er hat mir geantwortet: Ich
habe nur meine Pflicht getan. Ich versichere Sie, ich bin nicht
sentimental, aber ich hatte ein Gefühl der Verehrung, es ist

21

etwas Heiliges, etwas Großes darin. Das Volk ist so gläubig
– wie das Kätchen von Heilbronn an seinen Ritter glaubt.«
Natürlich sind die Bewunderung und die Verehrung, die er so
ausspricht, Gefühle, die jeder noch nicht in Verrohung ver-
fallene Mensch in dieser Zeit, ebenso wie ein ungeheures
Mitleid, in sich trägt. Kein Zweifel, daß Fürst Bülow sich
nicht mit einer fremden Pietät schmückt und nicht einem
Touristen gleicht, der ohne innere Frömmigkeit, des besseren
Eindrucks wegen, in der Peterskirche niederkniet. Es ist bei
ihm nur alles zu schön gerundet, in eine Melodie gefaßt.
Während er seine Szene schildert, blickt er mich wieder nicht
an, sondern sieht über sein Publikum hinweg. Es gibt vielleicht Dinge, die man nicht zu gut vortragen soll. Aber wie
man, nach der Fabelweisheit Lafontaines, sein Talent nicht
forcieren darf, so kann man auch nichts machen gegen sein
Talent. Fürst Bülow verweilt nicht länger bei dem Lazarett-
bilde, und ganz wie die anderen, die sich für tiefer veranlagt
halten und doch nach einem Abstecher in die Welt der
Schmerzen mit gutem Appetit dinieren, kommt er von den
Eindrücken, die das Herz belasten, zu dem Thema, das der
kritische Gedanke mit begreiflicher Hartnäckigkeit um-
kreist:

»Ich schätze ja Jagow, und Bethmann ist ein vornehmer,
durch und durch anständiger Mann. Er will das Beste, ganz
gewiß. Aber ein Mann von diplomatischer Erfahrung hätte es
nie zu diesem Kriege kommen lassen – niemals, dieser Meinung sind Sie ja auch. Böswilligkeit lag nicht vor, bestimmt
nicht, es fehlte also doch wohl an Geschicklichkeit. Ich habe
1905 den Krieg vermieden, und 1909. Niemals hätte ich es
so weit kommen lassen, ich glaube, daß ich das von mir
sagen darf. Jeder Diplomat von Erfahrung brauchte doch auf
das österreichische Ultimatum nur mit dem Finger hinzutippen und mußte die Stelle herausfinden, wo die Serben nicht
mehr nachgeben konnten und die Russen eingreifen würden.
Alexander II., der auch lieber zu Hause geblieben wäre, ist
aus solchen Gründen gegen die Türkei in den Krieg gezogen,
und Nikolaus I. hat den Krieg gemacht, und der jetzige Zar,
der auch lieber still bei Mutter gesessen hätte, mußte auch.
Das war doch vorauszusehen. Und warum hat man das Mittel, das Cambon in seiner Unterhaltung mit Jagow vorschlug,

nicht angenommen? Warum wollte Jagow nicht, daß die vier Mächte, Deutschland, Italien, Frankreich und England sich zusammentaten, um eine Einigung zustande zu bringen? Von den vier Mächten waren mindestens drei, Deutschland, Italien und, ich bin überzeugt, auch Frankreich, nicht für den Krieg. Von England möchte ich das nicht ganz so sicher sagen, über den guten Grey bin ich nicht ganz der Meinung unseres gemeinsamen Freundes Lichnowsky, mir scheint er doch etwas undurchsichtig zu sein. Aber es genügte, daß die drei anderen friedlich waren − warum hat Jagow diesen Vorschlag abgelehnt? So haben wir fortwährend den Verdacht auf uns gelenkt, daß wir den Krieg wollten, zuerst durch das Ultimatum, dann durch die Ablehnung der Vorschläge, und schließlich haben wir auch noch den Krieg erklärt. Ich weiß schon, was man mir in Rom sagen wird. Ich brauche es gar nicht erst zu hören: Wir haben den Krieg gewollt, das tapfere belgische Volk vergewaltigt, und dann die Verwüstungen in Belgien und Nordfrankreich, das doch ein Trümmerhaufen ist. Es war, als wenn zwei Züge aufeinander losfahren − niemand hat verstanden, sie aufzuhalten, da sind sie gegeneinander gepufft. Und wenn man dann wenigstens mit Italien und Rumänien verhandelt hätte, als noch Zeit dazu war. Oder vielmehr, man mußte − Nibelungentreue hin, Nibelungentreue her − den Österreichern sagen: wenn ihr wollt, daß wir euch mit dem Blute unseres ganzen Volkes beistehen sollen, dann sorgt dafür, daß Italien und Rumänien sich verpflichten, mitzugehen. Wir lassen euch vierzehn Tage Zeit, um eure Sache mit den beiden ins reine zu bringen. Das wäre gewiß nicht ganz leicht gegangen, aber es mußte gemacht werden, schließlich hing doch viel davon ab. Wenn Italien den Trentino haben wollte − es hätte sich vielleicht auch mit weniger begnügt. Ich habe noch nach dem Ausbruch des Krieges einen Brief von San Giuliano bekommen, der mir auch in diesem Sinne schrieb. Wir haben das alles versäumt, und Barrère, der französische Botschafter in Rom, hat das natürlich ausgenutzt. Barrère ist übrigens ein alter Freund von mir, wir kennen uns seit vierundzwanzig Jahren, ein hochbegabter Mann. Cambon wird ja wohl auch nach Rom kommen, da werden wir uns wiedersehen.« Ich frage, wie seiner Ansicht nach Jules Cambon und die anderen Botschafter der feindlichen Staaten sich verhalten werden, wenn er ihnen begegnen werde, was ja wohl zu erwarten sei. Er erwidert: »Öffentlich, vor aller Welt, werden sie wohl sehr stolz tun, und wenn wir uns abseits treffen, werden sie sagen: Quel Malheur! Mit Jules Cambon stand ich trotz aller politischen Differenzen immer gut. Ich schätzte ihn sehr, er mich auch. Er sagte, als ich fortging, ich hätte ihm manchmal das Leben schwer gemacht, aber ich verstände den französischen Charakter, und daß ich fortgehe, tue ihm sehr leid. Ich antwortete ihm: Das sagen Sie nur so − aber er blieb dabei. Non, sagte er mir, en toute sincérité. Vous nous avez mal traité, assez souvent, mais vous connaissez la France. Vous savez ce qui est impossible en France. Après vous d'autres viendront qui voudront forcer la note. Er hatte recht, ich kenne Frankreich, ich habe gern in Paris gelebt, es ist für jeden im Grunde die schönste Zeit gewesen, für Sie gewiß auch, und die Franzosen haben ausgezeichnete Eigenschaften, ein hochbegabtes Volk. Wenn ich auch glaube, daß es nicht möglich gewesen wäre, mit ihnen zu etwas zu kommen.«

»Also auf gut deutsch«, frage ich, »Sie gehen mit leeren Händen nach Rom?« − »Ganz mit leeren Händen, allerdings. Es gibt eine Anekdote, Sie kennen sie gewiß, von einem Pelzhändler, der kein Geld hat, seine Gläubiger zu bezahlen, und ihnen dafür Scherze erzählt. Man will, daß ich wie der Pelzhändler Geschäfte machen und dafür Scherze erzählen soll. Es ist keine Phrase, keine Redensart, aber ich kann wirklich sagen, ich habe mich nicht dazu gedrängt. Es ist nichts für mich dabei zu holen, die Aufgabe ist sehr undankbar, sehr undankbar. Aber ich habe wirklich die Empfindung, daß ich in einer Zeit, wo jeder arme Mann sich für das Vaterland die Glieder zerschießen läßt, nicht ruhig in der Villa Malta sitzen kann. Ich habe zu sehr das deutsche, das preußische Gefühl, darum habe ich ja gesagt.« Als wir dann von Friedensmöglichkeiten sprechen, bekennt er sich zu einem einigermaßen »harten« Frieden, mit den Franzosen sei doch nichts zu machen, drei Viertel des Volkes seien friedlich, aber die Entscheidung liege immer bei der Minorität. Im Falle eines Sieges müsse man zum mindesten auf der Herausgabe von Antwerpen und von Belfort bestehen. Übrigens werde er selber erfreulicherweise nichts damit zu tun haben, Bethmann habe ihm ganz ehrlich geschrieben, er wolle den Frieden allein machen, und das sei sehr mutig und eigentlich, da Bethmann ja auch die Politik, aus der alles entstanden sei, gemacht habe, ein schöner Beweis von Pflichtgefühl. »Wer nach diesem Kriege den Frieden machen will, der muß einen dicken Überzieher haben, er wird reichlich Scherben zugeworfen bekommen.«

Er hatte sich noch nicht genügend ausgesprochen, und vier Tage später läßt er mir telephonieren, er würde mich vor seiner Abreise nach Rom, die am Abend stattfinden solle, gern noch einmal sehen. Diesmal marschiert, als ich im Hotel in seinen kleinen Salon trete, draußen, Unter den Linden, Infanterie mit Musik vorbei. Bülow steht am Fenster, voll Andacht ganz in das Schauspiel versenkt. »Wie viele von diesen prächtigen Jungens«, sage ich, »werden wiederkommen?« Die Musik verhallt schon fern, er wendet sich zu mir und sagt im Tone eines aus tiefstem Herzen kommenden Bekenntnisses: »Jeder Mensch hat seine Tokade — meine Tokade ist, daß ich ein begeisterter Preuße bin. Ich fühle das jedes Mal, wenn dort unten Soldaten vorüberziehen.« Und dann, zu den Geschäften übergehend, sagt er, daß er mich noch einmal sprechen wollte, denn er halte die Situation in Italien für sehr ernst. Das »für sehr ernst« wiederholt er, wie es seine Gewohnheit ist, wenn er bei einem Gedanken verweilt oder ihn als besonders bedeutsam unterstreichen will — wobei es dann immer den Eindruck macht, als stiegen die Worte langsam aus dem Ziehbrunnen der Überlegung herauf. »Die Mutter meiner Frau hatte doch recht, als sie mich warnte, sie ist sehr klug, ungewöhnlich klug. Vorläufig werden sie ja nicht losgehen, sie sind erst Ende Februar mit ihren Rüstungen fertig, aber dann werden sie auf einen Vorwand warten, auf eine Gelegenheit. Es ist sehr schlimm. Das Verhältnis zwischen Österreich und Italien muß mit der äußersten Vorsicht angefaßt werden, mit der äußersten Vorsicht, und mit den Österreichern ist nicht zu reden, sie wollen die Situation nicht sehen. Ich habe heute mit dem österreichisch-ungarischen Botschafter, dem Prinzen Hohenlohe, sehr eindringlich gesprochen, ich habe ihm alles gesagt, freundschaftlich, aber natürlich auch sehr bestimmt, wir sind beinahe aneinandergeraten. Sie wollen eben nicht. Man braucht doch den Italienern gar nicht zu erklären: Wir geben euch den Trentino – ich kenne sie wirklich, ich habe so lange unter ihnen gelebt – alles bei ihnen ist »una combinazione« – das muß man nur verstehen. Wenn man im Orient zu einem Teppichhändler kommt, verlangt er dreihundert Lire für einen Teppich, und dann sucht man una combinazione, und schließlich einigt man sich. Ihr wollt den Trentino? – darüber können wir sprechen – aber seht mal, der Kaiser Franz Joseph ist alt, man kann ihm das jetzt nicht antun, vielleicht gefällt euch etwas anderes, wir werden zusammen una combinazione suchen, una combinazione, die euch etwas sehr Großes und Wertvolles gibt.«

Fürst Bülow geht im Zimmer auf und ab, er hat wieder, wie so oft, wenn er im Reichstag redet, die beiden Daumen in die Ärmelausschnitte der Weste geschoben, blickt sinnend, und dann bleibt er vor mir stehen und sagt: »Wie konnte Bethmann das tun? Ich begreife ihn nicht, er ist ein edler Mensch, ein Schulmeister, wie Ballin sagt, aber gerade darum doch gewissenhaft. Wie will er vor dem Jüngsten Gericht antworten, wenn man ihn fragt: Hast du das österreichische Ultimatum vorher gekannt? Ja? – und dann hast du nicht begriffen, daß es zum Kriege führen mußte, und hast nicht die gefährlichsten Punkte daraus entfernt? Nein, sagst du und du versicherst, du habest es nicht gesehen? Aber warum hast du Dich nicht darum gekümmert, wie konntest du dann siebenundsechzig Millionen Deutsche mit ihrem Gut und Blut engagieren, wie das Deutsche Reich auf diese Karte setzen, die du nicht gekannt, nicht gesehen hast?« Vermutlich hat Fürst Bülow, obwohl er ein großes Geschick im Improvisieren besitzt, sich dieses Verhör, das Herr von Bethmann Hollweg vor dem Jüngsten Gericht zu bestehen haben werde, oftmals in seinen Gedanken zurechtgeformt. Jetzt hält er einen Augenblick lang inne, das Mitgefühl mit dem Mann, den er sich in der himmlischen Gerichtsszene vorstellt, nötigt ihn offenbar zu dieser Pause, aber dann muß er doch etwas über Herrn von Jagow sagen, und da bedarf es keiner Sentimentalität. »Dieser Jagow! – ich bin ja auch ein Junker, aber ich habe nicht all die Eigenschaften der Junker, ich habe andere Länder und Völker kennengelernt. Jagow hat all ihre kleinlichen Fehler, alles, was schlecht an ihnen ist. Er ist ja eigentlich meine Kreatur. Wir hängen ab von denen, die wir schaffen, das ist der Lauf der Welt.« Sicherlich ist diese Meinung über den Staatssekretär des Auswärtigen Amtes nicht beeinflußt durch die Tatsache, daß Herr von Jagow, seit langem ein Feind des Fürsten Bülow, auch jetzt wieder sich gegen die Entsendung des Fürsten nach Rom ausgesprochen hat. Es ist nur gerade einer der Tage, an denen Fürst Bülow nicht die etwas scheinheilige Miene der frommen Nachsicht annimmt und der beißende Geschmack der Rede durch kein kleines Stück Zucker gemildert wird. Der englische Botschafter Goschen hat berichtet, in der letzten Unterredung nach der Kriegserklärung Englands habe Jagow ihm gesagt: »the pestilential Berliner Tageblatt« sei, weil es durch ein Extrablatt die Kriegserklärung Englands verkündete, schuld an den feindseligen Manifestationen vor dem Botschaftspalais. In Wahrheit hatte das Auswärtige Amt dieses Extrablatt genehmigt, und Herr von Jagow hat mir erklären lassen, er habe den unliebenswürdigen Ausdruck »pestilential« nicht gebraucht. Fürst Bülow erinnert sich dieser Angelegenheit und bemerkt: »Ich kenne Goschen, er ist sehr langweilig, aber er ist ehrlich, der Enkel eines deutschen Buchhändlers, wie Sie wissen, ein absolut anständiger Mann. Ich habe neulich Freunden von mir gesagt: ›Wie kann ein deutscher Staatssekretär, um sich herauszureden, ein deutsches Blatt, und eines der größten und wichtigsten Blätter, gegenüber einem fremden Botschafter bloßstellen – in dem Augenblick, wo der Krieg ausbricht, gegenüber dem Botschafter einer feindlichen Macht! Der König von Rumänien, der an gebrochenem Herzen gestorben ist, weil er sein Lebenswerk durch die Überhebung in Wien und die Unfähigkeit in Berlin vernichtet sah – der König Carol war einmal dabei, als ein Fremder, der sein Gast war, über den ›Adeverul‹ abfällig sprach. Der ›Adeverul‹ war nur ein kleines Blatt, aber der König war sehr empört darüber, daß ein Fremder in seiner Gegenwart etwas gegen eine rumänische Zeitung sagte, und er verbat sich das mit großer Entschiedenheit.«

Fürst Bülow ist der Meinung, Herr von Bethmann Hollweg wünsche eine Verständigung mit Rußland, während man im Auswärtigen Amt behauptet, daß das nicht seine Absicht sei. »Bethmann«, sagt Fürst Bülow, »ist sehr pessimistisch geworden, ganz anders, als er beim Beginn des Krieges war. Damals sprach er von Odessa und Riga, jetzt erklärt er, den Russen sei nicht beizukommen. Ich glaube nur, daß man in Petersburg gar nicht daran denken würde, auf solche Pläne einzugehen. Und wenn man sich mit Rußland wieder versöhnen will, dann hätte man nicht die Telegramme des Zaren veröffentlichen dürfen, das verzeiht man uns in Petersburg nicht, es gibt Dinge, die man nicht machen kann. Man veröffentlicht nicht die Briefe und Telegramme der Monarchen – Bismarck hat das nicht getan.« Ich frage: »Haben Sie den Kaiser gesehen?« – Bülow, als hätte es keinen Moment der Ungnade gegeben: »Gewiß!« – »Wie fanden sie ihn?« – »Oh, sehr ernst – wenn Sie wollen, in einer sehr schönen Stimmung, aber sehr ernst.«

Als im Laufe dieser Unterhaltung Fürst Bülow bemerkte, daß man in Italien alle Schwierigkeiten durch »una combinazione« zu überwinden pflegte, war es interessant, zu beobachten, wie er bei diesem Wort verweilte, es wiederholte, sich an seinem Wohlklang zu erfreuen schien. Er liebkoste es gewissermaßen, und wenn er auch nicht die unvergeßliche Stimme der Duse hatte, so konnte man doch beinahe an die Zärtlichkeit erinnert werden, mit der diese Göttliche im letzten Akt der »Kameliendame« das »Amando, Amando« sprach. Nicht nur durch seine Frau und durch die Schwiegermutter Laura Minghetti – in deren römischem Salon allerdings sein Geist sich weitergeschult hatte – fühlte er sich gern jenen italienischen Politikern verwandt, die als Meister der Geschicklichkeit gelten und denen die übrige Welt weniger Vertrauen zu widmen pflegt als Bewunderung. Für ihn war die Diplomatie eine Kunst, und eine elegante Kunst. »Una combinazione« – so gewandt, wie es plumpe Hände niemals vermögen, einen scheinbar unentwirrbaren Knoten aufzulösen, in kritischer Situation den versteckt gehaltenen rettenden Einfall hervorzuziehen, in geistreichem Geplauder den Teppich auszuhandeln, das entsprach seinem Geschmack und seinem Naturell. Dieses Talent für die »combinazione« hatte er ja meistens auch bewiesen, wenn er vorher die Dinge so in einen Engpaß hatte hineintreiben lassen, daß eben nur noch durch einen Kniff herauszukommen war. Einige Male,

28

wie in der Konferenz von Algeciras, hatte Deutschland sich freilich bei dem Handel sozusagen ins eigene Fleisch geschnitten, obgleich Fürst Bülow hinterher dem ungläubigen Publikum klarmachen wollte, es sei ein vorzügliches Geschäft. Der echte Teppich, den er einkaufte, konnte sich bei näherer Betrachtung als eine zweifelhafte Ware herausstellen − aber die glückliche Wendung, durch die im letzten Augenblick, schon an der Tür, plötzlich der Streit beendet, die Einigung erzielt worden war, hätten ihm nicht viele nachmachen können. Fürst Bülow hatte nicht die etwas derbe Art eines Edgar Wallace, der auf dem Höhepunkt der Verwicklungen durch einen Überraschungstrick Probleme löst, sondern die liebenswürdige und leichte Manier eines Eugène Scribe. Sich selbst an der Begabung erfreuend, die ihm die Grazien verliehen hatten, pflegte er in der Diplomatie diesen feineren Komödienstil.

Am Morgen nach diesem Gespräch rief mich telephonisch der Gesandte Graf Wedel aus dem Auswärtigen Amte an. Man wisse, sagte er, daß ich den Fürsten Bülow gesprochen habe, und wahrscheinlich habe ich dabei allzu pessimistische Eindrücke von der Situation in Italien empfangen. Fürst Bülow habe hier in deutlicher Absicht die Dinge so dargestellt, als wäre Italien sehr geneigt, an der Seite der Ententemächte in den Krieg zu gehen. Er habe die Schwierigkeit seiner Mission übertrieben, um dann um so besser mit seinem Erfolge paradieren zu können. Ich hatte nicht den Eindruck, daß Fürst Bülow in seinen Äußerungen zu pessimistisch gewesen sei. Mein Gefühl war eher, daß er die Reise, auf der ihn das Wohlwollen des Auswärtigen Amtes begleitete, mit zu viel Unternehmungslust angetreten habe, im Glauben an seinen Stern und an die Wirkung seiner Persönlichkeit. In Rom entwickelten sich die Dinge nach dem Gesetz der Schwere, der fallende Stein vollzog seinen Lauf. Anfang Mai gab es in Berlin noch Leute, die den ganzen italienischen Kriegslärm für einen Bluff hielten, und der Unterstaatssekretär des Auswärtigen Amtes, Herr Zimmermann, sagte mir: »Ich glaube doch noch, Giolitti wird es machen«, aber der Botschafter von Flotow, der aus Italien kam, sah richtiger, und auch Jagow behauptete nicht mehr, der Fürst Bülow habe die Situation zu schwarz gemalt. Die Überzeugung, daß gleich nach Italien

auch Rumänien sich der feindlichen Front anschließen werde, kam zu den anderen Sorgen hinzu. Am 20. Mai verschwand der letzte Zweifel, das italienische Parlament hatte
sich für den Krieg erklärt, der große Taktiker Giolitti, von
dem man in den politischen Blindenhäusern noch das Wunder erwartet hatte, war schon vor der Sitzung zu seinem provinziellen Ruhesitz zurückgekehrt. Drei Tage später verließ
Fürst Bülow Rom. Mit ihm, nach schwerem Abschied, seine
Frau. Der Zauber seiner Konversation, seine persönliche Autorität, seine klug vorgetragenen Argumente, seine gesellschaftlichen Beziehungen – nichts hatte die Entscheidung zu
verhindern vermocht. Keine »combinazione« hatte in einem
Handel helfen können, wo die Konkurrenz weit höhere Preise bot. Fürst Bülow hatte das irgend Mögliche getan und
konnte wohl auch behaupten, er habe durch seine hinhalten-
de Dialektik immerhin eine militärisch wichtige Verzögerung
des Kriegsbeschlusses erreicht. Aus unleugbaren Niederlagen
war er mit der unbefangenen Miene der Zufriedenheit hervorgegangen, nicht er hatte die Schlacht verloren, und so
fuhr er nicht wie ein Geschlagener heim.

Nichts war ihm, als ich ihn nach seiner Ankunft in Berlin
besuchte, von überstandener Anstrengung oder von Enttäuschung und Beunruhigung anzusehen. Er war frisch und lebhaft und wie einer, der immer gut geschlafen hat. Gleich
nach der Begrüßung sagte er, unter all seinen Reiseeindrük-
ken habe ihn einer besonders frappiert. Das deutsche Volk
sei von der Außenwelt wie durch einen eisernen Vorhang abgeschlossen und lebe in einer totalen Ahnungslosigkeit. Aber
einmal müsse der eiserne Vorhang doch in die Höhe gehen.
Dann begann er die Ereignisse zu berichten, wie ein Historiker oder wie ein berühmter Mediziner, der nach der Obduk-
tion einer Leiche die von den kleineren Ärzten verschuldeten
Kunstfehler konstatiert. »Ich will Ihnen erzählen, wie es in
Italien war. Ich behaupte, wenn Österreich Ende Juli oder
Anfang August, beim Beginn des Krieges, den Italienern die
Konzessionen gemacht hätte, zu denen es jetzt, natürlich zu
spät, bereit war, dann wäre Italien mit uns gegangen. Weiter:
wenn man in Wien zwischen dem ersten Januar und Mitte
Mai diese Konzessionen anbot, dann blieb Italien neutral.
Leider versicherte man uns in Wien damals immer, die Italie-

ner wollten nur erpressen, man dürfe sich nicht einschüchtern lassen, und die Wiener behaupteten, wir überschätzten die Gefahr. Ich hatte schon vor meiner Abreise nach Rom Privatnachrichten aus Italien, die es mir wahrscheinlich machten, daß zwischen den italienischen Staatsmännern und England Verhandlungen im Gange seien. Ich war überzeugt, daß mit der alten Schablone der Wilhelmstraße nichts mehr auszurichten wäre, daß man eine neue Basis schaffen müsse, darum lenkte ich die italienische Regierung viel bestimmter auf die Möglichkeit einer Abtretung des Trentino hin. Ich weiß nicht, ob sie den Grafen Berchtold kennen. Er ist ein Grandseigneur, ein sehr liebenswürdiger Mann, ein großer Kavalier, wie die Wiener sagen, aber politisch etwas indifferent. Er meldete sich beim Kaiser Franz Joseph und erklärte ihm, es sei auch seine Meinung, ohne die Abtretung des Trentino gehe es nicht. Er hatte die ganz richtige Auffassung, daß Österreich-Ungarn sich in einem Kampf auf Leben und Tod gegen Rußland befinde, daß es einpacken könne, wenn es ihm nicht gelinge, mit Serbien fertig zu werden — auf die paar hunderttausend Bewohner des Trentino, die übrigens zumeist nicht deutsch sprechen, kam es in einer solchen Situation nicht an. Der Kaiser Franz Joseph antwortete: nein, das Trentino trete ich nicht ab und den Italienern gebe ich überhaupt nichts, und Berchtold sagte: Majestät, dann darf ich wohl bitten, mich von meinem Posten zu entheben, da ich an meiner Meinung festhalten muß. Davon wollte der Kaiser Franz Joseph nichts hören — nein, mitten im Kriege, unmöglich —, aber zwei Tage darauf erhielt Berchtold eine Schachtel mit dem Stephansorden darin und ein huldvolles Handschreiben, das die Genehmigung seiner Entlassung enthielt. Berchtold sagt sich: um so besser, da kann ich wieder in Ruhe meine Rehböcke schießen und zusehen, wie meine Rennpferde ihren Morgengalopp machen, und geht ganz zufrieden ab. Nun kommt Burian. Er fährt nach dem deutschen Großen Hauptquartier, und man erklärt ihm dort, es bleibe nichts anderes übrig, die Abtretung des Trentino sei eine zwingende Notwendigkeit. Er ist ganz einverstanden, erhält den Schwarzen Adlerorden, aber als in Wien dann Tschirschky — ich begehe wohl keine Indiskretion, wenn ich sage, daß unser Botschafter nicht Talleyrand ist — ihn besucht und die

Sache weiter fördern soll, antwortet ihm Burian: das Trentino? völlig ausgeschlossen! keine Rede davon! Die Italiener haben ihre Leute überall, sie erfahren das, ein paar Zeitungsartikel, in denen alle Konzessionen abgelehnt werden, kommen hinzu, ein sehr unglückliches Geschwätz von Monts – mit dem gleichen Mangel an politischem judicium, den Monts immer bewiesen hat – verstimmt noch mehr. Gleichzeitig sagt in Rom der österreichisch-ungarische Botschafter Macchio zu Bekannten: die Italiener sind schlau, aber mir san noch schlauer, wir versprechen ihnen alles, aber sie bekommen nix. Sonnino fragt mich, wie es sich damit verhalte – ich sage ausweichend, was man so sagen kann: Ce sont des potins, der Kaiser Franz Joseph hat noch nie sein Wort gebrochen, Deutschlands Garantien, die ich Ihnen verschaffen werden, müssen Ihnen genügen, lassen Sie uns nur Zeit! Aber er antwortet: Je ne veux pas être le dindon de la farce, und von da ab ist er mißtrauisch, er ist überzeugt, daß er betrogen werden soll. Haben Sie ihn einmal gesehen? Er ist kein unanständiger, kein schlechter Mann. Ein Einsiedler, er lebt ganz für sich. Er erinnert sehr an Holstein, auch darin, daß beide Jahrzehnte lang eine Frau liebten – seit die Frau, die er geliebt hat, gestorben ist, hat Sonnino sich von allem zurückgezogen, er meidet den gesellschaftlichen Verkehr. Nun ist es mir nur noch möglich, die Sache hinzuziehen. Am 20. April bekomme ich ein Telegramm von Bethmann: Falkenhayn bittet Sie, vier Wochen Zeit zu gewinnen. Wegen der Karpathenschlacht. Ich habe die Depesche verbrannt. In mein Notizbuch habe ich geschrieben: 20. April. Ich habe fünf Wochen Zeit gewonnen, statt der vier.«

Als ich ihn dann frage, ob er in Rom seine ehemaligen Freunde, Jules Cambon, Barrère und die anderen nun feindlichen Botschafter getroffen habe, erwidert er: »Man hat in Deutschland keine Vorstellung von dem Haß, der uns umgibt. Es ist ein fürchterlicher Haß. Als Rod, der Engländer, mir in Rom begegnete, begrüßten wir uns – ich war überzeugt, es fiel ihm schwer, ohne eine Aussprache weiterzugehen. Mein alter Freund Barrère, als er mich sah, machte eine Bewegung mit dem Arm (Bülow macht mir die Geste vor) – es lag etwas sehr Schmerzliches darin – wie wenn jemand sagen will: zwischen uns ist für immer alles aus ...« Ich erkundige mich nicht erst nach Jules Cambon. Später habe ich Bülow dann auf eine Stelle in den Memoiren Poincarés aufmerksam gemacht, die erkennen ließ, daß Jules Cambon vor der Ankunft seines »Freundes« in Rom warnende Briefe nach Paris schickte, aus denen keine übermäßig freundschaftliche Gesinnung sprach. Aber Bülow liebte es, berühmten Ausländern den Titel »Freund« zu verleihen. Er sagte: »mein Freund Tittoni« und »mein Freund Francis Charmes«. Selbstverständlich war er zu klug, um sich selber über die Zuverlässigkeit dieser Freundschaften zu täuschen, und er umgab sich nur gern mit dem Lichtschein der internationalen Intimität. Er nannte die fremden Staatsmänner und andere hervorragende Persönlichkeiten seine Freunde, wie, auf der noch höheren Stufe, die Monarchen einander »lieber Vetter« nennen.

Er spricht dann noch von dem deutschen Volk, das herrlich, »wirklich Jung Siegfried« sei und so ohne Ahnung von allem, was geschehen ist, und von allem, was sich draußen begibt. Bethmann habe überhaupt keinen festen Plan, lasse sich von den Ereignissen treiben, schwanke auch in der Frage der Annexionen hin und her. Die Fürstin kommt, schon einigermaßen erholt. Sie sagt mir, wie unglücklich ihre alte Mutter sei, und ich mache ihr ein Kompliment darüber, daß der Fürst Camporeale, der Schwager Bülows, es im römischen Senat als einziger gewagt hat, gegen den Krieg zu stimmen. Dazwischen lobt Bülow weiter das deutsche Volk. Das gibt ihm Gelegenheit, zu konstatieren, wie anders es in manchen Kreisen aussieht, die nicht zum »Volk« gerechnet sein wollen. »Wenn der radikalste Sozialdemokrat käme und mir seine Hilfe anböte, ich würde sie annehmen, in vollem Vertrauen, so echt ist dort das Gefühl der Zusammengehörigkeit. Aber daneben leider – wieviel Persönliches, Kleinliches, Neid und Eifersucht! Jemand hat zu einem hochstehenden Beamten gesagt: Wenn das und das geschieht, wird es dem Fürsten Bülow nicht möglich sein, mit einem Erfolg nach Hause zu kommen. Die Antwort lautete – man hat sie mir überbracht: Wer sagt Ihnen denn, daß Bülow Erfolg haben soll?« Wir gehen zusammen fort und ich begleite das Ehepaar nach der Wilhelmstraße, wo es einen Besuch zu erledigen hat. Unterwegs fragt mich die Fürstin, jetzt ganz heiter, ob der neue Panamahut ihres Mannes nicht gräßlich sei. Wirklich, Bülow trägt jetzt einen Panamahut, und diese sommerliche Kopfbedeckung, die doch immer ein wenig an heißbesonnte Tabakfelder und an die ländliche Nonchalance des Farmers erinnert, ist für ihn nicht sehr vorteilhaft. Aber er kommt jetzt in eine Periode seines Lebens, wo er auf Spaziergängen die steife Eleganz wohl absichtlich ein wenig vernachlässigt, und, mit breitrandigen weichen Hüten und um den Kragen gewundenen weißen Shawls, sich einem Genre des historischen Porträts nähert, das nicht den kleinsten frivolen Zug enthält.

Wiederum hat er noch vielerlei, was er sagen wollte, ungesagt gelassen, und darum wünscht er nach einigen Tagen abermals meinen Besuch. Er bringt diesmal eine Fülle von Dingen vor und vor allem ist er verblüfft und besorgt über die Ahnungslosigkeit, mit der man in Berlin der allgemeinen Weltstimmung gegenübersteht. »Ich bin erstaunt, wenn ich höre, was die Leute sich hier alles einreden, wie vollkommen unorientiert sie sind. Wenn einmal zwischen zwei Schützengräben ein paar Zigaretten ausgetauscht werden, dann legt man dem eine Wichtigkeit bei – wie groß in Wirklichkeit der Haß ist, ahnt man nicht. Eine Freundin, die aus England kam, hat mir erzählt, vor dem Kriege haben die Gelehrten dort Adressen gegen den Krieg unterzeichnet, in vielen Kirchen hat man für den Frieden gebetet – jetzt ist das alles völlig verwandelt, weniger in den unteren Klassen vielleicht als in der Gesellschaft, es herrscht dort eine große Entschlossenheit. Sonnino hat mir einmal gesagt »Avant le premier coup de canon tout était possible – beaucoup de choses étaient possibles – beaucoup de choses – qui sont devenues impossibles depuis que le premier coup de canon a été tiré.« Das ist ja auch einer der Gründe, aus denen die Italiener gegen uns in den Krieg gegangen sind. Sie wollen nicht in den moralischen Boykott mit eingeschlossen sein, den man, und England besonders, über uns verhängt. Sehen Sie von alledem ein Ende? – Ich sehe keins. Und es ist entsetzlich, ja, es ist entsetzlich – das Volk leidet, wenn es auch seine Leiden mit so wundervollem Mut erträgt – mit wundervollem Mut. Die Kammerfrau meiner Frau hat eine Nichte, die hatte zwei

Söhne, beide sind gefallen. Sie hat den Verstand verloren und ist in eine Anstalt gebracht worden, und die alte Kammerfrau sagt: Es muß wohl so sein, es ist fürs Vaterland. Man hat mir erzählt, ein Mann in Dortmund habe fünf Söhne im Felde gehabt. Als vier tot waren, hat er ein Gesuch eingereicht, man solle ihm den fünften zurückgeben — das Gesuch wurde bewilligt, aber gerade war auch der fünfte Sohn gefallen. Ist es nicht entsetzlich, und wie will man da heraus? Es muß ein furchtbares Gefühl für die sein, die eine Verantwortung haben, ein furchtbares Gefühl.«

Ich werfe ein, herauskommen könne man am allerwenigsten, wenn man auf der Annexion fremder Gebiete bestehe und Belgien ganz oder teilweise behalten wolle, aber sosehr Fürst Bülow den Krieg und die Leiden des Volkes beklagt — ob man ganz auf Belgien verzichten solle oder könne, erscheint ihm zweifelhaft. »Das ist eine sehr schwere Frage«, sagt er, »ich weiß wirklich nicht, wie man dem deutschen Volke gegenübertreten soll mit einem solchen Verzicht, nach allen Opfern, die man von ihm gefordert hat. Ballin hat mir aus Hamburg geschrieben: Das englische Volk hat an Belgien seine Ehre gehängt, und das deutsche Volk seine Phantasie. So ist es auch, Ballin ist ein außerordentlich kluger Mann, alles, was er sagt, ist sehr klug«. — »Vielleicht«, gestatte ich mir zu bemerken, »weiß Herr von Bethmann, wie er mit der Annexion von Belgien zum Frieden gelangen will.« — »Ja, Bethmann — er geht herum und gibt allen Leuten die Schuld. Man hat ihn im Stich gelassen, er kann nichts dafür, daß die unglückliche Wendung an der Marne eintrat, er kann nichts dafür, daß Calais noch nicht genommen ist, er kann nichts dafür, daß wir noch nicht in Warschau sind. Er kann nichts dafür. Er hat sich seine eigene Theorie zurechtgemacht: Es ist das Verhängnis, das Verhängnis hat alles gewollt. Er behauptet, daß der Krieg nicht zu vermeiden war, weil gegen das Verhängnis nichts zu machen war.«

Fürst Bülow ist nun also wieder der Mann in der Toga, der mit unermüdlicher Ausdauer und gewissermaßen verliebt in den interessanten Fall die einzelnen Punkte für die öffentliche Verhandlung überprüft, zusammenstellt, klassifiziert, ergänzt. Aber da ihm immer noch eine neue Möglichkeit, die Anklage zu begründen, eingefallen ist und er seine Rede jedesmal durch einen neuen Ausschmuck bereichert, bleibt man angenehm angeregt. »Kennen Sie die Depesche, die Jagow im Juli an Lichnowsky geschickt hat – worin er ihm sagte, er solle nicht bekümmert sein, Rußland mache keinen Krieg? Es ist unbegreiflich, aber man hat das geglaubt. Jagow hat ja auch zu Ihnen, nicht wahr, dasselbe gesagt. Man hat in der Suggestion gelebt, der Zar könne die Fürstenmörder nicht unterstützen, und die russische Armee könne gar nicht losschlagen, denn es fehle ihr an Gewehren und Munition. Wie konnte man denken, der Zar werde gegen die ganze Tradition seines Hauses handeln und Serbien preisgeben – wie konnte man meinen, er werde ruhig zusehen, wenn Österreich Serbien okkupierte, ihm seine Souveränität, seine Freiheit nahm? Der Zar hätte riskiert, daß irgendein Generaladjutant zu ihm ins Zimmer getreten wäre und ihm erklärt hätte: Majestät, das geht nicht, das erlaubt Rußland nicht. Er hätte riskiert, daß man ihm die Gurgel abgeschnitten hätte – er mußte den Österreichern den Krieg machen, er wäre sonst seines Lebens nicht mehr sicher gewesen, man hätte ihn umgebracht. Nur eine völlige Inexpérience konnte das nicht sehen. Der Papst ist ein kluger Mann, ein sehr kluger Mann, und man kann manches bei ihm erreichen, wenn man es ihm richtig vorzustellen weiß. Man kann erreichen, daß er einen Bischof von Paderborn zum Kardinal erhebt. Aber man darf von ihm nicht verlangen, daß er das Bild Luthers über seinen Schreibtisch hängen soll. Das kann er nicht, und ebenso konnte der Zar nicht Serbien opfern, das war eine Unmöglichkeit.« – Ich frage noch: »Daß der Kaiser ganz und gar nicht an den Krieg gedacht hat, glauben Sie auch?« – »Er hat nicht daran gedacht. Man hat ihm natürlich gesagt, der Fürstenmord müsse gerächt werden und man könne den Österreichern nur empfehlen, energisch vorzugehen. Sie wissen ja, wie empfänglich er dafür ist, er wird ganz dafür gewesen sein, daß sie energisch vorgehen sollten, aber er hat nicht einen Augenblick ernsthaft an den Krieg geglaubt. Er hat die Dinge aus der Ferne gesehen. Man sagt jemandem: Du sollst in vierzehn Tagen aus dem Fenster springen – er ist bereit dazu – und wenn es soweit ist, meint er, daß er auf der Leiter heraussteigen wird.«

Eigentlich wäre es nötig, die Anklagereden des Fürsten Bülow mit einigen Fußnoten zu versehen. Man könnte beispielsweise darauf hinweisen, daß er selber, indem er die Österreicher bei der überflüssigen Annexion Bosniens nibelungentreu unterstützte, das russische Nationalgefühl gewaltig aufgestachelt hat. Nachdem das zaristische Rußland diesen ersten Schlag erduldet hatte, mußte es ihm zehnfach unerträglich sein, neue Schläge zu empfangen. Der Fehler des Fürsten Bülow hatte bereits den russischen Organismus außerordentlich empfindlich gemacht. Das entschuldigt freilich keineswegs die Herren von Bethmann-Hollweg und von Kiderlen, die zwar diese Politik ihres Vorgängers sehr tadelten, aber während des Balkankrieges immer wieder den russischen Schmerz verschärften, Rußland zu immer neuen Rückzügen, zu fortwährend weiterer Preisgabe seiner serbischen Freunde trieben, bis man − an die Stelle des verstorbenen Kiderlen war Herr von Jagow getreten − schließlich meinte, ihm auch die geduldige Hinnahme des österreichischen Ultimatums und die völlige Opferung Serbiens abzwingen zu können. Gerade weil, zuerst in der Ära Bülow und dann in der folgenden Zeit, die russische Seele in einen höchst gefährlichen Zustand der Überreizung hineingeraten war, mußten aufmerksam überlegende Politiker sich sagen, jetzt sei äußerste Vorsicht geboten, jetzt könne aus allzu harter Zumutung die Katastrophe entstehen. Und noch eine andere Anmerkung zu den Worten des Fürsten Bülow ist nötig, damit sich nicht ein falscher Eindruck ergibt. Ein falscher Eindruck, der durch eine sehr abgekürzte Wiedergabe von Gesprächen, die sich stundenlang hingezogen haben, so leicht hervorgerufen wird. Man greift da nur einige charakteristische oder resümierende Sätze heraus. Man verzeichnet die Höhepunkte, und das Bild kann so irreführend werden, wie etwa ein Bild der Schweiz, auf dem die Berge zu eng aneinander geschoben sind. Zwischen den Bergen liegt die Ebene, das Tal. Übrigens waren auch die Ebenen in den Erzählungen des Fürsten Bülow meistens anmutig und niemals ganz dürr und unfruchtbar.

Die römische Mission war die einzige Aufgabe, zu der man in den vier Kriegsjahren den Fürsten Bülow berief. Und bis zum Ende seines Lebens hatte er keine Gelegenheit zu politischer oder diplomatischer Betätigung mehr. Vielleicht wäre es richtig, sich auch bei der Wiedergabe seiner Äußerungen auf diese kurze Episode seiner Aktivität in Italien zu beschränken und nicht noch Proben aus den späteren Kriegsgesprächen anzureihen. Aber wenn man ein Feld oder einen Wald voll Blumen einer nicht ganz gewöhnlichen Spezies vor sich hat, hilft die gute Absicht, nur ein paar Exemplare zu pflücken, wenig, und verführt durch den Anblick der blühenden Fülle vergrößert man den Strauß. Ich möchte zwei Bruchstücke aus Unterhaltungen hierhersetzen, aus denen noch deutlicher hervorgeht, wie schwer Fürst Bülow es verwinden konnte, daß man ihn früher nicht zu Rate gezogen hatte und auch in der folgenden Zeit beiseite schob. Im Januar 1916 war er von Luzern, wo er mit seiner Frau mehrere Wochen lang geweilt hatte, wieder in Berlin eingetroffen, gleich nach seiner Rückkehr hatte er mir seine Eindrücke – immer die gleichen: den allgemeinen Haß gegen Deutschland und »nicht die geringste Aussicht auf Frieden« – geschildert, und am 31. Januar packt er dann besonders gründlich aus.

»Neulich hat mir Bethmann gesagt: wenn ich nur eine halbe Stunde so mit Sasonow und Grey hier an diesem Tisch sitzen könnte, würden wir zum Frieden kommen. Ich habe nichts geantwortet, um ihn nicht mutlos zu machen – er ist oft sehr pessimistisch, und es wäre unrecht, ihn dann noch mehr zu bedrücken –, aber ich hätte aufstehen und den Schlüssel umdrehen und ihm sagen mögen: Das halten Sie für möglich, nach allem, was geschehen ist? Sie ahnen ja gar nichts von der Leidenschaftlichkeit, von der Verbitterung, die seit dem Beginn des Krieges in England und in Frankreich – weniger in Rußland, aber auch dort – sich angesammelt hat. Geben Sie einmal für vier Wochen Ihre Geschäfte ab und reisen Sie ins Ausland, nach der Schweiz, nach Kopenhagen, nach Den Haag. Dann werden Sie lernen, die Dinge anders zu betrachten als in der Berliner Atmosphäre, wo die Zensur Ihnen alles zurecht macht und man die Wahrheit nicht sehen will.« Nachdem er eine Weile lang abermals vom Juli 1914 gesprochen, den Kaiser entlastet, den Generalstabschef von Moltke einen »dickflüssigen, etwas schwerfälligen, immer pessimistischen, aber im Grunde hochanständigen Menschen« genannt und gesagt hat, dem Grafen Berchtold sei alles »fad« gewesen – »is so fad« –, und darum habe er sich in das Abenteuer hineintreiben lassen, berührt er in scherzendem Ton die Torheit, die das eifersüchtige Grüppchen der Schicksalsgötter tatsächlich und unbestreitbar beging, indem es keinen erfahrenen Ratgeber zu Hilfe rief. »Ist es nicht zum Verzweifeln, wenn man sich sagen muß, daß all das, was zum Ruin von Millionen Existenzen, zu so ungeheuren Opfern am Leben und Gut, zu so unendlichem Leid geführt hat und den Wohlstand Deutschlands und Europas auf lange Zeit hinaus untergraben muß, in den Händen, in den so wenig fähigen Händen von zwei oder drei Menschen lag? Der gute Bethmann − ich schätze ihn sehr, aber es fehlt ihm doch jedes savoir faire, und dieser Jagow − er war das größte Unglück und glaubte sich mit kleinen Malicen behelfen zu können − und der neurasthenische Stumm − man hat mir erzählt, daß er im Klub gesagt hat: In drei Tagen zwinge ich Rußland auf die Knie. Ich spreche wirklich nicht aus vanité, aber man hätte vielleicht doch auf den Gedanken kommen können: dieser Bülow ist zwar ein Rindvieh, aber er ist hier ganz in der Nähe, er sitzt in Klein-Flottbeck, er hat schließlich etwas von der Welt gesehen, wir brauchen ja nicht zu tun, was das Rindvieh sagt, aber rufen wir es einmal her, hören wir es an. Ich wäre natürlich gekommen und hätte ihnen gesagt: Wißt ihr, was ihr angestellt habt? Wenn der selige Fürst Bismarck hier vor euch hintreten könnte, dann würde sein erstes Wort sein: wie konntet ihr das tun, wie konntet ihr aus einem Deutschland, das reitet, ein Deutschland machen, das von Österreich geritten wird? Ich hätte ihnen weiter gesagt: ihr behauptet, ihr habt das Ultimatum nicht gekannt − ihr hättet es kennen müssen und ihr hättet wissen müssen, daß für kein Land, nicht einmal für die Republik San Marino, der strittige Paragraph des österreichischen Ultimatums annehmbar war. Wie ihr herauskommen sollt? Nehmt die Vorschläge Greys und Jules Cambons an, oder noch besser, arrangiert eine Zusammenkunft zwischen dem Kaiser, dem König von England und dem Zaren in Kopenhagen, wie es Ballin euch geraten hat. Aber glaubt nicht, daß ihr sonst den Krieg vermeiden könnt. Rußland wird Serbien nicht im Stich lassen, Frankreich, wo der point d'honneur eine so große Rolle spielt, wird den Russen sein Wort halten, ganz gleich, ob Jaurès oder ein anderer zu entscheiden hat, und England wird sich an die Seite der Alliierten stellen.«

Fürst Bülow liebt, wie man sieht, diese rhetorische Form des Spieles zwischen Frage und Antwort – wobei in der Verhörszene, die er sich ausmalt, der unglückliche Bethmann immer mehr in die Enge getrieben wird. Bisweilen ist es der Weltrichter, der den Angeklagten vernimmt, und bisweilen sitzt der Fürst Bülow selber dem armen Opfer gegenüber, und es bereitet ihm eine diabolische Genugtuung, die Beweise immer prägnanter zu gestalten und den Strick immer fester zuzuziehen.

Am 18. Dezember 1917 – inzwischen ist Herr von Bethmann Hollweg gestürzt worden, und Deutschland hat, es weiß nicht warum, und für sehr kurze Zeit, einen Reichskanzler, der Michaelis heißt. In dem kleinen Salon im Hotelzimmer erzählt mir abends beim Tee Fürst Bülow mit warmer Bewegung, wie er auf der Straße bei Hamburg einen kranken Soldaten liegen sah und zusammen mit einem anderen Herrn den bejammernswerten Menschen aufhob, und daran schließen sich wieder, als Übergang zum politischen Teil, allgemeine Bemerkungen über die Not und die Tapferkeit des Volkes an. Kurz vorher war im Reichstag die Friedensresolution, Erzbergers Werk, ein Appell an die feindlichen Mächte, beschlossen worden, und Herr von Bethmann hatte aus diesem Anlaß noch vor seinem Ende eine Rede gehalten, von der die Fürstin Bülow mit Recht, und sogar mit freundlicher Zustimmung ihres Gatten, gesagt hatte, daß sie die Rede eines anständigen Mannes gewesen sei. Wir waren gleich damals einig in der Ansicht gewesen, daß die öffentliche Kundgebung des Reichstags vielleicht einen günstigen Eindruck auf das deutsche Volk, aber gar keinen auf das Ausland machen werde, und Fürst Bülow wendet jetzt noch einiges gegen die Methode öffentlicher Friedensverhandlungen ein. »Die geistvolle Französin Madame Dudeffand sagte, als man ihr erzählte, es gebe jetzt eine neue Methode, um Kinder künstlich zu erzeugen: Moi, je suis pour l'ancienne manière. Ich bin für die ancienne manière auch in der Diplomatie. Wenn ich Reichskanzler wäre, dann würde ich an meinen Freund Jules Cambon oder an meinen alten Freund Barrère schreiben – ich würde sie fragen, ob sie nicht meinten, daß man ein Mittel suchen sollte, diesem fürchterlichen Krieg ein Ende zu machen und zu einem vernünftigen Frieden zu gelangen.« – Er hängt noch immer an der Idee dieser alten

Freundschaften, obgleich Jules Cambon die Liebe nicht erwidert und Barrère in Rom ihm abgewinkt hat, und er ist also mindestens solch ein Optimist wie Bethmann, der meint, daß er sich nur mit Grey an einen Tisch zu setzen brauche, um die volle Harmonie wieder herzustellen.

»Ich sage«, fährt er fort, »wenn ich Reichskanzler wäre – ich preise den Himmel, daß ich es nicht bin, und Sie haben ja, lieber Freund, auch Ihr Möglichstes dazu getan, daß ich es nicht geworden bin. Glauben sie mir, ich sage das nicht als Vorwurf – Sie haben mir vielleicht das Leben gerettet, meine Gesundheit hätte es wohl kaum noch ertragen, aber nur theoretisch gesprochen, es interessiert mich doch: Würden Sie es nun wirklich für ein so großes Unglück halten, wenn ich es geworden wäre, und warum eigentlich?« Tatsächlich habe ich mich während der Kanzlerkrise einigermaßen teilnahmslos verhalten, denn so ziemlich alle Parteien und alle Volksschichten betrachteten ihn als einen alten unmoralischen Don Juan der Politik, und nur Stresemann ging als sein eifriger Werber herum. Es braucht nicht erst betont zu werden, daß er für das Amt tausendmal geeigneter gewesen wäre als der kleine pietistische Michaelis, aber von dem bizarren Einfall, aus diesem Mann einen Reichskanzler zu machen, hatte ja niemand etwas gewußt.

»Ein Unglück«, antworte ich dem Fürsten, »wäre Ihre Ernennung nicht gewesen, aber ich hielt sie für eine Unmöglichkeit. Sie haben gegen sich die intimste Umgebung des Kaisers, die Konservativen, die ganze Linke und das Zentrum – ich glaube nicht, daß Stresemann und ein paar Nationalliberale ein genügendes Gefolge sind.« – »Die ganze Linke«, protestiert er, »das ist doch nicht richtig, ich glaube, daß Sie sich da irren. Ich habe nicht nur in der Fortschrittlichen Volkspartei gute, mir wohlgesinnte Freunde, sondern, ich versichere Sie, auch in der Sozialdemokratie. Es ist wahr, ich habe die Sozialdemokratie bekämpft. Aber doch nur aus sachlichen Gründen, und ich bin der erste, zuzugeben, daß sie sich in diesem Krieg großartig benommen hat – wo wären wir geblieben, wenn es anders gewesen wäre, ohne unsere Arbeiterschaft? Und auch das Zentrum ist nicht gegen mich, ich jedenfalls bin vom Gegenteil überzeugt. Mein Freund Erzberger hat noch gestern abend bei mir gegessen, und ich hatte

41

gar nicht den Eindruck, daß ich ihm so sehr zuwider sei.« –
»Sie haben während des Krieges Ihr Buch erscheinen lassen
und sich darin auf Annexionen festgelegt.« – »Da sieht man
doch wieder«, entgegnet er mit der heiteren Miene eines nie
aus der Fassung geratenden Lebenskünstlers, »daß wir zwei
gute Deutsche sind. In Deutschland sucht man immer nach,
was einer früher einmal gesagt oder geschrieben hat, und
man ist glücklich, wenn man darin einen Widerspruch entdeckt. Festlegen – man legt sich überhaupt niemals fest.«
Da ich ihm sage: »Sie wissen – ich habe nie ein Hehl daraus gemacht –, daß ich vieles in Ihrer Politik nicht mitmachen konnte« – antwortet er: »Man muß nicht vergessen,
daß ich in einer sehr schwierigen Situation war, als ich mein
Amt übernahm. Ich sollte eine Flotte schaffen, ich hatte meinen Auftrag mit der Bedingung angenommen, für diese Flotte
einzutreten – und ich sollte zugleich den Frieden mit England aufrechterhalten, das doch sehr beunruhigt über unsere
Flottenbauten war. Als Bethmann kam, war die Flotte gebaut, er konnte weit leichter zu einer Verständigung mit England gelangen als ich. Ich hatte mir gegenüber den König
Eduard, dessen Antipathie gegen den Kaiser wirklich groß
war – Bethmann hatte sich gegenüber Sir Edward Grey, der
im Grunde unbedeutend, nicht bösartig, eher gutmütig ist.«
Nun beginnt eine lange historische Diskussion über die historische Vergangenheit. Über die englischen Bündnisangebote,
über den Versuch des »manchmal rührenden« Wilhelm II.,
dem Zaren in Björkö den unmöglichsten aller Verträge abzu-
listen, und sogar noch einmal über die unter dem Kanzler
Caprivi erfolgte Kündigung des deutsch-russischen Rückversicherungsvertrages, die Bülow natürlich verurteilt und die ja
fast allen Geschichtskriterien als ein wichtiges Glied in der
Kette der Fehler erscheint. Diese Nachprüfung früherer Ereignisse – sehr interessant, wenngleich nicht mehr Überraschung ans Licht fördernd, und unterbrochen von trüben
Betrachtungen über die Gegenwart – zieht sich bis zu den
späten Abendstunden hin. Es würde ein ganzes Kollegheft
füllen, wollte ich das, was Fürst Bülow so in guter Stimmung
vorträgt, halbwegs lückenlos nacherzählen, und ich will lieber noch sagen, was er, vor dem Ausbruch der russischen
Revolution, von der Lage in Rußland hielt. »Der Kaiser«,

äußerte er am 7. Juni 1916, »ist nicht mehr für große Annexionen — dies ganz unter uns, nicht wahr? Im Januar wollte er noch sehr viel nehmen, er hatte große Ideen, jetzt ist er davon abgekommen. Und Rußland? — ich meine, wir müssen gewiß unsere Grenzen neu sichern, aber zu viel würde gefährlich sein. Ich kenne Rußland, ich habe ja dort gelebt, ich glaube nicht, daß man es wirklich schwächen kann. Man spricht bei uns viel von der russischen Revolution. Ich glaube, daß man auf innere Krisen in Rußland nicht rechnen soll. Die Krisen in Rußland sind wie die russischen Romane — sie versickern, sie haben keinen richtigen Schluß. Erinnern Sie sich, wie »Anna Karenina« schließt? Der Held hat Zahnschmerzen, und er reist ab. So pflegen die russischen Krisen zu enden, mit Zahnschmerzen, und dann ist es aus. Die Revolution ist durch Petersburg gerast, vor dem Winterpalais wurde geschossen, der Zar sah die Kanonen der Flotte in Kronstadt auf sich gerichtet, und eine Weile darauf war alles vergessen, und alles ging so weiter wie vorher.« Auch noch kurz vor der Absetzung des Zaren war Fürst Bülow der Ansicht, es werde alles so, mit ein wenig Zahnschmerzen, weitergehen, und gewöhnlich fügte er hinzu: »Ich kenne Rußland wirklich gut.« Er kannte nicht die in den Volksmassen wirkenden Triebe und Kräfte, in Rußland so wenig wie in Frankreich, er kannte nur die diplomatischen Kreise und die Leser der »Revue des deux Mondes« in Paris und die Salons in Petersburg. Aber daß er an die russische Revolution nicht glaubte und vor allem den umwälzenden Sieg Lenins nicht vorher sah, ist gewiß verzeihlich, und wer von uns kann denn behaupten, er habe immer die kommenden Erdbeben vorausgeahnt? Seit dem paradiesischen Apfelbiß besteht die Weltgeschichte aus Ereignissen, die eingetreten sind, weil man nicht an sie geglaubt, sie nicht für möglich gehalten hat.

Seine Ansichten über die Probleme, die sich aus dem Kriege ergaben, waren veränderlich. Ganz unveränderlich war seine Meinung über die Leute, die nach ihm zur politischen Führung berufen worden waren, und über Abtrünnige, die sich schnell bei den neuen Herren in Gunst gesetzt hatten, und über einen ganz besonders verhaßten Gegner, den Grafen Monts. Wenn er in der Unterhaltung damals Wilhelm II. schonte, dem er dann in seinen Memoiren alles erdenkbar

Böse antat, so darf man nicht meinen, er habe noch irgendein freundliches Gefühl für den Monarchen gehabt. In jedem Augenblick war ihm gegenwärtig, wie Wilhelm ihn, »das Luder«, fortgejagt hatte, und die Rache wurde nur sozusagen auf Eis gelegt und bis zur geeigneten Stunde vertagt. Man konnte ja noch nicht wissen und auch in diesem Punkte nichts voraussehen – der Kaiser ernannte die Reichskanzler, und vielleicht würde er sich doch noch einmal entschließen, den Fürsten Bülow zu ernennen. Ein Kluger wartete ab, hütete sich, etwas zu verderben, obgleich er so gar keine Lust zur Rückkehr in das Amt hatte, und legte sich nur im stillen das Material für die Memoiren zurecht. Zu den Problemen, die Fürst Bülow, wie übrigens so viele seiner Zeitgenossen, nach dem Kriege anders betrachtete als in einer Periode, in der noch große Hoffnungen und Pläne erlaubt waren, gehörte dasjenige, das Belgien betraf. Lange nach der Billigung des Einmarsches in Belgien kam die Erkenntnis, daß der politische Fehler ebenso groß wie das moralische Unrecht gewesen war. In solchen Fragen konnte man wohl nur dann vom ersten Moment an völlig klar sehen und vor allen Schwankungen bewahrt sein, wenn man mit festen Grundsätzen ruhig und sicher durch den Sturm der Leidenschaften schritt. Grundsätze dieser Art hatte Fürst Bülow nicht.

Montaigne, der mit vergnüglichem Behagen immer wieder bei der Schilderung seines eigenen Ichs verweilte, unterstrich gern, als ein froher Lebensphilosoph, der für die ihm verliehenen Glücksgüter dankbar ist, die kleinen Mängel und Schwächen seiner Natur. Bisweilen übertrieb er dabei in liebenswürdiger Selbstverspottung, und so behauptete er, daß sein Gedächtnis ihn völlig im Stich lasse, sein Erinnerungsvermögen kläglich sei, obgleich doch alle Kenner der »Essais« wissen, daß er stets eine unerschöpfliche Fülle von illustrierenden Anekdoten, historischen Kuriositäten und Zitaten aus sämtlichen lateinischen Schriftstellern in Bereitschaft hielt. Er tröstet sich über den angeblichen Mangel, denn einmal sei es gut, sich nicht an empfangene Kränkungen zu erinnern, und sodann gerate derjenige, in dem nicht alles Gehörte und Gelesene haften bleibe, weniger leicht in die Gefahr, durch Weitschweifigkeit und Schwatzhaftigkeit den anderen lästig zu fallen. Und schließlich: Wer sich eines schlechten Gedächtnisses bewußt sei, hüte sich besser davor, eine früher schon erzählte Tatsache je nach den Umständen anders darzustellen, umzufälschen und umzulügen und heute zu sagen, eine Sache sei grau, und morgen zu erklären, sie sei grün. Fürst Bülow hätte sich noch weniger glaubwürdig als Montaigne auf ein schlechtes Gedächtnis berufen können. Es war ein Gedächtnis allerersten Ranges, ein Reservoir, aus dem ihm in jedem Augenblick das Gewünschte zufloß, ohne daß er genötigt war, sich mit Suchen und Heranholen anzustrengen. Diese Fähigkeit hatte, wie aus der Wiedergabe der Gespräche schon hervorging, nicht eine Ermüdung des Zuhörers zur Folge, wogegen ein gewisses Nachlassen und momentanes Aussetzen dieser Erinnerungskraft − aber erst in seinen letzten Lebensjahren − bewirkte, daß Fürst Bülow eine Geschichte oder eine vortreffliche Äußerung wieder auftischte, nachdem ein solches Schmuckstück der Konversation eben erst verwendet worden war. Es handelte sich da, wie ich schon erwähnt habe, nur um eine kurze und nicht häufige Unachtsamkeit, und Fürst Bülow scherzte dann bisweilen darüber hinweg, indem er sagte: »Sie werden finden, daß ich ein alter Schwätzer geworden bin.« Was die Frage betrifft, ob ein vergeßlicher und seine Schwäche kennender Mensch die Wahrheit nicht so unbefangen verdreht wie ein anderer, so wird man darauf schwerlich eine allgemeingültige Antwort geben können. Montaigne hat übrigens zwischen den groben, unerschrockenen und unverbesserlichen Lügnern und jenen Menschen unterschieden, deren Sündhaftigkeit sich nur bis zu den wechselnden Erfindungen und Einbildungen der Phantasie versteigt, und die, seiner Meinung nach, stets befürchten müssen, sich in dem Netz ihrer Widersprüche zu verfangen. Fürst Bülow gehörte trotz seiner Unerschrockenheit natürlich nur zu der zweiten Kategorie. Aber Widersprüche genierten ihn nicht und hatten keine Bedeutung, denn er hatte sich, wie er sagte, ja niemals »festgelegt«.

Eine kritische Betrachtung seiner politischen Handlungen und Ideen wurde hier − um auch das zu wiederholen − nicht erstrebt. Ich habe mich während seiner Kanzlerschaft und später reichlich mit dieser politischen Materie beschäftigen müssen und hatte nicht den Wunsch, darauf zurückzukommen. Wenn jetzt zwischen die Gespräche ein paarmal

Bemerkungen eingeschaltet wurden, die das Gebiet der Politik berührten, so geschah das nur, weil es des besseren Verständnisses wegen nötig schien. Indessen, eines kann noch erwähnt werden, weil es dem Bilde – dem gesprochenen Selbstporträt des Fürsten Bülow – vielleicht eine letzte Abrundung gibt. Einmal befragte ich den Fürsten Bülow über die Technik seiner Redekunst. Wie allen deutschen Reichskanzlern wurden auch ihm die großen Programmreden, die im Reichstag gehalten werden sollten, in den Büros der Reichskanzlei und des Auswärtigen Amtes entworfen und mit dem Material, das die einzelnen Ressorts lieferten, vollgestopft. Während mancher andere Reichskanzler den Entwurf einfach übernahm oder nur leicht korrigierte, gab Fürst Bülow auch der trockenen Staatsweisheit sorgfältig und liebevoll den persönlichen Schliff. Der bürokratischen Veranstaltung fügte er das Feuerwerk hinzu. Ich wollte von ihm hören, ob er sich ein Rezept für jene Reden gemacht habe, die er in den Reichstagsdebatten ohne solche Vorbereitung hielt. Er war immer am glänzendsten und sprühendsten und eigentlich in seinem wahren Element, wenn er zur Erwiderung auf eine Rede Bebels oder Eugen Richters scheinbar ganz frei improvisierend – einen Vorrat von passenden Zitaten, Pointen und Effektstellen hatte er sich für solche Fälle angelegt – das Wort ergriff. »Wenn ich so unvorbereitet sprechen mußte«, sagte er mir, »ist mir natürlich das Beste erst während der Rede eingefallen. Aber ich will Ihnen ein Geheimnis verraten – wenn ich aufstand, habe ich immer den letzten Satz, den Schluß meiner Rede gewußt.« Das ist zweifellos eine ausgezeichnete Methode, und nicht nur für alle Redner, sondern auch für alle Literaten überaus empfehlenswert. Wievielen Romanen, Theaterstücken, Aufsätzen und Leitartikeln merkt man an, daß der Verfasser während der Arbeit noch gar nicht sein Ziel gekannt, nicht den Schlußpunkt gesehen hat! Es gehört zur Charakteristik des Fürsten Bülow, daß er als Redner immer seines Schlußeffektes sicher war und daß er als Staatsmann das Ende seiner Aktionen nicht so genau vorherberechnete, sondern sich meist optimistisch auf die unfehlbare Inspiration, auf seine elegante Geschicklichkeit verließ. Man mußte nur »una combinazione« zu finden verstehen. In der Politik pflegte Fürst

Bülow mit einem genau gearbeiteten Manuskript zu beginnen. Am Ende kam eine jener Improvisationen, die entweder
wie glückliche Überraschungen wirken, oder denen man ansieht, daß sie als Kinder der Not geboren sind.

DER GEGNER: GRAF MONTS

Schlechte oder mittelmäßige Biographen sind immer bemüht, der Person, deren Wesen und Leben sie schildern, einen leuchtenden Glanz zu verleihen. Sie haben sich aus der Schar derjenigen, deren Lebensbild noch nicht wie ein beliebtes Raffaelsches Madonnenbild in tausend Wiederholungen nachfabriziert wurde, den verwendbarsten Mann herausgesucht, und nun muß der Auserwählte ein bisher nicht ganz gewürdigtes Genie oder doch ein ganz apartes Gewächs im Garten der Menschheit sein. Sie sagen: »Seht meinen Feldherrn, meinen Staatsmann, meinen Dichter, meinen Revolu-. tionär – was wäre die Weltgeschichte ohne ihn?« Und vermutlich wäre die Weltgeschichte auch ohne ihn, ganz ebenso, wie sie es getan hat, ihre guten und schlechten Wege weitergegangen. Ihr Held hat, betrachtet man es genau, ein wenig Sand von einem Häuflein zum anderen hinbewegt. Aber in seiner Biographie wird versichert, er habe den Pelion auf den Ossa gestülpt. Der Stern muß funkeln, und wenn sich neben dem Licht des schöpferischen Geistes das Dunkel des Schicksals, der Glutdunst eines geheimnisvollen Hintergrundes oder auch nur der Flimmerschein eines unsteten Lebens zeigen läßt, wie man auf dem Gestirn des Jupiter den mysteriösen roten Fleck beobachtete, so ist das besonders interessant. Das Buch wächst, und statt einer Miniatur, die man gern in eine Sammlung aufnehmen würde, entsteht eine breitgemalte, überlebensgroße Unwahrheit.

Graf Monts galt, während er Botschafter in Rom war, und weit mehr noch nach seinem Rücktritt, als der interessanteste Mann im deutschen diplomatischen Korps. Bis in seine letzte Lebenszeit war er allerdings nur der Halbgott eines kleinen Kreises, bejahrte Priesterinnen umgaben ihn mit ihrer Bewunderung, die älteren Kenner des Metiers sprachen von ihm, wenn einmal an einer Wegbiegung des Gespräches seine Figur auftauchte, mit betonter Hochachtung, aber den jüngeren Generationen war sein Name ein ferner Wohlklang, und erst als in den Memoiren des Fürsten Bülow soviel bösartiger Schimpf ihn umdampfte, aus unerschöpflichem Füllhorn die faulen Früchte auf ihn fielen, sah in ihm auch das lesende Laienpublikum eine ungewöhnliche Persönlichkeit. Die Memoiren Bülows erregten Empörung und Zorn. Der Diplomat, den der Memoirenschreiber mit solchem Haß verfolgte und der selber diesen Haß so gründlich erwidert hatte, mußte ein prachtvolles Kampftier sein, mußte mehr sein als der entlarvte Gaukler und wurde mit den Ehren behängt, die man dem Unwürdigen entriß. Leider konnte sich Graf Monts an dem Verdammnisurteil, das allgemein über den toten Bülow ausgesprochen wurde, nicht lange erfreuen. Denn nachdem er noch gesehen hatte, wie der Leichnam in die Kalkgrube geworfen wurde, starb er selbst, am 18. Oktober 1930, achtundsiebzig Jahre alt. Auch er hinterließ Memoiren, und Historiker verfaßten, übrigens kurz, nur als Vorrede zu dieser bei der Herausgabe etwas gesäuberten Niederschrift und das gespendete Lob komprimierend, seine Biographie. Sie veröffentlichten auch eine Sammlung seiner Briefe, wobei sie vorsichtig, taktvoll und wählerisch zu Werke gingen.

Welcher Eigenschaften wegen konnte Graf Monts als eine auffällige Erscheinung gelten, warum hielt man ihn für ein besonderes Exemplar im Bauer der deutschen Diplomatie? Man konstatierte, daß er in wichtigen Augenblicken klüger gewesen sei als die Berliner Regierung, Situationen und politische Strömungen richtiger beurteilt, falschen Optimismus bekämpft habe, und vor allem hatte er ja von Rom aus andauernd und freilich vergeblich dem italienisch vermählten Bülow und den anderen Blinden den törichten Glauben an die Bündnistreue Italiens auszureden versucht. Solches Tun zeugte von Charakterstärke, von jener Zivilcourage, die soviel seltener ist als Mut in der Schlacht. Mut zur Wahrheit, und Bereitwilligkeit, der Wahrheit wegen die Karriere zu beenden – es waren nicht viele Beispiele dieser Art bekannt. Hatte er nicht stets mit vornehmer Gleichgültigkeit, mit einer ruhigen Handbewegung die Frage beiseite geschoben, ob seine Überzeugung mit seinem eigenen Vorteil vereinbar sei? Einen »unerschrockenen, oft rücksichtslosen Mahner und Warner« nennt ihn der Herausgeber seiner Korrespondenz. Und der einleitende Biograph, der immerhin »die Schwächen seines Temperamentes« und »sein antithetisches, zu Widersprüchen gern geneigtes Wesen« hervorhebt, legt ihm gleichfalls den Titel »ein ungehörter Warner« bei. »Soviel steht fest«, schreibt er, »daß er am klarsten nicht nur sah, sondern forderte, was Deutschland sollte, und bitter verdammte, was Deutschland tat.« Aber staatsmännische Voraussicht und aufrechten Sinn kann auch derjenige besitzen, dem am wenigsten das Glück beschieden ist, den Eleonoren der Salons zu gefallen. Die Wahrheiten des Grafen Monts waren keine trockenen Belehrungen, man fand sie nicht langweilig, sie standen in dem Ruf, amüsant und gepfeffert zu sein, und wenn man sie nacherzählte, was die Bevorzugten, die sie als erste empfangen hatten, eifrig taten, erregte die Tatsache, daß ein Diplomat witzig sein konnte, allgemeine Befriedigung. Graf Monts war der stachlige Kritiker, die »böse Zunge«, der Götzenzertrümmerer aus Temperament und Neigung, und gehörte der unterhaltsamen Gattung der Menschenfeinde an. »Um seines Geistes willen«, schrieb sein Historiker, »liebte man ihn, haßte man ihn.« Und an einer anderen Stelle: »Monts war geistvoll zu jeder Zeit.« Sein Witz, von ätzender Schärfe, habe tödlich verletzen können, und in München, in Rom und sogar in seiner Lieblingsstadt Wien hätten rücksichtslos hingeworfene Worte ihm unversöhnliche Feindschaften erzeugt. Er war der Luzifer im diplomatischen Engelchor. Ein schöner und eleganter Verneiner, wie Luzifer, der ein Aufrührer von hoher Abkunft war. Die Dinergäste, denen man seine einmal in Rom oder in München verübten Bosheiten zugeflüstert hatte, warteten auf einen neuen reizvollen Giftspritzer, auf den nächsten Genickstoß des Matadors. Bisweilen warteten sie vergeblich, nichts spritzte, und der Matador war ruhebedürftig oder beschäftigte sich lieber mit einem gebratenen Reh als mit einem lebendigen Stier. Ein paarmal habe ich gehört, daß man ihn einen Voltairianer nannte, womit man wohl, die Begriffe ein wenig verwechselnd, sagen wollte, er habe den »zersetzenden« Sarkasmus Voltaires. Dieser Vergleich bewies abermals, daß man in Deutschland den Mentor Friedrichs nicht gründlich genug kennt.

Mancher wollte wissen, daß Graf Monts, wenn er gewollt hätte, Reichskanzler hätte werden können. Es war im Grunde nur ein Gerede, Bestimmteres wußte man nicht, und Mißgünstige. trugen solchen Behauptungen gegenüber einen kühlen Skeptizismus zur Schau. Aber die Memoiren und die biographischen Forschungen lassen keinen Zweifel daran bestehen, daß Graf Monts der Gefahr, Deutschland regieren zu müssen, tatsächlich nur knapp am Rande entging. Nicht nur einmal, sondern zweimal sogar schien sein großer Augenblick gekommen zu sein, stand die Glücksgöttin, die arge Betrügerin, vor seiner Tür. Als er im August des Jahres 1906 im Weißen Hirsch bei Dresden zur Kur weilte, kam im Auftrag des Kaisers Herr von Tschirschky, damals Staatssekretär des Auswärtigen Amtes, zu ihm und trug ihm den Reichskanzlerposten an. Bülow sollte, nach dem Mißerfolg der Marokkopolitik und seinem Ohnmachtsanfall, abgesägt werden, der Chef des Zivilkabinetts, Herr v. Lukanus, empfahl den Kanzlerwechsel, und zwar nicht er, wohl aber irgendein Kreis bei Hofe hielt Monts für den geeigneten Ersatz. Monts lehnte ab und sagt an dieser Stelle seiner Aufzeichnungen, er habe sich »weder physisch noch intellektuell dem Posten gewachsen gefühlt«. Es traf sich günstig, daß damals, nach zwei kleinen Operationen, das Argument der unzureichenden Gesundheit sich verwerten ließ.

Zum zweiten Male bedrohte ihn im April 1909 die kaiserliche Gunst. Er hatte, nach seinem Rücktritt vom römischen Botschafterposten, sich gerade vom König von Italien verabschiedet, als Wilhelm II., der in Begleitung des Reichskanzlers Bülow auf der »Hohenzollern« die himmelblaue Adria durchquerte, ihn nach Venedig berief. Es gab auf der kaiserlichen Yacht ein langes, intimes Gespräch zu zweien, Wilhelm II. erklärte, warum er den Fürsten Bülow entlassen müsse und warum er den Grafen Monts für den richtigen Mann halte, und als dieser »ununterbrochene Redefluß« endlich stoppte, war es auch dem Kanzlerkandidaten wider Willen möglich, seine politischen Ansichten vorzubringen. Er plädierte für die Lösung des Vertrages mit dem völlig unzuverlässigen Italien und für enge Beziehungen zu England und empfahl, als unvermeidliche Vorbedingung solcher Freundschaft, eine starke Beschränkung der maritimen Rüstungen, einen Bruch mit der starren Flottenpolitik. Der Kaiser äußerte sich gleichfalls abfällig über die italienische Bündnistreue, an die er doch, bis zum August 1914, immer wieder glaubte, und soll schließlich, nach einigen Einwendungen, auch dem

Teil des Programms zugestimmt haben, der England und die Schiffe betraf. Er soll noch hinterher zu Ballin gesagt haben, so werde die deutsche Politik von nun ab aussehen, und mit ihrer Durchführung wolle er den Grafen Monts betrauen. Niemand konnte ernsthaft glauben, dieses Wort sei ein letztes und bindendes Wort, im schnellen Wechsel der kaiserlichen Stimmungen werde diese Eingebung den Moment überdauern, und Wilhelm II. werde auf die Freuden und den Ruhm des Flottenschöpfers verzichten wollen. Wer darüber unterrichtet ist, wie beim Berliner Besuch Haldanes Herr v. Tirpitz im Bunde mit der Kaiserin über den beklagenswerten Bethmann siegte, der weiß, daß Graf Monts, als er seine phantastischen Forderungen vortrug, sich selber den Zugang zum Reichskanzleramte verschloß. Er erhielt dann auch aus Berlin die Mitteilung, seine Majestät habe seine Absichten leider ändern und angesichts der parlamentarisch verworrenen Lage einen Fachmann der inneren Politik berufen müssen, und Herr v. Bethmann Hollweg wurde ernannt. Abermals bemerkt Graf Monts in seinem Buche bescheiden, daß er der Aufgabe »weder körperlich noch geistig gewachsen« gewesen wäre, und mit einer Ironie, die man nur erraten kann, fügt er hinzu: »Wie auch hätte ich Wilhelm II. dauernd meistern sollen, der in vielen Dingen mir überlegen war?« War die Befriedigung über die empfangene Absage ganz echt? Sie war wohl mit etwas Enttäuschung gemischt, und der Stolz, eine so empfindliche Stelle, hatte eine Wunde empfangen. Es hieß, Herr v. Lukanus habe von der Berufung des Grafen Monts abgeraten, der in München und in Rom zu mißliebig geworden und von dessen Unverträglichkeit nichts Günstiges für den Verkehr in Berlin zu erwarten sei. Hat Monts deshalb in seinen Briefen den Chef des Zivilkabinetts spöttisch »den Apotheker« genannt? Jedenfalls hätte er, wenn nicht Herrn v. Lukanus, so doch den Heiligen dankbar sein dürfen – sie hatten den Blitz von seinem Haupte auf das Haupt des Herrn v. Bethmann abgelenkt. Sankt Florian hatte, wie die alte Bauernsitte es will, dafür gesorgt, daß sein Haus von Feuer verschont blieb und der Brand das Haus des Nachbarn überfiel.

Ja, alle Heiligen geleiteten immer gütig den Grafen Monts. Und sechzehn Ahnen konnte er zählen bis hinauf zu Bertrand de Monts, der im 13. Jahrhundert in Toulouse Schirmherr des Bürgers war. Denn das Geschlecht stammte aus Frankreich, die Vorfahren dienten den französischen Königen, der Großvater Jean Jacques hatte noch im Siebenjährigen Krieg in der Armee der Pompadour mitgefochten und sich erst infolge einer Liebesheirat, die zugleich eine reiche Heirat war, in Deutschland festgesetzt. Der Vater, Graf Louis, sah nach den napoleonischen Kriegen die ererbten rheinischen Güter fortschwimmen, gewann dann, nach dem väterlichen Beispiel, am Traualtar einigen neuen Besitz, wurde preußischer Landrat und verschaffte seinem Sohn Anton die Aufnahme ins Auswärtige Amt. Anton Monts, der junge Diplomat, amüsiert sich eine kurze Weile lang und gerade so lange, wie es ihm Spaß macht, in Brasilien, kommt in schnellem Wechsel auf die angenehmsten Posten, nach Rom, Wien und Budapest, und wehrt sich gekränkt, als man ihn dann auch einmal, für einige Zeit wenigstens, nach Südafrika schicken will. Südafrika, das ist nichts für ihn, das ist etwas für die Leute ohne Genie, ohne brillante Salonallüren und ohne sechzehn Ahnen, Graf Monts reicht sein Abschiedsgesuch ein, wird aber dann von einflußreichen Gönnern bewogen, es zurückzuziehen. Er braucht nicht nach Südafrika zu gehen, man gibt ihm den Gesandtenposten in Oldenburg, und als ihm auch Oldenburg sehr bald mißfällt und ihn langweilt, wird er von Bülow zum Gesandten in München gemacht. So zieht er immer die beste Karte, so werden ihm all die ungünstigen Episoden, die das diplomatische Wanderleben sonst zu haben pflegt, liebevoll erspart. Es ist nicht das mühselige Körnersuchen der grauen Spatzen, es ist ein Adlerflug, und von München führt ihn der Flug nach Rom. Und als er auch von Rom genug hat, beim italienischen Hof und bei den Regierenden hinreichend unbeliebt ist und sein nicht verborgenes Mißtrauen dort gleichwertig erwidert wird, vermählt er sich, nun 56 Jahre alt, nach der Familientradition mit einer außerordentlich reichen und übrigens vortrefflichen Dame, einer nicht mehr jugendlichen Witwe aus der Familie der Haniel, die ihm in ihrem Schlosse Haimhausen bei München einen wahrhaft fürstlichen Ruhesitz bieten kann. Alles, was er begehrte, was seinem Geschmack und seinen Neigungen entsprach, wurde ihm zuteil. Als Krönung des Ganzen dieser

Haupttreffer: im Spiel um die Kanzlerschaft Verlierer zu sein.

Wenn gefragt wird, wodurch, durch welche Erfolge, staatsmännischen Handlungen, klugen Manöver und Schachzüge er sich den Anspruch auf eine erstaunliche Vorzugsbehandlung und auf hohe und höchste Auszeichnungen erworben habe, so muß die Antwort gerechterweise lauten, daß es in seiner Laufbahn nur wenig Taten und Siege gab. Am ehesten wird man konstatieren können, daß er als Gesandter in München solche Tatkraft entfaltet hat. Dort griff er, regsam, wach und lebhaft interessiert, in die Ordnung des Verhältnisses zwischen dem Reiche und Bayern ein, und die Antipathie, die er für den bayrischen Klerikalismus empfand, war mehr anspornend als hemmend und hinderlich. In seinen römischen Berichten stellte er die Unzuverlässigkeit der römischen Politik, die immer stärkere Abwendung vom niemals herzlich geliebten Dreibund, die Abhängigkeit der langgestreckten Halbinsel von England, die offenkundigen und die versteckten Wünsche der Kabinette und Parteien klarblickend, überzeugend, anschaulich, mit vorzüglicher Kenntnis der Dinge dar, aber im allgemeinen begnügte er sich mit der Darstellung, mit der Kritik, mit der Warnung, und von Versuchen, durch Aktivität die Entwicklung aufzuhalten oder zu beeinflussen, findet sich kaum eine Spur. Sein französischer Kollege und Gegner Barrère war ungemein aktiv. Graf Monts war Zuschauer, ein scharf und überlegen urteilender, der im Parkett seine Bemerkungen über die Akteure machte und bisweilen die intriganten Hausierer des Klatschmarktes mit verwendbarem Stoff versah. Ohne Zweifel hatte er recht, wenn er die Partie für verloren hielt. Aber seine Bemühungen gingen auch nicht über die unablässige Wiederholung dieser These hinaus. Manchmal empfahl er, statt der Erneuerung des Vertrages mit Italien, eine engere Verbindung mit der Türkei. Das war keine meisterliche Idee, die türkische Kampfkraft war, wie sich bald in den Balkankriegen zeigte, von den deutschen Erziehern enorm überschätzt worden, ein solches Bündnis konnte nur wünschen, wer — wie freilich Monts — eine Verständigung mit Rußland aus seinen politischen Plänen ausschloß und zugleich — dies aber war nicht der Fall des Grafen Monts — es gern auf Konflikte mit England ankommen ließ.

Indessen, in einem gewissen Augenblick griff Graf Monts handelnd und mit einem positiven Ratschlag in die Ereignisse auf einem anderen politischen Schauplatz ein. Das geschah während der Marokko-Affäre, vor der Konferenz von Algeciras, die ihm mit Recht als eine fatale Erfindung, als ein erschreckender Irrtum des ihm wohlgesinnten Herrn von Holstein erschien. Delcassé, von allen Seiten gejagt und umstellt, von seinem eigenen Kabinettspräsidenten Rouvier schon dem Opfertode geweiht und überall nach Hilfe ausspähend, ließ durch seine römischen Freunde, und am Ende der Kette durch Luzzatti, dem Grafen Monts eine Vermittlerrolle antragen, und war, versicherten die Italiener, zu den gewaltigsten Zugeständnissen bereit. Er willige, hieß es, in eine Teilung der marokkanischen Beute ein. Ein Vogelstellertrick. Selbstverständlich hätte sich zwischen dem ersten, unverbindlichen Wink der vorgeschobenen Vermittler und der Verwirklichung am Verhandlungstisch das Projekt erheblich geändert, selbstverständlich hätte auch England die Berücksichtigung seiner Interessen gefordert, selbstverständlich wäre Marokko ungeteilt geblieben und nur die deutsche Seifenblase zerplatzt. Sonderbar, daß Graf Monts dieses Angebot ernst nahm, sich für die Übermittlung nach Berlin gewinnen ließ. Diesmal war der ärgerliche Tadel am Platze, mit dem der grimmige Holstein jeden Widersacher seiner falschen Politik bewarf. Allerdings wurde Graf Monts nicht gleich zum »Landesverräter« gestempelt, wie es mir wegen der Kritik an den Marokko-Unternehmungen Bülows und Holsteins widerfuhr. Dieses Wort, mit dem in Deutschland von Zeit zu Zeit die Bekenner irgendeiner gerade verbotenen Wahrheit geknebelt werden, wäre denn doch zu herb gewesen gegenüber einem Botschafter, der sechzehn nachweisbare Ahnen besaß. Und mit sechzehn Ahnen, oder selbst mit weniger, wog nicht nur ein Vergehen leichter, sondern die Weisheit gewann im Schein solcher Tatsachen einen bedeutenderen Glanz. Was ein Kiesel ist, wenn der eine es aufhob, kann ein Edelstein sein, wenn der andere es fand.

Wilhelm II. hatte sich nur widerstrebend in das marokkanische Abenteuer hineinzerren lassen, er hatte hinterher alle Verantwortung von sich abgeschüttelt, und daß auch Graf Monts diese Politik mißbilligt hatte, war später zu seinen

Gunsten ein nützliches Argument. Aber was ihm bei dem Kaiser und bei den Intimen des Hoflagers von einem bestimmten Zeitpunkt an vor allem nützte, das war die allgemein bekannte Tatsache, daß die Freundschaft, die ihn mit dem Fürsten Bülow verbunden hatte, in erbitterte Feindschaft umgeschlagen war. Er hatte, wie er zugab, dem Fürsten Bülow viel und beinahe alles zu verdanken, und bis in die ersten Jahre der Bülowschen Kanzlerschaft hinein hielt diese anfangs mit äußerster Bewunderung gepaarte Dankbarkeit vor. Dann schwächte die Bewunderung sich ab, und die Dankbarkeit wurde, gewiß nicht ohne aufrichtiges Bedauern, hinter die höheren Interessen der Wahrheit zurückgestellt. Wenn Monts seine Meinung über Italien und die Bündnispolitik hartnäckig kundgab, machte er Bülow nervös. Und der Nörgler sah nun, was auch ohne Einblick in die Akten Fernstehende sehen konnten, die lange Fehlerreihe dieser Ära, die Person des einst Angebeteten hatte ihren Zauber verloren, erschien ihm hohl, eitel, gedankenarm und scharlatanhaft, auch die Kulturjuwelen blendeten nicht mehr, und obgleich noch dann und wann die »unleugbaren Gaben als Redner, Hofmann, Parlamentarier«, die »Kunst der Menschenbehandlung und seine Gewandtheit, sich aus oft schwieriger Lage herauszuziehen oder herauszuschwindeln«, anerkannt wurden, blieb als Schlußpointe ein Wort Holsteins: »une vieille cocotte«. Als Bülow Ostern 1908 nach Rom kam und im Palazzo Caffarelli, dem Botschafterpalais, Zimmer für sich in Anspruch nahm, stellte Monts sich krank, Bülow besuchte ihn mit ironischem Bedauern in der Krankenstube, und der im Bett liegende Botschafter – es muß eine hübsche Komödienszene gewesen sein – empfing ihn mit einer Flut von Anklagen, hielt ihm das ganze politische Sündenregister vor und erklärte, die Mitverantwortung nicht länger tragen zu können, was der Besucher mit der freundlichen Bemerkung, wer reisen wolle, den solle man nicht aufhalten, entgegennahm. Einige Wochen vor dieser Unterhaltung hatte die Vermählung des Grafen Monts mit der verwitweten Frau Haniel von Haimhausen stattgefunden, bei jeder Schicksalswendung, die im Leben anderer hart und tragisch gewesen wäre, fing eine Wattierung den Anprall auf, alle Dinge ordneten und rundeten sich harmonisch und leicht. Im Herbst erfuhr

Graf Monts, daß seine Entlassung beschlossen sei, und im März 1909 wurde sein vorbeugend eingereichtes Rücktrittsgesuch angenommen. Noch im Jahre 1908 kam die »Daily Telegraph«-Affäre, über Bülow brach die kaiserliche Ungnade herein. Vier Monate, nachdem er Monts aus dem Dienst entfernt hatte, wurde er selber gestürzt. In dieser Periode der latenten Kanzlerkrise muß in der kaiserlichen Umgebung der Name Monts oft und rühmend und in besonderem Tone genannt worden sein. Nicht eigentlich, weil man bei der Durchsicht der Kandidatenliste und bei der Abwägung der Verdienste sich bestimmte Leistungen des Grafen ins Gedächtnis rief. Graf Monts war nicht nur Bülows Rivale, sondern Bülows Gegner, und diese Gegnerschaft war seinem Bilde als der schärfste und als der charakteristischste Zug aufgeprägt. Dies war sein Signum, seine Rolle, diese Stellung war ihm in der Zeitgeschichte zugewiesen: der Gegenspieler im historischen Theaterstück. Wenn Wilhelm II. unter das Entlassungsgesuch des Grafen Monts ungemein huldvolle Worte schrieb, und wenn er eine Zeitlang geneigt war, den Grafen Monts zum Nachfolger des Fürsten Bülow zu machen, so spielte immer der Gedanke mit: dieser haßt und verachtet wie kaum ein anderer den Verräter an der kaiserlichen Majestät. Und auch die im Grunde doch sehr unbequeme Antipathie des Grafen Monts gegen Italien und sogar seine gänzlich unstatthaften Ansichten über die Flottenbauten schienen, da sie ein Gegengewicht in solchen Gefühlen hatten, für einen Augenblick weniger schlimm. Graf Monts war der Gegner, wie Patroklos der Freund, die symbolisch gewordene Figur der Freundschaft war. Wobei es gerecht ist, zu betonen, daß Graf Monts kein nur vom Ruhm des andern belebter Patroklos war, und daß Fürst Bülow mehr Talente als ein nur einseitig begabter Achill besaß.

Natürlich lassen sich nur Mutmaßungen darüber anstellen, was die Regierungskunst des Grafen Monts vollbracht hätte und was nicht, wäre ihm wirklich das Kanzleramt zugefallen. Man kann dabei zunächst die Fragen ausscheiden, ob sein kritischer Geist oder, besser gesagt, seine Veranlagung zu kritischer Betrachtung, seine Lebensgewohnheiten, die von jeher sich in eine reguläre Disziplin nicht einfügten, und die Unabhängigkeit seiner Ausdrucksformen ein einigermaßen dauerndes Verbleiben auf diesem Posten zugelassen hätten, und wie das Verhältnis zwischen dem Reichskanzler und dem Kaiser nach dem glücklichen Honigmond gewesen wäre, und an welcher Stelle, mit wieviel Stellen auf einmal, es Anstoß und Krach gegeben hätte, und wo der Faden der Geduld gerissen wäre, der bei dem Grafen Monts niemals sehr haltbar war. Graf Monts hätte, um das zu wiederholen, sein Programm der Flottenbeschränkung und der Verständigung mit England nicht ausführen können. Mit dem gleichen Programm kamen Herr von Bethmann Hollweg und sein Staatssekretär Kiderlen in das Haus der Wilhelmstraße, Herr von Kiderlen hatte es sorgfältig auf Kanzleibogen ausgearbeitet, und dann blies der frische Seewind das ganze Papier vom Tisch. Bethmann und Kiderlen, die Bülows und Holsteins Marokko-Politik ebenso tadelten, wie Graf Monts das tat, ahmten den Fehler ihrer Vorgänger getreulich nach und veranstalteten den »Coup von Agadir«, dieses furchtbare Malheur. Gern wird man annehmen, daß der Reichskanzler Graf Monts nicht so töricht gewesen wäre, daß er dem drängenden Geschrei der Alldeutschen und aller »nationalen« Kreise nicht nachgegeben, daß er kaltblütig und mit guten Nerven auf den besseren Moment gewartet und, alles sorgfältig vorbereitend, zugesehen hätte, wie das französische Expeditionskorps, angeblich zur Rettung der Europäer, das unverteidigte Fez bezwang. Nicht gerade wahrscheinlich ist es, daß er sich dem Wunsch des Kaisers und der Militärs, den General Liman von Sanders nach Konstantinopel zu entsenden, widersetzt, lieber Rußland schonend behandelt und den letzten Konflikt verhindert hätte, der sich vor der großen Explosion ergab. Und diese Explosion, die Katastrophe des Krieges, hätte er — dies ist wohl das Hauptsächliche und Entscheidende — sie abgewehrt, wäre er ihr klug und vorausschauend ausgewichen, hätte er Deutschland und die Welt vor ihr bewahrt? In seinen Memoiren äußert er sich sehr ärgerlich darüber, daß ich Stücke aus jenem Brief des kurz vorher verstorbenen Fürsten Bülow veröffentlicht habe, worin der ehemalige Reichskanzler mir sehr ausführlich erzählte, was er im Augenblick der Kriegsgefahr getan und nicht getan hätte, und wie, durch welche Taktik und durch welche Mittel, die Erhaltung des Friedens möglich gewesen sei. Die Veröffentli-

chung war von dem Zweifel begleitet gewesen, ob Fürst Bülow wirklich genau nach seinem nachträglichen Rezept gehandelt hätte, und das wollte der Memoirenschreiber übersehen, ganz wie er vergessen wollte, daß er selber sehr häufig
dort Gastfreundschaft genossen hatte, wo diese Aufzeichnung des noch im Tode gehaßten anderen erschien. Wäre
Graf Monts wie Bethmann in den Krieg hineingeschliddert,
versehentlich hineingerutscht? Nein, er wäre hineingesprun-
gen.

Mancher könnte der Meinung sein, daß hier die Frage
nach den Taten des Grafen Monts zu sehr in den Vordergrund geschoben wurde, und der Eindruck könnte entstehen,
daß dadurch die Bedeutung, die dem Grafen Monts von seinen Biographen und seinen Bewunderern beigemessen wird,
geschmälert oder gar geleugnet werden soll. Dieser Eindruck
wäre falsch und höchst bedauerlich. Der große Auftritt auf
der Bühne kann nur beginnen, wenn die Gelegenheit das
Stichwort gibt. Man sagt, Gelegenheit mache Diebe, aber
kann man bestreiten, daß sie auch Staatsmänner, Feldherren,
Wirtschaftskapitäne und revolutionäre Führer macht? Ein
General, der in Friedenszeiten lebt, könnte sich im Kriege als
ein Napoleon erweisen, aber er wurde, durch die Schicksals-
tücke, kein Napoleon. Der bekannte Satz, Raffael wäre auch
dann, wenn er ohne Hände zur Welt gekommen wäre, ein
großer Maler geworden, soll ja auch nur sagen, daß das ver-
borgene Genie vorhanden sein kann, auch wenn ihm die
Möglichkeit, sich nach außen hin zu offenbaren, nicht gegeben ist. Selbst Bismarck hätte nicht zu so legendärer Gestalt
werden können, wenn schon vor ihm Deutschland zu seiner
Einheit gelangt und ihm nur noch die Aufgaben geblieben
wären, zu deren Lösung täglich und stündlich die Verteidigung des politischen Werkes zwingt. Ja, wir sind abhängig
von der Gelegenheit und den Umständen der Zeit. Emerson,
— wie wohltuend ist es, auf glitschigem und abschüssigem
Wege einen Halt bei einem berühmten Schriftsteller und bei
einem guten Zitat zu finden! — führt in einem seiner Essays
sehr anmutig aus, daß in manchen Persönlichkeiten weit
mehr liegt, als sich aus ihren Taten entnehmen läßt. »Der
größte Teil ihrer Kraft war latent.« Er nennt Helden Plu-
tarchs, deren Taten geringer waren als der Ruhm, der sie

überlebt. Auch Sir Philipp Sidney, der Earl von Essex, Sir Walter Ralleigh seien Männer von imposanter Bedeutung und wenig sichtbarer Leistung gewesen, und sogar die Taten Washingtons entsprächen nicht entfernt dem Maß seiner Persönlichkeit. Die Überlegenheit dieser Männer braucht sich nicht durch erfolgreiche Handlungen fühlbar zu machen, sie strahlt hervor, ist unverkennbar, zwingt sich auf. »Das ist«, sagt Emerson, »eben das, was wir Charakter nennen« − eine aufgesparte Kraft, welche unmittelbar auf die Gegenwart wirkt und der Mittel entraten kann.

Persönliche Beziehungen zwischen dem Grafen Monts und mir haben im Oktober 1909 begonnen. Etwa ein halbes Jahr nach seinem Weggang aus Rom. Damals hatte ich ihm geschrieben und ihn um seine Mitarbeit am »Berliner Tageblatt« ersucht. Er hatte, am 28. Oktober 1909, geantwortet, daß er noch abwarten wolle, und hatte weder ja noch nein gesagt. Wenigstens eine Zeitlang wolle er noch nicht mit Äußerungen an die Öffentlichkeit treten, denn er habe ja noch bis in das Frühjahr hinein amtiert. Über was solle er auch schreiben, »etwa Gutes über Italien sagen, seine Bundestreue und seine Zuverlässigkeit preisen, oder seine miserablen Staatseinrichtungen?« − eine Großmacht sei Italien auch nur scheinbar, »ihm fehlt eben das Hauptkriterium einer solchen, selbständig einer anderen Großmacht gegenübertreten zu können.« − »Die Italiener denken auch gar nicht daran, in Konfliktsfällen ihren Obliegenheiten als Verbündete nachzukommen. Nur ein so unbelehrbarer Optimismus wie der des glücklicherweise verflossenen Reichskanzlers konnte diese Sachlage verkennen.« Sollte er aber über die auch gegenüber Italien von Bülow geübte Wurstelei schreiben? − dieses traurige Kapitel, ebenso traurig wie Bülows Politik gegenüber England und Frankreich, werde noch rechtzeitig genug aufgedeckt werden, und das Publikum wolle solche Belehrungen ja nicht. »Die große Masse der Deutschen sieht in Bülow noch immer einen Staatsmann, der schier unersetzlich ist.« ... »Da aber der Dreibund noch läuft und man in Berlin wenigstens bis dahin noch den Schein aufrechterhalten will, so wäre es gewiß nicht gut getan, wenn der eben erst abgetretene deutsche Botschafter über die Brüchigkeit unseres Verhältnisses zu Italien schreibt oder über die Unsicherheit aller

Zustände in dem doch sehr losen apenninischen Königreich. Gutes könnte man nur sagen von dem Aufschwung *Ober*-Italiens, dem Fleiß seiner Bewohner und der wunderbaren Fruchtbarkeit.« Dann folgten Komplimente über meine »große politische Befähigung«, die mir angeblich – es war keineswegs der Fall – gestattete, das alles besser zu wissen, und über meine Beurteilung der Beziehungen zu Frankreich, und der Wunsch nach einer Anknüpfung persönlicher Bekanntschaft in Berlin. Neun Briefseiten, mit einer prachtvollen, kräftigen, nicht kleinlichen Schrift. Nachdem ich ihm gedankt hatte, ohne ihn weiter zur Mitarbeit zu drängen, kam gleich wieder ein Brief, diesmal achtseitig, zuerst mit lobenden Bemerkungen über Luzzatti, der von Bülow gehaßt werde, »weil dieser ihm in seine schmutzigen Algeciras-Karten sehen konnte«, und der freundlichen Hinzufügung, man wisse überhaupt noch gar nicht, »welchen Mist Bernhard im Äußern gemacht hat«, sowie mit schweren Klagen über die von Bülow künstlich geförderte Zentrumspartei. Graf Monts entwickelte einen großen Plan: Er wollte das Wahlrecht in Preußen und das im Reiche auf dem Tauschwege reformieren, ersteres fortschrittlich, das zweite rückschrittlich, und zwar kam es ihm bei der Änderung des Reichstagswahlrechts vor allem auf den Schlag gegen die römische Kirche an. »Bismarck«, meinte er, »würde kaum das allgemeine Wahlrecht dem politisch so unreifen deutschen Volke gegeben haben«, hätte er die Macht der römischen Kirche genau gekannt. Die Laienschule sei wichtiger als das allgemeine Wahlrecht, und er, Monts, seit trotz seiner freiheitlichen Gesinnung für ein Pluralstimmen-System. »Ein wirklicher Staatsmann, leider war Bülow nur ein Hofmann«, hätte durch die zweifache Wahlrechtsreform die Zentrumsmacht gebrochen, aber statt dessen habe man immer nur auf die bösen Sozialisten losgepaukt... Schon am nächsten Tage wieder acht Seiten, mit heftigen Äußerungen über die italienische Presse und schweren persönlichen Beschuldigungen gegen den römischen »Kreuzzeitungs«-Korrespondenten Stein. Am Schluß ein Wort über die bevorstehenden Wahlen und ein Bedauern darüber, daß man noch nicht eine gerechte Wahlkreiseinteilung durchgesetzt habe, denn dann würden »schon längst Klerikale und Reaktionäre zu Paaren getrieben« sein.

Er hatte auf meine Einladung zur Mitarbeit nicht ja und nicht nein gesagt, aber er wollte doch gern ja sagen, sein unruhiger Geist verlangte nach Möglichkeiten der Äußerung. Schweigsam durch den Park von Haimhausen zu wandeln, aus den Morgenzeitungen die politischen Neuigkeiten zu entnehmen und die Kritik in sich zu verschließen, das hielt er nicht aus. Mein Anerbieten stimmte mit seinen geheimen Wünschen überein. Bald nach seinem dritten Briefe besuchte er mich in Berlin, natürlich keineswegs, um sich überreden zu lassen, sondern nur, um für meine Aufforderung auch noch mündlich zu danken, und aus Höflichkeit. Er war ein schöner Mann, schön nach den besten Modellen, mit einer sehr hohen Gestalt, die nicht mager und knochig war und deren Linie doch ohne jedes Embonpoint verlief. Der Kopf war, im Verhältnis zu dem Körper, nicht sehr groß, der Teint von jugendlicher Frische, das schon silbrige Haar dicht und weich, der gepflegte Schnurrbart zog sich an den Mundwinkeln in einem leichten Bogen hinab. Die Augen blickten beobachtend, eine hübsche Nase wirkte etwas zu unbedeutend, ohne charakteristische Form. Spuren von Kränklichkeit waren an der Erscheinung des Grafen Monts, der sich immer für krank hielt und sich sorgfältig behorchte und pflegte, nicht zu erkennen. Unbestreitbar mußte Graf Monts schon durch seinen hohen Wuchs in jeder gesellschaftlichen Ansammlung auffallen, unbestreitbar mußte man ihn als ein Edelgewächs im adeligen Palmenhause bezeichnen, unverkennbar war in Figur, Gesichtsbildung und Haltung der Aristokrat. Die lange Zeugungstradition eines alten Geschlechtes schloß hier nicht mit einem dekadenten Versager ab.

Graf Monts rechnete sich, wie er im ersten Gespräch bekannte − und von seiner freiheitlichen Gesinnung hatte er schon brieflich gesprochen −, zu den Liberalen, und in England hätte er sicherlich zur Partei der liberalen Lords gehört. In Deutschland gab es unter dem Kaiserreich eine sympathische Gruppe liberalisierender Grandseigneurs, zu ihr gehörten Fürst Hatzfeld, Herzog von Trachenberg, der Fürst zu Hohenlohe-Oehringen, der Fürst Lichnowsky, der Prinz Schönaich-Carolath und andere, und obgleich die meisten von ihnen sehr reich und darum angesehen bei Hofe waren, hatten sie wenig oder gar keinen Einfluß auf den Gang der inneren Politik. Sie sorgten für die Beförderung ihrer Söhne, Neffen und Großneffen in der Gardekavallerie und im diplomatischen Dienst, gingen, wie Lichnowsky, wohl auch selbst in die Diplomatie oder übernahmen, wie Fürst Hatzfeld, in jüngeren Jahren hohe Verwaltungsämter, hatten ihren Sitz im Herrenhaus und ihren Freundeskreis in den vornehmen Klubs, liebten die Unabhängigkeit und das gute Essen, überließen die Beschäftigung mit der Wohltätigkeit und das Mäzenatentum, Pflege der Malerei, Büchersammeln und ähnliches den jüdischen Bankiers und einigen christlichen Industriellen, bezogen die Einkünfte ihres ausgedehnten Grundbesitzes und hatten, lauten Prunk vermeidend und nur bei kaiserlichen Jagdbesuchen zu ihm gezwungen, einen anständigen Lebensstil. Auf die Masse der ostelbischen Junker blickten sie mit Abneigung hinunter, die Manieren des großen Haufens waren nicht die ihrigen, Intimität war nur selten und nur mit Auswahl möglich, im allgemeinen war es eine andere Welt. Sie hatten nicht die Kulturbedürfnisse, die man bei vielen französischen und englischen Personen ihres Ranges finden konnte, aber eine erst eben in den Smoking geklemmte Robustheit berührte ihre Wohlerzogenheit unangenehm. Die Junker im Bund der Landwirte, die Triarier Seiner Majestät, die Herren mit den grünen Hütchen waren robust. Sie gebrauchten tüchtig ihre Ellenbogen, sprachen selbstsicher in den Zimmern der Minister und nahmen wenig Rücksicht auf die Grandseigneurs.

Was den Liberalismus des Grafen Monts betraf, so war er weniger aufs Reale gerichtet als derjenige des freikonservativen Hatzfeld, noch weniger staatsgefährlich als derjenige des »roten Prinzen« Carolath und ganz erheblich zahmer als die Ideen Lichnowskys, der mir oft in seiner temperamentvollen Art, erfüllt von seltsamen Illusionen und mit den Blicken meine Ansicht über seine Chancen erforschend, die Versicherung gab, er werde das Reichskanzleramt nur übernehmen, wenn ihm erlaubt werde, dem deutschen Volke das parlamentarische System nach englischem Vorbild zu bringen. Graf Monts erläuterte mir seine Ideen über die doppelte Wahlrechtsänderung, über die Beseitigung der schlimmsten Ungerechtigkeiten im preußischen Wahlrecht und über das allgemeine gleiche Reichtagswahlrecht, das zum Ausgleich rückwärts zu revidieren sei. Er glaubte ernsthaft, dieses Tauschgeschäft würde auch die sozialdemokratischen Arbeitermassen befriedigen, für die er damals, mit der selbstverständlichen Distanz, Wohlwollen hegte, und deren Heranziehung an den Staat ihm wünschenswert erschien. Nichts war einfacher als der Vorschlag, von der einen Wagschale etwas zu nehmen und auf der anderen etwas hinzuzulegen, aber überraschen konnte es, daß der sonst eher zu pessimistischer Beurteilung neigende Graf Monts sich zu so frohem Glauben an das Gute im Menschen verstieg. Denn er setzte nicht voraus, daß bei der ausgleichenden Behandlung der beiden Wagschalen falsch gewogen werden würde, und der Gedanke, daß die eine Partei sich betrogen fühlen könnte, kam ihm nicht.

Gegen Ende des Monats traf dann also sein erster Artikel ein. Graf Monts wandte sich darin gegen neue Marineforderungen und stellte die Verständigung mit England als oberstes Gebot deutscher Außenpolitik hin. Im Begleitbrief hieß es, »die Staatskunst unserer Regierenden, die ja eigentlich nichts wie Unsinn seit zehn Jahren machte«, werde »uns leichten Herzens schließlich auch in diese Katastrophe eines Seekrieges mit England verwickeln«, und ein größeres Unglück würde Deutschland kaum treffen können. Der Ausgang eines solchen Krieges wäre selbst bei größter Tapferkeit und Tüchtigkeit der deutschen Marine mit mathematischer Sicherheit vorherzusehen. Graf Monts wollte den sehr vernünftigen Artikel nicht mit seinem Namen zeichnen, und da mir außerdem in der Wahlkampfperiode, in der man sich befand, eine Diskussion über die Flottenfrage wenig erfolgversprechend schien, vertagte ich die Veröffentlichung. Damit war Graf Monts einverstanden, obgleich er meinte, daß »das unglückselige Triumvirat S. M., Bethmann, Kiderlen uns jeden Moment in neue Schwierigkeiten bringen kann«. Er schickte nun ziemlich schnell hintereinander Beiträge, zunächst mehrere militärpolitische Artikel, in denen er die neue Militärvorlage abfällig kritisierte – in dem Begleitschreiben stand: »Das Militär ist genau so wie das Beamtentum jeder Neuerung abgeneigt«, und »Tirpitz hat eine eiserne Stirn.« Das meiste erschien, einiges gab ich ihm zurück, und er war über eine Ablehnung nie beleidigt, ließ jedenfalls keinerlei

Unmut merken und war ein leicht zu behandelnder Autor, auf dem ihm neuen literarischen Terrain sehr viel fügsamer als im politischen Verkehr. Seine Artikel waren solide gebaut, sachlich, kenntnisreich, beachtenswert und mitunter wichtig durch die darin ausgesprochene Meinung, aber es läßt sich nicht sagen, sie hätten durch einen besonderen stilistischen Reiz, durch Originalität des Ausdrucks oder durch mitreißenden Schwung gewirkt. Lichnowsky hatte ein stärkeres publizistisches Talent. Monts hätte schwerlich eine Abhandlung zustande gebracht, wie Lichnowsky sie den Erinnerungen des Botschafters Schweinitz widmete, wobei es ganz dahingestellt bleiben mag, wessen Auffassung die richtigere war. Auch in den Memoiren des Grafen Monts herrscht eine gewisse Trockenheit, und jene Verehrer und Verehrerinnen, die darin den brillanten Spötter suchten, sind nicht auf ihre Kosten gekommen. Wären die Artikel von irgendeiner minderen Größe oder gar von einem Berufsschreiber verfaßt gewesen, so hätte man der Mehrzahl von ihnen wahrscheinlich keine Bedeutung beigelegt. Der Name, die Autorität des Namens, gab ihnen den Wert. Das Wasser des Nil, des Ganges und anderer heiliger Flüsse unterscheidet sich nicht von demjenigen, das in banaleren Strombetten fließt. Aber es ist der Ganges und es ist der Nil.

Die Verständigung mit England, nur erreichbar durch den Verzicht auf immer neue Flottenbauten und immer größere Schlachtschiffe, war dasjenige Thema, bei dem es zwischen Monts und mir keinerlei Verschiedenheit der Ansichten gab. Sowohl im politischen Ziel wie in der Frage der zu ergreifenden Mittel, im Prinzipiellen und im Besonderen, in der These und in den Argumenten stimmten wir überein. Auch darin, daß man, statt in reklamehaften Schaustellungen und mit schmetternden Reden die prunkenden Schlachtkreuzer vom Stapel laufen zu lassen, besser täte, Unterseeboote zu bauen. Vor geraumer Zeit schon hatte ich mit Hilfe ausgezeichneter Marinetechniker eine Kampagne in diesem Sinne begonnen, vor allem auch heimlich Beziehungen zu dem Admiral Galster, dem hervorragendsten Fachmann und entschiedensten Gegner des Herrn v. Tirpitz, angeknüpft und ihn als Berater und Mitarbeiter gewonnen. Es war mir sehr lieb, daß jetzt Graf Monts als wertvolle Verstärkung in diese Kampfreihe trat. Noch einer, der, um das Wort seines Biographen zu gebrauchen, ein »ungehörter Warner« blieb.

Aber übertreiben diese Historiker nicht ein wenig, wenn sie so sehr seine Unerschrockenheit, seinen Bekennermut unterstreichen und den Eindruck erwecken, als gebührten nun gerade diesem Warner der Ruhm und das Denkmal mit der Inschrift: »Dem Tapfersten von allen« —? Sie übertreiben, denn den höchsten, den wahren Mut, den Mut, der über alles eigene Wohl hinweg und bis zum Opfer ging, haben andere gehabt. Den hat der Botschafter in London, Graf Wolff-Metternich, gehabt, der sich durch seine klugen und redlichen Warnungen und durch die ruhige, unbeirrbare Festigkeit, mit der er sie immer wieder vorbrachte, den Zorn, den Hohn, die verächtlichen Randbemerkungen Wilhelms II. zuzog und unter den Streichen des Herrn v. Tirpitz und den Intrigen seines Marineattachés fiel. Und diesen Mut hatte der Admiral Galster, der aus der Marine verschwinden mußte, weil er sich zu keiner Verleugnung seiner Überzeugung bewegen ließ. Graf Monts, der vom römischen Posten im Grunde nach eigenem Willen sich in ein komfortables Schloßleben zurückzog, riskierte durch gelegentliche Mißbilligung der amtlichen Flottenpolitik und auch durch konsequentes Eintreten für eine Annäherung an England schon damals nicht viel, als er noch Botschafter war. Man hat gesehen, daß ihm der Kaiser, der Wolff-Metternich wie einen Dummkopf und einen Feigling behandelte, das alles gar nicht übelnahm. Monts war nicht nur als Gegner Bülows in einer Vorzugsstellung, sondern er brauchte auch nicht als Störung empfunden zu werden, wenn er seine Meinung über England und über die Flottenfrage zum besten gab. Er war nicht, wie Wolff-Metternich in London und Galster in Kiel, diesen Dingen absolut nahe, sie gehörten nicht zu seinem Tagesdienst, er hatte nicht stündlich die Weisungen auszuführen, die sich auf diese und jene Einzelheit, auf diesen und jenen Vorfall bezogen, und war nicht unablässig in Differenzen und Reibereien verstrickt. Wenn er, abseits stehend, akademische Vorträge halten wollte — warum nicht? Das mußte einem so geistreichen und vornehmen Manne, der obenein als eigensinniger Denker einen Raritätenruf hatte, gestattet sein. Die Dorfwirte haben nichts dagegen einzuwenden, daß jemand in der Hauptstadt das

Biertrinken und die Kirchweih verdammt. Monts sah klar, wie gleich ihm mancher andere, auch in seinen Kreisen, aber in der Bezeichnung »unerschrockener, oft rücksichtsloser Mahner und Warner« haben die Eigenschaftswörter doch vielleich nicht die ganz richtigen Farbennuancen und sind zu sehr nach dem billigen Schema ausgewählt. Unerschrockenheit — es kommt immer darauf an, was man darunter versteht.

Vom Sommer 1912 ab traten in den Vordergrund die Ereignisse am Rande des türkischen Reiches, der Balkan wurde mobil, mit dem Zusammenbruch der türkischen Wehrmacht brachen viele Spekulationen Wiens und Berlins zusammen, Österreich und Rußland, eigentlich beide vom Ergebnis der Balkankriege gleich unbefriedigt, ja, beide an Prestigewunden leidend, standen einander sprungbereit gegenüber, und mindestens dreimal oder viermal schien die Furie den engeren Bezirk verlassen und über Europa hinwegrasen zu wollen. Dieser Akt, der die Welttragödie vorbereitete, fing an mit der italienischen Eroberung von Tripolis, diesem Signal zum allgemeinen Ansturm auf die Türkei, der allerdings — obwohl Fürst Bülow das beharrlich leugnete und bei solcher Behauptung jedesmal eigentümlich nervös wurde — durch einen anderen Stoß, durch die Annexion Bosniens, wesentlich erleichtert worden war. Graf Monts betrachtete die Schwierigkeiten, denen die Italiener in Tripolis zunächst begegneten, mit einer Genugtuung, die er nicht verbarg, und äußerte sich in seinen Briefen ungemein abfällig über die italienische Armee. Trotzdem wachse die Großmannssucht Italiens ins Nebelhafte, und »in Rom und Mailand spricht man ganz ungeniert von der tripolitanischen glänzenden Generalprobe für den bevorstehenden österreichischen Krieg...« »Aber der verblendete Germane zählt weiter Italiens und Österreichs Schiffe als gemeinsame Gegner der Triple-Entente im Mittelmeer auf.« Monts widersprach meinen pessimistischen Anschauungen über die Widerstandskraft und den Bündniswert der Türkei und meinte, »eine moralische Unterstützung hätte vielleicht das Jungtürken-Regime halten können«. Indessen, fügte er am 22. August 1912 hoffnungsvoll hinzu, noch »ist nicht aller Tage Ende und nach allem scheinen jetzt Türken und Arnauten gemeinsam gegen den Hammeldieb in Cetinje vorzugehen«. Es sollte sich leider bald zeigen, daß die Türken nicht vor-, sondern zurückgingen, und daß die auch von Monts froh mitgemachte Türkenpolitik Wilhelms, Marschalls und der Militärinstrukteure nicht mehr war als eine orientalische Phantasie. Sie wäre richtig, klug, ernsthaft und praktisch gewesen, wenn man sie nicht für einen Endzweck angesehen, sondern das auf dem türkischen Boden Erreichte so benutzt hätte, wie es im Rahmen großer, staatsmännischer, bismärckischer Fortentwicklung benutzt werden konnte und mußte: als Handelsobjekt. Aber Graf Monts schrieb mir entrüstet, der Gedanke, einen Ausgleich mit Rußland auf Kosten der Türkei zu suchen, sei eine »unglaubliche Idee«.

Er war tief enttäuscht, als dann die türkischen Niederlagen auf dem Balkan kamen, und schrieb mir am 14. Januar 1913, nach der Rückkehr von einem Aufenthalt in Wien:

»Ich war loco Zeuge der Bestürzung der Wiener Kreise, als eine türkische Niederlage nach der anderen gemeldet wurde. Kaiser, Thronfolger, Berchtold, Generalstab, jeder zog an einem anderen Strick. – Die Lage der Monarchie ist in der That auch sehr ernst. Am schlimmsten ist, daß den Magyaren bisher noch nicht der Gedanke aufdämmert, daß es mit ihrer Gewalt-Politik so nicht weitergehen kann. Unterdrücken kann man die slavische Hälfte der Bewohner nicht, man kann ihnen den Aufenthalt und das Leben in der alten Großmacht nur angenehmer machen, wie in den lausigen südslavischen Raubstaaten. Nur so kann man sie auch in schweren Tagen, die vielleicht schneller kommen wie man denkt, bei der Stange halten.«

Mit diesem Briefe schickte er mir einen Artikel »Austria«, von dem er sagte, daß er eigentlich zu schönfärberisch geschrieben sei. Aber man müsse auf alle Weise den Österreichern Mut und Zuversicht einflößen, und der Artikel war als solche stärkende Arznei gedacht. Kiderlen-Wächter war soeben gestorben, und Monts schrieb mir, dieser Tod sei ein nationales Unglück, Kiderlen habe aus seinen Fehlern gelernt. »Vor allem hatte er, obgleich diese beiden Geistesheroen ihn verabscheuten, sich bei S. M. und dem Kanzler durchgesetzt.« Kiderlen habe sich zwar auch über die Türkei getäuscht, wie übrigens fast alle Welt, aber ohne ihn, ohne die eiserne Ruhe, mit der er »die aufgeregten hohen Herrn in ihre Schranken wies«, hätte es in Berlin dieselbe Nervosität und Verzweiflung gegeben wie in Wien. In einem späteren Briefe hieß es: »Kiderlen hätte mich gern in den Auswärtigen Dienst zurückbugsiert.«

Er lud mich nach Haimhausen ein, und im Juli machte ich ihm dort meinen Besuch. Das schöne alte Schloß ist im 18. Jahrhundert von dem Italiener Zuccarini für irgendwelche Grafen von Haimhausen ausgebaut worden, und als, lange nach dem Rokoko, die Zeit der großen Industrieherren gekommen war, haben es die Haniel gekauft. Der Park mit weiten Rasenflächen ist prachtvoll, eine imposante Lindenallee führt vom Schloß zum Gartenportal. Eine hügelwellige Landschaft, so süddeutsch schlicht, innig und friedlich in Linien und Stimmung, eine den menschlichen Leidenschaften und Häßlichkeiten scheinbar unzugängliche Natur, wie Thoma sie gemalt hat, bildet den Hintergrund. Im Hause lange Zimmerreihen mit Möbeln aus dem Siebzehnten und dem Achtzehnten, massige Klosterschränke, alles geschmackvoll und nicht mit der Ängstlichkeit von Neulingen geordnet, die in innerer Unsicherheit jeden Verstoß gegen die Stilregeln scheuen. Ein Lesesaal, wo auf einem langen Tisch Zeitungen und Zeitschriften sorgfältig für den Hausherrn gesammelt und geschichtet sind. Ein Porträt des Grafen Monts in mittleren Jahren, von Angeli. Sonst wenig interessante Bilder, nur ein paar Holländer allenfalls beachtenswert. Aber gute Stükke von altem Augsburger Silber, auf die Monts besonders aufmerksam macht. Die Gräfin ist krank und unsichtbar, sie ist bald nach der Heirat mit Monts erkrankt, ein Teil des Körpers ist gelähmt. Beim Mittagessen erfüllt ihre Schwester die Hausfraupflichten, außerdem ist ein Bruder von Monts da, ein pensionierter Generalmajor, zuerst knurrig und mich etwas mißtrauisch fixierend, dann gesprächig und aufgeknöpft. Tischunterhaltung über die verregnete Ernte, über den Balkankrieg, über die Einführung der dreijährigen Dienstzeit in Frankreich, über das französische Militär. Der Generalmajor hat viel Achtung vor allem Technischen in der französischen Armee, glaubt aber nicht an ihre Disziplin. Am Nachmittag fahre ich mit dem Grafen Monts nach München, wo wir Antiquare besuchen und Monts den Geheimrat von

Müller, den berühmten Kliniker, aufsucht und mit ihm eine neue Konsultation am Krankenlager der Gattin bespricht. Unterwegs im Auto erzählt er mir, daß er gemeinsam mit Wolff-Metternich dem Kaiser Vorhaltungen über Tirpitz gemacht, der Kaiser aber schroff geantwortet habe, eine Einmischung in militärische Dinge wünsche er nicht. Er kommt auf den Vermittlungsversuch zurück, den er vor der Algecirakonferenz auf Wunsch Delcassés und der Italiener in Berlin unternommen hat. Delcassé habe ihn wissen lassen, er wolle Deutschland Casablanca und Mogador zugestehen. Ich sage ihm, man habe mir am Quai d'Orsay ähnliche Andeutungen zur Weitergabe gemacht, aber ich hätte immer das argwöhnische Bedenken gehabt, daß Delcassé auf das englische Veto rechne und nur deshalb so freigebig sei. Graf Monts wirft ein, Delcassé hätte dann immerhin riskiert, England durch sein Angebot zu verstimmen.

Schon am 11. Oktober dieses Jahres 1913 starb die Gräfin, ein sanfter Tod beendete ein Leiden, das durch keine ärztliche Kunst und durch keine Konsultationen zu heilen war. Ihr Gatte hatte sie liebevoll bewacht und gepflegt. Einige Zeit nach ihrem Tode schrieb er mir, indem er für einen Beileidsbrief dankte: »Ich bin noch immer wie betäubt, alles schien so gut zu gehen, die Pflegerinnen und der behandelnde Arzt hielten die Genesung nur noch für eine Zeitfrage, als plötzlich nach wochenlangem Wohlbefinden die Wendung zum Schlimmen kam.« Und dann diese Zeilen über seine Ehe und über sein persönliches Geschick:

»Vielleicht hat Ihnen Graf Hutten-Czapski gesagt, welch vortreffliche Frau, in jeder Beziehung, die Verstorbene gewesen. Ich hatte ihren Wert erkannt, als ich sah, wie sie ihren 1. Gatten pflegte. Zweck meiner Heirath war ja auch zunächst der, mir einen sorglosen Lebens-Abend zu sichern. Aus der Verstandes-Ehe aber wurde das innigste Verhältnis. Einsam und allein muß ich nun; das letzte Stück meines Erden-Weges wandeln, auch weiß ich noch nicht, wo ich mich etablieren soll. Haimhausen ist Fidei-Kommiß, und mit der besten Frau verliere ich auch die schöne Heimath. Der Erbe wünscht zwar, daß ich hier bleibe, da er in der diplomatischen Carriere verbleiben will. Aber ob und wie das möglich wäre, werden erst

Verhandlungen ergeben, die nach seinem Eintreffen aus Amerika hier gepflogen werden.«

Der Erbe, der Gesandte von Haniel, überließ dem Grafen Monts Haimhausen als Wohnsitz, die Frage des Wie und des Wo wurde schnell und günstig gelöst. Noch siebzehn Jahre lang, bis zu seinem eigenen Ende, konnte Graf Monts in dem Schlosse residieren, das seine hohe Gestalt passend umrahmte, und den aristokratischen Komfort des Lebens beibehalten, den er schwer entbehrt hätte und in dem er heimisch war. Wie sein inneres Verhältnis zu der Frau und jedenfalls die allmähliche Gestaltung dieser Beziehung sehr sympathisch war, so finde ich auch die harmlose Art sympathisch, in der er auf dem schwarzgerandeten Briefbogen sich über diese seelische Entwicklung äußert und kaum etwas verschweigt. Der Egoismus eines Verwöhnten, das Bedürfnis nach Bequemlichkeit und Luxus und dann doch das gar nicht vorausberechnete wärmere Gefühl, es kommt alles so natürlich heraus. So ungeniert, mit dieser Unempfindlichkeit pflegen sich nur diejenigen zu entschleiern, deren angeborenes oder anerzogenes Selbstvertrauen keine hemmenden Befürchtungen aufkommen läßt. Anderen fehlt diese Harmlosigkeit, und wenn sie nicht gerade Zyniker sind, genieren sie sich, ihren doch genügend bekannten Eigennutz zu bekennen, ganz wie sie sich genieren, den ledernen Klubsessel zwischen die echten Louis XV.-Möbel zu stellen.

Die Herausgeber der Korrespondenz haben in ihrem Bande Briefe des Grafen Monts an Holstein, an den Staatssekretär und späteren Botschafter Tschirschky, an den Freiherrn Felix Oppenheimer in Wien und einen Brief an den ehemaligen Gesandten Grafen von Pückler veröffentlicht. Mehr, sagen sie, war nicht zusammenzubringen. »Aus den ersten Jahren, die Graf Monts als Botschafter a. D. auf seinem Ruhesitz in Haimhausen bei München verlebte«, heißt es in ihrer Einleitung, »haben sich nur wenige Korrespondenzen erhalten. Zu einigen im Jahre 1910 an Tschirschky gerichteten Zuschriften, welche zeigen, wie lebhaft und kritisch er weiterhin den Gang der Politik nach außen und innen hin verfolgte, gesellen sich die Briefe an Freiherrn Felix Oppenheimer.« So befinden sich in der Sammlung aus der Zeit zwischen dem Rücktritt des Grafen Monts vom Botschafterposten und dem

Kriegsende nur zwei Briefstücke aus der Korrespondenz mit Tschirschky, zwei aus dem Jahre 1913 stammende und drei während des Krieges geschriebene Briefe an den Wiener Freiherrn und der Brief an Pückler, vom 8. Oktober 1918 datiert. Das Talent des Goldsuchers haben die Herausgeber nicht gezeigt, oder ihr Forschungseifer war gehemmt, und allerlei Bedenken hielten sie zurück. Um die von ihnen mit Bedauern festgestellte Lücke auszufüllen, will ich, nachdem hier schon von den Briefen aus den ersten Ruhejahren einiges mitgeteilt wurde, wenigstens einzelne Sätze aus ein paar jener außerordentlich zahlreichen Briefe wiedergeben, die Graf Monts in der letzten Friedensperiode und während des Krieges an mich gerichtet hat. Zunächst etwas aus einigen von neunzehn zum Teil sehr ausführlichen Briefen vom Jahre 1913, die sich bei mir erhalten haben und deren vollständige Wiedergabe leider unterbleiben muß, weil sie eine zu schwere Belastung für das lose gefügte Gerüst einer Darstellung wäre, die nicht, wie die Arbeiten jener Historiker von Beruf, Anspruch auf Gründlichkeit erheben kann:

Haimhausen, 17. 1. 13. »Die politische Lage wird immer unheimlicher. Das Triple-entente Syndikat ist eben doch viel mächtiger als der sogenannte Dreibund. Österreich ist jetzt ganz in gleicher Weise eingeklemmt wie wir, dazu der innere Zerfall. Was ich immer fürchtete, der türkische Bankrott trat ein, ehe wir zu einem Ausgleich mit England kamen.

Ein Trost in dieser ernsten Zeit sind für jeden Patrioten die Vorbereitungen zum 25. Jubiläum.

W. II. hätte besser gethan, diesen Tag nicht zu begehen, das Fazit seiner Regierung ist ein zu trauriges. Doch das will man nicht sehen.«

Haimhausen, 2. 2. 13. »Wenn jetzt nur die Sozialisten Verstand annehmen und praktische Politik treiben wollten. Annahme des Wehrgesetzes in seinen notwendigsten Zügen würde das Centrum auf lange matt setzen. In diesem und nicht im Sozialismus sehe ich die Hauptgefahr, die dem neuen Reiche droht. Bayern wird bereits vom Jesuiten-Orden regiert, Erzbischof Bettinger, von den Jesuiten erzogen, ist der eigentliche Regent und sein rechter Arm ist der Jesuit Hertling.«

Haimhausen 16. 2. 13. »Anbei der Artikel Militaria. Ich bitte, nicht mit meinem Namen zu zeichnen, da ich für eine etwaige Polemik zu alt und zu stumpf bin, auch andere Sorgen mich quälen.

Wir werden Riesensummen aufbringen müssen und das Alles dank der elenden von uns seit Jahren beliebten äußeren Politik. Aber die Lage ist doch leider so, daß wir zahlen müssen, denn wenn der Krach nicht jetzt kommt, so kommt er sicher in ein paar Jahren. Bulgaren, Serben und die Panslawisten werden nicht still sitzen und dann geht es um Österreich und Klein-Asien, leider für uns vitale Punkte. Die Auflösung von Österreich wird innerlich durch Pfaffen, Czechen und vor Allem die Magyaren beschleunigt. Ich hielt es für ein Glück, wenn Franz Ferdinand wirklich so krank ist, wie die Donau-Zeitung behauptet. Er ist feig, bigott, entschlußlos und heimtückisch, ganz wie Ferdinand von Habsburg, nichts vom heitern Lothringer. Die Cumberland-Farce ist ein Schlag ins Wasser. S. M. hegte diesen Plan schon seit vielen Jahren. Er baut auf die Macht seiner Persönlichkeit und auf die preußische Armee, die den p. l. assimiliert. Die Erfahrung zeigt aber, daß Polacken und Prinzen, wenn sie aus der Garde heraus, in alle alten Sünden zurückfallen.

Die Universitäts-Rede von S. M. zeigt wieder, wie sich in dessen krausem Schädel die Geschichte abmalt, resp. wie er sie rücksichtslos nach seinen schiefen Auffassungen fälscht.«

Wien, Hotel Imperial, 3. 4. 13. »Hier zu meiner leider jetzt üblich gewordenen Ohren-Kur sah und sprach ich viele maßgebende Leute. Man ist unendlich niedergeschlagen und ratlos. Die Aehrenthal-Fehler und der kolossale Schnitzer im Herbst, nicht in den Sandschak eingerückt zu sein, haben die Monarchie aus einer Position in die andere gedrängt, und sie jetzt direkt zum Gespött des Schweinehundes Nikita gemacht. Nicht minder falsch war die Haltung Rumänien gegenüber, um die Bulgaren zur Cession von Silistria zu veranlassen, versprach man ihnen Adrianopel und drückte mit auf die bewußte Note. Letzte entfachte den Krieg bekanntlich von Neuem und war doppelt unangebracht, als damals die Bulgaren unter dem Druck der colossalen Verluste sich schon mit dem Nichterhalt von Adrianopel abgefunden haben. Jetzt

73

verweigern sie auch Silistria. Rumänien macht mit Recht Österreich verantwortlich, zumal letzteres und wir mit ihm Rumänien vertragsmäßig verpflichtet waren.

Quid nunc. Österreich hat, wie auch die Skutari- und Albanische Sache ausgeht, innerlich einen Schlag bekommen, von dem es sich nicht so bald erholt. Nach der Türkei heißt die panslavistische Parole Theilung Österreichs.

Auch bei uns scheint man die Größe der Gefahr doch nur oberflächlich zu ahnen. Unsere Presse sollte Alles vermeiden, was nur entfernt wie Sympathie für Serben und Montenegriner aussieht. Ferner sollte unsere Presse so intensiv wie möglich für eine weitere Annäherung an England eintreten. Aber da lese ich Artikel wie den der »Post« über Churchill, daß mir die Haare zu Berge stehen. Unsere Alldeutschen, Agrarier, Anglophoben machen den gleichen Fehler, wie damals, wo unsere Regierung a limine die Rüstungs-Abkommen im Haag abwies, was uns die englischen Pazifisten, unklar wie sie sind, immer noch nicht vergeben können.«

Haimhausen, 21. 4. 1913. (nach den Balkankriegen, mit langen Betrachtungen über die geschwächte Position Österreichs und die Stärkung des russischen Einflusses. Weiterhin:) »M. E. ist unser ganzes Heerwesen rückständig. Die Aufgabe, alle Wehrfähigen auszubilden, löst auch die neue Vorlage nicht, da sie sich nicht entschließt, kürzere Präsenz zu statuieren und ohne jeden Parade-Drill auszubilden ... Ich muß immer Vergleiche ziehen, die mir natürlich vor allem in der äußeren Lage geläufig sind. Ich diente noch 10 Jahre unter Bismarck, wie rasend ist seither der Abstieg, um nicht zu sagen Absturz.«

Haimhausen 18. 6. 13. »Es interessiert Sie vielleicht, zu hören, daß Bethmann mit Hochdruck in München, Dresden etc. für das sogen. Kompromiß (in der Frage der Vermögens-Zuwachs-Steuer) arbeitet. Er stellt seine Demission in Aussicht, so ziemlich das Beste, was dem Reich begegnen könnte, denn B. ist der personifizierte Geheimrat, den Bismarck als Totengräber seiner Schöpfung vorhersagte.

In Bayern ist wieder einmal Hertling auf seinem Ruhesitz, Ruhpolding. Der preußische Gesandte ist citissime dorthin spediert worden, um diesen Jesuiten-Knaben in beweglichen Worten zum Nachgeben zu bereden. Hertling soll auch schon weich sein, natürlich mit offener Hand.

Es scheint so, als können deutsche patres conscripti nur Blech machen, namentlich die National-Liberalen leisten bei der Militär-Vorlage das Menschen-Möglichste in blödem Reden und Stimmen.

Das Beste ist, daß in Berlin im stillen Kämmerlein eigentlich jeder anständige Politiker das weit übers Ziel Hinausschießen der Militär-Vorlage einsieht. Da zeigt sich aber das Manko eines leitenden Mannes, der dem Generalstab und plötzlichen Launen Serenissimi nicht die Zügel anlegt. Die Artillerie-Verstärkung war nötig, ebenso die Heranziehung der überschüssigen Aushebungs-Leute, aber diese nur zu 6−8 wöchentlicher Feld-Ausbildung. Jetzt haben wir eine kriegsstarke Armee, mit der die Schwächlinge in Neu-Byzanz doch nie etwas anfangen werden, die aber auf Handel und Wandel und unser ganzes Erwerbs-Leben bedenklich drücken wird.

Nötig war endlich noch die Befestigung der Ostgrenze, denn wie die Zerstörung der Türkei in Petersburg und Paris bei völliger Ahnungslosigkeit von uns ausgemacht wurde, wird als Nächstes die Axt an Kleinasien, dann an Österreich gelegt werden, für uns Beides m. E. casus belli.

Welche Beweihräucherung der so verhängnisvollen 25 Jahre! Mir wird ganz übel, wenn ich das Zeug lese.«

Haimhausen 8. 7. 13. »Hätten Sie die Güte, mir mein Manuskript über Österreichs Balkan-Politik zu retournieren. Wenn es überhaupt Zweck hat, dasselbe zu publizieren, muß es sofort geschehen. Österreich ist im Begriff, die allergrößten Eseleien zu begehen, Kavalla, Adrianopel, Wardar-Linie, soviel Worte, soviel Fehler. Et nostra res agitur. In Wien ist man geradezu verblendet. Die bulgarischen Mordbrenner werden nie einen Finger für Österreich rühren, man muß sie durch Serben und Griechen neutralisieren.«

Haimhausen, 11. 8. 13. »Vielen Dank für Ihren Brief und Ihr Telegramm. Ich habe keineswegs die Reservatio zu dem bayerischen Artikel übel vermerkt. Die Lage ist sehr ernst, die Deutschen und auch die Süddeutschen sind ein Herdentier und schwören noch immer auf Regierungs-Autorität, mag sie auch durch solche Esel wie Bethmann und Berchthold verkörpert werden.

Was nun meine Bitte wegen des Österreich-Artikels anlangt (dessen Überschrift sehr gut geändert ist), so sah ich die enorme Dummheit Berchtolds und der Überprüfung schon seit einiger Zeit kommen. Mir kam es darauf an, schnell publizistisch gegen zu wirken. Ich war deshalb ungeduldig. Diese Berchtold-Dummheit übersteigt denn doch die Grenze des Erlaubten. Dazu die traurigen inneren Verhältnisse. Und doch *können* wir nicht Österreich mit Rußland tauschen. Man begreift jetzt erst recht Bismarcks System als vortrefflich, der nie zu beiden den Faden abschneiden wollte. Jetzt aber sind wir so weit, daß wir bis zu einem gewissen Grade alle Wiener Dummheiten mitmachen müssen.«

Haimhausen, 2. 9. 13. »Berchtold will keine Delegation mehr mitmachen, aber eine Bitte des Kaisers würde ihm Befehl sein. Nun hat er Fr. Josef sehr gelangweilt, aber der alte Mann weiß sich keinen Rat mehr. Ergo könnte man möglicher Weise noch lange mit Berchtold zu rechnen haben. Dieser kommt immer mehr in Abhängigkeit von Tisza. Sowieso schon halber Ungar, durch eigene große Besitzungen und durch seine in Ungarn reich begüterte Frau eng mit den Interessen des ungarischen Adels liiert, sind auch seine Hauptratgeber Ungarn, rectius magyarische Edelleute.«

In diesen Briefen finden sich neben mancher gefestigten und bleibenden Meinung Aussprüche, die aus der Stimmung entstanden und an deren Stelle in anderer Stimmung gegenteilige Äußerungen traten, und neben zutreffendem Urteil finden sich Irrtümer von verschiedener Art. Dem Grafen Berchtold hatte Monts zuerst eine gar nicht so üble Zensur ausgestellt und erst allmählich, und dann noch mit gelegentlichen Schwankungen, entzog er diesem eleganten Pferdekenner und Turfhabitué, der in sorglosem Dilettantismus die Führung der österreich-ungarischen Außenpolitik übernommen hatte, sein Vertrauen. Wenn er jenen magyarischen Junkern, die als Erziehungsmittel für die slawischen Volksteile nur Peitsche und Sporen kannten, eine schwere Schuld zumaß, urteilte er gerecht. Aber wenn er alle schlechten Eigenschaften des Erzherzogs Franz Ferdinand aufzählte − und die Liste ließe sich noch verlängern −, so hätte er doch nicht übersehen müssen, daß gerade dieser Thronfolger über die ungarischen Sünden genauso dachte, wie er, Monts, selber, und immerhin den freilich verspäteten und schon durch die Ereignisse entwerteten Wunsch zur Neugliederung erkennen ließ. Graf Monts hielt es für einen unverzeihlichen Fehler, daß bei der Verteilung der Balkanbeute die Wiener Diplomatie sich nicht auf die Seite Rumäniens stellte, sondern Bulgarien begünstigen wollte, und auch in Berlin war man ja über den Alliierten, der dem alten Hohenzollernfürsten in Bukarest die Geschenke nicht gönnte, außerordentlich empört. Aber diesmal waren ausnahmsweise die Österreicher klug, die Berliner, nicht ausnahmsweise, im Irrtum, und Wilhelms dynastischer Familiensinn, der doch diese ganze Politik gegenüber Rumänien und Griechenland bestimmte, ereiferte sich vergeblich, denn die wahren Machthaber, Take Jonescu und die anderen, hatten Rumänien heimlich schon an Frankreich und Rußland gebunden, und Carol war ein ohnmächtiger Greis.

Graf Monts dachte, wie man sieht, nicht unbedingt günstig über die österreichisch-ungarische Staatskunst und war sich über die Gefahren, zu denen ihre »Eseleien« führen konnten, ziemlich klar. Aber der Zug seines Herzens ging doch nach Wien, und wo das Herz spricht, findet der Verstand leicht die staatsmännische Begründung dazu. Graf Monts hatte, wie er selber erzählt, seine schönsten Diplomatenjahre als junger Botschaftssekretär in Wien verlebt. Er wird zum Lyriker, wenn er in seinen Memoiren von dieser Jugendzeit spricht, und schreibt dann schwärmerische und süße Sätze wie diesen: »Ja, es lebte sich nur zu gut an der schönen, blauen Donau, im singenden, klingenden, rauschenden Wien.« Wenn er in den Jahren vor dem Kriege seinen Wiener Ohrenarzt besuchte, fand er auch viele alte Freunde wieder und eine Gesellschaft, die noch unter dem Bilde des Patriarchen Franz Joseph sich versammelte und noch Tradition besaß. Er sah Schwächen, aber die Atmosphäre behagte ihm. Und vermutlich hätte er sogar ohne diese warme Zuneigung die Doktrin, den Glaubenssatz, das erste Gebot der nachbismarckischen deutschen Politik vertreten und für heilig gehalten:

Österreichs Macht ist lebensnotwendig für Deutschland, Österreich muß gestärkt werden, Österreich darf uns nicht verlassen, und darum dürfen wir es unter gar keinen Umständen verlassen, also mit Österreich immerdar treu bis in den Tod. Alle in Deutschland, Lichnowsky und noch ein paar ungebärdige Geister ausgenommen, sprachen und dachten ja so und fragten sich auch gar nicht, wohin ein Österreich, das den deutschen Alliierten verlassen wollte, denn gehen könnte, ob etwa zu dem Bunde, dem Rußland angehörte, oder wohin sonst. Graf Monts, so um Österreich besorgt, glaubte bisweilen, nicht immer, an einen nahen Krieg und gehörte dann zu denjenigen, die behaupteten, daß er unvermeidlich sei. »Und doch können wir nicht Österreich mit Rußland tauschen« – was nur hieß, daß man mit Rußland keine Verständigung suchen könne, die den österreichischen Interessen widerspreche, ebensowenig wie eine Verständigung auf Kosten der Türkei. In all diesen Behauptungen, die sehr großartig und nach tiefer Überlegung aussehen, ist sehr viel papierene Theorie, und das, was als Ergebnis bewundernswerten Denkens erschien, war im Grunde recht oberflächlich, nach dem Schema, in mechanischer Befolgung der Lehrbuchvorschrift erzeugt. Hätte man sich wenigstens nach dem Lehrbuch Bismarcks gerichtet – aber man begnügte sich mit Geburtstagshuldigungen vor seinem Monument. Natürlich könnten diejenigen, die seit langem an den Krieg geglaubt und immer von ihm gesprochen hatten, sagen, sie seien die weisen Propheten gewesen, sie hätten alles, was geschehen ist, richtig vorausgesehen. Ja, weil sie es geglaubt und immer davon gesprochen haben, ist es geschehen.

Wer einen Krieg für unvermeidlich hält, gerät mitunter in eine geistige Verfassung, in der Gewissenskonflikte beginnen. Die Versuchung beschleicht ihn mit der Frage, ob es nicht klüger wäre, selber die richtige Stunde zu wählen, der Bedrohung zuvorzukommen. Man braucht nicht erst auf Bismarck und auf zahllose andere Lehrmeister zu verweisen, um darzutun, daß Präventivkriege, ganz abgesehen von der Unmoral, die ja nicht jeden schrecken würde, verwerflich sind. Nichts in dieser Welt ist von Dauer, das Unvorhergesehene ist einer der wichtigsten politischen Faktoren, von irgendeinem Punkte der Welt her kann sich eine entscheidende Änderung entwickeln, ein halbes Dutzend Mal seit 1870 nannten die Schlachtenliebhaber von der Gattung Waldersees den Krieg mit Rußland schon unvermeidlich, und Präventivkriege können immer der Tat eines Selbstmörders gleichen, der sich in dem Augenblick, wo die Nachricht von einer Erbschaft an ihn unterwegs ist, ins Wasser stürzt. Auch Graf Monts geriet auf die schiefe Ebene des Gedankens und wollte den Pulverturm lieber gleich auffliegen lassen, weil Blitzgefahr bestand. Zu dieser Ansicht gelangte er im Frühjahr 1914, als in der »Kölnischen Zeitung« ein allseitig beachteter, in Rußland viel geschmähter, von den deutschen Offiziösen mit Unrecht gerügter, allerdings sehr düsterer Stimmungsbericht des Petersburger Korrespondenten erschienen war. Bereits hatte jemand in der »Post« den Präventivkrieg für das wahre Heilmittel erklärt. Nun schickte mir Graf Monts einen Artikel, in dem er die Lehre, daß man in günstiger Position angreifen müsse, um nicht in ungünstiger angegriffen zu werden, vortrefflich vortrug und nicht ganz den Wunsch verbarg, sie in der Gegenwart angewendet zu sehen. Ich veröffentlichte diesen Artikel gern, denn das gab mir die Gelegenheit, der Idee des Präventivkrieges entgegenzutreten, die zwar von allen verantwortlichen Personen abgelehnt wurde, aber doch Verwirrung stiften konnte und äußerst unhygienisch war für bewegliche Geister ohne soliden Halt. Ohne dabei mehr als Selbstverständliches und mehr als den Extrakt oft wiederholter Argumente geben zu können, sagte ich in einer längeren Vornotiz zu den Ausführungen des Grafen Monts und am nächsten Tage in einem Antwortartikel, warum das Rechtsempfinden den Präventivkrieg verfemt und die politische Klugheit nichts mit ihm zu schaffen haben will. Ob der leichtfüßige Bülow im Sommer 1914 über den Abgrund, in den Herr von Bethmann Hollweg schwerfällig und blind hineinrutschte, noch einmal hinweggetänzelt wäre, mag unentschieden bleiben – man möchte es beinahe glauben, obgleich Graf Monts die hinterlassene Selbstverherrlichung der verstorbenen »alten Cocotte« so skeptisch und so böse aufgenommen hat. Wie Graf Monts selbst sich verhalten hätte, wenn er im Jahre 1909 Reichskanzler geworden und es, freilich eine unwahrscheinliche Voraussetzung, 1914 noch gewesen wäre, ist wirklich kaum zweifelhaft.

Bisweilen trat, wie schon angedeutet, die düstere Theorie von der Unvermeidlichkeit des Krieges in den Hintergrund. Dann glaubte Graf Monts, Rußland werde und könne nicht Krieg führen und bluffe nur. In solcher Meinung, die ja auch die Meinung des Kaisers und des Auswärtigen Amtes war, schrieb er mir:

Wien, 21. 2. 1914. »Wenn man sieht, wie elend bei uns regiert wird, beurteilt man die hiesigen Dinge recht mild. Immerhin sind Berchtold und Stürgkh große Schwachmatici... Hier fürchtet man sich sehr vor Rußland. Und bei uns leider auch. Ich möchte aber daran festhalten, daß Rußland uns gar nicht angreifen kann, aus vielen Gründen, und daß es nur blufft, um uns zu immer weiteren Konzessionen im Orient zu veranlassen.«

Haimhausen, 5. 2. 14. (mit einem Artikel über Rußland. Im Brief heißt es:) »So geht es nicht weiter, wir können nicht anhaltend auf der schiefen Ebene weiter rutschen und Nachgiebigkeit auf Nachgiebigkeit häufen. Lassen wir die Moskoviter nach Klein-Asien, so ist der letzte Rest unseres Ansehens im Orient dahin. Ich bin überhaupt immer der Ansicht gewesen, daß wir viel zu weich den Russen gegenüber waren. Rußland ist tatsächlich schwächer wie es aussieht und nur eine Desperado-Politik kann den morschen zarischen Staatsbau einem occidentalen Kriegssturm aussetzen.«

Dann aber brach der Krieg aus, vier Jahre lang dauerte das Morden, und vier Jahre lang wechselten auf allen Seiten Hoffnungen und Enttäuschungen, bis dort der Sieg, hier die Niederlage das ungeheure Ringen schloß. Graf Monts durchlebte das Hinuntermüssen vom frohen Glauben zur furchtbaren Wirklichkeit, von der zustimmenden Begeisterung zur kritischen Ernüchterung so, wie es Unzählige in diesen vier Jahren durchlebten, aber bei ihm vollzog sich der Absturz unter bitteren Gemütsausbrüchen und mit besonderer Heftigkeit. Dies entsprach seiner Natur, seinem Temperament, seinem Bedürfnis nach Entladung, seiner geistigen Veranlagung, die ihn trieb — ganz ähnlich wie Bülow, aber mit finsterem Stirnrunzeln —, immer die Schuldigen herauszufinden und zur Rechenschaft zu ziehen. Ein Bewußtsein der Mitschuld liegt den geborenen Anklägern fern. Wie der innere Umschwung eintrat und sich fortsetzte, zeigten die Briefe, die Graf Monts mir schickte, und nicht nur aus ihrer Sprache, sondern schon aus ihrer sehr großen Zahl, aus ihrem häufigen Eintreffen ließ sich erkennen, wie die Ereignisse den Briefschreiber in Atem hielten, in welch fortwährender Erregung er sich befand. Aus dem Paket dieser Korrespondenz nehme ich hier wieder einiges heraus:

Haimhausen, 19. 8. 14. »Retten könnte die französische Sache nur ein genialer General, den *wir* ganz gewiß nicht haben. Aber unsere Mittelmäßigkeit ist eben doch weit besser wie die unserer Gegner, die uns weder Offizier noch Unteroffizier noch Musketier nachmachen. − Das große X ist nur England, m. E. der einzig wirklich gefährliche Gegner.«

Haimhausen, 23. 8. 14. »Die Sache macht sich ja. Sorge macht mir nur England. Was uns England bisher aber schon schadete, ist garnicht zu berechnen.«

Haimhausen, 14. 9. 14. »Auch ich halte jeden Krieg für ein Unglück, namentlich wenn er gleich zu Beginn solche Formen annimmt, wie in Belgien und Ostpreußen. Aber dieser Krieg war leider nicht zu vermeiden ... Sehr fehlerhaft war die belgische Politik. Jagow durfte nicht von der Unmöglichkeit der Bewahrung der Neutralität Belgien gegenüber reden. Er mußte sofort den Spieß umkehren und sagen, nicht wir, sondern Frankreich hat die Neutralität gebrochen. Sehr bedauerlich war ferner das pater peccavi Bethmanns im Reichstag, in der aber sonst würdigen Rede. − Bis dahin war übrigens die Haltung des Auswärtigen Amtes tadellos, es war namentlich sehr richtig, daß man sich sofort unzweideutig neben Austria stellte und daß man schnell, nachdem die russische Gaunerei offenkundig geworden, handelte. − Im Felde geht es über Erwarten gut. Moltke und Schlieffen machten Schule, was leider Bismarck nie tat, er ließ eigentlich nur seine Söhne in seine Karten kucken. S. M. mischt sich nicht in Dinge, die er nicht versteht. Moltke entpuppt sich als Charakter. − In Preußen war Prittwitz im Begriff, alles zu ruinieren, als Hindenburg erschien.«

Haimhausen, 19. 9. 14. »Es scheint mir unmöglich, daß wir lange das Treiben unserer Feinde mit den Dum-Dum-Kugeln mit ansehen. Unsere armen Soldaten leiden erschrecklich unter dieser Grausamkeit. Unsere Heeresleitung ist gegen solche Mordbuben noch immerzu human. Da wir voraussichtlich auch weiter in der Lage sind, viel Gefangene zu machen, würde es sich empfehlen, direkt oder indirekt zu verlautbaren, daß alle Offiziere einer nachweislich mit Dum-Dum-Kugeln schießenden Truppe standrechtlich behandelt, d. h. erschossen werden.

Daß man die alte Vettel Kaiserin-Mutter (die Zarin-Mutter) ziehen ließ, mit samt dem Neffen, war auch eine große Schwäche. Zuchthaus für Ostpreußen, das wäre eine Antwort gewesen auf die Scheußlichkeiten dort.

Für heut genug. Es scheint ja, als wenn der kritische Moment vor Paris überwunden und die dortige Schlacht der Anfang vom Ende der Feld-Armee Frankreichs ist. Aber dann kommen noch die russischen Eroberer, möge es lange Herbst bleiben.«

Philippsruh bei Hanau, 2. 12. 1914. »Inzwischen war ich noch ein Mal in Berlin, dann in Wien, wo ich als Privat-Mann alle maßgebenden Leute sprach und manches zwischen uns und Wien schwebende Wölkchen auflösen konnte. Die Reise Tiszas war auch ein Ausfluß meiner Tätigkeit. Seit einigen Tagen bin ich hier zu einigen Jagden, um dann zu gleichem Zweck nach Haus zu gehen. Vielleicht bin ich um oder gleich nach Weihnacht wieder in Berlin.

Die Lage werden Sie besser kennen, wie ich hier in ländlicher Stille. Aber feststehend ist, daß wir im Westen ausschließlich Fehler machten, enorme Menschenopfer brachten und kein Absehen ist, wie wir selbst nach dem Fall von Verdun voran kommen. Man sträubte sich bei uns lange einzusehen, daß der politische und militärische Schwerpunkt seit langem schon im Osten lag. Der mit ganz unzureichenden Kräften unternommene Vorstoß Hindenburgs nach Warschau mußte mißlingen. Ein Märchen, augenscheinlich von Ludendorff aufgebracht, daß der Vorstoß wegen Dankl's Zuspätkommen mißlang. Dankl war sogar 2 Tage früher wie die durch den enormen Dreck aufgehaltenen 5 Corps Hindenburgs zur Stelle. Die Österreicher gaben mit großer Selbstverleugnung ihre gute San-Stellung preis, um Schlesien zu decken. Die Operation gelang, zumal endlich namhafte Truppen von West nach Ost geworfen wurden. Ob sie ausreichen, das geplante Sedan zu ermöglichen, muß sich in diesen Tagen entscheiden. Gelingt der Coup, ist m. E. die Sache im Osten entschieden. Dann könnte man wohl auch die ekelhaften Rumänen mores lehren, die wir bislang immer trotz ihres Vertrags-Bruchs und ihrer Verletzung der Neutralitäts-Pflichten mit Sammet-Handschuhen anfassen mußten. Der polnische Sieg müßte nämlich noch durch einen Vorstoß in die Kornkammer Rußlands vervollständigt werden. In Bulgarien hält der elende Ferdinand, dem die Russen mit Mord drohen, Radoslawow vom Eingreifen zurück. Alles würde aber umschlagen, wenn, wie wir hoffen, die russische Hauptarmee die Waffen streckt.

Ob Frankreich in diesem Fall das Nutzlose weiterer Kämpfe einsieht? Ich kämpfe in diesem Falle für milde, den Galliern zu gewährende Bedingungen. Aber das zarische Rußland muß niedergekämpft werden. Mit England wird überhaupt nichts zu erreichen sein, um so notwendiger ist ein Arrangement mit den Franzosen und die Vernichtung der Russen. An die Italiener knüpft man bei uns immer noch Hoffnungen. Die Sache liegt aber so, daß sie zu Ende II fertig sind und sich gegen uns wenden, wenn nicht der russische Feind entscheidend geschlagen ist. Das Volk verlangt stürmischer denn je Trient *und* Triest. Leider kann Österreich nicht, aus vielen Gründen nicht.«

Wien, Hotel Imperial. 25. 1. 15. »Daß Falkenhayn das Kriegsministerium abgab, ist eine Folge ernster Vorstellungen; aber mit gewohnter Halbheit verfügte S. M. seine definitive Ernennung zum Generalstabschef, als wenn er nicht schon genug Unglück über uns gebracht hätte. Die diplomatische Lage ist wenig erfreulich, da Italien weitgehende Forderungen erhebt, denen man hier nicht nachkommen will. Rumänien folgt Italien. Die Mission Wedel war ein Fehler, Bülow operiert als italienischer Agent.

Da gibt uns nun Inpp. O. M. eine Waffe in die Hand, die tatsächlich alles sofort zum Besten umkehren kann. Ein neuer Sprengstoff, hier auch auf dem Steinfelde erprobt, hat ganz unglaubliche Wirkungen. Aber der schwachmütige Kanzler opponiert gegen seine Verwendung in England. London ist tatsächlich à la merci von uns. Man hat aber Skrupel und Bedenken, auch gegen den Tirpitz'schen U-Krieg gegen die Handels-Marine. Man will nur Kriegshäfen und Docks angreifen; als wenn das so leicht wäre. Darüber vergeht eine kostbare Zeit, und weiß Gott welche Abwehr-Erfindungen inzwischen gemacht werden.

M. E. müßte die Presse, die schon so einmütig den Zeppelin-Probeflug mit kleinen Bomben begrüßte, energisch für ein Weiterbenutzen dieses Kampfmittels, namentlich gegen London, die wirtschaftliche Centrale und die Hauptstadt unseres Todfeindes eintreten. England führt ja ganz erbarmungslos auch gegen unsere Frauen und Kinder den Hungerkrieg.«

Haimhausen, 14. 2. 15. »Die amerikanische Note, erläutert durch das Interview Gerards, ist eine reizende Blamage für uns. Dabei hat man das Volk überreizt durch die Vorschuß-Lorbeern des Herrn Zeppelin und die Tirpitz-Verlautbarungen. Die Ballons wären ja eine wunderbare Sache gewesen, wenn sich jetzt nicht herausstellte, daß sie nur bei ganz gutem Wetter verwendbar und daß sie sehr leicht herabzuschießen. Die U-Boot-Blockade aber, das war schon ziemlich klar, würde sich Amerika nie gefallen lassen. Es war freilich eine unangenehme Überraschung, daß sich U. S. so ganz mit John Bull identifiziert. Wie ich höre, hat Tirpitz seine Emanationen auch im Reichs-Anzeiger verlautbart, ohne den Reichs-Oberlehrer Bethmann zu konsultieren. Welches innere décousu. Wenn man nur an die Franzosen heran könnte. Wenn die Conrad-Hindenburg-Zange so wie geplant arbeitet, könnte noch alles zu einem leidlichen Ende kommen. Aber der Krieg währt schon zu lange. Wie soll das Land wohl arbeiten? Auch die letzten Männer nimmt man jetzt fort zum Landsturm. Sehr, sehr übel.«

Wien, 30. 4. 15. »Ihr freundlicher Brief vom 29. beschämt mich tief. Ich sehe, mit wie wenig Gewandtheit ich arbeite, aber ich thue es nach meinen schwachen Kräften, um dem Vaterlande und dem armen gequälten Volke zu nützen.

Sie schreiben, man solle sich zunächst über praktische Vorschläge einigen. Ich glaube, daß alle, die für einen Frieden mit England eintreten, auch bereits einsehen, daß Belgien die conditio sine qua non ist. Daß es England vor allem an der Seeküste liegt, ist klar, man will uns nicht am Kanal-Eingang haben. Dann wollen sie Belgien als Brückenkopf behalten und dem deutschen Handel mißgönnen sie auch ein direkt oder indirekt beherrschtes Antwerpen. Je nach der Kriegslage würde England aber nicht unträtabel in Bezug auf Lüttich sein und in Bezug auf Tausch-Objekte. – Rebus sic stantibus würde ich mein Augenmerk auf den belgischen und französischen Kongo richten und auf die portugiesischen Kolonien, die man abpachten könnte. Daß natürlich der französische Kongo nicht ein Äquivalent für Nord-Ost-Frankreich bildet, ist klar. Weitere Kompensations-Objekte wären die französischen Bahnen in Anatolien, Geld und Briey, wobei man vielleicht als Gegengabe Thann opfern könnte, um den Franzosen die Sache etwas schmackhafter zu machen.

Meines bescheidenen Dafürhaltens müßte man also zunächst dem Gedanken Raum schaffen, Frieden auf Basis von do ut des, und dauerhaften Frieden, was ja allein schon den Gedanken einer Erwerbung Gesamt-Belgiens excludiert. Aber Lüttich und Luxemburg gäbe eine absolute und sehr notwendige Sicherung unseres rheinischen Industrie-Bezirks.

Tirpitz will jetzt seinen kläglichen Schiffbruch als Organisator und Politiker mit der antienglischen Hetze verdecken. Er verfolgt nur persönliche Ziele, aber wenn er momentan auch seinen Bankrott durch die Haß- und Hetz-Campagne verschleiert, so muß es doch einmal tagen. Ebenso wird man uns, die zum Frieden raten, in vielleicht ganz nahen Tagen Recht geben. Das Licht bricht doch durch. Nur dürfen wir im Kampf nicht erlahmen. Bez. Tirpitz fürchte ich übrigens ganz Ähnliches wie bez. der gänzlich kopflosen Führung des Westens. Er schickt seine Schiffe heraus in den Kampf, letzte Spazierfahrt, und hofft auf ruhmreichen Kampf, rectius Untergang, ad majorem suam gloriam.

Im Westen weiß niemand, wer kommandiert, jeder General macht, was er will. Im Haupt-Quartier quatscht alles durcheinander. Falkenhayn hat gar keine Autorität. Dafür intrigiert er eifrigst gegen Bethmann und Hindenburg.«

Haimhausen, 2. 5. 15. (er äußert sich eingehend über die Kriegslage und wendet sich dagegen, daß man, um die Italiener zu halten, Österreich zu Gebietsabtretungen drängt): »Daß die Aufgabe Südtirols und Triests auch eine enorme Blamage für Deutschland ist, sieht der Haß der Wilhelmstraße gegen Österreich und die unausrottbare Sympathie für Italien nicht ein. – Angesichts der Hetze der Marine und der Alldeutschen Politiker, des Treibens der Waffen- und sonstigen Großindustriellen will unsere schwache Zivil-Regierung immer noch nicht einsehen, daß aus diesem Krieg unmöglich noch brillante Erfolge herauszuholen sind und daß noch immer der Schwerpunkt in England liegt. Dazu kommt wohl auch, daß mancher Staatsmann und General die Stunde der Abrechnung immer weiter hinausschieben möchte und daß wahres Verständnis und Liebe für das arme gequälte deutsche Volk den in angenehmer Stellung befindlichen vielfach ganz abgeht.«

Wie aus diesen brieflichen Äußerungen zu ersehen ist, gehörte Graf Monts zu denjenigen Befürwortern eines schnellen Friedensschlusses, die ebenso von der eigenen Kühnheit wie von der versöhnlichen Wirkung ihrer Vorschläge überzeugt waren, wenn sie nicht das ganze Belgien nehmen wollten, sondern, freilich mit allerlei anderen Dingen, nur einen Teil. Und er gehörte auch zu jenen ungemein zahlreichen ehemaligen Offizieren, die nicht mehr selber an den kriegerischen Operationen dirigierend teilnehmen konnten, aber doch unruhig und beunruhigt zu Hause auf der stets ausgebreiteten Kriegskarte Strategie treiben mußten, und von denen sehr viele sogar hinterher im Frieden, solange sie nicht auf dem inneren Kriegsschauplatz arbeiteten, unablässig verbesserte Marneschlachten entwarfen, oder ein neues Tannenberg. Unbestreitbar war Graf Monts für diese Beschäftigung befähigter als die Menge der Heimstrategen, denen nicht wie ihm eine durch vielseitige persönliche Beziehungen fortwährend erneuerte Kenntnis der verborgenen Tatsachen und Zusammenhänge zur Verfügung stand. Indessen, sein Urteil war schwankend, richtete sich bisweilen nach dem Erfolg, und wenn er in seinem Brief vom 25. Januar noch nichts gegen den unbeschränkten U-Bootkrieg einzuwenden hatte und

stürmisch nach »Zeppelinbomben über London« rief, so
hielt er am 14. Februar nichts mehr von diesen Kampfarten,
deren Konsequenzen mancher andere doch schneller erkannt
hatte, und dann war es »schon ziemlich klar« gewesen, daß
Amerika die Blockade nicht gleichmütig würde hinnehmen
wollen. Eine andere Bombe aber fabrizierte er in jenen Tagen
selber, und kein Erfinder konnte stolzer sein auf ein gelunge-
nes Werk. In der zweiten Junihälfte dieses Jahres 1915 sandte
er mir, dies war seine Erfindung, einen »supponierten eng-
lisch-russischen Vertrag«. Er hatte einen sogenannten, angeblich von den Regierungen in London und Petersburg heimlich
abgeschlossenen Vertrag supponiert, fingiert, erdichtet, oder
wie man es sonst nennen will − einen Vertrag, in dem die
beiden Mächte untereinander die Beute verteilten, die Italiener und vor allem die Balkanvölker, Serben, Rumänen und
Griechen, gründlich betrogen wurden, nicht viel mehr als das
Nachsehen behielten, und auch nicht die gebührende Rücksicht auf Frankreich genommen war. Dieses Dokument,
zweifellos ein Meisterstück, wünschte Graf Monts publiziert
zu sehen, und als ich dieses Kriegsmittel, dieses Produkt seiner List, nicht bewunderte, auf die Mitwirkung bei seiner
Anwendung verzichtete, begriff er das nicht, war er sichtlich
verstimmt. »Die Balkanstaaten«, schrieb er mir am 26. Juni,
hätten »einen mächtigen Preller bekommen.« Und noch am
12. Juli äußerte er sich etwas ironisch über meine »Ängstlichkeit«. Sein Fabrikat wurde dann doch irgendwo ans Licht
gebracht, aber der »Preller« war offenbar nicht stark genug.
Eine triumphierende Bemerkung in seinem Briefe: »Die Kerle
geben nach«, wobei die Rumänen gemeint waren, erwies sich
als Illusion. Erfreulicherweise hielt der Ärger über meine
Weigerung nicht lange an. Das konnte ich wenigstens aus
dem Umstand schließen, daß die Korrespondenz und die
Mitarbeit ungestört weitergingen.

Haimhausen, 22. 7. 15: »Anbei etwas über Italien-Öster-
reich. Ich bemühte mich den Ton zu treffen, der in Österreich
gern gehört wird. Es ist bedauerlich, daß bei gänzlicher Unkenntnis der Sitten und Gewohnheiten der alten vornehmen
Dame Austria Berlin immer die schneidige Note betont.
Auch betreffs Rumänien wiederholte sich das Gleiche und

hier zeigte sich, daß Wien tatsächlich Recht hatte. Denn die elenden Kerls dort wollen platterdings nicht ihre bescheidensten Vertrags-Pflichten erfüllen, selbst gegen die größten Versprechungen.

Es ist m. E. ein starkes Stück, von einem Trio Hindenburg, Falkenhayn, Mackensen zu reden. No. 2 ist ein höchst zweifelhafter Bursche, No. 3 nur ein mäßiges Ingenium.«

Haimhausen 29. 7. 15. »Für Österreich besteht leider absolut kein Verständnis, nicht nur im A. Amte und in der Generalität, sondern auch im Publikum. Darum muß man publizistisch immer nachhelfen.

Österreich hat auch Truppenmangel, eine Offensive gegen Serbien ist nicht leicht. *Wir* tragen einen Hauptteil der Schuld, daß nichts gegen Serbien rechtzeitig unternommen wurde, wir drückten und drückten, daß die ganze österreichische Feld-Armee zu der sehr fehlerhaften Offensive in Südpolen eingesetzt wurde. Wir waren befangen in blöden Offensiv à outrance-Vorstellungen und kannten die Zahl der Russen nicht.

Die Militärs scheinen zu planen, nach Erbauung einer Defensiv-Linie im Osten alle verfügbaren Menschen nach dem Westen zu werfen. Es würde sich da das Ypern-Spiel erneuern. Die Franzosen und Engländer würden aus enormen Verlusten neuen Muth schöpfen und selbst bei theilweisen Durchbrüchen immer neue Linien bauen. Schon jetzt sind 5, an einzelnen Stellen sogar 6 verschanzte Linien vorhanden.

Die Amerika-Note scheint mir dem Heuchler Wilson hauptsächlich aus Rücksichten der inneren Politik diktiert. Gefährlich ist die Sache immerhin, da Wilson den Regierungs-Apparat in der Hand hat und mit diesem jedes Volk, wie figura zeigt, in den Krieg lanciert werden kann.«

Haimhausen, 9. 8.15. Er schickt einen Artikel, einen »Anti-Tirpitz«, mit Brief über die Versäumnisse im Uboot-Bau und über die »Linienschiff-Simpelei«.

Haimhausen, 30. 9.15. »Was sagen Sie zu der unendlich thörichten Partei-Vorstands-Erklärung der Konservativen? Die Lorbeeren der Basser- und Strese-männer (in der Kriegsziel-

und Annexions-Frage) lassen die Westarp und Heydebrand nicht ruhen.

In meiner Einsamkeit habe ich die beifolgende kleine Sache entworfen, deren Tendenz Sie unschwer errathen werden. Die Fassung scheint mir so vorsichtig, ich habe die eingestreuten Pillen so verzuckert, daß dies Mal die Censur kaum einen Anstand finden wird. Man muß dem Chauvinismus entgegenwirken, vor dem unsere Regierungs-Männer, wenngleich im Besitz aller Machtmittel, so schmählich Reißaus nehmen.

Die Sache im Westen muß sehr ernst gewesen sein. Ich vermute, daß die Führung, Division, Korps und Armee, in gewohnter Weise ausließ. Was wird die Rückwirkung auf Bulgarien sein? Man war in Berlin sehr optimistisch, aber alle Balkan-Wilde sind Halunken und Nasone (König Ferdinand) ist ein ganz abgefeimter Verbrecher.

Die neuen großen Einziehungen auch unserer allerletzten Männer schädigen aufs tiefste unser Erwerbsleben. Die blödsinnigen Barbiere, genannt Militär-Ärzte, haben Anweisung, schlechtweg alles zu assentieren, und damit bevölkert man nur die Lazarette und ruiniert hablkranke Existenzen, die noch lange ohne diesen Eingriff arbeitsfähig gewesen wären. Ich erlebte ganz besonders krasse Fälle, namentlich mit schwer Tuberkulosen. Es ist höchste Zeit, daß Frieden wird. Unsere leitenden Männer wissen dies auch und daß nur in England der Hebel anzusetzen ist, und dennoch verhetzen sie die ebenso thörichten Liberalen Asquith, Grey und Genossen in eitler Rechthaberei immer aufs Neue, wenn je sich bei ihnen eine vernünftige Regung zeigt. Und trotzdem muß man über all das die Augen zumachen, denn nur im Mitgehen könnte man vielleicht unsere Leute gelegentlich in richtigere Bahnen lenken.«

Zillerthal, Erdmannsdorf, 16. 10. 15. »Dank für Ihren Brief und die Exemplare »Freiheit der Meere«. Ich sandte gestern eines derselben an Jagow, damit er das wüste Walten der Marine-Censur sieht. Gleichzeitig kann sein Inhalt Bethmann als Waffe dienen im Kampf gegen Tirpitz, der gewiß bald wieder wider den Stachel löken wird. Sein Spießgeselle Behnke ist noch im Amt, entgegen der Abmachung. Ich staune.

Es sind jetzt unsere Aussichten endlich bessere. In Italien macht die Stellungnahme der 3 Balkan-Gauner-Staaten großen Eindruck. Diese rechnen jetzt mit unserem Sieg, wenigstens im Osten, sicher. Italien dürfte bald um gut Wetter bitten.

Die Censur bei uns ist ein Blödsinn. Daß »Europa« solchen Ärger erregte, zeigt, daß es zum Ziele traf. Man ist in den nicht von Reaktionären, Groß-Industriellen und Alldeutschen totaliter verblendeten Kreisen des Krieges mehr als müde und möchte mit einem blauen Auge davonkommen. Bitte senden Sie mir umgehend hierher ein Päckchen, da ich von vielen Seiten gebeten werde, ihnen einen Abzug zu senden, und garnicht genug Propaganda gegen das blödsinnige Treiben der Hetzer gerade in den konservativen Kreisen gemacht werden kann. Die Regierung ist zu stumpf dazu, teils fürchtet sie sich auch.«

Haimhausen, 4. 2.16. »Die Sorge wegen Amerika drückt mir die Feder in die Hand. Wilson und Lansing sind sicher schon seit langem direkt England verpflichtet. – Ich glaube kaum, daß der Bruch, zunächst Abbruch der diplomatischen Beziehungen sich zu einer Kriegs-Erklärung verdichtet. Dieser würden weiteste Kreise in Amerika entgegen sein. Aber schon der bloße Abbruch der Beziehungen bedeutet für uns, wenn nicht den Verlust des Krieges, so doch die Unmöglichkeit, den Krieg zu einem nur leidlich guten Ende zu führen. Unsere Hoffnung jetzt besteht vor allem darin, daß England der Atem mit Geld und Munition ausgeht.«

Zillertal, 23. 4.16. »In Österreich machte ich allerlei Beobachtungen, die Staatsleitung ist vielleicht noch minderwertiger wie die unserige. – Apostolicus (Kaiser Franz Joseph) nimmt sich seiner Sache mehr an, als unser Gesalbter, ist auch erfahrener, ruhiger und in letzter Linie sogar einsichtiger, aber die hohen Jahre und eine Camarilla entfremden diesen Monarchen noch mehr wie andere der Wirklichkeit.«

Haimhausen, 26. 7.16. »Das sind nette Zeiten, die uns die Unfähigkeit der Herren Falkenhayn und Conrad einbrockte. – Mit der Unfähigkeit gingen Streberei, Ehrgeiz und Neid wenigstens bei Falkenhayn Hand in Hand. Was soll man auch von S. M. denken, den F. geradezu an der Nase herumzieht, zuerst verspricht er Verdun in 16 Tagen, dann zu Ostern, darauf ganz sicher zu Pfingsten und das Kind läßt sich immer erneut beschwichtigen.

Haimhausen, 7. 3.17. (er äußert sich in sehr scharfen Worten über die bekannte Note an Mexiko, diese »unglaubliche Blamage«, und ihren Urheber, den Unterstaatssekretär Zimmermann). »Aus Wilson werde ich nicht klug. Überrascht hat mich die starke pazifistische Strömung in Amerika. – Im Westen, so höre ich von guter Seite, sei man seiner Sache sicher.«

Haimhausen, 22. 5.17. (beim Regierungsjubiläum des Kaisers:) »Der moderne Romantiker auf dem Throne ist kaum weniger schädlich gewesen, wie s. Z. der feudale Romantiker Fr. W. IV.«

Haimhausen, 23. 5.17. (Man müsse trotz aller Unzulänglichkeit dem Auswärtigen Amt den Rücken stärken, gegenüber der Militärpartei. Dann sehr scharfe Äußerungen über Zentrum und Kurie.) »An den Jesuiten werden unsere Doktrinäre auch noch die helle Freude erleben.«

Haimhausen, 2. 6.17. »Im übrigen heißt es warten, wenn man sich auch nicht ähnlich wie Bethmann mit seinen Gelehrten, die des »Kladderadatsch« waren klüger, die Zeit durch eine Lustfahrt nach Brüssel abkürzen kann. Die Dinge in Rußland geraten immer mehr auf die schiefe Ebene. Die Revolution entstand im Wesentlichen durch Hunger. Die jetzt verteilten Armee-Provisionen dürften zur Neige gehen, also neuer Hunger und neue Wirren, die die Rothen mehr in ihrer Herrschaft über die Massen befestigen, resp. das allgemeine Gâchis entladen müssen. Es gibt schließlich nur 2 Parteien, die Rothen und die momentan ohnmächtigen Czaristen, die beide den Frieden wollen. Den Krieg will nur die bürgerlich-demokratische, mit panslavistischen und nationalistischen Zielen, die aber keine Massen, sondern nur dünne Schichten in den Städten hinter sich hat. Also eine Gefahr im

Osten sehe ich nicht mehr, die größte liegt in einer schlechten Ernte, auch sind wir selbst mit unseren geradezu blödsinnigen Organisationen unsere schlimmsten Feinde. Was die Beamtenschaft und die verschiedenen Stellen leisten, ist einfach haarsträubend.

Eine schlimme Rückwirkung äußert die russische Revolution in Polen und in Österreich. Ad. I war die von den Eseln Beseler und Ludendorff durchgedrückte Unabhängigkeits-Erklärung nur dann erträglich, wenn ihre Nachtheile durch Aufstellung der polnischen Armee kompensiert wurden. Man erhoffte in wahrer Simpelei freiwillige Meldungen en masse. In Österreich aber erheben die sogenannten Nationalitäten ihre struppigen Karyathiden-Häupter.«

Haimhausen, 29. 4.1918. »Auch von mir muß ich Krankheit melden. Es ging mir sehr schlecht und auch jetzt noch, in der 7. Woche nach meiner Erkrankung fühle ich mich matt und elend. Die Anlage ist daher auch nur eine Rekonvaleszenten-Arbeit, wie ich überhaupt erst seit wenigen Tagen wieder im Stande bin, täglich mehr wie einen oder zwei Briefe zu schreiben.

Wie ich so sehr hohes Fieber und starke Schmerzen hatte, sehnte ich oft Freund Hain herbei. Denn das Leben ist jetzt wahrlich alles andere als eine Freude. Abgesehen von der allen gemeinsamen Zuchthaus-Existenz sehe ich in Berlin nur Schwäche und Impotenz, dilettantische und rohe Militärs sich in alles mengen und die führenden Klassen sich einem m. E. ganz unbegründeten Chauvinismus und Optimismus hingeben, den man für Patriotismus ausgibt. Das eigentliche Volk aber denkt anders.

Selbst wenn die ungeheure Opfer kostende westliche Offensive die Engländer aus Frankreich vertreiben sollte, was mir bei dem Kilometer-Ringen doch sehr fraglich erscheint, sehe ich kein Ende. Vielen Engländern wäre diese Retirade sogar sehr recht, die blutigen Opfer hörten auf, die Industrie könnte mit den überschüssigen Soldaten neu belebt werden, namentlich der Schiffsbau, und der Wirtschafts-Krieg würde sich gleichzeitig auf Ganz-Europa erstrecken. Frankreich und Italien ließe man damit freilich dans le pétrin, aber Ehren-Wilsons ist man sicher, was die Hauptsache.

Den Unglücks-Menschen bei uns, namentlich den mit Scheu-Klappen versehenen Generalen, wie dem politischen Nichtwisser Hindenburg, dem präpotenten Ludendorff, seinen Einbläsern Bartenwerffer und Braun ist nicht klar zu machen, wie ein orientalischer Misch-Staat unserem Ansturm wohl erliegen mußte, daß aber unsere Kräfte nicht mehr reichen, um Nationalstaaten wie Frankreich und Italien ganz nieder zu werfen, und daß die Anglo-Sachsen völlig außerhalb des Bereichs unserer Machtmittel sind.

Und dann Österreich. Der klerikale Trottel Carolus ist ein Unglück. Trotz aller Siege bricht das Werkel, dauert der Krieg noch lange, doch auseinander.

Daß Sie Kühlmann stützen, halte ich für sehr gut. Haupthetzer gegen ihn ist Bülow, der dem elenden Bernhard Material gibt und aufstachelt. K. ist gewiß kein idealer Staatsmann, aber er hat eine große Gabe, mit dem Parlament gut um zu gehen. Immerhin ist er 1000 x besser wie der elende Streber Helfferich oder gar Rödern, der ein 2. Michaelis sein könnte. – Daß Michel immer noch an Tirpitz glaubt, ist unerhört.«

Haimhausen, 8. 5.1918. »Egomet bin immer noch halber Lazarus. Im Alter geht es sehr schnell bergab, aber sehr piano, pianissimo in die Höhe. – Daß die Censur so kleinlich, ist einfach kläglich. Ich hielt Kessel immer für einen Esel. Seine Mannen mögen wohl noch dümmer sein. – In Berlin spielen Konservative und Liberale das Spiel des Centrums.«

Haimhausen, 5. 12.1918. »Anscheinend gibt es immer noch Leute, die sich über die Revolution freuen. Ich halte sie für das größte Verbrechen der deutschen Geschichte. Mit der verdammten rothen Fahne wird keiner unserer Feinde verhandeln. Und Bocksprünge, wie sie der Phantast und beschränkte Kopf Eisner hier verübt, mit der Absage an Berlin, der unerhörten Beraubung des Reichskuriers und der geradezu wahnsinnigen Publikation der Schön-Depeschen, kosten uns, selbst wenn das Einrücken vermieden wird, schwere und schwerste Bedingungen. Denn Wilson hätte die Kraft gehabt, einer Volks-Regierung, wie sie das Kabinett Baden repräsentierte, den Weg zu ebnen, dem rothen Gesindel in Berlin

93

sicher nicht. Denn darüber sind sich alle feindlichen Regierungen einig, das Bolschewiki-Regime in Berlin, wie es heut besteht, nicht zu dulden.

Wenn der Verbrecher Eisner behauptet, 99 % der bayrischen Bevölkerung stehe hinter ihm, so ist das eine unerhörte Lüge. Seine Suada hat wohl momentan den Beifall der politisch ganz urtheilslosen Massen, aber alle älteren Arbeiter, selbst Sozi reinster Observanz, sind empört über diesen Schwindler.

Die Zeitungen dürfen nichts schreiben über die vielen Raube und Diebstähle in und um München. Wir sitzen alle mehr oder minder auf einem Pulverfaß. Wir beten um Waffen für die Bauernschaft. Einstweilen habe ich ein geladenes Gewehr am Bette und werde ich mein Leben teuer verkaufen.«

Der Herausgeber jener Briefsammlung, die als Ergänzung zu den Memoiren erschien, rühmt an dem Grafen Monts den »fast hellseherischen Blick«. Auch Graf Monts war, wie gewöhnlich die Propheten und wie die meisten Sterblichen, mitunter erst hinterher hellseherisch. Daß das Ultimatum an Serbien ein »Wahnsinn« war, hat er erst im Jahre 1921 konstatiert. Daß Österreich recht hatte, als es den Rumänen nicht traute und ihnen im Balkanfrieden nicht noch eine Extrabelohnung auszahlen lassen sollte, gibt er nachträglich in dem hier mitgeteilten Brief aus dem Juli 1915 zu. In seinen Memoiren verurteilt er mit ausgezeichneten Worten, und sowohl aus rechtlichen wie aus politischen Gründen, den Einmarsch in Belgien, den Neutralitätsbruch, in dem er »den Fehler und das Unglück der Kriegserklärung« sieht. Er spricht von dem »durchaus verwerflichen Schlieffen-Plan«, auf dem diese ganze Strategie, der einzige strategische Besitz des Generalstabschefs Moltke, beruhte, und sagt an einer anderen Stelle, daß »die Generäle, die neben der Schwäche von Kaiser und Kanzler hierfür« − für diesen »kapitalen Fehler« − »die Verantwortung trugen, ahnungslos betreffs der ungeheuren materiellen und moralischen Macht Englands« gewesen seien. Alles sehr richtig und gut. Aber in keinem seiner Briefe aus den ersten Kriegsmonaten, in keinem aus der ganzen Zeit des Krieges, findet sich die leiseste Kritik an der Vergewaltigung Belgiens oder an dem Plan Schlieffens, zuerst

94

schien doch alles herrlich, und in einem Brief an den Freiherrn von Oppenheimer vom September 1914 steht noch: »Auch ist die Generalleitung durch Moltke und seine Leute einwandfrei.« Im Oktober 1918 aber bricht er mit der Preisfrage: »Wer war der Unfähigste unter den Generalen und Staatsmännern?« über alle den Stab. Nein, wenn man dem Grafen Monts eine hellseherische Gabe zuschreibt, dann darf man nicht verschweigen, daß auch dieser Seher viele schwächere Tage hatte, und daß er bisweilen vor dem Gift im Weine warnte, als der Wein schon längst getrunken war.

Es braucht nichts mehr vom Inhalt der Briefe gesagt zu werden, über die darin behandelten Ereignisse und Personen steht das Nötige in allen Nachschlagebüchern, und erläuternde Anmerkungen und Auslegungen kann man nur bei Autoren nicht vermeiden, deren Sprache dunkel und rätselhaft ist. Die Sprache des Grafen Monts ist nicht dunkel, sondern von einer angenehmen Klarheit und Deutlichkeit. Sie windet und schlängelt sich nicht um die Wahl des prägnantesten Ausdruckes herum. Sie wählt eigentlich überhaupt nicht, sie platzt sozusagen heraus, sie ist die Sprache der Offenherzigkeit und ähnelt nicht entfernt jener diplomatischen Sprache, die zum Verschweigen der Gedanken dient. Man bereitet sich ein stilles Vergnügen, wenn man den Briefstil des Grafen Monts mit dem des Fürsten Bülow vergleicht. Wie die kräftige, trotzige Schrift des Grafen Monts mit ihren hohen Buchstaben sich von der fein und leicht dahinperlenden des Fürsten Bülow unterscheidet, so unterscheidet sich die unfrisierte und ungeschminkte Schriftsprache des Grafen Monts, in der viele Derbheiten knallen und deren gewissermaßen abgehackte und einzeln stehende Sätze kaum eine Harmonie bilden, von dem eleganten, geglätteten, gerundeten, ziselierten, pointenreichen Stil Bülows, in dem es süße und bittere Bonbons, die schmeichelnde Grazie ehemaliger Hofquadrillen und die Heimtücke sanft beigebrachter Dolchstöße gibt. Etwas hat Monts mit Bülow gemein. Er zitiert zwar erheblich weniger und verfügt, da sein Lesebedürfnis offenbar auf historische und irgendwelche fachwissenschaftlichen Werke beschränkt war, über einen geringeren Zitatenschatz − lateinische Zitate, immer dieselben, verwendet er häufig −, aber auch er hat, und mehr noch als der andere, eine Vorliebe für

französische Vokabeln und Redewendungen, und ganz ungezwungen, ohne eine gewollte Koketterie, macht er von diesem Französisch einen bisweilen sonderbar reichlichen Gebrauch. »Hier ist«, schrieb er zum Beispiel an Tschirschky,
»ein völliges décousu vorhanden, irgend einen appui haben
wir nicht.« Eine Notwendigkeit, in diesen Fällen zum französischen Sprachschatz zu greifen, lag eigentlich nicht vor. Man
könnte sagen, dieser Sprachschatz sei das einzige, was ihm
von seinen französischen Vorfahren geblieben sei. Wenn in
seinen politischen Anschauungen lange Zeit Sympathien für
Frankreich oder doch Objektivität und Unvoreingenommen-
heit zutage traten, so änderte sich das nach dem Kriege, wo
die gerechte Empörung über den Versailler Vertrag alle anderen Gefühle verdrängte und er den »Galliern« − dieses Wort
hatte er von Wilhelm II. übernommen − nur noch mit unver-
söhnlichem Haß gegenüberstand. Aber hatte die Gewohnheit, die deutsche Sprache mit französischen Diamanten zu
schmücken, etwas mit seinem Stammbaum zu tun? Sie war
eine noch aus der Zeit des Wiener Kongresses vererbte Gewohnheit mancher deutschen Hofleute und Diplomaten und,
wie ehemals der rote Absatz, wie jetzt noch das auf den
Frack gestickte weiße Johanniterkreuz und in England der
Hosenbandorden, das Privilegium einer vornehmen Zunft

Eine Enttäuschung hat die Bekanntschaft mit dem Grafen
Monts mir gebracht. Man hatte soviel von seinen witzigen
Bosheiten erzählt, und nun suchte ich sie und fand sie nicht.
»Monts«, sagt der Herausgeber seiner Memoiren, »war
geistvoll zu jeder Zeit.« Und: »Um seines Geistes willen liebte man ihn, haßte man ihn.« Diejenigen seiner Bewunderer,
die vor allem die geistreiche Art seiner Spottsucht hervorhe-
ben, könnten mir sagen, daß ich ihn immer gerade in seinen
schwächeren Momenten erlebt habe und daß all die Briefe in
ungünstiger Laune geschrieben worden seien, ungefähr wie
die Verehrer eines berühmten Schauspielers, den wir nicht so
brillant finden, uns vorhalten: »Ja, als Marc Anton hätten Sie
ihn sehen müssen, da ist er unerreichbar und hinreißend in
seiner Genialität.« Mag sein, aber ich habe ihn nicht als
Marc Anton gesehen. Er hatte nicht das amüsant nichtswürdige Lächeln, mit dem Bülow seine Pfeile abschoß, und er
schoß nicht mit Pfeilen, sondern warf mit Handgranaten,

und er lächelte gar nicht dabei. Er ließ nicht behaglich kleine Infamien zwischen die Zeilen gleiten, sondern war, wie könnte man das übersehen oder vertuschen, männlich, mannhaft und charaktervoll grob. Nein, nichts von der verderbten Bülowschen Glätte und auch nichts, die erwähnten Vokabeln ausgenommen, von jener französischen Briefkunst, die im siebzehnten und achtzehnten Jahrhundert blühte und noch im neunzehnten auf einige zierliche Damen und Herren überging. Am ehesten glich der Wortvorrat, mit dem Graf Monts bei der Aburteilung seiner Zeitgenossen verfuhr, dem Kiderlenschen Wörterbuche, nur daß die Gemeinde des Herrn von Kiderlen-Wächter uns die freundschaftlichen Spottnamen, mit denen der saftige und trinkfrohe Schwabe seine Kollegen taufte, als Erzeugnisse schwäbischen Humors anpreisen konnte, während dem Grafen Monts überquellender Humor eigentlich nicht nachzusagen war. Es wäre interessant, wenngleich ermüdend, nachzuzählen, wieviele Esel in seiner Korrespondenz herumtraben, und nur manchmal wählt er die elegantere lateinische Bezeichnung, so wenn er »Bethmann asinus« schreibt. Bülow ist zum mindesten Ehren-Bernhard und Schwindler, der Generaladjutant von Hahnke ein Kriegsazteke, Posadowsky un homme funeste pour nous, Miquel Subjekt, Kanaille, Hindenburg politischer Nichtwisser, der Kaiser Karl ein Trottel, Ferdinand von Bulgarien ein Verbrecher und, seiner großen Nase wegen, »Nasone«, Nikita ein Hammeldieb, Helfferich ein elender Streber, Hertling ein Jesuiten-Knabe, Falkenhayn ein frevelhafter Bursche, der Reisebegleiter des Kaisers, von Treutler, ein Kavallerie-Wachtmeister en retraite, die Zarin-Mutter eine alte Vettel, auch für Wilhelm II. findet sich allerlei. Einer der wenigen, die verschont bleiben, war der Staatssekretär von Jagow, den Monts liebte und den er mir immer wieder empfahl: »Gehen Sie mir fein säuberlich mit dem Knaben Jagow um!« Solche Güte war seltener als am Äquator Schnee. Auch schreckte Graf Monts bei der Abfassung seiner Memoiren nicht zaghaft davor zurück, unsympathische Personen ganz bestimmter Verbrechen zu beschuldigen, und so nannte er es selbstverständlich, daß »die Herren Poincaré und Iswolski von Sasonow au courant der sich vorbereitenden Dinge inclusive Attentat gesetzt« worden seien. Alle drei waren also

Mitwisser bei der Ermordung Franz Ferdinands — eine Behauptung, die, in einem historischen Werk von bleibendem Wert so frisch von der Leber weg vorgebracht, immerhin frappiert. Empfängt man den Eindruck, daß in dieser ganzen Aufeinanderfolge heftiger Schläge eine titanische Kraftnatur sich entladet, ein Vulkan sich befreit? Oder scheint der Vulkan statt eines gewaltigen Feuers nur Galle auszuspeien? Das mag jeder nach eigenem Sinn entscheiden, aber jeder dürfte mit Bedauern feststellen, daß man dem Grafen Monts ganz grundlos geistreichen Sarkasmus, tötlichen Witz vorgeworfen hat. Bürgerliche Dutzendfeuilletonisten waren erfinderischer, aber muß sich der Ackergaul nicht mehr anstrengen als das Flügelpferd? Noch in einer Geschmacksfrage fanden die beiden Gegner, Monts und Bülow, sich zusammen. Bülow hat in seinen Memoiren über manche Damen, auch über die Kaiserin, in einer Weise gesprochen, die man mit Recht äußerst undelikat gefunden und scharf getadelt hat. Graf Monts hat die beleidigten Frauen gerächt. In seinen Memoiren hat er der Fürstin Bülow einige indiskrete Bloßstellungen nicht erspart. Es könnte hingehen, daß er diese Frau, die wirklich die liebenswürdigste Anmut des Geistes besaß, nur »Mariechen« nennt — zweifellos gestattet die gesellschaftliche Nähe eine solche scherzhafte Vertraulichkeit. Aber es drängt ihn auch, ausführlich den »etwas abenteuerlichen Lebenswandel« zu erwähnen, den sie vor ihrer Verheiratung mit Bülow geführt haben soll. Fürst Bülow und Graf Monts sprachen in ihren Büchern mit sehr viel Verachtung von den schlechten Manieren der Leute aus den unteren Klassen, der demokratischen Emporkömmlinge, denen die feine Erziehung fehlt. Wie das Edelweiß, wächst auf der Höhe der Gentleman.

Über der Betrachtung von Waffen, die nicht in der Werkstatt eines einfallsreichen und frohsinnigen Künstlergeistes entstanden, und über der Betrachtung der Form darf man doch immer wieder nicht vergessen, daß bei der Mehrzahl der Urteilssprüche, die Graf Monts als Richter fällte und als Scharfrichter vollstreckte, ungefähr Gerechtigkeit waltete, und daß krasser Justizmord vereinzelt blieb. Die Auserwählten, die Deutschland regierten oder ihm sein Schicksal schufen, konnte nur derjenige überschätzen, der sich durch Titel, Würden und Tressen blenden ließ. In seinem Brief an den

Grafen Pückler, im Oktober 1918 geschrieben, hat Graf Monts beispielsweise über »die abenteuerliche wahnwitzige Offensive im Westen«, mit der »heillosen Unterschätzung des Feindes«, dem »beständigen Verrechnen«, das absolut Richtige gesagt, und es vermindert den Wert seiner Kritik nicht, daß jeder gewöhnliche Soldat, der im Frieden die Felddienstvorschriften gelernt hatte, ebenso fähig sein konnte, die Unvorsichtigkeit einer Strategie, die den im Walde von Villers-Cotterets verborgenen Feind für völlig aufgerieben hielt, zu durchschauen. Und viele andere Fälle wären aufzuzählen, in denen Graf Monts mit klarem Blick die Wahrheit der Dinge erfaßte, manchmal, bevor sie geschahen, und häufig, es konnte nicht anders sein, als alles vorüber war.

Wie könnte man nicht verstehen, daß Graf Monts, nachdem er sämtliche Paladine des alten Regimes samt dem Oberhaupt zersäbelt hatte, beim Ausbruch der Revolution zorniges Entsetzen empfand? Wer wüßte nicht, daß auch in dieser Revolution allerlei Wichtigtuer und Schmarotzer im gefundenen Auto stolz durch die Straßen sausten und mancher kleine Fisch des Meeresgrundes an die Oberfläche kam? Begreiflich auch, daß Graf Monts sich nun wieder als erprobter und strammer Monarchist fühlte, und man muß es durchaus respektieren, daß er, der freilich vom neuen Staat nichts mehr begehren und erwarten konnte, kein Überläufer war. Nein, zu den strebsamen Überläufern, die bei jedem Umsturz schnell den Anschluß erreichen wollen, gehörte er nicht, und gegen solche Schwäche war er auch durch seine Begabung, immer das grade Existierende zu negieren, hinreichend geschützt. Aber dieser Trieb zur ewigen Negation und zum Haß war so übermächtig in ihm und wurde jetzt durch die Entrüstung des Aristokraten, der ein niedriggeborenes Geschlecht emporrücken und privilegierte Kasten aus dem Machtbesitz verdrängen sieht, so sehr verschärft, daß ihm das Gleichgewicht gänzlich entschwand. Alles, was von dort unten, oder selbst aus der Bürgerschicht, ans Licht trat, war »Pöbel« und »Gesindel«, und wenn er auch ebenso die konservativen Elemente, die übriggebliebenen Parteien der Monarchie und ihre Führer ohne Ausnahme für total unfähig erklärte und den »blöden Antisemitismus« ablehnte, so ließ er auf der anderen Seite, auf der Seite des neuen Staates, nichts und niemanden gelten, zuerst nicht die Sozialdemokraten und später ebensowenig »den unseligen Laien Stresemann« ... »ce cher docteur Stresemann«. All diese Leute maßten sich an, Politik und Diplomatie mit ihren plumpen Fingern zu handhaben, und glaubten frech, die Geheimnisse der alten geweihten Priesterkaste zu verstehen. Das allein war schon verbrecherisch. Er sprach, in seinem Brief vom 12. Dezember 1918, von einem »Bolschewiki-Regime in Berlin« und setzte seine Hoffnung auf die feindlichen Regierungen, die es nicht würden dulden wollen. Und ihm war doch sehr gut bekannt, daß dieses Ebert-Regime, das aus dem Chaos heraus und wieder auf festen Boden führte, mit den »Bolschewiki«, die damals Spartakisten hießen, den täglichen Straßenkampf aus-zukämpfen hatte und nicht nur sich verteidigte, sondern ganz besonders den Bürger und den Adligen davor bewahrte, von der Flut verschlungen zu werden und unterzugehen. Während die besseren der neuen Männer sich abmühten und sich aufrieben, saß Graf Monts im Schloß von Haimhausen, oder er wohnte in Berlin bei seiner Freundin, der reichsten Witwe aus jüdischer Aristokratie, und wurde von den Damen ver-hätschelt, von vielen wie das Delphische Orakel verehrt. »Im prachtvollen Palais am Pariser Platz«, schrieb er dann an den Freiherrn Felix Oppenheimer, »wurde ich herzlichst und viel zu opulent aufgenommen.« Ein Jahr vor seinem Tode ließ er sich photographieren, und dieses Bild, auf dem man ihn in einem hohen Lehnsessel sitzen sieht, haben die Herausgeber seinen Memoiren beigefügt. Er war noch der schöne Mann, das weiche weiße Haar umrahmte noch ungelichtet die Stirn, die Augen blickten klar und streng in die häßliche Welt hin-aus. Über den betreßten Diplomatenfrack spannt sich ein breites Ordensband, fünf Sterne hoher Orden schmücken die Brust, und die auf den Knien ruhenden Hände halten den Degen und den dreispitzigen Hut.

Jenem Brief vom 5. Dezember 1918, in dem er mir schrieb, daß er ein geladenes Gewehr am Bett habe und sein Leben teuer verkaufen wolle, folgte nach langer Zeit, genau drei Jahre später, noch ein Schreiben – das letzte, das ich von ihm erhielt. Es bewies in jedem Falle, daß sein zorniges Ge-müt sich noch nicht beruhigt hatte, denn es standen solche Sätze darin:

»Ich gehöre zum alten Eisen, wenn ich auch den Vergleich mit den Berliner Geistesgrößen oder Erbärmlichkeiten wie Wirth, Rathenau und Genossen keinen Augenblick scheuen würde. Armes Deutschland, das von solchen elenden Schulmeistern oder konfusen Bücherschreibern immer tiefer in den Dreck geführt wird!«

Soviel scharfe Säure hatte er früher gegen Bülow, Tirpitz, Falkenhayn und andere Personen des kaiserlichen Regimes verspritzt. Spätere Spuren seines Wesens sind acht Briefe an Felix Oppenheimer, davon fünf aus den Jahren 1921–1924, alle mit Klagen und Anklagen angefüllt. Erfreulicherweise brauchte er das Gewehr nicht abzufeuern, das geladen neben seinem Bette lag. Seinem Leben wurde nur durch die Alterskrankheit ein Ende gesetzt. Der Brief an mich vom 5. Dezember schloß mit dem Satze: »Wenn man sich nicht entschließt, coûte que coûte Ordnung zu machen, verhungern wir, wenn wir nicht, auch Sie, Liberale, Demokraten und Aristokraten, aufs Schafott gehen, alle zusammen.« Auch diese Befürchtung war unbegründet, und seine Einbildungskraft spiegelt ihm ganz unnötig solche tragischen Szenen vor.

So groß seine Unerschrockenheit auch war – so weit, daß sie ihm erlaubt hätte, später, bei der Abfassung seiner Memoiren, unsere Beziehungen, den von ihm so rege geführten Gedankenaustausch und seine publizistische Mitarbeit zu erwähnen, konnte sie nicht gehen. Die Zeiten hatten sich geändert, der Verkehr, den er ehemals gesucht hatte, paßte nicht mehr zu seinem Anschauungskreise, und wie sollte er vor seinen Zuhörern, denen er jetzt rastlos die Erbärmlichkeit aller Demokraten und Liberalen schilderte, das Bekenntnis ablegen, daß er selber sündhaft gewesen und lange Jahre hindurch mir in seinen Briefen ein eifriger Führer durch die Weltgeschichte und ein treuer Mitarbeiter gewesen war? Man kann es ihm nicht übel nehmen, daß er diesen Teil seines Lebensweges sozusagen vernebelte, die Fußstapfen sorgfältig verwischte, die Tatsachen behutsam verschwieg. Und so weist, da auch die Biographen und Herausgeber pietätvoll seinem Beispiel folgten, auf diesen Abschnitt seines Erdenwandels nicht einmal die leiseste Andeutung hin. Jetzt hatte Graf Monts, der kein undiplomatisches Wort im Busen zurückzuhalten vermochte, die Kunst des diplomatischen Verschweigens gelernt. Der Leser erfuhr nicht oder sollte nicht daran erinnert werden, daß Graf Monts nach seinem Rücktritt vom Botschafterposten neue Wirkungsmöglichkeiten fand, sich publizistisch betätigte, mir eine lange Reihe von Artikeln zur Belehrung des Publikums übergab. Lieber sollte man denken, er habe all die Jahre hindurch in Haimhausen nur die Blumen begossen und nichtstuerisch den Ereignissen zugeschaut. Im April 1915 schrieb er mir, er arbeite, um nach seinen schwachen Kräften dem Vaterlande und dem armen gequälten Volke zu nützen, aber nun durfte nichts an diese Arbeit im Dienst des Volkswohls gemahnen, und nichts in seinem eigenen Rückblick und in den Mitteilungen seiner Biographien gemahnt daran. Eigentlich ist es doch schade, daß infolge dieser ängstlichen Diskretion in dem gewissenhaft verfaßten Lebensbuche ein ganzes Kapitel fehlt. Mit dieser Methode wurde man dem Grafen Monts nicht gerecht, und er wurde sich selbst nicht gerecht. Er war nicht nur ein Staatsmann, der beinahe Reichskanzler geworden wäre, sondern auch eine Persönlichkeit mit vielartigen Charaktereigenschaften, die in der edlen Banalität einer Paradephotographie nicht genügend zur Geltung kommen kann. Aber der eine liebt die lebendige Erscheinung mit allen Zügen ihrer Menschlichkeit, der andere die tote Pracht.

DER BRIEFSCHREIBER: FÜRST BÜLOW

Die Briefe, die in dem Frankreich des Ancien Regime von den Epikuräerinnen der oberen Stände geschrieben wurden, sind Erholungsbeichten in Tanzpausen und reizende Selbstdemaskierungen während eines Balles, mit dessen letztem Tanz nach Meinung mancher französischer Kulturschilderer die feinste Süßigkeit des Lebens starb. Natürlich hatte an dieser Süßigkeit nicht jene Menschenklasse einen Anteil, aus der die Steuerpächter den Wein herauspreßten, sondern nur die Gesellschaft, die ihn trank. Auch wenn die gepuderten Dilettanten sich wissensdurstig oder neugierig mit ernsten Problemen beschäftigten, mit der theologischen Diskussion und Port Royal, mit der europäischen Politik und den Verfassungsfragen, mit Amerika, Montesquieu und den Enzyklopädisten, waren diese Spiele des Intellekts zierlich wie die Reifenspiele auf den Rasenflächen von Trianon. Madame de Staël, die dürre du Deffant, Freundin der Philosophie, der Mathematik und Voltaires, und in ganz anderer Art die leidenschaftlich empfindsame Mademoiselle de Lespinasse sind doch nur als berühmte Ausnahmen anzusehen. Die Briefe der schönen Welt wurden in den Boudoirs geschrieben, auf den von den phantasievollen Möbelkünstlern des vierzehnten und des fünfzehnten Louis entworfenen Tischen oder auf denen des Rokoko, und an der Wand gegenüber dem Schreiber und der Briefschreiberin hingen die Bilder mit den heiteren Idyllen Bouchers, den zart in die Umarmung gleitenden Frauen Watteaus und den auf der Schaukel unvorsichtig hochfliegenden Fräuleins Fragonards. Als ein neues Jahrhundert begann, schrieb man auf den Tischen des Empire, des Directoire und des deutschen Biedermeier, und wenn man aufschaute, traf der Blick nicht mehr frivolen Leichtsinn, sondern »heroische Landschaften«, gradlinig gerahmte, seriöse Gravuren und kühle weiße Nachbildungen von Statuen und Büsten aus römischen Museen.

Auch wenn die ungewöhnlichste Frau, die stürmische, exaltierte, unerschrockene, schwer zu ertragende und doch wundervolle Bettina schrieb — wie wenig glich sie den Marquisen von Versailles und den Freundinnen Voltaires! Ihre eigene Glut, eine geistige, nicht sinnliche, rötete ihr die weißen Statuen auf den Konsolen, und ihre Feuerseele glaubte, die kühle Büste ihres großen olympischen Gottes erwärmen zu können. Nur einer unter den deutschen Briefschreibern der Zeit, von denen wir wissen, setzte, mit etwas anderen Tönen und Farben und mit der Kenntnis des Neuen, das sich an das Alte angefügt hatte, die in Frankreich gepflegte Kunst fort, die nur dann eine ist, wenn sie es nicht sein und nicht scheinen soll. Der Fürst Pückler-Muskau hatte den Stil jener französischen Epoche, und trotz allem, was ihn mit dem Geist seiner eigenen Zeit verband, war er ja eine Figur aus der Porträtparade Saint-Simons, dieser längsten und großartigsten Galerie von Versailles.

Man muß sich nicht mit den Briefen des »Verstorbenen« begnügen, in denen er, wie Bettina in der Rolle des »Kindes«, Literatur geliefert hat. Man findet ihn ganz echt nur in der von Ludmilla von Assing, der Nichte Varnhagens van Ense, in vielen Bänden herausgegebenen Korrespondenz, und ganz besonders in seinen Briefen an die Frauen.

Wißbegierig, voll weltbürgerlicher Ungebundenheit und voll literarischer Geschmacksfeinheit, kollegialer Bewunderer und bewunderter Freund Heinrich Heines, vorurteilslos und freisinnig im Rahmen des Bestehenden, zitternd, wenn er meint, ein keckes Wort oder eine rücksichtslose Handlung der unabhängigen Ludmilla habe ihn bei Hofe kompromittiert. Großartig in seinen Herrenlaunen, seinem Prunkbedürfnis, seinen Parkschöpfungen, und ordinär, zynisch und brutal, wenn er die Mittel für diese verschwenderische Wirtschaft, für Muskau, für die schönsten Pferde, den besten Koch, das reichste Tafelgeschirr, von einer verliebten, unterwürfigen Frau erpreßt und schließlich mit dem Geld der abgeschüttelten gutmütigen »Schnucke« wie ein Heiratsschwindler nach England auf den Brautfang geht. Verführerisch und mit prachtvoller Vitalität zwischen eingebildeten Krankheiten, Arzneiflaschen und Kompressen – mit diesem Liebeshunger, der bis zur Stunde der Sättigung keine Prahlerei und Einbildung ist. Noch im einundachtzigsten Jahre notiert er in seinem hoffentlich gewissenhaft geführten Tagebuch ein letztes schlankes Liebesglück. Innerlich gefühlskalt und sich dessen bewußt, es sogar bedauernd, nach jedem

Abenteuer schnell ernüchtert, wie Faust und vermutlich Don Juan. Auch die viel besungene kleine Macchuba, die »braune Maitresse«, war nur ein herumgeführtes Schaustück seiner Eitelkeit. Phantasievoll und geistreich in seinen Liebesbriefen, ohne wie ein von Cupidos Pfeilen getroffener Nachtwandler zu deklamieren und Leidenschaft zu lallen. Die moderne Auffassung, daß ein Liebesbrief so kahl und »sachlich« sein müsse wie eine in Beton gegossene Hausfassade, war allerdings damals noch nicht durchgedrungen. Er hatte in seinen erotischen Wallungen die galanten und zärtlichen Formeln so leicht, so unwillkürlich und so massenhaft produziert, daß die Gewohnheit auch in kühlerer Temperatur fortdauerte und diese Sprachtechnik ihm jederzeit zur Verfügung stand. Als ihm der Tod bis zum fünfundachtzigsten Jahre nachsichtig noch einen Aufschub gewährt hat, küßt er, nun freilich nur noch in Gedankenekstase, immer wieder die »weißen Händchen« und die »hübschen Füßchen« der Freundin Ludmilla Assing, die in Florenz das alles sammelt und in ihrem Kasten aufbewahrt.

Es stört ein wenig den Genuß, wenn Fürst Pückler-Muskau an seinem vierundsiebzigsten Geburtstag in seinem Tagebuch bemerkt, die »lebhafte Korrespondenz mit Damen, jetzt meine einzige Schriftstellerei und nicht ohne einige Feile geschrieben«, sei eigentlich sein »wahres Element«. Und wenn er bedauert, daß er »erst seit einigen Jahren mehrere Kopien« dieser Briefe zurückbehält.

Der Reiz verfliegt, wenn man erfährt, daß der Verfasser von Liebesbriefen nicht nur an die Eine gedacht hat, sondern auch an ein größeres Publikum. Liebeslyrik ist eine Kunstgattung, die von jeher den Buchkäufern gestatten sollte, an den Freuden und Leiden des Dichterherzens teilzunehmen, aber ein liebender Briefschreiber sollte eigentlich nicht schon von der ersten Zeile ab beabsichtigen, seine intimen Geständnisse, seine auf dem Papier so leise flehenden Lieder auf den Markt zu bringen.

Fürst Bülow verfaßte die Briefe, die er schrieb, nicht für die Zwecke des literarischen Gewerbes und gewiß auch nicht immer – nur in Ausnahmefällen – in der Idee, sie könnten eines Tages an die Öffentlichkeit kommen. Aber er hatte, ganz abgesehen von dem Gefühl für die Schönheit des Aus-

druckes, einen so starken Sinn für das, was er sich selbst
schuldete, daß er keinen Satz formte, der nicht vor dem Urteil der strengsten Stilkritik hätte bestehen können. Fürst
Pückler-Muskau war ein blendender Globetrotter, herum-
streichend in vielen Ländern des Geistes und des schnell er-
reichbaren Abenteuers, und bei aller Unsauberkeit − und obgleich er ohne den aristokratischen Namen, die schönsten
Pferde, Muskau und den fürstlichen Luxus nicht ganz so gefeiert worden wäre − ein mit glänzenden Gaben ausgestatte-
ter Amateur der Schriftstellerei. Fürst Bülow war kein Thea-
terheld für romantische Seelen und kein unsteter Genüßling,
er trug das Bewußtsein seines Staatsmannstums in sich und
schrieb seine Briefe in diesem gefestigten Selbstgefühl, und
das gab ihnen bei aller Grazie ein respektgebietendes Gewicht. Auf einem Gebiete der Korrespondenz, einem einzigen, ist er vermutlich schwächer als der Fürst Pückler-Muskau gewesen − in der Abfassung von Liebesbriefen stand er
wohl hinter diesem Meister zurück. Wenn er im letzten Bande seiner Memoiren von seinen ehemaligen Liebeserlebnissen
berichtet, eine Begegnung auf einem Rheindampfer und eine
Liebesnacht mit dem Gesang der Vögel vor den Fenstern
schildert, erreicht er ungewollt komische Wirkungen, und
seine Sprache hat dann die Fadheit der billigsten Romanbon-
bons. Es gibt einen Typ des schönen, stattlichen Mannes, den
man sich am wenigsten wie Romeo auf der Strickleiter vorstellen kann. Fürst Bülow war ein fesselnder Plauderer, aber
wenn man liest, wie er noch in höherem Alter so stolz,
gründlich und poetisch zwei oder drei banale Rendezvous
aus seinen Jugendjahren beschreibt, gewinnt man leider von
der Art und der Zahl seiner Heldentaten keinen sehr hohen
Begriff. Historiker versichern, der preußische König Friedrich I. habe nur deshalb, weil er durchaus die Herrlichkeit
Ludwigs XIV. nachahmen wollte, die Witwe seines Kammer-
dieners zu seiner »Maitresse« und zur Gräfin von Wartenberg ernannt. Der in moralischer Beziehung untadelige König
sei mit dieser Dame nur im Schloßgarten spazierengegangen.
Er hielt es für seinen Ruhm notwendig, eine Madame de
Maintenon zu haben, wie der große Kollege in Paris. Wir
wollen nicht annehmen, daß Fürst Bülow in seinem für die
Weltgeschichte bestimmten Werk nur darum so ausführlich

von ein paar längst entblätterten Rosen gesprochen hat, weil Talleyrand auch als Freund der Frauen berühmt gewesen ist.

Läßt man diesen geringfügigen Mangel in seiner Begabung beiseite, so muß man sagen, daß Fürst Bülow wie wohl kaum ein anderer in Deutschland, und jedenfalls wie kein anderer Minister oder Politiker, das Verständnis für die große Tradition des epistolaren Stils und die Fähigkeit, diese Tradition aufrechtzuerhalten, besaß. Auch unter denen, die aus der Pflege der Sprache ihren Beruf machten, hätten ihm in einem Wettbewerb nur sehr wenige den ersten Preis streitig machen können. Keiner schrieb so formvollendet, so zielsicher und scheinbar mühelos die Pointen anbringend, wie er, und keiner spielte so elegant, so über alle Töne verfügend und mit so überlegener Autorität auf diesem Klavier. Die klassische Linie des Gewandes, die von der staatsmännischen Bedeutung des Schreibers zeugte, war übersät mit den glitzernden Pailletten des Spottes, der Bosheit, der treffenden Zitate und der witzigen anekdotischen Einfälle, und aus dem harmonischen Gefüge einer Sprache, das zu der Abgeklärtheit einer weltbedeutenden Persönlichkeit paßte, blitzten diese spielerischen Lichter hervor.

Der erste Brief, den ich von ihm erhielt, war eine Antwort und kam im Januar 1914 aus der Villa Malta in Rom. Damit wurden Beziehungen, die sich im Beisein des Fürsten Lichnowsky in Norderney zufällig angeknüpft hatten, gewissermaßen regularisiert. »Wie Sie«, schrieb Bülow, »habe ich mich immer bestrebt, das Persönliche vom Politischen zu trennen. Politische Meinungsverschiedenheiten auf das persönliche Gebiet übertragen heißt die ersteren unnötig verschärfen und dabei die persönlichen und gesellschaftlichen Beziehungen erschweren und verunstalten. Ich gehe noch weiter und glaube, daß es kein besseres Mittel gibt, die eigenen Überzeugungen zu klären und, soweit sie richtig sind, zu befestigen, als sie mit Menschen zu diskutieren, die anderer Ansicht sind, sofern sie ihre Ansicht nur mit Geist zu vertreten wissen. Das nannte der große Frankfurter Philosoph, den ich in meiner Kindheit noch an der »Schönen Aussicht« längs des Main habe spazieren gehen sehen, seine Ideen ventilieren« ... Am Schluß stand, wie in fast jedem späteren Briefe, die konventionelle Einladung, nach Rom – bisweilen war es auch Klein-Flottbeck oder Norderney – zu kommen. Dort könnten wir, »unter der Palme lustwandelnd, die Goethe vor 126 Jahren in unserem Garten gepflanzt hat«, uns über die Probleme der inneren und der auswärtigen Politik unterhalten, über die ich, wie er ja wisse, nicht immer mit ihm einverstanden gewesen sei. Zwar hatten diese Einladungsformeln, von denen er wohl nach verschiedenen Seiten hin Gebrauch machte, untereinander eine gewisse Ähnlichkeit. Aber sie waren doch beinahe so zahlreich wie die Liebkosungen, mit denen Fürst Pückler-Muskau sich seinen Freundinnen empfahl. Einmal, im Dezember 1923, als ich ihm mitgeteilt hatte, daß ich nach Turin fahren wollte, hieß es: »Von der Augusta Taurinorum ist nur ein Sprung bis zur ewigen Stadt. Es würde mir eine Freude sein, mit Ihnen in den Gefilden der Natur und Kunst, wie sich der kluge Kunstgreis von Weimar ausdrückte, umherzuwandeln. Wir leben hier ruhig und friedlich, und nur abgetönt dringt das Echo der ewigen deutschen Krankheit, des deutschen Parteigezänks, zu uns. Aber die Leiden und Schmerzen und Nöte unseres Volkes erschüttern auch mein Herz, und mit Heine kann ich sagen: ›Denk ich an Deutschland in der Nacht, so bin ich um den Schlaf gebracht.‹ «

Aber der heitere römische Formsinn und die Gebefreudigkeit eines kultivierten Geistes wurden, wie schon angedeutet, durch eine andere Eigenschaft wohltuend ergänzt. Wenn Fürst Bülow eine politische Situation darstellte oder seine Politik verteidigte, hatte sein Briefstil die schöne lateinische Klarheit und blieb vom allzu Zierlichen frei. Ohne dieses kräftigere Gegengewicht würde auch nach den graziösesten und geistreichsten Wendungen schließlich nur der Eindruck übrigbleiben, den ein aus Pastetchen, gebackenen Austern und ähnlichen Gourmetgenüssen zusammengesetztes Menü hinterläßt. Nach dem im Augenblick empfundenen Vergnügen bliebe der Eindruck der Leere, der Kleinlichkeit und daneben der Manieriertheit und Affektation. Wo die Bedeutung des Themas den Briefschreiber bewegte, wo er ein Kapitel der Zeitgeschichte erläutern, die Richtigkeit seiner Handlungen beweisen, den Empfänger des Briefes überzeugen wollte, hatten seine Sätze einen gradlinigen Schwung, eine noble Einfachheit, und waren so übersichtlich wie die Säulen eines antiken Tempels aneinandergereiht. Er konnte dann sogar auf die äußere Geschlossenheit verzichten und numerierte mit juristischer Nüchternheit seine Argumente mit eins, zwei und drei. So, mit Paragraphenzahlen, diesmal von eins bis sechs, stellte er beispielsweise in einem langen, mit eigener Hand geschriebenen Briefe mir noch einmal sein Verhalten in der Frage des englischen Bündnisangebotes dar. Ich erwähne diese Details, weil sie zeigen, daß er, wenn es ihm auf die Wirkung des Plädoyers ankam, absichtlich auch trockene Töne suchte und fand. Am klarsten war sein Stil, wenn die Sache, die er erläutern und verteidigen wollte, besonders zweifelhaft erschien. Über trübe Untergründe floß seine Sprache in vollkommener Reinheit hinweg.

Als er in den ersten Monaten des Jahres 1915 in Rom versuchte, Italien von dem Eintritt in den Krieg zurückzuhalten, ließ er mir durch den Kurier der Botschaft vertrauliche Briefe zugehen, in denen er sehr ausführliche Informationen über die Lage der Dinge gab. Obgleich zu jenem Zeitpunkt der Gedanke an Vergnügungsreisen nicht nahelag, unterließ er auch in diesen Kriegsbriefen aus der Villa Malta nicht die gastliche Einladung, und so schrieb er: »Wenn wir wieder Frieden haben — wann?? — lenken Sie Ihre Schritte hoffentlich einmal nach Rom, wo von Tasso bis zu Byron und Chateaubriand viele Menschen das Vanitas vanitatum vanitas empfunden haben.« Ich hatte schon oftmals in Rom die Vergänglichkeit aller irdischen Eitelkeiten empfinden können. Jetzt, während des Krieges, empfing man diese Lehre nicht nur in Rom. Wenn er mir in seinen Briefen seine freundliche Anerkennung aussprach, so betraf sein Lob besonders die »in Deutschland leider so seltene Eigenschaft des Politikers und Publizisten, ohne irgendwelche Untreue gegen den eigenen Standpunkt doch den in manchen Fragen anders Denkenden gerecht zu beurteilen« — wie es, seiner Meinung nach, die Engländer, die Italiener, die Franzosen tun. Es sollte leider ein Augenblick kommen, wo er mein Streben nach Gerechtigkeit weniger hoch schätzte und mir beinahe auch die mir im August 1916 zugestandene »aequa mens« wieder aberkannte, »die Horaz vor 1900 Jahren empfand«. Unsere schriftliche Unterhaltung drehte sich sehr oft, ebenso wie unsere Gespräche, um das, was er als Reichskanzler getan und unterlassen hatte, und er bewies in der Widerlegung meiner Auffassungen und in der Beantwortung lästiger Fragen eine große Geduld.

Mehr als zehn Jahre lang wurde diese interessante Partie ohne irgendeinen verstimmenden Zwischenfall gespielt. Auch die Verschiedenheit der Meinungen über die deutschen »Kriegsziele«, über die Annexionsforderungen, führte zu keinem sichtbaren Verdruß. Am 11. Juli 1916 hatte er mir in einem langen »ganz vertraulichen« Brief aus Klein-Flottbeck – nach Ausführungen über seine Politik in der bosnischen Sache und nach anderer Abwehr – seinen mir bereits bekannten Standpunkt folgendermaßen auseinandergesetzt:

»Es handelt sich aber weniger um historische Untersuchungen und Spekulationen, als um die Frage, ob wir Aussicht haben, zu einem Frieden zu kommen, der den ungeheuren Anstrengungen und ungeheuren Opfern dieses Krieges entspricht, und, soweit historische Untersuchung Platz greifen soll, ob der Weltbrand zu vermeiden war. Selbst ein so scharfer Kritiker wie Sie deutet an, daß, wenn ich in den entscheidenden Wochen, wo die Lose über Krieg und Frieden geworfen wurden, konsultiert worden wäre, ich vielleicht diesen oder jenen nicht ganz unbrauchbaren Rat hätte geben können. Ja, lieber Herr Wolff, bei aller Bescheidenheit wage ich zu glauben, daß dazu Erfahrung und Verstand bei mir noch gereicht hätten.« –

»Gerade weil ich Frankreich von frühester Jugend an und genau kenne, habe ich nie daran gezweifelt, daß, wenn es zum Bruch zwischen Deutschland und Rußland käme, und namentlich zu einem schroffen Bruch, ganz Frankreich die Marseillaise anstimmen würde. Und wirklich begann mein alter, seitdem verstorbener Freund Francis Charmes seine Chronik in der ›Revue des deux Mondes‹ vom ersten August 1914 mit den Worten: ›Le jour de gloire est arrivé‹. Mit England war bis zum Kriege und bis zum ersten Mal in der Geschichte zwischen beiden Völkern Blut geflossen war – Blut ist ein ganz besonderer Saft – manches möglich, mancherlei Kombination und allerlei Ausweg. Jetzt haben wir für absehbare Zeit mit einem England zu rechnen, das uns innerlich feindlich und mit entschlossener Feindschaft gegenüber

110

steht. Darauf müssen wir uns einrichten und uns dagegen schützen, und zwar durch reale Sicherheiten. Nach diesem Kriege, seiner Entstehung und seinen Begleiterscheinungen werden Bürgschaften, die nicht handgreiflicher Natur sind, wirklich nur Chiffons de papier sein. Auch ich wünsche den Frieden, auch mir blutet das Herz, wenn ich an die Opfer denke, die unser Volk so heldenmütig bringt, wenn ich die wirtschaftlichen Konsequenzen dieses Krieges erwäge, der unsere glänzende Entwicklung so jäh unterbrach. Haben wir schon Gelegenheiten vorübergehen lassen, wo die Möglichkeit vorlag, dem Frieden näherzukommen? Ist in Reden und diplomatisch nicht manches geschehen, um die Friedenstaube zu verscheuchen, wenn sie sich schüchtern näherte? Ich möchte mich in dieser Beziehung jedes Urteils enthalten und nur der Überzeugung Ausdruck geben, daß, wenn etwas versäumt wurde, nicht böser Wille vorlag.«

Ich will hier einflechten, daß in der ersten Hälfte des Jahres 1915 Persönlichkeiten, die im öffentlichen Leben standen, die Notwendigkeit erkannt hatten, die von der Schwerindustrie, ihren parlamentarischen Stützen und zusammengeholten Universitätslehrern heftig betriebene Annexionskampagne durch eine Gegenbewegung zurückzudämmen. Nach mancherlei Verhandlungen in größerem Kreise hatte unter dem Vorsitz des Fürsten Hatzfeld ein Komitee, dem ich angehörte, eine von mir verfaßte Erklärung all denjenigen, auf die man rechnete und deren Namen man haben wollte, zur Unterzeichnung zugeschickt. Etwas später gab sich Fürst Bülow der Öffentlichkeit als Anhänger der Annexionspolitik zu erkennen. Es läßt sich nicht sagen, ob bei ihm der Wunsch mitwirkte, sich die nationalistischen Elemente, die er für die stärkeren halten konnte, zu verbinden und seinen schon als Schwächling verschrienen Nachfolger noch mehr in Mißkredit zu bringen. Als ich seinen Julibrief erhalten hatte, antwortete ich ihm, daß, wie er schon wisse, sein Standpunkt nicht der meinige sei. »Gewiß, der Haß gegen Deutschland ist ungeheuer groß, und es ist wahrscheinlich, daß er sich sobald nicht mindern wird. Aber das Bestreben muß doch dahin gehen, ihn zu mindern, ihn nicht noch zu verschärfen und zu verewigen. Wir müssen den Anschluß an Europa wiederfinden und nicht auch noch für die kommenden Generationen das Tischtuch zerschneiden. Das ist keine Sentimentalität, keine Gefühlspolitik, sondern eine Erwägung, die mir als nüchtern und praktisch erscheint.« Und ich sprach ihm mein Bedauern darüber aus, daß in den Blättern des Annexionismus jetzt sein Name zum gern benutzten Deckschild geworden sei. Zu dieser Erwiderung äußerte er sich, wenige Tage darauf, in seinem nächsten Brief nur mit der Bemerkung: »Es kommt zur Zeit weniger darauf an, ob General Bernhardi sein Buch besser nicht geschrieben und General Keim diese oder jene Rede besser nicht gehalten hätte« − ich hatte weder von Bernhardi noch von Keim gesprochen −, »als darauf, ob und wie wir zu einem für das deutsche Volk annehmbaren und seinen heroischen Anstrengungen und heroischen Opfern einigermaßen entsprechenden Frieden kommen.« Im übrigen beschäftigte er sich in dem Briefe wieder mit Bosnien und Marokko, mit einem Artikel des Professors von Wiese, der seine Politik unfreundlich kritisiert hatte, und mit dem unglücklichen Bethmann, dem österreichischen Ultimatum und der Haltung der Österreicher, die jetzt besser getan hätten, einen entscheidenden Stoß gegen Kiew zu führen, statt den Italienern mit Pauken und Trompeten einen »Rachefeldzug« anzudrohen.

Über solche kleinen Zwischenfälle wurde hinübergesegelt, ohne daß bemerkbarer Schaden entstand, und erst im Jahre 1925 erfolgte der ernsthafte Zusammenstoß. Ich hatte gewußt, daß ich auf eine Klippe losführe, aber keine Möglichkeit zum Ausweichen gehabt. In diesem Jahre 1925 erschien mein Buch »Das Vorspiel«, in dem ich das Deutschland Wilhelms II. schilderte, oder, genauer gesagt, das Deutschland zwischen dem Jahrhundertanfang, dem Höhepunkt seines Glanzes, und 1910, einem Zeitpunkt, in dem die deutsche Sonne schon nicht mehr so strahlend schien. Es waren die zehn Jahre der Ära Bülow, teilweise auch des Herrn von Holstein, und in ihrem Verlauf hatte die Situation Deutschlands zwischen den anderen Staaten sich sehr gewandelt − es hatte sich aus einer triumphalen Machtstellung, aus der glücklichen Position des Umworbenen hinausdrängen lassen und war beinahe isoliert. Das ganze Jahrzehnt hindurch hatte ich so ziemlich alle Unternehmungen des Bülowschen Regimes, seine Politik in all ihren Stadien sehr scharf bekämpft. Ich hatte seine Marokko-Politik, oder wenigstens ihren zweiten Teil, nach dem Sturz Delcassés, für grundfalsch, und den Wunsch, zur Konferenz nach Algeciras zu gehen, für unsinnig gehalten, die theatralische Unterstützung Österreichs gegen Rußland in der bosnischen Affäre überaus schädlich und überflüssig gefunden, fortwährend die Gefährlichkeit und die Torheit der Flottenbauerei betont und in der Ablehnung oder Nichtbeachtung der britischen Bündnisanbandelungen, die England zu Frankreich hinüberdrängte, einen ungeheuren Fehler gesehen. Sollte ich nun, weil die Beziehungen zu dem Privatmann Fürst Bülow sehr angenehm geworden waren, meine Meinung ändern oder auch nur abschwächen und zart mit rosa Watte umhüllen? Es gab da nicht einmal einen Gewissenskonflikt. Seine Persönlichkeit malte ich mit all den reizvollen und blendenden Eigenschaften, die sie in Wirklichkeit ja besaß. Ich erzählte von dem künstlerischen Genuß, den ein Verkehr mit ihm bereite, und sagte, er werde »in der Feinheit und Unerschöpflichkeit der Unterhaltung von keinem anderen Deutschen seiner Zeit übertroffen oder erreicht«. Unbestreitbar sei er eine besondere Erscheinung unter den »Paladinen« Wilhelms II., und das müsse man »konstatieren, auch wenn man die Ereignisse und die Forderungen der Zeit anders als er gesehen hat und sieht« ... »Mit der Neigung, auf den Höhen der Macht zu weilen, vereinigte sich in ihm jener weltmännische Skeptizismus, jene angenehme, ausgleichende epikuräische Philosophie, die das Leben nimmt, wie es ist, und das Beste herauszuziehen weiß« ... Die Schwächen seiner Wesensart — die ihn in der inneren Politik zu unfruchtbarem Gehenlassen bewogen — konnte und wollte ich ebensowenig übertünchen wie die Irrtümer und Mißerfolge seiner auswärtigen Politik. Kein Kapitel des Buches konnte diplomatische Ruhmestaten preisen, die er selbst zwar in gewandter Rede feierte, die aber nicht vorhanden gewesen sind. Als das »Vorspiel« erschien, spendeten Hans Delbrück, Haller und andere Historiker dem Buche ein reiches Lob, das die Fachgelehrten im allgemeinen den unzünftigen Arbeitern nur ungern gönnen. Aber fast alle — die einen, weil sie, wie Haller, Bülow haßten, und die anderen, weil sie, wie Delbrück, Herrn von Bethmann-Hollweg liebten — erklärten mit Bedauern, ich hätte den Fürsten Bülow zu gut behandelt, und eine nicht genügend zurückgedrängte Sympathie habe die Charakterschilderung zu freundlich gefärbt. Fürst Bülow las anders, er täuschte sich nicht. Er war tief gekränkt, als nach so vielen Aufschlüssen, die er mir gegeben hatte, und nach all den Diskussionen, dem langen mündlichen und schriftlichen Gedankenaustausch, ein so unbefriedigendes Ergebnis vor ihm lag. Allerdings, er hatte immer wieder gesagt und geschrieben, daß politische Meinungsverschiedenheiten nicht die persönlichen Empfindungen berühren könnten, und sehr vorurteilsfrei seine Freude an solcher Austragung der Gegensätze beteuert, aber es war natürlich etwas ganz anderes, ob der Gesprächspartner seine alten Einwendungen »unter vier Augen« wiederholte oder unbelehrbar jetzt auch noch auf Druckpapier. Habe ich dich dazu auserwählt, dir dazu meinen Segen verliehen?

Er schwieg ziemlich lange, und erst nach mehreren Wochen erhielt ich von ihm einen Brief aus Rom. Dreizehn wohlgefüllte Bogen von dem großen Format, das bei den mit der Schreibmaschine hergestellten Manuskripten das übliche ist. Dreizehn Seiten voll von einem manchmal überzuckerten und manchmal ganz bitteren Groll. Fast so lang und auch so fesselnd durch die fechterische Manier, wie eine Rede Ciceros. Diejenigen Sätze, in denen Fürst Bülow erklärte, was er im Juli 1914 zur Verhinderung des Krieges getan hätte, wenn er an der Macht gewesen wäre, habe ich nach seinem Tode schon veröffentlicht. Ich will hier den ganzen Brief mitteilen, und wenn ich aus einer ziemlich umfangreichen Korrespondenz gerade ihn herausnehme, so geschieht das, weil er mir, mit den Bissen und Stichen, die mir darin zugedacht sind, noch besser als die abgeklärten philosophischen Betrachtungen aus der Villa Malta gefällt. Das »Vanitas vanitatum«, das in Rom von Tasso bis zu Byron und Chateaubriand so viele Menschen empfunden haben, mag ein Spruch gewesen sein, den Fürst Bülow nicht nur für mich über das Tor seines Hauses schrieb, und die von Goethe gepflanzte Palme wurde allen Besuchern gezeigt. Ein Brief, in dem einige auserlesene Rügen und Bosheiten mir allein galten, war eine intime Gabe, etwa ein nicht beim Gärtner gekaufter, sondern selbst gepflückter und gebundener Strauß. Wahrscheinlich hatte Fürst Bülow in der römischen Muße allmählich den Schlachtplan entworfen und die Pfeile gespitzt, aber in dem Augenblick des Diktates brachte dann sein Temperament in das alles erst die schnell fließende Bewegung und die schneidende Verve hinein. Mit dem Wechsel zwischen Defensive und Offensive, zwischen klarer Sachlichkeit und boshaftem Spott, und mit der zweifachen Kunst der Formbildung und der Dialektik zeigt der für den Empfänger wenig wohlwollende Brief seines Verfassers Meisterhand:

Rom, Villa Malta   den 7. Februar 1925

Lieber Herr Wolff,

Der Mensch findet bekanntlich nie weniger Zeit, als wenn er nichts zu tun hat. So kam ich erst jetzt dazu, das Buch zu lesen, das Sie mir vor einiger Zeit zugehen ließen. Vor allem danke ich Ihnen nicht nur für die Übersendung des »Vorspiels«, sondern auch für die freundlichen Zeilen, die Sie gleichzeitig an mich richten. Mein erster Eindruck nach gründlicher Lektüre Ihres Essays ist Anerkennung Ihres Stils. Das erkenne ich um so freudiger an, als es zur Zeit kaum ein Land gibt, in dem so mäßig geschrieben wird wie bei uns. Die einen verwechseln Gründlichkeit mit Schwerfälligkeit und halten Pedanterie für Gewissenhaftigkeit. Andere schreiben so salopp, wie man kaum beim Dämmerschoppen kannegießern sollte. Noch andere sind so manieriert und affektiert, daß ihre Prosa schon in zwanzig Jahren so wenig lesbar erscheinen wird, wie wir heute die zweite schlesische Dichterschule genießbar finden. Also Ihr Stil entzückt mich! Buffon sagt: »Le style c'est l'homme.« (Entschuldigen Sie dieses Zitat, das wenigstens nicht »preziös« ist). Buffon sagt nicht, daß der glänzende Stil schon ein unanfechtbares Buch bedeute.

Sie machen es mir zum Vorwurf, daß ich während meiner Amtszeit nicht die Einführung der einzigen nach Ihrer Ansicht zweckmäßigen Regierungsform, der parlamentarischen, durchgesetzt hätte. Ein neckischer Zufall wollte, daß ich Ihre Ausführungen gerade in der Zeit las, wo bei uns eine mehrwöchentliche Krisis alles in der Schwebe hielt. Ich bin (leider) ein alter Mann, der schon vieles erlebt hat. Aber ich wage die Behauptung, daß eine so ungeschickte, plumpe, dumme, geradezu lächerliche Krisis noch nicht dagewesen ist. Zu einem alten amerikanischen Freund sagte ich vor einigen Tagen erläuternd: »Ich glaube, es gibt auch unter den gebildeten Deutschen wenige, die imstande wären, die Namen der Reichskanzler aufzuzählen, die seit der Novemberrevolution mein liebes Vaterland regiert haben.« Und nun gar die Minister, die während der letzten sechs Jahre ihre Namen in leuchtenden Lettern in die Annalen der Geschichte eintrugen und die seitdem teils in Ihrem Blatt, teils in der »Vossischen Zeitung«, teils im »8-Uhr-Abendblatt« Kommentare zur Weltgeschichte schreiben, wobei sie nie ermangeln, ihrem werten Namen das »Reichsminister a. D.« oder »gewesener Reichsstaatssekretär« hinzuzufügen. »Ein Detail!« höre ich Sie sagen. Mitnichten. Solche Details sind die documents humains, die eine ganze Periode charakterisieren. Auch wer der Ansicht ist, daß die Einführung parlamentarischer Zustände in Deutschland wünschenswert war, wird mir darin beistimmen, daß eine solche Transformierung allmählich und vorsichtig erfolgen mußte. »En fait d'histoire il vaut mieux continuer que recommencer«, hat ein großer Denker gesagt. Grade, weil ich vieles bei uns reformbedürftig fand, u. a. das preußische Wahlrecht, habe ich während der Blockzeit gehofft, allmählich durch die Aufnahme von Parlamentariern in die Regierung und andere Maßnahmen reformatorisch zu wirken. Wo fand ich den heftigsten Widerstand? Bei Ihnen, lieber Herr Wolff! Noch sehr jung (welch reizender Fehler), Idealist (beinahe noch reizender), von keiner Sorge noch gezügelt, traten Sie in des öffentlichen Lebens Bahn. Und nichts war so hoch, und nichts war so ferne, wohin Ihrer Entwürfe Flügel Sie nicht trug. Sie machten meiner damaligen Politik schärfste Opposition mit der echt deutschen Parole: Alles oder nichts! Bemerken Sie wohl, daß politisch reife Völker den Weg der Kompromisse und des allmählichen Fortschritts vorziehen. Jedenfalls warte ich nun schon seit mehr als sechs Jahren vergebens auf ein auch nur einigermaßen befriedigendes parlamentarisches Leben in unserer freiesten aller Republiken. Ich tränke gern, sehr gern, ein Glas, die Freiheit hoch zu ehren – wenn Ihre Weine nur ein bißchen besser wären!

116

Die Kritik war immer die starke Seite des Deutschen. Als Bismarck nach längerem Aufenthalte im Auslande 1862 wieder nach Berlin zurückkehrte, schrieb er seiner Frau, er möchte wissen, wer die Legende von der deutschen Bescheidenheit in die Welt gesetzt hätte. Jeder Deutsche, und insbesondere jeder Berliner, sei überzeugt, daß er vom Flohfangen bis zur großen Politik alles auf das beste verstünde. Und, Hand auf's Herz, wenn Sie, ein so scharfer Kritiker und glänzender Schriftsteller, die (großen) Männer der Gegenwart, einen Fehrenbach oder Wirth, einen Bauer oder Müller und nun gar, so weit es der Respekt zuließe, Friedrich von Payer oder den Herrn Professor Dr. Hugo Preuss, liebevoll unter die Lupe nähmen, würde da nicht noch ein viel amüsanteres Buch erscheinen als das »Vorspiel«?

Wie viele Deutsche sind auch Sie kritischer für die eigenen Landsleute als für andere Völker. Der Franzose war und ist militaristischer und sehr viel chauvinistischer als der Deutsche. Der Engländer und der Amerikaner sind weit imperialistischer. Gambetta war für die Mehrzahl der Franzosen ein großer Mann, weil er envers et contre tout den Widerstand gegen den auswärtigen Feind fortgesetzt hatte, solange eine Hand ein Chassepot halten konnte, weil er der Kriegsverlängerer par excellence war. Darum nahmen Hunderttausende von Franzosen aus allen Parteien an seinem Begräbnis teil, dem ich beigewohnt habe. Darum wurde jetzt sein Herz in das Pantheon überführt. Bei uns ist das Wort »Kriegsverlängerer« ein Schimpfwort. Gambetta, Clémenceau, alle leitenden und maßgebenden Franzosen haben von der Armee nie anders gesprochen, als mit dem Hut in der Hand, mit tiefer Verehrung und mit leidenschaftlichem Pathos. Und bei uns?

In aller Bescheidenheit möchte ich bei diesem Anlaß darauf aufmerksam machen, daß ich nicht »kurze Zeit« in Frankreich gelebt habe, sondern sechs Jahre dauernd als zweiter Sekretär, als erster Sekretär, als Botschaftsrat, oft und lange als Geschäftsträger. Schon vor meiner Versetzung nach Paris war ich wiederholt und Monate lang in Frankreich, in Biarritz und in Dieppe, in der Auvergne und in der Normandie, im Osten und an der Cote d'Azur. Ich glaube, es gibt kein französisches Departement, wo ich nicht geweilt habe. Seit meiner Kindheit spreche und schreibe ich das Französische ebenso geläufig wie meine Muttersprache. Ich hatte die Ehre, Jules Ferry und Freycinet, Barrère und beide Brüder Cambon, Gambetta, Galliffet, den Grafen Roger de Nord, den alten Hausfreund von Thiers, den langjährigen, vortrefflichen Direktor der Banque de France, Georges Pallain, den guten d'Estournelles, der mir noch kurz vor meinem Rücktritt 1909 in Berlin einen Besuch machte und zwei Abende bei uns verbrachte, sehr gut zu kennen. J'en passe et des meilleurs. Wenn es mir auch fern liegt, meine Vertrautheit mit französischen Verhältnissen der Ihren gleichzustellen, so möchte ich doch vor Ihren Augen nicht dastehen wie jener Engländer, der, als er in Boulogne ein von einem rothaarigen Kellner serviertes, schlechtes Hammelkotelett gegessen hatte, in sein Tagebuch schrieb: »Die Franzosen haben rote Haare und können keine Muttonchops braten.«

Sie heben mit Recht hervor, daß dem Kaiser von seiner militärischen Umgebung, überhaupt von Militärs gar nicht oder doch nur ausnahmsweise geschmeichelt worden ist. In der Armee herrschte ein männlicher und unabhängiger Geist. Am meisten schmeichelten dem Kaiser die Intellektuellen, die Professoren, manche, nicht alle Künstler. Niemand hat Wilhelm II. mehr und feiner umschmeichelt als Professor Adolph Harnack. Wenn ich die raffinierten, mit attischem Salz zubereiteten Schmeicheleien hörte, die er Seiner Majestät vorsetzte, so dachte ich an die griechischen Sophisten, die das Entzücken der persischen Satrapen und später der römischen Prokonsuln durch ihre Kunst ausgesuchter »Blandita« erregten. Der baumlange Flügeladjutant Scholl, ein biederer Hessen-Darmstädter, sagte einmal zu mir, als Harnack während eines ganzen Abends Seine Majestät umschmeichelt hatte: »Heute abend treibt es der Hofpfaffe Seiner Majestät wirklich zu arg! Ich bitte um einen Schnaps. Mir wird übel.« Vielleicht ist es in Ihren Augen eine Entschuldigung, daß Harnack, wie ich mit Befriedigung sehe, jetzt den (von mir geschätzten und durchaus anerkannten) Reichspräsidenten ebenso eifrig umschmeichelt. »Non dimittit pellem suam aetriops senex nec pardus diversitatem«, zitiert Gregorovius gern in seiner herrlichen Geschichte von Rom. Im großen und ganzen kann man sagen, daß der Geist der Armee nicht nur ein vornehmer und männlicher war, sondern daß sich unsere Offiziere mit verschwindenden Ausnahmen durch gute Manieren und durch ungewöhnliche Bildung auszeichneten. Ich gehe nicht so weit wie Harnack, der vor mir einmal zum Kaiser sagte, daß ein preußischer Hauptmann mehr von der Welt und überhaupt von allen Dingen verstünde als alle deutschen Gelehrten und Intellektuellen zusammen. (Eine Bemerkung, die S. M. in hohem Grade amüsierte.) Aber die Armee war alles in allem das beste, was wir hatten, weitaus. Das Schimpfen unserer Feinde und Neider auf unseren »Militarismus« war natürlich eitel Heuchelei. Unsere militärische Stärke war den anderen nicht bequem. Dieselben Leute, die früher erklärten, der »Militarismus« und das »autokratische System« in Deutschland bildeten eine Barriere zwischen uns und anderen »vorgeschrittenen« Völkern, höre ich heute sagen, wir wären als »Marxisten« eine permanente Gefahr für Europa. »Le socialisme est un danger permanent pour la civilisation et le Marxisme est une invention boche«, lautet jetzt der Refrain. Der Franzose hat ein gutes Sprichwort: »Quand on veut noyer son chien on dit qu'il est galeux.« Richtig ist, daß in Frankreich, in Italien, in Belgien, noch mehr in England, am stärksten vielleicht in Amerika eine ausgesprochene Furcht, verbunden mit einem gefühlsmäßigen Widerwillen gegenüber sozialdemokratischen Ideen und Experimenten besteht. Es wird darauf hingewiesen, daß der wirkliche Marxismus, die unverfälschte Lehre des alten Marx in Rußland zu völligem Ruin, zu den scheußlichsten Greueln der neueren Geschichte geführt, der verdünnte Marxismus in Deutschland ein völliges Fiasko gemacht hätte. Nach einer halb hundertjährigen wüsten, vieles erschütternden und zerstörenden Agitation wäre bei uns nichts sozialisiert worden, außer der Berliner Straßenbahn und das mit darauffolgendem Bankerott. »Un immense avorte ment.«

Im Einzelnen möchte ich noch nachtragen: In der Marokkokrisis kam es mir hauptsächlich auf die Beseitigung von Delcassé an. Wäre er nicht gestürzt worden, so würden wir den Krieg wahrscheinlich schon zwanzig Jahre früher gehabt haben. *Ich wollte überhaupt keinen Krieg und hielt den Krieg für durchaus vermeidlich.* Ich bestand auf der Konferenz, weil ich zeigen wollte, daß, wenn große Mächte dazu gebracht werden, sich zusammen um einen runden Tisch zu setzen, die akute Kriegsgefahr überwunden werden kann. Ich bin noch heute der Ansicht, daß, wenn wir Ende Juli 1914 auf eine Konferenz eingegangen wären, wenn wir auch nur im letzten Augenblick eine Zusammenkunft zwischen den großen Souveränen etwa in Kopenhagen herbeigeführt hätten, der Krieg zu vermeiden war. Ich habe immer die Auffassung bekämpft, daß Mobilmachung schon Krieg bedeuten muß, eine Auffassung, die neulich Hans Delbrück wieder vertrat, der, nachdem er uns und sich mit seiner Polen-Marotte so fürchterlich blamiert hat, wirklich den Schnabel halten könnte.

Die Bosnische Krisis hatte nicht die Konsequenzen, die Sie ihr zuschreiben. Unsere Beziehungen zu Rußland sind nicht durch sie dauernd geschädigt worden. Mehrere Wochen nach der Beilegung dieser Krisis erschien der russische Botschafter bei mir, um mir den Andreas-Orden mit Brillanten zu überreichen. Er sagte mir hierbei, der Zar und die russische Regierung wollten durch diese Dekoration, die außer mir nur einige ältere Großfürsten trügen, indirekt auch dem lebhaften Wunsche Ausdruck geben, daß ich noch lange Reichskanzler bleiben möge. Bei meinem Rücktritt erhielt ich ein in den wärmsten Worten gehaltenes Telegramm des Zaren und einen sehr freundschaftlichen und anerkennenden Brief meines langjährigen Freundes Iswolski. Der König Carol von Rumänien ließ mir um dieselbe Zeit als ersten Nicht-Souverän einen von ihm gegründeten Orden überreichen und demselben Wunsche Ausdruck geben, daß ich im Amt bleiben möge. Der englische Botschafter frug vertraulich bei mir an, ob es mir erwünscht sein würde, daß entweder König Eduard, der mir persönlich seit fast dreißig Jahren wohl gesinnt war, in einem direkten Brief an den Kaiser oder die englische Regierung amtlich den lebhaften Wunsch ausspräche, daß ich im Interesse der deutsch-englischen Beziehungen im Amte bleiben möge. Ich habe die freundlichen Vorschläge abgelehnt, da nach meiner Ansicht ein deutscher Minister weder direkt noch indirekt von der Gunst oder Ungunst des Auslandes abhängen soll. Am Tage nach meinem Rücktritt machte mir Jules Cambon einen langen Abschiedsbesuch. Ich begleitete ihn bis an die Tür. Zwischen Tür und Angel gab er noch einmal seinem Bedauern über mein Gehen Ausdruck. Als ich ein etwas skeptisches Lächeln nicht ganz verbergen konnte, meinte er mit Bestimmtheit und Ernst, sein Bedauern sei ehrlich und hätte seine guten Gründe. Er sei nicht immer mit mir einverstanden gewesen. In Berlin gäbe es aber nicht zehn Leute, die in Europa Bescheid wüßten. Zu diesen wenigen Leuten gehöre ich. Es gäbe in Berlin nicht fünf Leute, die Frankreich kennten und begriffen. Zu diesen sehr wenigen gehörte ich auch. Ich wäre eine große Garantie für den Frieden gewesen. Die Einzigen, die meinen Fortgang mit innerer Genugtuung aufnahmen, waren die Österreicher.

Ich finde kaum etwas absurder als die Vaticinationes ex eventu, in denen seit dem für uns unglücklichen Ausgang des Weltkrieges deutsche »Historiker« schwelgen. Ich möchte aber doch wahrheitsgemäß und bestimmt Nachstehendes feststellen. 1.) Ich würde Österreich für sein Vorgehen gegen Serbien keinen Blanko-Wechsel ausgestellt, vielmehr rechtzeitige Einsicht in das Ultimatum verlangt haben. Jedenfalls hätte ich, als das Ultimatum 24 Stunden vor seiner Übergabe auf dem Tisch des Auswärtigen Amtes lag, die ganze Aktion mit dem stärksten Nachdruck und der größten Schärfe gestoppt. 2.) Ich würde nie und unter keinen Umständen den Österreichern erlaubt haben, nach hastiger Prüfung der serbischen Antwort diese für ungenügend zu erklären, die diplomatischen Beziehungen zu Serbien abzubrechen und eine militärische Aktion zu beginnen. Serbien hatte fast alle österreichischen Forderungen angenommen. Wir mußten das mit Dank für die weisen Friedensbemühungen aller Mächte und den guten Willen der Serben anerkennen und gleichzeitig vorschlagen, daß die von Serbien noch nicht akzeptierten beiden (sehr dubiosen) österreichischen Forderungen zur Prüfung und Entscheidung dem Haager Tribunal unterbreitet werden sollten. 3.) Ich würde Rußland und Frankreich nicht von uns aus den Krieg erklärt haben, denn damit setzten wir erst Rumänien, dann Italien ex nexu foederis. Das war eine große Dummheit von Bethmann und Jagow. Selbst unsere Freunde in Italien, die uns im übrigen damit entschuldigen, daß sie sagen, wir hätten im Sommer 1914 nicht aus Bosheit gesündigt, sondern aus Einfältigkeit, wissen sich diese lourde bétise nicht zu erklären. Sie ist und bleibt auch schwer erklärlich. Ballin hat mir versichert, Bethmann habe auf der von uns ausgehenden Kriegserklärung an Rußland deshalb bestanden, weil er geglaubt hätte, nur so die Sozialdemokratie mitzubekommen, auf die der (unserer ganzen Linken verhaßte) »Zarismus« wirken sollte wie das rote Tuch auf einen gewissen Vierfüßler. 4.) Ich würde natürlich nie unseren Einmarsch in Belgien zugelassen haben, so lange die belgische Neutralität nicht von unseren Gegnern verletzt worden war. 5.) Ich würde darauf bestanden haben, daß unsere Kampfflotte nach Kriegsausbruch sofort und à tout risque et péril eingesetzt wurde. Es ist mir fraglich, ob ich den U-Boot-Krieg zugelassen hätte. Keinesfalls hätte ich ihn in dem Zeitpunkt und mit den Modalitäten zugelassen, wie das leider der Fall gewesen ist. 6.) Ich würde 1915 die Ernennung von Stürmer benutzt haben, um mich mit den Russen zu arrangieren, denen ich freudig all ihre Polen und Litauer gelassen hätte. Ich hätte nie und nimmer Polen wieder hergestellt. Das war der größte der während des Krieges begangenen Fehler. 7.) Ich hätte 1916 alles daran gesetzt, um zum Frieden mit England zu kommen. Ich hätte die alberne Friedensresolution des Reichstags nicht zugelassen, ebenso wenig den larmoyanten Friedensbrief des Kaisers an Bethmann. Ich hätte die gut gemeinten aber plumpen Kreuz- und Quersprünge und Reisen des kindlich ungeschickten Erzbergers sistiert. Aber ich hätte durch einen ernsthaften Vermittler (den König von Dänemark oder den Papst, den König von Spanien oder von Schweden) den Engländern spätestens vor unserer letzten Offensive sagen lassen, daß ich bereit wäre, auf Belgien ohne jeden Hintergedanken, ohne jede Einschränkung, noch Servitut nettement et clairement zu verzichten. Ich würde, wenn es unerläßlich gewesen wäre, auch eine »Kombination« mit französisch Lothringen in Erwägung gezogen haben. War auf englischer Seite gar keine Friedensneigung vorhanden, was ich bezweifle, so durften wir noch immer nicht so täppisch auf Wilson hereinfallen, sondern mußten im Innern die Zügel schärfer anziehen, wie dies in Frankreich geschah, und bis auf's Messer fechten. Schlimmer als es uns nach unserer Kapitulation erging, konnte es ja gar nicht kommen. Noch einige kleine Ausstellungen, die Sir mir nicht als übertriebene Akribie auslegen wollen. Waldersee wurde nicht nach Hannover versetzt, sondern nach Altona. Wilhelm II. richtete nach der Entlassung von Bismarck sein Volldampftelegramm nicht an den Großherzog von Weimar, sondern an Hinzpeter. Mit Paul Hatzfeld war ich in der Behandlung der Bündnisfrage immer einig. Er war den Engländern gegenüber mißtrauischer als ich und kam in seinen Privatbriefen oft darauf zurück, daß die englischen Schiffe sehr weit von Berlin entfernt wären, die Kosaken aber ziemlich nahe. Habe ich Ihnen erzählt, daß, als 1898 zwischen uns und England das Abkommen für die portugiesischen Kolonien abgeschlossen worden war, ich sehr bald nachher durch die Indiskretion eines mir seit meiner Jugend befreundeten, nicht deutschen Diplomaten von dem Windsor-Vertrag Kenntnis erhielt, den die Engländer unmittelbar, nachdem sie sich mit uns geeinigt hatten, mit Portugal abschlossen? Daß darin eine Mahnung zur Vorsicht lag, werden Sie nicht bestreiten.

Ich habe nie für meine Reden Worte oder Einfälle gesammelt, wohl aber seit meiner Jugend schöne und treffende Gedanken, die ich bei meiner Lektüre, wohl auch hier und da meditierend fand, in ein noch unter den Augen meines Vaters, eines gebildeten Mannes, eines Mannes, der den Stempel der Goethe-Zeit trug, entstandenes Kollektaneum eingetragen. War das gar so schlimm? Mein Vater liebte den »Esprit orné«. Bei meinen öffentlichen Reden hatte ich das Bestreben, in einem Lande, wo die oratorische Begabung eine bescheidene ist, zu zeigen, daß eine Rede nicht notwendig monoton, ledern und salzlos zu sein braucht. Grade wenn ich aus dem Stegreif sprach, hatte ich (ich sage das objektiv als alter Mann, der über Eitelkeit hinweg ist) ganz nette Einfälle. Trotzdem erinnere ich mich aus meiner letzten Amtszeit eines Artikels in Ihrem geschätzten Blatt, wo mir nach längeren Reichstagsdebatten Mangel an Gründlichkeit, Sachlichkeit und Ernst vorgehalten wurde. Der Artikel trug die Überschrift »Der Redner« und den Stempel jener Mentalität, die der Engländer mit dem Worte »boche« bezeichnet. Endlich eine Bemerkung pro domo mea mit Bezug auf Seite 219 Zeile 6/7 von oben. Ich habe mich, seitdem ich im öffentlichen Leben stehe, auch politischen Gegnern gegenüber eines anständigen Tones befleißigt. Meine Höflichkeit ist mir von alldeutscher Seite bisweilen vorgeworfen worden. Andrerseits habe ich die Genugtuung gehabt, daß auch politische Gegner und insbesondere Sozialdemokraten mir zu meiner Freude sagten, meine Urbanität wäre von ihnen nie verkannt worden, und schon deshalb sei auch bei scharfen politischen Debatten von persönlicher Feindschaft gegen mich nicht die Rede gewesen. In specie habe ich das Bewußtsein, daß ich Ihnen gegenüber, lieber Herr Wolff, die gesellschaftlichen Formen immer gewahrt habe. Ich bedauere daher doppelt diese Entgleisung. Derartige Wendungen scheinen mir Ihrer Feder nicht würdig zu sein, und lassen Sie mich hoffen, daß die Republik nicht mit anderen großen Traditionen und schon Überlieferungen auch Geschmack und guten Ton zum alten Eisen werfen wird.

Ad »Nachwort«: Phili Eulenburg hat alles in Bewegung gesetzt, damit ich (sehr gegen meine damaligen Wünsche) Staatssekretär wurde. Meine Ernennung zum Reichskanzler wünschte er 1900 nicht. Sein Kandidat war der Fürst von Hohenlohe-Langenburg, an dessen Stelle er als Statthalter nach Straßburg kommen wollte, was immer sein letztes Ziel war. Als Staatssekretär oder gar als Reichskanzler war Phili ganz unmöglich, ebenso unmöglich wie Monts, Flotow, der gute Lichnowsky und manche andere. Alle diese Leute wären vollständig außerstande gewesen, sich vor den Reichstag zu stellen. Ich bin nie antiparlamentarisch in dem Sinne gewesen, daß ich die Volksvertretung hätte einschränken, beschränken, irgendwie ausschalten wollen. Ich war der Ansicht von Cavour, que la plus mauvaise chambre vaut mieux que l'antichambre. Wenn niemand Wilhelm II. mehr umschmeichelte als Harnack, so hat mich keiner stürmischer umwedelt als Monts. Ich besitze viele Briefe von ihm von 1888 bis 1909, in denen er mich seiner Verehrung und Liebe, seiner unbegrenzten Bewunderung und vor allem seiner felsenfesten Treue mit einem Elan und mit einer Überschwänglichkeit versicherte, die von keinem anderen erreicht wurde. Auch Flotow legte Gewicht darauf, mich davon zu überzeugen, daß er nicht nur mit dem Verstande mich verehre und bewundere, sondern vor allem mit ganzem Herzen an seinem geliebten Vorgesetzten hinge. Flotow war nicht ohne eine gewisse Geriebenheit, aber allzu intrigant. Er hat als Botschafter 1914 in Rom total versagt und schon vorher in Brüssel durch seine Intrigen, qui étaient des intrigues cousues de fil blanc, Wasser auf die Mühle unserer Gegner geliefert. Darüber wie über den Berliner Kongreß, den Rückversicherungsvertrag und vieles andere, könnte ich noch manches sagen. Allwissend bin ich nicht, doch Einiges ist mir bewußt. (unwiderruflich letztes Zitat!) Ich sehe aber mit Schrecken, daß ich schon allzu breit geworden bin. Ich schrieb Ihnen einen Letterone, wie die Italiener eine lange Epistel nennen. Das ist die Schuld meiner charmanten Sekretärin, die so rasch stenographiert, wie ich spreche, und noch rascher ihr Stenogramm in die Maschine überträgt.

Ich betone den streng vertraulichen Charakter meines Schreibens und bitte Sie ausdrücklich, diesen Brief weder direkt noch indirekt bei meinen Lebzeiten zu publizieren. Wenn ich erst in einer besseren Welt weile, mögen Sie nach Gutdünken darüber verfügen. Ich expediere meinen Brief durch eine sichere Gelegenheit, was sein Eintreffen vielleicht etwas verzögern wird.

Mit besten Grüßen von mir und meiner Frau und herzlichen Wünschen für Ihr Wohlergehen in Beruf und Familie bin ich, Ihr aufrichtig ergebener

Bülow.

Dem auf der Schreibmaschine geschriebenen Brief hat Fürst Bülow handschriftlich die Grüße angefügt. So wie einer nach einem etwas kühl verlaufenen Besuch sich an der Tür noch einmal umdreht und durch einen Händedruck sagt, man könne sich trotz alledem doch noch wiedersehen. Wir haben uns auch sehr bald darauf wiedergesehen, und es war beinahe wie einst im Mai. Die Beziehungen gingen weiter, Fürst Bülow forderte mich noch oftmals auf, mit ihm im Garten der Villa Malta zu wandeln, aber als ich endlich nach Rom kam, war er einige Wochen vorher gestorben, die Stätte war leer. Zu seinem Brief könnte ich vielerlei bemerken, aber ich will nur ein Wort zu dem einzigen peinlichen unter seinen Vorwürfen sagen, zu dem Vorwurf, ich hätte an einer Stelle meines Buches eine Sünde wider den guten Ton begangen. Es ist richtig, daß es an jener Stelle hieß, wenn der Kaiser sich gewisse unreinliche Randbemerkungen und Äußerungen gestattet habe, dann habe Fürst Bülow hinter ihm aufgewischt, und für diesen stilistischen Zwischenfall gab es ohne Zweifel keine Entschuldigung. Nur traf es nicht ganz zu, daß Fürst Bülow selber in seinem Urteil über andere allezeit auf »Urbanität« und tadellose Formen bedacht gewesen sei. Seine Memoiren zeugen ja nicht von einem stetigen Bemühen, empfindsame, leicht verletzbare Naturen zu schonen, und seine brieflichen Äußerungen über den berühmten Kirchenwissenschaftler und Hofpfaffen Adolf von Harnack, der bei ihm und bei der Fürstin Hausfreund gewesen war und dann allerdings den Gestürzten sehr geschmeidig verließ, geben nur einen schwachen Begriff davon, wie weit bisweilen seine Ranküne ging. Des besseren Verständnisses wegen muß noch erwähnt werden, daß ich in der Tat seine sogenannte »Blockpolitik« bekämpft habe, die aus links und rechts den bekannten Brei machte und eine ohnehin nicht gerade kraftschwellende bürgerliche Opposition der letzten Dressur unterwarf. Von Absichten oder Versuchen des Fürsten Bülow, das preußische Wahlrecht zu reformieren und sogar Parlamentarier in die Regierung zu nehmen, ist niemals etwas bekannt gewesen, solange er als Reichskanzler auf der besonnten Höhe stand. Und nur ein nachträglicher Einfall ist es auch, wenn er unter Nummer sieben schreibt, er hätte während des Krieges »alles daran gesetzt, um zum Frieden mit England zu kommen«, und hätte »ohne jeden Hintergedanken, ohne jede Einschränkung noch Servitut nettement et clairement« den Verzicht auf Belgien erklärt. Als er in der Villa Malta diesen Brief diktierte, hatte er, trotz seinem vorzüglichen Gedächtnis ganz vergessen, daß er mir während des Krieges genau das Gegenteil geschrieben hatte, und daß er öffentlich und privatim geäußert hatte, auf Annexionen in Belgien könne man nicht verzichten, und: »Jetzt haben wir für absehbare Zeit mit einem England zu rechnen, das uns innerlich feindlich und mit entschlossener Feindschaft gegenübersteht.«

Auf diese wenigen unpolemischen Feststellungen aber möchte ich mich beschränken und lieber noch einmal aussprechen, daß Fürst Bülow, wie durch vielerlei andere Fähigkeiten, durch geistreiche Degenführung all seine Gegner und Rivalen weit übertraf. Würde man sich, wenn man in der Nähe des Fürsten Bülow mit Zitaten prunken wollte, nicht so dürftig vorkommen wie der Besitzer eines armen Ringes neben einer königlichen Schatzkammer, so könnte man mit bekannten Worten ausrufen, hier werde Ungnädiges mit der feinsten Grazie gesagt. Ich verzichte aber besonders auch deshalb auf jede Erwiderung, weil es mir nicht richtig erschiene, dem Briefe eines Verstorbenen, der sich verteidigt, ein kritisches Nachwort anzuhängen. Im Grunde ist ja auch jeder tadelnde Nekrolog eine unritterliche Handlung gegenüber Toten, die sich nicht wehren können, und ein grausamer Dünkel liegt in der Redensart, der Lebende habe immer recht.

Wie dem Fürsten Pückler-Muskau merkte man dem Briefschreiber Bülow bisweilen, wenn er nicht gewichtige staatsmännische Aufklärungen geben, sondern nur über die Entfernung einen hübschen Regenbogen des Geistes spannen wollte, die Routine an. Wie bei dem Kavalier von Muskau bewunderte man die Kunst, einen Gedanken auf vielfältige Art anzurichten und zu servieren, und die Mühelosigkeit der Formulierung, aber gerade weil die Melodie so glatt aus der Spieldose herausfloß, verlor sie mitunter ein wenig von ihrer Eindruckskraft. Man hatte dann wie der Empfänger von Geschenken, die schon von einem zum anderen gewandert sind, die Empfindung, daß man nicht mit einer individuell ausgesuchten Gabe bedacht worden sei. Aber Fürst Bülow besaß ein zu sicheres Gefühl in der Pflege persönlicher Beziehungen, um sich durch die Leichtigkeit des Stilisierens zu Mißgriffen verleiten zu lassen, die der gealterte Fürst Pückler-Muskau nicht immer vermied. Denn wenn Fürst Pückler-Muskau den »hübschen Füßchen« und den »weißen Händchen« der klug lächelnden Ludmilla Assing so viele Küsse sandte, wirkte die lange Gewohnheit der Galanterie in ihm fort, und die Spieldose wiederholte ungehemmt ein nicht ganz geeignetes Musikstück aus ihrem Repertoire. Einwandfreie Aussagen über die Füßchen der Ludmilla Assing sind mir nicht bekannt, aber von den Händchen haben zuverlässige Personen, die damals in Florenz lebten, berichtet, sie seien durch ihre sonderbare Plumpheit und durch die Häßlichkeit der dicken kurzen Finger allen Verehrern der geistreichen Frau wie eine Entgleisung der Natur aufgefallen.

DAS TRAGISCHE HAUS: BETHMANN HOLLWEG, MICHAELIS, HERTLING, MAX VON BADEN

Wer hätte nicht schon erfahren, daß die Nase eine wichtige Helferin und – um einen Lieblingsvergleich des technischen Zeitalters auch hier anzuwenden – ein starker Motor des Gedächtnisses ist? Sie rüttelt es plötzlich aus seinem trägen Schlummer, sie lenkt die Erinnerung mit einem scharfen und jähen Ruck zu entschwundenen Bildern hin, sie führt sie zu längst Vergangenem zurück. Der Duft irgendeines Blüten-strauches weht unerwartet über eine Gartenmauer, und der Spaziergänger sieht ein einstmals geliebtes Mädchen vor sich, gerade dieses eine von den vielen, das er geliebt hat, und er sieht es, wie er es an einem bestimmten Tage gesehen hatte, auf einem Parkwege, auf einer freundlich kupplerischen Bank. In einem Ballsaal streicht, vom Haar und den Schul-tern einer Tänzerin sich lösend, der Hauch eines Parfüms vorüber, ein scheinbar isolierter Hauch in der von so viel Düften erfüllten Atmosphäre, und eine andere Frau steht plötzlich da, eine andere, seit Jahren und Jahrzehnten verges-sene Situation, und ganz deutlich ist das alles wieder sichtbar und hörbar, das Lächeln oder die heftige Geste, der stolze Hals und die Kaminuhr mit dem vorwärtsrückenden Zeiger, das Wort, das dem ersten Kuß folgte, oder das Wort, mit dem man für immer Abschied nahm. Aus einem Hofwinkel kommt ein beißender Chlorgeruch, und sofort, gänzlich un-vermittelt, ist man wieder in der Schule, es ist Pause, und die Gymnasiasten drängen sich johlend und mit aufrührerischen Witzen in den zu engen und unsauberen Raum der kleinen Bedürfnisse, und draußen schreit der Lehrer mit schrill über-schnappender Stimme, er verbitte sich diesen Lärm. Der Ge-ruchssinn wird berührt vom Atem irgendeines Gebildes, ir-gendeiner Umgebung, vom charakteristischen Atem des Sichtbaren oder des Unsichtbaren, und man wandert wieder auf Sylt zwischen lila-rötlichem Heidekraut nach Keitum, man ißt das Schneehuhn in einem Blockhaus auf den be-schneiten Hügeln Norwegens, man diskutiert höflich und endlos mit den Kaufleuten im Basar von Tunis, man tritt in eine Hütte zwischen den Gletschern von Zermatt, man blickt auf ein Meer blutroter Mohnblumen an den Abhängen von Korinth oder ruht in Cadiz vor einem der offenen Caféflure im breiten Lehnsessel, während, mit einer roten Nelke hinter dem Ohr, Carmen vorübergeht. Für Marcel Proust stieg aus dem Aroma einer Tasse Tee das ganze Gemälde einer Jugendzeit, einer vertrauten Provinzstadt, eines patriarchalischen Familienhauses, einer Bevölkerung, wie aus dem vom Zauberspruch entlösten wallenden Nebel die Gestalt Helenas sich formt. Ihm schien es, daß nach dem Tode der Menschen und nach der Zerstörung der Dinge allein der Geruch und der Geschmack des Gewesenen noch lange zurückbleiben, und man bedauert nur manchmal, daß er nicht nur den Duft des Tropfens Rosenöl ahnen läßt, sondern gleichsam auch die hunderttausend Rosenblätter dazuliefert, denen, wie versichert wird, unter dem grausamen Druck des Merkantilismus diese eine Träne entquoll.

Immer, wenn ich in den Laden eines Antiquitätenhändlers trat, der nicht zu den Großen dieses Geschäftszweiges gehörte, war sofort auf dem Geruchswege die Verbindung zu einem anderen Gebäude und anderen Räumlichkeiten hergestellt. Es durfte nur eben nicht eine jener fürstlichen Firmen auf dem Markte der alten Kunst sein, und nicht eines jener palastartig eingerichteten oder in Palästen untergebrachten Geschäfte, wo jeder Gegenstand eine seltene Kostbarkeit ist und mit dem Raffinement präsentiert wird, mit dem ein Modemaler im Antlitz einer gleichfalls antiken Millionärin die honorarwürdigen Reize entdeckt. Nein, das Phänomen ereignete sich nur in den halbdunklen und schlechtgelüfteten Rumpelkammern, in denen bescheidene Exemplare von berlinischem Biedermeier und deutscher Renaissance, verschlissene Überreste von groben Tapisserien, Aschenbecher mit Perlenstickerei, invalide Meißner Figuren, Bilder unbekannter, begreiflicherweise unbekannter Meister, Dosen und gemalte Pfeifenköpfe aufgestapelt sind. Hier, wo es nach Staub und Motten und mürbem Holz und niemals ausgeklopften Teppichen riecht, wurde der Gedanke unfehlbar zu einem Hause von hoher historischer Bedeutung, zu dem Palais der deutschen Reichskanzler, hingeleitet, und die Salons öffneten

129

sich, in denen man zu warten pflegte, bis der Herr Reichs-kanzler bitten ließ. Als das Ehepaar Bülow in diesem Hause residierte, mögen die lebensvolle Grazie der Fürstin und ihr Wunsch nach behaglicher Intimität, ihre Vorliebe für die Plauderecken, in denen man mit Adolf von Harnack, mit dem medizinischen Hausprofessor Renvers, mit salonfähigen Gelehrten, Künstlern und Diplomaten um ernste Fragen her-umstreichen und gelegentlich dem Kaiser ein amüsiertes Ja ablisten konnte, bis in die Außenräume, die amtlichen Emp-fangssäle hinein fühlbar gewesen sein. Genau weiß ich dar-über nicht Bescheid. Auch in den Tagen Bethmanns hatte man wohl noch den Eindruck, daß von Zeit zu Zeit eine Hausfrau durch diese Gemächer schritt. Dann aber, als die Bewohner schnell wechselten und im Reichskanzlerpalais wie in einer Bahnhofshalle oder einem Hotel mit jedem Zuge neue Gäste ankamen, verschwanden die letzten Spuren per-sönlichen Lebens und Waltens, man sah nur noch die Spuren von Degradation und befand sich auch nicht mehr in einem gut gehaltenen Hotel, sondern in einem etwas verwahrlosten Boardinghouse, in einer maison meublée, deren Besitzer bes-sere Zeiten gesehen hatten, oder, wie man in Deutschland sagte, in einem »Chambre garnie«. Schließlich wurde ja ne-ben dem Kanzlerpalast der neue Amtsbau fertig, in dem zu-erst der asketische Franziskaner Brüning Bittsteller und Rat-geber empfing. Dieses nüchterne, kahle, traditionslose Büro-haus, an dessen glattpolierten Wänden die Phantasie nicht haften kann – Verwaltungsgebäude einer Bank oder einer Schiffahrtsgesellschaft, so sparsam ausgestattet, als habe man dem Gerichtsvollzieher, der mit Sicherheit erwartet wurde, möglichst wenig Pfandobjekte lassen wollen. Vor der feierli-chen Eröffnung dieses gradlinigen Regierungskastens aber, der jedenfalls einen hygienischen Fortschritt darstellt, beweg-te man sich, wenn man nebenan im Kanzlerpalais zum aller-heiligsten Arbeitszimmer schritt, zwischen einem aus allen Dachkammern und Speichern zusammengeholten Möbel-kram, dem wahllos gruppierten Ausschuß aus sechs verschie-denen Stilepochen, nachgemachtem Louis Quinze, wackli-gem Rokoko, deutschem Empire. Die Gemälde, »heroische Landschaften«, Biblisches »aus der Schule des Palma Vec-chio«, neuzeitliche Akademieprodukte neben Rubenskopien,

130

waren vermutlich von einem zynischen Museumsdirektor fröhlich hergeliehen. Die Misere dieser von keiner ordnenden Hand, keinem kundigen Auge und keinem ästhetischen Gefühl überwachten Palastzimmer, in denen alles ungepflegt, ungelüftet vernachlässigt, gleichgültigen Bedienten ausgeliefert war, roch wahrhaftig wie die kleinen Verkaufslokale mit dem Schild »Antiquitäten«, die Totenhallen, zu denen die Armut die letzten Zierden ihres Lebens trägt. Bereits wenn ich das Schild sehe, ja, noch vor dem Eintritt in den Laden, atmen die Sinne die eigentümliche, schwer definierbare Luft jener Vergangenheit, und ich höre wieder den Diener mit der stumpfen Amtsmiene sagen, daß »der Herr Reichskanzler bitten läßt«.

Anderswo und in einem anderen Zusammenhang habe ich über Besuche berichtet, die ich während des Krieges Herrn von Bethmann Hollweg in diesem Hause der Wilhelmstraße abstattete, und über die Gespräche, deren Inhalt und Ton sich natürlich wandelten, als die Entwicklung der Lage sich nicht ganz nach den Erwartungen und Anordnungen der Politiker und Militärs vollzog. Nicht als ob Herr von Bethmann Hollweg beim Kriegsbeginn sich nun in einem überschwenglichen Siegesjubel geäußert hätte, den er dann hinterher hätte dämpfen müssen − wenn er im Reichstag oder in anderen öffentlichen Reden ein paar Fanfaren hinausschmetterte, die auch nicht immer ganz echt klangen, so blieb davon wenig in der privaten Konversation. Obgleich er sich immer, und bis ans Ende seines Lebens, gegen jeden Vorwurf und jede Andeutung, daß er im unseligen Juli 1914 furchtbare Fehler gemacht, einer waghalsigen Politik ohne Voraussicht zugestimmt habe und vergeblich zappelnd in dem Gewebe hängengeblieben sei, mit starrer Energie wehrte und auch mir gegenüber, dessen Ansicht er kannte, oft den Beweis der Unfehlbarkeit zu führen versuchte, hockte doch ganz gewiß in den geheimen Hinterzimmern seiner Seele der Zweifel, und in dumpfen Nächten schlich durch sein halbwaches Sinnen das Gespenst mit der Frage: »Hast du wirklich nichts zu bereuen?« So war es zu erklären, daß der offizielle Ethiker der konservativen Staatsmoral zu einer wärmeren Moral gelangte, der Philosoph der »gottgewollten Abhängigkeiten« sich mit erwachtem Liebebedürfnis dem Volke nähern wollte, sich in unserer ersten Unterhaltung nach dem Kriegsausbruch eine tröstliche, reinigende Zukunft, mit dem Dank an die opferbereiten Volksmassen, ausmalte und sagte: »Wir haben in einer Lüge gelebt.« Es ist nichts von diesen Träumen, mit denen er sich besänftigte, in Erfüllung gegangen, zuletzt habe ich ihn als einen gebrochenen, verzweifelten Mann gesehen, an dem Tage, an dem die gegnerischen Regierungen ihre famose Kriegsverbrecherliste erscheinen ließen, und die Lüge, in der wir gelebt haben, oder die als herrschendes Prinzip über uns gelebt hat, lebt unter anderem Namen fort. Die »führenden Kreise«, die Stützen der Gesellschaft aber, für deren Interessen er früher lange die philosophische Begründung und den ethischen Vorwand gefunden hatte, erkannten, daß er sich ihnen entfremdete, und diese Erkenntnis zusammen mit der Enttäuschung über den Verlauf des Krieges und mit der Ungeduld, die keine Mahnung zu kluger Überlegung ertrug, veranlaßte sie, die Patrioten gegen ihn aufzurufen und die wilde Agitation zu entfesseln, der er schließlich erlag. Am 13. Juli 1917 war es soweit. Die Oberste Heeresleitung, Hindenburg und Ludendorff forderten dringend seine Entlassung, und während in Frankreich, dem klassischen Lande der Generalpolitik, jetzt die Unterordnung des Militärs unter die Zivilregierung streng gewahrt wurde, verjagten in Deutschland die Generale den Reichskanzler, mit kräftigen Säbelhieben auf den Tisch. Der Schicklichkeit halber, um die Form zu wahren, ließ man noch durch den Kronprinzen die Vorsitzenden der Reichstagsfraktion befragen, und da nicht nur die Nationalliberalen Prinz Schönaich-Carolath und Stresemann, dieser zugunsten einer aussichtslosen Kandidatur Bülows, sich für die Entlassung aussprachen, sondern auch der betriebsame Erzberger, strahlender Unglücksengel mit roten Bäckchen, dem Votum sich anschloß, wurde Herr von Bethmann aufgefordert, sein Demissionsgesuch einzureichen, und aus der zum Regierungsinstrument und Staatssymbol erhobenen Lotterietrommel zog man eine neue Nummer, die Michaelis hieß. Einige Stunden nach der Verabschiedung Bethmanns begegnete ich in der Tiergartenstraße dem vertrautesten Mitarbeiter des Gestürzten, und dieser treue Geheimrat rief mir im Vorüberschreiten mit dem Enthusiasmus, den eine gute Sache noch im Mißerfolge verleiht, die Worte zu:

»Ein Löwe, von den Mäusen zur Strecke gebracht!« Herr von Bethmann Hollweg war kein Löwe, eher war er, wenn man den Vergleich aus dem Tierreich nehmen will, ein anständiger großer Schutzhund, ein Bernhardiner oder Leonberger, der leider in einer Unglücksstunde das Kind nicht davor behütet hatte, ins Wasser zu fallen.

Ein paar Tage nach der Entscheidung machte ich Herrn von Bethmann Hollweg einen Besuch. Man glaubt ja immer – wobei man ein wenig sich selbst streichelt –, eine Anstandspflicht zu erfüllen, wenn man einen gestürzten Mann, den man in seinen Glanzzeiten bekämpft hat, in dem Augenblick, wo ihn seine Freunde und Kostgänger verlassen, mit besonderer Hochachtung grüßt. Jetzt wirkte der Mottengeruch nicht als das Hauptmerkmal des Ortes, man ging gewissermaßen gleichgültiger und unempfindlicher durch ihn hindurch. Jetzt war die Luft voll von der tragischen Ungewißheit, die draußen über dem ganzen Lande lag, aber hier, im Zentrum, am Ausgangspunkt und Endpunkt der Handlung, auf der Kapitänsbrücke, wo alles klar sein und seinen bestimmten Kurs haben sollte, das Hirn umklammerte und das Fühlen und Denken gefangennahm. Es war jetzt auch sehr uninteressant, daß die Stühle wackelten und irgendein Tisch bereit schien, aus dem Leim zu gehen. Was stand denn noch fest? In diesen Empfangssalons, die nicht zur Kanzlerwohnung gehörten, brauchte nicht eingepackt zu werden, hier konnte alles so bleiben, wie es war. Aber man glaubte bis hierher eine Auflösung zu spüren, die soviel mehr bedeutete als die Auflösung eines Haushaltes, und begann nicht bereits, während in den Wohnräumen die Koffer und Kisten sich türmten, ein anderer Auszug, wurden nicht schon die Möbel einer ganzen Epoche eingepackt?

Als ich an diesem 19. Juli, gegen zehn Uhr vormittags, das Arbeitszimmer betrat, wanderte Herr von Bethmann Hollweg offenbar, die soundsovielte Zigarette rauchend, schon seit einer Weile hin und her. Er sah nicht so aus, als habe er sich gerade erst von dem Platz am Schreibtisch erhoben, wo er acht Jahre lang das Schicksal Deutschlands überdacht hatte, zuerst mit dem Selbstvertrauen der olympischen Götter oder der Magister, und dann immer näher umringt von den grauen Weibern der Sorge und der Not. Er kam mir entgegen: »Ich freue mich, daß Sie mich noch aufsuchen, ich bin schon in der Abreise, morgen verlasse ich Berlin.« Und indem er lächelnd hinzufügte: »Wir wollen eine Friedenspfeife rauchen«, reichte er mir statt einer Pfeife, die ihm und mir etwas ungewohnt gewesen wäre, die übliche Zigarettenschachtel hin. Ich hatte ihn in den letzten Wochen nicht gesehen, wenigstens nicht in der Nähe, und fand ihn verändert, das Gesicht magerer, runzeliger, grauer, nicht so gerötet wie sonst. Die große Gestalt mit dem schon seit längerer Zeit gerundeten Rücken und den massig gewordenen Schultern, die den schweren Oberkörper nach vorn zu biegen schienen, hatte im Laufe der Jahre ihre grade Linie – die Linie der nicht schattenspendenden Tanne – verloren, etwas Unharmonisches bekommen und wirkte jetzt, durch eine ungleiche Gewichtsverteilung, noch schlenkernder in der für solche Figuren immer unkleidsamen Felduniform. Dann nahm er, da er das Gespräch höflicherweise nicht nach der Art der athenischen Peripatetiker fortsetzen konnte, noch einmal den Sitz an dem schon abgeräumten Schreibtisch ein. Wie auf diesem Schreibtisch Herr von Bethmann sein Demissionsgesuch hatte unterzeichnen müssen, so wurden nacheinander alle Schreibtische in dem Palais der Wilhelmstraße für solche Akte der Selbstguillotinierung benutzt, und schon wegen der Häufigkeit des Vorganges konnten sie nicht zu historischen Sehenswürdigkeiten werden und nicht den Museumswert des Tisches im Schlosse von Fontainebleau erreichen, auf dem Napoleon seinen Namen unter die Abdankungsurkunde schrieb.

Er fragte: »Nun, was denken Sie von dem heutigen Tage?« und wartete, wie jemand, der gefragt hat: »Wie geht es Ihnen?« oder: »Sind Sie auch hier?« die Antwort nicht erst ab. Auf dem Programm des Tages, von dem ich mir etwas denken sollte, stand die Antrittsrede des neuen Reichskanzlers Michaelis, der man, da sie sich zu der von der Reichstagsmehrheit beschlossenen Friedensresolution äußern mußte, mit einer gewissen Neugierde entgegensah. »Ich hoffe«, setzte er sogleich hinzu, »die Friedensformel wird nicht ganz ohne Einfluß sein.« Auch das war nur eine Redensart, wie sie den Händedruck im Krankenzimmer zu begleiten pflegt, und es war klar, daß er von der Formel sehr wenig hielt. Auch ich hatte nichts von ihr gehalten und die Auffassung der Linken, die diese von dem unvermeidlichen Erzberger betriebene Friedensaktion gut und nützlich fand, nicht geteilt. Die feinen Listigkeiten der veralteten Geheimdiplomatie, die gerade im Auswärtigen Amt während der Wochen vor dem Kriege in affektierter Weise, sozusagen nach der Devise »l'art pour l'art«, schmunzelnd geübt worden war, hatten unheilvoll gewirkt, aber eine öffentliche Kundgebung, wie sie vom Reichstag unternommen wurde, hätte zum mindesten der diplomatischen Vorbereitung bedurft und konnte, wenn sie sich auf keine vorherige Verhandlungen stützte, nur zusammenbrechen und dann ein neues Hindernis vor dem erstrebten Ziele sein. Übrigens brauchte niemand im Auslande die Reichstagsmehrheit bereits für allmächtig und ihre Erklärungen für bindend zu halten, es gab ja die noch nicht parlamentarisch abhängige Regierung, die Oberste Heeresleitung, die nach Annexionen verlangende Schwerindustrie und die ganze nationale Bewegung, deren Lärm soeben genügt hatte, um den Reichskanzler zu Fall zu bringen. Ich erwiderte also Herrn von Bethmann skeptisch, der Nutzen der Friedensresolution erscheine mir sehr zweifelhaft, Herr Michaelis werde sich ja wahrscheinlich irgendeinen Rückzugsweg ins Annexionslager offen halten, man werde jenseits der Schützengräben sagen, die Resolution sei das platonische Vergnügen dreier Parteien und werde, wenn die deutschen Armeen siegen sollten, bald so vergessen sein wie die Liebesschwüre des Don Juan und die Gelübde eines seekranken Geizigen auf dem schaukelnden Schiff. »Das ist natürlich richtig«, entgegnete Herr von Bethmann Hollweg, »aber ich nehme an, die Stellungnahme der Regierung wird nicht gerade ablehnend sein. Ich weiß ja freilich nicht, ich halte mich jetzt ganz zurück und frage auch nicht mehr. Allerdings, wenn man fordert, die Regierung solle sich in prägnanter Form zu der Resolution äußern, das ist für einen Staatsmann doch nicht leicht. Man hat mir ja auch vorgeworfen, daß ich nicht prägnant genug gesprochen, daß ich zum Beispiel von der Sicherung der deutschen Zukunft gesprochen habe, denn darunter könne man alles verstehen. Ja, ist ein Staatsmann denkbar, der nicht die Sicherung der deutschen Zukunft will?« Ich gab zu, daß ein solcher Staatsmann nicht denkbar sei – aber zerstöre man nicht die Wirkung der allerschönsten Beteuerungen, helfe man nicht der

135

feindlichen Polemik, wenn man beharrlich verschweige, welche Art der Sicherung man wolle und welche nicht?

Ein wenig überraschte es mich, daß er an ein nahes Ende des Krieges zu glauben schien. Wahrscheinlich, meinte er, werde es im Spätherbst zu Friedensverhandlungen kommen. Die Engländer würden nicht abwarten wollen, daß sie durch Amerika aus der üblen Situation herausgerissen würden – das sei gegen ihr Interesse und gegen ihr Nationalgefühl. Außerdem wirke doch auch der U-Bootkrieg. Als ich einwarf, England würde aber in der elsaß-lothringischen Frage doch die Franzosen nicht einfach im Stich lassen, es würde sonst seinen Einfluß auf Frankreich verlieren, stimmte er bei. Und als ich von der Möglichkeit sprach, Lothringen herzugeben und Kolonialbesitz einzutauschen, sagte er: »Ja, auf die rectification de frontières wird es auch schließlich herauskommen, anders wird es nicht gehen« ... »Und dann«, bemerkte ich, »Abrüstung, nicht wahr?« – Diesmal antwortete er in sehr bestimmtem Tone: »Absolut, sie ist absolut unvermeidlich, woher sollen wir sonst das Geld nehmen?« – woraus immerhin zu erkennen war, daß er nicht ganz von der Wahrheit des Satzes »Der Feind zahlt alles« überzeugt war, der, wie die Inschrift über einem Triumphbogen, über jeder Einladung zur Zeichnung einer neuen Kriegsanleihe stand.

Wir sprachen von den letzten Vorfällen im Reichstag und in den Kommissionen, von der Haltung der Parteien. »Wenn Sie wüßten«, sagte er, »was ich in diesen vierzehn Tagen mit den Nationalliberalen erlebt habe, es übersteigt alle Begriffe, man kann sich kein Bild davon machen, wenn man sie nicht gesehen hat.« Er hielt – und das setzte er mir schon häufig auseinander – das parlamentarische System für nicht möglich, es sei nicht in Einklang zu bringen mit der Bundesverfassung, und die Parteien hätten keine Männer, seien arm an Persönlichkeiten und Regierungstalent. Hier regte sich, selbst noch auf den Trümmern der eigenen Herrlichkeit, das Selbstbewußtsein des hohen Beamten, der Kaste, die davon durchdrungen ist, daß alles durcheinandergeraten muß und nur noch Unfähigkeit übrigbleibt, wenn nicht mehr der Mandarin den Staat beherrscht. Von Erzberger, der im Hauptausschuß eine Sensationsrede gehalten hatte, meinte er, ihm sei »der Schecken durchgegangen«. Manches in der Rede sei ja

ganz gut gewesen, und es schade nicht, daß die nationalistische Phrase durchleuchtet und die Wahrheit gesagt werde,
aber Erzberger wisse nicht Maß zu halten, erschüttere durch
seine Äußerungen über den U-Bootkrieg das Vertrauen und
zerschlage zu viel Porzellan. Von den Sozialdemokraten: »Ich
glaube, daß sie und weitere Volkskreise während dieser
Kriegsjahre für höhere Ideen gewonnen worden sind, und
daß ich das vielleicht auch mir als ein Verdienst anrechnen
darf.« Viel schlimmer als die Parteien sei die Presse – ein
Urteil, dem ich ohne Zögern und in klarer Verletzung der
Berufsehre und der Standesinteressen meine Zustimmung
gab.

Es hätte keinen Zweck, die ganze Unterhaltung zu wiederholen, denn die meisten Ereignisse, von denen gesprochen
wurde, sind längst nur noch winzige Punkte in weiter Ferne,
wie die dem Blick entschwindenden Schiffe am Horizont.
Man hat seither immer mehr Weltgeschichte, immer mehr
deutsche Geschichte vor uns ausgeschüttet, und die oben liegende, zuletzt abgeladene Masse bedeckt das, was darunter
liegt. Vielleicht bildete ich mir nur ein, daß die Stimme des
Herrn von Bethmann anders klang als früher, daß auch in ihr
jetzt etwas Ermattetes, Farbloses, Geborstenes war. Unsere
Beobachtungen sind ja oft abhängig von den Umständen,
von Zeit und Raum und von allem, was wir aus anderswie
geschöpftem Wissen hinzutun, und dasselbe Bild beispielsweise wird gewiß auch von manchem Kenner anders in der
Galerie eines reichen Mäzens als in der Wohnung eines Budikers bewertet, und wenn sie sich mit der Köchin gezankt hat,
ist die Dame des Hauses überzeugt, daß die am besten zube-
reitete Speise verdorben ist. Indessen, früher hatte Herr von
Bethmann Hollweg Klagen über Militarismus und Nationalismus, über Parteigetriebe und unbequeme Personen sehr
häufig mit einer scheinbaren Heiterkeit, mit einem Lachen,
einem fröhlichen Achselzucken beendet, und diesmal waren
diese Zeichen der Jugendfrische abgelegt, als hätten sie nur
zu den Pflichten des Amtes gehört. Allerdings hatte das Lachen mitunter etwas unnatürlich geklungen, es hatte nur
Überlegenheit, Stärke und Selbstsicherheit vortäuschen wollen, und vermutlich trug Herr von Bethmann in den Stunden
des Alleinseins, wenn er die Uniform mit der zwanglosen

Hausjacke vertauschte, auch diese Miene schon längst nicht mehr.

Auf irgendeinem Umweg oder durch irgendeinen Seitensprung gelangte auch diesmal wieder das Gespräch zu einem Thema, zu dem ich Herrn von Bethmann bei früheren Gelegenheiten absichtlich und planvoll hingenähert hatte, und das ich jetzt ebensogern vermieden hätte, da es bereits auf allen Seiten beklopft, betastet und belichtet war. Ich wußte aus Erfahrung genau, was mir Herr von Bethmann Hollweg zu jeder Frage, die sich auf die Politik vor dem Kriegsausbruch, auf das österreichische Ultimatum an Serbien, auf das blind gegebene deutsche Ja, auf die ganze Linie und die einzelnen Stationen bezog, sagen würde, und kannte all die Argumente, die, in eine Form gegossen, unabänderlich und unbeweglich geworden waren, wie das »Mit Gott für König und Vaterland«. Es war Zeitverlust, da noch schöpfen zu wollen, und auch die Mission des Tiefseeforschers ist ja beendet, wenn das Netz immer nur noch die gleiche Beute enthält. Aber obgleich mein Erkundungsdrang sich so sehr abgeschwächt und ich eigentlich am wenigsten gewünscht hatte, diese Abschiedsaudienz noch mit historischer Kritik und dem gewohnten hundertfachen »Warum?« zu belasten, geriet bei einer Erwähnung des Namens Tirpitz das Gespräch ganz zufällig wieder auf das alte Terrain. Der ehemalige Großherr der Marine ließ nämlich gerade damals verbreiten, er habe das Ultimatum, das der Reichskanzler von Bethmann Hollweg den Russen hingeschleudert hat, nicht gebilligt – und diese Behauptung hat er später in seinen Memoiren sehr aggressiv wiederholt. Dazu bemerkte nun Herr von Bethmann Hollweg: »Tirpitz und Falkenhayn haben ja, als es sich um die Absendung des Ultimatums an Rußland handelte, eine etwas unklare Haltung eingenommen. Aber es war doch nur eine Formalität. Wenn wir an Rußland die Forderung richteten, mit der Mobilmachung aufzuhören, der wir nicht länger untätig zusehen konnten, dann mußte sie doch auf den Krieg gestimmt sein, das verlangten die maßgebenden Stellen. Tirpitz spricht jetzt so, und gerade er hat die ganze Zeit hindurch recht viel für die Vorbereitung der Kriegsatmosphäre getan. Nein, wir hatten keine andere Möglichkeit.«

138

Da wir nun einmal mitten in dieser Diskussion waren und ich ihm, wie bei anderen, besseren Gelegenheiten, bekennen mußte, das alles, die ganze damalige Politik, »gehe mir nicht ein«, fuhr er fort: »Seit Ende 1913, seit dem Besuch Kokowzows in Berlin, hatte ich die Befürchtung und mußte sie haben, daß der Krieg unvermeidlich geworden sei.« Ich antwortete: »Sie haben mir das damals gesagt, ich weiß es noch genau, Sie hatten diese Befürchtungen, aber gerade Kokowzow wollte doch nicht den Krieg?« – »Nein, er wollte ihn nicht, aber er kam mit schwerer Sorge aus Paris zu uns. Er hatte in Paris die große Millionenanleihe nur noch unter den bekannten Bedingungen bekommen können, und ich merkte ihm an, daß er selber fürchtete, man treibe dem Kriege zu.« Dann versicherte Herr von Bethmann Hollweg noch einmal, daß der Krieg unvermeidlich gewesen sei und in irgendeinem Augenblick doch ausgebrochen wäre, und daß keine Menschenkraft und keine staatsmännische Klugheit ihn hätten verhindern können. Aber wozu brauchte man dann eigentlich Staatsmänner, und weshalb besoldete man ein diplomatisches Korps, wenn es so feststand, daß die Dinge dieser Welt gar nicht von ihnen gelenkt und bestimmt werden, sondern einzig und allein von der Fatalität?

»Ich weiß«, fuhr Herr von Bethmann Hollweg fort, wie aus tiefem Nachdenken heraus, »ich habe Fehler gemacht, in der inneren und in der äußeren Politik. Aber es sieht oft leichter aus, als es ist, und wer hätte in solcher Zeit, und während eines dreijährigen Krieges keine Fehler gemacht? Man hat mir gesagt, ich müsse gehen, denn ich sei ein Friedenshindernis. Ich habe mich ehrlich gefragt, ob ich das bin. Ich glaube nicht, daß ich die Frage bejahen muß. Bei unseren Bundesgenossen besaß ich wohl ein besonderes Vertrauen. Und sogar in England – neulich war ein Neutraler bei mir, der aus London kam und mit den britischen Ministern gesprochen hat. Er hat mir berichtet, und ich habe mich aufrichtig darüber gefreut –: ›Sie hätten zuhören können, man hat kein schlechtes Wort über Sie gesagt‹ . . .« In der Tat, er war, trotz allem, was er zu den Geschehnissen beigetragen hatte, unter den Persönlichkeiten, die auf der Seite Deutschlands und Österreichs eine Rolle in der Tragödie spielten, so ziemlich der einzige, über den man auch in der Welt der

139

Gegner mit einer relativen Milde sprach und schrieb. Als sich sein Schicksal vollendete, spendeten ihm auch verbohrte Hasser ein gewisses Mitgefühl. In der Befriedigung, die er über die Mitteilung empfand, daß englische Minister nicht schlecht von ihm gesprochen hätten, verriet sich ein Zug seines innersten Wesens — er sehnte sich, gerade weil er wahrscheinlich doch seine Fehler heimlich sich eingestand oder Zweifel hegte — nach Versöhnung mit der Menschheit, wie er gehofft hatte, daß es ihm vergönnt sein werde, das eigene Volk nach soviel Leiden an sein Herz zu ziehen. Wenn er im Reichstag die großen Kriegsreden hielt und besonders das perfide Albion darin anklagte, so war seine Rhetorik ebenso beeinflußt von dem Zorn des abgewiesenen Freiers und des unglücklichen, von der Konkurrenz geschlagenen Rechengenies, wie von der Notwendigkeit, den Kriegsgeist zu entflammen, aber es war ein Zorn, der bereit war, zu erlöschen, beim ersten Versöhnungswink. Im Mai 1916 hatte Herr von Bethmann Hollweg nach einer Rückkehr aus dem besetzten Gebiet Nordfrankreichs mir erzählt, in einem Orte dort habe ein Schreibwarenhändler, mit dem er sich vorzüglich unterhalten habe, sehr vernünftige Ansichten über die künftigen Beziehungen zwischen Deutschland und Frankreich gehabt. Und in dem französischen Schlosse, in dem für den deutschen Reichskanzler Quartier gemacht worden war, habe der Verwalter immer wieder geäußert: »Nach dem Kriege muß unser Herr Sie kennenlernen. Sie müssen uns dann wieder besuchen, unser Herr wird sehr erfreut sein, Sie zu sehen.« Herr von Bethmann erzählte das mit einer sympathischen naiven Genugtuung und Zuversicht. Er hätte es gern gehabt, wenn es in diesem Weltkrieg so ritterlich zugegangen wäre, wie in einem Turnier, und es bestand nur leider ein Unterschied zwischen einem von Walter Scott beschriebenen Turnier und einem Kriege, in dem es einige Millionen Tote und Verwundete gab, ganz abgesehen von den anderen Millionen, die siech und elend aus diesem Anlaß umgekommen sind. Wie die sehr barbarische Wahrheit von Troja und ähnliche antike Tatsachen durch das hellenische Versmaß und den italienischen Marmor eine schöne glatte Form erhielten, so wollte Herr von Bethmann Hollweg sich gern den Ausgang des Krieges vorstellen, sich gleichsam die Härten und Schroffheiten hinweggglätten, und deshalb war es dann an dem Tage, an dem ich ihn noch einmal wiedersah, an dem Tage der Kriegsverbrecherliste, wirklich zerschmettert, ins Herz getroffen, todgeweiht. Er hatte zwei Seelen, die Seele des Ethikers und die Seele eines an die Realitäten geketteten Regierungsleiters — die Seele mit der von ihm als Dogma verkündeten »gottgewollten Abhängigkeit«. In dieser gottgewollten Abhängigkeit von stärkeren Mächten hätte er, wäre er der Kanzler eines siegreichen Deutschland gewesen, wahrscheinlich allerlei der Versöhnungsidee Abträgliches mitgemacht. Aber der Ethiker — und in englischer Ausgabe war er unter dem Namen Sir Edward Grey vorhanden — hatte, wie die Frommen eine Marienfigur, auf dem Tisch neben dem Bett die Figur der Menschheitsverbrüderung aus Wachs.

Es waren Zigaretten in schwer bestimmbarer Anzahl geraucht worden, die Aschenbecher waren mit den Opferresten bis an den Rand gefüllt. »Das einzige«, sagte Herr von Bethmann, »was mich bekümmert, ist, daß ich nun nicht mitarbeiten kann, daß ich stillsitzen muß.« Er machte einen kleinen Versuch, zu lächeln, und ich entgegnete, indem ich mich erhob: »Ja, wenn wir ein Staatssystem wie in England hätten, würden Sie nicht ganz stillsitzen müssen, sondern säßen wie Asquith im Parlament.«

Er lächelte wieder, unbestimmt, ausweichend, weder bejahend noch verneinend, und ich ging hinaus durch die öden Vorzimmer, in denen, als einziges lebendes Wesen, ein ergrauter Diener offenbar darüber nachsann, ob ihm seine Pension in jedem Falle, auch bei Erdbeben und Wirbelsturm, gesichert sei.

Vielleicht war in diesem Augenblick der Nachfolger, Herr Michaelis, gerade damit beschäftigt, in die Antrittsrede, die er vor dem Reichstag halten sollte, noch ein paar doppelsinnige Feinheiten einzufügen und ihrer Inhaltslosigkeit die letzte Glätte zu verleihen. Daß dieser Verwaltungsbeamte auf den Posten des Reichskanzlers gestellt worden war, hatte die sehr vielen verblüfft, die ihn nicht kannten, und noch mehr diejenigen, die schon einmal Gelegenheit gehabt hatten, ihn in der Nähe zu sehen. Eine Rede über die Ernährungsfragen, die er vor nicht langer Zeit gehalten hatte, war in den Zeitungen

gelobt worden, und in der Verlegenheit hatten sich die War-
wicks, die nun in Deutschland die Kanzler machten, wahrscheinlich gesagt: »Wie hieß doch der Mann, dessen Speech
damals den Leuten gefallen hat? – den kann man ja holen,
so gut wie ein anderer wird er auch noch regieren können!«
Von Bülow, von Bernstorff und von anderen Kandidaten
wußte man zu viel, und da man von Herrn Michaelis gar
nichts wußte, wurde er auserwählt. Dies war in einer Zeit, in
der die deutsche Katastrophe drohte, eine Methode der Aus-
lese, die selbst den abgebrühtesten und an alles gewöhnten
Skeptikern eigenartig erschien. Weniger absonderlich war es,
daß der Erkorene das Amt mit ruhiger Selbstverständlichkeit
annahm, es nicht mit dem Hinweis auf mangelhafte
Vorbereitung abgelehnt hatte, denn sehr selten hatte in diesem Reiche ein Staatsdiener, dem ein höherer Posten, ein Ministerposten oder dergleichen, angeboten wurde, sich nicht
stark genug gefühlt, und wenn man mit unzureichenden Mitteln die Beförderung annahm, so geschah das nur aus Treue
und weil man gewohnt war, dem König zu gehorchen und
dem Vaterlande Opfer zu bringen. Als Herr Michaelis dann
aus der provinziellen Verborgenheit, in der er gewirkt hatte,
mit dem immerhin noch schimmernden Reichskanzlertitel
vor die kritisch gestimmten Zuschauer trat, begann ein allgemeines Fragen, wer der Entdecker sei. Aber der Entdecker
meldete sich nicht. Sieben Städte Griechenlands behaupteten,
sie seien die Geburtsstätte Homers. Siebzig Personen in
Amtsstellen erklärten, die Geburt dieser Kanzlerschaft sei
fern von ihnen geschehen.

Da der neue Reichskanzler mir mitteilen ließ, daß er mit
mir zu sprechen wünsche, ging ich am Nachmittag des
27. Juli zu ihm, in das alte Haus zu dem neuen Herrn. Im
Vorhof des Kanzlerpalais standen noch zwei Möbelwagen,
und in der Eingangshalle wurde gerade mit starken Stemm-
eisen eine riesige Kiste aufgeknackt. Offenbar wurde im ganzen Palais sehr ernsthaft umgebaut. Daß sich die Ankömm-
linge so für eine lange Dauer einrichteten, konnte Vertrauen
erwecken und war jedenfalls ein Beweis für ihr eigenes Vertrauen. Herr Michaelis residierte nicht in dem Arbeitszimmer, in dem sein Vorgänger Bethmann und andere Kanzler
des Reiches gesessen hatten, sondern erledigte die Regie-

142

rungsgeschäfte vorläufig in einem etwas abgelegenen Raum, der übrigens keineswegs pomphaft war. Geschah es nur provisorisch oder aus Takt, Pietät, Bescheidenheit, oder sollte damit unterstrichen werden, daß nun wirklich eine neue Ära begann? Im Vorzimmer war noch ein Durcheinander von eben erst ausgeladenen oder aus anderen Salons herbeigeschleppten Möbeln − manches davon glaubte ich wiederzuerkennen. Hier wurde neu möbliert, aus den Überbleibseln der vorigen Mahlzeit wurde das neue Gulasch hergestellt. Als ich durch das Fenster hinausblickte, sah ich unten im Garten einen gedeckten Teetisch, an dem die Gattin des Reichskanzlers mit einigen Gästen, Damen und Herren, saß. Es schien ziemlich steif herzugehen, die Gäste waren anscheinend vom Respekt gelähmt, hielten sich so schnurgrade, als stiege ihnen das Fischbein bis zum Halse hinauf, und blieben, trotz der ermunternden Freundlichkeit der Wirtin, rettungslos zu Salzsäulen erstarrt.

Herr Michaelis streckte mir die Hand entgegen und begrüßte mich, als ob wir mindestens Schulkameraden gewesen seien. Er behauptete auch, wir seien uns schon begegnet, aber das war ein Irrtum oder eines jener gewollten Mißverständnisse, mit denen geistreiche Salonlöwen sich in ein Gespräch mischen und fabelhafte Lebemänner auf der Straße galante Annäherungen beginnen. Auf den Bildern und den Zeichnungen sah er sehr brummig aus. Mir erschien er garnicht brummig, aber beamtenhaft, und am ehesten konnte er ein Fürsorgebeamter, der vortreffliche, musterhafte Verwalter eines Stiftes, eines Waisenhauses sein, eines frommen Stiftes, eines Waisenhauses, in dem man dem lieben Gott fleißig dankt. Er war kaum mittelgroß, und es konnte nichts schaden, daß er sich auch dadurch von seinem Vorgänger unterschied. Man muß dem Publikum Abwechslungen bieten, nur nicht immer dieselbe Szene, dieselbe Persönlichkeitssorte, dieselbe Erscheinung, dasselbe Gesicht. Wenn ich die Gesichtszüge des Reichskanzlers Michaelis noch heute genauer beschreiben sollte, so wäre ich allerdings in nicht geringer Verlegenheit. Die einzigen Details, die sich mir eingeprägt haben, sind die dunkle Haarfarbe und der freundliche Ausdruck, die Miene des guten Herbergsvaters, alles übrige hat sich im Laufe der Zeit verwischt. Daraus darf natürlich nicht gefolgert werden, der Kopf sei uninteressant gewesen, die Physiognomie habe der charakteristischen Züge entbehrt und mir damals keinen Eindruck gemacht. Es ist ja eine Tatsache, daß wir uns an jedes Schnurrbarthaar eines völlig gleichgültigen Menschen erinnern können, während unsere Phantasie oftmals infolge eines tückischen Versagens ein geliebtes und tausendmal zärtlich betrachtetes Antlitz trotz angestrengtem Herumsuchen nicht nachzubilden vermag.

»Ich hätte mir, Sie dürfen es mir glauben«, sagte er, »nie angemaßt, dieses Amt zu übernehmen, wenn ich nicht so überzeugt gewesen wäre, daß doch schließlich die Tatsachen das Entscheidende sind. Die Entscheidung kann nur von den Tatsachen kommen«... »Immerhin man kann sie dirigieren«, wandte ich schüchtern ein. »Gewiß«, nickte er, »man soll sie beobachten und soll dann zufassen, aber gewissermaßen hängt doch alles von ihnen ab.«

Sprach er so nur aus Bescheidenheit? Sicherlich nicht, und es war dies die Theorie, mit der sich der Ehrgeiz als etwas Erlaubtes und, da ja doch alles von den Ereignissen abhing, beinahe Harmloses und Unschädliches entschuldigen ließ. Wir haben auch Staatslenker erlebt, die uns versicherten, sie hätten den hohen Posten, zu dem sie sich unserer Meinung nach durch die Schlüssellöcher hingeschlängelt hatten, nicht freiwillig an sich gerissen, ein göttlicher Befehl sei ihnen zugegangen, und es sei eine himmlische Mission. Wir wurden Zeugen davon, wie das Salböl des Gottesgnadentums, sonst nur Vorrecht der Kaiser und Könige, auf die Stirnen und in die Reden solcher Gralsritter floß. Herr Doktor Michaelis hielt sich von diesen Übertreibungen fern. Aber er war ein Zahnarzt, der dem Patienten mit der verbundenen Backe sagte, Zahnschmerzen müßten sich natürlich entwickeln und über ihre Dauer entscheide nicht die ärztliche Kunst, sondern der erkrankte Nerv.

Wir sprachen von der Lage und von dem Ruf nach inneren Reformen, und der neue Kanzler des Reichs meinte: »Es ist ein Denkfehler unserer Gegner, daß sie glauben, sie könnten den König von Preußen besiegen, indem sie zur Demokratisierung Deutschlands drängen.« Diesem Ausspruch zufolge befand sich Herr Michaelis also in dem seltsamen Wahn, daß nur das Ausland die Reformen wünschte, und ich hielt es für nötig, ihn aus diesem eigentümlichen Irrtum zu befreien. Er blieb hartnäckig, mit einer leichten Rückwärtsschwenkung: »Es ist ein Denkfehler unserer Gegner – aber ich gebe zu, daß man auch auf Denkfehler der Gegner eingehen soll, wenn das zum eigenen Nutzen nötig ist. Ich kann mir denken, daß ich mich so stellen könnte, als ob ich den Denkfehler nicht sähe, und daß ich darauf eingehen könnte – für die Galerie«... »Für die Galerie?« fragte ich, ein wenig verblüfft über die Bekenntnisse des so gar nicht aus der Renaissance niedergestiegenen Macchiavell im Sonntagspredigerrock. – »Nicht für die Galerie bei uns, da werde ich niemals etwas für die Galerie tun, selbstverständlich nicht, und ich würde auch nie etwas tun, was meiner Ansicht nach unserem Lande schädlich sein könnte, auch nicht, um dadurch den Frieden zu erlangen.« Ob er glaube, daß eine andere Verteilung der Macht und der Verantwortung dem Lande schädlich sein müßte, fragte ich ihn. Man müsse sich doch vorstellen, was nach diesem Kriege kommen werde – eine enorme Unzufriedenheit werde zurückbleiben, man werde dann über alles, auch über die Politik, die dem Kriege vorausging, offen sprechen können, man werde Schuldige suchen, der Sturm werde sich gegen den Kaiser wenden, die Monarchie brauche eine Deckung, und die gebe es nicht ohne wirklichen Parlamentarismus, ohne Mitverantwortung einer Volksvertretung, und ganz gewiß nicht unter einem absolutistischen oder halbabsolutistischen persönlichen Regime. Er überlegte ein paar Sekunden lang, was er antworten sollte, und sagte schließlich: »Nehmen Sie an, Eduard VII. hätte einen Krieg erklärt, und England hätte den Krieg verloren, dann hätte man den König doch auch beschuldigt, nicht wahr? Trotz parlamentarischem System, ganz ebenso?« ... »Nein«, mußte ich ihm erwidern, »denn er hätte ja gar nicht den Krieg erklären können. In England kann der Krieg nur von der parlamentarischen Regierung und mit Erlaubnis des Parlaments erklärt werden, und also ist der König gedeckt. Es ist schon eine hohe Staatsweisheit, die zur Entwicklung dieses Systems geführt hat und die modernen Völker veranlaßt, es jedem anderen Regime vorzuziehen.« ... Er, mit einem leichten Kopfschütteln und in der Haltung eines Examenskandidaten, der seine Unsicherheit durch möglichst bestimmt klingendes Wiederholen der falschen Jahreszahl verbergen möchte: »Das kann man doch nicht sagen, auf Frankreich trifft es doch nicht zu.« ... »Ja, auch auf Frankreich, denn das Kaiserreich hat schneller abgewirtschaftet als die parlamentarische Republik, die ein Ventil für alle Unzufriedenheiten geschaffen hat.« Ersichtlich fand er das Thema zu brenzlich, die Unterhaltung stockte, er suchte einen Notausgang und sagte: »Sie begreifen, ich muß mir jetzt erst einmal ein Gesamtbild machen, ich muß aus dem allen das rechte Bild herausarbeiten, erst die richtige Klarheit gewinnen. Ich bin ja durchaus der Meinung, daß die Volksvertretung mehr herangezogen werden kann, zum Beispiel auch was die Vorbereitung der Gesetze betrifft. Ich glaube gar nicht, daß nur der Beamte imstande ist, Tüchtiges zu leisten − ich kenne doch unsere Beamten, es sind vorzügliche Elemente, aber natürlich haben sie auch ihre Fehler, wie jedermann. Ich erwarte wirklich etwas von der Zusammenarbeit mit dem Parlament, ich freue mich sogar darauf, ich erwarte mir etwas Lebendiges, etwas Belebendes davon«... Auf einen nahen Frieden zu rechnen, wage er nicht. Allerdings sei ja besonders in Frankreich und in Italien die Kriegsmüdigkeit schon sehr groß. »Ja«, wandte ich ein, »wenn man es nicht zum Krieg mit Amerika hätte kommen lassen, aber nun bringen die ihre Armee übers Meer.« Es gab zu viel anstößige Themata, das Gespräch konnte sich zwischen all diesen Dornenhecken nicht weiterbewegen, liebenswürdige Abschiedsworte wurden gewechselt, und Herr Michaelis sagte mir, wir müßten miteinander Fühlung halten, die politischen Meinungsverschiedenheiten brauchten ja nicht die persönlichen Beziehungen zu berühren, und er hoffe, mich recht häufig zu sehen.

Diese Hoffnung, von deren Aufrichtigkeit ich überzeugt war, konnte sich nicht erfüllen. Herr Michaelis hatte auch nicht Zeit, sich erst einmal ein Gesamtbild zu machen, und die durchgreifenden Veränderungen der Kanzlerwohnung, die eifrig unternommene Neueinrichtung und die ganze Plage mit den Möbeltransporten und dem Auspacken hätte man sich ersparen können. Ungefähr einen Monat nach unserer fruchtbaren Aussprache gab es im Hauptausschuß des Reichstages einen erregten Zwischenfall. Der Reichskanzler Michaelis versuchte, von der Friedensresolution abzurücken, der er in seinen Besprechungen mit den Parteiführern ausdrücklich zugestimmt hatte, und er tat das so wenig geschickt und stolperte, als er dann hinterher auch diesen Widerruf widerrufen wollte, so unglücklich über seine eigenen Füße, daß ein Sturm losbrach und die Linksparteien und das Zentrum einen Augenblick lang entschlossen waren, sofort seinen Rücktritt zu verlangen. Nur der Demokrat Payer hielt die Empörten zurück. Während das Opfer, das anonyme Gönner in dieses Leben hineingestoßen hatten, blaß und eingeschüchtert sich von solchem Aufruhr umtobt sah, saß neben ihm Herr Helfferich, der Reichsschatzsekretär, regungslos und mit einer Miene, die eine vollkommene eherne Gleichgültigkeit bewies. Seither war alles nur noch eine Agonie dieser Kanzlerschaft. Am 6. Oktober kam es, bei einer Debatte über die alldeutsche Agitation und ihre Begünstigung im Heere, im Reichstag zu scharfen Zusammenstößen zwischen dem Kriegsminister von Stein und der Linken, und alle Parteien waren wütend darüber, daß der Reichskanzler weder zu der einen noch zu der anderen Seite sich bekannte und nur die Schnecke zu beneiden schien, die sich vor der Gefahr in ihr Haus zurückziehen kann. Sein Schweigen galt als ein letzter Beweis seiner Unzulänglichkeit, und als er am nächsten Tage redete, war das nur ein allerletzter Beweis. Die Krise war unvermeidlich geworden, die Suche nach einem neuen Mann begann wieder, Herr von Payer und Konrad Haussmann, die Demokraten, begeisterten sich in den Reichstagshallen, in den Sitzungen der Parteivorstände, in den Zeitungsredaktionen und überall, wo sich die Propaganda zu lohnen schien, für den Prinzen Max von Baden, und dann wurde, als wollte man mit den frischen Reserven sparsam umgehen und erst die alten Reste verbrauchen, der Freiherr von Hertling, der hochbetagte Zentrumsführer, zum Reichskanzler geweiht.

Herr Michaelis ist eigentlich von niemandem verteidigt worden, man hat über ihn nur Unerfreuliches gesagt, und natürlich konnte man den Reichskanzler nicht wegen seiner familiären und häuslichen Vorzüge loben, und wegen der Tugenden, die er als gewissenhafter Stiftsverwalter und pflichttreuer Beamter besaß. Zweifellos hat seine Ernennung sehr viel zu der Diskreditierung des Kaiserreiches beigetragen, unter dem sie, in solcher Situation, möglich war. Wie Napoleon nach der Flucht von Elba hat Herr Michaelis seine hundert Tage gehabt, oder doch nur wenige hinterhergeschleppte mehr. Aber es war kein hunderttägiges Epos, und wenn es ein Trauerspiel war, so fehlte ihm nicht nur die historische Linie, sondern auch jeder verklärende Zug. Die Pfeile, die jetzt gegen die kleine Figur des Herrn Michaelis abgeschossen wurden, mußten eigentlich denjenigen gelten, die Herrn von Bethmann gestürzt hatten, um dem Volke diesen Ersatzmann hinzustellen. Aber da die Parteiführer selber an der Intrige beteiligt gewesen waren, wurde das Urteil nur an der Person des Entdeckten, nicht an den leichtfertigen Entdeckkern vollstreckt.

Herr Michaelis verschwand still und würdig in das Dunkel, aus dem er so plötzlich aufgetaucht war. Es ist anzuerkennen, daß er sich von den Pfeilen mit der ruhigen, milden Geduld des heiligen Sebastian durchbohren ließ. Er war auch keineswegs, wie damals viele behauptet haben, ein falscher Biedermann. In den Romanen von Dickens gibt es die wunderbar guten und die scheußlich bösartigen Waisenhausväter, aber im Leben gibt es unendlich mehr Variationen, wobei gar nicht erst betont zu werden braucht, daß Herrn Michaelis nichts fremder war, als irgendeine teuflische Eigenschaft. Es ist richtig, daß er glaubte, es mit der Wahrheit oder doch mit der Wahrhaftigkeit nicht so genau nehmen zu sollen. Er hatte wahrscheinlich gehört, daß ein Staatsmann nicht sein Herz auf der Zunge tragen dürfe, und daß man über die Lüge des Feindes nicht mit lilienreiner Wahrheitsliebe triumphieren könne, und in vaterländischem Pflichtgefühl unterwarf er sich dieser traurigen Notwendigkeit. Auch da muß man einschalten, daß in der Menschenseele zwischen Wahrheit und Unwahrheit keine absolut feste Scheidewand besteht. Sie sind nicht so getrennt voneinander wie auf den Bildern des Fra Angelico die Beglückung des Jüngsten Gerichtes und die Verdammnis, und nicht so unfähig, sich miteinander zu vermischen, wie Wasser und Öl. Wie Herr Michaelis es mit der Aufrichtigkeit hielt, so hielten es mit ihr tatsächlich auch die meisten Staatslenker in anderen Ländern, sie alle balancierten zwischen der Wahrheit und der Lüge, benutzten die doppeldeutigen Phrasen und sahen in der reservatio mentalis eine unentbehrliche Zuflucht, ein erlaubtes Hilfsmittel der Politik.

Trotzdem gab es niemanden, der ihnen den Titel »Gentleman« bestritt. Leider hatte Herr Michaelis, wie schon in kurzer Unterhaltung sich zeigte, nicht die richtige Manier, seine Sprache war wie ein Flüßchen mit unablässigen Windungen, es gab in ihr zu viele und zu auffällige Vorbehalte und weithin sichtbare Versteckheiten, und das mochte ein Naturfehler wie das Stottern sein. Wenn Herr Michaelis eine Sache nicht ganz klar sagen wollte, wurde seine Aufrichtigkeit so stotternd, daß »die Galerie«, die er bluffen zu können meinte, sofort die Absicht begriff und sich Heinrich Heines Bemerkung im Buch »Lutetia« bestätigte, die Unwahrheit verderbe den Stil. Die Galerie läßt sich im allgemeinen die kleinen Zweideutigkeiten gefallen, wenn sie von einem Staatsmann mit einem gewissen Charme, mit vornehmer Geste und Eleganz vorgebracht werden, ganz wie der Gast in irgendeinem Ritz oder Carlton die Gerichte eines berühmten Küchenchefs sich als Wunder der Kochkunst servieren läßt, obgleich er genau empfindet, daß es gar keine Wunder sind. Derselbe Gast entrüstet sich, wenn in einem Restaurant zweiten Ranges ein schlecht rasierter Kellner ein paar Zahlen auf der Rechnung doppelt addiert.

Als die Berufung des Herrn Michaelis erfolgte, hatte es eigentlich keine Opposition gegen sie gegeben, und es hatte keine geben können, denn Herr Michaelis kam so plötzlich wie eine Sternschnuppe vom Himmel herab. Gegen die Ernennung des Freiherrn von Hertling waren so ziemlich alle Parteien und außerdem noch der gesunde Menschenverstand. Die führenden Parlamentarier der Mehrheit, der Linken, des Zentrums und der Nationalliberalen, erörterten in ihren Besprechungen sehr viele Kandidaturen, neben dem Prinzen Max wurden Kühlmann, jetzt Staatssekretär des Auswärtigen Amtes, Solf, Graf Bernstorff, Graf Brockdorff-Rantzau, Fürst Hatzfeld auf die Liste gesetzt. Die Linksparteien, besonders die Sozialdemokraten, wollten Herrn von Payer als Vizekanzler haben, und auch der Name des Berliner Oberbürgermeisters Wermuth wurde erwähnt. Sogar Erzberger agitierte gegen seinen Parteigenossen Hertling, und man kann nicht sagen, der bekannte Machthunger des Zentrums habe diese Lösung der Kanzlerkrise erzwungen. Bis zuletzt wurde allgemein angenommen, daß Herr von Hertling durch die kühle Empfangstemperatur und außerdem durch seine der Pflege bedürftigen Altersbeschwerden veranlaßt werden würde, auf das Kanzleramt zu verzichten, aber auch diesmal wieder rechnete man nicht mit der Treue, die sich immer bewährte, wenn eine hervorragende Stellung zu besetzen war und der König rief. Was außer diesem Gefühl der Treue konnte den Freiherrn von Hertling bewegen, am Abschluß eines gesegneten Lebens zu all seinen früheren Titeln noch den des Reichskanzlers hinzuzufügen und zu gestatten, daß man im Orkan seinen Lehnstuhl auf die Kommandobrücke trug? Der Ehrgeiz, eine Idee, einen rettenden Plan auszuführen konnte ihn nicht treiben, denn er hatte keine Idee und keinen Plan. Aber weshalb fiel, nach dem Erlebnis mit Herrn Michaelis, die Wahl auf ihn? An der Spitze Frankreichs stand Clémenceau, hoch in den Siebzig, und was ein alter Bordeaux tun kann, fand man vermutlich, kann ein alter Rheinwein ebenfalls tun. Wir wissen, was Cicero zum Ruhme des Alters geschrieben hat. Wir wissen auch und haben es oft gesehen, daß begnadete Menschen im hohen Alter eine neue Periode der Tatkraft, den schöpferischen Johannistrieb haben, und kennen genug Dichter und Staatsmänner, deren Produktivität so spät erst zur stärksten und reichsten Entfaltung kam. Der Freiherr von Hertling hatte in seinem langen Leben alles erreicht, was sich durch nützliche Talente, im Verein mit freiherrlichem Gesellschaftsrang, erreichen läßt – er war keine blendende Persönlichkeit, kein fesselnder Redner, kein bahnbrechender Denker, aber der Papst, der König von Bayern, der Kaiser von Deutschland, die Partei, die gelehrten Körperschaften hatten ihm ihre begehrtesten Auszeichnungen verliehen, und er war, wie ein Weihnachtsbaum mit bunten Ketten, mit Ehren behängt. Jetzt konnte man noch den höchsten Aufputz, die Kanzlerwürde, hinzufügen, aber neuen Saft treiben und grünen konnte der Baum nicht mehr.

Der patriarchalische Nimbus, der manche Leute verleitet, in einer Todesanzeige zu sagen: »Im ehrenvollen Alter von 85 Jahren verstarb unser Vater, Großvater und Urgroßvater« – ganz, als ob es ehrenvoll wäre, so alt geworden zu sein – war trotz allem bei weitem nicht so groß wie der Nimbus des Zentrums und der katholischen Kirche, die leitend und alles überschauend hinter ihren kämpfenden Vortruppen stand. Es war eine unerschütterliche Meinung, daß die politische Klugheit sich in diesem Reservoir angesammelt habe, und in den Worten »katholische Kirche« lag der Klang einer grandiosen, gleichmäßig und gleichmütig durch die Jahrhunderte schreitenden Weisheit, tauchte die Festigkeit des Fels Petri auf. Nach der Periode jener Päpste, die, wie Sixtus IV. und Alexander VI., der Vater Cesare Borgias, ein so ungeheures Ärgernis gewesen waren, hatten auf dem Heiligen Stuhl, so schien es wenigstens, fast nur noch die weithinaus denkenden, im höchsten Sinne politischen Kirchenfürsten gethront. Und sogar den Borgiapapst Alexander VI. hat, ebenso wie seinen Sohn, der Geschichtsschreiber Rafael Sabatini von dem Pranger herunterholen wollen. Seit Windthorst, der Liebling aller Karikaturisten, die Fehde gegen Bismarck mit so viel Witz und fuchshafter Geschmeidigkeit geführt hatte, war auch von seinem Ruhm ein Abglanz dem Zentrum verblieben, und die Partei wurde für einen Fuchsbau, für ein Malepartus gehalten, in den jeder Nachkomme dem Ahnherrn ähnlich sah. Aber auch in der Familie Reineke schwächten sich die Fähigkeiten ab.

In den elf Monaten der Regierung Hertling habe ich nur einmal Gelegenheit gehabt, mit dem Reichskanzler zu sprechen, und was in den wenigen Minuten gesagt wurde, war so unerheblich, daß die Worte »Unterredung« und »Gespräch« unpassend sein würden, wie in den Zeitungen über einer winzigen Begebenheit eine klobig fette Überschrift. Obgleich Kühlmann und in seinem Auftrage sein Mitarbeiter Herr von Hoesch mich dringlich ersucht hatten, für die Kandidatur Hertling einzutreten, hatte ich mich sehr kritisch geäußert, und später hatte ich keine Veranlassung, nun wieder das Reichskanzlerpalais aufzusuchen, in dem die Vorzimmer mehr als je den Geruch der Möbelkirchhöfe hatten, während mir die dahinterliegende geistige Luftschicht kühl und unbewegt wie die Atmosphäre einer Schloßkapelle erschien. Indessen, am 6. November, war bei Herrn von Hertling großer Empfang. Auf der Einladungskarte stand feierlich und zeremoniös die in der Kriegszeit sonst nicht gebräuchliche Anweisung: »Von neun bis zehn ein halb nach dem Abendessen, bitte Frack.« Die Zeitbemessung deutete an, daß der Hausherr es liebte, vor elf Uhr schlafen zu gehen. Als ich kam, stand er in einer plaudernden Gruppe, auf seinem Frack glänzte ein Ordensstern, und der zierliche, kleine Mann hatte die elegante, gepflegte Altersgrazie und die feine Routine eines an den Umgang mit Prinzessinnen gewöhnten Hofministers und eines päpstlichen Kammerherrn. Mit Rizoff, dem bulgarischen Gesandten, und mit Hakki Pascha, dem türkischen Botschafter, diskutierte ich das hochpolitische Problem, welcher Mensch der glücklichste sei. Rizoff, den eine Sehnsucht zu der schriftstellernden Gilde zog, behauptete, der Journalist sei glücklicher als ein König, und Hakki Pascha gab dem »gros millionaire« den Preis. Während Rizoff einwendete, daß der Millionär am Morgen nicht wisse, was er mit dem Tage anfangen solle, näherte sich Herr von Radowitz, Unterstaatssekretär der Reichskanzlei, und bat mich, zu Hertling zu kommen. Ganz wie der Doktor Michaelis, konstatierte auch der Freiherr von Hertling die in meinem Gedächtnis nicht vermerkte Tatsache, daß wir alte Bekannte seien, und sagte dann mit einer Stimme, deren Ton schon im voraus beschwichtigte, nun würde man gewiß im Innern eine Zeit der Ruhe haben, und er habe sich ja, wie ich wohl wisse, auch für das gleiche Wahlrecht eingesetzt. »Hoffentlich entspricht das Resultat Ihren Bemühungen«, erwiderte ich... Er: »Ja, was daraus wird...!«

Was aus allem, und nicht aus der Wahlrechtsreform, einer nun nebensächlichen Angelegenheit, im Laufe der elf Monate wurde, in denen der Freiherr von Hertling Reichskanzler war, steht mit tief eingemeißelten Lettern auf dem Trauerdenkmal der Zeit. Wie die Hofleute Marie Antoinettes, die Besenval und Vaudreuil, saß der Freiherr von Hertling auf dem Ufer und sah den unaufhaltsam anschwellenden Gebirgsstrom, der schon Felsblöcke mittrug und Brücken einriß, vorüberziehen. Er saß nicht da mit der geistreichen Nonchalance, der tändelnden Neugierde, der Ironie und der Selbstironie dieses sterbenden ancien régime, sondern mit korrekter Miene und gänzlich ohne Frivolität. Eine Möglichkeit, mit seinen aristokratischen zarten Händen in die Ereignisse entscheidend einzugreifen, sah er nicht, aber er wollte sich auch nicht übermäßig und nutzlos aufregen, seine Kräfte durften in dieser schweren Zeit nicht überanstrengt werden, und er war, wie gesagt, genötigt, vor elf Uhr schlafen zu gehen. Für das deutsche Volk war er gerade so vorhanden, als ob er ein Mondbewohner gewesen wäre oder der Gipsabdruck einer ägyptischen Pharaonenfigur im hintersten Museumssaal. Das war um so bedenklicher, da man die Wahrheit über die Kriegslage nicht länger mit Siegesbulletins verdecken konnte, keine Zensur mehr imstande war, den Zusammenbruch der abermals mit ungeheuren Massenopfern bezahlten Westoffensive, die begonnene Räumung des vor vier Jahren eroberten Bodens, die Auflösung der österreichischen und bulgarischen Bundesheere und die Noten Wilsons, die immer deutlicher die Abdankung des Kaisers forderten, durch Schweigegebote fortzuzaubern, und das erschöpfte, verelendete Volk statt der ihm zu lange aufgedrängten Illusionen nun allzu jäh die grausame Wirklichkeit vor sich sah. Mancher hat sich damals und seither gefragt, ob nicht doch alles etwas anders gekommen und ob die deutsche Katastrophe so, in ihrer ganzen Furchtbarkeit, hereingebrochen wäre, wenn die Heerführer sich hätten bewegen lassen, die Westoffensive nur anzukündigen, ohne den Plan zur Ausführung zu bringen. Alle vorsichtigen Ratgeber waren der Ansicht, man müsse mit dieser Drohung die Gegner enervieren, weich machen für Verhandlungen, aber man dürfe nie und nimmer die letzte Karte ausspielen, nicht dieses Vabanquespiel riskieren, dem unmittelbar der Sturz in den Abgrund folgen mußte, wenn es mißlang. Jetzt kam die Katastrophe heran wie eine unheimliche schwarze Wolkenwand, und das aufgeschreckte Volk suchte nach dem Lotsen, dem es sich anvertrauen könnte, und fand nur einen höflichen ermüdeten fremden Greis. Auch Kühlmann, der einzige, der noch allenfalls in die Öffentlichkeit hinaus wirken konnte, war von Hindenburg und Ludendorff beseitigt worden, und seinen Platz nahm jetzt der ehemalige Admiral von Hintze ein, dem man viel diplomatische Gerissenheit zuschrieb, und der nur leider bei seinem Debüt im Hauptausschuß weder durch diese Eigenschaft Eindruck machte noch überhaupt irgendeinen Eindruck hinterließ. Ein neues Wort lief um, immer stärker hörbar: Eine »Volksregierung« sollte kommen. Es war ein neuer Glaube in diesem neuen Wort. Durch Herrn Fehrenbach, seinen Parteifreund, im Auftrage aller über die Stimmung unterrichtet, trat Herr von Hertling zurück. Am 30. September wurde in einem kaiserlichen Erlaß die Teilnahme des Volkes an der Regierung proklamiert. Alles zu spät. Zu spät für den Kaiser und zu spät für das Volk, denn die in der Not herbeigerufene Demokratie konnte die militärischen Niederlagen nicht ungeschehen machen, sie mußte nun, während ihre schlimmsten Gegner spöttisch zusahen und ihr gern das Feld überließen, die undankbarsten Aufgaben übernehmen, und die Lorbeerbäume waren längst von anderen kahl gepflückt. Wenn die Karawane verdurstet, überläßt man es dem geduldigen, zähen und starken Tier, das den Scheich und sein Gepäck trägt, den Weg zur Oase und zur Quelle zu suchen, und dann wird es als »das stolze Schiff der Wüste« besungen. Hinterher ist es, wenigstens für viele Ungläubige, nur noch das Geschöpf, das dienen und das gelenkt werden muß, und das man mit seinem eigentlichen zoologischen Namen, ohne poetische Umschreibung nennt.

Ich war drei Wochen vorher von Passau auf der Donau nach Wien und Budapest gefahren und erst wenige Tage vor dem Ausbruch der neuen Kanzlerkrise nach Berlin zurückgekehrt. In Wien hatte ich einen Hunger gesehen, der sogar den Witz in den Caféhäusern tötete, und auf dem Ring ein Spalier von Bettlern, wie Gestalten aus den Bildern Brueghels, aber schon auf dem Schiff zwischen Wien und Budapest gab es herrliches weißes Brot — und infolgedessen eine Überzahl österreichischer Passagiere —, und jenseits der ungarischen Grenzen begann das Paradies. Schüsseln mit Kuchen auf jedem Tisch, vorzüglicher Kaffee mit Milch und Zucker, Berge von Butter, Speisekarten mit zwanzig Fleischgerichten, Zigeunermusik, fröhliche Sonntagspromenade mit schönen und eleganten Frauen auf dem Donauquai. Und von diesem Optimismus, der den Rhythmus der wundervollen Stadt bestimmte und der Sonnenluft ein noch helleres Funkeln gab, waren offenbar auch die ernstesten Menschen, Minister, Politiker, Bankdirektoren und Industrielle beherrscht. Ob ich den Ministerpräsidenten Wekerle besuchte, der wie ein großer französischer Notar und Anwalt reicher Familien, eine »gloire du Palais«, aussah, oder mit Andràssy sprach, oder mit dem Handelsminister Stérényi, oder mit Vàsonyi, dem Mann der Linken — Berlin und Wien wurden mit rauher Offenheit oder mit rücksichtsvoller Selbstbeherrschung kritisiert, aber irgendwie drang doch immer die Meinung durch, Ungarn werde den Bankrott am allerbesten, ohne Genickbruch überstehen. Ausgesprochen oder unausgesprochen, in den Worten oder hinter den Worten die gleiche Überzeugung: Deutschland wird den Kaiser fortschicken, Elsaß-Lothringen verlieren und eine Kriegsentschädigung zahlen, Österreich wird so kunstgerecht zerlegt werden, wie eine Rouenaiser Ente, aber Ungarn ist beliebt bei allen Nationen, und ihm wird nichts allzu Böses geschehen. Als ich auf der Rückreise wieder nach Wien gekommen war, hatte mich noch Graf Burian, der unglückliche Minister des Äußern, zu sich gebeten und mir bekümmert, ohne falsche Theatergeste, die Erklärung mitgegeben, daß Österreich nicht weiter Krieg führen könne und am Ende sei. Ich sollte das in Berlin berichten, aber es war keine Neuigkeit.

Die Berufung des Prinzen Max von Baden zum Reichskanzler, die man sich im Hoflager diesmal abringen ließ, konnte für das Volk eine symbolische Bedeutung haben, und es waren sogar verschiedene Symbole in ihr vereint. Baden war das Land einer liberalen Weltanschauung, in seinen Lebensformen ein wohltuender Gegensatz zu der preußischen Schärfe, die Deutschland doch auch nicht gerettet hatte, und zu dem offenbar in mancher Hinsicht hinter der Weltentwicklung zurückgebliebenen »Potsdamer Geist«. Die Michaelis und Hertling und das ganze Personal der bisherigen Regierungen und Nebenregierungen kamen aus Regionen, von denen nur schmale Wege zu den breiten Volksmassen gingen. Der Thronfolger in Baden stieg aus noch höheren Regionen hinunter, und doch schien diese Höhe nicht so volksfremd wie die Zwischenstufen, und es war so, wie manchmal in den Bergen: Von den Leuten, die ein paar hundert Meter über der Ebene wohnen, bis zu denen unten ist es weiter als vom Gipfel zum Tal. Die Annahme des Kanzleramtes durch den Prinzen Max bewies in dieser Stunde der Gefahr ein wohltuendes Gemeinschaftsgefühl. Es war etwas Besonderes, noch nicht Dagewesenes, und nur das Besondere, noch nicht Dagewesene, konnte auf die Phantasie wirken und noch einmal einen seelischen Aufschwung bringen. Der badische Thronfolger stellte sich an die Spitze der Bewegung, die das Gottesgnadentum und den Absolutismus hinwegräumte und dem Volke das Recht, über sein eigenes Schicksal mitzubestimmen, errang. Und er war nicht Philippe Egalité. Allerdings, in der Vorstellung des Kaisers war er dieser Abtrünnige – er beging Verrat an der Hohenzollerndynastie, an allen dynastischen Ideen, an der geheiligten Tradition. Denn der Fürst soll »der erste Diener seines Volkes« sein, aber so, wie es ihm gefällt, und niemandem verantwortlich als dem urewigen Richter, den man durch fleißiges Kirchenbauen zu versöhnen hofft. Aus grundverschiedenem Stoff sind der »erste Diener«, den Gott eingesetzt hat, und der erste Dienstbote, den man anstellt und den man fortschicken kann, selbst wenn er Bismarck heißt. Der Abstand zwischen dem Thron und der obersten Stufe zum Throne ist größer als der Abstand zwischen der Sonne und der Erde, der nach den Berechnungen der Astronomen ja nur etwas über 149 Millionen Kilometer beträgt. Als in Rom der Kardinal Ascanio Sforza den türkischen Prinzen Dschem fragte, wie ihm ein Turnier gefalle, das man ihm zu Ehren, einige Zeit vor seiner stillen Ermordung, veranstaltete, gab dieser Orientale eine Antwort, die Wilhelm II. gewiß gern unter den Vorschlag geschrieben hätte, den Prinzen Max zum Reichskanzler zu ernennen. In seiner Heimat, sagte der Sultanssprosse, lasse man solche Kämpfe durch Sklaven aufführen, um die es, wenn sie dabei umkämen, nicht schade sei.

Der süddeutsche Demokrat Konrad Haussmann war der ergebenste Paladin des Prinzen Max. Durch Gesinnung, Geist und Temperament gehörte er einem schon damals ziemlich ausgestorbenen, nur noch in einigen Ausläufern existierenden Geschlecht von 1848 an. Hitzig, streitbar, leidenschaftlich, gütig, der Überlebende von den drei Musketieren oder aus der Linie Cyranos von Bergerac, ein Gascogner Kadett, ohne die überschäumende Ruhmredigkeit. In seinen Gefühlen ganz deutsch, in seinem Wesen mit einem Zusatz von französischem Saft. Gern stritt er mit mir, besonders in der Zeit, wo er den Schwaben Kiderlen-Wächter mit landsmannschaftlicher Liebe verteidigte, und dabei hätte seine lose schwarze Künstlerkrawatte eigentlich im Winde wehen müssen wie die Schärpe eines Ritters im Gedicht des Ariost. Unter solchen Umständen neigte ich auch zu einigem Skeptizismus, wenn er

mir den Prinzen Max mit einem wahren Missionarseifer
rühmte und sein frisches Gesicht — in dem der langhaarige
schwarze Schnurrbart sowohl die künstlerische wie die käm-
pferische Note verstärkte — etwas von dem Gesicht eines verliebten Jünglings bekam. Damit ich mich davon überzeugen
könnte, daß der Prinz nicht zu sehr gelobt worden sei, sollte
ich ihn selber sehen. Es wurde für den 22. Oktober ein Besuch verabredet, und Konrad Haussmann holte mich ab und
begleitete mich, ungefähr wie ein Professor der Kunstgeschichte uns stolz einen neu erworbenen Museumsschatz
oder ein Bild in der von ihm behüteten Kathedrale zeigen
will, oder ein Ingenieur uns mit dem Lächeln des Fachman-
nes zu der letzten technischen Errungenschaft führt. Der
Prinz Max war erst seit drei Wochen Reichskanzler, aber es
war, und gerade vor diesem Besuchstage, schon ein Schatten
über seinen Weg gehuscht. Ein Brief, den er einmal während
des Krieges an den krank in der Schweiz lebenden, geistig
hochstehenden Prinzen Alexander Hohenlohe geschrieben
hatte, war aufgefunden und veröffentlicht worden, bereitete
seinen Anhängern Verdruß und Sorge und wurde von den
reaktionären Kreisen mit schadenfrohem Hallo ausgenutzt.
Alexander Hohenlohe, ein Sohn des Fürsten, des dritten
Reichskanzlers, und Geistesverwandter Romain Rollands,
war Pazifist und trat für die deutsche Neugestaltung ein. Persönlichkeiten wie dieser früh Verstorbene sind verschwunden
hinter der Schar derjenigen, die es verstanden, sich geräuschvoll in den Vordergrund zu drängen. Prinz Max von Baden
hatte in seinem Brief an den Prinzen Alexander sich über den
Pazifismus und den Parlamentarismus absprechend geäußert
und manches Wort geschrieben, das nun, ans Licht gezogen,
in der veränderten Situation peinlich war. Beinahe hätte ihn,
nachdem er kaum das Reichskanzlerpalais betreten hatte,
diese Enthüllung schon wieder hinausgebracht. Aber er
konnte sagen, daß er seine Ansichten seither geändert habe,
und wer habe niemals seinen Standpunkt gewechselt und ein
altes Kleid mit einem neuen vertauscht? Viele wechseln sogar
die Haut.

Es war nun der vierte Reichskanzler seit dem Kriegsbeginn. Niemand dachte mehr an Bethmann, nur der Diener,
der unten Hut und Mantel an dem Garderobenständer auf-

hing, war noch aus jener verschollenen Epoche zurückgeblieben, wahrscheinlich hatte man ihn wegen eines Herzleidens oder wegen Krampfadern vom Kriegsdienst suspendiert. Als Konrad Haussmann und ich eintraten, ging gerade der Reichskanzler Prinz Max, im sogenannten Interimsrock ohne Säbel und Mütze, von einem Büro zum andern quer durch das Vestibül. Er trug eine Aktenmappe hinüber, ganz als wäre er ein hier diensttuender Ordonnanzoffizier. Weder Herrn von Bethmann noch den Freiherrn von Hertling noch den Doktor Michaelis hätte man so antreffen können. Die Beamtenschaft hat ihre Hausregeln, ungeschriebene Satzungen über das, was sich für einen jeden seinem Grade nach gehört. Man sah, der Prinz Max hatte sich mit einer frohen Entschlossenheit in die Arbeit gestürzt. Und wie städtische Salonmenschen, die gelegentlich den Snobismus abschütteln können, sich im Sommer, abseits von parfümiertem Saisonbetrieb, beglückt dem Naturleben hingeben und darin fast zuviel tun, genoß offenbar der Prinz, vom Hofzeremoniell befreit, die Veränderung der Umgebung, die immens erweiterte Tätigkeit, den wichtigeren Stundenplan und sogar die unvergleichlich größeren Schwierigkeiten, Sorgen und Mühen. Er reichte uns die Hand, bat uns, nur einen Moment zu warten, und fragte dann, als er wieder aus dem Büro heraustrat, ob es uns passe, mit ihm im Garten spazierenzugehen. Er habe ein Bedürfnis danach, den ganzen Morgen über sei er noch nicht an die Luft gekommen. Natürlich bejahten wir, er zog den Militärmantel an, und dann gingen wir durch den Park, meistens um eine große Rasenfläche herum und ein paarmal bis zu der Stelle, bei der die Fürstin Bülow so niedlich zu schwärmen pflegte: »Kennen Sie meine Pergola?« Die Kronen der alten Bäume hatten das herbstliche Rotgelb, und lyrische Gemüter, die aus Zeitgeschichte und Natur ihr Lied spinnen, hätten es sehr stimmungsvoll finden können, daß in der kühlen Luft welkes Laub wirbelte und daß, eine unleugbare Tatsache, in den letzten Oktobertagen sich vieles zu entblättern begann.

Nach der üblichen Ouvertüre – der Prinz hatte durch Brockdorff-Rantzau viel über mich gehört und dergleichen – wurde über die Note gesprochen, die soeben als Antwort an Wilson hinausgegangen war. Ich hatte sie nicht loben können, denn wie die meisten dieser deutschen Noten vermied sie sowohl den stolzen Ton wie das klare Zugeständnis und war also, von jedem Standpunkt aus betrachtet, ein Produkt der Halbheit und der bürokratischen Ängstlichkeit. Der Kanzlerprinz sagte, er müsse mir zustimmen, auch er finde die Note nicht gut. »Aber es haben eben zu viele daran mitgearbeitet, und da ist natürlich manches mißlungen. Ich hatte einen Entwurf gemacht, man fand ihn aber zu weich, und obgleich ich das eigentlich nicht zugeben konnte, zog ich ihn zurück. Dann ist die Note gemeinsam verfaßt worden – wie es so geht. Wenn Sie in solchen Fällen einen Gedanken haben, von dem Sie meinen, er könnte nützlich sein, so schicken Sie mir Ihren Vorschlag, ich bitte Sie darum, ich wäre Ihnen sehr dankbar dafür.« Ich entgegnete, er habe in seinen Ämtern genug vorzügliche Stilisten, eine solche Note aber sollte immer nur einer aufsetzen, und wenn neben zehn anderen auch noch ein elfter mit Ratschlägen käme, so würde das Werk dadurch gewiß nicht an Einheitlichkeit und Eindruckskraft gewinnen. Am Nachmittag wollte er im Reichstag sprechen, und mit dem Redeentwurf schien er zufrieden zu sein, denn er äußerte, er halte die Rede für besser als die Note, sie sei auch besser in der Form. Es zeigte sich hinterher in der Tat, daß es eine sehr schöne Rede war, beseelt von einem reinen Idealismus, im Ton anständiger, nicht schnarrender und protzender Männlichkeit, nicht zu laut und nicht zu leise und geformt mit einem an den besten Vorbildern geübten Stilgefühl. Die Reden, die der Prinz Max von Baden hielt, entsprachen durchaus seiner Persönlichkeit, die zwar nicht in den Schloßgemächern und Gärten Weimars zu Hause war, die man sich aber vorstellen konnte, wie sie in einer nachweimarischen Periode beim großherzoglichen Tee ihre Freude an Gesprächen über den Goethekreis und an klassischer Bildung fand. Ganz allein hat er freilich Reden ebensowenig wie Noten geschaffen, ein ungenannter Mitverfasser stand daneben, aber die programmatischen Reden seiner sämtlichen Vorgänger waren fast immer von den Geheimräten ausgestattet worden, ungefähr wie bei einer ökonomischen Hochzeit ein Onkel die silbernen Messer und Gabeln und ein anderer die Löffel schenkt, und der Mitarbeiter des Prinzen Max von Baden hatte sich wenigstens so sehr in das geistige Wesen des Firmenchefs hineingelebt, daß keine Zutat fremd erschien und alles dem Bilde, das man sich von dem Redner machen mußte, harmonisch entsprach.

Ziemlich unvermittelt sprach der Prinz dann von seinem Brief an Alexander Hohenlohe, und gerade weil er so ohne Übergang zu diesem Thema gelangte, konnte man bemerken, daß die Angelegenheit ihm schwer auf der Seele lag. Er sagte: »Es war ein unglückseliger Brief.« Er habe den Prinzen Alexander Hohenlohe sehr gern, und gerade während des Krieges habe er ihn seiner Ehrlichkeit wegen noch lieber gewonnen, aber Alexander Hohenlohe habe ihn durch die scharfe Zuspitzung seiner Ideen gereizt. So sei er in seinem Briefe weitergegangen, als es eigentlich seine Absicht gewesen sei. »Manches in meinem Brief finde ich auch heute noch richtig, anderes hat mich, als ich es jetzt wieder gelesen habe, geradezu erschreckt. Aber wenn ich von der Ausnutzung des Krieges gesprochen habe, so habe ich dabei nicht an Annexionen, sondern nur an wirtschaftliche Ausnutzung gedacht.« Die Wendungen gegen den Parlamentarismus gab er preis. Er sehe die Dinge jetzt anders an ... Das Gespräch sprang zu den Beschuldigungen über, die sich auf deutsche Plünderungen, auf die Fortschleppung von Maschinen, auf die militärische Herrschaft in den besetzten Gebieten bezogen und die auf der Gegnerseite nun mit so verstärkter Vehemenz wiederholt wurden, daß die Absicht, sie als Material auf den Verhandlungstisch zu schleudern, sich gar nicht verkennen ließ. Ich fragte, ob man nicht wenigstens feststellen könnte, wohin die Maschinen gebracht worden seien und in wessen Besitz sie sich befänden, aber der Prinz wußte darüber nichts. Das Benehmen der Truppen auf dem Kriegsschauplatz, sagte er, habe ihm eigentlich immer einen sehr günstigen Eindruck gemacht. Und auch die Berichte neutraler Beobachter, die ihm zugegangen seien, hätten dieses gute Benehmen anerkannt.

Er ging sehr elastisch, mit ziemlich schnellen Schritten zwischen uns beiden, und es war eine Art hygienischer Dauermarsch. Vermutlich war es sein gewöhnlicher Spazierschritt auf den Parkwegen badischer Schlösser, vielleicht fand er auch die Herbstluft etwas zu frisch, und es mag auch sein, daß das Tempo der Arbeit, gerade weil ihm ungewohnt, vorwärtsdrängend in ihm wirksam blieb. So frei und ungezwun-

gen, offen und herzlich seine Sprache und seine Umgangswei-
se waren — man empfand, daß das alles sich ganz von selbst
änderte, wenn die Ansprüche der Repräsentation es bedingten oder der höfische Einfluß die Gesten regulierte, die Worte
dämpfte, die Haltung einer abzirkelnden Kontrolle unterwarf. Hier in Berlin waren die Politiker, mit denen er nun
verkehrte, ungefähr eine gleichberechtigte oder doch gleich
mächtige Welt, und wenn er in ihnen Helfer, Freunde und
Gleichgesinnte sah oder zu sehen meinte, fühlte er sich gern
als einer in der Reihe, und an den Titel »Seine Hoheit« erinnerte dann nur ein sichtbar bleibender Rest. Dieses Sichtbare,
die äußere Erscheinung, das Resultat der Züchtungsmethode,
ließ allerdings für jedes Auge »den Prinzen« erkennen.
Schlank und wohlgebildet, hatte er den Familienzug, der die
Abkömmlinge vieler Fürstengeschlechter einander so zum
Verwechseln ähnlich sein läßt, wie es die spanischen Edelleute in den Bildnissen des Greco sind, und zu diesem gemeinsamen Zuge kam dann noch der seltenere einer gewiß nicht
himmelstürmenden, aber geschulten und regsamen Intelligenz. Andere haben ihn weit besser als ich gekannt und vielleicht in verschlossene Tiefen geblickt. Ich für mein Teil empfing nicht den Eindruck, daß er unbekannte Tiefen und ein
verborgenes zweites Leben haben könnte, das den meisten
schöpferischen Naturen eine notwendige Kraftquelle ist.

Konrad Haussmann, der auf der anderen Seite des Prinzen
schritt, schien mir schon seit einer Weile etwas zappelig und
ungeduldig zu sein. Die Unterhaltung befriedigte ihn nicht,
sie kam nicht zu dem Punkt, zu dem er sie gern hinsteuern
wollte, und manchmal machte er mir heimlich ein Zeichen,
und ich begriff sehr wohl, daß er für das einzige lohnende
Gesprächsthema die Abdankung des Kaisers hielt. Endlich
platzte er los mit der Frage, ob wir die Artikel der bayerischen Presse gelesen hätten, in denen mit beispielloser Schärfe die Abdankung verlangt werde — und das sei nicht etwa
nur in Bayern so. Indem er sich, an der prinzlichen Figur vorbei, zu mir hinwandte, forderte er mich auf, zu bestätigen,
daß das deutsche Volk mit sehr wenigen Ausnahmen von der
Notwendigkeit der Abdankung überzeugt sei — »die Konservativen denken darüber genauso wie wir«. Der Prinz sah
mich an und fragte, übrigens in sehr ruhigem Ton, wie

jemand, den die Gesprächswendung nicht gerade überrascht: »Ist das wirklich der Fall?« Ich antwortete, daß wohl niemand zu sehen vermöchte, wie nach der Niederlage Wilhelm II. Kaiser bleiben könnte — für jedes Stück Land, das abgetreten werden müsse, werde man ihn verantwortlich machen, jede Million, die man bezahlen müsse, werde man sozusagen von ihm zurückfordern, und immer werde es heißen, wenn er gegangen wäre, so hätte Deutschland einen anderen Frieden erlangt. Prinz Max: »Und wer soll Kaiser werden? ... der Kronprinz ist doch auch nicht beliebt, und die Entente würde ihm gewiß nicht bessere Bedingungen machen wollen« ... Ich: »Nun, dann ein Enkel oder einer der Bundesfürsten, wenn es nicht anders geht« ... Der Prinz: »Ein Enkel? — dann also mit einem Regenten, aber wer soll das sein?« ... Ich deutete mit einer Handbewegung auf ihn hin, er machte eine verneinende Bewegung und sagte: »Ich bin mit dem Kaiser verwandt, für mich ist das alles schwerer als für jeden anderen, Sie werden das verstehen« ... »Es wird nur«, erwiderte ich, »gut sein, sich darüber schlüssig zu werden, was geschehen soll, denn sonst verliert man den Zügel aus den Händen, und die Ereignisse brechen wieder über ein unvorbereitetes Volk herein, und so, daß man sie nicht mehr dirigieren kann.« Er schritt schweigsam weiter, aber aus seinem Schweigen war die Antwort herauszuhören, daß er das alles wisse und sehe, und daß er nur gehemmt sei durch die Verwandtschaftsbande und die Solidarität der Dynastien. Achtzehn Tage später mußte er, nach vergeblicher Telephonverbindung mit dem Hauptquartier, in das sich Wilhelm II. zurückgezogen hatte, verkünden, der Kaiser habe abgedankt. Er mußte die familiären Gefühle und Rücksichten beiseite schieben, es blieb ihm keine Zeit, die Taktfrage bis in die letzten Feinheiten hinein zu prüfen, unten auf den Straßen marschierte die Revolution, die Soldaten warfen die Gewehre fort, und immer noch wurde im Hauptquartier kein Entschluß gefaßt. Die Getreuen des kaiserlichen Regimes, deren Treue in diesen Entscheidungsstunden nicht sehr aktiv war und je nach dem Wetter wie das Barometer steigt und fällt, behaupten, er habe durch die Verkündung eines noch nicht ausgesprochenen Thronverzichts einen Frevel an seinem höchsten Herrn verübt. Aber Prinz Max, dessen Bild in der

162

langen Porträtgalerie der europäischen Fürstenhöfe so manchen Zwilling hatte, war nicht im entferntesten jenen Mitgliedern ehemaliger regierender Häuser ähnlich, die in
Shakespeares Königsdramen fortwährend damit beschäftigt
sind, gekrönte Brüder und Vettern meuchlerisch umzubringen. Durch den Verzicht des Kaisers sollte das monarchische
Prinzip gerettet werden, und vielleicht wäre, wenn sich die
Hauptperson nicht so starrsinnig gewehrt hätte, einige Tage
früher noch möglich gewesen, was jetzt unmöglich geworden
war. Jetzt versanken Schiffer und Kahn.

Der Prinz Max von Baden verabschiedete sich von uns und
ging, ein wenig langsamer und wohl ermüdet, in das Haus
zurück. Die feuchte Herbstluft konnte ein leichtes Frösteln
bewirken, und er war kein lederhäutiger Sportsmann, nicht
unempfindlich gegen Wetter und Wind. Der letzte in der Reihe – nun fand man, wenn man drei Wochen später hierher – kam, keinen kaiserlichen Reichskanzler mehr. Nur der
Diener, der im Vestibül die Mäntel auf die Haken hing,
konnte wohl weiter sein Amt versehen. Ich weiß nicht, weshalb mir die Erscheinung des Prinzen Max immer die Schil-
lerschen Verse: »Wie schön, o Mensch mit Deinem Palmen-
zweige – stehst Du an des Jahrhunderts Neige« ins Gedächtnis rief. Dieser liberale Idealismus, diese von den besten Leh-
rern und Hofmeistern begünstigte Freude an Kultur und Bildung, diese Hoffnung, das Volk zu retten, emporheben, er-
ziehen und beglücken zu können, und dieser Glaube, der
vom Salon seinen Regenbogen zum Fabriksaal spannte – das
alles, samt den inneren Zweifeln, die heimlich daran nagten,
stimmte so mit einem edlen Versmaß überein. Der Prinz Max
war von den bürgerlichen Demokraten und von allen Re-
formfreunden fast so erwartungsvoll begrüßt worden, wie
einst ein weit Größerer, Turgot, von Voltaire und den Enzyklopädisten begrüßt worden war. Er konnte nicht heilen und
retten, er mußte dem sterbenden Regime die Augen zudrük-
ken, das war die Aufgabe, zu deren Erfüllung das Schicksal
ihn zwang. Er war kein Prinz aus Genieland, er hätte gewiß
nicht die Gegensätze zwischen der Vergangenheit und der
Gegenwart, zwischen der eigenen Herkunft und den treiben-
den Volkskräften überwinden können, und die angeblich ver-
schwundenen Neigungen und Abneigungen, die er in seinem

»unglückseligen Brief« ausgesprochen hatte, konnten sich wieder melden, aber er war den meisten derjenigen voraus, die im Almanach de Gotha stehen. Und er hatte die Vornehmheit eines Mannes, auf den die Zuschauer einander respektvoll aufmerksam machen, wenn er an der Spitze des Trauergefolges hinter dem Sarge geht.

DIE REVOLUTION DES SCHLEMIHL

Die revolutionären Ereignisse des Winters
1918/19 in Deutschland

Der pathetische Stil ist auch im rhetorischen Gebrauch meistens ungesund. Die Ehrlichkeit braucht sich nicht so ge-
schwollen auszudrücken, und in sehr vielen Fällen — Jaurès
war der ganz andere Fall — dient das Pathos der Rede nur
dem glattesten Volksbetrug. Wenn die Geschichtsschreibung
pathetisch wird, ist das fast immer grauenhaft. Auch da gibt
es seltene Ausnahmen: Michelet, dessen Sprache auf breiten
Flügeln die Idee der Aufklärung, der geistigen Befreiung,
durch alle Nächte einem fernen Morgen entgegentrug. Unerträglich, wenn Merejkovsky im exaltierten Ton einer rasen-
den Seherin uns Napoleon neu offenbart und als den allein
wahrhaftigen Richter die Volkslegende preist. Ziemlich
schlimm schon, wenn Carlyle wie ein alter, Pantoffel tragen-
der Lehrer seiner Klasse die Heldenverehrung einpauken will.
Wenigstens vor solcher lyrischen Schwärmerei, solcher stilistischen Überspanntheit, fühlt sich der Historiker, der über
die deutsche Revolution vom November 1918 schreibt, instinktiv bewahrt. Bei der Berührung mit diesem Ereignis ver-
flüchtigt sich aus der Sprache des Chronisten gewissermaßen
mechanisch jedes Atom einer pathetischen Substanz. Jahr-
marktspropheten mögen auch da ihren Effekt aus einer erkünstelten Aufregung ziehen. Ein Geschichtsschreiber, der
bei der Darstellung dieser Revolution nicht vollkommen
nüchtern bliebe, wäre wie ein Redner, der am Grabe eines
Kollegen aus dem Postbüro ausruft: »Denn er war unser!«
oder eine andere ebenso passende Goethestelle zitiert.

Alle anderen Revolutionen hatten ihr Kostüm. Die große
Französische Revolution hatte das ihrige, es entsprach dem
Siege des dritten Standes über die Hofpartei und die Aristokraten, es war zugeschnitten auf den jugendlichen Enthusiasmus Camille Desmoulins, auf die gewaltige Kraftnatur Dan-
tons, auf die affektierte Tugenddiktatur Robespierres. Die

deutsche Revolution von 1848 hatte eine prachtvolle Trachtengalerie, einen köstlichen Phantasiereichtum in der äußeren Inszenierung der Persönlichkeit. Friedrich Hecker und der Badenser Gustav Struve waren mit ihren Blusen und beschnürten Jacken, ihren breitkrempigen Hüten, an denen kühn die Feder stak, und ihren umgeschnallten Schleppsäbeln unverkennbare Führer von etwas abenteuerlichen Freiheitsarmeen. Die alten Bilder, auf denen irgendein Aufmarsch dieser Freiheitsgruppen dargestellt ist, zeigen die liebenswerte naive Begeisterung und zugleich das Bestreben, sich als Revolutionskämpfer zu drapieren, Eindruck zu machen und Männer zu sein, die ebenso das Gewand der Knechtschaft fortgeworfen haben wie den Untertanengeist. Erinnerungen an die malerischen Erscheinungen der Konventsheere wirkten mit, aber die damals noch vorhandene deutsche Romantik fügte ihre eigenen Züge hinzu. Im November 1918 war der Rock nur das abgeschabte, fadenscheinig und dürftig gewordene Gewand des kleinen Mannes, niemand suchte die malerische Wirkung, und woher hätte man sie in dem grauen Elend auch nehmen sollen? Diese Revolution konnte kein Kostüm haben, niemand schien auch Wert darauf zu legen, die Phantasie konnte nach den vier Kriegsjahren nichts mehr erzeugen, nicht einmal das Halstuch wurde aufrührerisch geschlungen. Und wenn die anderen Revolutionen ihre besonderen Attitüden, Formen der Haltung und des Geistes gehabt haben, die von 1789 die römische Linie und die von 1848 die Geste des Barrikadenkämpfers und Freischärlers, so wies auch Derartiges die von 1918 nicht auf. Man hatte, um sich nach den Mustern der Tragödie zu bewegen, zu viel Tragisches erlebt. Fünfzehn Jahre später schneiderten andere, die mehr Zeit und Sinn für solche Erfindungen hatten, sich und ihrer Gefolgschaft die interessante Uniform. Jener November war für Schöpfungen der Mode keine Saison.

Unter dem ermüdeten Novemberrock schlug auch nur selten ein leidenschaftlich revolutionäres Herz. Keine Literatur hatte die Geister auf die Republik vorbereitet, kein Freiligrath, kein Herwegh hatte mit der Wucht des poetischen Wortes an den Fürstenthronen gerüttelt, und die Prosa der radikalsten Kritiker hatte gerade bei der Staatsform am wenigsten verweilt. Es gab, nimmt man die eine Rosa Luxemburg aus, keine starke revolutionäre Figur. Der zapplige Liebknecht, den diese merkwürdige Frau nur aus opferbereiter Treue nicht verließ, war ein schmächtiger Tribun. Die sozialdemokratischen Führer waren wie ein Mime, der immer fleißig und anständig die Rolle des alten Vater Miller in »Kabale und Liebe« gespielt hat und plötzlich den jungen feurigen Ferdinand darstellen soll. Sie waren gezwungen, die revolutionäre Sache in die Hand zu nehmen, weil es eine proletarische Bewegung war und weil sie nicht zulassen konnten, daß der unausgereifte Rebell und der bolschewistische Spartakismus ihnen die Arbeiterschaft entrissen und ein Chaos erzeugten, vor dem ihre alte, an Ordnung, Vernunft und Disziplin gewöhnte Gewerkschafterseele Abscheu empfand. Einige dieser sozialdemokratischen Führer wurden ausgezeichnete Minister, entwickelten sich, obgleich der kaiserliche Staat ihnen keinerlei Gelegenheit zu Vorstudien gegeben hatte, zu staatsmännischen, vielleicht allzu staatsmännischen Persönlichkeiten und bewiesen mehr Regierungstalent als sehr viele ihrer Vorgänger unter dem alten Regime. Ebert, Otto Braun und Severing, die nicht auf hohen Schulen gewesen, nicht durch Examina gegangen, nicht in einer Beamtenkarriere aufgestiegen waren, hätten in jedem modernen Staat, demokratischer Republik oder liberaler parlamentarischer Monarchie, sich vortrefflich bewährt. Sie kamen in den ungeheuren Wirren der Niederlage, mußten das Volk aus der Sintflut auf den festen Boden führen, mußten, wie niemals Regierende vor ihnen, zwischen fortwährenden Schwierigkeiten, Widerwärtigkeiten und Gefahren hindurchfinden, hätten für ihre Leistung ganz besonders den Dank der bürgerlichen und adligen Kreise verdient und wurden unablässig beschimpft und bedroht. Sie waren, ganz wie so viele bürgerliche Politiker, gegenüber skrupelloseren Parteigängern nicht immer klug und vorsichtig genug und nicht immer geschickt in der Auswahl ihrer Hilfskräfte, aber sie und die ungeheure Mehrzahl ihrer Genossen waren ehrbar, bescheiden, uneigennützig und blieben in langer Amtszeit arm. Der Reichspräsident Ebert wollte nicht, daß einer seiner Söhne auch nur den kleinsten Posten im Staate erhielt. Man weiß, daß diese Anschauungsweise nicht zur Tradition geworden ist.

Aber den Revolutionsführern wider Willen – Severing und Braun waren noch nicht im vordersten Gliede, und ihre Anwesenheit dort hätte nichts geändert – fehlte vom ersten Augenblick an das heilige Feuer, und sofort begann, in dem Kampf gegen die radikaleren Geister, das Hinübergleiten zu unzuverlässigen Bundesgenossen und das Abgleiten von allem, was dem Wesen und Sinn einer sozialen Revolution entsprach. Sie empfanden die Aufgabe, die ihnen zugefallen war, als eine peinliche Last, sie und die deutsche Sozialdemokratie hatten sich nach der umstürzlerischen Tat nicht gesehnt, August Bebel hatte die Monarchie für eine ganz erträgliche Staatsform gehalten, die Republik war ein Märchen gewesen, der Ehrgeiz war gar nicht so hoch gegangen. Ich habe zu denen gehört, die das parlamentarische System forderten, nachdem durch die leichtsinnigen Entscheidungen vom Juli 1914 die ungeheure Gefährlichkeit einer völlig unkontrollierten und unkontrollierbaren Staatsleitung nur allzu überzeugend dargetan worden war. Das Schicksal des Volkes sollte nicht noch einmal von den Ideen, den plötzlichen Eingebungen eines einzelnen abhängen, der diese Dinge mit ein paar kopfnickenden, im Gefühl ihrer hohen Bedeutung und Weisheit schwelgenden Untergebenen erledigte, ohne daß die Nation und ihre Vertretung ahnen konnten, was sich hinter den Schloßmauern begab. Aber die Sozialdemokratie mußte, in allen Ländern, um so mehr von ihrem Elan einbüßen, je mehr sie auf dem parlamentarischen Terrain gedieh. Überall erschlafften in der Gewohnheit und Bequemlichkeit des parlamentarischen Tagesgeschäftes die revolutionären Energien. Die deutschen Sozialdemokraten begnügten sich, wie die Genossen in England und Frankreich, längst schon mit der »Evolution«, und auch damit eilte es nicht sehr. Nein, sie waren nicht vorbereitet, sie überschritten mit Unlust den Rubicon. Wenn man wie Byron eines Morgens beim Erwachen berühmt war, mochte das ein Hochgefühl sein, aber sich beim Erwachen als Oberbefehlshaber der Revolution wiederzufinden, nachdem man eben noch gut bürgerlich schlafen gegangen war, erschien nicht so angenehm. Besonders wenn man überzeugt war, es sei da etwas ungemein Dummes geschehen. Unmöglich konnten ja Politiker der Linksparteien, wenn sie noch einen klaren Verstand hatten und Vorteil und

Nachteil abzuwägen wußten, gerade in diesen Novembertagen den Sturz der Monarchie wünschen und die Sehnsucht verspüren, allein oder doch führend selber an die Macht zu kommen. Sie waren an den Handlungen, die dem Kriege vorausgingen, nicht beteiligt gewesen, hatten keinen Einfluß auf die Kriegführung gehabt und die militärische Niederlage nicht mitverschuldet, und sie sollten nun diesen Frieden schließen, der nur unter ungeheuer schweren, vielleicht vernichtenden Bedingungen zu erlangen war? Sie sollten ihren reaktionären Gegnern diesen Gefallen tun, ihnen gestatten, sich schmunzelnd beiseite zu drücken und bequem, aus der Ferne, die Stunde der Rückkehr erwartend, sich das tragische Ringen und die unvermeidlichen Demütigungen anzuschauen? Das war ebenso gegen alle politische Vernunft wie gegen alle Logik und Gerechtigkeit. Tausendmal klüger wäre es gewesen, dem Kaiserreich, seinen Parteien, seinen Paladinen, seinen Generälen die furchtbaren Verpflichtungen der Verhandlung und des Friedensschlusses zu überlassen, nicht die eigene Unterschrift unter den Vertrag zu setzen, nicht diesen unheilvollen Schatten auf den Weg einer neugeschaffenen Republik fallen zu lassen, nicht mit dieser Seite das neue Kapitel der Geschichte zu beginnen. Daß nach diesem Frieden Wilhelm II. nicht Kaiser bleiben würde, war klar, und bis dahin hätte man sich in Ruhe mit der Organisation des Staates befassen können. Aber solche Überlegungen wurden durch die Explosion in die Luft gesprengt. Revolutionen haben sich niemals so gehorsam verhalten, wie es den Taktikern gepaßt hätte, und sie sind immer denjenigen davongelaufen, denen der richtige Moment noch nicht gekommen schien. Auch die russische bolschewistische Revolution ist nicht nach dem Plan und den Entwürfen Lenins gemacht worden, und das, was heute so aussieht, als sei es von Anfang an ein fertiges und durchdachtes System gewesen, wurde dem führenden Geist allmählich und stückweise von der vorwärtstreibenden Bewegung abgewonnen. Lenin hat die Masse, aber ebenso hat die Masse den Leninismus geformt.

Es wäre Sache einer tendenzlosen, objektiven Geschichtsschreibung, die Quellen aufzuzeigen, aus deren Vereinigung der revolutionäre Sturzbach geworden ist. Aber wann wäre eine Geschichtsschreibung, die eine noch in die Gegenwart hineinragende Vergangenheit beurteilen soll, tendenzlos und objektiv? Als eine unsagbare Plattheit würde es mir erscheinen, wollte ich in ein paar hurtigen Sätzen von den großartigen Kriegstaten sprechen und den Leiden, die das deutsche Volk vier Jahre hindurch ertrug. Das Wunder, daß sie ertragen werden konnten, wird nur übertroffen durch das Wunder, daß sie so bald vergessen worden sind. In allen kriegführenden Ländern schlugen die Todesnachrichten aus dem Felde in den Familienkreis ein, und es war in allen Sprachen der gleiche Schmerz. Hier aber kam die Nachricht zu geschwächten, durch Hunger zermürbten Menschen, zu verzweifelt umherirrenden Müttern, die um ein bißchen miserable Ersatznahrung für ihre wimmernden Kinder rangen. Unpsychologischer Hochmut, Gewinnsucht und Kastengeist verdarben viel. Das Kleinste konnte die größten Wirkungen haben, Menüs der Offizierskasinos konnten stärker aufreizen als ein Schlachtbefehl, der ohne Nutzen Tausende in das Massengrab warf. Vier Jahre lang hatte man immer wieder die Fahnen hinausgehängt. Zuletzt noch hatte die Heeresleitung versichert, alle Reserven des Feindes seien vernichtet, und diesmal komme man nach Paris. All das war nichts gewesen als Täuschung und Selbstbetrug. Plötzlich stand vor jedem die Wahrheit, brach alles zusammen. Agitatoren waren herumgegangen, hatten in den Hinterhäusern, in den Höfen, an den Straßenecken, in Gruppen von schüchternen Zuhörern gegen die Fortsetzung des Krieges gesprochen, Flugblätter und Broschüren waren verteilt worden, und viele bekümmerte Herzen hatten die verbotenen Belehrungen bereitwillig in sich aufgenommen. Aber es war dabei fast immer nur die Rede von der Notwendigkeit des Friedens, von der schamlosen Gewinnsucht der Kriegsindustrie, von dem verbrecherischen Übermut der annexionistischen Heimathelden, von Militarismus und Kapital und von dem sozialen Paradies, in dem nach dem Beispiel Moskaus das proletarische Volk herrschen solle, und obgleich der Begriff der Republik damit natürlich verbunden war, kam in den Schriften und Gesprächen das Wort nur selten vor. Die meisten hatten auch nicht mehr genug geistige Regsamkeit und Konsequenz im Denken, um sich Zukunftsbilder auszumalen, und nur in ganz unbestimmten Farben und Umrissen huschten solche Ideen vorbei.

170

Die Vorstellungskraft ging nur bis zu der Sekunde der Erlösung, bis zu dem Signal, das dem Gemetzel und allem Elend Halt gebieten würde, ganz wie der Gefangene in seiner Zelle immer wieder auf die angesägte und schon wankende Gitterstange blickt.

Gegen den Kaiser empfand das Volk eigentlich keinen Haß. Kein so starkes Gefühl äußerte sich, wenn man, was nur noch selten vorkam, von ihm sprach. Seine Persönlichkeit war nicht einheitlich genug, um solche Gefühle erregen zu können. Man hatte auch so viel Witze über ihn gemacht, daß der Übergang zu leidenschaftlichem Zorn sich nicht leicht ergab. Mit Erbitterung gehaßt wurden die industriellen Kriegsprofiteure, für die der Krieg möglichst lange dauern sollte, und all die Leute, die, in den Etappen und daheim bequem eingerichtet, immer noch behaupteten, ohne einen großen Gewinn für Deutschland und für sie selber sei kein Friedensschluß erlaubt. Gehaßt wurden die Besitzer der reich versorgten Speisekammern, in denen phantastische Reihen von Schinken hängen sollten, und die Ärzte, die herzkranken Familienvätern bescheinigten, daß sie »kriegsverwendungsfähig« seien. Wilhelm II., der in den Manövern den Feldherrn spielte und Reiterattacken kommandierte, hatte sich während der ganzen Kriegszeit nicht vorgedrängt und wurde für die Irrtümer und Fehlrechnungen der Strategen nicht verantwortlich gemacht. Einen Stoß gab der Dynastie die überall herumgetragene Spottfrage: Welche Familie kehrt aus dem Kriege mit sechs lebendigen Söhnen heim? In den Tagen des Friedens hatte Wilhelm II. immer nur festliche, hochrufende, spalierbildende Mengen gesehen. Beim Ausbruch des Krieges hatte er zum Volke gesprochen, vom Balkon herab. In schwarzen Krisentagen hatte er gemeint, nur nichtswürdige Verführer hätten die Leute gegen ihn aufgehetzt, und er sei geliebt und populär. Jetzt hätte er bei dem Volk weilen und nicht in ehernen Tiraden aus der Höhe, sondern als Schicksalsgenosse mit ihm sprechen müssen, aber die einfache Sprache dieser Männer und Frauen war ihm fremd. Sein Gottesgnadentum war nur mit einigen modernen Allüren aufgeputzt, unterhalb der Triarierklasse hatte es für ihn nur »Untertanen« gegeben, und wenn man ihm zugemutet hätte, an eine Volksmenge heranzutreten oder gar ihre Hände zu drükken, so hätte eine ganz ehrliche Furcht vor Bazillen genügt, ihn von solchen Extravaganzen abzubringen. In dem Augenblick, wo er diesen Menschen hätte nahe sein müssen, floh er sie.

Am 31. Oktober erfuhr man, am Morgen sei Wilhelm II. heimlich, ohne die Regierung des Prinzen Max zu benachrichtigen, zum Großen Hauptquartier abgereist. Er war mißtrauisch, Berlin hatte jetzt etwas Unheimliches, die Menschen schlichen wie drohende Gespenster herum, in seiner eigenen Umgebung gab es nur nervös besorgte Gesichter, eine Atmosphäre und eine Schweigsamkeit, wie in einem Krankenhaus. Er fürchtete, daß dieser Prinz Max und seine Komplizen den Skandal auf die Spitze treiben, ihm schließlich zumuten würden, abzudanken, und hier konnte man sich auf niemanden mehr stützen, hier war man von Verrat umringt. Sicherheit war nur bei der Armee, die für ihren Kaiser kämpfen und sterben würde, und so schnell als möglich, ohne noch eine Stunde zu verlieren, mußte man dorthin. Die Regierungskreise und die Politiker waren, als die Flucht − denn anders wurde diese Abreise nicht genannt − bekannt wurde, ungeheuer aufgeregt. Das Kabinett trat zu sofortiger Beratung zusammen, der Kaiser sollte zur Rückkehr bewogen werden, das Große Hauptquartier wurde telephonisch angerufen, aber nichts half. Wilhelm II. ließ sich nicht zurücklocken, gab keine Antwort, rührte sich nicht, blieb hinter den breiten militärischen Rücken verschanzt. Die Berliner sagten, er habe sich in den Schutz der reaktionären Generäle begeben und wolle die Truppen gegen das Volk marschieren lassen, und so konnte allmählich wirklich etwas wie eine revolutionäre Gereiztheit entstehen. Als Wilhelm II. so leise seine Gemächer verließ, schloß sich hinter ihm die Tür, und er hatte sich selber ausgesperrt.

Am nächsten Morgen sprach alle Welt von kommenden Unruhen, in den Familien bereitete man sich, so gut wie das noch ging, auf Streiktage vor. Nachmittags telephonierte mich der Staatssekretär Wahnschaffe, der Chef der Reichskanzlei, an, bat mich, ihn zu besuchen, und schickte mir sein Amtsauto − eine notwendige Erleichterung in einer Zeit, in der es nur wenige Fahrgelegenheiten gab. Herr Wahnschaffe war ein schöner Mann, groß gewachsen und schlank, mit je-

172

ner Gradlinigkeit, die aus einem ehemaligen preußischen Offizier kein Tanzlehrer herausbringen kann. Er hatte einnehmende, regelmäßige Gesichtszüge, einen kurzen, sorgfältig geschnittenen blonden Kinnbart, und wer aus der etwas zu steifen Gestalt auf einen Mangel an geistiger Schmiegsamkeit geschlossen hätte, wäre fehlgegangen. Herr Wahnschaffe besaß sehr viel natürliche, ritterliche Liebenswürdigkeit und ein immer taktvoll angewendetes und die richtige Grenze einhaltendes Vermittlertalent. Da man wußte, daß er nur das Beste wollte und sich nicht bürokratisch den Realitäten verschloß, war er eigentlich bei allen Parteien beliebt. Er war keine Erfindung der neuen Richtung, sondern hatte sich schon unter allen Kanzlern der Kriegszeit bewährt. Jetzt war er Verbindungsmann zwischen der Regierung des Prinzen Max und dem Großen Hauptquartier.

Er empfing mich gleich mit der Bemerkung, daß er mit mir über die Kaiserfrage sprechen wolle, und das hatte ich mir ja natürlich gedacht. In München, sagte er, sei die Aufregung sehr groß, der Ministerpräsident von Lerchenfeld sei äußerst nervös, heute abend fänden wieder überall Versammlungen statt. Das Gerede, daß der Kaiser einen militärischen Putsch unternehmen wolle, sei besonders auch in München verbreitet, aber daran sei doch kein wahres Wort. Der Kaiser sei nur militärischer Fragen wegen zum Hauptquartier gereist und beabsichtige, bald zurückzukommen. Ich warf ein, daß man an diese Versicherungen wohl nicht unbedingt zu glauben brauche, und er ließ, in Gebärden und in ausweichenden Worten, den gleichen Zweifel erkennen. Aber ob ich nicht meine Mitarbeiter in München telephonisch beauftragen wolle, dem Sozialdemokraten Auer, der die Versammlungen leiten werde, zu erklären, in Berlin halte man alle Putschgerüchte für Erzeugnisse einer irrenden Phantasie? Wenn man den Gerüchten in München nicht entgegentrete, würden wahrscheinlich bereits an diesem Abend die Pflastersteine fliegen, und vielleicht würde irgend etwas Unreparierbares geschehen. Ich erfüllte seinen Wunsch, telephonierte gleich aus seinem Zimmer mit München und war dabei überzeugt, daß er diese bajuwarische Geschichte nur benutzt habe, um das Gespräch daran anzuhaken, denn die Regierung hatte in München genug Vertrauensmänner, die, mit größerer Autorität, die amtlichen Beruhigungsworte hätten verbreiten können. Er ging denn auch gleich hinterher zu einer allgemeinen Erörterung des Problems über, gab zu, daß die Abdankung unvermeidlich sein werde, wünschte aber, daß man schonend verfahre und dem Kaiser Zeit lasse, sich an die Idee zu gewöhnen, und war auch wegen der Reichseinheit besorgt. Ich erwiderte, gerade nach dem, was er soeben von Bayern erzählt habe, wäre doch für die Reichseinheit eine Verweigerung der Abdankung die weit größere Gefahr. Dann meinte er noch, eigentlich sei man dem Kaiser gegenüber doch ungerecht, Wilhelm II. habe ja gewiß viel Schuld und habe schwere Fehler gemacht, aber den Krieg habe er nicht gewollt, und er, Wahnschaffe, habe ihn sehr traurig darüber sprechen gehört. Worauf ich nur entgegnen konnte, daß das alles ganz richtig und nur leider die Situation nicht mit Sentimentalitäten zu meistern sei. Jetzt könne man nur noch versuchen, den Akt des formellen Verzichtes bis zum Friedensschluß hinauszuzögern, und die ungeschickte Abreise habe auch das sehr erschwert. Herr Wahnschaffe hatte ein melancholisches Kopfnicken, und obgleich er sich auf diese Geste beschränkte, war seine Beurteilung der Dinge offenbar von der meinigen nicht allzuweit entfernt. Schon am folgenden Tage rief er mich wieder an. Ich konnte in jeder Stunde beobachten, wie sich die Möglichkeiten für eine Hinausschiebung der Kaiserkrise verminderten, denn von allen Seiten her wurde man gedrängt, den Rücktritt zu fordern, und Leute wie Harden, die an Wilson glaubten, erklärten ihrem Publikum mit blendender Bestimmtheit, nach dieser Opferung des kaiserlichen Isaak werde man den günstigeren Frieden erlangen. Österreich und Ungarn hatten die Waffenstillstandsbedingungen, die ihnen diktiert wurden, angenommen. In Berlin hatten diese Bedingungen einen verblüffenden und beinahe schon grotesken Eindruck gemacht, und nun war Deutschland auf dieser Seite jedem Angriff ausgeliefert und an all seinen Grenzen bedroht. Herr Wahnschaffe wollte mich besuchen, aber ich zog es vor, zu ihm zu gehen. Er hatte das Bedürfnis, sich abermals über die Kaiserfrage zu unterhalten, und aus all seinen diplomatisch andeutenden Worten ging hervor, daß Wilhelm nicht daran dachte, abzudanken, und, hinter den militärischen Postenketten sich gesichert wähnend, jeden, der

ihm ein bißchen Wahrheit beibringen wollte, für einen Lügner und Verräter hielt. Ich sagte, dann hätten ja Ratschläge
keinen Zweck. Ob ich bestimmte Ratschläge meine, fragte
Wahnschaffe, und welche das seien. Wenn ich ein Freund des
Kaisers wäre, erwiderte ich, so würde ich ihm raten, nach
dem Empfang der Waffenstillstandsbedingungen im Einver-
ständnis mit dem Reichskanzler ein Telegramm an Wilson zu
schicken und darin zu erklären: »Ist, wie es aus Ihren Noten
hervorzugehen scheint, meine Person das Hindernis, das einem für Deutschland annehmbaren Frieden im Wege steht?
Ich bin bereit, mich für das deutsche Volk und den Frieden
der Welt zu opfern und auf den Thron zu verzichten, falls ich
damit mildere, erträgliche Bedingungen erkaufen kann.« Entweder werde dieser Vorschlag angenommen werden, und
dann träte der Kaiser ohne Demütigung und in guter Haltung
zurück. Oder das Angebot werde abgelehnt, was ja wahrscheinlicher sei, und man würde vielleicht doch noch das Regime bis zum Friedensschluß halten können. Wahnschaffe
fand diese übrigens ziemlich naheliegende Idee »sehr beachtenswert« und »sehr interessant«. Aber ersichtlich war er
überzeugt, auch diese Medizin würde dem so schwer zu be-
handelnden Patienten nicht gefallen. Gleich nach dieser Unterhaltung kamen die ersten Nachrichten vom Matrosenauf-
stand in Kiel, am nächsten Tage wurde der volle Sieg der
Revolutionäre gemeldet, am 6. November war es ebenso
oder ganz ähnlich in Hamburg, Lübeck, Geestemünde,
Schwerin und an vielen anderen Stellen im Lande, überall regierten bereits Soldatenräte, die Flut war schon dicht vor Berlin. Jede Diskussion über die Wahl des »besseren Zeitpunk-
tes« war nur noch nichtig, inhaltslos und lächerlich.
    Die Revolution vom 9. November habe ich nicht an ihren
Ausgangspunkten und in ihren Zentren, sondern nur am
Rande der Ereignisse gesehen. Aber hat nicht Stendhal die
Schlacht von Waterloo beschrieben, indem er nur Fetzen von
Pulverdampf, das Phänomen einer vorbeifliegenden Reiter-
schar, Sekunden von Episoden, die entfernten Ausläufer der
eigentlichen Handlung gab, und wird nicht diese Schilderung
mit Recht unerreichbar gefunden und von allen künstlerisch
Wissenden weit über die »vollständigen« Schlachtengemälde
gestellt? Und Stendhal war gar nicht bei Waterloo gewesen,

so wenig wie bei vielen kriegerischen und friedlichen Ereignissen, bei denen er mitgetan haben will − nur am Mincio hatte er gekämpft, den russischen Feldzug und die Schlacht bei Bautzen in bequemer Kalesche miterlebt −, aber er hatte, wie Taine von ihm sagte, »admirables divinations« und hinter seinen »petits faits«, seinen aus dem Zusammenhang gerissenen Details spürte man das Hin- und Herwogen des Kampfes, die Schicksalswende und den napoleonischen Zusammenbruch. Geht nicht manchmal in den Kirchen Italiens von einem alten, halb zerstörten Mauerbild gerade deshalb eine lebendige Berührung, eine Poesie, etwas Fesselndes und Überraschendes aus, weil man nur noch Bruchstücke, den Kopf eines Apostels, die halbierte kniende Gestalt eines Stifters, die Reste einer Madonna erkennt? Die Einzelheiten, die scheinbar nebensächlichen sogar, können mehr vom wahren Eindruck nachempfinden lassen als die gründliche Darstellung des Ganzen, das doch niemals das Ganze ist. Das alles sage ich, um die Dürftigkeit der Tagebuchnotizen zu entschuldigen, die ich damals einzeichnete und hier wiedergeben will:

8. November. Die Spannung ist fieberhaft. Wird der Kaiser abdanken oder wird er Widerstand leisten wollen? Da die Sozialdemokraten gestern nachmittag beschlossen haben, aus der Regierung auszutreten, wenn die Abdankung nicht komme, *wird* bei einer Weigerung oder auch schon bei zu langem Zögern das jetzige Kabinett verschwinden und wahrscheinlich, wenn auch nur für den ersten Augenblick, die Einigung der Arbeiterschaft sich vollziehen. Die Führer werden dann einfach mitgeschleift. In jeder Minute telephoniert irgendein Bekannter oder Unbekannter bei mir an, der wissen will, Wilhelm habe bereits abgedankt, oder er weigere sich, oder er sei mit einer Armee gegen Berlin unterwegs. Aus dem ganzen Lande Meldungen über die Fortschritte der Revolution, nirgends rühren die Kreise, die sich so kaisertreu gebärdeten und so stolz mit ihren Orden waren, auch nur einen Finger für die Verteidigung der Monarchie, und die Soldaten laufen überall aus den Kasernen heraus. In Berlin sind die Bahnhöfe militärisch besetzt, vor den Palais, dem Kriegsministerium und anderen Gebäuden stehen noch Doppelposten, äußerlich ist das alles wie sonst. In den Köpfen unter den Helmen wird wohl der Gedanke rumoren, dies sei die letzte Wache, und morgen oder heute abend schon werde das freie Leben beginnen. Im Bürgerpublikum sind viele ängstlich, nervös, verstecken ihre Geldscheine, versorgen sich, um für alle Fälle eine Beleuchtung zu haben, mit den kleinen Karbidlampen, die so entsetzlich stinken, und einige Villenbesitzer, die ich kenne, ziehen aus dem Grunewald oder von den Havelufern, wo sie sich zu einsam und ungeschützt fühlen, in die Stadt. Sie alle haben Angst vor dem Spartakismus, und ihre einzige Hoffnung ist jetzt die Sozialdemokratie, die ja vernünftig ist und nicht gleich alles kaputtschlagen wird. Um ein Uhr ist noch keine Antwort des Kaisers da. Der sozialdemokratische Parteivorstand, der so dringend eine Regelung in Güte wünscht, will sich noch gedulden und verlängert die Ultimatumsfrist. Gegen Mitternacht telephoniert mir aus dem Auswärtigen Amt Ferdinand von Stumm, der Kaiser werde gewiß nachgeben, aber das alte Regime könne sich leider nicht so schnell umstellen, kostbare Zeit gehe verloren, nun würden wir morgen auch in Berlin die Revolution haben, und ob man dann dem Bolschewismus werde entgehen können, sei doch sehr zweifelhaft. Gleich darauf Konrad Haussmann am Telephon: An der Regierung liege es nicht, sie habe dem Kaiser die Lage so bestimmt wie nur möglich geschildert und ihre Ansicht gesagt. Dann wird in der Nacht noch bekanntgegeben, daß der Generaloberst Linsingen, der Oberkommandierende in den Marken, der militärische Befehlshaber von Berlin, zurückgetreten sei. Also diese eben noch so großartigen Diener der Monarchie denken auch in Berlin an keinen Widerstand mehr und räumen das Feld, ohne den Degen zu ziehen.

9. November. Morgens erzählt mir mein Barbier, der Ausgang der Hohenzollernstraße, in der wir wohnen, zur Königin-Augustastraße hin, die Kanalbrücke davor, alle anderen Kanalbrücken und die ganze Gegend seien mit Truppen und Maschinengewehren besetzt. Das Reichsmarineamt in der Königin-Augustastraße, dem Kanalufer, dicht in unserer Nachbarschaft, soll verteidigt werden, und wir sind also mitten im Kampfgebiet. Ein wenig unangenehm wegen der Kinder, die aus der Schule kommen. Natürlich beschäftigen sie sich auch gleich sehr intensiv mit den Handgranaten, deren

Zweck und Gebrauch ihnen ein freundlicher Soldat erklärt. Ich gehe zur Redaktion, finde unterwegs alles so ziemlich normal. Nur an manchen Straßenecken Militärposten und in der Linkstraße, nahe dem Potsdamer Platz, eine Kompanie, feldmarschmäßig ausgerüstet, mit einem älteren Offizier, der schweigsam auf und ab geht und dann und wann musternd seine Truppe überblickt. An allen »strategischen Punkten«, besonders auch in der Umgebung des Schlosses, werden der Bevölkerung noch solche Verteidigungsmaßregeln vorgeführt. Es scheint also, daß nach der eiligen Abreise des Herrn von Linsingen doch noch irgendwo eine Kommandogewalt existiert.

Um ein Viertel vor ein Uhr gleitet aus dem Ferndruckapparat der Redaktion die Meldung heraus, der Kaiser habe abgedankt. Während ich meinen schon vorbereiteten Artikel schreibe, werden mir, von Sekunde zu Sekunde und einander jagend, die Nachrichten über die neuesten Ereignisse ins Zimmer gebracht. Auf dem Gebäude des »Vorwärts« hat man die rote Fahne gehißt. Das Kaiser-Alexander-Regiment ist zur Revolution übergegangen, aus den Kasernentoren sind die Soldaten herausgeeilt, haben sich mit der jubelnden Menge, die dort wartete, verbrüdert, Männer haben ihnen gerührt die Hand geschüttelt, Frauen und Mädchen haben ihnen Blumen angesteckt und sie umarmt. Nacheinander kommt von allen anderen Regimentern her der gleiche Bericht. Die Schildwachen, Postenketten und Maschinengewehre, die noch vor ein paar Stunden das Scheinbild eines Verteidigungsplanes boten, sind plötzlich verschwunden und mit ihnen die breitschultrigen Schutzleute, Säulen und Symbole der kaiserlichen Ordnung, strenge Vormünder des Untertan. Der fahrige, aufgeregte Liebknecht hat vom Balkon des Schlosses eine Ansprache an seine Anhänger gehalten, und die Wahl dieser Rednertribüne sollte wohl dem Volk zu verstehen geben, daß nun er der neue Herr und kein anderer neben ihm sei. Meine Mitarbeiter kommen und erzählen, daß man – überflüssig und häßlich – den Offizieren die Kokarden und Tressen abreißt, daß die Straßenbahn den Verkehr eingestellt hat, daß die Revolutionäre das amtliche Wolffsche Telegraphenbüro besetzt haben, und daß jetzt auch auf dem Brandenburger Tor die rote Fahne weht.

Ulrich Rauscher, animiert und erlebensfroh wie immer, und der Doktor Kurt Hiller warten — in der trügerischen Hoffnung, von mir etwas Besonderes zu erfahren, oder in dem Bedürfnis, sich auszusprechen — schon seit langem in der Redaktion auf mich. Hiller, eine hartkantige Natur, ein Schriftsteller mit immer geschliffener Waffe, in der pazifistischen Diskussion ein überspitzender Doktrinär, hat sich oft mit mir herumgestritten, und ich wundere mich ein bißchen, ihn an diesem Tage zu sehen. Um vier Uhr gehen wir drei durch die Leipzigerstraße nach dem Westen zu. Auf dem Fahrdamm wallen ununterbrochen endlose Demonstrationszüge von Soldaten und Arbeitern, oder eigentlich nur ein einziger, immer fortdauernder Zug, nach Osten hin an uns vorbei. Die Häuserfassaden sind wie tot, da vor allen Schaufenstern und Ladentüren die Rolljalousien heruntergelassen sind und in den vom Personal geräumten Geschäftsgebäuden auch an den oberen Fenstern kein lebendes Wesen sichtbar wird. Eigentlich ist das ja hier an jedem Sonntag so, und es ist nur aus der Stimmung zu erklären, daß er heute einen ganz anderen, befremdlichen Eindruck macht. Auf dem Bürgersteig eilen die Ladenbesitzer und die Angestellten, die ganze männliche und weibliche Bevölkerung dieses Kaufmannsviertels, nach Hause, die meisten suchen hastig vorwärtszukommen, andere sind neugierig und bleiben dann und wann zuschauend am Straßenrand stehen. Es sind auch Personen in guter Bürgerkleidung aus anderen Stadtvierteln, aber nicht gerade viele, zu bemerken, einige sogar mit Damen, unternehmungslustig herumwandernd wie kühne Cookreisende, die bei den Pyramiden das Gruseln des Abenteuers erleben wollen. In dem Zuge gehen Arbeiter und Soldaten nebeneinander, wie man sich zufällig zusammengefunden hat. Die Arbeiter, in der Mehrzahl ältere mit ernsten bärtigen Gesichtern, sind nicht so wie die Krieger für Strapazen gedrillt, aber sie haben den gewerkschaftlichen Korpsgeist, sie marschieren pflichtbewußt in Reih und Glied, und manche haben ein Gewehr, das ihnen an einem Sammelplatz hingereicht worden war, über die Schulter gehängt. Den Soldaten baumelt das Gewehr auf dem Rücken, sie haben die Mützen auf dem Kopf schief geschoben, gebärden sich keck und fröhlich, rauchen gewaltig und winken den Mädchen zu. Alle Teilnehmer des Zuges haben in einem Knopfloch oder auf der Brust eine rote Schleife, die daneben schreitenden Ordner, mit dem Gewehr am Schulterriemen, zeichnen sich durch rote Armbinden aus. Mitten in der langsam vorbeiziehenden Masse werden große rote Fahnen getragen, das Tuch weht breit über den Köpfen, und es ist erstaunlich, daß in einer Zeit, in der alle Stoffe knapp sind und requiriert wurden, von dieser roten Ware so viel übrigblieb. Auf dem Damm neben dem Zug jagen in schnellem Tempo die Autos der Revolution vorüber, sicherlich mit wichtigen Aufträgen, denn warum sonst diese Hast? Rot beflaggte Laustautos, aus den Militärdepots herausgezogen, mit Soldaten und rotbebänderten Zivilisten, die dort oben neben Maschinengewehren hocken, sitzen, knien und stehen, alle in irgendeiner Kampfstellung und schußbereit, obgleich ringsumher kein Feind sich blicken läßt. Auch elegante kleinere Autos, in denen fünf oder sechs Soldaten ebenfalls schußbereit die Stadt durchqueren, auf Patrouillenfahrt. Und ich sage mir, daß dies die modernen Kriege und Revolutionen von den früheren unterscheidet: Bei jedem Kriegsausbruch und in jeder Revolution werden sofort und zu allererst den Autobesitzern ihre Wagen fortgenommen, und jeder Kampf um Macht oder Freiheit beginnt mit dem stolzen Glück der neuen Rennfahrer, mit ihrer Freude am Schnelligkeitsrekord.

In dem Zuge, der kein Ende nimmt, versuchen hier und da einige, ein Lied anzustimmen. Aber der Gesang pflanzt sich nicht sehr weit fort und verstummt dann wieder bald. Von Zeit zu Zeit kommt aus den Reihen ein Hochruf, ein Hoch auf die Revolution oder auf die Freiheit und das Volk. Manchmal wird dann auch in den Gruppen der Zuschauer am Straßenrande Hoch gerufen, aber es ist zu bedenken, daß in dieser nüchternen Geschäftsstraße der Sinn für laute Kundgebungen sich noch nicht entwickelt hat. Unter den Marschierenden sehe ich ein paar Soldaten, die ihre Uniformjacken ausgezogen haben und lose, wie Pelerinen, auf dem Rücken tragen, und zwar so, daß das Innere nach außen gewendet ist. Um die Wirkung noch zu erhöhen, haben sie sogar die Ärmel umgekrempelt, die nun, mit der ans Licht gebrachten Futterseite, wie leere Wursthäute schlotterig herunterhängen. Es ist das einzige Pittoreske in diesem Zuge, eine pittoreske Liederlichkeit zum Zeichen, daß es nun aufgehört hat mit Krieg und Kriegsdisziplin. Man kann die Uniform jetzt tragen, wie man will, und es sind gar keine Uniformen mehr, sondern nur noch mitgeschleppte Überbleibsel aus einer langen Zeit voll Wahnsinn und Grauen. Man ist endlich wieder ein Mensch, ein Mensch, der nicht mehr blind gehorchen muß, nicht mehr gezwungen werden kann, zu töten, aus verfaulten Gräben in den Granatenhagel hinauszustürzen und gegen Stacheldrähte anzurennen. Als müßte man sich selber — denn auf dem Hirn liegt noch der dumpfe Druck, und es ist alles noch halb wie ein Traum — durch etwas Sichtbares fortwährend daran erinnern, daß man nun ein freier Mensch ist, hat man das Innere der Ärmel nach außen gekehrt.

Aber es gibt in der unablässig vorbeiflutenden Masse natürlich auch andere Figuren, die mit strammem Schritt vorwärtsgehen und denen solche Schlampigkeit gewiß nicht behagt. Und die meisten Führer und Ordner, und alle, die auf den Lastautos bei den Maschinengewehren sind oder in den entführten Privatautos den Gewehrkolben auf die Knie stützen, zeigen dem Bürger die Mienen und die Haltung eiserner revolutionärer Entschlossenheit. Sie sind von Luft und Sonne gebräunt, und wahrscheinlich haben sie noch vor kurzem in Frankreich oder in Rußland oder auf dem Balkan gekämpft. Manche sind mit ihren harten Gesichtern, ihren gestählten Muskeln, ihrem etwas finsteren Selbstbewußtsein und ihrem scharfen Befehlsblick wie Gestalten aus dem Heere Cromwells und haben eine gewisse sehnige Eleganz. Ganz gleich, ob sie früher Schlosser oder Chauffeur oder Akrobat gewesen sind. Es ist nur eine andere Eleganz als die der Gardeoffiziere mit der schmalsten Taille, und nicht die einer gepflegten Gartenblume, die sich aristokratisch auf langem Stengel wiegt.

Vor dem Kriegsministerium in der Leipziger Straße stehen jetzt statt der königlich preußischen Schildwachen, die noch am Morgen dort die Tore hüteten, revolutionäre Posten, und ganz ebenso manierlich und vom Bewußtsein ihrer Pflicht erfüllt. Und vor dem Reichsmarineamt am Kanal, das die Admirale noch gestern hatten verteidigen wollen, versehen Soldaten und Matrosen mit roten Armbinden den Wachdienst, und zwei große Autos mit Besatzung, Maschinengewehren und roten Fahnen warten auf den Abfahrtsbefehl. In den Straßen treiben sich auch viele Halbwüchsige, bewaffnete Einzelgänger von fragwürdiger Natur und wenig vertrauenerweckendem Aussehen und das unverkennbare Gesindel der Spelunken herum. Es zeigt sich deutlich, daß die wirklichen Revolutionäre, Arbeiter und Soldaten, jede Berührung mit diesen Elementen zu vermeiden suchen, und daß das für sie eine Ehrensache ist. Der so ganz veränderte Eindruck, den Berlin macht, und die überall entlangwallenden endlosen Demonstrationszüge wirken trotzdem auf viele ohnehin schon erschütterte sensitive Personen unheimlich und nervenerregend, und der alte Arzt, ein bekanntes Berliner Original, den ich bei mir zu Hause vorfinde, jammert verzweifelt, brüllt wütend meine Jungen an, die sich, um einen vorbeimarschierenden Zug zu sehen, aus dem Fenster hinauslehnen, und prophezeit alle apokalyptischen Scheußlichkeiten und den Weltuntergang. Aber wenn jeder sich seinen kleinen privaten Nervenschock leisten will, wird es nicht möglich und nicht einmal lohnend sein, aus dem Chaos etwas Neues zu formen und eine Ordnung hineinzubringen.

Um sieben Uhr abends begebe ich mich wieder auf den Weg zur Redaktion. Die Straßenbahn fährt nicht, anderer Wagenverkehr war schon in den letzten Kriegsjahren immer dünner geworden und hat nun ganz aufgehört, und über die leeren schwarzen Dämme, auf die an einzelnen Stellen der schwache Lichtschein aus den wenigen noch benutzten, schon längst nur noch mit halber Leuchtkraft funktionierenden elektrischen Lampen fällt, rollen die immer gleichen Autos mit den schußbereiten Bewaffneten, jetzt in der fast vollständigen Dunkelheit noch phänomenhafter als am Nachmittag, in der frühen Novemberdämmerung. Spärlich und wie Lot nicht zurückblickend eilen die Fußgänger heim. Aber rund um den Potsdamer Platz steht dichtgedrängt eine schaubegierige Menge, die einigen gewehrtragenden Ordnern, bescheidenen Zivilisten, ganz ebenso willig gehorcht, wie sie sich früher respektvoll von dem Schutzmann dirigieren ließ. Als ich in der Leipziger Straße an der Kreuzung der Charlottenstraße angelangt bin, geht ein mächtiges Schießgeknatter los. Es ist so laut und scharf, daß man meint, die Kugeln

182

schlügen in die nächsten Häuserwände ein. Von einem jungen Menschen, der es nicht eilig hat, erfahre ich, daß mit Maschinengewehren um den Marstall gekämpft wird, aus dessen Fenstern königstreue Offiziere und Kadetten auf die Revolutionäre geschossen haben sollen. Das klingt sehr wenig glaubhaft, denn die Offiziere und Kadetten werden sich schwerlich mitten in der Stadt in einer so unhaltbaren Festung eingenistet haben, um von dort aus ein ebenso heldenhaftes wie verrücktes Bombardement zu beginnen. Wahrscheinlich hat die aufgeregte Phantasie aus einem vergessenen Stalljungen und dem Portier eine todesmutige Offiziersbesatzung gemacht. Auch an anderen Punkten schmückt sie die ruhige und kampflose Revolution mit einiger Romantik aus.

Um ein Uhr nachts ist die Morgennummer fertig, ich kann den Setzersaal verlassen, wo alle ganz so sorgfältig wie in weniger revolutionären Nächten gearbeitet haben, und kann, nach einem kurzen Aufenthalt in den Maschinenräumen, beruhigt nach Hause gehen. Mit einem Freunde abermals durch die Leipziger Straße, die nun verödet ist und in der nur dann und wann ein paar Matrosen und Soldaten mit zärtlich umschlungenen Mädchen uns entgegenkommen. Niemand bestraft sie jetzt, wenn die Liebe sie erst am Morgen losläßt, und zum ersten Mal haben sie keinen »Urlaub« gebraucht. Als wir zum Leipziger Platz kommen, ist die Straße durch eine Postenkette gesperrt. Ungefähr fünfzig oder sechzig neugierige Nachtbummler beiderlei Geschlechts warten auf irgend etwas, was interessanter sein könnte als ihre Betterlebnisse, und stieren über die Absperrungslinie hinweg in die jenseitige Dunkelheit. Die Soldaten der Postenkette sagen uns: »Auf dem Potsdamer Platz wird geschossen. Sie können hier nicht durch.« Wir antworten, wir müßten nach Hause, und einen anderen Weg gebe es nicht. Einer sagt: »Wenn Sie's riskieren wollen — versuchen Sie's dort rechts am Palasthotel vorbei und laufen Sie am Potsdamer Platz über den Damm, aber machen Sie schnell!« Wir wenden uns nach rechts hinüber, gehen im Eilschritt um das Halbrund der Rasenanlagen, zwischen dem Gitter und den Häusermauern, und als der angrenzende Potsdamer Platz erreicht ist, sehen wir, daß seine ganze Fläche links bis zum Bahnhof hin mit Truppen besetzt ist, die in Gefechtsstellung auf das Kommando zum Losknallen harren. Es sind für unser Auge eigentlich nur Schattenbilder, in ihren Umrissen aus der Nacht auftauchend, denn der Platz, auf dem man das Laternenlicht abgedreht hat, liegt in völliger Finsternis, aber gerade deshalb wirkt alles ungeheuer phantastisch und geisterhaft. Wir jagen hinüber, auf die Bellevuestraße los, ein zum Kommandanten avancierter Unteroffizier galoppiert, Befehle schreiend, auf einem ungebärdigen Pferde über den Asphalt, der Aufschlag der Hufe tönt hart und metallen, vom Bahnhof her kommt im Laufschritt, aber in tadelloser Ordnung, ein Bataillon Matrosen, das offenbar aus einem Bahnzug gestiegen ist, und gerade in diesem Augenblick geht, wir ahnen nicht wo und mit welchen Zielen, ein wildes Schießen los. Drüben stürzt aus der Bellevuestraße eine andere Abteilung mit vorgestreckten Gewehren heraus, beinahe prallen wir mit ihr zusammen, aber wir gewinnen noch rechtzeitig den linken Bürgersteig und die Einbuchtung des Hotel Esplanade und fühlen uns dort unter einem Portalbogen angenehm gedeckt. Hotelbediente pressen drinnen in der Halle die Nasen gegen die Türscheibe, das Haus ist gut verriegelt und verbarrikadiert. Die stürmende Abteilung – was zum Teufel will sie erstürmen? – ist schon auf dem Potsdamer Platz, die Straße vor uns ist leer. Als wir ein wenig verschnauft haben, bemerke ich in der Dunkelheit, daß wir nicht allein sind, daß der schmale Portalbogen noch anderen Zuschauern als Zuflucht und Theaterloge dient. Drei weibliche Wesen teilen mit uns dieses Versteck. Drei Straßenhändlerinnen der zahlbaren Lust. Die eine schäbig aufgedonnert mit einem großrandigen, über die Kriegswirren hinübergeretteten Federhut, die beiden anderen unauffällig, ohne verführerische Toilettenpracht. Sie stehen starr, stumm und unbeweglich da, bleiche Larven aus einer nicht-klassischen Unterwelt, und unsere Gegenwart reizt sie zu keinem auffordernden Blick oder Wink. Wie hingerissen stieren sie durch die Nacht zu dem Platz hinaus. Wird man töten, werden die Gladiatoren in der Arena sich zerfleischen, worauf warten die Männer noch? Das fortwährende Getöse der durcheinanderstreichenden Gewehrsalven ist aufregend, peitscht die Sinne, aber man sieht niemanden fallen. Nach einigen Minuten wagen wir uns weiter, gelangen zu dem dunklen Tiergarten und setzen die Heimwanderung ohne neue Zwischenfälle fort. Die drei Nachbarinnen am Hotelportal haben nicht im mindesten beachtet, daß wir von ihnen gingen.

10. November. Die ganze Nacht hindurch ist auf dem Potsdamer Platz geschossen worden, und ich kenne noch immer nicht die Ursachen und die strategische Bedeutung dieser Schlacht. Wahrscheinlich ist es gar keine Schlacht gewesen, da es keinen Feind gegeben hat. Für die Revolutionäre sind die totale Ohnmacht der Monarchisten und, um es milde zu sagen, der völlige Mangel an Widerstandsgeist, die kampflose Preisgabe des alten Regimes durch all seine Anhänger und privilegierten Beschützer so überraschend, daß sie noch gar nicht so recht daran glauben können. Sie denken immer noch, wie gestern beim Marstall, ein zum Äußersten entschlossener Gegner halte sich verborgen, und in irgendeinem Hinterhalt bereite sich ein Angriff vor. So haben sie anscheinend in der vergangenen Nacht an einen Anmarsch königstreuer Regimenter von Potsdam her geglaubt. Die tolle Schießerei, die ohne Pause bis zum Morgen weithin vernehmbar war, wird dadurch freilich noch nicht erklärt.

Bald nachdem ich in der Nacht in meine Wohnung zurückgekehrt war, läutete es in dem Telephonapparat, der zu meiner direkten Verbindung mit der Redaktion und dem technischen Betriebe dient. Aus dem Hörer drang eine Stimme zu mir: »Hier ist Adolf Hoffmann, ich bin in Ihrer Setzerei und wollte Ihnen mitteilen, daß ich mit meinen Genossen Ihre ›Berliner Volkszeitung‹ übernommen habe, die morgen früh als unser Organ, als Organ der Unabhängigen und des Arbeiter- und Soldatenrates erscheint.« Ich kannte den Abgeordneten Adolf Hoffmann nicht persönlich, aber er war berühmt wegen seines saftigen Witzes und seiner ungeniert verübten Verstöße gegen die Grammatik und sehr populär. Die »Volkszeitung«, die er und die Unabhängigen – der linke radikale Flügel der Sozialdemokratie – »übernommen« hatten, gehört zum gleichen Verlag und wird in dem gleichen Gebäude wie das »Berliner Tageblatt« hergestellt. Ich erwiderte Adolf Hoffmann, die »Übernahme« sei ein Witz, der schlechter sei als seine sonstigen Witze, und ich bedauerte sehr, gerade vor seinem Eintreffen fortgegangen und so um das Vergnügen einer Begegnung gekommen zu sein. Darauf

185

sagte er, der »Lokalanzeiger« sei das Organ Liebknechts und der Spartakisten geworden, die Unabhängigen müßten auch eine Zeitung haben, und jetzt gebe es nur das revolutionäre Recht. Dann solle er, verlangte ich, wenigstens an der Spitze der Morgennummer den überrumpelten Abonnenten erklären, die Unabhängigen hätten das Blatt gewaltsam beschlagnahmt und gegen den Willen des Verlages zu ihrem Sprachrohr gemacht. Damit war er einverstanden, und so verging der Rest dieser Nacht.

Am Morgen gehe ich mit meiner Frau und den Kindern spazieren, die durchaus Revolution sehen wollen. Durch die Luft kommt, mit einigen Zwischenpausen, der schon gewohnte knallende Ton mysteriöser Gefechte, und die Autopatrouillen sind unablässig unterwegs. Eine mächtige rote Fahne auf dem Reichsmarineamt. Unter den Linden drängen sich viele tausend Menschen, in der Hoffnung auf ein Erlebnis und offenbar angelockt durch das Gewehrgeknatter, das aus der Gegend des Schlosses herüberschallt. Durch die »Linden« ist viel Geschichte gezogen, und zwischen anderen Erinnerungen taucht denen, die dabei waren, das Bild des großen Trauerzuges auf, der den Sarg des alten Wilhelm I. langsam, unter Trommelwirbeln zur Gruft geleitete, und an dessen Spitze, unübertrefflich im majestätischen Ernst seiner Weltabgewandtheit, der Enkel schritt. Auf dem Brandenburger Tor, das damals mit langem schwarzen Fahnentuch dekoriert war, wehen jetzt die roten Fahnen im Novemberwind.

In meiner Wohnung suchen mich am Nachmittag sechs Herren auf, drei, die ich kenne, und drei, denen ich bisher nicht begegnet bin. Rechtsanwälte, Industrielle, ein Professor, ein Privatdozent. Sie wünschen, daß ich die Gründung einer großen demokratischen Bürgerpartei in die Hand nehme, und sind der Meinung, daß ich, wegen meiner Haltung während des Krieges, dazu am ehesten imstande sei. Ob das Befähigungsattest, das sie mir ausstellen, berechtigt ist, will ich nicht untersuchen, aber ich habe seit gestern schon den gleichen Plan erwogen, und da die Deputation aus angesehenen Persönlichkeiten besteht und außerdem in diesem Augenblick Unentschlossenheit das dümmste Übel wäre, sage ich zu. Das Bürgertum ist verwirrt und eingeschüchtert, ratlos und haltlos, die meisten flattern wie Vögel, die aus dem Nest

186

gefallen sind, und wissen nicht, wohin. Man muß sie wieder in ein Nest setzen und muß denen, die immer nur fragen: »Was soll nun werden?« den Mut geben, der ihnen nur in größerer Gemeinschaft und nur dann leidlich wächst, wenn sie sich anlehnen können. Bisher ist für einen freiheitlichen neuen Staat auf die Sozialdemokratie und das Zentrum zu rechnen, und das ist zwar der Zahl nach sehr viel, aber doch nicht genug. Sozialdemokratie und Katholizismus sind unbestreitbar zwei ungeheuer wichtige, und gegenwärtig die wichtigsten Kräft − sie haben nicht nur die großen Scharen hinter sich, sondern sind auch, als einzige, heute noch in sich geschlossen und fest gefügt. Aber Deutschland ist Deutschland, und wer die Wirklichkeit sieht, und über den Tag hinaus, kann nicht meinen, diese beiden starken Pfeiler genügten, um einer Republik − denn jetzt ist die Republik das einzig Mögliche geworden − auf die Dauer den nötigen Halt zu verleihen. Ob sie sonst ein langes Leben haben wird, ist heute nicht zu entscheiden, aber wenn sie nur den sozialdemokratischen und den katholischen Taufzeugen hat, ist sie vom ersten Augenblick an mit einer Unsumme von Abneigungen und Feindschaften belastet und für fast alle, die vielleicht aus anderen Lagern zu gewinnen wären, diskreditiert. Deshalb muß man jetzt diejenigen Schichten des nichtkatholischen Bürgertums, die den demokratischen Ideen einigermaßen geneigt sind, für die hoffentlich nicht ausbleibenden Wahlen zur Nationalversammlung organisieren, auch wenn man weiß, daß nicht alles Erz ist, was man da zusammenschweißt. Natürlich werden ja sehr viele sich an dieses Rettungsseil nur anklammern, um der Lebensgefahr zu entrinnen, die sie angeblich bedroht. Ich erkläre also den sechs Herren, ich sei bereit, wolle zunächst eine Anzahl gut ausgesuchter, nicht kompromittierter Personen zu einer Besprechung einladen, einen Aufruf verfassen, sofort beginnen. Hinterher bitte ich telephonisch den Professor Alfred Weber um seine Mitwirkung und vernehme mit Vergnügen den Ausbruch von Enthusiasmus, mit dem er den Plan begrüßt.

11. November. Am Nachmittag gehe ich mit Otto Nuschke, dem Chefredakteur der »Volkszeitung«, zum Reichskanzlerpalais, wo wir mit Scheidemann und anderen »Volksbeauftragten« − diesen Titel haben die Mitglieder der improvisierten sozialistischen Regierung vorläufig für den richtigsten gehalten − über den Coup Adolf Hoffmanns und der Unabhängigen sprechen wollen. Wir werden im unteren Stockwerk von denselben alten, wohlerzogenen, geräuschlos waltenden Dienern, die in der wilhelminischen Epoche hier die Türen öffneten und schlossen, in den Salon geführt, der das Vorzimmer Bethmanns war. Zuerst erscheint, mit den äußeren Merkmalen erfreulichen Wohlbefindens, Herr Kurt Baake, bisher Redakteur am »Vorwärts«, jetzt Chef der Reichskanzlei. Dann tritt hastig und nervös Scheidemann herein. Während wir den Vorfall berichten, gibt er bisweilen durch ein Kopfschütteln seine Mißbilligung zu verstehen. Bevor Scheidemann diese Gesten durch Worte ergänzt, sagt Kurt Baake sanft und gleichsam von Weisheit triefend, er könne nur raten, der Gewalt zu weichen und die Dinge zu nehmen, wie sie nun einmal seien. Ein wenig überrascht frage ich Scheidemann: »Denken Sie ebenso?« Er hebt verlegen die Arme und antwortet: »Ja, die Unabhängigen haben nun einmal die Macht, ich habe keine Soldaten, was soll ich tun?« Ich bemerke ihm, daß doch gestern in der Versammlung der Arbeiter- und Soldatenräte im Zirkus Busch die Soldaten mit den Mehrheitssozialisten gestimmt hätten, aber das Argument versagt, und er wiederholt nur: »Ich habe keine Soldaten« und richtet den Blick in irgendeine Weite, in der er offenbar die fehlenden Soldaten sucht. Nun kommt noch Landsberg, der ein sehr gescheiter Rechtsanwalt war und neben Ebert und Scheidemann als dritter Mehrheitssozialist − die anderen drei sind die vom radikalen Flügel Hugo Haases − der provisorischen Regierung angehört. »Ja«, sagt er, als wir auch ihm die Sache vorgetragen haben, »wir sind in einer unhaltbaren Situation. Haase ist viel mächtiger als wir − wenn das so weitergeht, bleibt uns nur übrig, uns zurückzuziehen.«

In diesem Augenblick meldet ein grauhaariger Diener mit derselben Stimme, mit der er früher die Botschafter hier anmeldete: »Der Oberste Soldatenrat.« Es entsteht eine peinliche Bewegung, die Angemeldeten sind offenbar nicht sehr willkommen, Landsberg flüstert: »Auch das noch!«, und Scheidemann sagt mit einem wütenden Achselzucken: »Sind die schon wieder da!« Wir empfehlen uns still. Die Szene macht beinahe den Eindruck, als stände der Scharfrichter mit seinen Gehilfen vor der Tür.

Draußen im Vestibül wartet schon ungeduldig der Oberste Soldatenrat. Es sind, ich kann mich verzählt haben, vier oder fünf Männer, alle in untadeliger, sauber gebürsteter Offiziersuniform, mit einer ganz breiten roten Armbinde, alle sehr groß und schlank und alle bemüht, finster und verschlossen zu erscheinen, in der Pose eines strafenden Saint-Just. Ich erkenne den Literaten Colin-Ross, den ehemaligen Abgeordneten Cohen-Reuß und Brutus Molkenbuhr. Eigentlich waren das immer ganz umgängliche, nette Menschen, jetzt sind sie Statuen, sie wollen meine Anwesenheit nicht beachten, und nur Cohen-Reuß gibt mir flüchtig und sehr reserviert die Hand. Brutus Molkenbuhr ist etwas kleiner als die anderen, aber er hat von einem verdienstvollen sozialdemokratischen Vater den Namen und besitzt dazu noch den Vornamen »Brutus« – eine ungeheure Chance in einer revolutionären Zeit. Man ruft: »Hauptmann von Beerfelde!« und aus einem anderen Wartesalon kommt Beerfelde, hoch und starr aufgerichtet, majestätisch, prachtvoll, überernst, mit dem ungewöhnlich interessanten Kopf, mit den dickbuschigen Augenbrauen, aus denen einzelne Haare wie Nadeln spitz herausstechen, und mit dem Schritt des jungen Napoleon. Ich war mit diesem Generalstabsoffizier, der zuerst mit einer Mission aus dem theosophischen Salon der Frau von Moltke zu mir kam, auf seinen seltsamen Wegen manchmal zusammengetroffen, und wenn gewisse Handlungen, durch die er, wie in der Affäre der Lichnowskyschen Denkschrift, Gutes zu bewirken wähnte, mir nicht zusagen konnten und ich ihm sogar entgegentreten mußte, so habe ich, wie wohl alle, immer für ihn die Empfindungen gehabt, die ein in diese Zeit verirrter schöner Schwärmer in uns hervorrufen kann. Kein Schwärmer und Phantast konnte selbstloser, aufrichtiger und reiner sein als er, und keiner war so zeitfremd wie dieser Gralsritter und kindliche Abenteurer des Glaubens, in dem sich die Mystik mit dem sozialen Idealismus vereinte und der immer außerhalb aller Parteien und auch jetzt ebenso abseits von jeder der verschiedenen revolutionären Richtungen stand. Aber an diesem Nachmittag geht er, den anderen Mitgliedern des Obersten Soldatenrates voraus, zu der provisori-

189

schen Regierung, unter borstigen Augenbrauen streng und befehlshaberisch geradeaus blickend, um im Namen des Volkes Rechenschaft zu verlangen. Ich sehe gerade noch, wie sich vor ihm die Tür öffnet und wie er an der Spitze der Gruppe mit festem Herrscherschritt in das Zimmer tritt, und verlasse dieses Haus, in dem ich viel Interessantes erlebt habe und in dem doch von all meinen Erlebnissen keines überraschender war.

Während der nächsten Tage hatte ich wegen der Parteigründung viele Besprechungen und Konferenzen und viele lästige Scherereien. Ich mußte mit Leuten verhandeln, die mir nicht allesamt sympathisch waren, und dazwischen, und in den Momenten zwischen meiner sonstigen Tätigkeit, schrieb ich den Aufruf an eine demokratisch gesinnte Wählerschaft. Am 14. November kam zu einer Konferenz in meiner Redaktion mit mehreren seiner Freunde auch Doktor Hjalmar Schacht, damals Direktor der Nationalbank und Chef einer Gruppe, die sich »Jungliberale« nannte und, eine meist schon ältere Jugendgarde der gichtigen Nationalliberalen, den Eindruck erwecken sollte, als wachse an diesem alten, verdorrten Stamm noch ein frischer Zweig.

Schacht und seine Freunde wünschten sich uns anzuschließen und dann wohl auch ihre alte Parteifamilie mitzubringen. Sie wollten sich freilich nicht, wie es in dem Aufruf hieß, »zur Republik bekennen«, sondern nur »die Republik anerkennen«. Aber nach einer ziemlich hitzigen Debatte entschlossen sie sich auch zum Bekenntnis und gaben ihre Unterschrift her. Es zeigte sich sehr schnell, daß wir nicht einen Mangel an Zulauf zu befürchten hätten und daß ganz im Gegenteil die Gefahr in der allzugroßen Anziehungskraft der neuen Parteibildung lag. Der preußische Handelsminister Fischbeck sagte mir sogar, daß die Großindustriellen Stinnes, von Borsig und noch einige ihrer Gattung »umgelernt« hätten und gern aufgenommen werden würden, und es kostete bisweilen Mühe, sich einer so überraschenden Liebe zu entziehen. Als am 16. November der Aufruf erschien − es hieß jetzt ziemlich unschön darin: »Wir stellen uns auf den Boden der republikanischen Staatsform«, − wurde er äußerst beifällig begrüßt, aber nicht ganz mit Unrecht konnte bemerkt werden, es gäbe in der Liste der Unterzeichner etwas zu viel

190

Großkapital. Ich kam mir in dieser ganzen Zeit vor wie der Vater Noah, in dessen Arche sich alles hineindrängen will und der immer sagen muß: »Bedaure, wir haben für Sie leider keinen Platz.«

Man hat mir in einer späteren Zeit oft vorgeworfen, daß ich damals auch Stresemann nicht in der demokratischen Arche mitfahren ließ. Als Stresemann wirklich »umgelernt« hatte und der vom Nationalismus verfolgte Reichskanzler geworden war, erklärten die klugen Leute, es sei ein furchtbarer Fehler gewesen, ihn zurückzustoßen, statt ihn freudig willkommen zu heißen und für die Partei als Führer zu gewinnen. Aber im November 1918 konnte man in keinem Zauberspiegel den Stresemann von 1925 sehen, sondern man sah nur den Stresemann, der während des Krieges ein Annexionist und ein Anhänger von Tirpitz gewesen war und versichert hatte, Amerika brauche man gar nicht zu scheuen, denn die Amerikaner hätten keine Schiffe und könnten nicht über den Ozean kommen. Und wenn mir der Zauberspiegel den Stresemann der Zukunft gezeigt hätte, so hätte das auch nichts genutzt und ich hätte nicht anders gehandelt, denn die Mehrzahl der Wähler, auf die man rechnete, hätte doch nur das Gegenwartsbild gelten lassen und einer Partei, auf deren Liste ein mit solchen Irrtümern belasteter Kandidat stand, ihre Stimme nicht geben wollen. Es war indessen eine peinliche Szene, als wir ihn abweisen mußten, und in der Periode, in der ich ihm dann politisch und menschlich nahekam und ihn bis zuletzt schwer am Gift der Krankheit und an dem häßlicher Feindschaften leiden sah, war es mir eine nicht angenehme Erinnerung. Am 18. November war er mit mehreren seiner nationalliberalen Parteigenossen, mit den Abgeordneten Friedberg, Lucas und Weber, unangemeldet zu einer Sitzung erschienen, die wir im Hause des Reichstagspräsidenten abhielten, und ebenso uneingeladen und unerwünscht hatten sich einige »Freisinnige« eingefunden, deren Namen gleichfalls nicht anziehend klangen. Professor Max Weber, der auf meinen Wunsch den Vorsitz im Gründungsausschuß übernommen hatte, erhob sich sofort und sagte, er sei beauftragt, jedes Zusammengehen mit den Mitgliedern der alten Parteien abzulehnen, die nicht unbedingt das neue Programm annähmen oder die durch ihre frühere Politik belastet seien. Wir hätten einen Riesenzustrom, und fast jeder, der zu uns komme, ermahne uns: Kein Kompromiß mit diesen diskreditierten Parteien! Alfred Weber, der ein heftiges Temperament hatte, trug das alles sehr bissig vor. Ein halbes dutzendmal warf er den Eindringlingen die Bemerkung ins Gesicht, sie seien kompromittiert. Es gab eine hitzige Auseinandersetzung, die Gemüter wurden sehr gereizt. Während des ganzen Wortstreites saß Stresemann schweigend da. Ich beendete den unerfreulichen Zank durch den Vorschlag, die Sitzung zu unterbrechen, und erwartete, Stresemann und seine Freunde würden es selbst für das Klügste halten, in der Pause fortzugehen. Diese Erwartung erfüllte sich, die Stühle, auf denen sie gesessen hatten, blieben beim Wiederbeginn der Sitzung leer.

Die provisorische Regierung bemühte sich redlich, die Ordnung zu sichern, die Bevölkerung zu beruhigen, den Hungrigen Nahrung zu verschaffen, und die Häuserwände wurden mit zahllosen ermahnenden, beschwörenden und verheißungsvollen Proklamationen beklebt. Im Generalkommando des Gardekorps und in anderen Amtsgebäuden traf ich junge Männer, Militärs und Zivilisten, die sich dort verantwortungsfreudig auf die verlassenen Bürostühle gesetzt hatten und mit optimistischem Arbeitseifer und ohne Erfahrung versuchten, eine fortwährend hilfeheischende, klagende und anklagende Menge zufriedenzustellen. Aber auch die Spartakisten waren sehr rührig, arbeiteten unter russischen Lehrmeistern, durften auf den Haß der Unabhängigen gegen die Mehrheitssozialisten und auf den Beistand des sogenannten Polizeipräsidenten Eichhorn – eines wildgewordenen Kleinbürgers, Typ des jakobinischen Budikers – zählen und hatten es leicht, weil von ihnen das Volk einstweilen nur Worte verlangte, und von ihren Gegnern Brot. Die aus dem Felde mitgebrachten, in den Wohnungen verwahrten oder für ein paar Pfennige an jeden Liebhaber verkauften Gewehre waren immer hörbar und warteten in ihren Verstecken auf ein Signal zu größerer Betätigung. Viele Gebäude und auch diejenigen Zeitungshäuser, die mit einem Überfall beehrt werden konnten, erhielten Schutzwachen, und Noske, der als Kriegsminister und Oberbefehlshaber die Verteidigung organisierte, bot mir für das Tageblatthaus hundert seiner »absolut treuen und zuverlässigen« Matrosen an. Ich sagte, hundert seien zu viel, zwölf genügten mir, und die zwölf, nette und frische Burschen, wurden einquartiert und verpflegt.

Kurt Eisner, Ministerpräsident der bayrischen Republik, kam am 22. November nach Berlin, zur Konferenz aller republikanischen Regierungshäupter, und telephonierte mir am nächsten Morgen, daß er erfreut wäre, mich zu sehen. Ich kannte ihn nur wenig, war ihm seit zwanzig Jahren nicht mehr begegnet und ging nun, ein wenig neugierig, am Nachmittag zum Palais der bayrischen Gesandtschaft, in dem er abgestiegen war. Auf der Treppe kam mir ein junger Student entgegen, mit herabgerutschter Krawatte und nicht gerade elegant, was ja aber nicht dagegen sprach, daß er intelligenter sein konnte als mancher geschniegelte Attaché der Vergangenheit. Er sagte, Eisner erwarte mich schon, und führte mich ohne weitere Zeremonie nach oben in einen kleinen Salon. In diesem Raum stand Eisner, mit einem echten Revolutionsbart und langen grauen Haaren, in schwarzem Rock und zu kurzen grauen Hosen, und diktierte einem jungen Mann, der mit glühendem Eifer hinter einer Schreibmaschine saß. Drei andere junge Leute, wahrscheinlich Studenten aus München, bildeten eine Gruppe um den Meister, der mich mit einer Handbewegung grüßte und, ohne sich durch den Besuch stören zu lassen, das Diktat etwa in folgender Weise fortsetzte: »Der bayrische Ministerpräsident legt Verwahrung ein gegen das Verhalten des ehemaligen Feldmarschalls von Hindenburg.« Er sprach mit klangvoller Stimme, ein wenig theatralisch und offenbar sehr zufrieden, noch einen Zuhörer mehr zu haben, und schloß den Protest gegen irgendeine Aktion Hindenburgs mit einer fulminanten Wendung ab. Dann setzten wir uns an einen Tisch, auf dem Tassen mit den Resten des Nachmittagskaffees standen und einige Zigarrenstummel zum Lokalkolorit beitrugen, und er erzählte mir von seiner Münchner Revolution. »Unsere Revolution war wirklich schön. Blut ist nicht geflossen, und es war ein prachtvolles Schauspiel, wir sind alle auf die Straße gegangen und haben die Kasernen gestürmt.« Nachdem er mit der Freude des literarischen Ästheten dieses historische Gemälde noch vervollständigt hatte, tadelte er scharf die Berliner Regierung, die kein Vertrauen verdiene und keine Sympathien im Ausland habe, besonders nicht bei Clémenceau. Ich betrachtete die Dinge von einem anderen Standpunkt aus, und da wir uns nicht verständigen konnten, sagte er schließlich wieder: »Unsere Revolution in München hätten Sie sehen sollen!«

Im Dezember verschärfte sich die Situation. Am Abend des 23. telephonierte mir der Professor Eberstadt, Matrosen hätten einen Sturm auf die Universität unternommen. Sie hatten noch mehr getan. Nach einem Streit über Löhnungsfragen hatten sie aus dem Kommandanturgebäude Unter den Linden den Kommandanten herausgeschleppt und ihn und seinen Adjutanten im Marstall eingesperrt. Dort und im Schloß haben sie sich verbarrikadiert. Dann sind sie in die Reichskanzlei eingedrungen, haben Ebert und Landsberg eine Stunde lang gefangengehalten, sind aber schließlich abgezogen, als eine regierungstreue Truppe auf dem Schauplatz erschien. An den folgenden Tagen Belagerung des Schlosses durch die Regierungstruppen und gewaltiges Bombardement. Als in der Neujahrsnacht meine Frau und ich mit Max Reinhardt und anderen Freunden in dem Kellerrestaurant unter dem Deutschen Theater »Sylvester« feierten, fuhren die harten Töne der nahen Schießerei mitten in die melodiösen italienischen Lieder hinein, die uns Moissi zur Gitarre sang. Am Sonntag, dem 5. Januar, brach die spartakistische Revolte erst richtig los. Das, was ich sah und miterlebte, ist in meinem Tagebuch notiert:

Sonntag, 5. Januar. Am Nachmittag gegen fünf ruft mich aus dem Hause des »Berliner Tageblatts« der Redaktionssekretär telephonisch an. Er teilt mit, etwa tausend bewaffnete Spartakisten seien vor das Gebäude gezogen und offenbar entschlossen, einzudringen. Ich frage: »Sind Sie allein?« Er ist allein, aber erfreulicherweise keine ängstliche Natur. »Und unsere zwölf treuen Matrosen, was machen die?« — »Die treuen Matrosen sind sofort zu den Belagerern übergegangen.« Ich ersuche ihn, das Haus durch eine Hintertür zu verlassen — ich würde so schnell wie möglich hinkommen, um mir die Dinge aus der Nähe anzusehen. Dann mache ich mich auf den Weg.

Es wird viel geschossen, man weiß nur nicht, wo. Als ich

194

bei der Kreuzung der Leipzigerstraße und der Charlottenstraße angelangt bin, herrscht dort völlige Dunkelheit. Es ist sechs Uhr, im Januar kommt die Nacht frühzeitig, und die Laternen sind wieder nur lange dünne Stangen ohne Licht. Aber dann, in der Schützenstraße, in die ich von der Charlottenstraße aus hineinblicke, flackern vor der Front des Tageblatthauses, qualmig rot und hin- und herbewegt vom Wind, an drei oder vier Stellen die Flammen eines Autodafés. Bei der Kreuzung der Markgrafenstraße ist die Schützenstraße, an der die eine Front des Hauses liegt, ebenso wie die ganze Umgegend durch Reihen von spartakistischen Mannschaften gesperrt. Ich sehe, daß es mir nicht möglich sein würde, durchzukommen, und kann nur vermuten, daß in den niedrigen und nicht sehr leidenschaftlichen Flammen die Flugblätter mit meinem Aufruf für die Wahlen zur Nationalversammlung verbrennen. Das schon im Dezember umkämpfte Hauptquartier der Matrosen, zu denen unsere zwölf gut ausgesuchten Beschützer gehörten, befindet sich jetzt im Marstallgebäude gegenüber dem Schloß. Ich denke es mir interessant, mit den Kameraden unseres Dutzends zu sprechen, und gehe dorthin, durch leere, ausgestorbene Straßen, in denen nichts von Aufstand und Bürgerkrieg zu merken ist.

Am Tor des Marstallgebäudes erkläre ich einigen Matrosen, die dort in einer vermutlich politischen Unterhaltung begriffen sind, ich suchte den Obermatrosen Trost. Ich weiß nur aus den Zeitungen, daß der Anführer der Matrosengarde so heißt. Man antwortet, Trost sei abwesend, aber der Obermatrose Müller sei oben in seinem Zimmer, und einer führt mich hinauf. Der Obermatrose Müller, der unbeschäftigt an seinem Schreibtisch sitzt, ist ein schöner Mann, hat einen kurzen blonden Kinnbart, trägt im Gurt vor dem Bauch zwei Pistolen und hört sehr artig meine Beschwerden und Wünsche an. Er stimmt mir zu, als ich sage, die Treulosigkeit unserer Schutzabteilung verstoße doch gewiß gegen die Ehrbegriffe des Matrosenkorps. Und als ich ihn ersuche, mir zwölf andere Kameraden mitzugeben, in deren Begleitung ich dann in das besetzte Haus zu gelangen hoffe, will er diesen Wunsch sofort erfüllen und geht, um die nötigen Anordnungen zu treffen, mit mir hinunter in den Hof. In diesem großen quadratischen Hof herrscht sehr lebhafte Bewegung, und un-

195

verkennbar liegt hier, wie man zu sagen pflegt, etwas in der Luft. Matrosen stehen scharenweise debattierend herum, an einer der Wände sind Maschinengewehre aneinandergereiht, und in einem Auto, das hereinfährt, kehren andere Matrosen anscheinend von einer Erkundigungsfahrt zurück. Der Obermatrose Müller spricht leise mit den Leuten in einer der Gruppen, sie blicken zu mir hinüber, es sind famose, bildhübsche gebräunte Kerle darunter, aber aus ihren Gesten und ihren kühlen Mienen ist leicht zu erkennen, daß die Aufgabe, mich zu begleiten, ihnen nicht behagt. Sie sind schon alle bei Spartakus. Müller winkt mir, ich gehe zu der Gruppe, die meisten schweigen stirnrunzelnd, einer sagt: »Das fällt uns nicht ein, was kümmern uns diese Bourgeois!« Die Gruppe vergrößert sich, man kommt neugierig und will hören, was es da gibt, und ich sage freundliche Worte und versuche, die Halsstarrigen davon zu überzeugen, daß ich kein »Bourgeois«, sondern eigentlich doch auch ein Arbeiter sei. Alles umsonst. Sie lassen sich nicht erwärmen, einer fragt mich, ob ich »eine Eichhornzigarette« haben wolle, und hält mir eine Schachtel hin, die der Beherrscher des Polizeipräsidiums wahrscheinlich mit vielen ähnlichen Schachteln irgendwo, als Geschenk für seine Getreuen, aufgestöbert hat. »Dann gehe ich mit Ihnen«, sagt der Obermatrose, der zeigen will, für ihn sei ein gegebenes Wort eine Sache, mit der man nicht Schindluder treibt. Nun entschließt sich einer der Burschen, mitzukommen, und unterwegs, am Hausvogteiplatz, gesellt sich noch einer zu uns, dem wir dort zufällig begegnet sind. In der Schützenstraße sind die Feuer erloschen, es riecht nur noch nach all dem verbrannten Papier. Die Postenkette öffnet sich vor dem Obermatrosen Müller und seinen Kameraden, die schon als Freunde betrachtet werden, und mich läßt man auch passieren, da ich so gut protegiert und darum unverdächtig bin.

Im Hof, an dem die Maschinensäle, die Lagerräume und das Kesselhaus liegen, taucht aus der Finsternis eine Fülle von bewaffneten Gestalten auf. Sie stehen dort oder sitzen auf den großen Papierrollen, lassen die Beine herabbaumeln und haben die Gewehre quer über die Knie gelegt. Uniformen und armselige Zivilkleider, aber weil das alles vom Dunkel umhüllt ist, gewinnt es den Reiz nächtlichen Lagerlebens, einer Szene, wie man sie oft auf der Bühne gesehen hat. Arrangiert von einem mittleren Opernregisseur. Über die schmale Treppe, die von diesem Hof zu den oberen Stockwerken des Hauptgebäudes hinaufführt, komme ich in den langen Setzersaal, der jetzt ohne Beleuchtung ist, öde und kalt. Von dort in die Redaktion. Im Korridor streicht einer an mir vorbei, den ich frage: »Wo sind die Anführer – es muß doch jemand da sein, der kommandiert?« Er deutet auf eines der Zimmer – sonst ist es das Zimmer eines der Redakteure vom innenpolitischen Ressort –, und als ich die Tür öffne, finde ich in dem kleinen Raum drei Männer, die eifrig rauchen und ein wenig erstaunt, aber ohne sich zu rühren, den unerwarteten Besucher eintreten sehen. Der Obermatrose Müller grüßt sie, stellt mich höflich vor und verschwindet dann, da er seine Mission für beendet hält. Er hat den Anstand und die Manieren eines am englischen Hof aufgewachsenen Gentleman.

Um eine angenehme Stimmung zu schaffen, beginne ich mit einem heiteren Bedauern darüber, daß wir auf den Einzug der Gäste nicht vorbereitet gewesen seien. Aber Aschenbecher – die Herren seien offenbar leidenschaftliche Raucher – seien in genügender Anzahl da. Die drei sind in ihrer äußeren Erscheinung sehr ungleich und kommen aus verschiedenen Berufen her. Einer, der neben dem Tisch steht, ist in Unteroffiziersuniform, dunkelhaarig, kantig, hat einen unfreundlichen, schroffen Ausdruck, und anscheinend herrscht zwischen ihm und den beiden anderen, die an dem Doppelschreibtisch sitzen, nicht die rechte kameradschaftliche Harmonie. Es ist mir nicht unlieb, daß er sehr bald hinausgerufen wird. Von den beiden, die zurückbleiben, ist der ältere wahrscheinlich ein Arbeiter, aber aus einer höheren, gebildeten Arbeiterschicht, Vertrauensmann in einer Gewerkschaft, übrigens auch besser gekleidet als die meisten seiner Genossen, und wortkarg, aber nicht aus Feindseligkeit. Um so gesprächiger ist der jüngere, und es ist sofort klar, daß er gewiß nicht eine handelnde Hauptperson, aber die einzige Instanz ist, die man hier, mit der Aussicht, eine Antwort zu erhalten, befragen kann. Er kann in seinem Hauptberuf, in unheroischen Zeiten, Geschäftsreisender oder Verkäufer in einem Kaufhaus sein, und ich habe den Eindruck, daß er daneben in irgendeinem Theaterverein die Aufführungen inszeniert, den Prolog dichtet, selber die flotten Liebhaber spielt und nach der Vorstellung ausgezeichnete Festreden hält. Ein fixer Junge und doch nicht, wie es nach dieser Schilderung scheinen könnte, eine komische Figur. Das hellbraune weiche Haar ist nicht künstlich gekräuselt, sondern auf natürliche Weise gewellt, und aus der Tasche des Jacketts hängt kein blauseidenes Taschentuch. »Beabsichtigen Sie, längere Zeit bei uns zu bleiben?« frage ich. Er entgegnet mit einem freundlichen Lächeln: »Sie sind doch gewiß über die Lage in Berlin unterrichtet und wissen, wie die Dinge stehen?« Nein, ich weiß absolut nichts über die Lage, denn auf meinen Spaziergängen zwischen diesem Hause und dem Marstall habe ich das nicht so genau feststellen können. »Wir haben alle wichtigen strategischen Punkte in Händen«, erklärt er mir, »alle Bahnhöfe sind besetzt worden, auch die meisten öffentlichen Gebäude, morgen früh wird Liebknecht die Regierung übernehmen, jeder Widerstand ist aussichtslos.« Er sagt es in einem bescheidenen, aber deutlichen Ton des Triumphes – einer, der seiner Sache sicher ist und deshalb nicht in geschmackloser Weise dem Besiegten gegenüber zu protzen braucht. »Und dann werden Sie sich also für alle Ewigkeit – denn die Regierung Liebknecht wird natürlich dauerhaft sein – hier niederlassen und uns werfen Sie hinaus?« – »Nein«, sagt er begütigend und als hätte er darüber zu entscheiden, »wenn die Regierung Liebknecht gebildet ist, werden Sie Ihre Zeitung wieder erscheinen lassen können, selbstverständlich dann mit einer anderen Richtung, mit der Richtung Liebknecht, das ist klar.« – »Das werden Sie wohl kaum erleben, obgleich ich Ihnen ein langes Leben wünsche – wirklich, Sie stellen sich das nicht ganz richtig vor.« Er lacht mit einem überlegenen Wohlwollen und glaubt mir natürlich nicht. Die Unterhaltung geht noch eine Weile lang in angenehmster Weise weiter, und ich erfahre noch einiges über die angeblich schon vollständig gelungene Eroberung Berlins. Auch daß das Haus des »Vorwärts« ebenso wie das unsrige besetzt worden ist. Unser Gebäude ist ein hervorragender »strategischer Punkt«, weil man von hier aus mit Maschinengewehren die Gegend bis zum Dönhoffplatz bestreichen kann. Es ist schön, ein strategischer Punkt zu sein, aber mitunter nicht vorteilhaft.

Ich bitte um die Erlaubnis, die anderen Räume des Hauses ein wenig inspizieren zu dürfen, und die Genehmigung wird ohne Zögern und sehr entgegenkommend erteilt. Auch der stumme Gewerkschaftsbeamte gibt durch ein freundliches Kopfnicken seine Zustimmung zu erkennen. »Sie haben«, frage ich, »doch nichts dagegen, daß ich einige Papiere mitnehme, die für Sie kein Interesse haben können?« Auch diese Frage, die ich nur stelle, um nicht hinterher am Ausgang Schwierigkeiten zu haben, wird ohne weiteres bejaht, und ich verabschiede mich, sehr erfreut über die tadellosen gesellschaftlichen Formen, in denen sich der Verkehr hier vollzieht. In den Räumen, die ich dann besichtige, ist alles in bester Ordnung, es gibt noch keine Spuren einer Einquartierung, die Mannschaften warten ja noch unten im Hof, und in den höheren Etagen, zu denen ich hinaufsteige, haben die Pulte der Buchhalter und die Blechkästen mit den Schreibmaschinen der Stenotypistinnen noch ihre bürokratische Korrektheit bewahrt. Schließlich gehe ich in meine eigenen Zimmer, öffne ein paar am Morgen eingetroffene Briefe, krame in den Schubkästen des Schreibtisches und in den Schränken, suche dasjenige heraus, was ich den fremden Eroberern nicht zurücklassen möchte, und packe das alles zu einem umfangreichen Paket zusammen. In einem Schrank liegt ein anderes Paket, das nichts Literarisches oder Politisches, sondern ein Kilo Zucker enthält. Zucker ist eine seltene Ware geworden, und diesen hier hat mir vor einiger Zeit ein Schleichhändler verkauft. Den Fund zurückzulassen, um so für die liebenswürdige Aufnahme zu danken, wäre ein Verzicht auf den berechtigten Egoismus und obendrein eine Taktlosigkeit. Ich nehme unter jeden Arm eines der beiden Pakete und steige, mit einem unausgesprochenen »Auf Wiedersehen«, über die Treppe der Setzerei in den Hof hinab. Dort aber gibt es eine Komplikation. Nicht, wie an Zollschranken, wegen der Dinge, die ich mit mir schleppe, sondern weil die Leute dort unten meinen, ich hätte mit ihren Anführern über die Herausgabe des Gebäudes und über das Wiedererscheinen der Zeitung verhandelt und wir hätten Verrat geübt. Ich war zu lange in der Führerstube gewesen, der Eindruck auf das in der Nachtluft frierende Heer ist entschieden schlecht. Ein Haufe zornig erregter Menschen steht vor dem Treppenausgang und will mich anscheinend nicht hinauslassen, mit einigen Gewehren wird, ohne die mindeste Absicht, von ihnen einen gefährlichen Gebrauch zu machen, wild herumgefuchtelt, und man schreit mir entgegen, daß die Zeitung nicht erscheinen werde, daß man das nicht dulde, daß die oben dort gar nichts zu sagen hätten, und anderes dieser Art. Von einer höheren Treppenstufe aus versuche ich, die Mißtrauischen zu beruhigen, indem ich ihnen erkläre, nichts sei besprochen oder gar abgemacht worden, und auch der technischen Schwierigkeiten wegen könnte die Arbeit gar nicht so schnell wieder beginnen. Ein Ordner tritt vor, sagt: »Seid doch vernünftig, laßt ihn durch!« und schiebt einen aus einer Gruppe herausgegriffenen Mann, dem ein Gewehr auf der Schulter hängt, zu mir hin. Dieser Mann geleitet mich aus der Festungszone hinaus. Die empörten Geister hinter uns haben sich wieder besänftigt, und vor uns liegt, als wir auf die weit herum abgesperrte Straße hinaustreten, lautlos und regungslos eine Nacht, die nichts Dramatisches in ihrem schwarzen Mantel zu bergen scheint.

Mein Begleiter ist ein kleiner, dürftiger Mann in einem fadenscheinigen, überall zu kurzen Jackett, das er eng zugeknöpft hat, weil ihn friert. In seinem Bart scheinen die Motten genistet zu haben, die Backen sind seit langem nicht mehr rasiert worden, und dazwischen senkt sich eine spitze Nase trübselig erdenwärts. Er läßt den Kopf hinuntersinken, als ob der magere Hals zu schwächlich geworden sei, um die Last aufrecht zu tragen, aber wahrscheinlich nur aus übergroßer Müdigkeit. Er ist sehr müde, hat überdies an diesem ereignisreichen Tage vielleicht noch weniger als sonst gegessen, und seine Füße heben sich kaum vom Boden, als er mechanisch neben mir durch die Jerusalemerstraße zum Dönhoffplatz geht. Ein vom Regen und von den Schicksalsschlägen vieler Jahre aufgeriebener weicher Hut, den kaum noch ein Lumpensammler verwendbar finden könnte, klebt auf dem vermutlich bereits leicht ergrauenden Haar. Das Gewehr schlottert auf dem ausgemergelten Rücken, und den heraustehenden Knochen muß der Druck unangenehm fühlbar sein. Ich nehme an, daß der kleine Mann ein Handwerker ist, dessen Handwerk schon längst keinen goldenen Boden mehr hat. Wenn er irgendeinem Gedanken nachhängen sollte, so hat

sein stilles Sinnen ganz bestimmt nichts mit Politik, Staatser-
neuerung oder wirtschaftlichen und sozialen Problemen zu
tun. Eher beschäftigen ihn das Problem, ob man in dem
eroberten Hause genügend Essen verteilen wird, und die
kummervolle Frage, warum gerade er, der so müde ist, mich
durch die kalte Nacht begleiten soll. Aber dann sind wir am
Dönhoffplatz, mein Beschützer gibt mir durch eine matte
Handbewegung zu verstehen, daß ich frei sei und nun allein
meinen Weg suchen müsse, und kehrt um, mit der traumhaf-
ten Hoffnung, vielleicht doch noch eine Tasse Kaffee zu erhalten und auf irgendeinem Nachtlager sich ausstrecken zu
können.

Der Spartakismus hatte nur leichte Einzelsiege errungen
und beherrschte auch am nächsten Morgen noch nicht Berlin. In der Nacht wurden die Arbeitermassen alarmiert, die
der Mehrheitssozialdemokratie treu geblieben waren, und in
den Morgenstunden marschierten sie aus den Betrieben und
von allen Himmelsrichtungen her in endlos langen Zügen zur
Wilhelmstraße und verstopften mit ihren Leibern alle benachbarten Zugangsstraßen, die ganze Gegend rings um das
Reichskanzlerpalais. Unsere Setzer, Maschinenarbeiter, das
technische und das kaufmännische Personal, sehr unzufrieden mit der Vertreibung aus der Stätte ihrer Tätigkeit, ver-
sammelten sich am Dönhoffplatz, in einem nahen Restaurant
verfertigten wir Tafeln mit der prächtigen Aufschrift: »Freiheit der Presse!« und an der Spitze unseres Bataillons zogen
wir zum gemeinsamen Ziel. In der Wilhelmstraße quetschten
sich Vertrauensleute der Gewerkschaften an den Reihen entlang und beriefen diejenigen, die am Kriege teilgenommen
hatten, in die Voßstraße, wo sie Gewehre empfingen. Ich
ging in das Kanzlerpalais, sah Scheidemann, trotz der Win-
tertemperatur schwitzend, in einer Fensteröffnung stehend
und schon heiser, aber mit großen Gebärden zum Volke spre-
chend, und fand Ebert, ruhig oder doch ohne sichtbare Zeichen von Nervosität. Noske fuhr in der Stadt herum, warb
Hilfstruppen an und bewies schon damals den außerordentli-
chen Mangel an Menschenkenntnis und Voraussicht, mit
dem er später den Kapp-Putsch ermöglichte und die Republik ihren Feinden in die Hände gab. Übrigens retteten an
diesem Tage nicht die Weißgardisten die Republik. Das taten

die Arbeiter, die durch ihren Aufmarsch den ratlosen und unentschlossenen Liebknecht verhinderten, in das Regierungsviertel einzudringen.

Um unseren hervorragenden »strategischen Punkt« aber wurde noch eine Woche lang gekämpft. Im Tageblatthaus wurden die Anführer, mit denen ich gesprochen hatte, sehr bald durch eine bedeutendere Persönlichkeit abgelöst. In die Fenster stellte man Maschinengewehre, und aus den Büchern der Bibliothek wurden umrahmende Schutzwälle gebaut. Regierungstreue Truppen beschossen von den Dächern der gegenüberliegenden Häuser und vom Turm der Jerusalemer Kirche die Festung, die Fassaden des Gebäudes waren mit Kugelspuren gespickt, und aus sicherer Entfernung beobachtete ein Publikum, das in den Kriegsjahren strategische Erfahrungen gesammelt hatte, den Verlauf der Schlacht. Führer von Kompagnien, die sich aus stellungslosen Soldaten der alten Armee gebildet hatten, erboten sich, fast immer gegen bare Zahlung, das Haus durch Sturmangriffe zu befreien. Am seriösesten war das »Regiment Reichstag«, dessen Hauptmann, ein Bankierssohn, auch als einziger unter diesen Landsknechtsführern die Sache nicht als Geschäft betrieb und nur eine Belohnung für seine Leute erbat. Ein anderer, ein grandioser Kerl in einer Offiziersuniform, rund um die Taille garniert mit Revolvern und Handgranaten, war, wie ich später erfuhr, nur ein ehemaliger Feldwebel, aber er war ein unübertefflicher Renommist. Die strategischen Leistungen boten keinen Anlaß zu so rühmender Beredsamkeit. Dann marschierte die Brigade des Generals von Lüttwitz in Berlin ein, beschoß mit schweren Geschützen das Haus des »Vorwärts«, holte die spartakistische Besatzung heraus und füsilierte in einem nahen Hof die Gefangenen, alte Männer und Knaben, mit sinnloser Brutalität. Den Verteidigern unseres Gebäudes wurde ein militärisches Ultimatum gestellt, mit der Frist bis Mitternacht. Ich verhandelte schon seit einigen Tagen durch weibliche Vermittlung mit der Garnison. Wenn sie die Festung freiwillig räume, wollte ich denen, die das bewirkten, beim Entwischen helfen, und die Erlaubnis dazu hatte ich mir besorgt. Wir bangten für unsere, von dem Bombardement bedrohten Maschinen, für die Verdienstquelle von ein paar tausend Menschen, es waren schlimme Stunden,

202

wir wußten, daß die Rabiatesten unter den Eingeschlossenen nicht weichen wollten, aber kurz vor Mitternacht zogen alle über die Dächer oder auf anderen Wegen ab. Gleich darauf meldeten mir die Kommandanten der Freikompanien kurz nacheinander, daß sie soeben das Haus erstürmt hätten, und der pompöse Offizier, der eigentlich nur ein Feldwebel war, wollte mich durchaus am nächsten Morgen aus meiner Wohnung abholen und mich in das Reich zurückführen, dessen Befreiung angeblich seinem Heldenmut und dem unbezähmbaren Elan seiner Leute zu verdanken war. Er erschien dann auch, ganz früh schon, mit einem halben Dutzend dieser eisernen Gesellen, in einem irgendwo entlehnten unwiderstehlichen Panzerauto, kriegsgewaltig von Kopf bis Fuß, und in der ganzen Straße wurden die »Befreier« angestaunt, gefeiert und belohnt.

Ich mußte wohl oder übel mit ihnen durch die Stadt fahren, und keiner der Zuschauer ahnte, daß da nur ein Karnevalswagen vorüberfuhr. In den zurückgewonnenen Räumen sah es jetzt fürchterlich aus, viele Schränke waren aufgebrochen, Bücher lagen zerfetzt überall umher, und auf dem Fußboden lag auch noch anderes, die Schmutzerei war grenzenlos, und es herrschte ein gewaltiger Gestank. Wie sich aus dem beschriebenen Papier, das massenhaft auf den Tischen zurückgeblieben war, ersehen ließ, hatten wir auch russische Einquartierung gehabt. Aber vor allem waren da Entwürfe zu Liebesbriefen und Zeichnungen und Poesien verfaßt worden, und man hätte daraus eine ganze Sammlung von Erotika zusammenstellen können. Die von der Gefahr und der Abgeschlossenheit erzeugte Erregung hatte sich − eine nicht gerade neue Beobachtung − in solchen zumeist nicht sehr zarten Phantasien ausgetobt.

Dieser deutschen Revolution waren zwei eigentümliche Wesenszüge aufgeprägt. Daß es in England, als Karl I. und Strafford zum Schafott geführt wurden, bei den Anhängern des Königs nur schweigendes Entsetzen gab, und daß in Frankreich sich nur die Schweizer für Ludwig XVI. und Marie Antoinette in Stücke hauen ließen, ist im Bilde der damaligen Zeiten einigermaßen zu verstehen. Aber die Monarchie der Hohenzollern war durch so viele scheinbar unzerstörbare Säulen gestützt, und sie beruhte doch nicht nur auf der großartigen Organisation, sondern auch auf jener berühmten Treue, die in Liedern, Reden und Schulbüchern niemals erlischt. Und nun stoben die berufenen Hüter dieser Monarchie, ihre stolzen Ritter und ihre Kostgänger auseinander und verschwanden tatenlos in eine sichere Verborgenheit. Dabei hatte diese Revolution — und das war ihre andere Besonderheit — einen so guten Charakter, eine Gutmütigkeit, wie sie in solcher Vollendung nur in einigen Figuren alter englischer Romane zu finden ist. Auf ihre Fahnen hätte sie den Wahlspruch schreiben können: »Liebet eure Feinde mehr als euch selbst!« Wenn es gewiß häßlich war, daß Offizieren, die ihre Rangzeichen nicht selber ablegen wollten, die Achselstücke abgerissen wurden, so kam doch dabei — mag sein, daß es nur wegen fehlender Widersetzlichkeit so vorüberging — keine Mißhandlung vor. Niemand wurde wegen seiner politischen Gesinnung verschleppt, eingekerkert, geschlagen oder ermordet, und wo Menschen an die Wand gestellt und füsiliert wurden, da wurden eben nur arme Proletarierjungen von weißgardistischen Kugeln niedergemäht. Eine anständige und naive Menschenklasse hatte ihren Einzug gehalten, ganz ohne grausame Instinkte, ohne den Wunsch nach Rache, mit jener angeborenen Achtung vor der Freiheit und dem Leben anderer, die den Zivilisierten vor dem Mißbrauch der eigenen Freiheit bewahrt. Niemand hatte sadistische Gelüste oder antwortete mit einem Achselzucken der Verachtung, wenn man von Menschenrechten und Menschenwürde sprach. In dieser Revolution gab es den schwärmerischen Hauptmann mit den mächtigen Augenbrauen und der kindlichen Herzensreinheit und den schönen Matrosen mit der knabenhaften Freude am Erlebnis, das dann in einem Hof durch die Kugeln einer vortrefflich zielenden militärischen Abteilung sein Ende fand. Es gab gewiß noch manche andere eigentümliche oder abenteuerliche Gestalt. Aber diese Gestalten schritten nur nebenher, und selbst wenn sie in der Aktion führten und sich besonders hervortaten, läßt sich nicht sagen, daß das Ereignis von ihnen seine bemerkbarste Bildwirkung empfing. Im Gesamtbild treten sie hinter einer anderen Person zurück. Hinter der Person des kleinen müden und hungrigen Mannes, der in dem zu kurzen Jackett und mit dem Gewehr am drückenden Schulterriemen mich in jener Nacht begleitete — unscheinbarer und immer wieder zurückgeworfener, enttäuschter oder betrogener Mitläufer »in Reih und Glied«: Kanonenfutter der nationalen Kriegführung und der nationalen Wirtschaft, geduldiges Maultier bei allen Wanderungen, ewiger Schlemihl, »poire«, wie die Franzosen sagen, und Dupe der Weltgeschichte, dem man den kommenden Tag verspricht und den gegenwärtigen vorenthält. Frühere Revolutionen waren gestempelt mit den Namen Mirabeau, Danton, Cromwell, und der Umsturz, in dem fünfzehn Jahre später die Republik enden sollte, ist in seinem Wesen durch andere Namen gezeichnet und hätte ohne die Träger dieser Namen niemals existiert. Die Revolution vom November 1918 war die Revolution des anonymen Menschen, des Menschen ohne Namen, und sie war, will man ihr doch einen Namen beilegen, die Revolution des Schlemihl.

Während des Krieges organisierten in einigen der Länder, deren Armeen einander gegenüberlagen, die Propagandachefs der Heeresleitungen Besuchsfahrten, Ausflüge ins Kampfgebiet, zu denen Einladungen an Parlamentarier, Journalisten und andere nicht für den Kriegsdienst taugliche oder unabkömmliche Personen ergingen. Es wurden Führungen an der Front veranstaltet, wie es Führungen durch die Museen und in Paris die nächtlichen Rundreisen durch die angeblich dunkelsten Höhlen gibt. Unter den vielen Neuerungen, die der moderne Krieg brachte, ist auch diese erwähnenswert. Die deutschen Kriegstouristen hatten den Vorteil, daß sie nicht nur Schützengräben besichtigten konnten, sondern auch eroberte Gebiete, und gewöhnlich wurden sie auch im Großen Hauptquartier empfangen. Wenn sie heimkehrten, deuteten sie in ihren Erzählungen bescheiden an, daß der Besuch, natürlich in den vordersten Linien, doch äußerst tragisch hätte enden können, und man erfuhr oder durfte ahnen, daß eine Granate dicht neben ihnen eingeschlagen war. Ich habe die sogenannten Schlachtenbummler, die dort bummelten, wo die anderen kämpften, litten und starben, nie sehr sympathisch gefunden und mir immer ausgemalt, mit welchen Empfindungen die Soldaten diese kriegssportlich gekleideten Sammler interessanter Impressionen betrachten mußten, die ihnen zu sagen schienen: Ihr seid Helden, wir würden gern bei euch bleiben, aber unser Zug fährt Gott sei Dank schon in einer halben Stunde ab. So habe ich die Freikarten für die Kriegsarena immer den Liebhabern solcher Weekendpartien überlassen und weder mit der Uhr in der Hand einen Unterstand gesehen noch einen strategischen Vortrag im Hauptquartier mit angehört. Übrigens wurde mir, um es offen zu gestehen, der Verzicht bald ziemlich leicht gemacht, denn seit ich, um die oft wiederholte Bitte des Herrn von Bethmann-Hollweg zu erfüllen und aus eigener Überzeugung, gegen die Annexionspläne, den unbeschränkten U-Bootkrieg, die Unterschätzung Amerikas und die chauvinistische Verblendung schrieb, erreichten mich die Einladungsbriefe nicht mehr.

206

Eine Gelegenheit, dem General Ludendorff zu begegnen, habe ich also in den vier Kriegsjahren nicht gehabt. Bisweilen kam etwas von ihm zu mir, aber es war ein Zeichen seiner Ungnade, ein Verbot, ein Bannstrahl, und wenn ich dann zu Bethmann ging, der doch gewissermaßen mitverantwortlich für meine Sünden war, und ihm berichtete, sagte er achselzuckend und schmerzlich lächelnd: »Der miles gloriosus, was wollen Sie!« Die Persönlichkeit Ludendorffs entwickelte sich ja in ungeahnter Weise, sie war überall oder verlangte doch, überall zu sein. Allmählich schien sich diese militärische Willenskraft zu einer übermäßigen Herrschsucht auszuwachsen, und offenbar stritt eine gewisse Finsternis des Charakters mit dem Licht der Intelligenz. Als eine Weile lang in naiver Schulbüchermanier und in der Lust an Legenden erzählt worden war, wie Hindenburg in seiner Ruhezeit den Plan zur Schlacht bei Tannenberg ersonnen habe, kamen die besonders gut informierten Leute mit der Behauptung, jener General Ludendorff, der den Feldherrn begleitete, sei der eigentliche Sieger und habe das Beste getan. Und dann sollte es auch nicht mehr Ludendorff gewesen sein, sondern der Dritte, der General Hoffmann, und Hoffmann hat es selber ungefähr so dargestellt, und bald nach der Revolution, auf einem nächtlichen Spaziergang durch den Tiergarten, hat er es mir noch ein wenig deutlicher gesagt. Der General Hoffmann, der zweifellos ein ungewöhnlich fähiger Soldat war − groß und wuchtig in seiner äußeren Erscheinung, mit allen Wassern gewaschen und mit allen Weinen getränkt −,hatte eine nicht ganz zuverlässige Condottiere-Seele, eine etwas unpreußische Unabhängigkeit und einen Ehrgeiz, der nach dem jähen Abschluß der regulären Karriere zu den abenteuerlichsten Projekten griff. Bald sah er sich als Volksgeneral, als Diktator der Republik, bald wollte er Moskau erobern, um dort den Bolschewismus niederzuringen. Weder ihm, dem frühzeitig der Lebensfaden abriß, noch dem General Ludendorff, der seinen eigenen Aberglauben haben und keinen anderen daneben dulden wollte, war das große Spielerglück, der politische Aufstieg, vergönnt. Die Leute, die zuviel dachten, erschienen dem Volke wie dem Cäsar gefährlich, und das Gemüt sehnte sich nach einem seßhaften Geist, dessen Schlichtheit eine Bürgschaft wäre, und nach der Treue, die zu den schönsten deutschen Sagen gehört. Man hat viel darüber gespottet, daß der General Ludendorff einer Revolution, die kaum eine war, so weit, bis nach Schweden hin, aus dem Wege ging und dabei sogar, um von etwaigen Verfolgern nicht erkannt zu werden, eine blaue Brille trug. Andere waren ebenso wie er auf ihre Sicherheit bedacht, und der konservative Führer Graf Westarp beispielsweise kam sehr besorgt zu Ebert und bat, durchaus nicht mehr mit der früheren Schärfe des Tones, um Schutz und um hilfreiche Papiere, die ihm der verwunderte Volksbeauftragte gern und unter stärkendem Zuspruch gab. Gewiß konnten die Tadler Ludendorffs sagen, daß in dieser Revolution Leben und Freiheit der Personen, die das zusammengebrochene Regime repräsentierten, nicht im mindesten angetastet worden seien. Es wurde wohl auch die Meinung geäußert, daß Männer, die ein Kraftideal verkörperten und dem Volke die Kriegstugenden einprägten, gewisse Verpflichtungen hätten, die der nach keinem Kriegsruhm verlangende Bürger nicht in gleichem Maße zu verspüren braucht. Aber wir haben wirklich kein Recht, dem General Ludendorff einen Vorwurf daraus zu machen, daß er in den unruhigen Tagen den Schauplatz der Ereignisse verließ, und ich für mein Teil habe den Witz, den man an diese Tatsache verschwendete, niemals geschmackvoll finden können. Ein General, der den Verhaftungsbefehl oder den Überfall an einer Straßenecke fürchtet, wird oft die heldenhaftesten Eigenschaften entfalten, wenn er in seinem militärischen Beruf ist und die animierende Atmosphäre des Kriegslagers ihn umweht. Gerade Ludendorff hatte ja bei Lüttich diesen soldatischen Mut gezeigt. Denn obgleich das eigentlich gar nicht zu seinen Aufgaben gehörte, war er – und dies ist keine Legende – mit geschwungenem Säbel vorausgaloppiert und mit kleinem Gefolge als erster in eines der Forts eingedrungen. Napoleon war kaltblütig in der Schlacht. Aber nach der Abdankung hatte er Furcht, verkleidete sich mit der geliehenen Uniform eines österreichischen Oberst, der Mütze des preußischen und dem Mantel des russischen Kommissars und zitterte bei jedem Geräusch.

Eines Tages sagte mir ein Bekannter, der vom Kriegsschauplatz her Beziehungen zu Ludendorff unterhielt, der General sei aus Schweden zurück und würde gern mit mir zusammenkommen. Er wünsche sich auszusprechen, alle hätten ihre eigene Schuld auf ihn abgeschoben und ihn zum Sündenbock gemacht, und es liege ihm daran, das einmal festzustellen. Ich hatte keinen Grund, die Begegnung zu vermeiden, und weit eher Gründe, mich über die Aufforderung zu freuen. Denn mit der gemeinen Gewohnheit, aus einzelnen Menschen und Menschenklassen Sündenböcke zu machen, hatte ich nichts zu schaffen, die Maßregeln der Zensur hatten sich logisch aus der militärischen Mentalität ergeben und keine Wunden hinterlassen, und Plato, der nicht zu dem Tyrannen gehen wollte, wäre gewiß zu einem entthronten Tyrannen gegangen. Es wurde verabredet, daß Ludendorff und ich bei dem Herrn soupieren sollten, dem die Rolle des Fadenknüpfers zugefallen war. Die Frauen würden mit eingeladen, auch der Adjutant Ludendorffs und seine Gattin, und wir würden also acht bei Tische sein. Ich war, zum mindesten für den Moment des ersten Eindruckes, auf die übliche Enttäuschung gefaßt. Ob man jeden berühmt gewordenen Heerführer für einen Halbgott oder, wie Tolstoi, Paul-Louis Courier und andere, das militärische Genie für einen Bluff halten will — selten wirkt ein General im Privatleben und im Zivilkleid sehr imposant. Ich erinnere mich, daß der spanische General Weyler, der auf Kuba ein grausamer Unmensch, ein blutdürstiges Scheusal gewesen sein sollte und den Amerikanern viele Vorwände für ihre Kriegserklärung gegeben hatte, mir in seiner Wohnung in Madrid, nach seiner Rückkehr aus der Niederlage, in buntgestickten Pantoffeln entgegenlatschte, und daß sich bei diesem Anblick ein kalter Zweifel, etwas wie ein Protest gegen die Greuelberichte, in mir erhob. Und man denke sich Napoleon mit einer »Melone«, statt mit dem »petit chapeau«.

Diesmal blieb eine Enttäuschung aus. Oder es gab doch nur die angenehme, die man empfindet, wenn zu Pfingsten der angekündigte Regen nicht niedergeht. Der Gastgeber und seine Gattin waren von ihrem Gut gekommen und bewirteten ihre Gäste in der hübschen kleinen Wohnung, die ihnen, nahe bei der Gedächtniskirche, für gelegentlichen Aufenthalt in Berlin zur Verfügung stand. Es war eine Wohnung zu ebener Erde, zu der man durch eine Seitentür gelangte, und da sie beinahe etwas Verstecktes hatte, schien sie für diese Gele-

genheit besonders zu passen, ein stimmungsvoller Rendez-
vousort. Auf den vielen Bildern, mit denen die Kriegsphoto-
graphen die illustrierten Zeitungen versorgten, hatte der General Ludendorff älter, auch körperlich schwerer ausgesehen
als jetzt, wo er mit seiner damaligen, sehr gewinnend wirkenden und sehr gut gekleideten Gattin und dem Adjutanten-
Ehepaar in den Salon der Katakombenwohnung trat. Er war
damals – später, als er für kurze Zeit in den Reichstag kam,
hatte seine Gestalt sich sehr verändert – überraschend jugendlich, schlank und elegant in einem vortrefflich sitzenden
Smoking, und nur durch die charakteristische Steifheit der
Haltung »pensionierter Offizier«. Indessen, es war ihm irgend etwas aufgeprägt, was nach dem Worte des Dichters die
Vertraulichkeit entfernte und was nicht nur Würde und
Höhe war. Und es war auch nicht nur der Ernst der Zeit, der
dunkel auf ihm lag. Bei Tisch wurde zunächst nur über Be-
langloses gesprochen oder über die bedauerlichen Wirren der
schlimmen Gegenwart. Jene natürliche Reserviertheit, Ge-
spanntheit, die einer erwarteten Diskussion vorangeht, wurde hinter der Beschäftigung mit den Speisen und Weinen einigermaßen verborgen, ungefähr wie in der Schulaula vor der
Verkündung der Examensresultate, der Versetzungen und
der Durchfälle ein feierliches Lied das nervöse Pochen der
Herzen übertönt.

In den Tagen vor unserer Zusammenkunft hatte eine Demonstration ehemaliger Offiziere stattgefunden, und man
hatte bei dieser Affäre, die nach reaktionärem Komplott aussah, auch Ludendorffs Namen erwähnt. Er fing an, von diesem Vorfall zu sprechen, und sagte, eine Reaktion sei jetzt
ganz unmöglich, und man habe die Sache töricht aufge-
bauscht. Er selbst verberge seine Ansichten nicht, er sei Monarchist, und vielleicht werde man eines Tages wieder für diese Idee eintreten können. Jetzt denke doch niemand daran.
Ich erwiderte, ja, solche Pläne wären jetzt in der Tat aussichtslos. Auf beiden Seiten, bei den Linksleuten und auch bei
den ehemaligen Offizieren, müsse man jetzt sehr viel Takt
zeigen – das sei in einer Zeit der Gärung nicht ganz leicht,
aber wir ständen vor den Friedensverhandlungen, und dem
Interesse des Landes werde am wenigsten durch Anstiftung
neuer Zwistigkeiten gedient. Ludendorff blieb noch eine

Weile bei dem Thema und meinte, im Sommer werde ein neuer bolschewistisch-spartakistischer Angriff kommen. Was not tue, sei eine Armee ohne Soldatenräte, mit Manneszucht.

Allmählich kam dann die Unterhaltung in das richtige Fahrwasser, wobei sie allerdings zunächst aufhörte, eine Unterhaltung zu sein, und in einem Monolog bestand. Der General Ludendorff plädierte, während der Zuhörerkreis schwieg. Es war ein fließendes und mit ebenso viel Gewandtheit wie Bitterkeit vorgetragenes Plädoyer. Ein bißchen zu glatt, zu advokatorisch und zu deutlich bemüht, über unbequeme Tatsachen hinwegzugehen. Keine Spur vom rauhen Krieger, nichts vom Haudegen, sondern ein brillant geformter Offizier mit einem nicht geringen Talent für Dialektik, für die Kunst, die alles zu beweisen vermag. Aber er hatte nicht das Bewußtsein, dialektisch die Wahrheit umzubiegen, er war überzeugt von seinem Recht und dem ihm zugefügten Unrecht, und sein ganzes Reden war von einem tiefen, leidenschaftlichen, nur durch die gesellschaftliche Erziehung gebändigten Groll durchdrungen. Man konnte trotz der konventionellen Ruhe, zu der er sich zwang — und sie hatte etwas von festgefrorener Ranküne —, ohne weiteres erkennen, daß dieser Groll unablässig an ihm nagte, in ihm wühlte, zum beherrschenden Gefühl geworden war. Selbstverständlich bedrückte ihn das tragische deutsche Allgemeinschicksal, aber auf dem Hintergrunde der Volkstragödie spielte sich, dicht vorn an der Rampe, die Tragödie des verkannten, von den Hohen und den Niederen mit schreiendem Undank belohnten und verratenen General Ludendorff ab. Sein Geist trug den zweifachen Flor. Um Deutschland und um Ludendorff.

»Man behauptet«, sagte er in diesem Ton scharfer Gegenwehr, »ich habe Politik gemacht. Ich habe nie Politik gemacht, ich habe nur das getan, was ich im Interesse der Kriegführung für nötig hielt. Darüber mögen ja die Ansichten auseinandergehen. Aber im Krieg ist die Politik nicht vom Militärischen zu trennen. Ich habe immer loyal gehandelt, wer etwas anderes sagt, der sagt eine Unwahrheit, aber sollte ich ruhig zusehen, wie die Regierung untätig blieb und zu keinem Entschluß und zu keiner Entscheidung kam? Wenn ich dann sah, daß nichts geschah, dann bin ich natürlich manchmal losgefahren, und auch mit Verve, das gebe ich zu. – Ich soll verantwortlich dafür sein, daß das Königreich Polen geschaffen worden ist. Das ist ganz einfach eine Lüge, ich war am allerwenigsten schuld daran. Bethmann und Czernin haben zusammen den Beschluß gefaßt. Natürlich hatten sie schon lange vorher darüber beraten, denn ehe die zwei einen Entschluß faßten – das ging nicht so schnell. Als dann das Königreich Polen da war, habe ich gesagt, daß ich polnische Soldaten haben wollte, wir konnten den Zuwachs gebrauchen, die Lage war damals nicht ganz leicht, die Rumänen gingen gerade los. Aber ich habe das erst gesagt, als über Polen schon entschieden war. – Der unbeschränkte U-Bootkrieg soll auch nur auf unsere Veranlassung beschlossen worden sein, die Oberste Heeresleitung habe es verlangt, und da habe Bethmann nicht widerstehen können. Die Wahrheit ist: Herr von Bethmann hat sich hinterher auf die Oberste Heeresleitung berufen und ihr die Schuld gegeben, das war ihm so bequem. – Für den Besitz der flandrischen Küste hätte ich den Krieg nicht weitergeführt. Auch nicht für das Erzbecken von Longwy, obgleich es für die deutsche Industrie wichtig war. Aber so wie der Krieg sich entwickelt hatte, mit all den neuen technischen Erfindungen und Verbesserungen, war ich allerdings der Meinung, daß wir unsere Industriegebiete nicht ungeschützt lassen dürften und daß wir genötigt wären, das bei unseren Friedensbedingungen in Erwägung zu ziehen. Wir haben nun einmal das Unglück, daß unsere wichtigste Industrie so dicht an der Grenze liegt. Ich mußte als Militär mich fragen, ob ich die Verantwortung dafür tragen wolle, daß dem Feind die Möglichkeit gelassen werde, in einem neuen Kriege ohne weiteres in diese Gebiete einzufallen. Darum war ich allerdings dafür, daß man in Belgien Sicherungen nehmen müsse, Lüttich und so weiter – daneben konnte dann ein wirtschaftliches Abkommen stehen. Aber ich habe erklärt, daß ich daraus keine *conditio sine qua non* machen würde, und wenn man zu einem guten, einem halbwegs guten Frieden hätte gelangen können – ich hätte für diese Forderungen den Krieg nicht fortgesetzt. Man hat mir aber niemals eine praktische Lösung gezeigt. Man sprach nur immer ganz allgemein von Frieden und Verständigung. Mit Theorien konnte ich mich nicht abgeben, das hatte

212

für mich keinen Sinn. – Gewisse Leute haben mich einen »genialen Hasardeur« genannt. Ich soll leichtfertig gewesen sein. Dagegen wehre ich mich. Es ist eine dreiste Unwahrheit, wenn so etwas behauptet wird. Ich dränge mich nicht vor, aber ich werde in dem Buch, das ich schreibe, sagen, was ich zu sagen habe, und dann wird man ja sehen. Ich habe lange genug geschwiegen, wie mir scheint . . .«

Dies ist natürlich nicht im entferntesten eine vollständige Wiedergabe seiner Worte, denn er äußerte sich weit ausführlicher zu jeder einzelnen Beschuldigung. Die paar aus seiner Verteidigungsrede herausgerissenen Sätze geben nur einen sehr unzureichenden Begriff von seiner mit Heftigkeit, aber auch mit bedeutendem Anwaltstalent vorgetragenen Argumentation. Es ließ sich sehr viel gegen seine Aufklärungen einwenden, das war nicht besonders schwer, die Tatsachen waren ja bekannt, und als er eine Pause machte, gleichsam um die Wirkung seiner Rede abzuwarten, sagte ich, warum ich in diesem und jenem Punkte nicht überzeugt worden war. Er nahm diesen Widerspruch mit ersichtlichem Mißvergnügen auf, antwortete nervös, und die Temperatur des Festes, die niemals einen sehr hohen Wärmegrad erreicht hatte, kühlte sich spürbar noch weiter ab. Selbstverständlich verzichtete ich in meinem Laiengefühl darauf, strategische oder rein militärische Fragen zu berühren, und so wurden auch die Katastrophe der Westoffensive, der Irrtum über die angeblich total vernichteten, in Wahrheit im Walde von Villers-Cotterets verborgenen Reserven Fochs, der Mangel an Informationen über die Auflösung des bulgarischen Heeres und ähnliches nicht erwähnt. Höchstens eine Andeutung lag in der Bemerkung, gewisse Fehler würden den Mitarbeitern Ludendorffs angekreidet, und da habe wohl die Organisation bisweilen versagt, vielleicht weil sie zu sehr auf die Überwachung der eigenen öffentlichen Meinung gerichtet gewesen sei. Er schien zu verstehen, denn er erwiderte, seine Mitarbeiter seien ausgezeichnet gewesen, nur der Nachrichtendienst habe vielleicht nicht allen Anforderungen genügt. Dann lenkte er ab, sprach von den Offizieren im allgemeinen, rühmte mit Recht die aktiven Offiziere, die zuerst an die Front kamen, und gab zu, daß im jüngeren Nachschub sich manche weniger geeigneten Elemente befunden hatten – die Men-

213

schenbehandlung sei nicht so leicht zu erlernen, und es seien allerlei Mißstände vorgekommen.

Während er sich in Verteidigung und Anklage ausgab, konnte man sich fragen, ob etwas von Größe an ihm sei – von Größe der Leidenschaft, wenn auch nicht des Genies. Es war vielleicht nicht Größe, aber doch starkes Format. Die Oberlehrer der Mathematik versichern, ohne ihre Wissenschaft gebe es keine Philosophie, kein logisches Denken, und niemand steige zu den Höhen des Geistes, der nicht die schwierigsten Gleichungen errechnet hat. Aber man kann hervorragender Mathematiker sein und doch kein Kant. Als die Kampfhandlung, der hauptsächliche Programmteil der Veranstaltung, für abgeschlossen gelten konnte, blieben wir noch bis nach Mitternacht zusammen. Es entwickelte sich nicht gerade eine Fidelitas, aber auch Disharmonien schienen mit dem Zigarettenrauch davonzuziehen. In dem Augenblick, wo wir uns voneinander verabschiedeten und noch an der Haustür standen, bemerkte ich, daß Frau Ludendorff vor ihrem zurückbleibenden Gatten auf die schwach beleuchtete Straße hinaustrat und aufmerksam nach allen Seiten sah. Als sie erkannte, daß mir das kleine Manöver nicht verborgen blieb, sagte sie, halb entschuldigend: »Dafür ist er doch zu schade, nicht wahr?«

An diesem Abend ließ noch nichts vermuten, daß der glänzendste Repräsentant der Generalstabsschule – dieser Schule, in der Aufmarschlinien und alle Marschzurüstungen mit unendlicher Genauigkeit bis ins letzte festgelegt wurden und der Sinn für Ordnung und Exaktheit keine Abweichung von der Vorschrift gestattete – bald auf krausen Wegen herumschweifen würde, in einem geistigen Labyrinth. Nichts ließ ahnen, daß der Spezialist der militärischen Mathematik seine Kraft in mystischen Spekulationen ausgeben und dort an den Beweis setzen würde, zwei mal zwei sei fünf. Vielleicht war es eine zwar nicht notwendige, aber auch nicht ganz fernliegende Konsequenz der Kadettenerziehung und der militärischen Kastenabsperrung, daß eine einmal in Bewegung geratene und überhitzte Phantasie gleich zu bizarren Einbildungen ausartete und sich auf der Jagd nach großartigen Entdekkungen absonderlich überschlug. Wer sich in das neue Leben nicht einzuordnen verstand oder sich nicht einordnen wollte, befaßte sich mit Entwürfen und Unternehmungen, die hoch über die Häupter der blökenden, nach armseligem Futter schnuppernden Herde hinweggingen, und abenteuerte teils auf Erden und teils in den luftigen Regionen der Idee herum. Und da der Wall, mit dem sich die Kaste umgeben hatte, dem täglichen Einblick in das bürgerliche Durchschnittsleben, in die wirtschaftlichen Erfordernisse und die sozialen Zusammenhänge sehr hinderlich gewesen war, wurde der Gedankenflug nicht durch Rücksicht auf zu viel Realitäten gehemmt. Vielfach, natürlich keineswegs in einer Mehrzahl der Fälle, bestand eine gewisse Ähnlichkeit mit Klosterbewohnern, deren Einbildungskraft sehr anspruchsvoll zu werden pflegt, wenn sie einmal die strengen Regeln durchbrochen hat und die Klostermauer überspringt. Der General Ludendorff ergab sich, wie Faust, der Magie. Sein Forschungsdrang umfaßte die Magie der germanischen Mysterien, die Magie der Edelrasse, die Magie des Blutes, die Magie des Goldes und wohl so ziemlich allen Zauber, der vom Altertum über das Mittelalter hinweg bis in die aufgeklärte Gegenwart hinein konserviert worden ist. Er wurde Priester an Odins Opfersteinen und Anführer in der antisemitischen Walpurgisnacht. Er verwarf den unbefriedigenden blassen Christenglauben und vernichtete Jesuiten, Juden und Freimaurer mit einem einzigen Keulenschlag. Als er nach der Scheidung von seiner ersten Frau wieder heiratete, verband er sich in der erwählten Gattin eine Kennerin all dieser geheimnisvollen Lehren, eine schon geprüfte Gehilfin, eine begeisterte Adeptin und rastlose Kämpferin Walhalls, und mit ihr trafen zur Ergänzung des barocken Hausrates noch mancherlei Kuriositäten ein. Wer darüber witzelte, daß der General Ludendorff den Goldmacher Tausend in seine Dienste nahm und ihm sein Geld hinwarf, der verstand nicht, daß auch der Schmelztiegel in das Bild hineingehörte, und dem war die Fähigkeit des artistischen Genießens versagt.

Einem späteren Dichter, der unter den Gestalten dieser Zeit eine Auswahl treffen will, bietet Ludendorff viel. Er ist eine starke, durch eigene Fülle und Farbigkeit wirksame Bühnenfigur. Coriolan fand seinen Shakespeare, Wallenstein wurde von Schiller dichterisch erhöht. Coriolan hatte nicht Ludendorffs Mystik, Wallenstein nicht seine Leidenschaftlichkeit. Bisweilen auch kehrte der General Ludendorff aus der Phantasiewelt in die Nüchternheit zurück. Das geschah, wenn es sich um die Aufgaben seines alten Metiers, um die Erörterung militärischer Dinge handelte, und wenn er den schlechten Schülern zeigen wollte, wie der Krieg beschaffen sein würde, nach dem ihre prahlerische Torheit sich zu sehnen schien. Seine Autorität bäumte sich dann auf, er trat mit eiskaltem Tadel vor die unwissende Klasse hin und bläute ihr die Wirklichkeit ein. Der knurrende Pudel des Okkultismus blieb unbeachtet auf der Schwelle, das Laboratorium mit Phiolen, Retorten, Kesseln und dicken Folianten wandelte sich wieder in ein Generalstabszimmer um.

Immer, im Licht des kritischen Denkens wie in den Dämpfen seiner Phantasieküche, hatte der General Ludendorff, seit ihm der feile Wankelmut der Menschen so fühlbar geworden war, den herben Stolz, den sympathischen Hochmut der Einsamkeit. Darin nahm er es mit jedem vom Volke und vom Senat verstoßenen römischen Feldherrn auf. Wenn er sich für kurze Zeit anderen anschloß, so blieb er doch immer abseits, ein einzelner, dessen Stimme nur noch zu einer kleinen Gemeinde dringt. Wenn er auch Redegewandtheit besaß – es war nicht die Rhetorik, deren Rhythmus zwanzigtausend oder dreißigtausend Zuhörer in Begeisterung versetzt. Auch sein Haß hatte Format, sein Hirn war nicht mit Bildern von Verfolgungen und Strafen angefüllt. Ihn interessierte der große Schlag, die Durchbruchsoffensive, und für die systematische Arbeit des offiziellen Anklägers Fouquier-Tinville hätte er kein Verständnis gehabt. Sogar seine Halbbildung verfiel nicht in die Banalität. Es gibt Personen, in deren pompösesten Erzählungen der Mount Everest niedrig wirkt.

Die Idee, daß die Juden eine Rasse seien, denen ihr Jehovah und ihr Talmud die Vernichtung des Germanentums vorschrieben, kam ihm erst, als er sich auch in diese Probleme zu vertiefen begann. Da, unter der richtigen Anleitung, fielen ihm, wie man zu sagen pflegt, die Schuppen von den Augen, und er begriff, daß der Krieg nicht infolge der feindlichen Übermacht, nicht durch das Eingreifen der Amerikaner, nicht durch die verspotteten Tanks, nicht durch strategische Fehler, nicht durch die Irrtümer der Westoffensive, nicht durch das Hervorbrechen der tot geglaubten französischen Armee beim Walde von Villers-Cotterets, sondern einzig und allein durch die Gebote des Talmud verloren und zugleich er selber von einem alttestamentarischen Komplott erdolcht worden war. Damals, an dem Abend in der Wohnung unserer gemeinsamen Bekannten, war ihm das alles nur noch nicht klar, und darum kam in seinen langen Darlegungen, in denen doch nichts vergessen wurde, weder ein Dolchstoß noch eine Rassenfrage vor. Die Angeklagten waren damals der schwache Bethmann, die Berliner Regierungen, die Nächsten, die ihn im Stiche gelassen, und alle, die ihn geopfert hatten, um die eigene Verantwortung verschleiern und sogar noch Dank und Ehren ernten zu können.

Übrigens fehlt in dem Bericht über jenen Abend noch ein kleines Detail. Der Vollständigkeit halber mag auch das erwähnt werden, obgleich es von sehr geringer Bedeutung ist. Der — nun auch schon verstorbene — Gastgeber verdankte seine persönlichen Beziehungen zu dem General Ludendorff dem Umstande, daß er im August des Jahres 1914 in das Automobilkorps eingereiht und nach Ostpreußen geschickt worden war. Er war ein sehr tüchtiger Automobilist und wurde, als Hindenburg, begleitet von Ludendorff, das Kommando in Ostpreußen übernahm, mit seinem Auto den beiden Generälen zugeteilt. Seine Vorgesetzten konstatierten, daß er nicht nur als Chauffeur die Tugend der absoluten Zuverlässigkeit besitze, und da er ihr besonderes Vertrauen genoß, wurde er gelegentlich zur Erledigung diskreter Aufträge ausersehen. Er lenkte das Auto der Heerführer auch bei Tannenberg. Niemals prahlte er, wie mancher andere es getan hätte, mit diesen Kriegserlebnissen und seinen hohen Verbindungen, niemals sprach er davon. Stets bewahrte er eine Zurückhaltung, die ganz im Einklang mit seinem stillen, bescheidenen Wesen stand, und die Schlacht von Tannenberg hatte er nicht gewonnen. Alle wußten — die Heerführer so gut wie die Offiziersburschen —, daß er und die Seinigen nicht zu denen gehörten, denen die Rassenforschung das Zertifikat des Ariertums zuerkennt. Man brauchte dabei nicht erst die alten Familienpapiere zu prüfen und auf frühere Generationen zurückzugehen.

DER JUDE BALLIN

Daß Albert Ballin Jude war, ließ sich weder verheimlichen
– aber verheimlichen wollte er es gar nicht – noch verkennen. Gesichtsbildung und auffällige Einzelheiten, wie die
starken Lippen unter dem Schnurrbart, zeigten es genügend
an. Eine breite, von einigen Furchen durchzogene Stirn und
darüber eine bis zur mittleren Höhe schon kahle Schädelwöl-
bung waren von ursprünglich dunklem Haar umwachsen,
das besonders an den Schläfen graue Stellen hatte, als das
fünfte Jahrzehnt überschritten war. Die Nase, nicht mit der
gebogenen Linie, die in volkstümlichen Karikaturen die jüdischen Nasen zu haben pflegen, war kräftig und ziemlich
fleischig, das Kinn rund und voll. Alle Aufmerksamkeit des
Betrachters wurde angezogen durch die hinter einem Kneifer
hervorschauenden lebhaften, klugen Augen, durch diese
wirklich »sprechenden« Augen, in denen sich alles ausdrückte, das ernste Sinnen und der Humor, der feste, beherrschen-
de Wille und die Güte, die Sorge und die Zufriedenheit. Wie
bei allen feinen Naturen empfand man hinter jedem dieser
Momentbilder noch einen inneren Reichtum, und wenn Ballin sich sorgenfrei dem Genuß der Geselligkeit zu überlassen
schien, konnte man doch immer – um den Vergleich aus seinem Berufsgebiet zu entnehmen – an ein heiter bewimpeltes
Schiff denken, das mit schwerer Fracht seine Straße zog.
Aber die Worte, die man wie Striche aneinanderfügt, um ein
menschliches Antlitz nachzuzeichnen, geben niemals das
wirkliche Gesicht wieder, und die einzelnen Züge, die man
herausarbeitet, fügen sich nicht zur wahren Form zusammen.
Nur Hollywoodköpfe von normaler Schönheit sind leichter
zu fassen, und wenn man behaupten kann, der Mann, den
man zeigen will, sei dem Cäsar, dem Napoleon, dem Dante
oder einer anderen tausendmal vervielfältigten historischen
Büste ähnlich, hilft das der suchenden Phantasie in dankens-
wertester Weise nach.
  Seemannsphysiognomien pflegen selbst dann noch, wenn
sie schon runzlig geworden sind, einfach, unzusammenge-
setzt, wie die Köpfe in alten Holzschnitzereien oder wie die

Gesichter in der Manessischen Handschrift zu sein. Ballins Gesicht, das von der Intelligenz so sehr belebt und durcharbeitet war, daß es darin keine leere Stelle gab, war nicht nach diesen primitiven Mustern geschnitten, aber es hatte die Seemannsfarbe, war von der Luft des Meeres und des Hafens gebräunt. Über das, was man als jüdische Züge bezeichnen konnte, hatte sich diese Patina gelegt. Man sah sofort, daß er gewohnt war, im Seewind zu leben, und nicht zu den städtischen Ferienreisenden gehörte, die von ihrem kurzen Ausflug mit einer schnell vergänglichen Renommierfarbe nach Hause kommen. Er fühlte sich am wohlsten auf einem seiner Hapagschiffe und brauchte auf Seefahrten die sonst allzu reichlich eingenommenen Schlafmittel nicht. Eine Phantasie, die sich mit der Überbrückung von Jahrtausenden belustigt, könnte herausfinden, daß sein Stammvater jener Sebulon, der Sohn Jakobs, gewesen sei, von dem es im Segen des Vaters hieß, er werde »an der Anfurt des Meeres wohnen und an der Anfurt der Schiffe« – und von dessen Drang zur See Thomas Mann im zweiten Bande seines »Joseph« etwas ausführlicher erzählt. Wenn Ballin den Yachtdreß und die Mütze des kaiserlichen Yachtclubs trug, waren diese Kleidungsstücke bei ihm selbstverständliche und in keiner Weise befremdende Bestandteile, und er trug sie mit der sorglosen Eleganz, die nur die Gewohnheit verleiht. Die Bankdirektoren und die meisten der hohen Beamten, die zu den Schiffstaufen oder zur Kieler Woche kamen, sahen in ihren seemännischen Kostümen neu eingekleidet aus, wie die Sonntagsjäger in den grünen Joppen oder wie die Norddeutschen in kurzen Lederhosen am Starnberger See.

Ballin wurzelte, so fest und so tief Wurzeln in einem Boden haften können, in Hamburg, wo er geboren war. Er war kein Eingewanderter, kein Zugereister und auch nicht in einem jener Stadtteile und Berufskreise aufgewachsen, die ebensogut anderswo existieren können, ohne lokale Eigenart und ohne Beziehung zu Meer und Hafen sind. Im siebzehnten Jahrhundert waren die Urahnen – einige aus der Verwandtschaft sollen als Kunsthandwerker in Paris gelebt haben – aus Norddeutschland oder aus Dänemark in Hamburg angelangt. Der Vater Albert Ballins betrieb unter der Firma Morris & Co. eine Agentur für Auswanderer und ihre Beförderung nach

Amerika, und Kontor und Familienwohnung befanden sich, eng miteinander verbunden, in einem Hause am Steinhöft, in einem der alten malerischen Viertel am Hafen, von deren Romantik in der späteren modernisierenden Zeit ein Stück nach dem andern verschwand. Albert Ballin war zwanzig Jahre alt, als er, nach dem Tode des Vaters, die Leitung des Geschäftes übernahm. Er war ein sehr mittelmäßiger Schüler gewesen, einer der vielen, deren Anlagen sich erst zeigten, als nicht mehr das ganze Lebensschicksal von der Frage abzuhängen schien: »Wann fand die Schlacht bei Cannä statt?« In die Firma Morris, um die es nicht gut stand, kam schnell ein neuer Schwung. Die Reederei Edward Carr schloß einen Vertrag mit ihr, machte den jungen Ballin zu ihrem Generalvertreter und wurde durch seine fabelhafte Initiative, durch seine geniale Fähigkeit, die vernachlässigten Möglichkeiten des Weltverkehrs zu erkennen und auszunutzen, und durch die von ihm erreichte Verschmelzung mit anderen Reederfirmen eine solche Macht, daß die konservativen Herren der »Pakketfahrt«, der Hamburg-Amerika-Linie, es geraten fanden, diese kräftige Konkurrenz dem eigenen Betrieb anzugliedern und den offenbar ganz erstaunlichen jüdischen Eroberer zum »Passageleiter«, zum Chef des ganzen Passagiergeschäftes und, zwei Jahre darauf, zum Vorstandsmitglied zu ernennen. Dies waren die ersten Stufen beim Aufstieg in Hamburg, und in seiner ganzen Persönlichkeit war Ballin Hamburger und auch, so wenig er den Porträts in den alten Patrizierhäusern glich, in mancher Äußerlichkeit. Seine Sprache hatte den hamburgischen Klang und die hamburgische Manier, die den Buchstaben sauber vom nächsten trennt und darum den salopper redenden Bewohnern anderer deutscher Gegenden ein wenig spitzig und überfein erscheint. Er trank und aß und rauchte nach hamburgischer Art, und das hieß besonders damals noch, daß man sich Schweres zumutete und solche Dinge ohne hygienische Zimperlichkeit genoß.

Er hatte aber, und dies vor allem, auch den hamburgischen Stolz. Nur entstand dieser Stolz bei ihm nicht wie bei manchen anderen aus Beschränktheit und geistiger Engigkeit. Viele Abkömmlinge der alten hamburgischen Geschlechter wußten schon nichts mehr von der Tradition der freien Stadt. Die Zugehörigkeit zu feudalen studentischen Corps war das

Ideal, und alles, was vom hanseatischen Trotz übriggeblieben war, äußerte sich nur noch in der eifersüchtigen Abneigung gegen das parvenühafte, neuerungssüchtige und allzu rührige Berlin. Auch Ballin hatte zu der ungeheuer angeschwollenen Hauptstadt des Reiches keine Herzensneigung, der hamburgische Lebensstil gefiel ihm besser, war ihm vertrauter und angenehmer als die geräuschvolle berlinische Rastlosigkeit. Aber er hatte einen durch keine Vorurteile gehemmten Blick für die außerordentliche Kraft, die nie versagende Vitalität, die Arbeit und die Leistungen Berlins und sah in seiner Heimatstadt auch Kleinliches und allzuviel von jenem Lokalpatriotismus, hinter dem sich die Bequemlichkeit verbirgt. Sein Stolz begann am Hafenquai. Dort, wo er sein Werk schuf, wo unter seiner Leitung oder seinem Antrieb der Hafen sich mit einer großartigen Handelsflotte füllte, Riesenschiffe hinausfuhren und ankamen, die Anlagen sich ausdehnten, die Werften rastlos arbeiteten, Kettenrasseln, Pfeifen, der Lärm der Arbeit die Luft zerschnitten, Rauch aus zahllosen Schornsteinen quoll, Gepäck und Warenballen zu allen Erdteilen hin verladen wurden oder, aus dem Schiffsbauch herausgezogen, in den Fängen eines mächtigen Kranes über dem Landungsplatz hingen. Es ist sehr möglich, daß bisweilen beim Anblick dieses Schöpfungsbildes der Stolz des Hamburgers in ihm sich mit einem anderen Stolz vereinte, und daß er einen besonderen faustischen Genuß empfand. Er konnte sich sagen, daß er diese nun vor ihm ausgebreitete grandiose Bewegung erweckt, für diese bewundernswürdige Entwicklung Unvergeßliches getan hatte, und daß er nicht der Nachkomme königlicher Kaufleute und der in den Stadtbüchern und auf Ruhmestafeln aufgeführten Hanseaten, sondern der Sohn einer kleinen jüdischen Familie am Steinhöft war.

In seinem Wesen war aber kein Atom von Überheblichkeit, von kernfester oder schmalziger Selbstzufriedenheit. Er war nicht, wie viele andere und mindere Größen der deutschen Wirtschaft, von der eigenen Bedeutung aufgeschwemmt. Merkwürdiger und fast bewundernswerter als die Entwicklung, die unter seinem Impuls die hamburgische Schiffahrt genommen hatte, war die Entwicklung seiner Persönlichkeit. Der Judenknabe von der Firma Morris & Co. war der feinste, freieste, kultivierteste Weltmann geworden, und nicht einer von denen, die immer zu sagen scheinen: »Seht, was für ein Weltmann ich bin!« Er hatte eine vollendete natürliche Gewandtheit im Verkehr, eine ungezwungene Eleganz, einen instinktiven Takt. Die gesellschaftlichen Formen des wirklichen »Kavaliers«, gepaart mit der schärfsten Intelligenz und zugleich mit Herzenswärme und einer gewinnenden künstlerischen Leichtigkeit. Ich habe ihn gesehen, wie er als Gastgeber neben Wilhelm II. an der Tafel saß. Der Tischnachbar des Kaisers wußte, daß man bei solchen Gelegenheiten von allen Seiten her sein Benehmen beobachtete, aber das bekümmerte ihn in seiner heiter ruhigen Sicherheit nicht im mindesten, er tat weder zu wenig noch zu viel, war ein Hausherr, der seinen hohen Gast unbefangen unterhielt, die kaiserlichen Scherze lächelnd, ohne unterwürfige Kundgebung eines übertriebenen Entzückens anhörte und erwiderte, und er befand sich ja auch nicht zum ersten Mal auf diesem Platz. So war in seiner Haltung, ganz gleich, in welcher Umgebung er sich bewegte, niemals etwas von Pose oder Berechnung, er spielte eine weit größere Rolle als die meisten um ihn herum, aber er hat, nimmt man das Wort im Bühnensinne, seine Rolle niemals gespielt. Er war ein »Herr«, seine Augen waren gewöhnt, flink, beherrschend und befehlend den ganzen Zustand eines Schiffes und alle Teile des gewaltigsten Betriebes zu überblicken und ebenso prüfend ferne Weltwege zu kontrollieren, aber dieses Herrengefühl spreizte sich nicht, und über allem lag etwas Bestrickendes, das sich nur mit dem Fremdwort »Charme« wiedergeben läßt. »Anmut« und »Liebreiz« sind eher Bezeichnungen für weibliche Eigenschaften, während der Ausdruck »Charme« bisweilen auch bei Männern anwendbar ist. Die deutsche Sprache, die den Frauen viele Komplimente macht, besitzt für dieses Wort kein Äquivalent.

Wahrscheinlich empfanden die Regenten und Großaktionäre der »Packetfahrt«, diese gesellschaftlich eingekapselten und unnahbaren hamburgischen Patrizier, zuerst ein heimliches Unbehagen, als der neue Mann in ihre Mitte trat. In dem jüdischen Milieu, aus dem er kam, gab es nicht einmal nennenswerte Verwandtschaft und Reichtum, und er brachte zu seiner Empfehlung nicht wie der ihm in vielen Dingen ähnliche Max Warburg, der dann sein intimster Freund wurde, einen schon angesehen Familiennamen mit. Aber sein Auftreten machte ihnen, wohl zu ihrer Überraschung, alles leicht und angenehm. Sie konstatierten auch, daß er, der die hamburgische Schiffahrt der übrigen Welt gegenüber mit unübertroffenem Glanz repräsentierte, persönlich genügsam blieb, den Nutzen seiner ungeheuren Arbeit, seiner schöpferischen Ideen und seiner Voraussicht nur der Gesellschaft zuwandte und die Anhäufung von Besitz geringer schätzte als das Bewußtsein, durch eigenes Verdienst zu dieser Gipfelstellung aufgestiegen zu sein. Schon nach kurzer Zeit war es klar, welcher Aufschwung sich für den Hafen, die Schiffahrtsgesellschaft und den überseeischen Handel vom Eingreifen seiner Tatkraft erwarten ließ. Es schien bald ganz selbstverständlich, daß man ihm die Führung und die eigentliche Macht übertrug. Er wurde unentbehrlich als Organisator der Schiffahrt, als Bahnbrecher, der die hamburgischen Dampfer über alle Meere leitete, und als Klügster im Rat. Er wurde unentbehrlich durch seine Kunst, zu verhandeln und in Verhandlungen über die schwierigsten und kompliziertesten Probleme immer die beste Lösung zu erlangen. In London, in New York, in allen großen Zentren des Weltverkehrs saß oder präsidierte er am Verhandlungstisch, gegenüber den Staatsmännern, den Häuptern der alten Konkurrenzlinien, den Bankfürsten, den Morgan und den anderen Finanzmagnaten, und steigerte in jeder Erörterung von Poolfragen, von Zusammenschluß und Herrschaftsteilung so sehr die Macht der eigenen Gesellschaft, daß manchen Rivalen, die ein Privilegium auf die Beherrschung der Seewege zu haben glaubten, nur noch die Erinnerung an vergangene Herrlichkeit blieb. Er baute die gigantischen Passagierschiffe, die durch Schnelligkeit und Komfort alles Vorhandene weit übertrafen, und zog damit die reiche Kundschaft aus ganz Europa, Amerika und den exotischen Ländern an sich heran. Er unternahm weite Studienreisen, prüfte in Ostasien die wirtschaftlichen Möglichkeiten und den Nutzen neuer, in selten befahrene Räume vordringender Verbindungen und umspannte den Weltglobus mit einem in seiner Verknüpfung scharfsichtig berechneten Schiffahrtsnetz. Man muß sich vorhalten, was die hamburgische »Packetfahrt« um 1885, vor Ballins Hervortreten, war. Das unscheinbare Haus, in dem sie damals residierte, genügte für die Verwaltung all ihrer Geschäfte, sie hatte sich von Bremen schlagen lassen, stand an Bedeutung und Beliebtheit weit hinter dem »Norddeutschen Lloyd« und besaß nur einen einzigen größeren, halbwegs modernen, aber ziemlich mißratenen Passagierdampfer, der den Namen »Hammonia« trug, ohne ihm viel Ehre zu bringen. Am besten kann man aus dem ausgezeichneten Buche Bernhard Huldermanns ersehen, wie Ballin diesen kläglichen Zuständen sofort ein Ende machte und wie, immer durch seine Energie, von Jahr zu Jahr, ohne daß auch nur einmal der Siegeszug stockte, die »Packetfahrt« sich umwandelte, sich ausdehnte und die Welt durchdrang. Bei Huldermann, der ein treuer und bewundernder Mitarbeiter gewesen war, findet man auch Denkschriften und Berichte Ballins, die erkennen lassen, wie unvergleichlich, bis in die letzten Einzelheiten hinein, Ballin alle Fragen des Seehandels, des Passagierwesens, der Verpflegung, der Schiffstechnik, der internationalen Verkehrsverästelung beherrschte, und sicherlich war der Biograph berechtigt zu sagen, in keinem Lande habe irgendein Fachmann die komplizierten Poolprobleme so gekannt und mit solcher Bereitschaft des Gedächtnisses klargelegt und entwirrt. Wirklich, die hamburgischen Großherren hatten damals, als sie ihren Familienstolz schweigen ließen und den jungen jüdischen Mann zu sich holten, keinen schlechten Griff getan. Er glich zwar nicht den Porträts in ihren Ahnenreihen, aber er glaubte nicht, wie manche Erben, Anspruch auf Bequemlichkeit zu haben, und sein Blut war, wie man auch sonst darüber denken mochte, nicht durch standesgemäße Zuchtwahl verdünnt und erschlafft. Es war eigentlich sehr sonderbar, sich sagen zu müssen, daß nur er, ein Mann von seiner Herkunft, den alten kühnen Hanseatengeist − natürlich einer anderen Technik und einer anderen Weltwirtschaft angepaßt − durch sein Beispiel wiedererweckte und zu noch großartigeren Eroberungszügen trieb.

Er umgab die Hapag mit einem nie dagewesenen Glanz der Repräsentation. Er tat das, um die Größe und Macht der Hapag zu betonen, und er tat es auch, weil es dem künstlerischen Zug in seinem Wesen entsprach. Man fuhr aus Berlin, aus dem Rheinland, aus anderen deutschen Gegenden und aus dem Ausland zu den festlichen Veranstaltungen, die ein

224

paarmal im Jahr, als fester Brauch oder aus besonderem Anlaß, vor sich gingen. Man war immer hocherfreut und beeilte sich mit der Zusage, wenn man von ihm eine Einladung zu einer Probefahrt auf neugebauten Dampfern der Hapag, zur Kieler Woche, zur Segelregatta auf der Unterelbe oder zu einem Stapellauf erhielt. Nirgends aß man so gut, nirgends wurde mit solcher Selbstverständlichkeit und ohne protzige Prahlerei gegeben, nirgends war alles so brillant organisiert und bis ins letzte durchdacht. Die Gäste empfanden und rühmten das »Hamburgische« dieser Gastlichkeit, ganz als würde nun überall in Hamburg mit solchem Talent für die Bewirtung gesorgt. Und man fand eine Gesellschaft vor, wie sie sich sonst in Deutschland selten vereinigen ließ. Alle Sterne waren von ihren Himmeln auf das Deck des gastlichen Schiffes heruntergeeilt, und vom Mittelpunkt her verbreitete dann gewöhnlich das große kaiserliche Gestirn ein warmes, heiteres, huldvolles Licht. Albert Ballin ging unaufdringlich zwischen den Gruppen hindurch, führte diejenigen, die einander kennenlernen wollten, zusammen, stellte dem Kaiser lächelnd diesen und jenen vor und blickte wieder im Weiterschreiten forschend, kontrollierend und befehlend umher, — ob es an nichts fehlte, ob jeder in der flink bedienenden Schiffsmannschaft das Richtige tat. Wie er bis zu den fernsten Weltweiten sah, ganz so kümmerte er sich um das Kleinste und Nächste, um die Küche und die Unterhaltungsspiele, die Menüs und die Zigarrenkisten, den Wandschmuck und die Beleuchtung, die Betten in den Luxuskajüten und in der dritten Klasse, und seine Festlichkeiten arrangierte und überwachte er mit der gleichen Sorgsamkeit, die eben auch einer künstlerischen Freude entsprang. Keiner in der glänzenden Gesellschaft dachte daran oder wollte daran denken, daß dem Gastgeber, hinter dessen freundlichen Augenblicksgaben das imponierende Werk stand und den der Kaiser so hoch ehrte, in den Geburtsregistern die Bezeichnung »jüdisch« oder »mosaisch« angehängt war. Allerdings waren ja in dieser Zeit sehr viele Mitglieder der oberen Klassen den sogenannten Rassenfragen gegenüber lau und lässig, und besonders dann, wenn es sich um die ganz reichen Juden handelte, gerieten die strengeren Grundsätze häufig in Vergessenheit. Aber Ballin hatte unter den bedeutenden oder im Range hochstehenden Persönlichkeiten, die er um sich scharte, auch wirkliche, ergebene Freunde, während fast all die getauften und ungetauften Mediceer sich damit begnügen mußten, auf Herz und Magen von Geheimräten zählen zu können und ein paar Paradefiguren in ihren Prachtsalons zur Schau zu stellen. Nicht nur Bülow, dessen Freundschaften gewöhnlich so zweifelhaft waren wie die Perlen einer Lebedame am Spieltisch in Monte Carlo, und Brockdorff-Rantzau empfanden für Ballin etwas anderes als jene oberflächliche Herzlichkeit, von der beim ersten Konjunkturumschwung nichts mehr übrig ist. Die persönlichen Beziehungen Ballins, die in Deutschland wie die im Auslande, waren für die Hapag und auch für die Gesamtinteressen Hamburgs wichtig und wurden nutzbar gemacht. Wenn in Berlin etwas durchgesetzt, ein Konflikt beigelegt, der Bürokratie etwas abgerungen werden sollte, war er es, der hinfuhr und, wie der führende Staatsmann eines Landes, ganz selbstverständlich die mehr oder minder schwierige Mission übernahm.

Es war ihm viel verliehen worden und alles geglückt. Ungewöhnliche Eigenschaften waren in ihm vereinigt, und er konnte sie für große Aufgaben verwerten, in der Anwendung stetig steigern und zur Geltung bringen. Keiner jener täppischen Zufälle, durch die ein Genie in das Dunkel eines elenden Winkels gebannt bleibt, sich nicht entfalten kann, verkümmert und abstirbt, sperrte ihm den Weg. Sein Geist, seine Energie, seine liebenswerte Persönlichkeit erreichten das nur irgend Erreichbare und sogar das, was unerreichbar schien. Es gab noch mehr als einen Selfmademan im wilhelminischen Deutschland, aber keiner stieg aus so ungünstigen Verhältnissen so hoch hinauf. Wie der Widder für den Opferaltar, so wird bisweilen der Mensch für die Tragödie geschmückt.

Die Geschichte von Esther, Mardochai und Haman läßt sich verschiedenartig ansehen und auch anders, als es aus reinen Liedern tönt. Ballin hatte nichts von einem Mardochai, und in seiner Zeit wurde nicht an Haman gedacht. Aber er war doch nicht nur von Freundschaft und Liebe umringt. Er wurde auch mißtrauisch und feindselig beobachtet, mit einem Mißtrauen und einer Feindseligkeit, die sich nicht offen zeigten, sondern sich zurückhielten und auf weichen Filzsohlen gingen. Einigen Leuten im Auswärtigen Amt, zum Bei-

226

spiel dem Staatssekretär von Jagow, und feudalen Personen auf den oberen Regierungsposten war er teils seiner Abstammung wegen unsympathisch, teils seines Einflusses wegen unbequem. Man benutzte ihn gern in delikaten Fällen, aber wenn er sich dabei den Hals gebrochen hätte, so hätte man sich sehr gefreut. Doch gefährlichere Sammelplätze der stillen Abneigungen waren die Schloßgemächer der Kaiserin. Augusta Victoria hielt es gewiß nicht für richtig, den angebeteten und leicht ungeduldigen Gemahl durch häufige und lästige Vorhaltungen zu verärgern, wenn er den Schöpfer der großen deutschen Handelsflotte zu langen Privatunterhaltungen empfing, und sie saß dem bevorzugten Gast mit höflicher Hausfrauenwürde an der Familientafel gegenüber, aber das war nur das Wunder der Gattinnenliebe und der höfischen Erziehung zur Selbstdisziplin. Man kann sich vorstellen, wie die Damen am Abend miteinander flüsterten, wenn es hieß, daß er wieder dagewesen sei. Sie saßen über eine Handarbeit gebeugt und häkelten dabei auch deutsche Geschichte nach Mustern mit Krone und vielen Adlern, im Stil der Siegesallee. Meistens war das freilich eine ebenso harmlose Beschäftigung wie »Patience«. Denn was sie zum Zeitvertreib produzierten, diente nicht zum Gebrauch. Die wenig freundliche Gesinnung ging nicht, oder nicht hauptsächlich, aus einer antisemitischen Grundstimmung hervor, die natürlich vorhanden war, aber hier nur gedämpft auftrat und gewissermaßen zur Erklärung und Beleuchtung des Falles half. Ballin war nicht nur Jude, er war »anglophil«, also selbstverständlich so etwas wie ein Anwalt englischer Wünsche, und das war noch schlimmer als die kaum anzuzweifelnde Tatsache, daß keiner seiner Urväter auf den Bärenfellen im germanischen Walde lag. In Wahrheit wünschte Ballin nur, wie alle vernünftigen und vorausschauenden Beurteiler der politischen Dinge, die Verständigung mit England, und er war immer bereit, im Interesse Deutschlands und des Weltfriedens seine Beziehungen zu den englischen Staatsmännern fruchtbar zu machen, wenn eine Gelegenheit sich bot. Aber Verständigung mit England – das hieß doch, sagten die Priester und Priesterinnen der heiligen Flamme, Unterwerfung unter den britischen Hochmut, Triumph des britischen Krämergeistes, Verzicht auf deutsche Größe, auf das freie Recht der deutschen Flotte, auf die vom Kaiser so genial erfaßte deutsche Weltmission? Obenein war in Augusta Victoria die intime Abneigung gegen dieses dünkelhafte, falsche und habsüchtige England verbunden mit einer vielleicht noch stärkeren gegen den englischen Hof, gegen diese Königsfamilie, die sich offenbar für vornehmer als alle anderen hielt. Von dem unmoralischen Onkel Eduard, der sich spöttische Bemerkungen über den Neffen gestattet hatte, gar nicht zu reden – die hochnäsigen Damen schienen ganz vergessen zu haben, daß auch sie aus einem kleinen deutschen Fürstenhaus stammten, und spielten sich auf, als wären sie zum mindesten Urgroßkusinen der Königin Elisabeth. Zwiespältig, zwischen Bewunderung und Eifersucht schwankend, fuhr Wilhelm II. gern zu den Regatten von Cowes, und die Gattin gönnte ihm diese Vergnügungen, die sportlichen Freuden, die Vorliebe für das englische Landleben, auch wenn das nicht ganz in das Bild des von Gott auserwählten deutschen Kaisers hineinpaßte, das sie in ihrer Seele trug. Sie gönnte ihm auch den Verkehr mit Ballin, aber sie überwachte mit sorgendem Blick diese Freundschaft, und wenn der kaiserliche Gemahl von internationalem Denken umstrickt und seine herrliche Flottenschöpfung angetastet werden sollte, dann schreckte sie, warnend und wehrend, nicht vor der Pflichterfüllung zurück. Man weiß, wie sie nach dem Berliner Besuch des britischen Kriegsministers Haldane zu ihrem Gatten ging und ihn beschwor, den von dem Schwächling Bethmann empfohlenen Kompromiß über die Flotte zurückzuweisen und den höllischen Lokkungen zu widerstehen. Tirpitz küßte ihr im Namen aller Patrioten dankbar die Hand, wie er es so hübsch in seinen Memoiren erzählt. Damals hatte Ballin seinen Glaubensgenossen Sir Ernest Cassel zum Kaiser gebracht und gemeinsam mit diesem jüdisch-englischen Emporkömmling, dem Genossen des Onkel Eduard, den arglos erfreuten, ja sogar entzückten Wilhelm veranlaßt, den Mister Haldane zu empfangen. Hatte man da nicht wieder gesehen, daß diesen aus anderem Stoff gemachten Menschen echte deutsche Art, deutscher Idealismus fremd waren, und daß man sich selbst dann vor ihnen hüten mußte, wenn sie nicht – und Herr Ballin hatte selbstverständlich keine tückischen Absichten – in planvoller List ihre Netze spannen?

Die Kaiserin Augusta Victoria und wahrscheinlich auch mancher stirnrunzelnde Alldeutsche hielten Ballin für einen von denen, die aus Furcht vor der englischen Feindschaft den Lieblingsgedanken Wilhelms II., die Idee der Flottenmacht und der Meerbeherrschung, entwerten wollten, ungefähr wie in der ersten Hälfte des siebzehnten Jahrhunderts die »Kipper und Wipper« in Deutschland die Goldmünzen betrügerisch beschnitten und verfälschten, bis das Geld immer mehr von seinem Goldwert verlor. Aber die hohe Dame und alle, die befürchteten, Ballin könnte den Kaiser zum Schaden der deutschen Marine umgarnen, waren entschieden in einem Irrtum befangen. Eigentlich hätte am wenigsten gerade ihn der Verdacht treffen sollen, er gebe England zuliebe deutsche Interessen preis. Denn hatte er etwa auf die seit Jahrhunderten bewahrte Vormachtstellung der englischen Handelsschiffahrt, auf ihre Ansprüche und ihre Sorgen Rücksicht genommen, als er, ihr überall den Vorrang streitig machend, die Flotte der Hapag schuf? Gewiß, die Verständigung mit England war seiner Meinung nach für Deutschland eine Lebensnotwendigkeit. Er unterschätzte nicht, wie so viele leichtfertige Faseler, England als Kriegsgegner, er kannte es besser und schwatzte das bedauerliche Wort Bismarcks, englische Landungstruppen werde man einfach arretieren, nicht gläubig nach. Er besaß auch zu viel Sachkenntnis und zu viel Nüchternheit, um sich durch die schmucke Schönheit der großen Panzerkreuzer blenden zu lassen, und beurteilte, trotz seiner künstlerischen Empfänglichkeit, die Dinge nach ihrem praktischen Wert. Aber es war doch ein Unterschied zwischen dem Empfinden des Menschen, der im Meerwind lebte und sich immer wieder dem Reiz der Seepoesie hingab, und dem Empfinden der Landbewohner, deren trockene Kritik unbeeinflußt von seemännischer Anschauungsweise blieb. Sein Verhältnis zur Marine und den hohen Marinestellen war auch vortrefflich, eine in der gleichen salzigen Luft geschaffene geistige Verbundenheit war deutlich zu spüren, und er hatte eine Sympathie für Tirpitz, obgleich er wußte, daß der treuherzige Bart dieses Neptun nur ein biederes Verkleidungsstück war. Mehr als einmal hat er mir gesagt: »Unter all denen da ist Tirpitz doch der einzige Mann.«

Noch aus einem anderen Grunde war die Idee, Ballin bedränge den Kaiser mit allerhand der Kriegsmarine schädlichen Ratschlägen, gänzlich falsch. Zwar war er keiner von jenen Anbetern der Majestät, die sich durch fortwährende bewundernde Zustimmung die allerhöchste Gunst in jeder Stunde neu verdienen und niemals ein unbequemes Wort wagen, aber er wußte auch sehr gut, daß ein so durch Weihrauch verwöhnter Monarch nicht täglich die Wahrheit verträgt. Es war doch nötig, die Wahrheit zu dosieren und nur bei besonderen Gelegenheiten zu verabreichen, und man nutzte sich zwecklos ab und wurde nur lästig, wenn man den Wahrheitsmut nicht für solche Momente aufzusparen verstand. Auch der Marquis Posa hätte schnell ausgespielt, wenn er den König Philipp nun in jeder Audienz mit den gleichen Bitten bestürmt hätte, und was hätte die Gedankenfreiheit, was hätten die flandrischen Provinzen dadurch gewonnen? Ballin war bereit und imstande, im kaiserlichen Schloß die große Schlacht zu riskieren, aber er war nicht bereit und nicht imstande zu unablässigen Gefechten, und seinem hohen Gönner und ihm fehlte es ja niemals an weniger eckigem Unterhaltungsstoff. Hinreichend mit der höfischen Psychologie vertraut, konnte Ballin sich sagen, daß man den Löwen nicht beharrlich mit der Spitze des Spazierstockes kitzeln soll.

Ob er sich für ein staatsmännisches Amt geeignet hätte, wie viele meinten, ist mir zweifelhaft. Wenigstens dann, wenn man dabei ein politisches Ministeramt, etwa den Posten eines Ministers des Äußeren oder den des Regierungschefs im Auge hat. Er besaß, wie schon erwähnt, ein glänzendes Talent für Verhandlungen, und er konnte mit dieser Begabung und seinem scharfen Verstand in Einzelaktionen hervorragend sein. Aber ein großartiger darstellender Künstler ist nicht immer ein großartiger Theaterdirektor oder ein brillanter Filmregisseur. Man kann einwenden, Ballin habe ja in einem der größten Weltunternehmen seine stetige Umsicht, seinen fabelhaften Blick für das Ganze und zugleich für das Allerkleinste, seine diplomatische Geschicklichkeit und, kurz und gut, so viele Eigenschaften, die der Staatsmann haben soll, gezeigt. Darauf ist nur zu erwidern, daß diese Eigenschaften sich so gleichmäßig, ohne Nachlassen, Abschwächung oder zeitweiliges Versagen, auf einem Terrain auswirkten, auf dem Ballin heimisch war, auf dem er sich frei und mit souveräner Sicherheit bewegte, sich nicht aus undurchdringlichen Verstecken heraus umlauert fühlte und die animierende Kraft der gewohnten Luft empfand. Wahrscheinlich wären in Berlin, zwischen Bürokratie, Parteien und hundert zivilen und militärischen Stellen, zwischen den Intrigen der Vorzimmer, politischen und persönlichen Reibereien, Eifersüchteleien und Begehrlichkeiten – in dieser Atmosphäre des spätwilhelminischen Reiches – ihm die Vitalität, die Schaffensfreudigkeit, die frische Regsamkeit des Geistes sehr bald abhanden gekommen. Erfreulicherweise war er als Jude – getaufte Juden, wie Friedenthal, hatte Bismarck ohne Scheu zu Ministern erhoben – gegen alle Angebote geschützt. Seine Beziehungen und sein politisches Interesse gingen im wesentlichen auch nur zu den großen Handelsländern an den Meeren, besonders zu England und Amerika, und Frankreich, Italien und das übrige Europa lagen abseits von seiner Gedankenbahn. Darin allerdings hätte er sich nicht sehr von den meisten Staatsmännern der Epoche unterschieden, die ja sogar die auswärtige Politik ihrer Länder leiteten, ohne eine Ahnung von Menschen und Dingen zu haben, die jeder mit dem Musterkoffer herumziehende Handlungsreisende kennt. Mit den Fragen der inneren Politik hatte Ballin sich kaum befaßt, falls sie nicht die Wirtschaft betrafen – er begriff die Notwendigkeit gründlicher und rechtzeitiger Reformen, aber er vermied es, sich einzumischen, und fand eine Entschuldigung in der etwas lahmen Behauptung, dergleichen sei jenseits seiner Kompetenz. In den oft schweren Auseinandersetzungen mit seinen Hafenarbeitern, mit den sozialen Forderungen, hatte er im allgemeinen die Ansichten großkapitalistischer Unternehmer, wenngleich dem einzelnen Individuum gegenüber ein gutes Herz. Soll die Frage, wie dieser oder jener sich im Juli 1914, in der Unglücksstunde verhalten hätte, in der die Abgesandten Wiens dem Kaiser und Herrn von Bethmann-Hollweg das Versprechen der Waffenhilfe entlockten, als ein Prüfstein gelten, so darf man allerdings mit ziemlicher Gewißheit sagen: diese Prüfung hätte Ballin bestanden, ihn hätten nicht gefälliger Eifer, Wahn und Blindheit betört. Wenn sein Freund Bülow hinterher beteuerte, daß er den Kaiser von der verderblichen Entscheidung zurückgehalten, nie seine Zustimmung gegeben hätte – noch weit bestimmter ist anzunehmen, daß Ballin der verhindernde und rettende Berater gewesen wäre, denn er schloß als Kaufmann Geschäfte nicht ab, ohne mit klarem Verstand alle Chancen, alle Möglichkeiten von Gewinn und Verlust und alle Gefahren vorauszubedenken und zum mindesten für sichernde Formeln zu sorgen, und die Gefahr, die in diesem Geschäft, in einer so hastigen und uneingeschränkten Zahlungsverpflichtung lag, hätte seinem klugen Geist gar nicht entgehen können.

Bei seiner inneren Beziehung zu Wilhelm II. war das Herz, oder das Gemüt, beteiligt, und es lag in ihr eine besondere Sentimentalität, die man eine jüdische Sentimentalität nennen kann. Die meisten jener »großen Juden«, die aus irgendeinem Anlaß, und besonders, wenn es sich um das Geld für Museumsbauten und Forschungen handelte, zu einem Bierabend ins Schloß geladen wurden, fanden in solchen Ehrungen eine Befriedigung ihrer Eitelkeit und dachten im übrigen genauso nur an sich selber und an den eigenen Nutzen, wie die echt germanischen Günstlinge, die brandenburgischen Triarier, die ostpreußischen Großgrundbesitzer und die rheinischen Industriekapitäne, aber Ballin war eine wärmere und an dieser Stelle empfindsamere, weichere Natur. Er hatte eine echte Dankbarkeit, war dankbar dafür, daß ihn der Kaiser vor allen andern auszeichnete, an sich herangezogen, ihm mehr als ein gnädiges Wohlwollen bewiesen, ihn zu seinem Freund erkoren hatte – ihn, den Sohn des kleinen Auswanderungsagenten vom Steinhöft –, und die Dankbarkeit hatte sich in Liebe verwandelt, in einem schnell fortschreitenden Veredelungsprozeß. Im Jahre 1895, bei den Vorbereitungen für die Eröffnung des Nord-Ostsee-Kanals, hatte Wilhelm II. ihn kennengelernt, und später unterschrieb er seine Briefe an den »lieben Ballin«: »Ihr treuer Freund gez. Wilhelm I. R.« Ballin schickte, abwechselnd mit Briefen an die Mutter, dem Kaiser lange Berichte aus London, aus Ostasien, aus Amerika. Das Atom von zu höfischer Beflissenheit, das in einem derartigen Schreibeifer gefunden werden könnte, verschwindet, wenn man sieht, daß Wilhelm II. ihn animierte, ihn gleich nach der Rückkehr von solchen Reisen zu sich berief, wie einen, auf den man seit langem schon gewartet hat, und sich von ihm dann auch noch mündlich informieren ließ. Ballin versuchte nicht, die kaiserliche Gunst für seine Hapag auszunutzen, und da Wilhelm II. ihn sehr oft antrieb, in Verhandlungen mit dem Norddeutschen Lloyd den schroffen Standpunkt aufzugeben, konnte sogar mit scheinbarem Recht gesagt werden, bei dieser persönlichen Freundschaft habe die hamburgische Schiffahrtsgesellschaft mehr verloren als gewonnen. Immerhin hatten diese der ganzen Welt sichtbare Freundschaft und die vielen Kaiserbesuche eine für die Aktionäre nicht unerfreuliche Wirkung, denn wenn das Prestige und die Popularität der Hapag stiegen, profitierten auch die Finanzen davon. Für sich selber begehrte Ballin keines jener Geschenke, nach denen ein mittelmäßiger Ehrgeiz hascht. Orden, die er erhielt, legte er in den Schrank, und der Name »Ballin« brauchte das Anhängsel eines dekorativen Titels nicht. Ein Titel, den die anderen nicht besaßen, der ihnen an keinem Neujahrstag verliehen werden konnte, erfreute ihn, war seine Genugtuung, die kostbare Reliquie, und besser strahlend als ein mit Diamanten besetzter Ordensstern. Der »Freund des Kaisers«, was gab es mehr?

Die Liebe konnte ihn nicht blind machen, und genauer als diejenigen, die draußen vor den Schloßtüren oder in den Vorzimmern kritisierten, kannte er alle Seiten der kaiserlichen Persönlichkeit. Aber er war wie Sem und Japhet, die ihres Vaters Noah Blöße zudeckten, und nicht wie der pietätlose Ham. Gerade einige von denen, für die er ein »faible« hatte, verspritzten − wie Harden, der manchmal auch zu ihm kam − ihr Gift gegen Wilhelm II. oder mischten und kochten es, wie Bülow, fleißig in wohlbewahrter Heimlichkeit. Ich glaube, daß allen gegenüber Ballin der Verteidiger war, der selbst in den verzweifeltsten Fällen auf »mildernde Umstände« plädiert. An jedem Fehler und an der gesamten schiefgehenden Politik hatten, versicherte er, die Hauptschuld die Umgebung des Kaisers, die Personen an der Spitze der Regierung, die offiziellen Ratgeber, das Auswärtige Amt. Hin und wieder ließ er einen einzelnen als lobenswerte Ausnahme gelten − den Chef des Zivilkabinetts Valentini, der dann während des Krieges von den stärkeren Patrioten beseitigt wurde, und den Hofmarschall Graf Eulenburg, der freilich, sobald man von politischen Dingen sprach, seinen feinen und überlegenen Verstand einriegelte und schweigend zur Seite ging.

Wenn das Gespräch dem unvermeidlichen Thema sich zuwandte, beklagte Ballin den »armen Kaiser«, der so schlecht
bedient wurde, den alle schmeichlerisch in seinen Irrtümern
bestärkten, und der niemals eine unangenehme Wahrheit erfuhr: »Der arme Kaiser!« sagte er dann – bis zuletzt habe
ich diese drei Worte von ihm gehört. Er hätte, beinahe wie
eine gute Kinderfrau, den Kaiser gern beschützt. Er sorgte
sich ehrlich um ihn.

Auch er war, wie ich schon mit der nötigen Betonung
erwähnt habe, nicht ohne höfische Vorsicht, hütete sich, bei
jedem Besuch im kaiserlichen Arbeitszimmer die gute Stimmung zu zerstören und sich eine dreiste Offenherzigkeit her-
auszunehmen, die man früher allenfalls den Hofnarren ver-
zieh. Aber wenn Großes auf dem Spiele stand, für den kaiserlichen Freund und für das Land, und wenn kein anderer aufrichtig reden wollte, dann glaubte er, ihm sei ein feiges Ausweichen nicht erlaubt. Es war die schwerste Art, Dankbarkeit und Anhänglichkeit zu beweisen, aber gerade weil es
schwer war, mußte er und konnte wohl nur er es tun. Keinem anderen hatte der Kaiser so viel gegeben, und keiner
konnte sich mit mehr Grund einbilden, sein warmes Wort
werde imstande sein, auch eine harte Eisrinde aufzutauen.
Wenn Ballin so dachte und empfand, so war das nicht Unbe-
scheidenheit. Aber in der Idee, er müsse und könne wagen,
was selbst die höchsten Ratgeber, Fürsten und Kanzler, nicht
wagten, lag doch auch ein Zug von Eitelkeit. Es muß in der
geheimsten seiner Seelenkammern, in die er selber vielleicht
nicht hineinblickte, doch eine Befriedigung erweckt haben,
daß in Schicksalsstunden alle Welt sagte, das könne nur er
dem Kaiser beibringen und er müsse zum Kaiser gehen. Aber
das war dann ein sehr unschuldiger und nur für ihn selber
gefährlicher Glaube an eine Berufung und jedenfalls für die
übrige Menschheit weniger gefährlich als die Ansprüche anderer, die angeblich auserwählt wurden und nur den himmlischen Auftrag nicht vorzeigen können.

Es ist notwendig, zu sagen, was wirklich gewesen ist. Ballin hat in keiner großen Frage, in keinem wichtigen Augenblick einen Einfluß auf den Kaiser ausgeübt. Das konstatiert
auch sein Biograph Huldermann. Nur in der Vorbereitung
der Verhandlungen mit Haldane wirkte er mit, und auch da

kam es ganz anders, als er gewollt hatte, und er geriet in die Lage eines Friedensstifters, dem beim Fortgehen alle schnippisch sagen, so sehr wie bei ihm hätten sie sich noch niemals gezankt. Die langen Unterhaltungen mit dem Kaiser konnten sich doch immer nur um Nebensächliches drehen, die entscheidenden Probleme wurden höchstens theoretisch oder im Plauderton gestreift. Bei keiner großen Aktion, nicht bei der Agadir-Affäre, nicht während der Balkankriege, nicht bei der Zustimmung zu dem österreichischen Ultimatum an Serbien erfuhr Ballin, was vorging, niemals fragte Wilhelm II. in solchen Momenten nach seiner Meinung, niemals weihte er ihn in Absichten oder Entschließungen ein. Es hatte einmal die Tafelrunde von Liebenberg gegeben, und Philipp Eulenburg hatte zwischen Jagden und süßer Romantik betriebsam an der deutschen Politik mitgesponnen. Philipp Eulenburg hatte das Herz des Kaisers wirklich besessen, und obgleich Ballin die Meergötter besser kannte, konnte er nicht, wie der gräfliche Troubadour, zusammen mit dem Kaiser »Aegir, Herr der Fluten« besingen. Trotz aller scheinbaren oder bisweilen auch echten Intimität stieß sich Ballin an der Mauer, die den Kaiser umgab. Dieser Verkehr war für Wilhelm II. eine Privatangelegenheit, wobei das Vergnügen an dem Umgang mit einem so klugen und anständigen Manne sich vortrefflich mit der Förderung von allerlei Reichsinteressen verband. Es ging Ballin wie allen anderen, die bei schicksalsschweren Entscheidungen hätten zu Rate gezogen werden können und die nicht gefragt worden sind. Wilhelm II. fand es ausreichend, die Frage, ob Deutschland den Österreichern in ihrer Ultimatumspolitik blindlings folgen solle, auf einem Parkspaziergang mit dem Reichskanzler und einem Unterstaatssekretär zu besprechen und zu entscheiden, und auch Herr von Bethmann Hollweg hielt es nicht für erforderlich, noch andere politische Kapazitäten heranzuziehen. Der Kaiser handelte, indem er sonst niemand anhörte und unheilvolle politische Entschlüsse in Übereinstimmung mit seinem Reichskanzler faßte, durchaus »konstitutionell«. Die Vernunft kam unter die Räder, aber die Verfassung wurde nicht verletzt. Hier trat die Wirkung des folgenschwersten Irrtums ein, der in der Konstruktion Bismarcks lag und der immer in der verschleierten oder unverschleierten Herrschaft eines Einzelwillens

235

liegt. Keine Garantien schützten das deutsche Volk gegen die Gefahr der plötzlichen Eingebungen, und der zur Täuschung über ein autokratisches System gelegte fadenscheinige Mantel schützte den Monarchen nicht.

Ballin, dessen kaufmännischer Blick so klar die Verlustmöglichkeiten erkannte, hatte in die Freundschaft mit dem Kaiser zuviel Gefühlskapital eingelegt. Er wußte, daß Fürstengunst zerbrechlicher als dünnstes Glas, rinnender als Flußwasser sei, ein zugleich flatterhafter und kurzlebiger Königsfalter, aber wie alle sentimentalen Liebhaber schob er das, was er wußte, aus seinem Gedankenkreise fort. Und er war, wie gesagt, in seiner Beziehung zu dem Kaiser, dem »armen Kaiser«, in bedauerlicher Weise sentimental. Das gab seiner Persönlichkeit einen tragischen Zug. Er erlebte nicht die übliche Günstlingstragödie, die seit dem Sturz des Erzengels Luzifer und seines griechischen Vetters Prometheus ein tausendmal wiederholtes Repertoirestück der Historie ist. Nichts wie bei Shakespeare und auch keineswegs ein eklatanter Fall, wie der des Fürsten Bülow, der, als er nicht mehr ein zärtlich verhätschelter Bernhard war, »das Luder« hieß. Keine schattenhafte Ähnlichkeit mit der Tragödie jenes Fouquet, den Ludwig XIV. aus seinem eben vollendeten Schlosse Vaux le Vicomte, aus dieser mehr als königlichen Pracht, herausholen ließ und der, von La Fontaine und anderen Poeten vergeblich beklagt, wegen seines liebenswürdigen Geistes und seiner Mäzenatentugenden gepriesen und von Madame de Sevigné mit vergeblicher Leidenschaft verteidigt, bis zum Ende seines Lebens, fast zwei Jahrzehnte hindurch, in düsterer Gefangenschaft blieb. Wer einmal in Vaux le Vicomte war, dessen Gärten Le Nôtre geschaffen hatte, und das der Baukunst von Versailles voranstrahlte, hat dort noch die herausfordernde Devise »Quo non ascendat?«, »Bis wohin wird er nicht steigen?«, und in einem der Salons jenes Porträt des Fräulein de La Vallière gesehen, dessen Anblick dem eifersüchtigen königlichen Herzen einen Stich versetzte, und wer die Geschichte dieses Oberintendanten kennt, der weiß, daß zwei Personen nicht verschiedener sein können als der verschwenderische, berauschte und in Geldsachen nicht zaghafte Fouquet und der so gar nicht parvenühafte und so unendlich gewissenhafte Ballin. Aber ein Vers in La Fontaines Ode zugunsten des Oronte — zugunsten des angeklagten Mäzens — enthielt einen Seufzer, der allen Lieblingen der Götter und der Könige gilt. »Le plus sage s'endort sur la foi des zéphyrs.«

Das bißchen Tragik in Ballins Freundschaftsfeerie trat nicht nach außen, blieb verborgen und wurde dann, wie ein stilles Flämmchen, von dem großen Brande, in dem alles, Siegerstolz und Macht, Kaiserthron und Schiffahrt zusammenbrachen, mit aufgenommen und verschlungen. Und da alles zugrunde ging, was er geliebt und wofür er gelebt hatte, verließ Ballin in jähem Entschluß die schmucklos gewordene Welt. Die Maler der Renaissance brachten oft auf ihren Bildern, in einer Ecke oder an irgendeiner Stelle, etwas wie einen kleinen Hausaltar ihres eigenen familiären Lebens, eine Figur oder eine Gruppe an, die das Gedächtnis an Vergangenes und Gestorbenes erhalten sollte und nun neben der großen Golgathaszene eine still vollzogene Kreuztragung ahnen läßt. Die Episode von Ballins unpathetischem Untergang steht so am Rande des Kolossalgemäldes, das von keinem anderen Sensationsbilde der weltgeschichtlichen Galerie übertroffen wird.

Noch in den letzten Julitagen des Jahres 1914 glaubte Ballin nicht an den Krieg. Wie so viele andere suchte er sich das Gespenst zu verscheuchen, indem er sich zuredete, in der Wirklichkeit der modernen Welt gebe es keine Gespenster mehr. In meinem Buch »Der Krieg des Pontius Pilatus« habe ich erzählt, wie ich dazu kam, in mehreren Artikeln die zwischen Rußland und England eingeleiteten Marineverhandlungen zu entschleiern — gestützt auf das Material, das mir das Auswärtige Amt lieferte und das der geheime Agent des Amtes, Herr von Siebert, Kanzler der russischen Botschaft in London, pünktlich, regelmäßig und pflichttreu nach Berlin wandern ließ. Ich habe erzählt, wie dann, mit dem Hinweis auf diese Artikel, Herr von Jagow an Ballin schrieb und ihn bat, nach London zu reisen und dort nachzuforschen und mehr noch zu warnen, und wie der Staatssekretär sich stellte, als kenne er selber die Quelle meiner Mitteilungen nicht. Es hat immer wie eine Schuld auf mir gelastet, daß ich Ballin gegenüber, der mir freundschaftlich nahestand, zur Verheimlichung des wahren Herganges gezwungen war. Ich hatte die Tatsache jener Londoner Marineverhandlungen ans Licht gebracht, weil ein solches englisch-russisches Abkommen es dem deutschen Flottenchauvinismus ermöglichen mußte, alle Zügel abzuwerfen, und weil man auf diese Weise sofort in unabsehbare Gefahren hineinsegelte, aber es war mir sehr peinlich, daß ich Ballin nicht aufklären durfte, der mir so freimütig sein Vertrauen gab. Er hat wohl geahnt, wie die Dinge zusammenhingen, und hat, meinen Gewissenszwang verstehend, in den Unterhaltungen mit mir diese Frage niemals berührt. Seine Antipathie richtete sich, und nicht erst seit diesem Vorfall, gegen Jagow, und unsere Freundschaft blieb ungetrübt. In London, wo er mit Churchill, Asquith und Haldane zusammenkam, ließ er sich beruhigen, und da in jenen Tagen noch die City und die englische Volksstimmung gegen jede Beteiligung an den Streitigkeiten auf dem Kontinent waren, schien ihm kein Anlaß zu allzu schwarzem Pessimismus zu bestehen. Obgleich er doch mit dem Einmarsch in Belgien rechnen mußte, dachte er nicht an die Wirkung, die dieses Ereignis haben würde, und gewissermaßen sträubte er sich, über den heiteren Sommertag, über das friedliche grüne Idyll des englischen Landschaftsbildes hinauszusehen. Auch Lichnowsky, der hundertmal, in all seinen Berichten, erklärt hatte, in einem Krieg zwischen Deutschland und Frankreich werde England ganz bestimmt und unter allen Umständen den Franzosen zu Hilfe eilen, klammerte sich im letzten Augenblick an einen Strohhalm und betäubte auf einer letzten Station durch eine Selbsttäuschung seine Angst. Es war im Grunde wie an allen Sterbebetten: die Angehörigen eines geliebten Kranken, den sie seit langem verloren wissen, wollen sich in der Stunde vor seinem Tode ein plötzliches Aufflackern noch glücklich deuten und sagen einander hoffnungsvolle Worte, während die Agonie schon angefangen hat.

Natürlich wurde Ballin in den Kriegsjahren zur Beratung über alle möglichen wirtschaftlichen und organisatorischen Fragen herangeholt. Das war für einen Mann von seiner Bedeutung keine Auszeichnung, da ja in dieser Zeit fast alle sogenannten Wirtschaftsführer wichtigtuerisch an den Kommissionstischen saßen, aber er wurde nicht nur »hinzugezogen«, sondern nahm aufgrund eines allgemein anerkannten Rechtes auch an Erörterungen teil, von denen jene neuen Regierungsstützen nichts wußten, und sein Wort hatte, auch wenn es wirkungslos blieb, ein anderes Gewicht. Als sich gleich nach dem Kriegsbeginn herausstellte, daß für die Ernährung des Heeres und des Volkes so gut wie gar nichts vorgesorgt, an Ansammlung und Beschaffung von Lebensmitteln kaum gedacht worden war, kamen die Vertreter der Regierung nach Hamburg, um Ballins Rat und Beistand zu erbitten, und er schlug die Begründung eines »Reichseinkaufs« vor, dem dann später die Form einer »Zentral-Einkaufs-Gesellschaft« gegeben wurde, und tat, fortwährend mit unendlichen Schwierigkeiten und Widerwärtigkeiten kämpfend, viel für die Ausbreitung und Verbesserung dieser angefeindeten Organisation. Es war nur ein Zufall, daß gleichzeitig, während Ballin sich um die Nahrungsbeschaffung kümmern mußte, eine andere jüdische Hilfskraft, Walther Rathenau, im Kriegsministerium für die fehlenden Rohstoffe sorgte, und ein solches zufälliges Zusammentreffen berechtigt gewiß nicht zu Betrachtungen allgemeiner Natur. Konnte Ballin trotz allen Komplimenten, die man ihm, seiner Tatkraft und seinem Wissen machte, sich der Erkenntnis verschließen, daß in dem Augenblick, wo England in Berlin die Kriegserklärung überreichen ließ, die kaiserliche Freundschaft ins Wanken geriet? War es nicht von fern her spürbar, daß nun, wenn der Name des »Anglophilen« genannt wurde, eine kühle Luft durch die Schloßgemächer strich? Äußere Umstände begünstigten jetzt die Personen in der Umgebung Wilhelms II., denen die Bevorzugung Ballins immer ein Ärgernis gewesen war. Der Kaiser weilte jetzt meistens im Hauptquartier, war nicht leicht erreichbar, und Hamburger Hafenfeste gab es nicht mehr. Wilhelm II. hatte, wie es seine Natur verlangte, auf dem Rande der diplomatischen Akten seiner Aufregung durch ziemlich wüste Äußerungen über die englischen Staatsmänner und die englische Krämerseele Luft gemacht. Vermutlich war er nicht mehr so widerstandsfähig wie früher, wenn jetzt von dem »Engländerfreund« Ballin abfällig gesprochen wurde und aus weiblichem Munde der sanfte Vorwurf kam: »Ich habe ja immer vor ihm gewarnt.« Seit dem Anfang des Jahrhunderts, seit in Berlin die englischen Bündnisangebote verworfen worden waren, hatten die englischen Regierungen stets ganz offen erklärt, daß im Falle eines deutsch-französischen Krieges England an der Seite des französischen Ententegenossen stehen müsse, und Betrüger und gleisnerische Fallensteller waren sie also eigentlich nicht. Ballin hatte, wie Lichnowsky und vor allem der unerschütterliche Wolff-Metternich, die Verständigung mit England erstrebt, um die Katastrophe zu verhindern, und offenbar hatten diese Männer und alle anderen, die dem schamlosen Krämervolk die Hand hatten reichen wollen, doch nur das Verbrechen begangen, klarer als die irreführenden und die irregeführten Geister zu sehen. Das Sprichwort sagt, daß der Prophet in seinem Vaterlande nichts gilt. Aber am wenigsten gilt bei den Blinden der Unglücksprophet, der ihnen gegenüber recht behalten hat, und leidenschaftlich wird er verdammt.

Ballin, der jedenfalls nicht ganz ohne Besorgnis an die Gemütszustände des Kaisers denken konnte, tat, als sei alles ganz wie früher, und beschwichtigte sich wohl mit dem Gedanken, daß es ihm nicht schwerfallen würde, das Vertrauen des kaiserlichen Freundes zurückzugewinnen. Falls überhaupt, was noch festzustellen blieb, jetzt ein Schatten vorüberglitt. In Stunden der Not oder bei dem Wiederaufbau unter der hellen Siegessonne würde ein Händedruck dem Freundschaftsbunde neue Kraft verleihen. Allerdings, die Stunden der Not wünschte er nicht herbei, und zu dem Glauben an die helle Siegessonne riß er sich nur ein wenig gewaltsam und nur unter besonders günstigen Umständen empor. Es setzt ihn nicht herab, wenn man sagt, daß seine eigenen Stimmungen, und damit seine Auffassung der Kriegslage, mitunter durch den Wind beeinträchtigt werden konnten, der, von der Höhe wehend, stärkend oder deprimierend für seine Nerven war. Die meisten menschlichen Geschöpfe unterliegen ja in der Art, wie sie die Dinge anschauen, der Einwirkung zufälliger Umstände, und Kunstwerke sind kritisch vernichtet, entscheidende politische Momente verpaßt worden, weil ein Liebesbrief ausblieb, und Antonius verlor die Schlacht bei Actium, weil er die treulose Flucht der Kleopatra sah. Ballin war, wie mir schien, von dieser Sensibilität des Liebenden nicht frei. Wenn er auch nicht nur zwischen dem

»himmelhoch jauchzend« und dem »zu Tode betrübt« hin und her glitt, konnten doch ein guter Empfang im kaiserlichen Arbeitszimmer und die Überzeugung, daß er die Freundschaft Wilhelms II. wiedergefunden habe, ihn für eine Weile über viele Sorgen und Befürchtungen hinausheben, und ein Lächeln, das den engen Raum mit Licht erfüllte, erhellte auch den Horizont.

Das war wenigstens mein Eindruck während der ersten Kriegsmonate, mag die Beobachtung nun richtig oder falsch gewesen sein. Als ich Ballin am 20. November 1914 zum ersten Mal wiedersah − zum ersten Mal seit dem Juni, seit der Regatta auf der Unterelbe und dem Kaiserdiner, wo ich sein Gast gewesen war −, fand ich ihn furchtbar niedergedrückt, pessimistisch über das Schicksal Deutschlands denkend, voll Bitterkeit und Gram über die Zerstörung seiner Lebensarbeit und gleichsam wie einen, der sich in seinen Kummer hineinbohrt und Zuspruch von sich weist. Er sagte − mit ähnlichen Worten wie sein Freund Bülow −, das Volk verstehe gar nicht, in welcher Situation es sich befinde, in welcher entsetzlichen Situation. Man müsse die Pressezensur abschaffen und es den Menschen möglich machen, die Wahrheit zu sehen. Als ich, nur um in die melancholische Unterhaltung einen anderen Ton zu werfen, die inhaltlose Phrase aussprach, der Friede könne vielleicht einmal über Nacht kommen, entgegnete er beinahe grimmig: »Das glauben Sie −?« Natürlich wußte er, daß ich es nicht glaubte und nur wahllos zu einer der Kindereien gegriffen hatte, mit denen man das Publikum bei Laune erhielt.

Ungefähr in der gleichen Stimmung war er auch, als ich vierzehn Tage später bei Hiller mit ihm dinierte − obwohl gesprächiger, bereitwilliger, sich durch Mitteilung Luft zu machen, und trotz allem Pessimismus ersichtlich auch bestrebt, nicht in die dunkelste Hoffnungslosigkeit zu verfallen. Diesmal erzählte er sehr ausführlich von der Reise nach London, die er Ende Juli auf Jagows Wunsch unternommen hatte, um dort mit den englischen Ministern über meine angeblich aus Paris stammenden Informationen zu sprechen − er hatte Jagow gegenüber den Pariser Ursprung angezweifelt, aber Jagow hatte ihm erklärt, aus Berlin sei mir das Wissen nicht gekommen −, und er schilderte seine Dinerunterhaltung mit Grey und Haldane und seine allgemeinen Eindrücke bei diesem letzten Besuch. Dann sprachen wir von dem General von Falkenhayn, der jetzt im Westen den an der Marne verunglückten und völlig zusammengeklappten Moltke ersetzte, bei Wilhelm II. in hoher Gunst stand und außerhalb des Hauptquartiers nur als eleganter Streber und ideenloser Menschenverbraucher galt. Ballin erzählte, daß er Bethmann gefragt habe: »Warum sagen Sie nicht dem Kaiser, daß er Falkenhayn fortschicken müsse?« und daß Bethmann geantwortet habe, das könne er doch nicht. Darauf habe er, Ballin, weiter gefragt: »Soll ich es dem Kaiser sagen, soll ich zu ihm gehen?« Herr von Bethmann sei von diesem Anerbieten peinlich berührt gewesen und habe ihn dringend gebeten, jetzt den Kaiser nicht aufzusuchen, dessen Gemütsverfassung schonungsbedürftig sei. Hatte Bethmann, indem er Ballin so ermahnte, nur an das schonungsbedürftige Gemüt seines Souveräns gedacht? Vermutlich wollte der Reichskanzler das Recht, dem Kaiser in wichtigen Fragen Vortrag zu halten, nicht mit einem unberufenen Privatmann teilen, und neben dieser begreiflichen Regung mag ihn auch der Gedanke durchzuckt haben, daß eine solche Audienz ganz anders verlaufen könnte, als Ballin, in seinem unvorsichtigen Selbstvertrauen, es für möglich hielt. Es zeigte sich doch wieder, nicht wahr, daß nur der erfahrene Staatsmann das bei Hofe unentbehrliche Tastgefühl besitzen konnte und daß selbst der klügste Dilettant höchstens eine sehr mangelhafte Kenntnis dieser schwierigen Künste erwarb. Ballin seinerseits, der diese Episode erzählte, verglich Bethmann mit einem gekränkten Schulmeister − er jammere unablässig über den Undank Englands und behaupte, die Engländer, denen er doch immer die Versöhnungshand entgegengestreckt habe, hätten an ihm, an seiner Person, den schwärzesten Verrat verübt. Ballin hat, wie er erzählte, Herrn von Bethmann scharf vorgehalten, daß er den Österreichern keine Blankovollmacht hätte geben dürfen, und ihm gesagt: »Da habe ich nun, wenn ich von mir reden darf, mein Leben hindurch etwas aufgebaut, das dem Deutschen Reich doch ungeheure Werte verschafft hat, und da kommen Sie und ein paar andere und werfen das alles um. Und ich bin nur ein Beispiel, dem ganzen Volk und der ganzen Volkswirtschaft geht es ebenso.« An diesem Tage, als wir beieinander saßen, hielt Ballin einen »ehrenvollen Frieden« für möglich, mehr aber werde nicht zu erreichen sein, und wenn der Krieg sich in die Länge ziehe, wahrscheinlich nicht einmal das. Als von der Annexion belgischen Gebietes gesprochen worden sei, habe er sich dagegen gewendet und zu Bethmann geäußert: »Legen Sie, wenn Sie können, die Hand auf die Eisenbahnen und schaffen Sie ökonomische Verbindungen, aber nehmen Sie kein Land und lassen Sie dem König seine Krone, er hat sich doch ganz anständig benommen.« Solche Tischgespräche hatten wir während des Krieges oft, wenn Ballin sich zu irgendwelchen Verhandlungen in Berlin befand. Fast immer saßen wir in dem Zimmer, das man ihm im Restaurant Hiller, Unter den Linden, reservierte, und das für ihn der angenehmste Ort in Berlin, beinahe ein Stück Hamburg war. Er hatte dort seinen eigenen Cognac, seine eigenen Zigarren, er war Hausherr und lud seine Freunde ein. Man brachte ihm die Gerichte, die er bevorzugte, und wußte, welche Weine bei großen und kleinen Diners bereitzuhalten seien.

Am Nachmittag des 19. Februar 1915 traf ich ihn am Potsdamer Platz, er willigte gleich ein, mich durch den Tiergarten zu begleiten, und diese Flaneurlaune und der freiere Gesichtsausdruck ließen schon erkennen, daß ihm eine Last von der Seele genommen war. Er war am Abend vorher beim Kaiser gewesen, und wirklich schien keine tiefere Entfremdung und jedenfalls kein unheilbarer Riß zu bestehen. Ballin erzählte, der Nervenzustand und die Stimmung des Kaisers seien sehr ungleich, wechselten schnell, und Wilhelm II. nehme jetzt Schlafmittel, was er früher nicht tat. Aber gestern sei er ruhig und verständig gewesen, sogar als das Gespräch sich um England drehte, und habe ohne leidenschaftliche Ausbrüche diskutiert. Er denke nicht daran, sich jetzt von Bethmann zu trennen, und einen Besseren habe er ja auch nicht. Den General von Falkenhayn habe er aller Kritik gegenüber verteidigt – der »arme Kaiser« wisse nicht, wie rücksichtslos man ihn bloßstelle und wie wenig man darauf bedacht sei, ihn durch eine gute Inszenierung dem Volksempfinden näherzubringen. Ballin war jetzt der Meinung, Deutschland solle Seebrügge pachten, und Antwerpen müsse von einer Hafenkommission verwaltet werden, und als ich ihm ein wenig erstaunt vorhielt, solche Bedingungen würden die gerade von ihm gewünschte Aussöhnung mit England verhindern, entgegnete er, das glaube er nicht. Ich sah, daß er nun etwas mehr als einen »ehrenvollen Frieden« erwartete und sogar einen nicht zu fernen Frieden für möglich hielt. Man werde, sagte er, doch mindestens alle paar Tage ein englisches Schiff versenken, und das werde die Engländer friedlicher stimmen. Eine wundertätige Magie hatte bewirkt, daß durch den Winter des Mißvergnügens etwas wie ein zartes Frühlingsweben ging.

Man darf aber nicht denken, bei seinem Tun, Planen und Urteilen habe ihn immer der Gedanke an den hohen Freund inspiriert. Besonders wenn es sich um die deutsche Handelsschiffahrt, um seine Hamburger Schiffahrt, um die Interessen und die Macht der Hapag drehte, hatte er niemals einer Inspiration bedurft. Dann hatte es sich ja auch immer gezeigt, wie dumm es war, ihn als »Engländer« zu stempeln und sich einzubilden, er erweise den Engländern auf Kosten Deutschlands Gefälligkeiten, ungefähr wie ein undelikater Gatte die Perlen, die seine Frau erhalten sollte, seiner Geliebten schenkt. Er hatte die Religion der deutschen Flagge, und auch während des Krieges war er, so sehr er die Verständigung mit England wünschte, gegen Konzessionen, die seiner Absicht nach eine Beleidigung dieser Flagge gewesen wären und das deutsche Prestige hätten schädigen können. Ich erinnere mich an eine Diskussion zwischen ihm und Bernhard Dernburg, der kurz vorher von seiner amerikanischen Propagandatour zurückgekommen war. Ende Juni 1915, bei Hiller, in dem gewohnten Zimmer, saßen rund um den Tisch Ballin, Dernburg, der ehemalige Botschafter in London Graf Wolff-Metternich, der Direktor von Holtzendorff von der Hapag und ich. Am Vormittag hatte eine Kommissionsberatung stattgefunden, an der die meisten der Anwesenden teilgenommen hatten und deren Aufgabe es gewesen war, den Text einer Antwortnote an Amerika festzustellen. Ballin sagte ärgerlich, alles, was er mit Tirpitz und Jagow endlich zustande gebracht hatte, habe Dernburg in dieser Vormittagssitzung wieder zerstört. Man hatte den Amerikanern erklären wollen, falls sie glaubten, daß für die Sicherung des regelmäßigen Personenverkehrs und der Frachtenbeförderung nach

244

Europa ihre eigenen Schiffe und die neutralen nicht ausreichten, sollten ihnen noch vier Schiffe, und zwar zwei englische und zwei deutsche, zugestanden werden, aber da sei plötzlich Dernburg gekommen und habe gesagt, die zwei deutschen Schiffe seien für Amerika unannehmbar, die amerikanische Regierung werde nicht daran denken, auf diesen Vorschlag einzugehen. Damit habe Dernburg die Sitzung gesprengt. Jagow habe sich verzweifelnd in einen Sessel geworfen und wieder einmal gestöhnt, er sei am Ende seiner Kraft. Jetzt bei Hiller ging diese Auseinandersetzung zwischen Ballin und Dernburg weiter, und es wurde ein ziemlich lebhaftes und scharfes Wortgefecht. Ballin sagte, trotz den enormen Verlusten, die er als Leiter der Hapag erleiden würde — denn viele seiner Schiffe lägen in amerikanischen Häfen —, halte er es nicht für möglich, vier englische Schiffe zu bewilligen, und auch Tirpitz könnte das nicht zugestehen. Wirklich, Ballin war in all diesen Fragen total verschieden von dem Bilde, das in beschränkten Gehirnen haftete, und er wurde, wenn andere die Gesetze der Flagge nicht ebenso begriffen, sogar starrköpfig und schroff. Freilich, als die Agitation für den unbeschränkten U-Bootkrieg begann und immer lauter wurde, widersetzte er sich, und nur leider erfolglos wie alle andern Vernünftigen, diesem Wahnwitz, denn er kannte besser als diejenigen, die versicherten, daß Amerika nicht Schiffe bauen und nicht Krieg führen könne, die amerikanische Psychologie, die unerschöpflichen Hilfsquellen und die Tatkraft der Menschen dort drüben, und sein kaufmännischer Geist unterschied klarer als die militärische Mentalität.

Im Juli 1915 kamen dann auch wir, Ballin und ich, an einen Punkt, wo unsere Meinungen auseinandergingen. Es war die Frage der »Kriegsziele«, in der er, ganz wie sein Freund Bülow, nicht mit mir einverstanden war, aber wir vermieden es beide, eine lange Verärgerung entstehen zu lassen, und er war doch ein so prachtvoller Mensch, daß immer schnell das Herz sprach, wenn einmal der Verstand ihm nicht hatte folgen können. Seit dem Anfang des Jahres 1915 hatte die annexionistische Propaganda sich sehr stürmisch betätigt und unaufhaltsam zugenommen. Mit reichen Mitteln gespeist und Schwerindustriellen, die aus den Blutseen der Schlachtfelder schon soviel Gewinn fischten und nun ihre

Hände auch nach dem Besitz der Mineralgebiete von Longwy und Briey und nach den belgischen Kohlengruben aus-
streckten, hatte diese Bewegung die Stammtische begeistert,
sechs »nationale Verbände« marschierten voran, und tausend naive, ahnungslose Hochschullehrer ließen sich vor den
Wagen der Herren spannen. Zur Abwehr dieser unmoralischen Spekulation, die über jedes Völkerrecht hinwegging, jeden Friedensschluß unmöglich machte und unerhörte Menschenopfer nicht scheute, mußte etwas geschehen. An jenem
Abend bei Hiller sprach ich von dieser Notwendigkeit. Ich
fragte die vier, die mit mir dort waren, ob sie einen Satz
unterschreiben würden, der ungefähr lautete: »Wir sind
grundsätzlich gegen Annexion oder Unterdrückung unäb-
hängiger und selbständiger Volksteile«, und alle vier schienen bereit zu sein. Ich hatte den Eindruck, daß Ballin ein
wenig vom Thema abzulenken suchte, indem er dann gleich
ein amüsantes Detail aus seinen Unterredungen mit Bethmann zum besten gab. Herr von Bethmann Hollweg hatte
ihm gejammert: »Ich möchte tot sein«, und darauf hatte er,
Ballin, entgegnet: »Kennen Sie die Geschichte von dem Unteroffizier, zu dem ein Gemeiner ganz ebenso sagt: »Ich wäre
am liebsten tot −?« Der Unteroffizier antwortet ihm: »Ver-
fluchter Kerl, das könnte dir so passen, den janzen Tag über
im Sarg zu liegen und nischt zu tun!« Ballins Erzählung war
sehr hübsch. Und es war, wie gesagt, nur ein bißchen auffällig, daß er so schnell von der Hauptstraße des Gespräches
abbog und sich in den heiteren Gefilden der Anekdote erging.

Da ich hörte, daß der Fürst Hatzfeld, Herzog zu Trachenberg, und Hans Delbrück auch eine Aktion gegen den Annexionismus planten, setzte ich mich mit ihnen in Verbindung,
und wir verabredeten, gemeinsam vorzugehen. Am Abend
des 7. Juli fanden sich in einem Saal des Preußischen Abgeordnetenhauses ungefähr fünfzig Personen, hervorragende
Vertreter der Handelswelt und der Wissenschaften, Parlamentarier, ehemalige Diplomaten und Mitglieder des Hoch-
adels ein. Fürst Hatzfeld leitete die Versammlung und teilte
mit, nur die belgische Frage stehe diesmal zur Diskussion.
Dann sprachen sehr vernünftig und sehr anständig der nationalliberale Professor Wilhelm Kahl und der konservative

Professor Seering gegen jede Annexion, der liberale Professor Anschütz sprach reichlich konfus mit Für und Wider, Dernburg ließ nur eine Zollunion gelten, und die schönste Rede hielt Hans Delbrück, oft bis zur Leidenschaftlichkeit warm. Schließlich wurde – kurz habe ich das schon in der Geschichte vom Briefschreiber Bülow erwähnt – Hatzfeld ersucht, ein engeres Komitee für die Abfassung einer Erklärung zu bilden, und Hatzfeld berief Delbrück, Kahl, Dernburg, August Stein von der »Frankfurter Zeitung« und mich. Ich hatte schon einen fertigen Entwurf in der Tasche und gab ihn Delbrück, der mir im Austausch drei andere Entwürfe, von ihm, Hatzfeld und Lujo Brentano verfaßte, übergab. Im Saal hatte ich auch Ballin bemerkt. Aber er war gleich nach der Rede Kahls verschwunden, und ich hatte eine unangenehme Empfindung, als ich ihn so, wie aus einer uninteressanten Vorstellung im Theater, fortgehen sah.

Zwei Tage darauf berieten wir, das Komitee, in der Villa Hans Delbrücks im Grunewald, über den Text der Erklärung, und mit einigen Änderungen wurde mein Entwurf angenommen. Die drei anderen Entwürfe waren matter, ohne kräftige Formulierung der Hauptsachen und mit Ausnahme einiger Sätze nicht besonders »repräsentativ«. Ein guter Passus aus Dernburgs Konzept wurde eingefügt, das von mir geforderte grundsätzliche Bekenntnis, daß die Einverleibung oder Angliederung politisch selbständiger und an Selbständigkeit gewöhnter Völker zu verwerfen sei, fand die allgemeine Billigung. Kahl wünschte, mit Rücksicht auf schwer zu gewinnende Universitätskreise, einen Schlußsatz, der in unbestimmter und darum vieldeutiger Fassung von einem »den Opfern entsprechenden« Frieden sprach, und da Dernburg und ich sehr entschieden Einspruch erhoben, wurde als Schiedsrichter der in der Nachbarschaft wohnende Adolf von Harnack, Delbrücks Schwager, herbeigebeten, dessen Schiedsspruch dann auf die Gefühle der Universität Rücksicht nahm. Wir schickten die so geformte Erklärung an eine Anzahl gewichtiger Persönlichkeiten, und unter den ersten, die sie mit ihrer Unterschrift zurückgaben, waren Siemens, Franz von Mendelssohn, Graf Monts, Graf Wolff-Metternich, der Oberkonsistorialrat Lahusen, der in der protestantischen Kirche eine große Autorität war, und Fürst Henckel-

Donnersmark. Aber Ballin unterzeichnete nicht und teilte mir in einem langen Brief seine nicht sehr überzeugenden Gründe mit. Er habe, schrieb er, dem Reichskanzler von der Sache erzählt, und Herr von Bethmann Hollweg habe gemeint, es sei für eine solche Kundgebung noch zu früh. Den in dem Manifest enthaltenen Satz, daß auch Sicherungsmaßregeln nicht auf Umwegen zu Annexionen führen dürften, fand Ballin mißverständlich und zu radikal. Ferner legte er Wert darauf, daß die Erwerbung des Belgischen Kongo erwähnt werde, und auch über die Pachtung von Zeebrügge müßte etwas in der Erklärung stehen. Das Manifest dürfe auch nicht von einer sogenannten Elite unterzeichnet werden, sondern müsse mit Hunderttausenden von Unterschriften an die Öffentlichkeit kommen. Ich antwortete Ballin gleichfalls ausführlich: Bethmanns Wünsche seien nicht ausschlaggebend, wir seien nicht seine Schleppenträger, sondern hätten eine Überzeugung und hielten es für unsere Pflicht, sie offen und klar zu bekennen. Wer den Grundsatz unterschreibe, daß selbständige Völker nicht annektiert werden dürfen, ehre sich selbst. Eine solche Kundgebung sei ein moralischer Akt. Wenn man Auslandspropaganda treiben wolle, so sei dies sicherlich die beste Art. Die Erklärung schließe eine Erwerbung des Kongostaates nicht aus. Hunderttausende von Unterschriften wären leicht zu beschaffen, sogar Millionen, dazu genüge zum Beispiel eine Einladung an die Sozialdemokratische Partei, aber das sei nicht der erstrebte Zweck. Am 18. Juli schrieb Ballin mir abermals. Er plane eine weitergehende Resolution − wie sie aussehen solle, sagte er nicht. Unterschreibe er die unserige, so würde ihm für später seine Absicht durchkreuzt. Wenn ich aber durchaus wolle und ihm sonst böse sei, so solle ich seinen Namen unter die Kundgebung setzen, er gebe dann seinen Widerstand auf. Mittags aß ich bei seinem Direktor, Herrn von Holtzendorff, mit dem Unterstaatssekretär Zimmermann, dem Major Deutelmoser und dem Bruder des Hausherrn, dem Admiral. Holtzendorff sagte mir, Ballin, der ihn soeben antelephoniert habe, bitte mich, seinen Namen nicht zu unterschreiben, und hoffe, sich bald mündlich mit mir aussprechen zu können. Ich antwortete, auch ohne diesen Widerruf hätte ich von der ja doch nur widerwillig erteilten Erlaubnis natürlich keinen Gebrauch gemacht.

In Huldermanns Ballin-Buch heißt es: Ballin habe an die Erwerbung einer Flottenstation am Atlantischen Ozean, etwa in Nordafrika, gedacht, im übrigen aber an einen Frieden »ohne Annexion und ohne Entschädigung«. Er sei fest davon überzeugt gewesen, daß auch nach einem Kompromißfrieden der Eindruck der deutschen Leistung in der Welt überwältigend sein werde und Deutschland deshalb keinen Landgewinn und keine Entschädigung brauche, und weil er bei dieser Anschauung geblieben sei, habe man ihn zu den »Flaumachern« gezählt. Hier stimmt etwas nicht. Gewiß war das Ballins Überzeugung, aber er äußerte sie erst spät und dann wohl auch nur am häuslichen Kamin. Gerade seinem scharfen kaufmännischen Verstand konnten die Fehler in der Rechnung, die er anpries, unmöglich entgehen. Sollte man dem deutschen Volk am Schluß des ungeheuren Krieges sagen: Eure Väter, Brüder und Söhne sind nicht umsonst gefallen, und all die Opfer sind nicht vergeblich gewesen, denn seht, wir haben den Belgiern, die sich gegen den von uns verübten Rechtsbruch auflehnten, dies Paradies am Kongo abgenommen? Die Gegend am Kongo pflegte, und namentlich seit der Agadir-Affäre, das deutsche Volk sich als das Paradies der Stechmücken, des Sumpffiebers und der Schlafkrankheit vorzustellen. Ohne Zweifel hätte es einen Versöhnungsfrieden ohne solche Verzierung besser gewürdigt, ebenso wie eine nackte grüne Tanne schöner gefunden wird als ein mit ein paar verfaulten Nüssen dekorierter Weihnachtsbaum, und sollte ein Feilschen um so elenden Gewinn am Schlusse dieses Krieges etwa das deutsche Prestige erhöhen?

Das alles wußte auch Ballin. Er erfand diese Ausflüchte nur und tat vor anderen und vor sich selber, als seien sie etwas sehr Ernsthaftes, ungefähr wie ein Junge die unwahrscheinlichsten Dinge vorschützt, wenn er seine Schularbeiten nicht machen will. Er wollte sich seine Wege möglichst von Verpflichtungen frei halten, und die Aufforderung, einen Standpunkt zu wählen, war ihm unbequem. Obgleich er in jeder moralischen Beziehung bis zur Empfindlichkeit auf Sauberkeit hielt und ein starkes Rechtsempfinden hatte, betrachtete er die Politik nicht nach Prinzipien, und wahrscheinlich sah er in der Betonung allgemeiner Grundsätze eine unweltmännische Pedanterie. Er figurierte auch nicht gern in einer

Menge, selbst dann nicht, wenn es eigentlich keine Menge, sondern eine recht gewählte Gesellschaft war. Brauchte man den Tell »zu bestimmter Tat«, so konnte man auf ihn zählen, aber dem Rütli blieb er fern. Und dann, Ballin empfand, und vielleicht zu sehr, eine diplomatische Verantwortung. Er war gewöhnt, an Staatsaktionen teilzunehmen, und glaubte auch – da er nun einmal als Freund des Kaisers galt – besondere Verpflichtungen zu haben, und Tätigkeit, Rücksichten und Neigung gaben ihm einen diplomatischen Schliff. Man braucht nicht erst zu sagen, daß er mehr Klugheit und Welt-kenntnis und auch mehr Frische und Freimut als die meisten Mitglieder dieses Corps besaß. Aber bisweilen zog sich dieses freimütige Wesen hinter die Allüren eines Staatsmannes zu-rück, der nicht wie der »Mann auf der Straße«, oder selbst wie irgendeine Koryphäe der oberen Stände, all seine Gedan-ken ungeniert ausplaudern darf. Sogar kleine oder mittelmä-ßige Journalisten fühlen sich, wenn sie einen Leitartikel über eine Frage der auswärtigen Politik schreiben, oft so diploma-tisch gehemmt, daß kein einfacher, verständlicher Satz aus ihrer Feder kommt. Es war nicht der Kongo, den Ballin wich-tig fand, sondern es war diese Verantwortung, die er wichtig nahm.

Einige Zeit nach diesen Vorgängen sagte er mir, Herr von Bethmann Hollweg habe ihn gebeten, nicht zu unterschrei-ben, und er habe gemeint, diese Bitte erfüllen zu sollen. Übri-gens habe er sich das Wohlwollen des Herrn von Bethmann Hollweg trotzdem verscherzt, denn er habe, als Tirpitz mit seinem Rücktritt drohte, dem Kaiser telegraphisch geraten, den Chef der Marine nicht gehen zu lassen, und das habe ihm der Reichskanzler übelgenommen. Im Februar 1916 er-zählte er, als Lichnowsky und ich mit ihm bei Hiller saßen, er habe dem Kaiser einen Brief geschrieben und ihn vor den Al-les-Torpedierern und dem Plan eines unbeschränkten Unter-seebootkrieges dringend gewarnt. Diesmal hatte er durch sei-ne Intervention den Generalstabschef von Falkenhayn gegen sich aufgebracht. In einer Aussprache mit diesem General habe er wieder betont, man dürfe den Kaiser nicht so im Hintergrund verschwinden und dem Volke fremd werden lassen, und Herr von Falkenhayn habe ihm die seltsame Ant-wort gegeben, daß ihm für solche Regiekünste »sein Kaiser

zu schade sei«. Darauf habe er, Ballin, gesagt: »Er ist auch
mein Kaiser und der des ganzen deutschen Volkes, und wenn
man nichts tut, um ihm das Vertrauen des Volkes zu erhalten, dann versündigt man sich an ihm.« Als im August 1916
das »Berliner Tageblatt« wieder einmal wegen meiner Angriffe gegen die annexionslüsterne Schwerindustrie verboten
worden war, und zwar auf unbestimmte Zeit und mit der
deutlichen Drohung, die Zeitung zu ruinieren, kam Ballin
mir zu Hilfe und unternahm die notwendigen Schritte bei
dem Generaloberst von Kessel, dem Höchstkommandieren-
den in den Marken und in den Kasermatten der Zensur. Er
tat es noch schneller als Herr von Bethmann, der immer sehr
erfreut war, wenn ich den wildgewordenen Nationalismus
bekämpfte, und hinterher mit melancholischem Lächeln zu
äußern pflegte, man reize den miles gloriosus nicht unge-
straft. Gewissermaßen als Randbemerkung möchte ich hier
einfügen, daß mir Herr von Bethmann Hollweg trotz der Resignation, die bisweilen in seinen Mienen und Gesten sich
ausdrückte, erheblich an Persönlichkeitswerten gewonnen zu
haben schien, seit er sich im fortwährenden Kampf mit diesem miles gloriosus und den Patrioten der Verbände − und
unter einer gewissen Reue, die unbestreitbar auf ihm laste-
te − abquälte und zerrieb. Das war auch die Meinung Ballins. Nach dem Sturz des Herrn von Bethmann wünschte Ballin die Ernennung Bülows oder des Grafen Bernstorff, aber
diese Wünsche konnten nicht bis zu dem von seiner Umgebung streng bewachten Kaiser vordringen, und besonders
eine Kandidatur Bülows war aussichtslos. Die Personen, die
in der Nähe des Kaisers sein durften, bescherten dem ver-
dutzten deutschen Volke den Doktor Michaelis, vielleicht in
der Idee, das um Deutschland geschlungene Netz müsse zer-
nagt werden und dazu brauche man die Kirchenmaus. Wenn
man noch nicht geahnt hatte, wie die Fahrt durch den Orkan
enden werde, so schwand jeder Zweifel, als man aus der
Wahl dieses Reichskanzlers die geistige Beschaffenheit im
Großen Hauptquartier, die Abwesenheit einfachsten politischen Verstandes sah. Ballin erhielt in diesem Jahre 1917 von
der Weisheit, die das Reich regierte, noch einen speziellen
Schlag. Ein sehr großer Teil der Hapagflotte lag, als der
Krieg ausbrach, in fremden Häfen, in Italien, Portugal, den

Vereinigten Staaten, Brasilien, Argentinien und anderswo. Es wäre nicht schwer gewesen, sie zu retten, denn das »Relief Committee«, das Hilfskomitee, das die belgische Bevölkerung während der Okkupation mit Nahrungsmitteln versorgte, wollte sie erwerben, und hinterher konnte man sie von Rotterdam, wo sie stationiert werden sollte, nach Hamburg bringen. Der deutsche Admiralstab, dem Ballin die Sache auseinandersetzte, verweigerte die Erlaubnis und ließ ebensowenig den Verkauf der Schiffe an neutrale Mächte, an Argentinien zum Beispiel, zu. Die österreichischen Schiffahrtsgesellschaften, die niemand verhinderte, veräußerten alles, was sich draußen befand, und ihre Verarmung wandelte sich in Reichtum um. Als nun der unbeschränkte U-Bootkrieg proklamiert wurde und Amerika mit der Kriegserklärung antwortete, wurden die Schiffe der Hapag beschlagnahmt, und die deutsche Admiralität befahl, die Maschinen zu zerstören, soweit das noch rechtzeitig möglich war. Ballin konnte in einem grimmigen Beschwerdebrief an den Staatsminister des Innern, der ihm keinerlei Beistand geleistet hatte, schreiben, die Hapag, »welche die größte Schiffahrtsunternehmung der Welt war und bei Ausbruch des Krieges über Schiffe von etwa 1 500 000 tons verfügte«, habe »diese bis auf einen geringen Teil verloren«, und das sei »viel weniger durch Kaperungen und Versenkungen im Dienste der kaiserlichen Marine, als durch die Handlungen unserer eigenen Regierung« geschehen. Er hatte all diese schönen Schiffe bauen lassen, eines nach dem andern, hatte ihre Entstehung auf der Werft zärtlich betrachtet, hatte sie mit liebevoller Sorgfalt bis ins kleinste Detail hinein gepflegt und ausgestattet, hatte ihnen mit frohem Stolz nachgesehen, wenn sie, von Musik, Hochrufen und Tücherschwenken gegrüßt, ihre erste Fahrt begannen. Er sah jedes auch jetzt und wußte von jedem, in welchem fremden Hafen es geopfert wurde – unnötig im Stiche gelassen, nutzlos zum Opfer gebracht.

Wenn die Mitteilungen Huldermanns nicht lückenhaft sind, und wenn ich meine eigene Kenntnis zu Hilfe nehme, so läßt sich ausrechnen, daß Ballin in den vier Kriegsjahren fünfmal bei dem Kaiser gewesen oder mit ihm zusammengetroffen ist. Vielleicht ist dabei eine Begegnung übersehen worden – und sonderbarerweise hat Huldermann, der aus

Ballins Tagebüchern schöpfte, auch den ersten Empfang vom Februar 1915 nicht aufnotiert. Am 10. Januar 1916 dinierte Ballin mit noch zwei anderen Gästen bei dem Kaiser und der Kaiserin – im ganzen fünf Personen – in Potsdam, im Neuen Palais. Nach Tisch wurde viel über die U-Boote und ihre Möglichkeiten gesprochen, und der Kaiser hatte den Eindruck, Ballin habe ihm, wie Tirpitz und wie diejenigen, die über ihrem Bett oder ihrem Sofa den frohmütigen Wahlspruch »Feste druff!« angeheftet hatten, eine große U-Boot-Aktion zur Niederringung Englands empfehlen wollen. Gegenüber Herrn von Bethmann Hollweg, der anders dachte als die Marine, berief sich Wilhelm II. auf das Urteil Ballins, oder auf das, was er für Ballins Urteil hielt. Herr von Bethmann wandte sich mit der Bitte um Aufklärung an Ballin, der darauf dem Kaiser schrieb, er habe vertrauliche Aufschlüsse über die wahre, sehr geringe Zahl der verfügbaren U-Boote erhalten, und mit so wenigen Booten könne man »England wohl die Haut ritzen, aber sicherlich nicht zum Frieden zwingen«. Im Mai 1917 erhielt Ballin von der Obersten Heeresleitung eine Einladung in das Große Hauptquartier und sprach dort, wie er in seinem Tagebuch vermerkte, mit dem Kaiser »nach der sehr kurzen und kriegsgemäßen Mahlzeit mehrere Stunden allein«. Er fand ihn, ebenso wie Ludendorff, »in einer viel zu optimistischen Stimmung«, viel zu überzeugt von der Wirksamkeit des U-Bootkrieges und blind für die Tatsache, daß man durch diese Methoden die ganze Welt in Wut versetzte und die noch Zögernden zum Anschluß an die feindliche Koalition bewog. Am 14. September 1917, nach dem Sturz Bethmanns, hielt sich der Kaiser, der von Helgoland kam, einen Tag lang in Hamburg auf. Er war, wie Ballin in sein Tagebuch schrieb, »in rosenfarbigster Stimmung« und »von einer Siegeszuversicht, die, meines Erachtens in den Verhältnissen absolut nicht begründet ist«. In Briefen an einen ihm gut gesinnten Herrn der kaiserlichen Umgebung – vermutlich Herr von Reischach – versuchte Ballin, den Bewohnern des Großen Hauptquartiers die Wirklichkeit zu schildern, aber man ließ dort den Kaiser gern in seiner glücklichen Abgeschlossenheit, in der nur die rosafarbige Beleuchtung geduldet wurde, und hielt das harte Tageslicht fern. Ballin beklagte in diesen Briefen auch immer wieder, daß man den Kaiser der Nation entfremde, und bewies immer wieder mit unwiderlegbaren Argumenten den Irrtum des U-Boot-krieges, aber das war nutzlose Anstrengung, vergebliches An-rennen der Vernunft, machtloser Wellenanschlag an einen von blinden Wächtern bewohnten Turm.

Welche Temperatur in diesen Jahren die kaiserliche Freundschaft hatte, läßt sich natürlich nicht sagen, und selbst wenn es sich nicht um ein so großes Gestirn handelt, sind bei irdischen Lichtkörpern die Berechnungen nicht möglich, durch die man die Wärmestrahlung der Sonne festgestellt ha-ben will. Das Gefühl ist selten einheitlich, fast immer durch-kreuzt und abgelöst von anderen Gefühlen, und wenn man es in einer Reihe von Momentphotographien auffangen könnte, würde nur in Ausnahmefällen eines der Bilder dem vorigen ähnlich sein. Bei Wilhelm II. vollzog sich der Übergang von der einen zur anderen Empfindung bekanntlich besonders schnell. Außerdem trug sein Herrscherbewußtsein dazu bei, daß er sich gestattete, die Menschen nach momentaner Ein-gebung zu behandeln, und wenn er ihnen sein Inneres nicht zeigen wollte, half seine schauspielerische Gewohnheit über jede Situation hinweg. Ballin gegenüber blieben die Riten und Gebräuche der Freundschaft gewahrt. Die Beziehungen konnten im Kriege nicht so intensiv gepflegt werden wie in der Friedenszeit, aber es wurde Wert darauf gelegt, sie nicht abreißen zu lassen, und die Freundschaft war nur, wie Beam-te, die man nicht verabschiedet, zur Disposition gestellt. Ohne die Genauigkeit des Thermometers zu verbürgen, möchte ich annehmen, daß die kaiserliche Herzlichkeit, die sich gewiß bei jedem Wiedersehen unverändert äußerte, doch ein wenig der Rivierasonne im Winter glich. Die Bewohner der südfranzösischen und italienischen Küstenstriche können kein rechtes Vertrauen zu dem Strahlenglanz haben, der auch dann, wenn ihn im Augenblick die Haut heiß verspürt, nur wie ein dünnes Goldgewebe vor den kühlen Luftmassen liegt. Nach dem Tode Ballins hat Wilhelm II., obgleich mit den Anordnungen in dem holländischen Asyl beschäftigt, seine Teilnahme an der Familientrauer und seine eigene Ergriffen-heit bekundet, und gewiß gingen, soweit die Umstände es zu-ließen, auch bedauernde Gedanken zu der entschwundenen Gestalt. Aber als Wilhelm II. seine Erinnerungen niederschrieb, zog er es vor, sich nicht mehr als der »treue Freund« erkennen zu geben, und der »liebe Ballin« wurde nun »Herr Ballin« genannt.

Eine letzte Begegnung zwischen dem Kaiser und Ballin fand am 5. September 1918 im Schloß zu Wilhelmshöhe statt – nach dem Zusammenbruch der großen Offensive im Westen und zu einem Zeitpunkt, wo kein Zweifel mehr daran bestehen konnte, daß man der Schlußkatastrophe entgegenging. Auf Wunsch Ludendorffs und seines begabtesten und gefährlichsten Mitarbeiters, des alldeutschen Oberstleutnants Bauer, war Hugo Stinnes nach Hamburg gefahren und hatte Ballin gedrängt, den Kaiser über die Situation aufzuklären und ihm vor allem auch vorzuhalten, daß die Ersetzung des Herrn von Hertling durch einen weniger schlafbedürftigen Mann nicht länger zu vermeiden sei. Bei Wilhelm II. befand sich jetzt, statt des redlichen Herrn von Valentini, dessen Beseitigung die »Vaterländischen« durchgesetzt hatten, ein neuer Chef des Zivilkabinetts, strenger Schloßvogt und schlechter Ratgeber, der sehr konservative Herr von Berg. Er hatte es so eingerichtet, daß diesmal Ballin nicht intim empfangen, sondern »zum Vortrag« bestellt wurde, was ihm selber gestattete, mit dabeizusein und abwehrend einzugreifen, wenn sich der Gast zu bedenklichen Aufrichtigkeiten verstieg. Der Kaiser ging mit Ballin, den er ungeduldig erwartet hatte, spazieren, und Herr von Berg schritt aufmerksam und wachsam nebenher. »Ich fand«, schrieb Ballin in sein Tagebuch, »den Kaiser wieder sehr mißorientiert und in der gehobenen Stimmung, die er gern in Gegenwart eines Dritten zeigt.« Man hatte ihm die Dinge so verdreht, daß aus dem schweren Mißerfolg der Offensive ein Erfolg geworden war. »Das alles wird dem armen Monarchen, wie gesagt, so serviert, daß er das Katastrophale gar nicht merkt.« Ballin äußerte seine Befürchtungen und riet dringend, sofort Verhandlungen mit Wilson zu beginnen. Wilson sei ein Ideologe, aber wenn man noch zögere, werde die Kriegspartei ihn einwickeln und zu sich herüberziehen. Der Kaiser war auch für Verhandlungen und glaubte nur, es eile damit nicht so sehr. Man müsse bis zum Herbst warten und dann, wenn die Westarmeen die neuen Stellungen bezogen hätten, werde man durch Vermittlung der Königin von Holland zu einer Aussprache mit den feindlichen Mächten kommen. »Da, wo ich zu freiheitlich wurde, griff Herr von Berg geschickt ein«, steht in dem Tagebuch. Hinterher sagte dieser Schutzengel zu Ballin, man dürfe »den Kaiser nicht zu pessimistisch machen«, und da Wilhelm II. nicht pessimistisch gemacht werden durfte, war der Besuch ganz zwecklos gewesen, und der Besucher verließ das Schloß, in dem nach Sedan Napoleon III. gewohnt und Muße gehabt hatte, über die Verderblichkeit der Illusionen nachzusinnen.

Ich habe Ballin noch einmal, und zum letzten Mal, an einem Abend im Oktober gesehen. Er hatte meine Frau und mich gebeten, mit ihm zu essen, und wir saßen wieder in dem Hinterzimmer bei Hiller, wo in den vier Kriegsjahren so viel über die Dinge und die Menschen, über die Fehler und die Schuldigen, über die täuschenden Siege, die noch denkbaren Chancen und den unaufhaltsamen Niedergang gesprochen worden war. Jetzt war über all das nichts mehr zu sagen, und eine Konversation, die um dieses Thema kreiste und doch nicht von ihm loskam, konnte sich nur schleppend vorwärtsbewegen, wie ein Leichenzug. Niemand hatte zu flinker Rede und Gegenrede noch Lust. Ballin war wie eingesponnen in Schwermut, er sah schlecht aus, die früher so frische braune Gesichtsfarbe war, da er nicht mehr durch den Meerwind fahren konnte, schon seit langem abgeblaßt, die Furchen hatten sich vertieft. Aber er war in aller müden Gedrücktheit noch galant und ritterlich. Obgleich es in jener Zeit nur sehr selten und nur sehr wenigen möglich war, so zu dinieren, wie es die Speisekammern dieses Restaurants immerhin noch gestatteten, glaube ich nicht, daß einer von uns das richtige Vergnügen dabei fand. Wenn meine Erinnerungen nicht trügen, war auch Ballin nicht der starke hamburgische Esser von früher, füllte nur sein Glas mit dem aufgesparten alten Cognac und rauchte seine schweren Zigarren. Meine Frau sagte ihm, daß ich den Rotwein enbehrte, den ich des Nachts oder vielmehr des Morgens, vor dem Schlafengehen, zu trinken pflegte, und der mir zwischen Arbeit und Schlaf so angenehm gewesen sei. Einige Tage darauf traf aus Hamburg, mit Grüßen von Ballin, eine große Kiste mit spanischem Rotwein ein. Es war, was er selber nicht wußte, sein Abschiedsgruß. Am 9. November, am Tage der Revolution, am Tage, da Wilhelm II. nach Holland floh, nahm er, der Erregung unterliegend, aus dem Schubfach seines Schreibtisches im Direktionsbüro der Hapag die Veronalpastillen oder ein anderes Gift, das ihm als Schlafmittel diente, und als er, in wieder klarer Erkenntnis, sich seinem Freunde Max Warburg und der ärztlichen Hilfe anvertraute, war es zu spät.

In Europa ist es nicht wie in Japan üblich, daß hohe Würdenträger, Offiziere und auch andere Patrioten aus Trauer über eine Niederlage sich den Bauch aufschlitzen, was ja noch angesichts einiger unbedeutender Fehlschläge während des russisch-japanischen Krieges geschah. Das Harakiri aus nationalen Gründen hat in unseren Breitengraden ebensowenig Nachahmung gefunden wie der freiwillige Flammentod der indischen Witwen, und auch die Nächstbeteiligten, Staatsmänner, Diplomaten, Generäle und sonstige hochstehende Persönlichkeiten, haben nach verlorenen Kriegen und angesichts umgestürzter Throne stets auf europäische Weise weitergelebt. Allerdings fand man es rühmlich, daß deutsche Kapitäne selbst dann, wenn die Besatzung gerettet war, mit ihrem versinkenden Schiffe untergingen. Verständige Menschen haben die Auffassung, daß die Ehre ein solches nutzloses Opfer gebietet, niemals zu teilen vermocht. So ist es auch durchaus zu billigen, daß mit einer Ausnahme kein einziger der von Wilhelm II. gelobten und verwöhnten »treuen Triarier«, niemand aus den besseren monarchistischen Gesellschaftskreisen und kein Vorsitzender vaterländischer Vereine und Stammtische nun in der selbstverständlichen Gemütsdepression auf Selbstmordgedanken kam. Die eine Ausnahme war ein alter Offizier, der den Zeitungsberichten zufolge zur Pistole griff, weil er nach dem Zusammenbruch von Kaiser und Reich das Leben nicht mehr lebenswert fand. Wenn nach dem Tode des Cassius bei Philippi der treue Titinius sich mit dem Schwert des gefallenen Führers ersticht, läßt Shakespeare ihn ausrufen: »Verzeiht, ihr Götter! – dies ist Römerbrauch!« Es war tatsächlich eine römische Sitte, im Schmerz über erschlagene Größe bis zur Selbstvernichtung zu gehen. Freilich war ähnliches auch schon bei orientalischen Völkern und zum Beispiel beim Volke Israel vorgekommen. »Da nun sein Waffenträger sah«, heißt es im Alten Testament, »daß Saul tot war, fiel er auch in sein Schwert und starb mit ihm.« Übelgesinnte könnten also behaupten, Ballin

habe auch durch sein freiwilliges Ende, durch einen so un-
überwindbaren Schmerz über die Katastrophe der Monarchie
und des Landes, bewiesen, daß er ein Fremdling in Germa-
nien war. Diese Behauptung wäre ebenso unsinnig wie etwa
der Versuch, Ballins Verzweiflungstat pathetisch und rühmend der kühleren und elastischeren Auffassung derjenigen
echtblütigen Getreuen gegenüber zu stellen, die nach dem
Verschwinden von Krone und Zepter ein hohes Alter erreichten und die man nicht selten auch unter dem neuen Regime
auf den hervorragendsten Plätzen sah. Falsch wäre freilich
auch die Deutung, Ballin habe nur zu den Giftpillen gegriffen, weil die Niederlage und die Revolution seine eigene
Schöpfung zertrümmert hatten und sein Lebenswerk den vernichtenden Schlag erhielt. Der größte und schönste Teil der
von ihm geschaffenen Handelsflotte war schon während des
Krieges vernichtet worden, Schlimmeres konnte kaum noch
kommen, im Gespräch und in Briefen hatte Ballin oft erklärt,
daß er sich nach dem Kriege ins Privatleben zurückziehen
werde, und am 9. November ist ihm nur ähnliches wie sehr
vielen von uns geschehen, und nichts, was sich nicht ertragen
ließ. Ohne die Wirkung anderer Eindrücke zu unterschätzen,
muß man sagen, daß der »Freund des Kaisers« unter der Tragik der Herzensbeziehung zerbrach, die ihn an dieses Reich
und an die Person dieses nun zum Flüchtling gewordenen
Monarchen band. Er hatte nicht die taustarken Nerven und
die feste Haut der anderen und war entschieden zu sentimental.

DER ROMANTISCHE RITTER:
GRAF BROCKDORFF-RANTZAU

Als in der republikanischen Zeit der Zeichner George Grosz eine Sammlung jener Studienblätter erscheinen ließ, die mit sarkastischer Hervorhebung aller häßlichen, harten oder gemeinen Züge das Gesicht der herrschenden Klassen festhalten sollten, setzte er auf die Umschlagseite das Bildnis des Grafen Brockdorff-Rantzau, scheinbar so ähnlich dem Original und mit so täuschender Geschicklichkeit überall nur ein wenig retuschiert, daß eine karikaturistische Absicht kaum zu erkennen war. Der Zeichner schien sagen zu wollen, hier brauche man nicht erst durch enthüllenden Spott nachzuhelfen, hier habe die Natur selber mit jenem wundervollen Humor, der bei der Erfindung so vieler Geschöpfe waltete, und vollendeter, als irgendein Künstler es vermöchte, einen Typus, einen typischen Kopf der Epoche, herausgebildet, nichts im verborgenen gelassen und allen Kennern zur Lust ein satirisches Meisterwerk vollbracht. Könne ein Gemisch von Dekadenz und junkerlichem Hochmut besser dargestellt werden als durch diesen Kopf, durch jeden Zug und jedes Detail dieses blassen, nervösen Gesichtes, die von den Spuren zu langer Vergangenheit durchfurchte und doch gebieterische breite Stirn mit dem dünnen, geglätteten und sorgfältig gescheitelten Haar darüber, die schmale gerade Nase, den kleinen verwegenen Schnurrbart, das vorstoßende Kinn, die verschleierten und doch herausfordernd blickenden Augen, aus denen ebenso die Blasiertheit eines ermüdeten und endenden Geschlechtes wie das trotz alledem fortdauernde befehlssüchtige Selbstbewußtsein sprach? War das nicht der unverkennbare Enkel jener adligen Freibeuter, die sich wegen irgendeiner Lappalie duellierten, auf das reichgewordene Stadtkrämertum mit Verachtung hinuntersahen und sich, wenn sie den Bürger nicht mehr plündern und den Bauern nicht mehr schinden konnten, im Dienste aller fremden Höfe herumschlugen und nicht unterließen, aus jedem Lande ein Tüpflein Modefirnis heimzubringen? Diesen Kopf hielt der Zeichner für »repräsentativ« und darum für geeignet, auf dem Titelblatt der ungöttlichen Komödie zu stehen. So schmücken Kunsthistoriker und ihre Verleger die Außenseite der Bücher, die das goldene Zeitalter antiker Schönheit schildern, mit dem Apoll von Belvedere.

Aber das Bild des Grafen Brockdorff-Rantzau war keineswegs charakteristisch für eine Schicht, eine Klasse oder eine Zeit, wie etwa jene Figuren, die bei Daumier und Monnier ihre satten Bäuche, Attribute gefestigter Macht, vor sich hertragen, und wenn hier wirklich der typische Kopf auf das Titelblatt gesetzt werden sollte, so hat der Künstler falsch gewählt. Seine Laune, seine Phantasie, nicht seine Beobachtungsgabe hat ihn bei dieser Wahl gelenkt. Die Erscheinung des Grafen Brockdorff-Rantzau war wahrhaftig keine Durchschnittserscheinung ohne scharf ausgeprägte Persönlichkeitszüge, sie hatte ihre »eigene Note«, sie hatte, wie nur wenige zeitgenössische Gestalten, ihre sehr auffallende Eigenart. Das Charakteristische der herrschenden Gesellschaft in all ihren verschiedenen Gruppen war der Mangel an Charakterköpfen, an hervorstechenden persönlichen oder gar pittoresken Erscheinungen, die uninteressante Gleichförmigkeit, die immer wiederholte Formung, und bezeichnend für sie konnte also nicht der einzelne sein, der sich von ihr unterschied, sondern nur einer aus der allgemeinen Kiste, einer vom Massenfabrikat. Und wenn gesagt werden sollte, Graf Brockdorff-Rantzau habe in seinem Äußeren die Kaste, zu der er gehörte, verkörpert, so war das für die Kaste ein nicht geringes Kompliment, das aber nicht mehr bedeutete als jede andere oberflächliche Schmeichelei. Er schien in einem ganz anderen Erdteil gewachsen zu sein als die robusten, derbknochigen, rotwangigen, von des Gedankens Blässe nicht angekränkelten Junker Ostelbiens, und in der höheren Aristokratie, die infolge ihrer internationalen verwandtschaftlichen Vermischung bisweilen interessantere, vom Schema abweichende Bildungen aufweist, blieb seine äußere Persönlichkeit doch immer die eines Vereinzelten, eines Outsiders, und keiner eines anderen vergleichbar, von dem man vielleicht sagen konnte, er »sehe nach etwas aus«. Er war freilich auch nicht »von rein deutschem Blut«, und die Ahnenforschung, der die Stammbäume des deutschen Adels so viel Verlegenheit berei-

ten, findet nichts Tröstliches, wenn sie sich in die Familiengeschichte derer von Rantzau und von Brockdorff versenkt.

Die Rantzau, die ihre Ahnenreihe bis ins 12. Jahrhundert
zurückrechnen können, waren ein dänisches Adelsgeschlecht,
Feldmarschälle, Statthalter und geheime Räte der dänischen
Könige, der glänzende Heinrich Rantzau, Staatsmann, Philo-
soph, Schriftsteller und Kunstmäzen, verwaltete für drei dieser Herrscher ein Dutzend Provinzen, und der stelzbeinige,
einarmige und auch sonst noch zerhackte, von Boileau besungene Ahne Josias Rantzau war sogar französischer
Marschall und erwarb an der Seite des großen Condé im
Kampf gegen die Deutschen seine Blessuren und seinen
Ruhm. Wenn der Graf Brockdorff-Rantzau, der im Jahre
1869 als Sohn des Grafen Hermann zu Rantzau und einer
Gräfin Brockdorff-Kletkamp zur Welt kam — mit seinem
Zwillingsbruder Ernst —, den Vornamen Ulrich erhielt, so
sollte damit sein Großonkel, Baron Ulrich Brockdorff, geehrt
werden, ein dänischer Diplomat, der sein Land als Gesandter
in Paris, Madrid und Berlin vertrat. Und dieser dänische
Großonkel adoptierte den Ulrich Rantzau, vor dessen Fami-
lienname der »Brockdorff« gestellt wurde und der infolge
dieser Adoption in den Besitz des Brockdorffschen Fideikommisses Annettenhöh bei Schleswig kam. Vielleicht ist es eine
Illusion, die ohne die Kenntnis dieser Familiengeschichte
nicht hätte entstehen können, aber mir schien immer, daß
das, was in dem Grafen Brockdorff-Rantzau »junkerlich«
wirkte oder doch so empfunden werden konnte, nämlich die
Herrengeste, die Kampfneigung, die betont stolze Haltung —
meist abgeschwächt, gelockert oder geschmackvoll verborgen bei aristokratischen Grandseigneurs — ausländische Erbschaft sei und gar nichts mit dem robusten Draufgängertum
zu tun habe, das auf dem Boden preußischer Rittergüter
wächst. Wurde da nicht weit eher der Josias Rantzau wieder
sichtbar, der mit einem Bein und einem Arm an allen Gefechten teilnahm, und hatte die geistige Verfeinerung, die neben
dem scharfen Selbstbewußtsein das sofort greifbare Merkmal
war, ihren Ursprungsort in jener von Gesundheit strotzenden
Umgebung und nicht eher in den dänischen Buchenwäldern,
in denen eine überaus feinnervige Literatur, tastend mit den
zartesten Fühlhörnern, gedieh?

Wie dem auch sein mochte, George Grosz irrte, wenn er den Grafen Brockdorff-Rantzau zum Repräsentanten einer deutschen Junkerkaste machen wollte und wohl glaubte, diesem Gesicht seien der Hochmut und die Arroganz der ganzen Gesellschaftsschicht aufgeprägt. Gewiß war in Haltung und Lebensformen des Grafen Brockdorff-Rantzau, soweit ihn auch seine politischen und sozialen Anschauungen von den Vorurteilen der Nachbarn trennten, die aristokratische Gewöhnung unverkennbar, aber nicht das Gemeinschaftsgefühl des Adels, nicht ein auf Standesprivilegien pochender Dünkel gaben diesem Kopf den Ausdruck, sondern ein individueller Ehrgeiz und ein sehr starkes Ichgefühl.

Der Zeichner hatte nur eine tote einmalige Maske gegeben, in Wahrheit konnte nichts komplizierter sein als diese Persönlichkeit und nichts lebendiger und wandlungsfähiger als dieses Gesicht. Statt einer Maske waren hier wechselnde kleine Maskierungen, eine jede der Situation und dem Thema angepaßt, aber alles hatte doch einen Zusammenhalt in dem Immerwährenden, in der Persönlichkeit, die sich dahinter verbergen wollte, ungefähr wie alle Veränderungen sich nur auf der Seefläche, nicht in den unbewegten Tiefen vollziehen. Sehr oft war, wenn ich dem Grafen Brockdorff-Rantzau gegenübersaß, in der Wohnung, die er in der Viktoriastraße in Berlin mit seinem Bruder teilte, oder bei mir oder an drittem Ort, das Spiel seiner Physiognomie ungeheuer amüsant. Dabei mußte man gelernt haben, zu erfassen, was echt, natürlich, Widerschein des inneren Lebens, und was, selbst vertrauten Freunden und dem Spiegel gegenüber, angenommene, wenn auch keineswegs immer beabsichtigte Pose war. Pose à la Bismarck, à la Talleyrand, à la Mirabeau. Meistens unbeabsichtigt, wie gesagt, und von ihm selber kaum bemerkt. Er saß da, manchmal etwas zermürbt durch einen gerade ausgefochtenen Kampf, sonst zu Scherzen aufgelegt, rauchte eine Zigarette nach der anderen − nicht als Beruhigungsmittel wie Bethmann und nicht als Dilettant, sondern so regulär, wie die Grille zirpt − und goß noch einen Cognac ins Glas. Etwas ganz Ungebundenes, Keckes, das er mit Vorliebe in die Konversation hineinlegte, kontrastierte mit einem gewissen, ihm gleichsam in den Gliedern steckenden Zeremoniell, das, wie durch einen Korsettzwang, seine Bewegungen und Manieren zu regeln, zu umzirkeln schien und ihm oft eine preziöse Gemessenheit verlieh. Die Art, wie er steif und dabei doch mit einer feinen Galanterie − so daß die Steifheit nicht als eine körperliche Eigenschaft, sondern als Ausdruck eines vornehm reservierten Wesens wirkte − Gäste begrüßte oder zu Gastgebern kam, hatte nicht das mindeste gemein mit der eingeschnürten Strammheit und der eckigen Grandezza aktiver und ehemaliger Gardeoffiziere, und er hatte, wie man hinzufügen kann, als junger Leutnant in Potsdam mehr als einen Parademarsch in Gefahr gebracht. Er hatte weit eher die graziöse Steifheit, mit der sich in einer Vieux-Saxe-Gruppe die Porzellankavaliere zu ihren Porzellanschäferinnen hinabbeugen − in diesen Gesten war er »Vieux-Saxe«. Man spürte in seiner Höflichkeit die Wirkung einer alten Etikette, die eigentlich auch seiner Generation schon verlorengegangen war. Dann wieder konnte er schlau umschmeicheln, mit übertriebenen Komplimenten und beinahe liebkosend, und dann wieder empfand man in ihm eine ehrliche und ernste Freundschaft, und dann wieder kehrte er den aus seinem Innern nie entschwindenden Stolz hervor, aber ganz und gar nicht wie der Pfau, bei dem der Kopf klein ist und nur der Federschmuck groß.

Seine dunklen, die schlanke, fleischlose Gestalt umschließenden Anzüge hatten keinen übermäßig modernen Schnitt, und er trug, zum Gehrock und sogar zum Jackett und Veston, absurd hohe, unter dem Kinn sich schräg öffnende Stehkragen, als wäre der Hals zu dünn, um allein den Kopf stützen zu können. Gerade in diesem sehr gepflegten Altmodischen, das zu dem zeremoniösen Zug in seinen Umgangsformen paßte, lag eine besondere, vermutlich ungewollte Koketterie − eine Koketterie, die man seltener in Deutschland als in England und in Frankreich, Ländern mit weit zurückreichender gesellschaftlicher Kultur, findet, wo bisweilen ein Lord, ein Marquis, ein Mitglied der Akademie oder auch ein Bankfürst an einem hundertjährigen Hutmodell festhält und so seinen persönlichen, von der Modeherrschaft unabhängigen Geschmack beweist. Das Absonderlichste, und absonderlicher als der Urväterkragen und doch in irgendeiner romantischen Beziehung zu diesem steifleinenen Symbol und zu der gleichfalls etwas altmodischen Courtoisie, waren die Augen, aus denen der Blick ganz tief herauszukommen und dann hinter einem feinen Dämmerungsschleier zu weilen schien. Manchmal war die Dämmerung weniger dicht, manchmal hatten die verschleierten Augen das nach innen Gewandte, manchmal konnten sie an die Welt E. T. A. Hoffmanns erinnern, und manchmal auch an den Magier, der sich geschickt der ihm verliehenen, scheinbar mystischen Kräfte bedient.

In Stunden des Zornes und des Ärgers wurde das blasse scharfgeschnittene Gesicht des Grafen Brockdorff-Rantzau noch blässer, es verhärtete sich oder erschlaffte, die schmale Nase und die Lippen mit dem Bärtchen darüber schienen zu vibrieren, und obgleich er mit äußerster Anstrengung Selbstbeherrschung übte, sah man das Zittern der Nerven gewissermaßen durch die Haut hindurch. Aber wenn er in guter Laune war, pflegten über das Gesicht die ironischen Lichter zu gehen. Dann, wenn ihn nicht die Erbitterung über Widersacher, die ihm seine Pläne verbauten, gepackt hielt und er die Entspannung genoß, schwelgte er gern in dieser Ironie. Seine Augen waren dann maliziös, listig und lustig, und der mystische Schleier wich zurück. Ich habe aber niemals gefunden, daß er im wirklichen Sinne witzig war. Seine spöttischen Einfälle waren nicht allzu geistvoll, es waren billige Juwelen darunter, und der Erfolg ging nicht von der Gabe, sondern von der Persönlichkeit des Gebers aus. Damit stimmte überein, daß er eigentlich kein literarisches Talent besaß. Er hatte bei der Abfassung seiner Denkschriften und Manifeste sehr glückliche Eingebungen, und es finden sich da schlagkräftige Sätze, überlegen resümierende Formulierungen, scharf das Ziel treffende Pointen, aber offenbar war, damit der Guß gelingen konnte, das Feuer der Leidenschaft nötig, und sobald die Schriftstellerei nur noch ein Teil des diplomatischen Metiers war, ermattete sie. Hätte man die sprühenden Worte, die Graf Brockdorff-Rantzau in sarkastischer Stimmung abschoß, vom Boden auflesen können, so hätte man gewöhnlich dieselbe Enttäuschung erlebt, die Kinder verspüren, wenn sie eine halb verkohlte Raketenhülse finden und nun erkennen, daß aus ihr das ganze pyrotechnische Schauspiel entstand. Im Schein des reizbaren und reizvollen Temperamentes, begleitet von dem Spottlächeln eines prämierten Florettfechters, belustigte auch das, was sonst nur ein Gähnen verursacht hätte, und man prüfte den Silbergehalt der Münze nicht, weil der Händler sie mit so fröhlicher Dreistigkeit über den Ladentisch rollen ließ. Da die Person des Schauspielers fesselte, glaubte man, der Text sei mit Esprit getränkt. Ganz wie ein Anbeter aus den ausweichenden Redensarten einer schönen Frau doch ein verstecktes Ja heraushört, weil ein bezauberndes Lächeln scheinbar verheißungsvoll über der Leere schwebt.

Ich empfand nur jedesmal ein Unbehagen, wenn Graf Brockdorff-Rantzau ein Scherzwort oder eine Anekdote aus den mit einem vielversprechenden Vorhang verhüllten Hinterzimmern der Erotik entnahm. Dieser kultivierte Aristokrat, der auf eine selten gewordene Art chevaleresk und gegenüber den Damen vorbildlich respektvoll und artig war, in seinem äußeren Wesen auch einiges von einem vornehmen Dandy hatte, fand offenbar mitunter die derben Zoten des Geschlechtslebens erfrischend, wie ja auch mancher englische Dandy bisweilen aus der oberen Gesellschaft entweichen und Ausflüge in die untersten Sphären unternehmen soll. Es war wahrhaftig nicht Prüderie, wenn mir das mißfiel. Man könnte sich, so langweilig man die allermeisten der im geheimen verkauften Erotika finden mag, ja auch einbilden, saftiger Spaß mitten im ästhetischen Milieu erfülle ebenso die künstlerische Aufgabe der Kontrastwirkung, wie Dortchen Lakenreißer zwischen den Shakespeareschen Versen und inmitten einer Haupt- und Staatsaktion. In dem Munde des Grafen Brockdorff-Rantzau aber hatten diese Scherze, an denen er Freude zu empfinden schien und für die er Beifall erwartete, einen falschen und etwas peinlichen Klang. Sie waren entweder der Nachhall von Ausflügen zu einem gänzlich unsentimentalen Cythere, oder sie waren Aufschneidereien, mit denen er sich oder anderen etwas vorspiegelte, ungefähr wie ein großer Jurist oder Arzt, der in seinem Fache Bewundernswertes, aber als Alpinist gar nichts leistet, renommieren muß, er besteige in jedem Sommer den Mont Blanc.

Das private Leben des Grafen Brockdorff-Rantzau bot, da es ein bißchen bizarr erschien, reichlichen Unterhaltungsstoff. Man wußte, daß der Graf Brockdorff-Rantzau die denkbar höchste Zahl Zigaretten rauchte und viel Cognac trank, was übrigens seinen Geist niemals behinderte, sondern nur zu befeuern und zu schärfen schien. Man wußte, daß er des Nachts aufblieb und arbeitete und dann weit in den Tag hinein schlief, wenn ihn nicht gerade, wie später in Moskau, die amtlichen Pflichten zum Verzicht auch auf diese Tagesruhe zwangen. So sehr ihn, als er Botschafter in Moskau war, seine Mitarbeiter dort verehrten, so sehr stöhnten sie darüber, daß er ihnen die Nachtruhe nahm, sie nach Mitternacht zu sich rief, sie nicht losließ und in den Morgenstunden Berichte und Briefe zu diktieren begann. Man wußte, daß er sich die feinen Eßwaren und Weine aus Berlin nach der Sowjethauptstadt schicken ließ und daß er — dies gehörte zu der traditionellen Einrichtung feudaler Schlösser ebenso selbstverständlich wie die Ahnenbilder — Wert legte auf eine gute stilisierte Dienerschaft. Man wußte auch, daß er, wie sein Ahnherr, der große Statthalter Heinrich Rantzau, wenn auch nicht mit dessen immens reichen Mitteln, alte Kunst und altes Kunstgewerbe sammelte, in Rußland, übrigens mit Zustimmung der ihm wohlgesinnten Sowjetleute, sehr kostbare Entdeckungen machte und dabei nicht nur den Spürsinn des Kenners, sondern auch jene kaufmännische Geschicklichkeit bewies, die, in weniger privaten Wirtschaftsverhandlungen, so sehr der deutschen Industrie und dem deutschen Außenhandel zugute kam. Aber von einer Frau, die einmal in seinem Leben eine Rolle gespielt haben könnte, wußte man nichts. Keine Spur ließ mutmaßen, daß er jemals in eine Liebesaffäre verstrickt gewesen sei. Wie gewöhnlich wurde dann von Leuten, die jedes psychologische Rätsel auf die einfachste und ordinärste Weise lösen und nicht die tausend feinen Fäden gebrauchen können, sondern sich an einem faustdicken Strick halten müssen, die Unauffindbarkeit solcher Beziehungen durch das Vorhandensein andersgearteter Neigungen erklärt. Da ich eines Tages dem Grafen Brockdorff-Rantzau helfen konnte, erpresserische Schufterei, die ihn verfolgte, unschädlich zu machen, kannte ich die Entrüstung, in die er im Kampf gegen diese Widerwärtigkeiten geriet. Vielleicht hatte es doch in seiner Jugend die ferne Prinzessin gegeben, und vielleicht lag in verschlossener Kassette ein Bild, zeitentrückt wegen der verschollenen Damenmode, aber von unzerstörbarer Liebenswürdigkeit. Der Biograph Brockdorff-Rant-

zaus, Stern-Rubarth, hat offenbar in die Kassette hineinge-
blickt, denn er weiß wirklich von »einer frühen, außerordentlich tiefgehenden Neigung zu einer verheirateten Frau
aus hohen Kreisen« zu berichten, durch die für immer das
Gefühlsleben des Grafen beschattet worden sei. Es ist fast zu
sehr das Herzensgeheimnis, das man erwartet hat. Weil es
eigentlich nicht fehlen konnte, neigt man einem solchen Ro-
mankapitel gegenüber ebenso zu einem leichten Skeptizismus
wie gegenüber manchen Attentatsenthüllungen, deren zu
pünktliches Eintreffen den Eindruck schwächt. Sichtbar, jedem Auge sichtbarer als die getrockneten Rosen der Vergangenheit, war das starke und innige Gefühl, das den Grafen
Brockdorff-Rantzau mit zwei teuren Wesen verband. Mit der
alten Mutter auf Annettenhöh und mit seinem Zwillingsbruder, dem Grafen Ernst Rantzau, der bis zum Sturze der Monarchie kaiserlicher Kammerherr und Vortragender Rat im
Hausministerium war.

Die beiden, die in derselben Stunde auf die Welt gekommen waren, hielten so zusammen, daß sich das Leben des
einen ohne das des anderen kaum denken ließ. Jeder der beiden hatte Freunde, aber jeder hatte nur einen wirklichen Vertrauten, Ernst den Zwillingsbruder Ulrich und Ulrich den
Zwillingsbruder Ernst. In dieser Liebe gab es keine Eifersucht. Nicht den stillen Wunsch, den anderen zu überflügeln,
und nicht die leiseste neidische Regung, wenn der eine die
bedeutenderen, glänzenderen Rollen erhielt. Der Graf Ernst,
Rantzau ohne den Namen der Brockdorff, trat politisch niemals in den Vordergrund. In einem bestimmten Augenblick
freilich hatte er eine historische Mission zu vollbringen. Er
erlangte, zu diesem Zweck nach Holland geschickt, von Wilhelm II. die bis dahin verweigerte Unterzeichnung der Abdankungsurkunde und brachte dieses Dokument nach Berlin.
Aber auch davon erfuhr die Öffentlichkeit nichts, der Name
des Sendboten wurde nicht genannt. Und auch diejenigen
Kreise, die in den Jahren nach dem Zusammenbruch des Kaiserreichs noch eine »Berliner Gesellschaft« bildeten, sahen in
dem Grafen Ernst nicht eine politische Persönlichkeit, sondern einen überaus sympathischen, oft amüsanten, für alle
Tafelgenüsse und besonders für die trinkbaren Tafelgenüsse
empfänglichen Gast, einen der liebenswürdigsten Epikuräer

und die treue brüderliche Seele, den Stellvertreter, der gescheit, diskret und umsichtig für den Ruhm und die Position des Bruders sorgte, immer für ihn vermittelte, die Ohren spitzte, auf der Lauer lag. Er machte sich zum Impresario, zur Theatermutter, zum Wachhund, zur Amme Julias, aber zu einer, die ihrem Liebling klüger und vorsichtiger dient. Während Ulrich seine Fähigkeiten in staatsmännischen Aktionen verwendete, setzte der Graf Ernst seine diplomatische Gewandtheit dafür ein, ihm Wege zu ebnen, Hindernisse fortzuräumen, Gegnerschaft abzuwehren, Anhang zu gewinnen. Oft, wenn er mir telephonierte, begann er mit dem Scherz: »Es ist nicht der große Bruder, nur der kleine ist am Apparat.« Und das war nicht ironische Verstellung, nicht Affektation. Man behauptete, die beiden Brüder seien äußerlich einander zum Verwechseln gleich. Es wurde immer wieder erzählt, daß bei allerlei Begegnungen der eine für den anderen gehalten wurde und daraus eine höchst spaßhafte Komödienszene entstanden sei. Dabei übertrieb man ein wenig, oder sogar in recht erheblicher Weise, und ich jedenfalls habe die Ähnlichkeit nie so vollkommen finden können. Sie waren beide weit über das Mittelmaß groß, aber der Graf Ulrich Brockdorff-Rantzau war schmaler, von feinerer Gestalt, auch »dekadenter«, das Gesicht war blasser nervöser, die Nase spitzer, der Haarwuchs schwächlicher, und der Graf Ernst hatte in der Talmulde zwischen Unterlippe und Kinn eine »Fliege«, einen kleinen Ansatz von Bart. Die Augen des Grafen Ernst waren nicht seltsam verschleiert, sondern zwinkerten nur manchmal feucht, und die Kehle des Grafen Ernst war von allem, was hindurchgeströmt war, allmählich rauh, die Sprache war etwas heiser geworden, während bei dem großen Bruder die Flüssigkeit die Sprachorgane eher geglättet zu haben schien. Aber beide stimmten auch in anderen Geschmacksfragen überein, sie betrieben wie zwei Associés, mit der gleichen Passion und mit dem gleichen Verständnis für den Wert der Dinge, das Sammeln der alten Kunstobjekte, und wenn der Botschafter in Moskau etwas Besonderes entdeckte, wurde es gewöhnlich nach Berlin, in die gemeinsame Wohnung in der Viktoriastraße geschickt. Als im September 1928 Graf Brockdorff-Rantzau mit wunderbar bewahrter Klarheit und Festigkeit Abschied vom Leben, von seinen Auf-

gaben und vom Bruder genommen hatte und in dem Hügel-
grab bei Annettenhöh ruhte, blieb Graf Ernst nur noch eine
Weile auf der Erde, um die Hinterlassenschaft zu ordnen und
das Denkmal des Toten auf einen sicheren Grund zu stellen.
Er suchte nach dem geeigneten Biographen, fand in Herrn
Edgar Stern-Rubarth einen Mann, der mit herzlicher Hinga-
be und mit mehr Takt und Feinempfinden als die meisten
Lebensbildermaler den Auftrag ausführte, und sorgte dafür,
daß bei jedem Freunde die Photographie des Unvergeßlichen
ihren Ehrenplatz erhielt. Seine Existenz setzte sich noch mechanisch fort, er saß wie früher fast an jedem Abend als Gast
an einer Tafel und sann, wie der König von Thule, bei jedem
hinuntergleitenden Tropfen still der Vergangenheit nach, bis
er dann eines Tages nur noch in der Begleitung eines Arztes
ausgehen konnte und, ein wenig später, einem letzten Strei-
che erlag. In Wahrheit war er an dem Tage gestorben, an
dem sein Zwillingsbruder mit dem feierlichen Zeremoniell
aristokratischer Begräbnisse durch die Schloßtür zur Gruft-
stätte hinausgetragen worden war. Frédéric Cuvier, der Bruder des berühmten Naturforschers, wählte für seinen Grab-
stein die Inschrift: »Frédéric Cuvier, frère de George.« Wäre
es auf einer adligen Gruft nicht so gegen alle Regel gewesen,
so hätte gewiß auch Ernst Rantzau auf seinem Stein der
»Bruder Ulrichs« heißen wollen.

Wie diese Bruderliebe, diese brüderliche Gemeinschaft,
gleich einem Doppelporträt jedem vor Augen war, so war
aller Welt — und wenn man von »aller Welt« spricht, meint
man ja gewöhnlich eine sehr kleine Welt — die Freundschaft
zwischen dem Grafen Brockdorff-Rantzau und dem Sowjet-
russen Tschitscherin bekannt. Der Botschafter und der
Volkskommissar für Außenpolitik fanden sich in Moskau,
und es muß — so gut paßten sie trotz der nationalen Verschiedenheit zueinander und so schnell mußte der eine im
anderen das Verwandte spüren — eine Liebe auf den ersten
Blick gewesen sein. Wesentlich war nicht, und doch vielleicht
unempfunden mitwirkend, daß auch Tschitscherin ein Ab-
kömmling alten Adels und, selbstverständlich weit radikaler,
konsequenter und ungehemmter als der niemals den Zusammenhang mit seinem Ursprung verlierende deutsche Graf, ein
Akteur in der gewaltigen Umwälzung geworden war. In

Tschitscherin fand Brockdorff-Rantzau das, was er brauchte: den staatsmännischen Politiker, mit dem er die Pläne für den Ausbau des deutsch-russischen Verhältnisses besprechen, die vielen ärgerlichen und gefährlichen Zwischenfälle überwinden konnte, und den geistreichen gebildeten Bohème mit dem Gemisch von revolutionärer Gläubigkeit und skeptischer Philosophie, den scharf diskutierenden Tatmenschen und den Diogenes vor einem nicht leeren Faß, den schlauen Fuchs des diplomatischen Gewerbes und den nonchalanten Kompagnon, der gleichfalls die gerauchten Zigaretten nicht zählte und keine Abneigung gegen die kleinen Gläser besaß. Ich weiß nicht, ob die beiden oft über die deutsche Literatur, über die romantische Periode sprachen, von der dieser russische Außenkommissar mehr wußte als die meisten Zöglinge deutscher Gymnasien und Universitäten, und vermutlich war für den kunstsammelnden Botschafter noch interessanter Tschitscherins Kenntnis europäischer Museen. Ich erinnere mich an eine andere Unterhaltung, in die ich mich eines Tages mit Tschitscherin vertiefte und die sich auf die russische Psychologie bezog. »Glauben Sie«, hatte ich Tschitscherin gefragt, »daß die Revolution wirklich den russischen Menschen in seiner seelischen Struktur umgewandelt hat?« Er erwiderte bestimmt und ohne eine Sekunde zu zögern, ja, die Revolution habe »einen Schnitt gemacht«. Ich warf ein, daß die alten Ideen und Anschauungen einer neuen Gedankenrichtung hätten weichen können, aber die Gefühlsquellen, die tiefsten Grundlagen und Grundzüge der Natur schwerlich ausgetilgt wären, die Menschen Tolstois und Dostojewskis doch wohl noch immer in ihren letzten verborgenen Trieben die Menschen Tolstois und Dostojewskis geblieben seien. Mit einer Entschiedenheit, die mich ein wenig verblüffte, behauptete er, der Russe von damals, die russische Seele von damals, sei mit allen Wurzeln ausgerottet, existiere nicht mehr. Wehrte er sich mit voller Aufrichtigkeit? Auch in ihm war doch noch der alte russische Mensch.

Und war der Graf Brockdorff-Rantzau, der dort saß, in Moskau dem russischen Außenkommissar oder in Berlin einem Freunde oder einem gelegentlichen Besucher gegenüber, nun der wahre und, wenn man so sagen darf, der ganze Ulrich Brockdorff-Rantzau, oder war man, selbst im freundschaftlichen Verkehr, doch nur bis zu den Außenmauern und Außenforts seiner Persönlichkeit vorgedrungen? Man hatte, je näher man ihm gelangt war, das Bewußtsein, daß die letzten und innersten Bezirke seines Wesens verschlossen und verschanzt waren wie eine schwer einnehmbare Festung und gegen Neugierde geschützt wie in unbetretbaren Gegenden Arabiens ein fanatisch bewachtes Heiligtum. Wer an einem nüchtern glanzlosen, grauen Tage zum ersten Male eine vielgepriesene Landschaft vor sich liegen sieht, kann nichts feststellen als die Form der Berge, die Linien der Hügel, die Umrisse und die fahle Fläche der Seen. Dann, am nächsten Morgen betrachtet, ist das alles umwoben von den schwebenden, zittrigen Spinnennetzen der schimmrigen Luft, lebendig, immer wieder überraschend, und hundertfältig im wechselnden Licht. Aber seine tiefsten Geheimnisse gibt der Boden auch dem aufmerksamsten Reisenden nicht her. Was Generationen in diese Erde von ihrer Seele versenkt, in sie hineingearbeitet haben, ist auch dem ahnenden Sinn entrückt, der die Existenz des Unsichtbaren empfindet, und die Gräber öffnen sich nicht. Die Zeichnung des Grafen Brockdorff-Rantzau, die George Grosz auf einen Buchumschlag setzte, war nur wie der Astralleib der Spiritisten nach dem Austritt der Seele und nur ein Dokument, das irrtümlich für typisch gehalten wurde und von der Individualität nichts verriet. Der Brockdorff-Rantzau, mit dem wir beieinander saßen, im Zigarettendunst ernste und heitere Gespräche führten, Sorgen und Spöttereien austauschten, der Brockdorff-Rantzau, der ein »großer Botschafter« war und eine romantische Romanfigur, mit der delikaten Blässe, dem scharf modellierten Falkenkopf über dem altmodischen Stehkragen, den bald träumerisch verschleierten, bald klar das Ziel fassenden Augen, der zeremoniellen Höflichkeit, der frivolen Ironie, dem empfindsamen Stolz, der umschmeichelnden Süße und der hervorstoßenden Bitterkeit, auch dieser Brockdorff-Rantzau war nur ein Teil, nur der Vordergrund seines Selbst. Der Restaurator, der dieses zweite Porträt von der Leinwand abwaschen wollte, fände dahinter die Spuren einer dritten Gestalt. Hinter der komplizierten Erscheinung voll von Gegensätzen kämen die freilich nicht leicht zu entziffernden Züge eines verborgenen Charakterbildes zum Vorschein, das so streng und so archaistisch schlicht wäre wie die ruhende Steinfigur eines frommen Ritters auf einem alten Sarkophag.

Graf Brockdorff-Rantzau ist am Abend des 8. September 1928 gestorben, in dem alten, warmen, mit seinen gesammelten Kunstsachen vollgepfropften Berliner Heim. In den sechs Jahren, die er in Moskau verbracht hatte, war er der große Botschafter geworden, seine geistige Figur hatte sich in der schweren und verheißungsvollen Aufgabe gefestigt, hatte an Umfang, Tiefe und Sicherheit gewonnen, und wenn er vielleicht zu sehr glaubte, daß Moskau der einzige Punkt sei, von dem aus die Welt sich aus den Angeln heben lasse, und daneben nichts anderes anerkennen wollte, so entsprang doch dieses Beharren auf einer vorgezeichneten Linie einer Überlegung, mit der man sich auseinandersetzen konnte, und dem Streben nach Plan und System und nicht einer diplomatischen Posteneitelkeit. Aber während diese geistige Persönlichkeit außerordentlich wuchs und erstarkte, rieb sich die körperliche auf.

Graf Brockdorff-Rantzau steigerte in Moskau seine Arbeitswut mit einer selbstmörderischen Starrköpfigkeit ins Übermäßige, kannte keine Bewegung in freier Luft, hatte, abgesehen von seinen Nachtgesprächen mit Tschitscherin, keine andere Zerstreuung als die Unterhaltung mit immer höflich bewirteten Gästen – dann und wann mit einem klugen, Anregung bietenden Besucher und oft mit scheelsüchtigen, arroganten Aushorchern von zu Hause und unzufriedenen Geschäftsleuten –, und täglich war die Fülle von Ärgernissen und Widerwärtigkeiten wegzuräumen, die jeder Kurier aus Berlin bei ihm ablud, jede engherzige Verfügung der sowjetrussischen Verwaltung, jede Willkür der sowjetrussischen Justiz ihm schuf. Wenn man ihn bat, sich zu schonen, so gingen solche Mahnungen an seinem Ohr unbeachtet vorbei. Aber die enorme Energieleistung und die gewaltsam errungenen Siege über die reizbarsten Nerven nützten nichts mehr, als Blutungen eintraten und das geschwächte Herz ihn im Stiche ließ. Graf Brockdorff-Rantzau, der schwer leidend nach Annettenhöh gereist und dann, trotz ärztlicher Verbote, zu amtlichen Besprechungen nach Berlin gekommen war, erlag der Krankheit, der keine Willenskraft gebieten konnte, stillzustehen. Die Tage und Stunden vor seinem Tode aber zeigten den

Grafen Brockdorff-Rantzau des dritten Bildes — diese Stunden, in denen er, fast bis zum Eintritt des Verdämmerns, Testamente seines politischen Willens, Abschiedskundgebungen an den deutschen Staatschef und an die Moskauer Regierung diktierte, den Text mit ruhigem Blick prüfte, änderte, verbesserte und mit seinem Namen unterschrieb, bevor er die letzte Zigarette rauchte und dann entschlief. Er starb als einer, der keinen Stammbaum und kein Wappen brauchte, um ein Herr zu sein. Er soll seinem Bruder gesagt haben, er sei schon in Versailles gestorben, aber gern verzichtet man, während man die abgemagerte Hand den Namenszug hinzeichnen sieht, auf jene zweifelhaften letzten historischen Worte, unter denen das Goethesche »Mehr Licht«, vermutlich von einem literarischen Hausbesorger der Nachwelt gewidmet, allen Denkmalskitsch eines Campo Santo übertrifft.

In sich geschlossen, im Zerfall gehärtet, frei von allen Empfindsamkeiten, die an ihm gezerrt hatten, und nun in den unzugänglichsten Regionen des einsamen Denkens sich bergend, zog der romantische Ritter, der kein Träumer der Romantik gewesen war, dem dunklen Lande zu. Und ganz so, als ob es sich um eine weniger weite Reise handelte, erledigte er die Grenzformalitäten, bevor er hinüberfuhr.

Im Juni 1914, nach der Segelregatta auf der Unterelbe bei Hamburg, dem üblichen Vorspiel der Kieler Woche, drängte sich auf dem Deck des Hapagdampfers »Auguste Viktoria« die geladene Gesellschaft rauchend, plaudernd, animiert in der frischen, über die breite Stromfläche wehenden Abendluft. Man hatte, wie immer bei Albert Ballin und der Hapag, ausgezeichnet diniert und konstatierte erfreut, daß der Kaiser bei der Tafel ungemein heiterer Laune gewesen war. Die gute Verdauung wurde durch keine pessimistischen Anwandlungen gestört. Daß eine Woche später Franz Ferdinand ermordet sein und dann der Weltkrieg ausbrechen würde, war ja allerdings nicht vorherzusehen. Während ich aus einiger Entfernung den Kaiser betrachtete, der in einer bewundernden Gruppe irgendein technisches Problem erläuterte, ging der Gastgeber Albert Ballin an mir vorbei. »Im Rauchsalon«, sagte er, »ist Brockdorff-Rantzau, er möchte Sie gern kennenlernen, ich habe versprochen, Sie ihm hinunterzubringen.« Ballin war mit Brockdorff-Rantzau, in dieser Zeit Gesandter in Kopenhagen, befreundet, schätzte ihn ungemein und hatte mir viel von ihm erzählt. Ich stieg also in den Rauchsalon hinunter, wo der Graf Brockdorff-Rantzau ziemlich einsam zurückgeblieben war.

Bis dahin hatte ich ihn nur gelegentlich von weitem gesehen, und jetzt kam er mir noch jugendlicher vor. Fünfundvierzig Jahre sind ja freilich für einen Gesandten nicht viel und für alle ein sogenanntes schönes Mannesalter, aber man konnte ihn auch für jünger halten und dann höchstens meinen, er habe wohl etwas zu hastig gelebt. Als wir Bekanntschaft geschlossen hatten, fragte ich ihn, gegen die Kajütendecke deutend, warum er hier wie ein Eremit in der Einöde bleibe, während rings um die Majestät das höfische Fest in vollem Gange sei. Er antwortete mit der Gegenfrage, ob ich das sehr lustig fände, und machte irgendwelche boshaften Bemerkungen über das, was sich dort oben begab. Wenn er Respekt vor der Krone empfand, so war seine Sympathie für ihren Träger ersichtlich gering. Wie man zu diesem Kaiser stand, war ja nicht nur eine Frage der politischen Intelligenz, sondern auch eine Geschmacksfrage, und es gab da nun einmal vieles, was der Geschmack des Grafen Brockdorff-Rantzau nicht vertrug. Wir sprachen noch ein wenig von Rußland und von der internationalen Situation. So weit ich mich erinnere, zeigte Graf Brockdorff-Rantzau an diesem Juni-Abend nicht mehr Sehergabe als ein anderer — eine Kassandra war nicht an Bord.

Während des Krieges sah ich ihn von Zeit zu Zeit, nicht allzu oft. Er leistete in Kopenhagen sehr wichtige Arbeit für die Versorgung Deutschlands mit Lebensmitteln und Rohstoffen und bewies schon bei dieser Tätigkeit, daß er ganz realpolitisch nur auf die Resultate hinzielte und sich um Vorurteile, Schlagworte, Prinzipien und Schablonen so wenig kümmerte, wie ein Seeadler, der auf den Fisch hinunterstößt, sich für den malerischen Sonnenuntergang interessiert. Mit der sozialistischen Regierung Dänemarks stand er ausgezeichnet und seine Helfer und Vertrauensleute fand er hauptsächlich unter den deutschen Sozialdemokraten, deren Verbindung mit den dänischen Parteigenossen ihm wertvoll war. Er schreckte auch nicht vor dem Verkehr mit Geschäftspolitikern zurück, wenn sie klug, geschickt und nützlich waren wie der reiche und genußfrohe Parvus Helphand, der Mäzen angeblicher Staatsfeinde, die in Wirklichkeit nur sehr bürgerliche Ideen hatten, und glaubte nicht, wie eine alte Jungfer, daß seine Seele Schaden erleide, wenn sie mit einer nicht ganz unbefleckten Moral in Berührung kam. Er mißbilligte den unbeschränkten U-Bootkrieg, aber ob er wirklich zu denen gehört hat, die energisch warnten, ist nicht einwandfrei festzustellen. Es hat ja hinterher fast nur noch Leute gegeben, die vor allen Fehlern gewarnt haben wollten, ganz wie in Paris während der ersten Jahre der großen Revolution die Zahl derjenigen, die am Sturm auf die Bastille teilgenommen hatten, ins Unermeßliche stieg.

Dagegen ist es eine bewiesene und bezeugte Tatsache, daß Graf Brockdorff-Rantzau zu Anfang des Jahres 1918 ein Anerbieten des Königs von Dänemark, mit England über die Möglichkeit eines Friedensschlusses zu sprechen, nach Berlin brachte und dem wohlmeinenden König dann nur die Antwort zutragen durfte, »Deutschland habe an sich nichts gegen einen solchen vom König beabsichtigten Schritt«. Worauf der König selbstverständlich keine Neigung mehr hatte, sich einzumischen, und der Krieg bis zu dem unvermeidlichen Endergebnis weiterging. In Berlin wurde viel gegen den Gesandten in Kopenhagen intrigiert, erstens weil er den echt nationalen Kreisen zu dänenfreundlich erschien, und zweitens weil er schon so lange auf einem begehrenswerten und auch von anderen begehrten Posten saß. Wie ihn Kreaturen niederen Genres mit Geschichten aus dem Sexualgebiet umzubringen versuchten, habe ich erwähnt. Seinen ersten Besuch in der Kriegszeit machte er mir, um mir dafür zu danken, daß ich ihn von einem Verfolger dieser Sorte hatte befreien können. Später einmal, am 4. November 1917 – unmittelbar nachdem der Freiherr von Hertling sich bereit erklärt hatte, Reichskanzler und Nachfolger des unglücklichen Michaelis zu werden – fand ich ihn, als er bei mir eintrat, ungewöhnlich deprimiert. Sogar sein Sarkasmus funktionierte nicht, der sonst wie ein kräftiger Luftstoß erlösend durch seine Verstimmungen fuhr. Er hatte beim Ausbruch dieser Krise erwartet, daß man ihm, wenn nicht den Kanzlerposten, so doch zum mindesten das Amt des Staatssekretärs für das Auswärtige anbieten werde, und man hatte ihn völlig übergangen. Ich sagte ihm, daß ich gern, im geringen Maß meiner Möglichkeiten, für seine Kandidatur eintreten wollte, aber nur, wenn Kühlmann – der dann Staatssekretär wurde – keine Aussicht hätte oder ablehnte, und er erwiderte, er sei mit Kühlmann befreundet, sei sogar sein Trauzeuge gewesen und träte selbstverständlich hinter ihn zurück. Ich machte ihn noch darauf aufmerksam, daß er gerade denjenigen Parteien, die jetzt mitzusprechen hätten, zu wenig bekannt sei, und tatsächlich hatten ihn außer einigen konservativen Parlamentariern, die seine Standesgenossen waren, eigentlich nur ein paar Sozialdemokraten, durch den Verkehr in Kopenhagen, näher kennengelernt. Er gab das zu, aber gewisse Beziehungen zu den Freisinnigen habe er bereits angeknüpft. Übrigens habe er soeben, im Vorzimmer Hertlings, Ebert getroffen und ein sehr angenehmes Gespräch mit ihm gehabt. Sein beinahe naiv geäußerter Ehrgeiz, für den der abgedroschene Vergleich mit der Ungeduld eines am Start festgehaltenen Rennpferdes wirklich am besten paßte, konnte mißfallen, wenn man darin nichts als ein subalternes Drängen nach Beförderung sah. Aber es war ein Hindrängen zur Tat, der Wunsch einer selbstbewußten und heftigen Natur, in der gefährlichsten Stunde auf den Kampfplatz zu treten, und es fiel sehr viel helleres Licht auf diesen Ehrgeiz, wenn man an all die Beamten, die bieder und gemütsruhig, aus »Pflichtgefühl« emporklommen, und an den müden Greis Hertling dachte, der zu all seinen bereits gesammelten Auszeichnungen und Ehrenstellen, als handelte es sich einfach um die Krönung seiner Karriere, noch den Reichskanzlerposten fügte, noch einen Stern oder eine Kette zum Schwarzen Adlerorden, noch einen Schmuck für den Sarg.

Genau einen Monat nach dem Ausbruch der Revolution fragte die republikanische Regierung den Grafen Brockdorff-Rantzau, ob er bereit sei, die Leitung des Auswärtigen Amtes zu übernehmen und zu Besprechungen von Kopenhagen nach Berlin zu kommen. Er verfaßte eine Denkschrift, in der er die Bedingungen aufzeichnete, deren Bewilligung und Verwirklichung ihm für die Führung der Außenpolitik unerläßlich erschienen – energische Bekämpfung des Bolschewismus, Aufrichtung und Verteidigung der Staatsautorität, schnelle Einberufung der Nationalversammlung und ein soziales Pro-

gramm, das die Hoffnungen der heimgekehrten proletarischen Krieger erfüllen sollte, ohne den notwendigen Kredit
der Wirtschaft in Gefahr zu bringen. Wie diese sozialen Forderungen und die Interessen der Unternehmer vereinigt werden könnten, wußte natürlich der Verfasser der Denkschrift
ebensowenig wie alle anderen, die das Omelette einrühren
und kein Ei zerschlagen wollen. Die im Augenblick – und
für einen Minister des Äußeren – wichtigste Forderung lautete: Falls die Friedensbedingungen unerträglich sein sollten,
Ablehnung, Verweigerung der Unterschrift. Da die sozialdemokratischen Volksbeauftragten erklärten, mit alledem
einverstanden zu sein, nahm Brockdorff-Rantzau das Anerbieten an. Sicherlich hatte er fiebernd, mit zuckenden Nerven, diese Antwort erhofft, die ihm gestattete, die große historische Aufgabe zu übernehmen, und sie in stolzer Haltung
zu übernehmen, und er wäre sehr unglücklich gewesen, wenn
man in Berlin gefunden hätte, ein weniger anspruchsvoller
Kandidat sei doch wohl vorzuziehen. Am 29. November hatte ich Solf, an diesem Tage noch Minister – oder, da der alte
Titel beibehalten war, Staatssekretär des Auswärtigen Amtes
– in seiner Wohnung besucht. Er hatte mich gebeten, zu ihm
zu kommen, da er mir erzählen wollte, wie es bei der höchst
bewegten Konferenz der Reichsminister, die soeben stattgefunden hatte, zugegangen war. Ich wußte, daß dort Eisner,
mit der Rhetorik der großen Ankläger in der Französischen
Revolution, die sofortige Absetzung Solfs gefordert und dabei natürlich die Unterstützung des Obersten Vollzugsrates
gefunden hatte, der noch gefürchtet war und, wie die meisten
Götter, sich für ewig hielt. Solf war indessen sehr vergnügt
und glaubte, fest zu stehen, was ich, angesichts so deutlich
drohender Anzeichen, nicht recht begriff. Er lobte Ebert, der
gerade bei ihm gewesen sei, während er den Führer der Unabhängigen im Kabinett der Volksbeauftragten, Hugo Haase,
»speiekelig« fand. In der Konferenzsitzung habe ihn während
seiner Rede Kurt Eisner, der neben ihm saß, fortwährend
durch Zwischenrufe gestört. Solf befürchtete, wie ich, einen
Diktatfrieden und sehr schwere Bedingungen, wollte nicht
für die ganze Dauer der Verhandlungen nach Versailles gehen, sondern nur zur Eröffnungssitzung, und sagte mir, er
habe für die Führung der Delegation an den Grafen Berns-

torff gedacht. Das alles äußerte er mit einem Optimismus, den er sich bis zur letzten Minute um so mehr bewahren konnte, da man ihn auch dann noch nicht von seiner Ausbootung unterrichtete, als sie bereits beschlossen war und sein Nachfolger, Graf Brockdorff-Rantzau, sich schon auf der Reise nach Berlin befand. In guter Stimmung zeigte mir Solf, bevor ich ihn verließ, noch die Abdankungsurkunde, die der Graf Ernst Rantzau gerade aus Holland gebracht hatte, mit der kaiserlichen Unterschrift. Es war ein großes Blatt mit dem ausgeprägten Adler, der Wortlaut der Abdankung war mit der Schreibmaschine geschrieben, die Urkunde unterschied sich durch diese moderne Schrift sehr von all den alten Dokumenten fürstlicher Entsagung, die in europäischen Archiven ruhen. Wilhelm II. hatte seinen Namen etwas absichtlich kraftvoll hingesetzt. Mit großen Buchstaben, dick gemalten Grundstrichen und mit breiten Schnörkeln darunter, die so dekorativ waren wie ein Tafelaufsatz bei einem Galadiner.

Nun, drei Wochen später, am 18. Dezember, telephonierte mir der Graf Ernst, der »große Bruder« sei eben eingetroffen und wünsche mich zu sehen. In der Wohnung in der Viktoriastraße fand ich Brockdorff-Rantzau, erfüllt von der Bedeutung der Stunde, aber bemüht, kühl und ruhig zu erscheinen, mit einer dieser Kraftanstrengungen, die ihm gestatteten, sich diese freilich kaum täuschende Maske aufzuzwingen. Er nannte mir die Bedingungen, von deren Annahme er sein Jawort abhängig gemacht habe, und angeblich interessierte es ihn, meine Meinung darüber zu hören, obgleich er doch bereits völlig entschlossen war. Er betonte, daß er nicht nur absolute Selbständigkeit in der Führung des Amtes gefordert habe, sondern auch das Recht, die Friedensdelegation nach seinem eigenen Willen zusammenzustellen. Ich sagte ihm, das sei alles ganz schön, aber ich hielte die Regierung für sehr schwach, und auf ihre gewiß ehrlich gemeinten Zusagen sei deshalb nicht unbedingt zu bauen. Ihn selber werde man im Ausland ohne Zweifel für einen Mann des alten Regimes erklären, für einen Junker, einen Imperialisten, und auf eine besonders freundliche Aufnahme – die freilich wohl auch keinem anderen bereitet werden würde – werde er nicht rechnen können. Er fand mich gewiß weniger enthusiastisch, als er erwartet hatte, nahm die Einwendungen aber nicht übel und entgegnete, sie seien sehr richtig, nur könne er nicht mehr zurück, er habe sich Ebert und Haase gegenüber schon verpflichtet, und seine Bedingungen, deren Ablehnung allein ihm noch den Rückzug ermöglicht hätte, habe man angenommen. Ich sei übrigens ziemlich der einzige Mensch hier, der nicht auf dem Standpunkt stehe, man müsse die Flinte ins Korn werfen und es sei doch alles umsonst. Ich entgegnete, Leute, die sofort die Flinte ins Korn werfen, wenn die Dinge schlecht stehen, blieben wohl am besten von allen politischen Kampfplätzen fort. Dann sprachen wir von den bevorstehenden Friedensverhandlungen und waren völlig einig in der Meinung, daß man die Unterzeichnung ablehnen müsse, wenn die Forderungen maßlos seien. Man werde dann ja sehen, ob die Alliierten in Deutschland einmarschieren und wie lange die Ententeregierungen es ratsam finden würden, ihre kriegsmüden Truppen mit einer halb bolschewistischen Bevölkerung in Berührung zu bringen. Von der Straße drang das Geräusch von rollenden Wagen und von Massenschritt herauf – ein Bagagetrain mit Truppen kam, Frauen und Kinder saßen auf den Wagen, Girlanden und Fähnchen sollten Zeichen der Heimkehrfreude sein, und das Ganze war einigermaßen jämmerlich. Brockdorff-Rantzau wollte es nicht sehen, und wir beeilten uns, den Fenstervorhang vorzuziehen. Am übernächsten Tage bat mich Graf Bernstorff um eine Unterredung, ich traf ihn im Hotel Adlon und er teilte mir mit, daß er auf eine Kandidatur für die Nationalversammlung verzichte, denn er übernehme die Führung der Friedensdelegation. Solf habe ihm diese Aufgabe übertragen und Graf Brockdorff-Rantzau habe ihm erklärt, er selber wolle die Dinge von Berlin aus dirigieren und werde nicht zu den Verhandlungen gehen. Bernstorff, der ohnehin wußte, daß ich ihn – obgleich er unzweifelhaft ein außerordentlich kluger und fähiger Diplomat war – seiner unangenehmen Erlebnisse in Amerika wegen nicht für den geeigneten Delegationsführer hielt, bemerkte offenbar, daß ich seine Mitteilungen mit einiger Überraschung entgegennahm. Er sagte etwas zögernd: »Wir betreiben im Auswärtigen Amt ja seit langem die Vorbereitungen, wir arbeiten täglich viele Stunden daran.«

Graf Brockdorff-Rantzau hatte gesagt, er habe sich gegenüber Ebert und Haase gebunden, und daraus ging schon hervor, daß nicht nur die Mehrheitssozialisten sich mit seiner Berufung einverstanden erklärt hatten, sondern auch die Unabhängigen, deren Chef Hugo Haase war. Wäre bei ihm das Sonderbare nicht manchmal gerade das Naheliegende gewesen, so hätte man sich darüber wundern können, daß er dann auch weiter, von seiner persönlichen Neigung für Ebert abgesehen, eigentlich besonders gut mit diesen Radikalen stand. Es hieß immer, sie hielten alle Stühle in seinem Vorzimmer besetzt. Ganz so war es ja nicht, aber die Beziehungen wurden von beiden Seiten eifrig gepflegt, bis schließlich die Unabhängigen den Minister in der entscheidenden Stunde im Stich ließen und seine Nähe mieden, als hätten sie plötzlich die bösesten Eigenschaften an ihm entdeckt. Wahrscheinlich hatte er geglaubt, sie durch liebevolle Behandlung gewinnen zu können, während sie, in ihrem Haß gegen die Mehrheitssozialisten, sich zu diesem neuen Ankömmling hingezogen fühlten, der zwar ein Aristokrat war, aber kein Konkurrent, keiner, der mit ihnen um die Proletarierseele rang. Und bei Brockdorff-Rantzau, der in seiner ganzen Denkweise doch nicht über die Linie einer gemäßigten und geordneten Demokratie hinausgehen konnte und nur als ein von den besten Absichten beseelter Dilettant sich für Sozialisierungsprojekte erwärmte, war diese Umtändelung der radikaleren Geister auch wieder eine jener kleinen Koketterien, in denen er sich gern erging. Obgleich ihn im Kreise der Volksbeauftragten eine ziemlich allgemeine Sympathie und eine gewisse Dankbarkeit empfingen, muß das erste Zusammentreffen doch eigenartig gewesen sein, denn fremdartiger kann nicht der letzte, übriggebliebene Zentaur in den Straßen einer Stadt wirken, als der Kavalier des ancien régime durch Gesicht, Gestalt, Auftreten und Manieren inmitten der Bürgerlichkeit, der braven Kleinbürgerlichkeit wirken mußte, die ihn hier umgab.

Den alten Führern der deutschen Sozialdemokratie, den Bebel, Auer, von Vollmar, Wilhelm Liebknecht, Singer, hatten geistige Arbeit oder lange Handhabung des Parteikommandos auch äußerlich etwas Imponierendes gegeben, das der neuen Generation nicht verliehen war, und in so bescheidenen Verhältnissen war sicherlich schon die Perle an der Krawattennadel des merkwürdigen Kollegen ein auffälliger Gegenstand. Er selber fand sich mit Leichtigkeit zurecht oder zeigte doch nichts Gezwungenes, widersprach durch sein ganzes Verhalten jedem Zweifel an seiner demokratischen Gesinnung und an seiner engen Verbundenheit mit den Arbeitermassen, ließ all seine großen und kleinen Künste spielen, hatte abwechselnd die ernste Würde, die scharfe Entschiedenheit, das heitere Scherzwort, die amüsante Konversation, die kameradschaftliche Herzlichkeit, bewies während der Straßenkämpfe den eingeschlossenen Volksbeauftragten seine Solidarität unter anderm auch durch ein frohes Trinkopfer, eine aus der Viktoriastraße herbeigeschaffte ehrwürdige Cognacflasche, und betonte sein Herrentum, ohne es preiszugeben, nur in Augenblicken, wo es nicht als Standeserbteil, sondern als staatsmännische Willenskraft erschien. Mit einiger Bestimmtheit darf man annehmen, daß er vor seinem Debüt sich die Einzelheiten, Ton, Miene und Geste, sorgfältig zurechtlegte, wobei sein Zwillingsbruder Ernst gewissermaßen die Rolle der Theatermutter innehatte, die in der Garderobe noch einen letzten prüfenden und nichts versäumenden Blick auf ihren Liebling wirft. Niemand aber ist unkomödiantischer, gewissenhafter und mit mehr selbstverständlicher Korrektheit ein republikanischer Minister und dann ein republikanischer Botschafter gewesen als er. Nachdem er einmal den entscheidenden Schritt getan hatte, schielte er nicht mehr rückwärts, sah er sich nicht mehr, wie so viele andere, für alle Fälle nach Hintertüren und versteckten Schmugglerpfaden um.

Absolut aufrichtig war auch die Sympathie, die Graf Brockdorff-Rantzau sehr bald für Ebert empfand. Auch im intimsten Gespräch, wo er sich nicht genierte, kam eine echte Wärme in seine Stimme, war sein Urteil mehr als nur Anerkennung, wenn er von Ebert sprach. Ebenso, in gleichem Gefühl, war Ebert über die Mitwirkung Brockdorff-Rantzaus erfreut. Er war in seiner Personenwahl nicht immer glücklich, eine weltmännische, elegante Sicherheit, Äußerlichkeiten einer sich höher glaubenden Gesellschaftsschicht konnten ihn mitunter zu sehr beeinflussen, oder er hielt sie doch allzu schnell für verwendbar, wollte auch den Anschein ängstlicher und enger Parteilichkeit vermeiden, und so vertraute er eines Tages, nachdem seine Frage, ob man den Hapagdirektor Cuno für einen geeigneten Außenminister, für den richtigen Nachfolger des ermordeten Rathenau halte, wohl von allen, auch von mir, verneinend beantwortet war, diesem liebenswürdigen und ehrbaren Hamburger, dem hochgewachsenen Repräsentanten der konservativen Großbourgeoisie, sogar ohne Zwischenstation das Reichskanzleramt an. Die Neigung für Brockdorff-Rantzau wird man zu diesen Irrtümern nicht zählen können. Hier empfand er nicht nur den äußeren Zauber, sondern auch einen inneren Wert. Und dann, er hatte allerlei gelesen und gelernt und kannte die Geschichte der Französischen Revolution. War es nicht immerhin ein interessantes Zusammentreffen, daß die deutsche Volksregierung einen Grafen Brockdorff-Rantzau hatte, wie die Konstituierende Versammlung den Comte de Mirabeau?

Graf Brockdorff-Rantzau war freilich kein Mirabeau, und da er, bei allem Selbstbewußtsein, genügend strenge Selbstkritik übte, hätte er Schmeichlern, die diesen Namen neben den seinigen gestellt hätten, die treffende Antwort erteilt. So wenig wie er die zyklopische Statur, die Pockennarben, die Haarmähne und die »Laster« Mirabeaus hatte, so wenig hatte er die ungeheure Saftfülle, die in keinem Gefängnis verkümmernde Fruchtbarkeit dieses eruptiven Genies. Die Rednergabe, so stürmend und hinreißend bei Mirabeau, fehlte ihm ganz. Auch wenn man berücksichtigt, daß im Nebel ferner Vergangenheit die Persönlichkeiten oft größer erscheinen, die Phantasie zu dem wahren Maß der historisch gewordenen Figuren gern noch etwas hinzufügt, sind die zwei kein Paar. Aber dem Grafen Brockdorff-Rantzau fiel auch gar nicht, wie dem Grafen Mirabeau, eine starke Rolle in dem revolutionären Schauspiel zu. Ganz abgesehen davon, daß das, was man die deutsche Revolution nannte, kein starkes Schauspiel war. Der Graf Brockdorff-Rantzau kam, wie die anderen, durch die Revolution in den Vordergrund, er nahm ihre Prinzipien an, er stellte sich in ihren Dienst, er verlangte auch, sie mitbeaufsichtigen zu dürfen, aber er vertiefte sich nicht in sie, es war nicht seine Sache, nicht seine Mission, den Staat im Innern zu organisieren und aufzubauen. Den Staat nach außen hin zu verteidigen, gegen die Friedensbedingungen, die drohend heranrückten, das war seine Sache, seine Mission und seine Leidenschaft.

Man hat sich einen seelischen Zwiespalt, der ihm Beklemmungen verursacht haben müsse, vorgestellt. Der Aristokrat und der »Diener und Nutznießer der Revolution«, also im Grunde selber ein »November-Revolutionär«. Aufgewachsen in den alten Traditionen und nun von Herkommen und Umgebung losgelöst. Der Bruder Ernst war noch, wenn auch fern von dem ins Ausland verlegten Hoflager, Berater Wilhelms, die Tante Brockdorff, von den Neffen pietätvoll respektiert, hatte als Oberhofmeisterin der Kaiserin unermüdlich das Haus und die Hausregeln überwacht. Mußte der Graf Brockdorff-Rantzau, Minister der Republik, nicht mit zerrissener Seele umhergehen, ein Werther der Politik? Ich für mein Teil habe nicht den Eindruck gehabt, daß er an solcher Zerrissenheit übermäßig litt. Sein Unabhängigkeitssinn, seine Entschlossenheit, seine Draufgängernatur, sein nach vorwärts gerichteter Wille bewahrten ihn davor. Er hatte in Gemüt und Geist Wilhelm II. immer abgelehnt, und daß mit dem Monarchen die Monarchie gestürzt war, erschien ihm, wenn er von einem höheren Aussichtspunkte hinunterblickte, als eine der vielen Etappen auf dem weltgeschichtlichen Weg und, wenn er es mit dem Herzen wog, weit leichter wiegend als das Schicksal von Land und Volk. Die Bilder seiner Ahnen konnten nicht Rechenschaft von ihm fordern, denn diese Vorfahren hatten für so verschiedene heiligste Dinge gekämpft. Und *er* kämpfte, indem er von dem Gewesenen zum Gegenwärtigen sich hinwandte, im Lager der Nation, und einzig für seine Nation. Mit den preußischen Junkern hatte er nur sehr wenig Berührung gehabt, sie hatten ihn nur in seltenen Ausnahmen interessiert. Die meisten von ihnen nahmen ihm aber den Übergang zur Republik auch gar nicht übel, oder sie verurteilten ihn doch nur unaufrichtig, um vor anderen keine Schwäche zu zeigen − in Wahrheit waren sie nicht unzufrieden, denn in der Tatsache, daß der Edelmann aus altem Geschlecht, mochte er auch ein entgleister und mit dem Pöbel fraternisierender Edelmann sein, der Regierung angehörte, sahen sie eine Garantie für ihren Besitz. Einmal, als er in der Nationalversammlung in Weimar eine Rede hielt, meinte Graf Brockdorff-Rantzau, argwöhnischen Abgeordneten auf der Linken erklären zu müssen, daß man Graf sein könne und trotzdem Demokrat. Daß er das so vorbrachte, konnte als ein Verstoß gegen den guten Geschmack gelten, denn er brauchte sich gar nicht zu verteidigen oder zu entschuldigen, aber er wollte damit keineswegs sein Inneres erleichtern, sich nicht von einer Bedrücktheit, nicht von eigenen Zweifeln befreien, und es war nicht ein Seufzer, sondern ein rhetorischer Mißgriff, ein mißglücktes Aperçu. Nein, er war nicht innerlich zerrissen, wie die Opfer des Zwiespaltes zwischen Gebot und Liebe, oder zwischen altem und neuem Glauben, wie die Liebenden im »Horace«, oder wie Uriel Acosta, und er suchte nicht selbstquälerisch in dem Nachsinnen über dieses Thema seine tägliche Beschäftigung. Um noch einen Grund zu nennen, der freilich als poetisches Motiv nicht verwendbar ist: Er hatte keine Zeit dazu.

Der Biograph Stern-Rubarth gebraucht einmal, als er das Ringen und die Arbeitswut des Grafen Brockdorff-Rantzau kennzeichnen will, den Ausdruck »Besessenheit«. Es ist das treffende, das am besten charakterisierende Wort. Brockdorff-Rantzau war bis zur Besessenheit erfüllt vom Gedanken an die politische Aufgabe, die er vor sich sah oder mit deren Durchführung er schon beschäftigt war. Er blickte, wie ein Rennfahrer, auf das Ziel in einer Besessenheit, vor der alles umher verschwand. Dieser rabiate Wille, ans Ziel zu kommen, beherrschte ihn so völlig, daß er seine Kräfte rücksichtslos verbrauchte, seinem Leben, aus dem alles andere fortgestrichen schien, nur diesen einzigen Sinn, diesen einzigen Inhalt ließ. In der Unterhaltung suchte er, sein Gegenüber ausforschend, Anregung oder Material für seine Aufgabe, und ein unerfahrener Besucher, der ausgehöhlt wurde wie ein schwächerer Käfer von einem stärkeren, war obenein überzeugt, das Interesse gelte ihm selber, seiner Person. Diese Anspannung des Geistes und des Willens auf einen bestimmten Punkt hin, ungefähr vergleichbar mit der geistigen Energie eines Gedankenlesers, der auf die von einem Zuschauer versteckte Nadel losgeht, konnte den Erfolg sichern, konnte aber auch zur Einseitigkeit verleiten und dann nachteilig sein. Wenn sich das planvolle Denken zu sehr auf einen bestimmten Weg konzentriert, wird vielleicht ein anderer Weg verfehlt. Man ist nicht immer Columbus, der, während er nach

Indien fahren will, Amerika entdeckt. Mit dieser absoluten Konsequenz nicht nur in der Verfolgung einer jener Ideen, die wie Weltanschauungen die leuchtenden Leitsterne sind, sondern auch in der Befolgung der taktischen Mittel, wird man eher ein großer Botschafter als ein Staatsmann, der den ganzen Horizont überblicken und nach allen Seiten hin manövrieren muß. Graf Brockdorff-Rantzau, in Moskau ein großer, ein wirklich großer Botschafter, war bisweilen nicht einverstanden mit der Politik der Berliner Regierung, die von ihrer zentralen Warte aus die außerordentliche Bedeutung des Ostens wohl begriff, aber häufig und rauh daran gemahnt wurde, daß es noch drei andere Himmelsrichtungen gab. Sicherlich hätte er, wäre er länger in dieser Berliner Zentrale und für die gesamte Außenpolitik verantwortlich gewesen, die Fähigkeit erlangt, mit ruhiger Hand viele Fäden gleichzeitig zu halten und die eigene Leidenschaftlichkeit niederzuzwingen, aber ebensoviel, wie der staatsmännische Geist an Reife gewonnen hätte, wäre vielleicht der Persönlichkeit an Eigenart verlorengegangen. Drei Elemente beherrschten die Tiefe seines Wesens, waren das Bleibende, die inneren, unsichtbaren Züge, die Züge des dritten und letzten Bildes, hinter dem Bilde der widerspruchsvollen Erscheinung, der fesselnden Romanfigur. Der Willensfanatismus des »Besessenen«, die vornehme Scheu des Einsamen und der Glaube, der einer stärkeren Zuversicht gleicht und, anders als der politische Wille, sich keine bestimmten Ziele setzt. Mancher fand, der Graf Brockdorff-Rantzau habe eine verführerische Glühwurmnatur, die leicht in die Irre führen könnte und die nicht ganz vertrauenerweckend sei. Andere, das seelische Geheimnis herausfühlend, liebten ihn wegen seiner Gläubigkeit, seiner Einsamkeit und seiner Besessenheit.

In den Monaten, die seiner Fahrt nach Versailles vorausgingen, sah ich ihn oft. Wir waren einig in der Meinung, daß ein Friedensvertrag, der den umherschwirrenden Gerüchten, Andeutungen und Prophezeiungen entspräche, nicht unterzeichnet werden dürfe, und in der gemeinsamen Kampfstimmung kam in die bis dahin nur angenehmen Beziehungen eine freundschaftliche Herzlichkeit. Er bat mich, ihn zu unterstützen, ihm die Gegner vom Halse zu halten, besonders Erzberger, der vom ersten Augenblick an nur darauf wartete, ihm ein Bein stellen zu können. Obgleich mein Beistand ja eigentlich nicht ihm, sondern der Sache galt, war er, und bis zu seinem Tode, voll Dankbarkeit, und hinter den Schmeicheleien, an denen er es nach seiner Gewohnheit nicht fehlen ließ, war, wie ich glaube, ein echtes Gefühl. Daß Friedensbedingungen, die ein Land willkürlich zerreißen, auf lange Zeit hinaus ein großes Volk fesseln, ihm unentbehrliche Lebensquellen nehmen und somit ewig reizbare Wunden erzeugen würden, nicht nur verwerflich seien, sondern auch verworfen werden müßten, schien uns klar. Jede natürliche Empfindung lehnte sich dagegen auf, und ebensosehr jede politische Vernunft. Wenn die deutsche Republik, schon mit dem Waffenstillstand belastet, auch noch den furchtbarsten Friedensvertrag hinnahm, dann brachte sie aus der Geburtsstunde eine unheilbare Krankheit ins Leben mit. Wie der Oswald der »Gespenster«, der für die väterlichen Sünden büßt. Unzählige der Soldaten, die auf beiden Seiten gekämpft hatten, waren in ihren Schützengräben − genug Äußerungen und Briefe bewiesen es − erfüllt von dem Gedanken, diesem entsetzlichen Krieg werde die große Versöhnung zwischen Deutschland und Frankreich folgen, das Opfer werde nicht ganz vergeblich gewesen sein. Nicht der Rächer sollte ex ossibus auferstehen, sondern endlich der Geist der Eintracht und Brüderlichkeit. Dies waren ideale Träume, in den Pausen zwischen den infernalischen Stürmen von schönen Menschenkindern geträumt, die dann gewiß alle von einer Granate oder einem Bajonett oder vom Giftgas erreicht worden sind. Aber auch nüchterne Realpolitiker hatten einen Frieden erhofft, von dem man würde sagen können, in ihm habe, wer immer auf dem Schlachtfelde als Sieger dastehe, die Klugheit gesiegt. Diejenigen, die während der Kriegsjahre selber die Fortnahme fremden Gebietes, die Unterjochung einer abgeneigten Bevölkerung und die Mißachtung der mit den Menschen geborenen Rechte laut und skrupellos gefordert hatten, waren jetzt ungeeignete und schädlich wirkende Anwälte der Gerechtigkeit und der Moral. Der Säufer, dem der Wein entzogen wurde, wird verhöhnt, wenn er Enthaltsamkeit predigt, und der Liebhaber fremder Brieftaschen tut gut, nicht zu schreien, wenn ihm ein glücklicherer Kollege die Uhr aus der Tasche gezogen hat. Diejenigen, deren Rechtssinn sich nicht

verrenkt und verbogen hatte, waren zum Protest, zum entrü-
steten Widerspruch legitimiert. Aber in allen Ländern waren
diejenigen zahlreich, die ihre schlechten Instinkte zu Tugenden umstempeln wollen, indem sie ihnen die Aufschrift »pa-
triotisch, national« geben, ganz wie der Opiumschmuggler
seine Ware unter falscher Bezeichnung über die Zollgrenze
bringt.

Auch wenn ich mich bemühte, die Dinge vom Standpunkt
der Gegner aus zu sehen, mich in die Interessensphäre
Frankreichs und der anderen zu versetzen, kam mir ein Friedensvertrag, der tief in das Fleisch und in die Seele des deutschen Volkes hineinschnitt, falsch, grauenhaft unsinnig vor.
Für wie lange glaubte man denn, mit der Uhr in der Hand,
die erhofften Wirkungen eines zerschmetternden Friedens berechnen zu können? Und wenn man, wie mancher es forderte, Deutschland zerstückelte, den Süden vom Norden trennte
oder die ganze alte Kleinstaaterei wieder aufrichtete, schuf
man sich auf die Dauer keine Ruhe, sondern nur eine immer-
während Unruhe, eine erst unterirdische und schnell wieder
aufsteigende Brandgefahr. Die Nation, die nach langem Ringen zur Einheit gelangt war, sie gekannt und genossen hatte,
ließ sich nicht so leicht wieder auseinanderreißen, überall
müßten, in dunkler Verschwörung oder offenem Aufstand,
die Einheitskämpfe wieder beginnen, die Teile einander zu-
streben, die künstlich abgedämmten Wasser wieder in das gemeinsame Becken rinnen. Wollten die Sieger in jedem der
deutschen Staaten ein Heer unterhalten und, wie es einst
Österreich in Italien machte, das ganze Land unter polizeili-
che Aufsicht stellen? Auch diese Mittel konnten nichts nützen, und je mehr Wachposten und geheime Horcher man
hinschickte, desto lebhafter und bewegter mußte es im Lande
zugehen und desto mehr war die europäische Ruhe bedroht.
Ich erinnere mich, daß ich in jenen Tagen dem Vertreter einer
großen französischen Zeitung sagte: »Es ist doch nur zweier-
lei denkbar – entweder ihr müßt Deutschland zerhacken, ab-
würgen und für mindestens hundert Jahre wehrlos machen,
oder ihr müßt es durch einen Freundschaftsvertrag an euch
binden und euch so die Sicherheit und die Machtstellung verschaffen, die ihr mit Recht beansprucht und die ihr braucht.
Und da es nicht möglich ist, Deutschland abzuwürgen –

287

denn es würde immer wieder aufleben −, so sollte kühle und klare Überlegung euch davon abhalten, durch irrsinnige Friedensbedingungen den Weg zur Freundschaft, zur Entente, zu versperren.« Es wird hoffentlich keine Kriege mehr geben, aber wenn ein solches Unheil noch einmal hereinbrechen sollte − immer wieder würde der Sieger, wie er nun auch heißen möge, zu wählen haben zwischen der Forderung der Leidenschaften und dem Gebot der Vernunft. Die Leidenschaften würden mit jedem Male gewaltiger anstürmen, aber immer wieder müßte das Resultat einer realistischen und selbst im berechtigten Haß unbeirrten Überlegung die gleiche Warnung sein.

Wir wußten wohl, daß der Versuch, durch eine Ablehnung der Unterschrift Zögern und Zweifel in einem Teil des feindlichen Lagers hervorzurufen und die Einigkeit zu zersetzen und aufzulösen, ein sehr fragwürdiges und gefährliches Unternehmen war. Aber es war ein heroischer Versuch, der gewagt werden mußte, und wahrscheinlich hätte man ihn aussichtsreicher gefunden, hätte man damals schon Informationen über die Vorgänge auf der Pariser Konferenz, die so sehr an den Zwist der Könige vor Troja erinnerten, in Händen gehabt. Zehn Jahre später habe ich Lloyd George bei einer Abendmahlzeit in seinem Landhaus im Surrey gefragt: »Wenn wir nicht unterzeichnet hätten, was wäre geschehen?« Lloyd George lächelte überlegen und antwortete: »Deutschland hätte die Waffenstillstandsbedingungen nicht annehmen sollen.« Dann entwickelte er, indem er dabei über der unbedeckten Mahagoniplatte des Tisches illustrierende Handbewegungen machte, den strategischen Rückzugsplan, den die Deutschen hätten ausführen müssen, bis zum Halt hinter dem Rhein. Er versicherte, daß er in diesem Falle nach England gefahren wäre und dem englischen Volke gesagt hätte, der Krieg habe lange genug gedauert, der Sieg sei errungen, und daß es notwendig und nützlich sein sollte, diesen blutigen und aufreibenden Kampf auch noch auf deutschem Boden fortzusetzen, vermöge er nicht einzusehen. Das englische Volk wäre sicherlich der gleichen Meinung gewesen, es hätte ihm zugestimmt, und Frankreich hätte entweder allein weiterkämpfen müssen, oder es hätte sich mit einem billigeren Frieden begnügt. Das alles klang, von dem lebhaften und gesprächigen Lloyd George mit der Bestimmtheit des unfehlbar Wissenden vorgetragen, außerordentlich einleuchtend, aber den Abschluß des Waffenstillstandes hatte nun einmal die deutsche Oberste Heeresleitung, hatte zuletzt noch Hindenburg durch telegraphische Weisung befohlen, und wenn ich wieder fragte, was nach der Ablehnung des Friedensvertrages erfolgt wäre, zog sich auch der vielwendige Hausherr, wie er es leider den Deutschen nicht rechtzeitig hatte empfehlen können, in eine Abwehrstellung, hinter einen Rhein zurück.

Selbstverständlich konnte die Erklärung, ein unerträglicher Vertrag werde nicht unterschrieben werden, nur dann Eindruck machen, ernst genommen werden und die Haltung der gegnerischen Mächte beeinflussen, wenn man hinter ihr eine Vereinigung aller Kräfte und den festen Willen aller an einer Entscheidung beteiligten Parteien sah. Wenn die Mauer an einer wichtigen Stelle zerbröckelte und brach, half es wenig, daß sich vor die Bresche, die aller Erfahrung zufolge immer breiter werden mußte, ein Redner stellte und, heilige Schwüre deklamierend, die Arme reckte, als könnten sie die Lücke verbergen oder eine Barriere sein. Die Regierungen der Ententemächte schickten Agenten und Beobachter nach Berlin, die dem Volke und besonders seinen Wortführern, Parlamentariern und Publizisten, wie Ärzte den Puls befühlten und nach Feststellung des Kräftezustandes täglich einen Löffel beruhigender Medizin verabreichten, mit freundlichem Zuspruch und der Versicherung, nach der Annahme der Friedensbedingungen, einer reinen Formalität, werde sich alles zum besten wenden und der Patient, von helfendem Wohlwollen umgeben, werde schnell seine volle Gesundheit zurückerlangen. Diese humanen Sendboten wurden gut aufgenommen in der Umgebung Erzbergers, bei gewissen Sozialisten, die noch etwas radikaler waren als die Parteileitung der Unabhängigen, und bei Personen, deren Überzeugungen auswechselbar waren wie die Platten auf dem Grammophon. Vor allem diejenigen, die wie Maximilian Harden am eifrigsten zum Kriege getrieben, ihn gepriesen und bejubelt hatten, bemalten sich dick mit der weißen Farbe der Tugend, riefen laut: »Wir allein sind die wahren Pazifisten« und forderten die anderen, die nicht so viel wie sie selber abzubüßen hatten, zur Bußfertigkeit auf. Während von solchen neuen, verspätet, aber geräuschvoll eingetroffenen Mitgliedern der Friedensgemeinde die Agenten der Alliiertenfront die Versicherung erhielten, daß Deutschland ganz bestimmt jeden Vertrag unterzeichnen werde, waren alle echten und ernsthaften Vertreter und Vorkämpfer der pazifistischen Organisationen, wie Schücking und Quidde, und auch die dem Nationalismus am meisten fernstehenden Diplomaten, wie Lichnowsky, für entschlossenen Widerstand gegen Bedingungen, die nicht den erhofften Völkerfrieden brächten, sondern fortdauernden giftigen Völkerhaß und Streit. Der geeignete Platz für den Bau eines Friedenspalastes schien ihnen nicht der Gipfel des Vulkans zu sein.

Die Herren, die mit dem Auftrag nach Berlin kamen, Stimmung für die Unterzeichnung zu machen, waren zumeist sehr geschickt ausgewählt. Man nahm fast nur Persönlichkeiten, die schon vor dem Kriege in Berlin gelebt hatten, von jener Zeit her Beziehungen in politischen Kreisen besaßen, immer als Freunde Deutschlands gegolten hatten oder doch als Anhänger der Verständigungsidee. Der gewandteste von allen war der Professor Haguenin, der für das französische Propagandageschäft reiste, seine Sache mit graziöser Überredungsgabe vortrug und für jeden das, was ihn locken konnte, in Bereitschaft hielt. Er war nicht absolut unehrlich, hätte, schon weil er doch wieder mit den Deutschen gut zu stehen wünschte, einen Versöhnungsfrieden vorgezogen, und wenn er bisweilen nicht alles glaubte, was er sagte, so hätte er es doch gern geglaubt. Bei mir machte er Ende März seinen ersten Besuch. Ich sagte ihm sofort, daß er von mir nicht die gleichen zustimmenden Antworten erwarten dürfe, die ihm, wie ich wüßte, andere gegeben hätten, und daß ich geblieben sei, was ich immer gewesen war, nämlich Gegner eines jeden Nationalismus, einer jeden Gewaltpolitik, einer jeden Rechtsbeugung, ganz gleich, ob derartiges von hier komme oder, wie in diesem Augenblick, von dort. Er bedauerte sehr, daß man sich in Paris auf einen falschen Weg verrannt habe, aber man betrachte die Dinge dort noch immer militärisch statt politisch, habe Mißtrauen gegen Deutschland, halte es für sehr stark und für sehr schlau und meine, man habe hier den Bolschewismus, den Hunger und die Republik nur erfunden,

290

um die anderen Mächte zu täuschen, und das alles sei »camouflage«. In Berlin sagten die Amerikaner und die Engländer: »Nur die Franzosen haben die Schuld«, und in Paris sagten besonders die Amerikaner, die Regelung mit Deutschland müsse man den Franzosen überlassen, das gehe Amerika nichts an. Er halte die Politik, die Deutschland möglichst verkleinern und ohnmächtig machen wolle, für falsch, und es sei sinnlos, wenn Frankreich glaube, Hunderte von Milliarden erhalten zu können. Aber er müsse jetzt einen Bericht an Clémenceau senden und wisse nicht recht, was er schreiben solle – die Dinge seien sehr kompliziert, und Clémenceau wolle immer alles einfach dargestellt, gewissermaßen in einer primitiven Einfachheit sehen. Ich erwiderte, dann brauche er ja nur das ganz Einfache zu berichten, daß Deutschland zur Ablehnung unerträglicher Bedingungen entschlossen sei. Und eine sehr einfache Wahrheit sei es doch auch, daß ein aufgezwungener Gewaltfriede nur das eine Resultat haben würde, die nationalistische Reaktion in Deutschland wieder an die Macht zu bringen. Der Professor Haguenin äußerte sich noch tadelnd über Tardieu, der Europa nicht kenne und weit schlimmer sei als Clémenceau. Haguenin war sehr melancholisch, sehr pessimistisch, sehr betrübt. Bei einem späteren Besuche, Ende Mai, als schon die Friedensbedingungen vorlagen, nahm er aus seiner Rocktasche drei Briefe, die er aus Paris erhalten hatte, las Sätze daraus vor und gestattete mir sogar einen Einblick in einige Teile dieser Korrespondenz. Ein hoher Beamter des Quai d'Orsay, den er mir nannte, schrieb, Frankreich mache eine falsche Politik, viele sähen das ein und begriffen die Notwendigkeit, mit Deutschland wieder in Verkehr zu kommen, aber Clémenceau schiebe alle Bedenken beiseite, und im übrigen: »Was wollen Sie, der Frühling in Paris ist herrlich, die Frauen sind elegant und zeigen ihre hübschen Beine, man will nichts Unangenehmes hören und sagt sich: Sie werden schon unterzeichnen, und wenn nicht, so wird Foch schon das Richtige tun.« Ob das so leicht sein werde, überlege man sich nicht. Die anderen zwei Briefe, wie der erste natürlich nicht für den Gebrauch in Berlin geschrieben, waren auf einen ähnlichen Ton gestimmt. »Pour la beauté de la chose«, sagte Haguenin, »würde ich beinahe wünschen, die Leute, die eine so falsche Politik gemacht haben, erhielten einen Denkzettel und Deutschland verweigerte wirklich die Unterzeichnung, aber ich glaube nicht, daß Sie das können. Es erscheint mir unmöglich, Foch würde rücksichtslos vorgehen, die Militärs hätten dann wieder das Wort, Deutschland würde es nicht aushalten, und ich habe auch den Eindruck, daß man hier schwankend geworden ist und sich auf die Unterzeichnung vorzubereiten beginnt.« Ich beteuerte, das sei ein Irrtum, die gegenwärtige Regierung werde einen solchen Vertrag nicht annehmen, bliebe also nur die Unterzeichnung durch ein neues Kabinett, durch ein Kabinett der radikalen Unabhängigen, Erzbergers und einiger Outsider, das allerdings nichts hinter sich haben und wieder verschwinden würde, bevor noch die Tinte der Unterschrift getrocknet sei. Ich versuchte damals, für den Fall, daß der Widerstand zusammenbrechen sollte — was schon wahrscheinlich wurde —, die maßgeblichen Personen von der Notwendigkeit einer solchen Taktik zu überzeugen, die mir, weil sie den Alliierten sehr unwillkommen hätte sein müssen, als die empfehlenswerte erschien. Es kam auch vor, daß der Professor Haguenin mir Bruchstücke eines Berichtes zeigte, den er, wie er versicherte, an Clémenceau geschickt hatte, und der hoffentlich unversehrt an seinem Bestimmungsort eingetroffen war. Kurz und gut, der Professor Haguenin begnügte sich, wie geschickte Komödiendichter, nicht mit der geistvollen Causerie, sondern hatte zur Steigerung der Handlung auch immer einen Überraschungseffekt zur Hand.

Bei weitem kunstloser als der Professor Haguenin entledigte sich der amerikanische Gesandte Dresel, der schon vor dem Kriege der Botschaft in Berlin angehört hatte, seiner Mission. Dieser sonst gleichfalls sehr höfliche Mann äußerte, als er mit einem stumm lächelnden Begleiter in mein Zimmer getreten war, auf etwas aggressive Weise, er begreife nicht, daß ich, ein so alter Bekannter von ihm, das deutsche Volk von der Unterzeichnung zurückhalten wolle, und ob ich meinte, eine solche Verantwortung tragen zu können. Ich antwortete, daß mir meine Verantwortung leichter scheine, als die Verantwortung derjenigen, die uns diesen Vertrag aufzwingen wollten, und so stritten wir eine Weile lang herum. Plötzlich kam aus dem Telephonapparat auf dem Schreibtisch das Klingelzeichen, und als ich den Hörer ans Ohr legte, meldete sich Brockdorff-Rantzau, der mich zu sprechen wünschte und sofort eine Unterhaltung begann. Der Gesandte Dresel und der stumm lächelnde Begleiter blickten ein wenig zu neugierig auf den Apparat, und da ich es für ratsam hielt, sie nicht auf die richtige Spur zu bringen, schrie ich den unsichtbaren Geist in der Telephonleitung an, er möge mich nicht stören, ich hätte jetzt gar keine Zeit. Brockdorff-Rantzau begriff sogleich die Situation und brach ab. Hinterher erzählte er vergnügt renommierend, er sei von mir schimpflich behandelt worden, ich hätte die Gelegenheit ausgenutzt und ihm alle erdenkbaren Grobheiten versetzt. Er hätte sich mit jenem König von Frankreich vergleichen können, der bei einem Maskenfest, um nicht in seiner Verkleidung erkannt zu werden, sich von seinem Hofmarschall prügeln ließ und dem etwas zu kräftig drauflosschlagenden Vertrauten sagte: »Du verkleidest mich zu sehr.«

Anfang Februar hatten die Sitzungen der Nationalversammlung in Weimar begonnen. Weimar war ein beschneites Idyll, der Theatersaal, in dem am 6. Februar die Versammlung eröffnet wurde, war mit Blumen geschmückt wie zu einem bescheidenen bürgerlichen Hochzeitsfest, aber damit waren die idyllischen und die hochzeitlichen Eindrücke erschöpft. In den Hotelhallen und in den Restaurants unterhielten sich die Abgeordneten, Journalisten und Personen, die in der Überzeugung von ihrer Unentbehrlichkeit nach Weimar gekommen waren, und jede Clique und jeder Stammtisch verschanzte sich gegen die Clique und den Stammtisch nebenan. Sehr schnell ließ sich erkennen, daß mit einer einheitlichen Gestaltung des Reiches gar nicht zu rechnen wäre, denn die partikularistischen, landsmannschaftlichen Empfindungen überwogen, und ebenso schnell konstatierte man, daß bereits ein ziemlich allgemeines Geraufe um die Regierungsposten im Gange war. Eifersucht der Parteien und persönlicher Ehrgeiz traten manchmal recht ungeniert auf. Es handelte sich um das Amt des Versammlungspräsidenten, das die Sozialdemokraten für den Abgeordneten David und die Zentrumsparteiler für ihren Fehrenbach begehrten, und es handelte sich um die Verteilung der sechzehn Ministerportefeuilles, von denen die Sozialdemokraten acht erhalten sollten und Demokraten und Zentrum je vier. Am Morgen vor der Eröffnungssitzung bat mich der demokratische Parteiführer Fischbeck − mit dem ich oft in Konflikt geriet und den ich doch für weit klüger hielt als den großen Parteiredner und ideologischen Apostel Friedrich Naumann −, zu Brockdorff-Rantzau zu gehen und ihn zu fragen, ob er nicht in die demokratische Fraktion eintreten wolle, was, da er dann als einer ihrer vier gezählt worden wäre, die Lösung des Problems hätte erleichtern können. Im anderen Falle sollten die Demokraten nur drei Portefeuilles haben, also genötigt sein, hinter dem Zentrum zurückzustehen. Ich besuchte am folgenden Tage Brockdorff-Rantzau im Schloß, wo er ein Arbeitszimmer an der Parkfront hatte, mit sehr schönen alten Möbeln, mit Aussicht auf die weiß bedeckte Parklandschaft und an diesem Wintertage angenehm warm. Er erklärte mir, daß er sich keiner Partei anschließen wolle, und gab seine Gründe an. Der Minister des Äußern müsse neutral bleiben, die Kontinuität wahren, nicht bei jeder Kabinettskrise mit den anderen solidarisch sein. Das war auch meine Meinung, und ich pflichtete ihm bei. Er fügte noch hinzu, er vermöge nicht für jeden einzelnen Punkt des demokratischen Parteiprogramms zu stimmen. In manchen Fragen, zum Beispiel in der Frage der Sozialisierung, stehe er sogar weiter links. Seine Laune war an diesem Tage vorzüglich, er war sehr glücklich in seiner Aufgabe und in seiner Stellung, die nervösen und »dekadenten« Züge seines Wesens waren weit weniger zu bemerken, er war voll Kampflust, Tatendrang und Selbstvertrauen. In diesem Optimismus glaubte er, mehr erreichen zu können als ein Orpheus, der die wilden Tiere bändigt und um sich schart.

Am 12. Februar wurde Ebert zum Präsidenten der Deutschen Republik gewählt, am 14. Februar hielt Graf Brockdorff-Rantzau seine Rede in der Nationalversammlung, und gleich hinterher reiste ich nach Berlin. Brockdorff-Rantzau, auf der Bühne des Theatersaales, las die Rede ab, ohne vom Manuskript aufzublicken, ziemlich tonlos, wirklich ohne besonderes Vortragstalent. Die Rede war eine jener anständigen, sorgfältig überlegten und sauber ausgearbeiteten Programmerklärungen, die eine ehrenvolle Aufnahme verdienen, ohne epochale Ereignisse zu sein. Es war schade, daß der Mann, der in der Intimität so sehr bestricken konnte und auch dann, wenn man sich über ihn ärgerte oder ihn kritisch betrachtete, immer interessierte, einer großen Versammlung gegenüber viel von seinem farbigen Glanz verlor. Die Sprünge des Temperamentes, die Lichterspiele des Geistes und alle originellen Nuancen der Persönlichkeit konnten sich nur im kleinen Raum zeigen und auswirken, und bei offiziellem Anlaß, vor der Öffentlichkeit, erdrückten das Gefühl der großen Verantwortung und die Würde des Augenblickes das individuelle Leben und ließen nur einen steifen Umriß zurück. Ganz wie die olympischen Götter, wenn sie nach ihren privaten Erlebnissen auf den Höhen wandeln, eine Haltung annehmen, die sie zu gesuchten Modellen für Akademiemaler werden läßt. Natürlich mußte auch hier in einer Umgebung, die dem suchenden Blick wenig zu bieten hatte, die gräfliche Erscheinung auffallen, Aufmerksamkeit und Neugierde erregen, und manche Neulinge auf der Publikumstribüne fanden es gewiß sehr eigentümlich, daß da zwischen den demokratischen Gestalten dieser hochgewachsene, hagere, sich etwas förmlich und überhöflich bewegende Erbe feudaler Jahrhunderte saß. Der Gigant Mirabeau war auch im Äußern der revolutionäre Graf.

Als Graf Bernstorff in dem Glauben befangen war, daß er der Führer der Delegation sein werde, hatte er von den Vorbereitungen für die erwarteten Friedensverhandlungen gesprochen: »Wir arbeiten täglich viele Stunden daran.« Jetzt arbeiteten Graf Brockdorff-Rantzau, der wieder in Berlin weilte, und seine Leute im Auswärtigen Amt bis in die Nacht hinein. Zu allen Fragen, die irgendwie im Friedensvertrag berührt sein könnten, wurde ein riesiges Material angehäuft. Völkerstatistik, Handelsstatistik, Industrie, Schiffahrt, Finanzen, Heer und Marine, die Kolonien, die Geographie Europas, die nationalen und volkspsychologischen Zusammenhänge und Unterschiede, die sozialen Probleme, das Völkerrecht, die Geschichte Deutschlands und der Welt, all das und noch vieles andere wurde durchforscht, für die Fremden erläutert und erklärt. Karten wurden gezeichnet, Tabellen hergestellt. Der Fachmann bewies seine Unentbehrlichkeit. Man mußte hoffen, daß dieser Bienenfleiß, der eine ganze Enzyklopädie zusammenbrachte, sich als fruchtbar erweisen, und daß diese Masse von Argumenten Verwendung in einer Diskussion, an Beratungstischen finden werde und nicht dazu bestimmt sei, in einer amtlichen Bodenkammer in Staub zu zerfallen. Unwillkürlich tauchte in meiner Erinnerung ein Bild auf – ich sah wieder, wie der Justizberater des Auswärtigen Amtes, der Geheimrat Kriege, in der Zollhalle an der holländischen Grenze zärtlich die ungeheure Reihe der Aktenkisten musterte, mit denen er sich, dank einer solchen Papiermenge gegen alle Überraschungen gesichert, zur zweiten Haager Friedenskonferenz begab. Es waren jetzt wieder große Leistungen der Gründlichkeit, der Methode, und wenn es auch mit Politik wenig zu tun hatte, so war doch das Bestreben, für alle Fälle gerüstet zu sein, sicherlich lobenswert. Weniger rühmlich war es, daß unzählige Personen behaupteten, sie müßten Mitglieder der Friedensdelegation werden oder in irgendeiner begleitenden Kommission oder Unterkommission einen Platz finden, und Himmel und Hölle in Bewegung setzten, um zum mindesten im Gepäckwagen mitzukommen. Wenn ich den Grafen Brockdorff-Rantzau fragte, ob er nach Versailles fahren wolle wie der Führer einer Cookschen Reisegesellschaft, antwortete er mit halb komischer Verzweiflung, ich ahnte nicht, wie viele er schon abgeschüttelt habe, und jeder Abgeschüttelte bleibe dann als ein giftspritzender Gegner zurück. Seit längerer Zeit schon gehörte zu den Gebräuchen des Landes dieses Bedürfnis, dem allgemeinen Wohl zu dienen, in einer Ehrenloge mit Freibillet, und selbst wenn er Figurant im Triumphzug eines feindlichen Siegers hätte sein sollen – die Bekanntgabe, daß er »unter den Anwesenden bemerkt« worden sei, hätte manchem Ehrgeizigen wohlgetan.

Unter denjenigen, die den Grafen Brockdorff-Rantzau begleiten sollten, befanden sich natürlich auch Männer von hohem Wert. Und schließlich, eine »Delegation« mußte es sein, Ratgeber, die man befragen konnte, waren notwendig, und die Anwesenheit von Ministern, die zugleich die verschiedenen Regierungsparteien vertraten, dokumentierte die Harmonie. Es ist nur ein Vergnügen, das sich die Phantasie bereitet, wenn man etwas wünscht, was man selber für unmöglich hält. So, in den Vorstellungen der Phantasie, wünschte ich, der Graf Brockdorff-Rantzau träte allein vor die Versammlung der Alliierten, oder doch nicht mit einem Gefolge, dessen achtbare und ehrenwerte Mitglieder eine gewisse Ähnlichkeit mit den traurigen Bittgängern einer belagerten Stadt haben müßten, zum Beispiel mit den berühmten Bürgern von Calais. Sicherlich, man konnte, besonders nach den Beobachtungen in Weimar, nicht annehmen, daß die etwas befremdliche Erscheinung des Grafen in dem Versammlur.gssaal einen sehr starken Eindruck machen und eine günstige Gemütsbewegung hervorrufen würde, und ganz bestimmt würde zunächst der eine dem andern ironisch zuraunen, diese deutsche Republik habe offenbar ihren schönsten Junker schicken wollen. Aber wenn sie ihn wie eine Gestalt aus der Ritterzeit betrachtet hätten, so wäre ihnen, hätte er sich allein in die Arena begeben können, doch auch die ritterliche Tapferkeit fühlbarer geworden, und kam es übrigens auf den Eindruck der ersten Stunde an? Wenn es nur diesen ersten Eindruck gab, wenn nicht andere Eindrücke sich anreihen durften, hinter der ersten Stunde, in der die Friedensbedingungen überreicht wurden, nicht andere Stunden, Stunden des Verhandelns kommen konnten, dann war alles umsonst. Dann war auch die Beurteilung des Debüts gleichgültig, war das alles nicht wichtig für den Gang der Geschichte, sondern nur ein Detail in der Zeitchronik und ein historischer Anekdotenstoff. Fürst Bülow erzählte mir im Mai 1919, daß ihm Erzberger gesagt habe: »Brockdorff-Rantzau hat keine Replik.« Und Bülow fügte hinzu: »Dabei spricht Erzberger, der, wie Sie wohl wissen, durchaus selber Minister des Äußern werden möchte, kein Wort Französisch — er hat die Replik, aber man versteht sie nicht.« Tatsächlich war es ein nicht zu unterschätzender Mangel, daß bei Brockdorff-Rantzau die Schlagfertigkeit versagte, wenn er sich einem größeren Auditorium gegenübersah oder der Moment feierlich war. Aber in Gesprächen und Verhandlungen mit den einzelnen Gegenspielern wäre er genausowenig verlegen gewesen, hätte er genausoviel Geistesgegenwart, Fechtersicherheit, Geschicklichkeit in der Anwendung wechselnder Mittel, und vor allem genausoviel Zähigkeit und »Besessenheit« gezeigt wie später in den Unterhaltungen mit Tschitscherin und in jeder Zusammenkunft, bei der es nicht ein paar hundert Zuhörer, Stenographen, Photographen und Filmoperateure gab. Man hätte, ihm näherkommend, ihn interessant gefunden, hätte erkannt, daß da noch etwas mehr war als nur ein »Junker«, und wahrscheinlich hätte die Konversation in den Pariser Salons sich eifriger mit ihm beschäftigt als mit vielen anderen Figuren der Konferenz. Wenn man vielleicht gezögert hätte, sich bis zur Sympathie zu versteigen, so hätte man ihn zum mindesten respektiert.

Und wo in Deutschland existierte denn der vollkommene, ideale Wortführer, den man statt des Grafen Brockdorff-Rantzau hätte entsenden sollen? Zweifellos, ein imponierender Mann des Volkes, imponierend durch Kraft und Reinheit des Geistes, durch mitreißende Beredsamkeit, durch demokratische und doch vornehme Haltung, durch die unerschütterliche Zuverlässigkeit seiner Überzeugung, durch die ruhmvollen Daten seines politischen Lebens, wäre jedem anderen vorzuziehen gewesen, aber der deutsche Boden hatte ihn nicht hervorgebracht. Walther Rathenau war für die levée en masse gewesen, und gewiß war es gut, daß man an ihn nicht denken konnte, und an Persönlichkeiten wie Stresemann konnte noch weniger gedacht werden, denn sie waren damals durch ihre Beteiligung an den Annexionskampagnen, U-bootbegeisterung und törichte Verspottung Amerikas kompromittiert. Blieb noch einer, wieder einer aus dem ancien régime, Bülow, dessen schwere Sünden schon weiter zurücklagen, in der Periode der ersten Marokkokrise und der bosnischen Annexion, und der zwar nicht gerade als ein leuchtendes Musterbild der Überzeugungstreue oder als der Repräsentant eines demokratischen Deutschland gelten konnte, aber das Rednertalent und die »Replik« besaß, in der Galerie der europäischen Staatsmänner seinen Platz hatte und erfahren war in den Kunstkniffen, den Personenlisten und den Umgangsformen der Diplomatie. Eine Zeitlang – als er noch glauben konnte, der Ausgang des Krieges werde nicht geradezu katastrophal sein – hatte er die Ernennung zum Friedensunterhändler gewünscht. Da er die historischen Reminiszenzen liebte, legte er sich vermutlich eine Rolle zurecht, wie sie der Meister Talleyrand auf dem Wiener Kongreß gespielt hatte, oder Thiers bei Bismarck in Versailles, wobei er im übrigen voraussetzte, daß er nicht wie dieser gezwungen sein würde, als ein Bittsteller zu einem übermächtigen Sieger zu gehen. Auch der kleine Thiers war keine selbstlose Lichtgestalt und kein Märtyrer einer Überzeugung, auch er war lange ein Liebhaber außenpolitischer Abenteuer und dann ein verspäteter Warner, und auch er verkörperte eine ältere Epoche, und sogar drei Epochen oder vier. Freilich hatte er die Geschichte des Konsulats und des Kaiserreiches in vielen Bänden verfaßt und erscheinen lassen, und Fürst Bülow hatte die Geschichte Wilhelms II. und seines Reiches noch nicht ganz so weit gebracht. Immerhin meinte Fürst Bülow wohl, daß er einen gleichen Empfang finden würde, daß er, der nicht weniger amüsant als der kleine alte Franzose plauderte, mit den alliierten Staatsmännern Tischgespräche würde führen können, wie sie im Februar 1871 an der Tafel Bismarcks in Versailles stattfanden, und daß die fremden Kollegen bei der Nachricht von seiner bevorstehenden Ankunft die courtoisievollen Worte sprechen würden, mit denen der erste Reichskanzler die Meldung von dem Eintreffen Thiers beantwortete: »Das ist ein Mann, den man immer empfängt.« Dann wurde es zweifelhaft, ob die Alliierten den Sinn für Schicklichkeit oder den historischen Sinn haben würden, der bei solchen Gelegenheiten das Verhalten Bismarcks bestimmte, und immer deutlicher ließ sich die wahre Situation erkennen. In diesen Tagen bestand der Wunsch des Fürsten Bülow nicht mehr.

In Berlin besuchte ich dann Brockdorff-Rantzau zuerst wieder am 7. März. Es waren in Berlin Generalstreiktage, und um das Polizeipräsidium am Alexanderplatz, wo von den spartakistischen Matrosen und Soldaten sechshundert Mann der Regierungstreuen eingeschlossen waren, wurde mit Minenwerfern und Geschützen gekämpft. Brockdorff-Rantzau meinte, die strategische Lage – die am Alexanderplatz – sei günstiger als die politische in der Wilhelmstraße, und wünschte die Ausschiffung Scheidemanns. Wir überlegten, wer an die Stelle Scheidemanns in die Regierung eintreten könnte, fanden aber in den Reihen der Sozialdemokratie keinen befriedigenden Ersatz. Brockdorff-Rantzau hielt es für nicht unwahrscheinlich, daß die Entente die noch schwebenden Verhandlungen in Spaa, die sich auf die Lebensmittelfragen bezogen, zu Verhandlungen über einen Präliminarfrieden ausdehnen wolle, und sagte: »Unter keinen Umständen werde ich zugeben, daß sie dann auch noch von Erzberger geführt werden und von seiner Waffenstillstandskommission.« Ein Personenwechsel würde allerdings schwierig sein, wenn die Entente ihre Bedingungen nicht gleichfalls durch neue diplomatische Vertreter vorlegen lassen sollte, sondern wieder durch Foch. Wir sprachen von dem Wunsche der Unabhängigen, daß Kautsky Mitglied der Friedensdelegation werde, und Brockdorff-Rantzau versicherte heiter, eigentlich habe ihn Kautzky entdeckt und ins Ministeramt gebracht. Beim Studium der Kriegsakten im Auswärtigen Amt, nach der Revolution, habe Kautsky gesehen, daß ein gewisser Brockdorff-Rantzau die Dinge sehr richtig beurteilt habe, und seine Parteifreunde auf diesen Diplomaten aufmerksam gemacht. In der nächsten Zeit war jedesmal, wenn ich den Grafen Brockdorff-Rantzau besuchte, irgendein großer Streik im Gange, oder ein Straßenkrieg, aber man war schon daran gewöhnt, abends bei einem Lichtstumpf zu sitzen und das Geknatter der Maschinengewehre zu hören, oder durch die dunkle Stadt, zwischen dem Knallen unsichtbarer Gewehre, von der Arbeit nach Hause zu gehen. Im Augenblick eines Besuches am 6. April war gerade in München die Räterepublik ausgerufen worden, dann folgte der Rachefeldzug der Weißgardisten, es war ein Dramenzyklus, ohne Pausen heruntergespielt. Immer fand ich Brockdorff-Rantzau sehr pessimistisch in seiner Beurteilung der inneren Situation und ziemlich optimistisch, wenn das Gespräch auf die Friedensverhandlungen kam. Er brauchte einfach den Glauben zur Erhaltung seines Kampfwillens, und so wehrte er den Zweifel ab. Um ihn zu unterstützen, blieben andere, obgleich innerlich über das Ende schon skeptischer denkend, weiter bemüht, die Abgesandten der alliierten Regierungen davon zu überzeugen, daß Deutschland fest in seinem Widerstandswillen sei. Als ich am 7. April den englischen Militärattaché, Hauptmann Thornley Gibson, einen sehr verständigen und gutgesinnten Offizier, beim Nachmittagstee in meinem Hause mit einigen deutschen Persönlichkeiten zusammenbrachte, erklärte ihm Lichnowsky: »Danzig, wird nicht unterschrieben − Oberschlesien, wird nicht unterschrieben«, und immer weiter so bei jeder Bedingung, die unannehmbar erschien. Hinterher zog mich der Doktor Schacht, der als Vorsitzender bei den Einkaufsverhandlungen in Köln war, in eine Zim-

merecke und setzte mir auseinander, über den ganzen europäischen Bankrott sei nur durch die Schaffung neuer Werte
hinwegzugelangen. Man müsse ein internationales Abkommen zustande bringen, England müsse die Oberleitung haben, Deutschland seine Arbeitskraft und Ingenieure stellen,
Rußland müsse aufgeschlossen werden, in der Ukraine lägen
ungeheure Schätze, die Deutschen würden durch ihre Arbeit
aus hundert Millionen zweihundert machen – sicherlich ein
richtiger und ausgezeichneter Plan, nur leider gänzlich abseits
von allem, was in Paris zwischen den Alliierten schon verabredet worden war.

Am 18. April wurde die deutsche Regierung aufgefordert,
Bevollmächtigte nach Versailles zu senden, die den Text der
festgesetzten Friedensbedingungen entgegenzunehmen hätten
und »strengstens auf ihre Rolle beschränkt bleiben sollen«.
Die Einladung war kaum so höflich wie das Benehmen eines
Scharfrichters gegenüber einem Delinquenten, Graf Brockdorff-Rantzau erwiderte kühl, daß er den Gesandten von Haniel mit zwei Geheimräten und zwei Bürodienern schicken
werde, und darauf bequemte sich Clémenceau, der zu fürchten begann, daß ihm die längst projektierte und erträumte
Theateraufführung vereitelt werden könnte – denn mit einem Gesandten und zwei Bürodienern ließ sie sich nicht ef-
fektvoll inszenieren –, zu allen gewünschten Konzessionen
und zu einem weniger herrischen Stil. Am 28. April fuhren
Graf Brockdorff-Rantzau, die fünf anderen Delegierten, die
Sachverständigen, die Mitglieder der Kommissionen, die Sekretäre und das übrige Personal, im ganzen hundertundsech-
zig Personen nach Versailles, in die Ungewißheit hinein. Bis
dahin wußte man noch nichts Genaues über die Bedingungen, die Nachrichten waren widerspruchsvoll, und wenn sie
zu ungünstig lauteten, überließ mancher sich gern dem tröst-
lichen Wahn, daß sie nur »Versuchsballons« seien. Die Zeremonie der Überreichung sollte am 7. Mai stattfinden, und
wieder arbeiteten die Fachmänner, die Pause ausfüllend und
durch Militärposten wie Gefangene abgesperrt von jedem
Verkehr mit der Welt draußen, emsig an ihren Denkschriften, wieder schleppten die Sekretäre alles statistische Material herbei, klapperten unablässig die Schreibmaschinen, und
Graf Brockdorff-Rantzau überwachte das alles, empfing

auch dann und wann einen Emissär, der ihm angeblich etwas mitteilen wollte und nur kam, um seine Miene zu studieren, seinen physischen und geistigen Zustand zu prüfen, ihm durch mitleidige Ratschläge den Appetit zu verderben, ganz wie ein erbbeflissener Vetter der Krankheit eines teuren Verwandten durch ein scheinbar achtlos geäußertes schmerzliches Bedauern ein wenig nachzuhelfen versucht. Am Vormittag des 7. Mai erfuhr man in Berlin und in Versailles, daß die »Times« einen Auszug aus dem Vertrag veröffentlicht habe, worin es hieß, Deutschland solle »als Anzahlung« ungefähr sechzig Milliarden hergeben, nur noch eine Armee von hunderttausend Mann haben, die Entscheidung über das Saargebiet bleibe offen, Danzig werde »freie Stadt«. Mir schien das nur der erste Teil einer Liste zu sein, Oberschlesien und der Osten würden wahrscheinlich auch noch nachkommen, und ebenso noch irgend etwas über das Rheingebiet. Der Gesandte Viktor Naumann telephonierte mir aus dem Auswärtigen Amt, leider müsse man die Informationen der »Times« für authentisch halten, worauf ich antwortete, leider hielte ich sie für unvollständig, man habe nur erst einen Arm und ein Bein abgehackt, und zweifellos werde die Prozedur noch weitergehen. Am Abend wurde dann, durch Mitteilung des Reuter-Büros, die vollständige Wahrheit, oder eine annähernd vollständige, bekannt. Ich schrieb einen Artikel »Nein« und mußte dann bald erkennen, daß der Ruf gerade dort, wo er sammeln sollte, beinahe so verhallte wie der Ruf von Rolands Horn im Tal von Ronceval.

Die Sitzung am 7. Mai in Versailles, die Clémenceau wie eine öffentliche Gerichtssitzung, wie die Urteilsverkündung in einem Sensationsprozeß arrangiert hatte, ist von denen, die dabei waren, oder nach ihren Berichten genügend geschildert worden, alle Einzelheiten der Szene wurden von den Augenzeugen aufnotiert. Clémenceau hatte in der französischen Deputiertenkammer mit der geschärften Degenspitze seiner Rede und rücksichtslosem Hieb viele Gegner niedergestreckt, sein Klopffechtertemperament hatte gegen Jules Ferry gerast, bis er auch ihn demoliert hatte, aber das alles war, trotz der echten Wutausbrüche, doch nur Zeitvertreib, Ablenkung, Bewegungssport und Turnier, verglichen mit dem großen Kampfideal, dem niemals vergessenen Ziel. Seit

1870, seit der Belagerung von Paris, sah er es vor sich, und wenn er Jules Ferry so ohne Gnade verfolgte, wurde er von der zornigen Erkenntnis angetrieben, daß dieser Staatsmann die französische Politik nicht nur unter der Herrschaft eines einzigen Gedankens leitete, sondern unmittelbare Vorteile für Frankreich suchte und fand. Ein paarmal konnte ich mit Clémenceau über die Beziehungen zwischen Deutschland und Frankreich sprechen, und so friedfertige Worte er auch wählte, immer blieb die Empfindung, daß er sich so wenig offenbarte wie ein tibetanischer Dalai-Lama gegenüber dem Fremden und daß in diesem einzigarten mongolischen Schädel der lauernde, feindselige Gedanke eingeschlossen war. Er hat einmal gesagt, die große Revolution sei ein »Block«. So, als etwas Unteilbares, stellte seine Persönlichkeit sich vor. Er hatte die Kunst, Sätze so zu formen, daß sie monumental wurden, etwas Definitives, Abschließendes zu enthalten schienen und in ihrer Knappheit die Breite einer großartigen Geste hatten, wie Verse von Corneille. Mit mehr Selbstkritik und literarischem Takt, ohne die Schwelgerei in klassischen Vergleichen, in der Heraufbeschwörung aller antiken Helden, in der Ausbeutung des Plutarch, war er, wie die Männer des Convent, in den großen, dramatischen Momenten seiner Rhetorik ein Römer, Cato von Utica. Diese Kunst, Sätze wie eherne Inschriften auf römischen Münzen zu prägen, war bisweilen, so bei seinem Auftreten im Zola-Prozeß, in einem philosophischen Brei zerronnen. In dem Feuer des Krieges, im Triumpfgefühl, Führer Frankreichs, Rächer und Weltrichter zu sein und den großen patriotischen Traum erfüllt zu sehen, hatte sie sich wieder gehärtet, jedes Wort in der Rede sollte Geschichte sein, und selten schuf man dem Wunsch, einen besiegten Feind zu demütigen, eine so gehämmerte Ausdrucksform.

Es wäre schön gewesen, wenn Graf Brockdorff-Rantzau eine Antwort auf die Rede Clémenceaus hätte improvisieren können, und drei oder vier Sätze, stolz ohne Herausforderung und jedem einzelnen draußen auf der Weltgalerie faßbar, in jedem Ohr haftend, hätten genügt. Aber er konnte sich nicht auf seine Befähigung zu schneller Replik verlassen, und wenn er selbst das Talent der Improvisation gehabt hätte, so hätte er es vermutlich nicht anwenden dürfen, denn er hatte neben sich die anderen Mitglieder der Delegation und mußte handeln, wie es in den gemeinsamen Beratungen beschlossen worden war. So las er die Rede vor, die zum mindesten Aufmerksamkeit verdient hätte, nicht nur im Rahmen des historischen Aktes, sondern auch als ein Dokument von vornehmer geistiger Qualität. Das internationale Publikum, wie zum Stiergefecht herbeigeströmt, in turbulenter Festlaune, noch im Entzücken über die Kunstfertigkeit des Matadors und überdies der deutschen Sprache meist unkundig, ließ die deutsche Rede wie ein langweiliges Klavierstück zwischen den Tänzen an sich vorübergehen. Im allgemeinen waren die Darlegungen, die unter der Leitung Brockdorff-Rantzau aus den Werkstätten der Delegation hervorgingen, mit einer Zugabe ausgestattet, von der ich keinen glücklichen Eindruck erwartete und die mir mißfiel. Es wurde dort, meiner Meinung nach, zu viel und mit zu starken Unterstreichungen von den demokratischen Pflichten und den sozialen Aufgaben gesprochen, deren Lösung Europa unternehmen müsse, und es konnte aussehen, als zeige eine Familie von Neureichen mit übertriebenem Eifer den erst frisch erworbenen Schmuck. Natürlich brachten die Delegierten, Männer des neuen Regimes und der demokratischen Parteien, hier nur ihre längst gehegten Anschauungen vor, und keiner von ihnen war aufrichtiger als der Graf Brockdorff-Rantzau, der auch nach seinem Rücktritt, in seinem Abschiedsbrief an Ebert, schrieb: »Das deutsche Volk ist jetzt in der Welt der Vorkämpfer der demokratischen Ideen«, es handle sich »um eine Weltmission«, und »die Daseinsberechtigung des deutschen Volkes« liege in der »klaren, unzweideutigen Vertretung einer Politik demokratischer Selbstbestimmung und sozialer Gerechtigkeit.« Aber es klang doch beinahe wieder nach der alten Verheißung, daß »am deutschen Wesen die Welt genesen« solle, und jedenfalls konnte es einem noch in der Kriegspsychose befangenen Ausland so klingen. Jetzt an das Wort »camouflage« gewöhnt, vermutete man in der demokratischen und sozialen Tendenz nur wieder die Maskerade, hinter der sich das listige und in keiner Weise veränderte Deutschland des Krieges verberge, und man nahm es mit einem Achselzucken auf, daß die alten demokratisch organisierten Nationen solche Lehren von einem Grafen Brockdorff-Rantzau empfangen sollten, der ihnen als ein — bei der Geburt mit untrüglichen Merkmalen versehener — Repräsentant der hochmütigsten Kaste erschien. Denn sie sahen ja von den drei Gesichtern nur das eine, das von George Grosz gezeichnete Gesicht.

Während der Text der Antwortrede nur Ungeduld erregte, war es eine Sensation, daß der Graf Brockdorff-Rantzau nicht aufstand, sondern bei der Verlesung auf seinem Platze sitzen blieb. Das nannte man herausfordernd, Verletzung der Anstandspflichten, und hatte doch eine Regung des Respektes und die Empfindung, daß da ein Besiegter nicht klein gewesen sei. Graf Brockdorff-Rantzau sagte mir einige Zeit darauf, er habe sich absichtlich nicht erhoben und habe sich das vorher überlegt. Wenn Clémenceau eine ausführliche, sachliche Rede gehalten hätte, so wäre er aufgestanden, hätte den ausgearbeiteten Text unberührt gelassen und frei gesprochen, aber er sei entschlossen gewesen, sitzen zu bleiben, falls Clémenceau meinen sollte, die deutsche Delegation mit ein paar Phrasen abspeisen zu können. So oder ähnlich pflegte auch der Bruder Ernst den Vorgang auszulegen und darzustellen, und die Zeitgeschichte hat diese Darstellung übernommen. Ich habe an eine so absolute Planmäßigkeit, an dieses Vorausbedenken und Unterscheiden zwischen zwei Möglichkeiten nicht so unbedingt geglaubt und finde es wahrscheinlicher, daß eine vielleicht unklar aufgetauchte Absicht durch die Nerven zur Verwirklichung gedrängt wurde und sich eine instinktmäßige Handlungsweise ergab. Wie es sich damit aber auch verhalten möge — dieser Verzicht auf die Höflichkeitsbezeugung, als Antwort auf einen Faustschlag, ist symbolisch für die Haltung des Grafen Brockdorff-Rantzau an dem Tage von Versailles geblieben, und ist das, was davon in der Erinnerung weiterlebt. Von einer großen Existenz ist oft nur eine Geste, ein Wort in das Volksgedächtnis eingetragen, und danach wird sie angesehen und beurteilt, gerecht oder ungerecht. Brennus ist der Mann, der das Schwert in die Wagschale geworfen hat, und der Kaiser Heinrich IV., von dem sich Besseres berichten ließe, hat im Büßergewande an die Tür in Canossa gepocht. Galilei lebt durch ein Wort, durch das herrlichste und stärkste, jeder Dummheit ins Gesicht treffende und in jeder Geistesnacht die unausbleibliche Wiederkehr des Lichtes verkündende: »Und sie bewegt sich doch!«

Das Richtigste wäre wohl gewesen, Graf Brockdorff-Rantzau wäre sofort nach Berlin zurückgekehrt. Ernst Rantzau sagte mir, daß er es seinem Bruder telephonisch geraten habe, aber ohne Erfolg. Graf Brockdorff-Rantzau löste sich nicht los von der Maschine der Kommissionen, die rings um ihn herum musterhaft produzierte, und seine Besessenheit, eine verzweifelte Besessenheit, suchte ihr Ventil in dieser Arbeit, von der sich kaum noch ein Ergebnis erhoffen ließ. Widerlegungen und Gegenvorschläge, neue Noten und Memoranden entstanden, die Maschine war ohne Unterbrechung in Betrieb. Man kam auf diese Weise zu einer Taktik, die vielleicht, im besten Falle, an irgendeinem Nebenpunkt etwas von der langen Reihe der Forderungen abbröckeln konnte, aber es war nicht möglich, so zu einer politischen Strategie zu gelangen. Und indem man diese taktischen Bemühungen, trotz ihrer Aussichtslosigkeit, sechs Wochen lang fortsetzte, verringerte man die Chancen der strategischen Tat. Unmittelbar nach dem 7. Mai, nach der Bekanntgabe der diktierten Bedingungen, in der ersten Aufwallung der Empörung, war der Widerstandswille im Volke noch aufrechtzuerhalten, in Bewegung zu setzen, aber wenn das Wort, daß Begeisterung keine Heringsware ist, zu allen Zeiten zutrifft, so mußte es hier tausendfach zutreffen, wo der Hunger, die Entbehrungen, unendliche Leiden ein Volk umklammert hatten, die Zustimmung zu neuen Opfern, zu einem Weiterwandern auf steilen, unbekannten Elendswegen einem schon übermäßig geschwächten Organismus zugemutet wurde und es den unterminierenden Anhängern der Unterzeichnung nicht schwer sein konnte, in solchem Boden vorwärtszudringen. Graf Brockdorff-Rantzau, die Delegation, die Kommissionen, die Sachverständigen aller Art vollbrachten in Versailles vorzügliche Leistungen, aber sie konnten doch nur papierene Kugeln gegen die Festungsmauern senden, hinter denen der Gegner, immer unsichtbar, niemals heraustretend, weniger ihre Noten als die Stimmungsberichte aus Deutschland erwartete, scheinbar Langmut übte und genau wußte, wie nützlich es für ihn war, wenn eine Woche nach der anderen verstrich.

306

Am 12. Mai traten die Abgeordneten der Nationalversammlung, die ihre Beratungen in Weimar unterbrochen hatten, in Berlin, in der großen Aula der Universität, zu einer
Sitzung zusammen. Diese Sitzung war als eine Protestkund-
gebung gegen die Friedensbedingungen, als eine Manifesta-
tion des Widerstandes gedacht. Man hatte mir gesagt, Scheidemann, der Ministerpräsident, sei unsicher geworden,
zweifle und schwanke bereits. Aber in seiner Rede brachte er
das »Unannehmbar« noch mit einer Kraft des Tones heraus,
die vielleicht eine andere, fehlende Kraft ersetzen sollte, und
alle Abgeordneten, mit Ausnahme der Unabhängigen, und
alle Tribünenbesucher standen auf und applaudierten minu-
tenlang. Die Parteiführer, die dann noch sprachen, variierten
das »Unannehmbar«, und keiner wollte hinter dem anderen
zurückbleiben, jeder legte in seine Worte und Betonungen
möglichst viel Entschiedenheit. Draußen traf ich den Oberbürgermeister Wermuth, ehemals kaiserlicher Staatssekretär,
der mir − er hatte Verbindung mit den Unabhängigen angeknüpft − etwas säuerlich bemerkte, man habe sich wohl zu
sehr festgelegt und hätte sich vorsichtiger ausdrücken sollen.
Ich sammelte in der nächsten Zeit in sehr verschiedenen Kreisen sehr viele Stimmungssymptome, wobei freilich zu bedenken war, daß der Mund nicht immer die geheimen Gedanken
und Wünsche wiedergab. Bei einem Abendessen, zu dem
Herr von Holtzendorff, der Direktor der Hamburg-Amerika-
Linie, eingeladen hatte, und an dem der Admiral von Trotha,
Dernburg, der Abgeordnete Schiffer und andere teilnahmen,
wollte man die Folgen einer Ablehnung ziemlich optimistisch
beurteilen, und auch Graf Bernstorff, der neben mir saß und
ganz gewiß nicht die Eigenschaften eines sich aufblähenden
Renommisten hatte, war der Meinung, acht Tage oder spätestens vier Wochen nach der deutschen Weigerung würden die
Alliierten mit Vermittlungsvorschlägen kommen. Nachdem
in Versailles die deutschen Gegenvorschläge überreicht worden und gerade sehr pessimistische Nachrichten über ihre
Aufnahme, über die Haltung Clémenceaus und Wilsons, eingetroffen waren, sprach ich, am Abend des 3. Juni, bei dem
preußischen Minister des Innern Heine mit Ebert, Noske und
Scheidemann. Zu meiner Überraschung war jetzt Noske voll
Bedenken: Die Unabhängigen könnten den Generalstreik

proklamieren, die innere Situation sei überaus schwierig, in Berlin und in ein paar großen Städten würden die »Noske-garden« wohl ausreichen, aber natürlich nicht im ganzen Lande, und jedenfalls – hier ließ er, wie gewöhnlich in solchen Momenten, sozusagen die Muskeln spielen – brauche er dann die Genehmigung zum allerschärfsten Belagerungs-zustand, sonst garantiere er für nichts. Scheidemann hörte ein wenig elegisch zu. Ich wiederholte das schon oft Gesagte, daß von der Entscheidung auch die ganze Zukunft der De-mokratie abhinge, daß die Republik keinen Bestand haben werde, wenn spätere Generationen, die von den Nöten dieser Gegenwart nichts mehr wüßten, ihr die Annahme eines solchen Vertrages vorwerfen könnten, und daß man über den Tag hinausdenken müsse, zu dessen Sicherung die Noskegar-den geschaffen worden seien. Ebert kam mir zu Hilfe, indem er erklärte: »Man kann die Sache hin und her drehen, man kann stundenlang darüber reden, und sie läßt sich gewiß ver-schieden ansehen, und es ist klar, daß es das Für und das Wider gibt. Aber ich bleibe dabei, als anständige Menschen können wir einen solchen Frieden einfach nicht unterschrei-ben, und wenn wir eine anständige Politik machen wollen, müssen wir nein sagen, falls man uns nicht doch andere Be-dingungen gibt, was ja kaum zu erwarten ist.«

Wollte man all diejenigen, die für die Unterzeichnung wa-ren, schablonenhaft tadeln, so wäre das eine große Ungerech-tigkeit. Es gab unter ihnen sehr viele, die ihr Land mindestens so sehr liebten und mindestens so viel Nationalgefühl hatten wie mancher andere, der sich sehr stark und bedeutend vor-kam, wenn er, ohne irgendeine Verantwortung zu tragen oder übernehmen zu wollen, seine Unnachgiebigkeit in der Sonne blinken ließ. Sie waren der Ansicht, das Volk würde unter der neuen Prüfung bald zusammenbrechen, und man müsse ihm nach den vier furchtbaren Kriegsjahren eine Atempause gönnen. Zunächst gelte es, nicht ein Chaos her-einbrechen zu lassen, das Volk am Leben zu erhalten, den Zerfall des Reiches zu verhindern, Zeit zu gewinnen. Diese anständigen, keineswegs kaltherzigen oder feigen Anwälte ei-ner Politik, die ihnen als einzig mögliche Realpolitik er-schien, hätten sich auf das Beispiel Frankreichs berufen kön-nen, auf Thiers, der seine Autorität gegen Gambetta, gegen die Parole vom »Krieg bis zum Äußersten«, einsetzte, zu Bismarck ging und, wenn auch unter sehr anderen Bedingungen, Frieden schloß. Und allen Beschuldigungen gegenüber könnten sie daran erinnern, daß in Frankreich der schwere und quälende Schritt dem Staatsmann, der ihn unternahm, nicht Makel, sondern höchste Ehrung eintrug, und daß in der Parlamentssitzung vom 16. Juni 1877 Gambetta, der Organisator des Widerstandes, der enthusiastisch erregten Versammlung die berühmten Worte zurief: »Le libérateur du territoire, le voilà!«

Aber mußte der Widerstand gegen die Unterzeichnung denn ein Widerstand mit den Waffen und eine Fortsetzung des Blutvergießens sein? Walther Rathenaus Aufruf zur »levée en masse« war mir zu theatralisch, ich glaubte nicht einen Augenblick lang an den Erfolg, und jeder Widerhall blieb aus. Nach dem kurzen Kriege von 1870 hatte man in Frankreich noch an die Aufstellung eines Volksheeres denken können. Der deutsche Vorrat an kriegstauglichen Menschen war in vier Jahren bis auf den letzten Rest verbraucht. Möglich war nur der passive Widerstand. Die feindlichen Armeen einmarschieren lassen, jeden Kampf vermeiden, den Führern der Okkupationstruppen keinen Grund oder Vorwand für große Strafhandlungen geben — natürlich würde es eine harte Zeit werden, aber auch sie müßte vorübergehen. Wie lange würden die Regierungen in London, Rom und Washington ihre Soldaten von dem Freudenfest der Heimkehr ausschließen und sie in dem fremden, verbitterten, verhungerten Land zu einem wenig ruhmvollen Wachdienst zwingen? Und würde Frankreich allein Deutschland vom Westen bis zum Osten und vom Süden bis zum Norden militärisch beherrschen wollen?

Gambetta war der Mann der Linken, ungleich radikaler in seinem Republikanismus als der vorsichtig zur Republik hinübersteuernde Thiers. Und es war die Pariser Kommune, die sich gegen die Übergabe der belagerten Stadt erhob. Man mußte also nicht unbedingt links stehen, wenn man einen drückenden Frieden annahm, und man brauchte nicht unbedingt ein Verräter am Proletariat oder »juste milieu« zu sein, wenn man ihn verwarf. In Deutschland ergab sich jetzt für viele die entgegengesetzte, ganz schiefe Auffassung, weil die

Unabhängigen die einzige Partei waren, die geschlossen die Unterzeichnung forderte und diese Forderung demonstrativ in Massenversammlungen, in ihren Zeitungen und auf der Straße vertrat. Der Austausch von Freundlichkeiten zwischen dem Grafen Brockdorff-Rantzau und denen um Hugo Haase hatte aufgehört.

Die Führer der Unabhängigen hielten, ganz abgesehen von allen anderen Beweggründen, die Unterschriftsfrage für das richtige Mittel, um die friedensbedürftigen Massen den Ebert-Sozialisten abspenstig zu machen und zu der radikaleren Richtung herüberzuziehen. Oberstkommandierender des Rückzuges aber war Erzberger, der rosige Weihnachtsengel auf dem kahl gewordenen wie vorher auf dem frisch prangenden Tannenbaum. Während der ersten Kriegsjahre hatte er sich eher zu den Annexionisten gehalten, jetzt predigte er, ebenso wie der noch wandlungsfähigere Harden, eine Unterwerfung mit allen Konsequenzen, und gern wäre er mit solchen Vorsätzen als Friedensdelegierter nach Versailles gegangen. Der Verlauf seiner Begegnung mit Foch, zu dem er als Unterhändler für den Waffenstillstand gekommen war, hätte ihn allerdings belehren können, aber seine sprachliche Unkenntnis hatte ihn davor behütet, das Französisch des Generalissimus zu verstehen. Um ihn einigermaßen zu befriedigen und um ihn etwas besser an der Leine zu haben, hatte Graf Brockdorff-Rantzau ihm einen Platz in der Delegation angeboten, aber Erzberger wollte Anführer und nicht Begleiter sein.

Nun trieb dieser allzu bewegliche Geist in Berlin seine eigene Politik. Als seine Rührigkeit gefährlich und ein Warnungssignal nötig wurde, schrieb ich gegen ihn einen Artikel, der am 10. Juni erschien. Er schickte mir einen klugen Sekretär und ließ mir mitteilen, einem besonders unerfreulichen Interview, das in der Auslandspresse erschienen und mit der Bezeichnung »aus der Umgebung Erzbergers« versehen war, stehe er fern, und ich beurteilte ihn falsch. Ich antwortete, wenn er seine Solidarität mit Brockdorff-Rantzau feststellen wolle, so würde ich diese Erklärung gern veröffentlichen, und mit dem herzlichsten Kommentar. Abends, bei einer Zusammenkunft in einem Ministerium, saß ich mit einigen Bekannten an einem Tisch, als Erzberger durch den Saal ging und, da gerade neben mir noch ein Stuhl unbesetzt war, sich bei uns niederließ. Er plauderte unbefangen, mit der netten und im Grunde gutmütigen, fast naiven Unbefangenheit eines süddeutschen Naturburschen, über alles mögliche, sprach nur von dem Angriff nicht, mißbilligte es dagegen, daß gewisse Zeitungen durch Aufzählung aller Leiden, die dem deutschen Volke bei Ablehnung der Unterschrift bevorständen, die Stimmung beeinflußten, und war mehr als je wie ein Gummiball, der immer gleich elastisch bleibt und auf dessen Rundung, auch wenn er noch so stark anprallt, keine Spur eines Eindruckes bemerkbar ist.

Die deutschen Gegenvorschläge wurden abgelehnt, nur winzige Konzessionen wurden den vor der Tür wartenden Deutschen hinausgereicht, die Unterzeichnung wurde nun innerhalb einer kurzen Frist verlangt. Am 17. Juni reisten Graf Brockdorff-Rantzau und die ganze Delegation nach Weimar ab. Graf Brockdorff-Rantzau hoffte, von den anderen Mitgliedern des Kabinetts und von der Nationalversammlung die Zustimmung für Politik des Widerstandes zu erhalten, und war so voll Kampfgeist und lebte so in der Idee, neben der es für ihn gar keine andere gab und geben konnte, daß es ihm nicht möglich war, sich vorzustellen, in Weimar könnte man vielleicht anders denken und zu einer anderen Entscheidung kommen. Von den fünf Persönlichkeiten, die mit ihm die Delegation bildeten — die Minister Landsberg und Giesberts, der Präsident der Preußischen Landesversammlung Leinert, Schücking und Doktor Melchior — mochte dieser oder jener innerlich nicht ganz so überzeugt vom Erfolge sein, aber er hatte sie alle mitgerissen, und in dem Zug, der sie nach Deutschland zurückbrachte, bestätigten sie noch einmal ihren Beschluß und ihre Einmütigkeit. An den Tagen, die dann in Weimar folgten, habe ich einiges vom Miterlebten aufnotiert. Ein paar von diesen Notizen will ich hier wiedergeben, da die frischgepflückten Eindrücke auch dann, wenn sie inzwischen etwas von der unvermeidlichen Herbariumsfarbe angenommen haben, in ihrer Aneinanderreihung ein Ringen von Gegensätzen, ein Gleiten der Stimmungen vielleicht besser erkennen lassen als eine glatt ablaufende Erzählung, die man mit literarischem Bemühen konstruiert.

Weimar, 18. Juni. Morgens, nach meiner Ankunft, treffe ich im Speisesaal des Hotels zuerst den Unterstaatssekretär Baake, der dort beim Frühstück sitzt. Ich frage ihn, wie die Dinge in Weimar ständen, und er antwortet gemächlich, indem er sich hauptsächlich für die Beschaffenheit des Hotelkaffees zu interessieren scheint, daß die meisten für die Unterzeichnung seien. Ich frage: »Wer?« und er sagt: »die Mehrheitssozialisten größtenteils, aber das Zentrum und die Demokraten auch.« Als ich bemerke, daß er sich hoffentlich irre, hat er als Entgegnung nur ein Achselzucken, wobei er sich behaglich und ohne Aufregung noch ein Brot mit der Ersatzbutter bestreicht.

In der Hotelhalle und draußen auf der Straße andere Begegnungen, und zuerst fast nur ungünstige Prophezeiungen und die Verlegenheit von Leuten, denen man den kommenden Umfall schon ansieht und die noch den Schein wahren wollen.

Das Achselzucken des Herrn Baake ist hier offenbar zu einer Lieblingsbewegung geworden und ungefähr so allgemein wie das Kopfnicken bei den Porzellanchinesen, die man früher auf jedem Salontisch sah. Glücklicherweise kommt dann Walter Schücking auf mich zu, der mit dem Delegationszuge eingetroffen ist. Wir machen gemeinsam einen Spaziergang durch die Stadt, und Schücking erklärt mir unterwegs mit außerordentlicher Wärme, man dürfe diesen Vertrag nicht unterzeichnen, das sei ganz unmöglich, gerade für einen so überzeugten Pazifisten wie ihn eine absolute Unmöglichkeit. Ludwig Haas, jetzt badischer Minister, schließt sich uns an, denkt und spricht genau wie wir beide, wir promenieren zu dreien, ich sage, daß meine ersten Eindrücke in Weimar jämmerlich wären, und Haas erwidert, leider sei dieser erste Eindruck der richtige, es sei zwar noch nicht ein allgemeines Davonlaufen, aber die Zahl der Unterzeichnungswilligen nehme in jeder Stunde zu. Haas spricht zornig und heftig, und noch eindrucksvoller spricht sein schönes männliches Gesicht. Andere Abgeordnete begegnen uns, einer behauptet, acht Tage nach dem Einmarsch fremder Truppen würde infolge des Kohlenmangels das ganze Transportwesen desorganisiert sein und Hungersnot ausbrechen, und ein zweiter befürchtet, die Süddeutschen würden auf eigene Faust Frieden schließen, und Deutschland würde auseinanderfallen. Der Württemberger Payer, der seine Landsleute kenne, trete für die Unterzeichnung ein. Die Bayern hätten eigentlich nicht nachgeben wollen, aber der Demokrat Müller-Meiningen, der während des Krieges so schön nationalistisch war, habe sie schon eines Besseren belehrt. Unverkennbar sind die Rabiatesten von gestern die Zahmsten von heute, und da sie gelernt haben, so flüssig die Aktivform: »ich zerschneide« anzuwenden, wird ihnen, wie gelehrigen Schülern, die Passivform auch nicht schwer.

Nach diesen Erlebnissen kehre ich zum Mittagessen in das Hotel »Fürstenhof« zurück, wo sich der Gesandte Viktor Naumann zu mir setzt. Er sagt gleich: »Sie werden sehen, daß unterzeichnet werden wird.« Dieser gute Viktor Naumann, dessen Äußeres so wenig Diplomatisches hat wie seine mitteilsame Natur, der auch während des Krieges stets der bestinformierte Mann sein wollte und wie Erzberger, wenn auch nicht mit dessen unwiderstehlichen Ellenbogen, sich überall dazwischenschob, ist jetzt wirklich, seit er mit dem Gesandtentitel ins Auswärtige Amt gelangt ist, ein Mann, dem man zuhören muß. Aber seine pessimistischen Tischreden verderben mir um so mehr den Appetit, da ich sie nicht mehr für unbegründet halten kann, und schon um seine Redseligkeit einzudämmen, sage ich, ich wolle ins Schloß zu Brockdorff-Rantzau gehen. Er ist sofort bereit, mich zu begleiten und mich bei seinem Chef anzumelden, der mit Ebert und den Ministern speist.

Auf dem Wege treffen wir diesmal nur den Hamburger Demokraten Blunck, der mir Komplimente über meine Haltung macht und sie für die einzig richtige hält. Brockdorff-Rantzau ist noch nicht vom Mittagessen zurück, aber nach einigen Minuten kommt er in den Salon, in dem ich warte, und zieht mich in sein Arbeitszimmer, mit einer liebenswürdigen, wohl auch etwas nervösen Hast. Er will mir danken, besonders auch für den Artikel gegen Erzberger, und sein Gesicht hat, als er diesen Namen ausspricht, einen unübertrefflichen Ausdruck von eisiger Feindseligkeit. Ich finde ihn, trotz sichtbarer Übermüdung, vorzüglich in Form. Er ist gestrafft wie ein fest gespannter Bogen, seine Willensstärke, seine Leidenschaft gehen über alle physischen Hemmungen hinweg und zwingen die innere Unruhe nieder, der Blick verliert sich nicht in verschleierndem Nebel, sondern ist klar geradeaus gerichtet, alles Preziöse, leicht Manierierte, Dandyhafte ist abgestreift. Es ist sehr traurig, daß dieses Kraftaufgebot doch nichts helfen wird. Weiß er das oder hat er noch Illusionen? – Aber wenn er die Niederlage bereits sähe, ganz nahe und unabwendbar, könnte sein Elan nicht so ungebrochen sein. »Ich stehe und falle mit der Ablehnung der Unterschrift«, sagt er mir. Dann fragt er, wie ich die Stimmung in Weimar beurteilte, und so peinlich es mir auch ist, seine Hoffnungen zu dämpfen und ihn dadurch vielleicht zu lähmen – ganz verschweigen läßt sich die Wahrheit nicht. Während ich sagen müßte, das Eis sei wie bei Tauwetter schon im Rutschen, sage ich nur, es habe bedenkliche Risse und sehe nicht mehr sehr haltbar aus. Einige Abgeordnete sprächen von einem Kompromiß, man solle dem Ultimatum der Entente gleichsam ein deutsches Ultimatum gegenüberstellen, mit ein paar ganz bestimmten Änderungsvorschlägen, und erklären, unter diesen Voraussetzungen, aber nur dann, sei man zur Unterzeichnung bereit. Brockdorff-Rantzau entgegnet, es gebe für ihn keinen Kompromiß. Auch wenn die Voraussetzungen so beschaffen wären, daß er das Angebot noch vertreten könne, würde er hinterher demissionieren, denn er sei der Mann einer anderen Politik, und darüber dürfe keine Unklarheit entstehen. Er glaube aber auch, mit seiner Ansicht durchdringen, sie durchsetzen zu können. Ja, ich sei zu pessimistisch, er hoffe, daß er die Nationalversammlung »herumkriegen« werde, und dem Kabinett habe er schon wieder das Rückgrat gestärkt, dort hätten in der ersten Sitzung seine Ausführungen bereits »etwas gewirkt«. Er werde in der Nationalversammlung sprechen, seine Rede sei fertig, dort in der Ledermappe auf dem Schreibtisch liege sie. Sie werde doch wohl Eindruck machen, auch ich würde sie, obgleich ich sein strenger Kritiker sei –, diese Schmeichelei war ein kleiner Rückfall in frühere Konversationstöne – gewiß gut finden, und es sei auch allerlei Neues, noch nicht Gesagtes darin. Nach einer Weile verlasse ich ihn, da hinter seiner energischen Anstrengung allmählich doch die Müdigkeit sichtbarer wird und er bald wieder zu einer Kabinettssitzung muß. Ich gehe in das obere Stockwerk hinauf zu Hugo Preuß, der mir erklärt, »mit Ausnahme von Erzberger und einigen anderen« sei die Regierung noch ziemlich fest, was ungefähr so klingt, als ob man konstatierte, mit Ausnahme der Niere, der Lunge und einiger anderer Kleinigkeiten seien die Organe des Patienten noch ziemlich gesund.

Überall in der Stadt ausländische Zeitungskorrespondenten, zumeist von der Presse der Ententestaaten, die, als sie mich erwischen, das Allerneueste von mir erfahren wollen. Unter ihnen sind einige, die es wirklich gut meinen und die Vertragsbedingungen verurteilen, und man muß bei jedem einzelnen wissen, wie er die Auskunft, die man ihm gibt, verwenden wird. Abends halten im »Fürstenhof« die Demokraten eine Beratung ab. In einer Ecke des Saales sagt mir der Eisenbahnminister Öser, ein Generalstreik der Eisenbahner sei nicht ausgeschlossen, die Lage sei sehr düster, trotzdem müsse man gegen die Unterzeichnung sein. Der Vorsitzende Petersen verliest einen von Schücking stammenden Bericht über die Kabinettssitzung, der Abgeordnete Pachnicke spricht äußerst diplomatisch, Quidde sehr energisch und scharf. Ein süddeutscher Journalist kanzelt in belehrendem Ton alle ab, die den Vertrag nicht annehmen wollen, und dann ist es Zeit, schlafen zu gehen.

Weimar, 19. Juni. Viktor Naumann, rührend bestrebt, mich an seinem Wissen teilnehmen zu lassen, kommt schon um acht Uhr morgens zu mir in den »Fürstenhof« und erzählt von der Kabinettssitzung, die bis halb drei Uhr nachts gedauert hat. Besonders Noske habe für die Unterzeichnung gesprochen, außerdem Wissel und der Ernährungsminister Schmidt. Die drängende Sprache dieser drei sozialdemokratischen Minister, vor allem natürlich Noskes, habe schon schwankenden Seelen noch einen gehörigen Stoß gegeben, die Tugend liefere nur noch das übliche letzte Scheingefecht und sei dicht vor dem Sündenfall. Sogar Ebert gerate unter den Einfluß Noskes und sehe ja auch, daß alles um ihn herum fortschwimme, aber er sträube sich noch und sei wirklich sehr unglücklich über die Entwicklung, die sich hier vollzieht. Brockdorff-Rantzau sei matt gewesen, habe während der Sitzung »mit geschwollenen Adern« dagesessen, und leider habe, wie gewöhnlich, die Schlagfertigkeit gefehlt. Er habe meistens geschwiegen, habe an der Diskussion nur wenig und dann ohne Schwungkraft teilgenommen. Du lieber Himmel, in den paar Stunden zwischen meinem Besuche im Schloß und der Kabinettssitzung hat er wohl viel Gelegenheit gehabt, die Wahrheit zu erkennen, und das stolze Segel hängt schlaff, weil die frohe Zuversicht verschwunden ist. Sehr brav, berichtet Viktor Naumann weiter, habe sich der demokratische Minister Gothein verhalten, er habe alle Argumente Noskes zu widerlegen versucht. Im übrigen werde jetzt nur noch nach der »rettenden Formel« ausgespäht, die den Umfall einigermaßen anständig einkleiden soll. Das bißchen Parfüm dürfte zu finden sein.

Auf dem Weg zum Theater, das heißt zur Nationalversammlung, treffe ich Hugo Haase, und obgleich ich mir über die Nutzlosigkeit der Bemühung klar bin, will ich ihm doch beweisen, daß die Weigerung das einzige Richtige und Vernünftige sei, und zwar gerade vom Standpunkt pazifistischer Realpolitiker aus. Wenn er mit seinen Leuten sich an die Spitze der Widerstandsbewegung gestellt hätte, wie es seine französischen Gesinnungsgenossen 1871 taten, so wäre das meiner Meinung nach eine ungeheuer kluge Politik gewesen und hätte die ganze Zukunft beeinflussen können. Er findet, ich betrachtete die Dinge zu sehr unter dem innerpolitischen Gesichtspunkt, während mir scheint, daß er und die Seinigen, die den Mehrheitssozialisten die Arbeiterwähler abgewinnen wollen, diesen Fehler begehen. Er sagt, das Volk habe zu viel gelitten, und wenn er die Parole des Widerstandes ausgegeben hätte, so hätten die Massen nicht mitgemacht. Man würde auch mit einer Weigerung nichts erreichen, und er erwarte viel mehr von der Demobilisierung in den Ententeländern, dann werde der Umschwung dort ganz von selber kommen. So erwartet jeder, der nicht handeln will, die erlösende Tat von den anderen, und wenn es ihm nicht ganz sicher scheint, daß es so sein werde, findet er sich doch in dem angenehmen Gedanken an solche Zukunftsmöglichkeiten leichter mit der Gegenwart ab. In dem Wandelgang des Theaterhauses, in dem Abgeordnete und Journalisten gruppenweise plaudern, sitzt auf einem komfortablen Lehnstuhl der Professor Haguenin, so ganz heimisch und behaglich wie ein lieber Gast. Rund um ihn herum oder auch dicht bei ihm wird laut davon gesprochen, daß Deutschland nur noch für vier Tage Kohlen habe, was übrigens eine falsche und zu ungünstige Rechnung ist. Als Haguenin mich erblickt, fragt er von seinem Lehnstuhl aus: »Sind Sie mir sehr böse, wegen des Vertrages, es kommt mir so vor?« — »Ich habe keine Ursache, Ihnen persönlich böse zu sein, aber was mit dem Vertrag gemacht würde, wenn es nach meinen Wünschen ginge, ist Ihnen ja bekannt.« — »Und was würden Sie damit erreichen, Sie würden doch nur Foch einen Gefallen tun?« — »Man würde ja sehen, ob auch den Ententevölkern eine Weigerung so willkommen wäre, und wenn das der Fall ist, warum empfiehlt man uns so dringend die Unterzeichnung, warum redet man uns so eifrig zu?«

Da an dem Endresultat niemand mehr zweifelt, bleibt eigentlich nur noch die Frage, ob die Demokraten aus der Regierung austreten sollen. Wenn die Fraktion, wie es wahrscheinlich ist, ihren Beschluß, die Unterzeichnung abzulehnen, unverändert läßt, so ergibt sich die Zurückziehung ihrer Minister als selbstverständliche Konsequenz. Abends wieder Fraktionssitzung, in der Walter Schücking eine brillante Rede hält und noch einmal alles, was sich gegen die Unterzeichnung sagen läßt, in prägnanten Sätzen zusammenfaßt. Dann wird abgestimmt, nur ein einziger Abgeordneter ist für bedingungslose Annahme, sieben, darunter Herr von Payer, sind für die Absendung neuer Vorschläge — ohne sich aber zu verpflichten, nach dem voraussichtlichen Fehlschlagen eines solchen Schrittes den Vertrag zu verwerfen —, und achtundfünfzig lehnen, falls die unannehmbaren Forderungen nicht aus dem Vertrag entfernt würden, die Unterzeichnung ab. In der Nacht, um ein Viertel nach zwei, meldet man mir, daß das Kabinett zurückgetreten sei. Schücking, der im »Fürstenhof« wohnt, bittet mich, noch zu ihm zu kommen, und wir bleiben bis um drei zusammen, auch darüber der gleichen Meinung, daß jetzt alle Gegenvorschläge und »Voraussetzungen« sinnlos sind, da die Entente sich so wenig darum kümmert, wie die Köchin um das letzte Zappeln des Fisches, der vor ihr auf dem Küchentisch liegt.

Weimar, 20. Juni. In aller Frühe neue Sitzung der Demokraten, die, wie es scheint, nach der von Tacitus beschriebenen Sitte der alten Germanen, in der Nüchternheit des Morgens noch einmal über das beraten müssen, was am Abend vorher bei immer neu gefüllten Trinkhörnern beschlossen worden war. Und der Himmel weiß, daß die demokratischen Abgeordneten auch gestern nicht den Eindruck von Menschen machten, deren Geist unter der Wirkung des Alkohols das Schlüsselloch nicht mehr finden kann.

Aber heute sind aus den sieben um Payer dreizehn geworden, und auch Gothein hat sich zu der »bedingten Unterzeichnung« bekehrt. Während der Nacht hat ihn Ebert bearbeitet, er ist auch durch die pessimistischen Erklärungen Noskes beeinflußt worden, außerdem sind seine Nerven in einem sehr schlechten Zustand, und er soll in der Sitzung dem Weinen nahe gewesen sein. Als ich ausgehe, treffe ich Erzbergers intimen Mitarbeiter, Herrn von Stockhammer, der sich die Schaufenster betrachtet und das nachgoethische Weimar studiert. Er sagt mir, daß Erzberger keinesfalls das Auswärtige übernehmen wolle, höchstens irgendein anderes Portefeuille, und ich erwidere, das sei bei seiner zweifelhaften Begabung für auswärtige Politik auch wünschenswert. Am Nachmittag zeigt mir Schücking den jetzt fertiggestellten Text der »bedingten Ja-Note«, die der Entente geschickt werden soll. Sechs »Voraussetzungen«, bei deren Erfüllung man unterschreiben wolle, und das Ganze furchtbar dilettantisch und ein in jedem Sinne blamabler Kompromiß. Schücking und Melchior meinen wie ich, daß der Eindruck im Ausland miserabel sein würde und daß man die Absendung verhindern müsse, und wir beschließen, gemeinsam zu Brockdorff-Rantzau zu gehen. Im Schloß treffen wir Brockdorff-Rantzau nicht an, und beim Abendessen erfahren wir, daß die Note nicht abgehen soll – eine Mitteilung, die ziemlich allgemein mit einem Gefühl der Erleichterung aufgenommen wird.

Weimar, 21. Juni. Unter den Demokraten sind einige, die nicht gern auf die Teilnahme an der Regierung verzichten möchten – der eine oder der andere, der bisher zum Kabinett gehörte, geht nur ungern heraus, und mehr als einer ginge gern hinein. Wenn es nur jene Streber, jene Schürzenjäger der Staatsstraße wären, die auch die reizloseste Gelegenheit nicht verschmähen, so wäre das gleichgültig, aber ich bin doch ein

wenig verblüfft, als sich auch bei Männern von unbestreitba-
rem Wert ziemlich unverhüllt die gleiche Neigung zeigt. Der
Ehrgeiz klettert, wie der Efeu, an jedem und auch am brü-
chigsten Gemäuer empor. Indessen, er muß sich diesmal bescheiden, denn die demokratische Fraktion hat heute morgen
einstimmig beschlossen, daß keines ihrer Mitglieder in das
neue Kabinett eintreten dürfe, und auch diejenigen, deren
Hoffnungen so durchkreuzt wurden, mußten anstandshalber
für diese Resolution stimmen und bohrten sich, mit heimlichen Verwünschungen, selber den Dolch ins Herz... Vollkommen zu verstehen ist es, daß Hugo Preuß den Zwang,
aus der Regierung auszuscheiden, bitter empfindet, denn er,
der die Verfassung entworfen hat, weiß jetzt nicht, wie er an
diesem Werk weiter mitarbeiten soll. Er ist nicht Abgeordneter, er ist auch nicht mehr Minister, er kann also an der Ver-
fassungsdebatte überhaupt nicht mehr teilnehmen, und das
ist in der Tat eine groteske Situation. Er ist blaß, und die
innere Erregung ist ihm anzusehen, als er mir jetzt seine letzten Erlebnisse erzählt. Ebert hat ihn durchaus zum Bleiben
bewegen wollen, ist außer sich gewesen, hat wirklich geweint
und hat gesagt, die Demokraten dürften ihn jetzt nicht im
Stich lassen, sie verdankten ja auch ihre Ministerposten der
Sozialdemokratie. Das ist nicht ganz richtig, da sie schon am
Kabinett des Prinzen Max von Baden beteiligt gewesen sind.
Preuß hat geantwortet, er könnte ohne seine Fraktion nichts
tun, und Ebert hat ihm dann die Veröffentlichung einer Erklärung angeboten, die ihm bescheinigen werde, daß er nur
bleibe, um die Verfassung fertigzustellen, und in der Unter-
zeichnungsfrage anderer Meinung sei als das Kabinett. Wir
essen zusammen mit Leinert, dem Präsidenten der Preußischen Landesversammlung, der bei Tisch den sehr vernünftigen Ausweg findet, das Kabinett müsse Preuß für die Verfas-
sungsdebatte zum Regierungskommissar ernennen. Nach
dem Mittagessen gehe ich mit Preuß, den dieser aussichtsvol-
le Vorschlag beruhigt und aufgeheitert hat, zum Schloß, da
Brockdorff-Rantzau mich zu sprechen wünscht. »Wenn andere in solchen Fällen«, sagt Preuß mit seinem gutmütigen Lachen, »immer behaupten, sie seien froh, ihr Ministeramt los-
zuwerden, so heucheln sie wahrscheinlich ein bißchen, und
ich für mein Teil gestehe, daß ich sehr gern Minister bin.«

Ich befürchtete, Brockdorff-Rantzau wie einen Abgestürzten zu finden, der nach hohem Flug zerschlagen daliegt oder doch, völlig betäubt, sein Schicksal noch nicht begreift. Es ist nicht ganz so schlimm, auch der Zorn, der Grimm sind Stimulantia, die dem Menschen über gefährliche Depressionen hinweghelfen können... Allerdings sieht er, als er mich aus dem Vorraum in sein Arbeitszimmer holt, furchtbar elend aus. Seine Gesichtsfarbe ist jetzt gelblich, das dünne Haar vorn über der zerarbeiteten, leidenden Stirn scheint schwitzend an der Schädelhaut zu kleben, die Augen sind nicht mehr fest auf ein Ziel gerichtet, sondern blicken mit dem ohnmächtigen Groll des überwundenen und gefangenen Kampftieres durch das Gitter, und die hagere, schlanke Gestalt hat etwas fast krankhaft Ausgemergeltes, obgleich sie ihre aufrechte stolze Haltung bewahrt und sich in manchen Augenblicken sogar hochmütig reckt. Ich beginne: »Sehen Sie, hier war nichts mehr zu machen, Sie wollten es nicht glauben, aber es war alles nur noch ein zerfließender Brei.« Er sagt zornig: »Ich war dicht am Ziel, aber dieser verbrecherische Erzberger hat alles ruiniert.« Mit dem Urtrieb von Naturen, die weit primitiver sind als er, sucht er für seinen Haß ein einzelnes Objekt oder entladet ihn auf das einzelne schuldige Haupt, das man ihm hinschleift, und er ist auch darin »besessen«, daß in seiner Phantasie nur immer der eine vor ihm steht. Er spricht über die Intrigen und Schikanen Erzbergers und fragt nur nebenbei, sich unterbrechend, was ich von einem seiner Freunde oder Verwandten dächte, und ob dessen Verhalten nicht auch etwas zweifelhaft gewesen sei. Dann bedauert er, daß er den Aufenthalt in Versailles nicht wenigstens zweimal unterbrochen habe, um in Berlin die Leute zur Raison zu bringen. Die Einheitlichkeit des Auftretens in Versailles hätte freilich darunter gelitten, aber vieles, was durch seine Abwesenheit von Berlin möglich wurde, wäre doch nicht passiert. »Das Volk muß geführt werden«, sagt er, und er wiederholt noch einmal diesen Ausspruch, der so wahr und selbstverständlich und im Grunde ein Gemeinplatz ist und doch zugleich wie das Echo einer letzten Selbsttäuschung klingt. Jetzt könnte man, ohne natürlich den Vergleich ausdehnen zu wollen, wirklich an Mirabeau denken, der sich überrannt sah und in den Sturmszenen seines pathetischen Endkampfes sich vergeblich mit seiner massigen Führerfigur dem Strom entgegenwarf. Brockdorff-Rantzau will morgen nach Berlin fahren, sich mit einer Ansprache von seinen Beamten verabschieden und sich dann aufs Land zurückziehen, nach Annettenhöh. Er war doch, nehmt alles nur in allem, ein schöner Fechter, und die tragische Muse hat manchem Schlechteren eine Denksäule in ihren heiligen Hainen gegönnt.

Weimar, 22. Juni, Sonntag. Ich will abends, nach der Sitzung der Nationalversammlung, die um zwölf Uhr beginnen soll, abreisen und erhalte sogar noch ein Schlafwagenbillet von Wolfgang Heine, der mit einem früheren Zuge fährt. Da der Streik der Eisenbahner noch immer nicht ganz beendet ist, läßt sich nicht genau vorhersagen, wann ein Zug in Berlin eintreffen wird. Vor dem Nationaltheater ein neugieriges, schaulustiges Sonntagspublikum rund um den Platz. Die Sonne hat eine Festbeleuchtung veranstaltet, die bei diesem Anlaß wie ein Regiefehler wirkt. Drinnen auf den Tribünen zumeist die Weimarer Damenwelt. Hinter mir der kleine magere General Märker und Offiziere, die nicht glauben, ihre abfällige Meinung über die Unterzeichnung und über Erzberger leise äußern zu sollen. Der neue Reichskanzler Bauer liest eine vermutlich von Ulrich Rauscher verfaßte, recht gut gemachte Rede vor, die Parteiführer, die dann auftreten, sprechen teils zu pathetisch und teils uninteressant. Fast alle Demokraten sind ärgerlich darüber, daß ihr Vorstand statt Walter Schücking, der gerade als ein in der ganzen Welt angesehener Pazifist der berufene Redner gewesen wäre, den Abgeordneten Schiffer vorgeschickt hat. Haase spricht sehr schlecht, es kommt zu einer kurzen Auseinandersetzung zwischen ihm und Bauer, auf den Tribünen wird gelacht, was sehr unpassend ist, und schließlich gelangt man zur Abstimmung, wobei die Damen aufstehen, um besser zu sehen. Die Mehrheit für die Unterzeichnung ist noch größer, als angenommen worden war. Draußen wieder die Schaulustigen, der Sonnenschein, Sommersonntag, weimarisches Idyll. Aus einem Restaurationsgarten die Töne einer liebenswürdigen Musik.

Im Hotel finde ich eine Photographie Brockdorff-Rantzaus

mit einem Abschiedsgruß vor. Es ist eigentlich nur eine »illustrierte Postkarte«, und Brockdorff-Rantzau, der sich entschuldigt, nichts anderes schicken zu können, hat unter das Bild seinen Namen und das Datum dieses Tages geschrieben, an dem sich in Weimar der Schlußakt des Dramas vollzog. Bei der Ankunft in Berlin vor dem Anhalter Bahnhof die gewohnte Reihe jämmerlicher alter Gefährte, das letzte Gerümpel der Remisen, durch noch besonders phantastische Exemplare vermehrt an den Tagen, an denen die Straßenbahn oder die Untergrundbahn oder ein Elektrizitätswerk streikt. Ein alter Droschkenkutscher, der mich nach Hause fährt und ganz abgezehrt und krumm auf seinem Bock sitzt, zeigt mir den Peitschenstumpf, mit dem er seinen elenden hinkenden Gaul vorwärtstreibt. Er erzählt mir — die Langsamkeit der Fahrt gestattet eine Unterhaltung —, eine Peitsche koste jetzt sechsundzwanzig Mark. Sie habe sogar schon sechsunddreißig gekostet, kein ehrlicher Mensch könne das erschwingen. »Das kann man nicht mehr«, sagt er kopfschüttelnd, »so kann man nicht mehr leben, lieber Herr, es muß unterzeichnet werden, da hilft nun mal alles nichts.«

Das Exil und Sokrates: Otto Braun

In dem Giardino Publico von Lugano befindet sich, wenige Schritte vom See, ein marmorner Sokrates, von einem russischen Bildhauer geschaffen und von einer russischen Dame der Stadt geschenkt. Es ist der sterbende oder schon tote Sokrates — er hat den Schierlingsbecher geleert, das Gift hat die Wurzeln des Lebens zerfressen, der starke Körper ruht, nun mit erschlafften und unbeherrschten Muskeln, lang ausgestreckt in einem Lehnsessel, die Arme hängen an den beiden Seiten des Sitzes entkräftet herunter, der merkwürdige Silenskopf, in dem Aristophanes nur eine lächerliche Häßlichkeit sehen wollte, senkt sich leicht nach vorn. Die derbe, schwere Gestalt mit den breiten Lastträgerschultern ist noch die des ehemaligen Soldaten, des Hopliten, dem in Thrazien die Strapazen des Winters und des Sommers nichts anhaben konnten, und der Kopf mit der gewölbten Stirn, der groben, an der Spitze abgeplatteten Nase, den dicken Lippen und dem krausen Bart scheint noch der Wohnsitz des eigenwilligen, störrischen Geistes zu sein. Wenn man vor dem stark wirkenden Bildwerk verweilt, kann man sich mühelos vorstellen, wie dieser hartnäckige Moralprediger, hinter dessen gemauertem Schädel eine sehr begrenzte, aber in sich abgerundete Gedankenwelt lebte, im Schatten der Säulenhallen die geehrtesten athenischen Bürger am Gewandtuch festhielt und ihnen durch dialektisch verzwickte Fragen und ein umständliches Examen beweisen wollte, daß sie in kläglicher Oberflächlichkeit nur übernommene Worte nachsprächen und weder den Unterschied von gut und böse, von schön und häßlich wüßten, noch den Unterschied zwischen Mut und Feigheit, oder den Sinn, den Inhalt der Begriffe Frömmigkeit, Redlichkeit, Gerechtigkeit. Man sieht ihn auch, wie er in seinem Prozeß vor den Dikasten durch seine aggressive ironische Sprache das Todesurteil herausforderte, die Anschuldigung der Gotteslästerung und der Jugendverführung mit anderen Anklagen erwiderte und den Richtern, die nur ungern den strengsten Spruch fällten, gar keine Möglichkeit zur Milde ließ. Sicherlich irrten Xenophon und seine anderen Anhänger nicht, wenn sie annahmen, daß er sich diesen Tod wünschte und ihn suchte, weil er siebzig Jahre alt war, vor den ersten Anzeichen des Verfalls in voller Kraft scheiden wollte, allen ein Beispiel zu geben gedachte und ein Ende, das auf dem Wege der Zeit eine leuchtende Spur zurücklassen müßte, für das schönste und glücklichste hielt. Jetzt waren die dreißig Tage vorüber, in denen der Verurteilte im Gefängnis unablässig mit der ganzen Schar der Freunde und Schüler, mit Phaidon, Kriton, Hermogenes und all den andern über die Moralprobleme und über die Unsterblichkeit der Seele diskutiert hatte, und vor Sonnenuntergang hat der Wächter ihm weinend – wieviel Humanität und Kultur auch noch in den scheinbar unhumansten Momenten Athens! – das Zeichen gegeben, das die philosophischen Reden abbrach und hinüberleitete zur philosophischen Tat. Sokrates hat das Gift getrunken, hat sich niedergelegt und ausgestreckt, die Freunde haben bis zuletzt, ihre Trauer schlecht niederkämpfend, zu ihm gesprochen, Kriton hat ihm die Augen zugedrückt. Heute weiß jeder, daß den unantastbaren und angeblich beleidigten Göttern – und dies ist eine Lehre, die dem Sokrates fern lag – weder die Vernichtung des reinen Moralpädagogen noch diejenige der wirklichen subversiven Elemente sehr viel geholfen hat. Denn bald darauf waren sie nur noch Theaterfiguren, mit denen die wandlungsfähige Menschheit völlig respektlos verfuhr.

An dem benachbarten Lago Maggiore ist auf dem Hügelzug über Ascona der Zahl der schnell aufgeschossenen Villen und Landhäuser vor nicht langer Zeit ein kleines Haus hinzugefügt worden, in halber Höhe der Steigung und ein wenig abseits von der Fahrstraße, die hinauf nach Monte Verità führt. Es ist ein einfaches, freundliches Wohnhaus, unbeeinflußt von dem modernen Stil, den die Architekten von Ascona bevorzugen, aber in sehr schöner Lage und in einem Garten mit großen Blumenbeeten und alten Bäumen, die in der hinabgehenden schrägen Hügelwand wurzeln und dort das Grenzbollwerk des hübschen Besitztums sind.

An dem Augusttag, an dem ich den Eigentümer besuchte, blühten in den gradlinigen Beeten große rote und lila Dahlien, Astern in vielen Farben und rote Salvien, dickbuschige Massen, jede Blumenart mit gärtnerischer Aufmerksamkeit gezüchtet und von der anderen getrennt. Neben und hinter dem Hause waren die Gemüseanlagen, mit Bohnenranken, Erbsen an Stöcken, Gurken zum Einmachen, Kohl und Salat, und es gab dort sogar, eine Seltenheit in der Umrahmung dieser Villen, ein bescheidenes Kartoffelfeld. Von der behaglichen Balkonterrasse, auf der wir saßen und den hellen Landwein tranken, sah man die malerisch gewundenen Ufer unten, die hier breite, smaragdene Fläche des Lago Maggiore und drüben die Kette der Berge und dicht belaubten Vorhügel, hinter denen, dem Blick verborgen, der See von Lugano liegt. Diese Berge hatten das duftig Ferne, Unwirkliche, mystisch Aufgelöste, den besonders am Morgen und am späten Nachmittag immer neu überraschenden Zauber des Tessin, in dem die herbere Luft der Schweiz, wie zur glücklichen Vereinigung und Verschmelzung, mit dem festlichen Licht des Südens zusammentrifft.

Der Besitzer und Bewohner dieses Hauses ist Otto Braun, der bis zum 20. Juli 1932 preußischer Ministerpräsident und nach allgemeiner Ansicht die stärkste Persönlichkeit der republikanischen Periode war. Seine Gegner hatten ebenso wie seine Freunde eine sehr hohe Meinung von seinen staatsmännischen Fähigkeiten, und wenn sie zornig über seine Tyrannei klagten und ihn den »Zar von Preußen« nannten, so lag darin eigentlich noch mehr Anerkennung als politischer Haß. Die Kraftfülle seiner äußeren Erscheinung, der breitschultrigen großen Gestalt, die immer die Umgebung überragte und sich neben der schwerer beweglichen Figur Hindenburgs behaupten konnte, trug dazu bei, daß er als ein mächtiger, unerschütterlicher Volksregent erschien. Auch der ostpreußische Sprachklang und all das sonstige Ostpreußische in seinem Wesen wirkten bei diesem Eindruck mit. Freilich, die Energie, als deren Verkörperung er dastand, ließ in der zweiten Hälfte seiner Regierungszeit nach, die innere Mechanik funktionierte nicht mehr so regelmäßig, schließlich war eine gewisse Unlust nicht zu verkennen. Der fortwährende Pflegedienst am Krankenstuhl einer gelähmten Gattin, die seine Anwesenheit nicht lange entbehren wollte, beanspruchte einen Teil seiner Spannkraft und seiner Aufmerksamkeit. Bevor diese Ermattung des Willens eintrat und das Interesse an dem Staatsgeschäft sich abschwächte, konnte er, dessen Intelligenz und Talent ungedrillte Gaben der Natur waren, mit Recht als ein »geborener« Regierungschef gelten, und jedenfalls ging eine ungewöhnliche Autorität von der Persönlichkeit dieses »Tyrannen« aus. Der Vorwurf, daß er zu viele unfähige und taktlose Parteigenossen auf wichtige Verwaltungsposten setzte, war begründet, aber die Schmarotzerpflanzen gedeihen bekanntlich nicht nur auf den Bäumen des Sozialismus, und er selber lebte sehr einfach und sparsam, liebte kein anderes Vergnügen als die Jagd und wurde – so streng urteilten antirepublikanische Sittenrichter – schon dreister Herrenlaune bezichtigt, wenn er einmal in den staatlichen Forsten der Schorfheide einen Hirsch und ein paar Rehe schoß. Übrigens betätigte er seine sozialistischen Grundsätze nur bei mancher Ämterbesetzung, er hatte auf die mitregierenden Koalitionsparteien Rücksicht zu nehmen, begnügte sich mit der Sorge für eine gewissenhafte Finanzwirtschaft und mit allmählichen Verbesserungen, große soziale oder kulturelle Reformen konnte er nicht anbahnen, und er verzichtete auch auf den Versuch. Er war der Regierungschef eines demokratischen Staatssystems, dessen bürgerlicher, kapitalistischer Oberbau von den sozialistischen Arbeitermassen, den einzigen soliden Stützen, getragen wurde und auf diesen Karyatidenrücken breit und stattlich in die Höhe wuchs. In Preußen waren, ganz wie im Reich, die Versprechungen der Verfassung sehr bald dem Herzen so fremd und dem Verstand so unverständlich geworden, wie die naiven Schwärmereien, die einmal im Töchterpensionat die eine Freundin der anderen in das Album schrieb. Man konnte zur Entschuldigung auch immer sagen, die Uneinigkeit in der Arbeiterschaft, die allerdings weit mehr ein Zank zwischen den rivalisierenden Parteimandarinen war, habe die Verwirklichung der schönsten Absichten unmöglich gemacht. Das Preußen Otto Brauns erschien aber zwischen den anderen deutschen Staaten lange als die sichere, uneinnehmbare republikanische Festung, denn wenn auch sonst vieles vernachlässigt sein mochte, so war doch die Polizeimacht musterhaft aufgebaut, die Ordnung vortrefflich organisiert, und der Kommandant, ebenso wie einige Unterkommandeure, ganz sicherlich zur Verteidigung bereit. Es war die schlimmste Enttäuschung, daß dann diese preußische Festung sich widerstandslos dem Feinde ergab. Otto Braun fuhr ziemlich frühzeitig — allzu frühzeitig, wie man sagen muß — im Auto über die Grenze in die Schweiz. In Erinnerung an manches knorrige Jagdgespräch hielt Herr von Hindenburg, dessen Gedächtnis sonst oft weniger zuverlässig war, über ihn seine schützende Hand. So erreichte der stärkste Mann Preußens unbehelligt und unter erträglichen Umständen hier am Lago Maggiore das Exil. Den Umweg über Waterloo hatte die Republik sich erspart.

Der Ostpreuße Otto Braun, der in früheren Zeiten den Setzerberuf ausübte, hatte immer eine große Liebe für die Landwirtschaft. Er war auch, bevor er Ministerpräsident wurde, Landwirtschaftsminister im preußischen Kabinett, und als er andere Dinge schon recht phlegmatisch behandelte, interessierte er sich noch lebhaft für die Probleme der Siedlung, des Fideikommisses und für alles, was mit agrarischer Produktion, Wertsteigerung und Bodenverteilung zusammenhing. Das Stück Land auf dem Hügel bei Ascona, von dem er den ersten Streifen schon besaß, hat er mit geretteten Ersparnissen erweitern können. Nach seiner Ankunft in diesem Asyl hat er die Erde ausgerodet, von Steinen, verwurzeltem Gestrüpp und anderen Hindernissen gesäubert, anbaufähig gemacht und, nach und nach, planvoll bepflanzt. Er hat das alles fast ganz allein getan, als wäre er niemals etwas anderes als Gärtner und Landarbeiter gewesen, und auf dem ziemlich umfangreichen Terrain wurde aus einer Wildnis ein fruchtbares und blühendes Eremitenparadies. Die Sonnenglut hat bei der Arbeit auf ihm gelastet, einmal hat ihn die Sonne so getroffen, daß er sich niederlegen mußte, aber sein kräftiger Körper hat sich schnell wieder erholt. Ich fand ihn athletischer als je, mit leicht gebogener Rückenlinie, aber gebräunt und frisch. Seine Frau war gestorben, eine sympathische Hausdame hatte die Sorge für die bescheidene Wirtschaft übernommen. Mit begreiflichem und begründetem Stolz zeigte er mir alles, was er geschaffen hatte, von den prachtvoll farbigen Blumenbeeten bis zum Kartoffelfeld. Er regierte nicht mehr Preußen mit seinen dreimalhunderttausend Quadratkilometern und fast vierzig Millionen Bewohnern, aber er verwaltete seinen gesicherten Hügelplatz, zu dem kein Kampflärm hintönte, in heiterer Genügsamkeit. Nach allen seltsamen und oft schlimmen Abenteuern gelangt Candide, der Schüler des optimistischen Philosophen Pangloss, zu der einfachen Weisheit: »Bebauen wir unseren Garten«, »Cultivons notre jardin«. Auch Otto Braun, der vielleicht Voltaire nicht gelesen hat, ist vom Gipfel der Macht mit dieser anspruchslosen Lebensregel zurückgekommen.

Wie der Philosoph Pangloss, der nicht Wächter des Staates und Befehlshaber der Massen gewesen war, hat Otto Braun sich mit dem schlichten Hausgewand dieser Weisheit umhüllt. Sie unterscheidet sich wesentlich von dem Ausklang des Philosophen Sokrates. Viele Menschen haben in dieser Zeit den Schierlingsbecher geleert. Aber es ist nicht korrekt, in dieser Verbindung von einem Schierlingsbecher zu sprechen, denn man nennt da einen Museumsgegenstand, der, verglichen mit den Gebrauchsobjekten späterer Zeiten, eine unbestreitbare Zierlichkeit besaß. In einem Strafverfahren, wie es gegenüber dem Sokrates bis zum Augenblick seines Todes angewendet wurde, hätte man heute nichts anderes gesehen als das törichte Walten einer unmännlichen, weichlichen Justiz. Eine sonderbare Gefängnisordnung, die dem Verurteilten gestattete, bis zuletzt seine Anhänger bei sich zu versammeln und ihnen seine umstürzlerischen Ideen zu predigen, und wie muß das Aufsichtspersonal beschaffen gewesen sein, wenn ein Wächter sich von dem Schicksal eines Gefangenen bis zu Tränen rühren ließ! In der Reihe der vielen Offenbarungen, die man einigen Gelehrten der neuen Zeit verdankt, nimmt einen besonderen Platz die Entdeckung ein, daß hellenische Kultur und Kunst ursprünglich von den alten Germanen stammten, die aus ihren Wäldern niederstiegen, und deren höhere Lebensfeinheit sich auf das Griechentum übertrug. Das sind interessante historische Funde, aber die Zusammenhänge erscheinen nicht ganz klar. Im übrigen mag der Mut, der zahlreiche unglückliche Schiffbrüchige der Republik in Tod oder Gefangenschaft führte, gewiß von sehr verschiedener Art gewesen sein. Er war überlegt in freiem Geist oder unbewußt und fahrlässig, ein Trotz der Überzeugung, der nicht weichen will, oder jener Selbstbetrug, in dem man versichert: »Mir wird nichts geschehen«, und dann zu spät die Koffer packt. Es hausen in den Dantischen Bezirken die, von denen wir wissen, deren Worte man in der Vergangenheit vernahm, deren Namen jedem bekannt waren und die wir jetzt, wenn die Gedanken sie aufsuchen, so anders vor uns sehen. Und hinter ihnen die ganz Unberühmten, die Unscheinbaren, die niemals im Vordergrund standen und deren Namen zum ersten Mal in der Zeitung genannt werden, wenn sie mit Zuchthaus bestraft oder zum Verschwinden aus dieser Welt verurteilt worden sind. Sokrates wurde durch die eindrucksvolle Theaterszene seines Todes das Symbol der Standhaftigkeit. Die Standhaftigkeit ist gewiß um so heroischer, je weniger sie sich öffentlich zeigen kann.

Als ich auf dem Balkon des kleinen Hauses Otto Braun gegenübersaß und er den hellen Wein in die Gläser goß, hatte ich das Gespräch nicht gewaltsam auf seinen eigenen Fall hinlenken wollen. Aber er hatte ersichtlich das Bedürfnis, sich auszusprechen, seine Sache zu erklären, sich das herunterzureden, was er wie einen Druck in sich trug. Man sah ihm keine Unruhe an. Aber sie war in ihm, und vielleicht arbeitete er nur mit so übermäßiger körperlicher Anstrengung, um sie niederzuzwingen. Seine früheren Parteifreunde hatten ihm ihre Mißbilligung, ihre Enttäuschung deutlich kundgegeben, auch diejenigen, die selber schnell davongefahren waren und in Sicherheit saßen, hatten ihn ausgestrichen, ihn eingeschaufelt, kannten ihn nicht mehr. Es flüsterte im Schilf, »es rauscht in den Schachtelhalmen«, und die Vögelein im Walde zwitscherten es auch. Er könnte sagen, daß Karl Marx, Friedrich Engels und die anderen Großen der Sozialdemokratie unter dem Sozialistengesetz Bismarcks sich nicht einsperren ließen, sondern rechtzeitig ins Ausland gingen, und daß Lenin und Trotzki vorsichtig in Zürich weilten, bis die Revolution in Rußland das Zarentum und seine Polizei vertrieb. Wahrscheinlich würde dann geantwortet, Karl Marx, die sozialistischen Führer der alten Generation und Lenin und Trotzki seien nicht Ministerpräsidenten gewesen, und ihnen habe man nicht das höchste Amt und nicht den Schutz der Freiheit anvertraut. Er könnte einwenden, Hannibal, Karthagos oberster Feldherr, sei nach Asien zu Antiochus geflohen. Aber Hannibal floh, um zu handeln, und pflanzte nicht Salat.

Otto Braun berief sich auch nicht pomphaft auf diese historischen Beispiele, versteckte sich nicht hinter diesen Statuen, sondern schilderte die Vorgänge unrhetorisch, ohne Aufputz und ohne etwas von dem zu verschweigen, was sich gegen ihn auswerten ließ. Er erzählte, wie er schon nach dem nationalsozialistischen Wahlerfolg vom 24. April 1932, der nun auch seine Majorität im preußischen Parlament zertrümmerte, zurücktreten wollte, alle Vorbereitungen traf, seinen Schreibtisch ausleerte, und wie er sich immer wieder gezwungen sah, in einer unmöglichen Lage, ohne den Schatten einer Regierungsgewalt, noch auszuharren. Er sagte, wie er nach dem Einzug Hitlers in dem Wagen, den einer seiner Ministerialräte steuerte, ohne bemerkenswerten Zwischenfall nach Ascona kam. Er erzählte, aufrichtig und wahrheitsgetreu, wie ihn dann eine Abordnung der sozialdemokratischen Parteileitung aufgesucht und gedrängt habe, zu der Reichstagssitzung, in der sich das neue Regime akklamieren ließ, in Berlin zu erscheinen, sich noch einmal an der Spitze seiner Genossen zu zeigen, und warum er sich geweigert habe, diesen Wunsch zu erfüllen. Wäre es denn etwas anderes geworden, als eine zwecklose, ohnmächtige, armselige Demonstration? Und nicht einmal eine Demonstration wäre es gewesen, denn man hätte ihn im Reichstag nicht sprechen lassen, hätte ihn niedergebrüllt, die Zeitungen hätten den unerheblichen Störungsversuch mit einer spöttischen Zeile abgetan. Völlig überzeugend waren diese Argumente nicht. Ein tollkühnes Unternehmen wäre die Reise nach Berlin nicht gewesen, denn in jenen Tagen war die Überwachung sozialdemokratischer Parteihäupter noch nicht organisiert, diejenigen Parlamentarier, die aus dem Ausland mit beschwertem Gemüt zu der Sitzung nach Berlin fuhren, wurden dort nicht zurückgehalten, und über Otto Braun hätte, wie über Achill die Göttin Athene, ein ehrwürdiger Protektor gewacht.

Die Leute, die ihre eigene Haut nicht gern hergeben und nur die eines anderen zu Markte tragen möchten, sind eine unerfreuliche Spezies des Menschengeschlechts, und viele, die sich tapfer gebärden, haben, genau gesehen, nur diese Tapferkeit. Niemand durfte von Otto Braun verlangen, daß er ein Märtyrer werden solle, und sehr vernünftigerweise haben die ersten christlichen Bischöfe gefunden, daß das sinnlose Martyrium, dem sich hysterische und ehrgeizige Glaubensfanatiker hingaben, nicht verdienstlich und dem Himmel nicht wohlgefällig sei. Jedoch der Ausflug zu der letzten parlamentarisch inszenierten Zeremonie, an der die Gegner der neuen Machthaber teilnehmen konnten, hätte kaum so schwere Folgen gehabt. Die Geste war kindlich, und mit und ohne Trommelwirbel beim Niedergehen der Fahne bleibt eine Kapitulation doch eine Kapitulation? Aber es ist nicht ganz gleichgültig, wie ein solches Ereignis in der Phantasie haftet, und die Völker beurteilen, wenn sie eines Tages zurückblikken, das große Drama nach irgendwelchen kleinen Nebenerscheinungen, nach einer Episode im Spiel und illustrieren sich die Seiten der Weltgeschichte mit einer unwichtigen Einzelheit. Von den Bedürfnissen der Phantasie und ihrer Bedeutung haben die vortrefflichen Aufseher der Republik zu wenig gewußt.

Und dann – Otto Braun hatte sich, wie schon gesagt, sehr schnell und sehr frühzeitig ins Ausland begeben, und das hatte einen fatalen Eindruck gemacht. Er hätte nicht gleich so weit zu fahren brauchen, München zum Beispiel war zunächst noch ein ganz angenehmer Ort, man konnte dort am 5. März, bei der Reichstagswahl, noch in der aufrechten Haltung eines freien Bürgers seinen Stimmzettel abgeben, die braunblusigen Gesellen mit den breiten Hakenkreuzbinden und den hohen Stiefeln musterten einstweilen nur in den Vorräumen und auf der Straße, stramm gereckt und wachsam, jeden eintretenden Wähler, und erst vier Tage später, am Abend des 9. März, wurden sie zum Angriff vorgeschickt. Am Morgen des 5. März, an diesem Morgen der Entscheidung, teilte der Rundfunk dem Volke mit, daß der preußische Ministerpräsident im Auto Deutschland verlassen und glücklich die Schweiz erreicht habe, und diese Nachricht wurde sechsmal, zehnmal, immer wieder angesagt. Für die Sozialdemokratie und für alle Gegner des Nationalsozialismus war es kein kleiner Schlag. Der erste im Staat, der erste im Rat, und der erste in der Schweiz? Daß die Parteifreunde mit diesem unfeierlichen und wortlosen Abschied nicht zufrieden waren, ließ sich verstehen.

Otto Braun sagte mir, warum er, in Preußen, die Republik nicht verteidigen konnte, und wie er bei jedem Versuch auf ein Hindernis, auf einen Widerstand stieß. Dabei brachte er mancherlei vor, was eine gerechte Kritik nicht unbeachtet lassen darf. Die zu große Selbständigkeit und die politische Eigenwilligkeit der einzelnen deutschen Staaten vereitelten und durchlöcherten jedes einheitliche Verteidigungssystem. Eine Agitation, die man aus Preußen vertrieb, fand nebenan ihr Betätigungsfeld. Man verfolgte diese umstürzlerische Agitation, klagte sie an. Auf dem benachbarten deutschen Boden war sie straffrei, wurde sie begünstigt und bejubelt, hieß nicht mehr Hochverrat, sondern nationale Tat. Überall Schlupfwinkel, das ganze Land eine Fuchshöhle, aus der es sich, wenn der eine Ausgang versperrt war, so bequem auf zwanzig anderen Wegen entweichen ließ. Und während jeder Staat, der eine verfassungsfeindliche Mehrheit und eine ebensolche Regierung hatte, entzückt war, die von einem verfassungstreuen Nachbarn beschlossenen Maßregeln unwirksam machen zu können, war die Regierung des Reiches jeder energischen Anstrengung abgeneigt. Ein Teil der Beamtenschaft empfing seine Befehle von den Ministern des Staates, und der Staat zahlte ihm sein Gehalt. Andere große Gruppen waren Reichsbeamte und brauchten nur auf das zu hören, was aus den hohen Sphären des Reiches herniederklang. Den preußischen Beamten wurde von ihrer Regierung verboten, sich der nationalsozialistischen Partei anzuschließen, und wenn sie an einer nationalsozialistischen Versammlung teilnahmen, konnte es ihnen schlecht ergehen. Aber die Beamten der Post und Eisenbahn und die Herrschaften aus den Reichsministerien durften mit der Hakenkreuzfahne durch die Straßen ziehen. Diese grotesken Zustände hatten sich aus einer Verfassung in die andere, aus dem Deutschen Bund in das Kaiserreich, aus dem Kaiserreich in die Republik hinübergeschleppt. In sonnigen und ruhigen Zeiten hielten alle diese Glieder einigermaßen einträchtig zusammen, aber als die trüben Tage kamen, strebten sie selbstsüchtig auseinander, und in der Gewitterstimmung löste sich der ganze Körper schwammig auf. Nur eine rücksichtslose Faust konnte fünfzig verschiedene Herrschaftsgelüste niederzwingen. Daß sie es tat, müssen wir anerkennen. In dem Ausbruch der Gewalt flog das Gerümpel, mit dem das Haus vollgestopft war, in die Luft. Leider flogen auch sehr viele Schmuckstücke des Hauses, die vom Geist in jahrhundertelangen Mühen eroberten Trophäen und andere Schätze der Kultur. Zwischen deutschen Staaten, die schon mit dem Feinde paktierten, und Regierungen des Reiches, die sich auch zu mancher feindlichen Brust hingezogen fühlten, war das republikanische Preußen eingeklemmt. Es gebe, pflegten Männer wie Brüning zu versichern, gutgesinnte Elemente, die sich in ihrem Patriotismus nur auf falsche Wege verirrt hätten und die man nicht zurückstoßen dürfe, und mit dieser schönen und frommen Begründung verhinderte man, unfähig zum Handeln und zum Entschluß, so ziemlich alles, was vielleicht die übelgesinnten Elemente hätte genieren können.

Der Reichskanzler Brüning wurde von Herrn von Papen erledigt, als der Reichspräsident von Hindenburg ihm, wie schon vorher den eigenen Wählern, entfremdet worden war. Herr Brüning hatte diese Anhänglichkeit für unerschütterlich gehalten wie einen Felsen, aber man glaubt an Felsen und scheitert daran. Herrn von Papen erledigte Herr von Schleicher, den dann wieder Herr von Papen aus dem Reichskanzlerpalais vertrieb. In all diesem Wechsel wurde von der Treue gesprochen, die als Stern mitwandert, wie die Liebe über der Inquisition. Die Persönlichkeit des Herrn von Schleicher hatte Züge, die auch dann angenehm wirken konnten, wenn man hinter ihnen die Mängel und Schwächen sah. Er hatte den nicht übermäßig durchgeistigten Humor eines frischen soldatischen Draufgängers, sprach mit heiterer Verachtung von den Leuten, die immer sagten, dieses und jenes sei unmöglich, und obgleich er die Probleme nicht bis in ihre Tiefen durchdrungen hatte, war er aufrichtig in seinem Ehrgeiz, der »soziale General« zu sein. Er war nicht steif, nicht lebensfremd, ein genußfroher Gesellschafter und ein Optimist, der sich und seine Macht überschätzte und − eine Eigentümlichkeit all dieser Leute, die einander Fallen stellten − die Arglist der Nebenmenschen unterschätzte, ja sogar eine gewisse Anständigkeit für einen unveränderlichen Bestandteil ihrer Seele hielt. Er galt allgemein als ein mit allen Wassern gewaschener Intrigenspinner, und ich glaube, daß er sich bemühte, diesen schlechten Ruf, an dem er Gefallen fand, zu behalten und zu steigern und ihm zuliebe, oder durch ihn verführt, es an der nötigen Umsicht fehlen ließ. Seine Worte waren nicht unbedingt Goldes wert, und nachdem er den General Gröner zum Verbot der braunen Uniformen gedrängt hatte, brachte er das Verbot und den Kameraden zu Fall. Dergleichen war eben für ihn, wie für seine Rivalen, Realpolitik. Otto Braun meinte, man hätte Herrn von Papen unterstützen sollen. Das haben auch Bankdirektoren und andere Personen gewünscht, denen Grundsätze nicht so wichtig zu sein brauchen wie der Börsenkurs. Ich fragte Otto Braun, ob seiner Meinung nach an dem Tage, als Herr von Papen die preußischen Minister durch Militärgewalt aus ihren Büros herausholen und das Polizeipräsidium besetzen ließ, kein Widerstand möglich gewesen sei. Am Morgen jenes Tages waren diejenigen, die den Streich führten, nicht ganz frei von der Befürchtung, die preußische Regierung könnte einen Gegenschlag riskieren, und es könnte, wie beim Kapp-Putsch, zum Generalstreik kommen. Otto Braun erwiderte, ein Versuch, den Kampf mit der Macht des Gegners aufzunehmen, wäre sofort kläglich mißglückt. Die Mehrheit der preußischen Polizei sei damals gewiß verfassungstreu und zuverlässig gewesen, aber bei einem Generalstreik hätte Herr von Hindenburg den Belagerungszustand proklamiert, und damit wäre der Oberbefehl über die Polizei auf die Reichswehrgeneräle übergegangen. Die Arbeiterschaft, durch die endlose Wirtschaftskrise physisch und moralisch geschwächt, hätte nicht allein gegen alle schwergerüsteten Gewalten, gegen die Kanonen der Reichswehr, gegen die bewaffneten Scharen des Nationalsozialismus und des Stahlhelms kämpfen können. Ein nicht sehr bedeutendes Waffenlager sei wohl als polizeilicher Reservevorrat vorhanden gewesen, wäre aber beim Wechsel der Kommandogewalt den Gegnern in die Hände gefallen. Man habe nur die Wahl zwischen der blutigen Niederlage und der unblutigen Unterwerfung gehabt und habe, um nicht für eine aussichtslose Sache die proletarischen Kämpfer in den Tod gehen zu lassen, die Unterwerfung gewählt. Jede andere Handlungsweise wäre verbrecherisch gewesen, und wenigstens dieses Unglück habe man dem Volke erspart ... Es ließ sich nichts gegen diese Darstellung einwenden, oder doch nichts gegen die Auffassung, daß an diesem 20. Juli 1932 Generalstreik und Straßenschlachten nur zu einem furchtbaren Morden und Massenelend geführt und die aus Arbeiterleichen aufgetürmten Barrikaden den Feind nicht verhindert hätten, siegreich einzudringen. Am 20. Juli 1932 konnte die preußische Republik nicht mehr Schlachten gewinnen. Früher hätte sie ihre Verteidigungsarmee bilden müssen, und gewiß wäre es möglich gewesen, die jungen und kräftigen Gestalten aus den Millionen der Arbeitslosen anzuwerben und zu formieren, bevor sie der Gegner sammelte, ernährte, einexerzierte und zu braunen Regimentern zusammenschloß. Aber das nötige Geld hatten und fanden immer nur die anderen, diejenigen Reichen, bei denen man anklopfte, wollten für den Schutz des Staates, der ihr eigener Schutz gewesen wäre, nichts hergeben, und eine sparsame Finanzverwaltung hütete mit pedantischer Korrektheit den Kassenschatz. Man schuf aus den Gewerkschaften, dem »Reichsbanner Schwarz-rot-gold« und radikaleren Bünden die »Eiserne Front«. Ich habe fast all ihre großen Kundgebungen gesehen, die auf dem weiten Platz des Lustgartens, zwischen Schloß und Museum stattfanden, und jedesmal wurden hunderttausend, hundertundfünfzigtausend oder noch mehr Teilnehmer gezählt. Aber wenn die Hunderttausend oder Hundertundfünfzigtausend die »Internationale« sangen, klang es, als stimmten sie das »Alle Seelen ruhn in Frieden« oder das »Ave Maria« an. Und wenn man sie genau und nahe betrachtete, waren in diesem ungeheuren Heer die jugendlich starken Bataillone, die verwegenen Gesellen mit den stählernen Muskeln und entschlossenen Mienen, doch nur eine Minderheit. So vielen Körpern und Gesichtern war die lange Misere der Wirtschaftskrise aufgezeichnet, Hunger, Kälte, die immer vergebliche Suche nach Arbeit, das nächtliche Elend der Obdachlosigkeit oder der muffigen Schlafstellen und überfüllten Asyle hatten das Lebensmark und den Lebensmut zerstört. Neben den Jungen standen und marschierten die älteren Parteigenossen, anständig und pflichttreu, bekümmert und ohne Hoffnung, schweigsam unter der Last des Steines, der auf ihrer Seele lag. Da fand ich ihn wieder, in vielen Exemplaren, den kleinen Mann, der mich im Januar 1919, mit seinem Gewehr auf dem schmerzenden Rücken, zum Dönhoffplatz begleitet hatte, in jener Nacht, aus der die große Sonne aufsteigen sollte, eine ewige, für alle leuchtende Helligkeit. Ich sah ihn wieder, den anonymen Mitkämpfer, das Kanonenfutter in allen Kriegen und Bürgerkriegen, den ewigen Schlemihl in allen Krisen und Revolutionen, den immer sein Recht suchenden, immer verdonnerten, verständnislos kopfschüttelnden Crainquebille des Anatole France, und abermals marschierte er willig in Reih und Glied vorbei.

Ja, es ist sicherlich gut und richtig gewesen, daß der Zar von Preußen und seine Minister an jenem 20. Juli nicht eine verspätete Kraftanstrengung machten, nicht das Volk zum Widerstand aufriefen, es nicht anspornten, für die verlorene Freiheit durch die Kugeln der Kanonen und Maschinengewehre zu fallen. Es ist auch ebenso richtig, daß ihnen zur rechtzeitigen Organisation der Verteidigung die Mitwirkung der anderen Staaten, die Unterstützung des Reiches und das Geld fehlten, aber es ist auch ebenso wahr, daß ihnen noch etwas anderes fehlte, nämlich die Leidenschaft. Die Leidenschaft, die mitreißt, voranglüht und erhitzt, und die, unnachgiebig und ruhelos, ohne Kriegsschatz 'Armeen zusammenbringt. Ihre Tätigkeit war in all den Jahren sehr achtungswert gewesen, aber es war die Tätigkeit solider Vormünder, sorgsamer Buchhalter und ordnungsliebender Hausverwalter, und sie glühte nicht und machte nicht erglühen. Nicht einmal in diesem Moment, als man sie aus ihren Amtsstuben hinaustrieb, waren sie leidenschaftlich erregt. Wenn die Schlußszene eines Stückes so schlecht ist, denkt das Publikum nicht mehr daran, daß in den ersten Akten manches erheblich besser war. Sie hatten keines der »historischen Worte«, die noch lange nachklingen, und diese blitzhaften Einfälle, die auch Napoleon in Fontainebleau nicht fand, stellen sich nur selten so plötzlich und ungezwungen ein. Das Schweigen unter einem niederschmetternden Schlage ist manchmal mehr wert als die immer bereite Improvisation, und ein geistvoller Mann, der sich am Grabe eines Freundes höchstens einen platten und hölzernen Ausdruck für seinen Schmerz abringt, kann uns lieber sein als der Redner, dem die Trauer glatt von den Lippen strömt. Aber die vergewaltigten preußischen Minister zeigten auch keine zornige Aufwallung, sie warfen in ihrer Sittsamkeit dem Staatsstreich und seinen Sendboten keine temperamentvolle, derbe, volkstümliche Redensart ins Gesicht. Ihr Benehmen war tadellos, und sie suchten dann hinterher die juristischen Paragraphen zusammen, füllten Aktenbogen mit ihren Beschwerden und führten Prozesse wie ein

Mieter, dem vom Hauswirt die Wohnung kontraktwidrig gekündigt worden ist. Als Shakespeares Richard II. sich, nicht ohne Schönheit, dem siegreichen Bolingbroke unterwerfen mußte, sagt der Abt: »Ein kläglich Schauspiel haben wir gesehen.« Aus der Vertreibung der überfallenen preußischen Regierung hätte kein Shakespeare eine Tragödie machen können.

Ob die Republik auf dem deutschen Boden lebensfähig war und ob sie unter günstigeren Verhältnissen wirklich Wurzeln geschlagen hätte, ist ein vielverschlungenes Problem. So wie sie entstand und ihre Form gewann, trug sie die Keime aller Übel in sich, an denen Staatseinrichtungen zugrunde gehen. Auch die dritte französische Republik wurde auf den Schlachtfeldern der Niederlage aufgerichtet, und ihre Geburtsanzeige war vom Tage von Sedan datiert. Aber der gestürzte Kaiser war ein »Usurpator«, in den Augen aller freiheitlichen Geister noch Schlimmeres gewesen, und dann war da Gambetta, der noch einmal die Fahne des Widerstandes erhob. Die deutsche Revolution explodierte – denn die entfesselten Elemente rasen bekanntlich blind – im unglücklichsten Moment, und die Republikaner nahmen dem alten Regime und seinen Paladinen allzu gefällig die odiöse Verpflichtung ab und unterzeichneten selber den Friedensvertrag. Soviel die Republik dann auch für die Bezwingung des Chaos tat, und so wohltätig es war, daß sie dem zerrütteten Lande die Ordnung wiederbrachte – die Geburtsfehler hafteten ihr an, und sie behielt ein lahmes Bein. Der reichen Bourgeoisie, der Großindustrie und der wissenschaftlichen Elite, die niemals so angenehm lebten wie unter ihr, war sie zu plebejisch, und mancher meinte, sehr weitherzig zu sein, wenn er zu ihren offiziellen Veranstaltungen ging. Die unteren Beamten, die kleinen Kaufleute im Laden und die Budiker im Keller waren wie immer grämlich, haßten den »Proletarier«, sahen nur den Ärger, der über ihre Türschwelle trat, und jeder, der sich mit seiner Frau zankte, entlud seine Wut auf diese »verfluchte Zeit«. Die Jünglinge aus den »besseren Familien« empfanden die Mitbewerber, die in Arbeiterwohnungen zur Welt gekommen waren, als lästige Konkurrenz. Früher war alles so leicht gewesen, die konservativen Papas waren nach erledigtem Examen in eine repräsentative studentische Verbindung eingetreten und dann ganz regelmäßig im Staatsdienst von einer Sprosse zur nächsten aufgestiegen, und jetzt fand man da auf allen Wegen diese Kerle von ordinärer oder dunkler Herkunft, und während man, wie der Hase in der Fabel, mit dem Igel um die Wette laufen wollte, saß der Igel heimtückisch schon am Ziel. In einer Zeit, in der jeder Beruf überfüllt, der Zudrang zu jeder Karriere enorm war, die wirtschaftliche Not täglich fühlbarer wurde, trug der Gedanke an eine Nebenbuhlerschaft, deren Bedeutung man sich übertrieb, viel zu der Verhärtung der Gemüter bei. Man muß sich immer vorhalten, daß im Friedensschluß das deutsche Gebiet sehr verkleinert worden war, Beamte, Ärzte, Lehrer, Ingenieure, Kaufleute aus den abgetrennten Landesteilen Zuflucht und Erwerb in Deutschland gesucht hatten, und daß sich das alles nun auf dem engen Raum zusammendrängte, einander auf die Füße trat und mit den Ellenbogen stieß. Einer Jugend, der man nicht genügend Platz und Arbeitsmöglichkeit geben konnte, brachte die Republik sehr schöne ideale Begriffe, wie Freiheit und demokratisches Selbstbestimmungsrecht. Aber diese Ideale, denen achtzig oder hundert Jahre früher die deutschen Burschenschaften in prachtvoller Begeisterung anhingen, waren nicht nach dem Geschmack von jungen Leuten, die in den Gymnasien auch jetzt noch einen muskelstählenden Geschichtsunterricht empfingen, und während geschickte politische Zauberer dem Publikum mit den Requisiten von vielerlei Ideologien ein Wunderland glaubhaft machen können, verstanden die republikanischen Regisseure von Inszenierungskünsten nichts. Sehr schnell hatten sich, wie es vorauszusehen war, all diejenigen, die sich in den Novembertagen versteckt hielten, wieder hervorgewagt, und von all den nun geräumten Kriegsschauplätzen waren zahllose entschlossene Gestalten mit Gewaltinstinkten, Racheschwüren und der Absicht, das ihnen zusagende Kriegsgewerbe im Innern fortzusetzen, in die Heimat zurückgeströmt. Sie rissen einen großen Teil der Jugend an sich, sie mischten in das berechtigte nationale Verlangen den Nächstenhaß und die Bürgerkriegswildheit, sie kannten und lehrten den Gebrauch der Handgranaten, Flammenwerfer und Giftgase, sie waren erfahren in der Veranstaltung eines Trommelfeuers, das vor dem Sturmangriff die Reihen zerfetzt und die Gehirne der letzten Verteidiger betäubt. Sie behaupteten, nur ein verräterischer Dolchstoß habe die siegreiche Armee niedergestreckt. Die Ursachen der militärischen Niederlagen waren vollkommen klar, aber Legenden haben mehr Kraft als die Wirklichkeit. Ist man, weil Schiller es so darstellte, nicht fest überzeugt, der Republikaner Verrina habe den Fiesco in die Fluten hinuntergestoßen und dann die berühmten Worte gesprochen: »Wenn der Mantel fällt, muß der Herzog nach«? Und in Wahrheit ist Verrina ganz schuldlos, und Johann Ludwig von Fiesco, Graf von Lavagna, ist, als er während des Kampfes mit der Partei der Doria im Hafen von Genua auf die Admiralsgaleere eilen wollte, mit der morschen, zusammenbrechenden Brückenplanke ins Meer gefallen.

Indessen, die einzelnen Perioden des republikanischen Regimes waren sehr voneinander verschieden, die Stimmung war nicht immer gleich griesgrämig und feindlich, und das Barometer stand nicht immer tief. Besonders in den fetten Jahren nach der Inflation war trotz der Agitation gegen Youngplan und Dawesplan keine Umsturzgefahr in Sicht. Der Zusammenbruch der deutschen Republik begann, als in Amerika die »prosperity« zusammenbrach. Aus dieser amerikanischen »prosperity« waren die Kredite gekommen, die nach der tollen Zeit der Inflation, nach der Vertrauen erweckenden Stabilisierung, der deutschen Wirtschaft zu einer neuen Scheinblüte verholfen, die Kassen der Industrieherren gefüllt, den Unternehmungsgeist abermals ins Abenteuerliche gesteigert und dem Arbeiter guten Verdienst gegeben hatten, und auch diesem Rausch folgten wieder, grausamer als je zuvor und nun selbst für gute Nerven nicht mehr erträglich, der Bankrott, die Friedhofsstille in den Fabriken, die Schrecken der Arbeitslosigkeit. Im Jahre 1925 hatte man nur 200 000 Arbeitslose gezählt, im Sommer 1928, dicht vor dem amerikanischen Donnerschlag, der die Weltwirtschaftskrise einleitete, wenig mehr als eine halbe Million. Nur die Gegner des Staates machten damals schlechte Geschäfte, und bei den Reichstagswahlen im Mai 1928 blieb der Nationalsozialismus mit 800 000 Stimmen ein anscheinend hoffnungsloses Grüppchen, weitab von allen Wegen zur Macht. Anderthalb Jahre später suchten die Enttäuschten, die aus den Arbeitsplätzen Verdrängten, nach verzweifeltem Umherirren, erst zögernd und vereinzelt und dann hastig und in Scharen, Anschluß an den Nationalsozialismus, der sie in seine Organisationen einreihte und ihnen mit seinen Lehren Brot und Stiefel gab. Stresemann war tot, die Regierung Brüning war durch tausend kleinliche Bedenken gehemmt und unfähig zu irgendeiner erlösenden Tat. Alle Pläne, die ersonnen wurden, um Arbeit zu schaffen, scheiterten an dieser sterilen Neigung, die Dinge hin und her zu wenden, täglich wieder zu beraten und schließlich nichts zu tun. Ein »Aber« erstickte jeden heilsamen Entschluß. Mir für mein Teil erschien, wenn die Republik gerettet werden sollte, noch etwas anderes notwendig: die Umwandlung der Reichswehr in eine Miliz, oder die Ergänzung des verminderten Heeres durch eine Miliz. Dann konnte man alle bewaffneten Organisationen, staatstreue und staatsfeindliche, auflösen, konnte durch Eingliederung und Aufträge immerhin eine nicht geringe Zahl von Arbeitslosen ernähren und aus der geistigen und moralischen Verwirrung befreien. Berechtigte, nicht extreme und exaltierte nationale Empfindungen fanden eine Befriedigung. Und eine Miliz nach schweizerischem Muster, in der Arbeiter und Bauernsöhne, Studenten und Lehrlinge, junge Menschen aus allen Parteien und Volksschichten zusammentrafen, konnte kein Werkzeug einer politischen Richtung werden und keine Waffe gegen die Republik. Aber wenn ich in Paris den französischen Parlamentariern auseinandersetzen wollte, daß diese Reform, über die ich manchmal mit hohen deutschen Militärs gesprochen hatte, auch für Frankreich annehmbar sein müßte, lehnten sogar die aufgeklärtesten Führer der Linken solche Erörterungen ab. Und wenn ich in Deutschland die Miliz forderte, ihre Vorzüge schilderte, tadelten die deutschen Pazifisten in unfreundlichen Entgegnungen diese Entheiligung ihrer Ideen.

Aber ganz abgesehen vom Verhalten der einen und der anderen, und ganz abgesehen auch von den besonderen Zeitumständen, der Inflation, der Wirtschaftskrise, der zermürbenden Arbeitslosigkeit und allen Plagen, die auf das Volk und seine Regierungen niederfielen – paßte diesem Volke der Rock, der in Weimar zugeschnitten und genäht worden war? Wir müssen zugeben, daß man ihn nicht nach den Maßen des deutschen Durchschnittsmenschen geschneidert hatte, sondern nach jenen Vorlagen in den Journalen, die ein schönes Normalkostüm darbieten, und daß er nicht sehr glücklich auf dem Körper saß. Unbeirrt durch alle Ereignisse können wir der Meinung Mommsens beipflichten, daß selbst der schlechteste Verfassungsstaat dem besten Regime eines unkontrollierbaren Einzelwillens vorzuziehen sei. Die demokratische Republik bedeutet für uns, mag ihre Spitze so oder so organisiert sein, die höchste Stufe staatlicher Entwicklungsmöglichkeit. Es hat sich gezeigt, daß sie in Deutschland, wo sie mehr aus der Not als aus freier Wahl entstand, nicht auf einem vorher gefestigten Fundament gebaut wurde und daß man in ihrer architektonischen Anlage das deutsche Klima nicht berücksichtigt hatte, das so verschieden von dem Klima in anderen Ländern ist. Das Bedürfnis nach Unterordnung, nach scharfem Kommandoton, nach Marschieren in straff zusammengehaltenen und geleiteten Verbänden gehört zum deutschen Charakter, das Gehorchen ist wie das Befehlen eine befriedigende Tätigkeit, und es ist kein Zufall, daß die schönsten Militärmärsche die deutschen sind. Große, geistig bedeutende und starke Männer bleiben das Unberechenbare, sind notwendig und wünschenswert in jedem staatsrechtlichen System, aber ersetzen nicht ein System. Wer sie ruft, ohne sie in den festen Rahmen der Garantien einzufügen, ohne sie an Verfassungssätze binden zu können, liefert sich ihnen aus. Dem deutschen Liberalismus hat immer die englische Staatsordnung als Muster vorgeschwebt. Auch diese Ordnung hat ihren gegenwärtigen Zustand erst nach mancherlei abschleifenden und ausbalancierenden Erlebnissen erreicht. Sie beruht auf einer das Gefühl beherrschenden Tradition, auf einer merkwürdigen Genügsamkeit der unteren Klassen, die in ihrer insularen Abgeschlossenheit von den Lebensgewohnheiten des kontinentalen Stadtarbeiters nichts wissen, und auf dem politischen Weltmannstum einer Aristokratie, die mit der Mehrzahl der preußischen Junker nicht den geringsten Wesenszug gemeinsam hat. Sie beruht auf einer besonderen Art der Kultur, die jeder von Geburt an in sich trägt, die auch den Besitzlosen zum aufrechten Bürger macht und die nichts anderes ist als die Gewißheit der gesicherten, absolut selbstverständlichen persönlichen Freiheit, als diese Gewißheit, daß jeder Engländer, auch der ärmste und unscheinbarste, innerhalb der gesetzlichen Schranken seine unantastbaren Menschenrechte hat. Es unterliegt keinem Zweifel, daß die Bildung, die ja gewöhnlich mit Kultur und Zivilisation verwechselt wird, im englischen Volke weniger verbreitet ist als beispielsweise im deutschen, und daß, während sogar in den letzten deutschen Dörfern ein paar Balladen von Goethe und Schiller gelernt werden, man in den englischen Massen wenig oder gar nichts von Shakespeare weiß. Aber vielleicht ist ein angeborenes Bewußtsein der eigenen Rechte erste Voraussetzung und Grundlage jeder Kultur und angelernte Bildung oft nur der dünn aufgetragene Fassadenschutz. Von den großen Schöpfungen der Dichtung und der Künste wird jedes banausische Gewimmel nicht stärker berührt als von einem vorübergleitenden Sonnenstrahl. Ein monumentales Kulturwerk, wie die im Jahre 1679 geschaffene Habeas-Corpus-Akte, die jedem Engländer die Freiheit und Unantastbarkeit seiner Person, die Sicherheit gegen willkürliche Verhaftung und Einkerkerung verbürgt, hat für die Erziehung, die Kräftigung und das Glück einer Nation mehr als der »Faust« getan.

Nachdem Otto Braun mich noch zu seinen Gemüsebeeten geführt und ich mich verabschiedet hatte, ging ich nach Ascona hinunter, an vielen alten und modernen Landhäusern und Blumengärten vorbei. Ascona galt in der ersten Zeit der Emigration als ein beliebter Sammelplatz der deutschen Flüchtlinge, aber das hat sich anscheinend sehr bald geändert, und die jungen Literaten, Künstler und Künstlerinnen, die damals an den Tischen vor den kleinen Cafés saßen, sind, wie ein ruhelos umherirrender Vogelschwarm, weitergezogen, ein jeder dorthin, wo er glaubte, Nest und Nahrung finden zu können. Am nächsten Vormittag fuhr ich mit dem Zug durch Lugano, oder, genauer gesagt, auf dem hochgelegenen westlichen Plateau an dem unten das Tal füllenden Lugano entlang. Das Steinbild des im Sterben sich bereitwillig streckenden Sokrates war weit drüben, von den Bäumen und Büschen der Parkanlagen verdeckt. Er hatte seinen Gegnern und Anklägern nicht den Gefallen getan, zurückzuweichen, und er hinterließ allen dieses Beispiel der Standhaftigkeit. Freilich, er wählte sich, bevor das Alter seine Kräfte annagte und das

Unentrinnbare nahe kam, selber den Tod und die Stunde, er hatte, umgeben von den Freunden und beweint sogar von dem Wächter, ein schön geschmücktes, beinahe festliches Ende, das unvermeidliche strenge Urteil wurde in jenen gesitteten Formen vollstreckt, die der hellenischen Achtung vor allem Geistigen entsprang, und auch das Gift, das der Verurteilte trank, während er schon den Nachruhm vor sich sah, wirkte nur wie ein Schlaftrunk und bereitete ihm keinerlei schmerzhaften Krampf. Man braucht nicht erst mit dicken Farben die Schicksale eines Moralisten auszumalen, der heute in den Straßen, in den »Säulenhallen« und auf den öffentlichen Plätzen die Bürger beim Rockzipfel festhalten und befragen würde, »was schön, was schimpflich, was Besonnenheit und Torheit sei, wie ein Staat und ein Staatsmann, wie Regierte und Regent sein müßten und dergleichen«, wovon – Xenophon drückt es in seinen »Erinnerungen an Sokrates« so aus – nur der Knecht nichts weiß. Vermutlich würde nicht sanft mit dem schwatzhaften Menschen verfahren werden, der hohe Staatsbeamte mit der Frage anfallen wollte: »Was versteht Ihr unter Gerechtigkeit?«

SCHLUSSBEMERKUNG

Die meisten derjenigen, die in dem Garten der Hügelvilla ihre Geschichten und die Resultate ihrer Studien vortrugen, hatten nach einigen Monaten ihr Thema erschöpft, und es wurde nötig, ein neues Programm aufzustellen. Jedem Vortrag war, während die Hausfrau ein nach eigenem Rezept bereitetes erfrischendes Getränk in die Gläser füllte, eine Diskussion gefolgt. Wenn ich eine der Erzählungen beendet hatte, die noch an die Jahre vor dem Kriege erinnerten, hatten die Zuhörer erklärt, jene Zeit wirke heute wie ein Osterspaziergang, wie ein Idyll. Was hätten die Menschen damals erlebt, was erlitten, worüber sich aufgeregt? Ihre Auflehnungen richteten sich gegen die sanften Backenstreiche einer Nurse. Wenn ihnen ein dünnes Spitzentaschentuch lose vor den Mund gehalten wurde, empörten sie sich. Bisweilen regte sich in dem Kreise meiner Zuhörer auch eine leicht ironische Opposition. Beispielsweise zitierte das schöne junge Mädchen den Vers aus der »Kassandra« Schillers: »Ihre bleichen Larven alle sendet mir Proserpina.« Als nach dem Vortrag über den Juden Ballin die Unterhaltung besonders lebhaft wurde, sagte der amerikanische Wikinger, man solle doch nicht immer nur von den Juden sprechen, sie hätten viele Schicksalsgenossen, und andere Emigranten hätten von jeher ebenso gelitten wie das auserwählte Volk auf der Wanderschaft. Worauf der Dichter erwiderte, tatsächlich seien in jeder Revolution und bei jeder staatlichen Neuorganisation die Rechte einer Klasse verkürzt oder beseitigt worden, aber in keiner revolutionären Umwälzung der modernen Zeit habe man das Blut, die Rasse einer Minderheit für volksfremd und volksverderbend erklärt, und diese These, die auch vor den vornehmsten Charakteren und Geistern gar nicht halt machen konnte, sei nun einmal für die übrige Welt etwas besonders Sichtbares, ungefähr wie die Freiheitsstatue im Hafen von New York.

»Allerdings scheint es mir«, fuhr der Dichter fort, »daß auch von den gebildeten Juden nur diejenigen in dieser Sache das Wort ergreifen sollten, die selber frei von den Vorurteilen der Rasse sind. Wenn man noch auf dem Standpunkt des Propheten Esra steht, der alle Männer zwang, ihre fremden Weiber zu verstoßen, und eine gelehrte Kommission zur Feststellung der Mischehen einsetzte, dann ist man ein ungeeigneter Ankläger, wenigstens was diesen Teil der Angelegenheit betrifft. Freilich sind ebenso ungeeignet und viel unsympathischer jene Juden, die nicht diesen starren Charakter, sondern einen ganz biegsamen haben und sich mit wahren Bauchtänzen der Ergebenheit an den Sultan heranzuschmeicheln versuchen, und diese sind ja im Grunde weit mehr als irgendein strenggläubiger Rabbischüler von den Mikroben des Ghettos infiziert.«

»Eigentlich«, sagte der Arzt lächelnd, »hat Herder unrecht gehabt, als er in seinen ›Ideen zur Philosophie der Geschichte der Menschheit‹ schrieb, die Juden hätten, wie die Ägypter, von jeher das Meer gefürchtet und lieber unter anderen Nationen gewohnt.« Die Gattin des Mathematikers – den meisten der nicht aus Deutschland stammenden Anwesenden war der Name »Herder« unbekannt, und man mußte ihnen eine Erläuterung geben – fragte, was dieser gelehrte Dichterphilosoph sonst noch über die Juden gesagt habe, und der Arzt entgegnete, Herder habe Gutes und Schlechtes gesagt. Von einem sonderbaren Unverständnis zeuge es, wenn er behaupte, die Juden hätten sich nie nach einem Vaterlande gesehnt. Freilich habe er diesen Teil seiner »Ideen« schon etwa um 1780 verfaßt. Gustav Freytag, den man ja gelegentlich zu den Antisemiten gerechnet habe, weil in seinen Dichtungen ein paar jüdische Gestalten von zweifelhaftem Charakterwert vorkämen, habe in den »Bildern aus der deutschen Vergangenheit« geschildert, wie unter der fortwährenden Unterdrückung das Judentum sein Bestes, Stolz, Talent und Empfindung, in seinem Hause und seiner Familie verbarg. Die Ausführungen Gustav Freytags schlössen mit der Bemerkung, daß die neue Bildung auch die Juden gehoben habe, und mit dem heute merkwürdig klingenden Satz, daß »die Enkel der asiatischen Wanderstämme unsere Landsleute und brüderlichen Mitstreiter geworden« seien.

Nach einer Weile nahm wieder der Dichter das Wort: »Der römische Kaiser Claudius war in seinem Privatleben eine ziemlich traurige Figur, von dem Treiben seiner Gattin

Messalina scheint er nichts gewußt zu haben, oder er wollte daran vorbeisehen und nicht aus den reineren Regionen heruntersteigen, in denen sein Geist spazierenging. Er vertiefte sich in allerhand bizarre Spielereien — so, als er drei neue Buchstaben erfand —, aber mitunter hatte er doch viel gesunde Vernunft. Die Adligen im unterworfenen jenseitigen Gallien wünschten, die römischen Bürgerrechte zu erhalten, und beantragten ihre Zulassung zu den Staatsämtern, und dagegen erhob sich im Senat eine heftige Opposition. Claudius verteidigte den Antrag der Gallier und überzeugte die Widerstrebenden, indem er ihnen bewies, daß die Größe und Macht Roms gerade durch die Rassenvermischung bewirkt worden seien, durch den Zusammenfluß von Volkselementen sehr verschiedener Herkunft und Art. »Ist es ein Unglück«, sagte er, »daß die Familie der Balber aus Spanien, daß ebenso treffliche Männer aus dem Narbonensischen Gallien nach Rom übergesiedelt sind? Nachkommen von ihnen leben noch heute und sind ihrem jetzigen Vaterlande nicht weniger treu als wir. Was wurde denn den Lacedämoniern und Athenern trotz all ihrer kriegerischen Erfolge schließlich verhängnisvoll? Doch nur dies, daß sie die entwaffneten Völker als Fremde behandelten und meinten, sie von ihrem eigenen Leben fernhalten zu sollen.« Der Wikinger verzog das Gesicht und fragte unwirsch, warum man den Kaiser Claudius zitiere und von Rom spreche, statt, so wie die Gegner es täten, jedes Ding beim richtigen Namen zu nennen. Daß diese anderen in ihrer besseren Kenntnis der Volkspsychologie die Banalität nicht scheuten, auch nicht die Banalität der ewigen Wiederholungen, und nicht wie der taprige Liberalismus immer um den heißen Brei herumschlichen, habe ihnen den Erfolg gebracht, und er, der norwegische Amerikaner, ziehe die Zielsicherheit ihrer Wortkanonaden vor.

Der Dichter, der nicht bestritt, daß die Rhetorik des Gegners eine größere Einschlagskraft gehabt habe, stellte nur die Gegenfrage, welchen Erfolg eine solche Wortkanonade in dem Garten der Hügelvilla haben könnte, und der Bankier aus Genf erinnerte an die feurige Sprache der französischen Girondisten, der Brissot und Vergniaud. Die Reden der deutschen Girondisten, der nun besiegten Republikaner, hätten doch nur wie die Hilferufe aus Rolands zersprungenem Horn

geklungen, und inzwischen habe die geschickte Dialektik ihrer Gegner in ganz anderem Maße die Volksseele mitgerissen, die schlummernden oder zurückgedrängten Instinkte
aufgepeitscht, Offensivstimmung und Fanatismus erzeugt.
Dagegen sei ihm, sagte der Herr aus Genf weiter, eine Sprache, die man jetzt in vielen Zeitungen, Zeitschriften und Büchern antreffe, vollkommen unverständlich, und auf Menschen außerhalb der eigentlichen Lesergemeinde übe sie eine
ganz andere als die gewünschte tiefernste Wirkung aus.
Schon die unablässige Verwendung des ursprünglich gut gewählten Wortes »dynamisch« sei schwer zu ertragen gewesen, es sei aufgesprossen wie die Narzissen auf den Wiesen
am Genfer See und nun ja auch in die ganze Weltpresse eingedrungen. Aber wenn das »erdgebundene« und »blutverbundene« deutsche Wesen mit einem Wortdampf umgeben
werde, der angeblich aus der Urväterzeit aufsteige und der
doch nur aus den mühselig arbeitenden Gehirnen exaltierter
Schullehrer sich herauswinde, so müsse man an die Zeit erinnern, in der Leopold von Ranke, um nur diesen einen zu nennen, große historische Zusammenhänge in herrlich klarem
Deutsch und ohne abgeschmackte sprachliche Vernebelung
geschildert hat. Übrigens hätten sich auch in Deutschland
schon Stimmen gegen diesen Schwulst erhoben, der von der
deutschen Sprache wieder abgleiten werde, wie das Rabengefieder von dem verzauberten Königskind. »Das Heldische«,
sagte der Kunsthistoriker, »hat allmählich das ›Dynamische‹
ersetzt.‹ Der Dichter äußerte: »Es war wohl unvermeidlich,
daß in dem Augenblick, wo auch die Erkenntnisse der sogenannten liberalistischen Wissenschaft in die allgemeine Umwälzung hineingerieten und eine ganz neue Lehre, die Rassenkunde, zur Staatsreligion erhoben wurde, alle aufgeregten
Vereinsbarden produktiv wurden und den heißen Wunsch
verspürten, bei dieser Forschungsarbeit nicht zurückzustehen. Die Halbbildung stürzte hinter der organisierten Macht
her, wie der endlose Troß hinter den Truppen und Generälen
des Dreißigjährigen Krieges, und forderte stürmisch die Räumung der Gelehrtenstuben, in denen sich, erschreckt und
ohne eine Abwehr zu wagen, der Humanismus, die Bildung
von gestern verbarg. Daß diese hinterherlaufenden Magister
Germaniae sich eine Sprache schufen, die den Eindruck des

Mystischen hervorzaubern soll, ist durchaus begreiflich, denn ein halbgebildeter Pedant hüllt sich gern in den kleidsamen Nebel ein. Aber wenn der Troß der Zeichendeuter und magischen Schatzgräber so unübersehbar ist und ein so großes Publikum um sich schart, so beweist das, daß hier einem Bedürfnis bürgerlicher Mittelstandsseelen ein zweckmäßiges Ventil geöffnet worden ist. Man muß betonen: ›bürgerlicher Seelen‹, denn weder diese Sprachformen, noch die Thesen, die in ihnen ausgedrückt werden, sind der proletarischen Seele angepaßt. Macaulay, der sich mit dem Rassenbegriff nicht befreunden konnte – die erste Rede, die er, im Jahre 1830, im Unterhause hielt, war ein Plädoyer für die Zulassung der Juden zum Parlament –, fand einen ähnlichen Hang zur Unklarheit und zum Mystizismus in dem Gebrauch oder Mißbrauch der Freiheitsideologie. Auch die Spartaner, ›nicht imstande, die Wahl ihrer Frauen, ihrer Nachtessen, ihrer Gesellschaft nach eigenem Belieben vorzunehmen, und gezwungen, eine eigentümliche Manier zu haben und in einem eigentümlichen Stil zu reden‹, hätten sich ihrer Freiheit gerühmt.«

Während ich die Geschichte von Sokrates und dem Exil las, hatte der Wikinger aus einer seiner Mappen ein blaues Druckheft entnommen, das, von einem deutschen Verlag herausgegeben, Mitteilungen über die zuletzt erschienenen wissenschaftlichen Werke enthielt. Aus dem Referat über den Inhalt eines Buches »Germanenkunde und nationale Bildung« ging hervor, daß der Verfasser, ein Lehrer, den Germanen der Vorzeit als denjenigen bezeichnete, der »so ziemlich alle« die Menschheit beglückenden »Kulturgüter fand und erfand«. Alles weise darauf hin, »daß die künstlerische Kraft im nordischen Gebiet geboren wurde, welche dann so herrliche Früchte im alten Griechenland trug«. Beachtenswert war, daß der Herausgeber der Berichte immerhin einen Zweifel an der Richtigkeit dieser Theorie deutlich anklingen ließ. Der norwegische Amerikaner reichte das Heft im Kreise herum, um zu zeigen, welch gewaltige Anzahl von Büchern über Prähistorik, Germanentum und Rassengeschichte schon allein in zwei Monaten veröffentlicht worden sei. »Das ist nicht so erstaunlich«, sagte der Hausherr, »denn wenn Sie auf einen Weg im Walde ein Fleischstückchen werfen, kommen von allen Seiten schnell die fleißigen Ameisen und bearbeiten den neuen Fund.« Großes Interesse erregte es, als der Wikinger dann auch noch den Bericht über ein Werk »Herkunft und Geschichte des arischen Stammes« zum besten gab. Der Verfasser dieses Buches sieht die Wiege des arischen Stammes auf der Insel Atlantis, die, wie er festgestellt haben will, vor der portugiesischen Küste lag. Die Sintflut der Bibel sei der Untergang der Insel Atlantis, und übriggeblieben seien nach dieser Katastrophe und einer späteren, dem Sintbrant, dem Weltenbrand, nur der Greis mit einem Auge, der später Wotan genannt wurde, und eine von ihm gerettete junge Frau, die dann in einer Höhle einen Knaben und ein Mädchen gebar. Von Wotan und seinen Schützlingen »stammen alle Germanen ab«.

»Man redet hier so viel von Gerechtigkeit«, äußerte ein wenig unvermittelt das schöne junge Mädchen, »und eigentlich ist der Ruhm, den Sokrates sich durch seinen Tod verschafft hat, doch auch gar kein gerechter Ruhm. Da so viele Menschen mindestens ebenso standhaft für ihre Ideen gestorben sind, ist es sehr ungerecht, daß man immer nur einen verherrlicht und ihm Denkmäler setzt. In Wahrheit sind das alles doch nur Worte, und wenn Sokrates den Leuten die Gerechtigkeit erläutern wollte, hat er sich auch um das, was ihm nicht paßte, herumgedrückt. Es gibt gar keine Gerechtigkeit.« »Offenbar gibt es in dieser Welt wirklich keine«, antwortete der Kunsthistoriker, »es gibt nur Gesetze, was nicht dasselbe und oft das Gegenteil davon ist, und die Menschen sind nicht gerechter als das Schicksal, aber wenn es falsch sein soll, daß man gerade nur den Sokrates nennt, dann durfte Homer auch nicht Achill und Hektor besingen, weil in den Kämpfen eine Menge Griechen und Trojaner sehr tapfer gewesen und gefallen sind.« Das schöne junge Mädchen blieb trotzig und erklärte, es habe schon in der Schule den Achill nicht gemocht. Darauf verließ man Sokrates und die anderen alten Griechen, man gelangte wieder zur Neuzeit, und der Genfer Bankier fragte, ob es zutreffe, daß nicht nur die Entwicklung Mussolinis, sondern auch die nationalsozialistische Gedankenwelt, mit Ausnahme des Rassengedankens, von dem französischen Sozialisten Georges Sorel beeinflußt wurde, oder doch von dessen Buch »Réflexions sur la Violence«. Der Dichter erklärte, die jüngeren und radikaleren Schrift-

steller der Partei hätten sich allerdings in der Periode, die
dem Siege voranging, viel mit Sorel beschäftigt, aber andere
hätten die Lehre von der physischen Gewalt wohl nicht erst
in den Büchern gefunden und den sozialistischen Lehrmeister, der übrigens als Gewaltmittel nur den Generalstreik ge-
predigt habe, nicht gebraucht. Jemand, der von Natur eifersüchtig sei, brauche ja auch nicht erst den »Othello« zu
lesen, um sich in die richtige Hitze zu bringen. Am allerwenigsten habe der Sozialist Sorel, wie man gesehen habe, seine
eigenen Parteigenossen beeinflußt, denn diese legten den
Goetheschen Spruch »Du mußt steigen oder sinken ... Ham-
mer oder Amboß sein« auf ihre eigene Weise aus und hätten
sich in einer von Reden umkränzten Passivität am wohlsten
gefühlt. Georges Sorel habe unter »violence« auch keineswegs Brutalität verstanden und den Terror ausdrücklich abgelehnt. Er habe dem bequemen Genußideal der »liberalen
Bourgeoisie« die Idee der gewaltsamen Aktion gegenübergestellt, um das sozialistische Proletariat vor ähnlicher Ver-
sumpfung zu bewahren, und er habe nicht führend, sondern
nur erzieherisch wirken wollen. Dann knüpfte der Dichter
noch an die Bemerkungen des schönen jungen Mädchens
über die Gerechtigkeit an und sagte, er selbst habe sich soeben einer Ungerechtigkeit – wenn auch einer im Vergleich
mit den Ungerechtigkeiten der Weltordnung gewiß verzeihli-
chen – schuldig gemacht. Man dürfe nicht über »die Sozialdemokraten« sprechen, ebensowenig wie über die Deutschen,
die Franzosen, die Juden, die Lehrer, die Bäckermeister, als
wären sie nur ein einziger Körper, ein Geist und eine Seele,
und nur die Ungerechtigkeit rede im Plural.

Nach der Geschichte vom romantischen Ritter und dann
auch nach dem letzten Vortrag, in dem das Wort »Miliz«
vorkam, sprachen einige der Anwesenden, die auf dem
Standpunkt des konsequenten Pazifismus standen, mir ihre
Zweifel aus. Der Nelkenzüchter war ein feinfühlender englischer Liberaler und hielt, wie so viele seiner Landsleute, für
passende Fälle eine große Anzahl idealistischer Grundsätze
bereit. Ich erwiderte, auf mich habe auch der gelehrte Pazifismus, der juristische Barrieren gegen die Kriegsgefahr schaffen
wollte, nie sehr überzeugend gewirkt. Weit weniger allerdings noch der andere, der die Wirklichkeit süß überzuckert

und dann immer zu spät merkt, wie bitter sie ist. Der beste Pazifist sei der Staatsmann, der mit klarem Wirklichkeitssinn, unverführbar durch gefällige Wunschbilder, vorausschauend und jedes Unternehmen vor dem Beginn bis zur letzten Eventualität prüfend, die Gefahr fernzuhalten versteht. Eine Realpolitik erfordere den Besitz realer Kraft, die sich entweder aus der eigenen Bereitschaft oder aus Bündnisverträgen ergebe, aber wenn man entgegen der Lehre Bismarcks die Imponderabilien unterschätze, wie das im Jahre 1914 und im Kriege geschehen sei, erweise sich auch die Rechnung auf die Kraft meistens als falsch. Der Nelkenzüchter und die italienische Gräfin fragten ziemlich gleichzeitig: »Was sind diese Imponderabilien, die man nach der Meinung des Herrn von Bismarck niemals außer acht lassen darf?« »Das Unwägbare, die Empfindungen und der Geist der übrigen Welt.« Ob nicht nach einem neuen für Deutschland unglücklichen Kriege die Gegner darauf bestehen würden, diesmal »Schluß zu machen« und den Besiegten für immer zu vernichten, fragte der Bankier. Ich erwiderte, daß dann die Vernichtungspolitiker ebensowenig »Schluß machen« und ebenso kurzsichtig handeln würden wie ihre Vorgänger in Versailles, und selbstverständlich würde auch ein siegreiches Deutschland durch solche Mittel niemals »Schluß machen« können.

Auch an der unvermeidlichen, tausendmal durchgeschwatzten und zergliederten Frage, ob es einen Fortschritt gebe, ob die Menschheit seit dem Altertum zu höheren Stufen des Geistes gelangt sei, oder ob nur, neben den grandiosen Resultaten der exakten Wissenschaften und der Technik, eine ziemlich stetige Vorwärtsentwicklung der sozialen Verhältnisse vorliege, ging man nicht ganz vorbei. Während die Pessimisten jeden geistigen und sittlichen Fortschritt leugneten, erklärte ein spanischer Emigrant optimistischer, nach jedem Pendelschlag, der rückwärts gehe, schlage der nächste, vorwärts gerichtete Pendelschlag ein wenig weiter aus, und der Fortschritt setze sich aus diesen Überschüssen zusammen. »Mir scheint«, sagte das schöne junge Mädchen schnippisch, »daß die Pendelschläge nach rückwärts auch recht weit gehen, und bis sich aus dem, was Sie die Überschüsse nennen, etwas Vernünftiges zusammenkleckert, können dann wohl noch ein paar Jahrtausende vergehen.« »Ja«, entgegnete der Dichter heiter verweisend und doch zustimmend, »aber man fliegt heute in zwei Tagen nach Südamerika, die Autos und die Motorboote steigern fortwährend ihre Rekorde, und es wird eben vor allem auf die schnelle körperliche Fortbewegung Wert gelegt.«

»Manche Völker, die alles nach wirtschaftlichen Gesichtspunkten betrachten«, bemerkte der Bankier aus Genf, sind überzeugt, daß Prosperity auch eine Glanzperiode ihrer Kultur und geistigen Fortschritt bedeutet, und daß Kunst, Literatur und Wissenschaften in dem Augenblick blühen, wo der Baumwollpreis steigt. Man kann dann ja in der Tat Museen und Bibliotheken stiften, Meisterwerke werden gekauft, der Buchabsatz nimmt wieder zu, und Dichtern und Forschern werden Preise verliehen. Aber alle Stiftungen und Preisverleihungen ersetzen nicht einen Goethe, der eigentlich nicht in einer Zeit wirtschaftlicher und politischer Prosperity gelebt hat, und die Medici wären auch nur Millionäre und Lokalgrößen gewesen, hätten sie nicht die Künstler der Renaissance gehabt.« Da der Hausherr dem Sammeleifer seines Schwiegervaters soviel verdankte, fanden einige der Anwesenden diese Bemerkungen etwas unpassend, aber der Kunsthistoriker war nicht so empfindlich, gab durch ein Kopfnikken seine Zustimmung zu erkennen und zeigte dann an Beispielen, auf wie verschiedene Weise in den Völkern der frohe Glaube an ihre fortschreitende Entwicklung, an die Erhöhung ihrer Persönlichkeit erzeugt und lebendig erhalten werden kann. »Wenn die Massen in Deutschland mit festem und dröhnendem Schritt in Reih und Glied marschieren«, fügte er hinzu, »dann sind sie doch davon durchdrungen, daß sie unterwegs zu allem Großen und Herrlichen sind. Natürlich muß man ihnen Gedanken mitgeben, die ihnen gefallen, aber sie brauchen auch dieses Gefühl des Vorwärtsschreitens, diese von einem scharf hallenden Befehl in Bewegung gesetzte Schwungkraft, die sich dann auf das Seelische überträgt. Der Vorbeimarsch geht weiter, er dauert an, seit im Sommer 1914 das Volk aus seinem Ruhezustand, seiner Seßhaftigkeit, seinem Gleichgewicht herausgerissen worden ist, und vorläufig wird er so ohne Stillstand weitergehen.« Der Dichter fragte: »Wohin noch?«

ANHANG

EDITORISCHE NOTIZ

Das hier wiederveröffentlichte Werk »Der Marsch durch zwei Jahrzehnte« erschien erstmals 1936 bei Allert de Lange, Amsterdam, 384 Seiten, mit sechs Abbildungen. Sie zeigen den Fürsten Bülow (nach S. 16), Bethmann Hollweg (nach S. 32), Graf Hertling (nach S. 176), General Ludendorff (nach S. 192), Graf Brockdorff-Rantzau (nach S. 288) und Otto Braun (nach S. 304) in qualitativ so unzulänglichen Aufnahmen, daß sich eine erneute Reproduktion verbot.

Der Text wird im Abschnitt »Die Wilhelminische Epoche« unseres Nachdrucks unverändert und vollständig wiedergegeben – unter Einschluß des damals angehängten, einige Wünsche offen lassenden Inhaltsverzeichnisses[1]. Rechtschreibung und Interpunktion wurden vorsichtig modernisiert. Die unserer Ausgabe vorangestellte neue Inhaltsübersicht fügt dem alten Text erläuternde Formulierungen und Personennamen hinzu. Diese einzelnen Ergänzungen sind drucktechnisch deutlich hervorgehoben (kursiv), so daß das Erscheinungsbild der ersten Ausgabe erkennbar bleibt. Theodor Wolff hat im Text die Namen einiger Personen falsch wiedergegeben; das erstmals erstellte Personenregister bietet die korrekte Form.

---

1 Im Inhaltsverzeichnis und im Text der Ausgabe von 1936 heißt es im Fall des drittletzten Kapitels »Der tragische Ritter« bzw. »Der romantische Ritter«; ein ähnlicher Fehler liegt beim vorletzten Kapitel mit der Überschrift »Sokrates und das Exil« und »Das Exil und Sokrates« vor! Auf Seite 343 (jetzt 315) hat Wolff sich im Monat geirrt: dort mußte »19. Juli« in »19. Juni« korrigiert werden.

HISTORISCHER KOMMENTAR UND ERGÄNZENDE MATERIALIEN

Zu den Seiten 3 bis 10 *Vorbemerkung: Zur Niederschrift und zum Exil*

Zu Theodor Wolffs *Neigung, politische und historische Einzel-begebenheiten oder Entwicklungen literarisch auszugestalten,* lassen sich bereits aus den Abschnitten unserer »Einleitung« er-ste Aufschlüsse gewinnen. Den dort genannten Exempla sollen zwei weitere aus den jeweiligen Einführungen zu den ersten bei-den Erinnerungsbüchern zur Seite gestellt werden. Wolff nennt in ihnen Auswahl- und Gestaltungskriterien, die über sein Ur-teilsvermögen, seine Vorstellungen von Geschichte und Histo-riographie aufklären und somit für die quellenkritische Einschät-zung seiner Aufzeichnungen von nicht geringem Wert sind. In dem Buch »Das Vorspiel« heißt es auf Seite 8: »Ich habe in oft wiederholten Gesprächen mit Persönlichkeiten, die an den hier geschilderten Ereignissen teilgenommen haben, die verschieden-artigen Meinungen und verborgenen Zusammenhänge kennen-gelernt. Und obgleich es schön sein mag, hinter den Mauern eines Klostergartens der Wahrheit nachzuspüren, ist es doch vielleicht auch ein Weg zur Erkenntnis, wenn man selber beob-achtet, fragt, mit den Männern, die Kapitän oder Steuermann oder Erster Offizier gewesen sind, diskutiert und abwägend seine Schlußfolgerungen zieht. Gewiß, die ›Objektivität‹ wird durch Prüfen und Nachprüfen nicht verbürgt. Aber wir wollen einen Preis für den aussetzen, der ihr in historischen Werken und Ab-handlungen über miterlebte Zeiten begegnet ist.«
Und im »Krieg des Pontius Pilatus«, 10 f., fügt er diesen Ge-danken hinzu:

»Vor allem möchte ich nicht den Eindruck entstehen lassen, als wollte ich dünkelhaft predigen: ›Lernet, Ihr seid gewarnt!‹ Die neuen Generationen würden gewiß eine solche Belehrung ableh-nen, denn sie wissen es besser, und mit Recht könnten sie erwi-dern: ›Eure angebliche Weisheit hat euch nicht davor beschützt, die geprügelten Narren der deutschen Politik zu sein, und wie dürft ihr andern raten, da ihr euch selber so schlecht geraten habt?‹ Es ist aber auch sehr zweifelhaft, ob man in dem Studium der Geschichte die Vorbilder und Rezepte für ein späteres Handeln suchen soll. Wenn man Klio, die Muse der Geschichtsschreibung, um solche Auskunft bittet, erkennt man ihre Ähnlichkeit mit jenen Priesterinnen in Delphi, durch deren Sprüche so viele Könige und Feldherren irregeführt worden sind. [...] Und ebenso müßte auch eine pazifistische Ideologie für abgetan gelten, die edelmütig, unpraktisch und unrealistisch den Frieden durch gebrechliche und im ersten Wind zusammenbrechende Gitter schützen möchte und nicht eingestehen will, daß eine Garantie nur in der fortwährenden Wachsamkeit des klugen und energischen Schäferhundes liegt. [...] Die wirtschaftlichen Probleme der Zeit vor dem Kriege waren, verglichen mit den heutigen, nur das kleine Einmaleins, und die Einteilung Europas war — auf der Landkarte — einfach und gradlinig, bevor Deutschland den Tag von Versailles erlitt, die Macht des Zaren auf Lenin überging und Habsburg fiel. Der Nationalsozialismus und seine Gegner sind sich einig darüber, daß das gegenwärtige Deutsche Reich in all seinen sichtbaren Wesenszügen und auffälligen Kundgebungen grundverschieden ist von dem Reich der Demokratie und von dem der Hohenzollern, und total verschieden von dem Deutschland der Epochen, in denen eine liberale Gesellschaftsschicht eine stolze Freude darin fand, sich in dem Licht Goethes, Lessings und Humboldts zu sonnen. [...] Die Geschichte kann schon nach zwanzig Jahren ein Pompeji sein, das der lebendig schaffende Baumeister mit angespanntem Interesse, aber nicht mit dem Nutzen des Lernenden durchstreift.«

Zur Situation der *Emigranten* führt Wolff in seinem unveröffentlichten Manuskript »Das Grabmal des Unbekannten Soldaten«, 158−160, aus:

»Unser Gespräch verweilte bei der Emigration, aber wir waren uns klar darüber, daß sie in der europäischen Katastrophe kein Problem erster Ordnung, sondern nur eine Nebenerscheinung war. Auf dem ganzen Erdteil wurden die Menschen aus ihrem Boden gerissen, aus einem in Generationen aufgebauten und bewohnten Heim herausgeholt, wie Herden in andere Länder mit ungewohntem Klima und fremden Sitten transportiert. Konzentrationslager waren schlimm. Bei allzu primitiver Unterkunft, Überfüllung, Mangel an Hygiene, schlechter Ernährung und inhumaner Leitung mußten sie unerträglich werden, leider war dieses System, das man vor diesem gesegneten Jahrhundert in Europa nicht gekannt hat, jetzt, gewiß mit hygienischen und sonstigen Unterschieden, in Kriegszeiten überall gebräuchlich, in Südafrika hatten die Engländer es schon während des Burenkrieges eingeführt. Da der Mensch immer ein bißchen geneigt ist, sich für den Mittelpunkt der Welt zu halten, konnte mancher Emigrant es unverständlich finden, daß die Menge um ihn herum wenig Notiz von seinem persönlichen Schicksal nahm. Aber diese verstörte, aus dem Nest gefallene, halb betäubte Menge hatte ihre eigenen Sorgen, fast zwei Millionen Männer waren in Kriegsgefangenschaft geraten, Tausende von Familien waren auseinandergerissen, auf der Suche nach Kindern und Brüdern, und wer sprach sehr viel von den Elsässern, die man aus einer schönen Heimat vertrieb? Wenn der fremde Wanderer anklopfte, fand er, ohne daß das Volk sich besonders um seine Religion und Rasse kümmerte, meistens gefälliges Entgegenkommen, sehr selten stieß er auf kalte Feindseligkeit. Das Radio und manche Zeitungen hatten bereits die Gewohnheit angenommen, sehr viel von Israel zu sprechen und die Emigranten ganz allgemein als Juden und die Juden als Urheber allen Unglücks zu bezeichnen, aber das machte anscheinend auf ein seit langem mit Polemik überfüttertes und jetzt anderweitig interessiertes Publikum weniger Eindruck als auf die direkt betroffenen Personen, und die Beschäftigung mit der sogenannten jüdischen Frage wurde ja auch erst später notwendig, als die Gesetzgeber arbeiteten, die Rechte der französischen Juden unter das Fallbeil kamen und schließlich, im Juni 1941, das ›Statut des Juifs‹ erschien.

Eine Emigration, ganz gleich aus welchen Ländern sie sich in die Fremde ergossen hat, besteht, wie jede große Anzahl, aus sehr verschiedenen Individuen, aus wertvollen, gleichgültigen und minderwertigen, aus Menschen mit feinster Kultur und höchstem Idealismus und anderen mit gewöhnlichen, sogar mit gemeinem Erwerbstrieb, und sie ist weder eine Kirche, in der alle den gleichen Altar haben, noch ein Verein, in dem man sich die Mitglieder ausgesucht hat, noch eine Armee, in der jeder für eine gemeinsame Idee und mit reinem Herzen kämpft. Die Welt sehr vieler, die auswanderten, ist nicht die unsrige gewesen, nichts kann uns mit einem unsauberen Kerl verbinden, der es gewöhnlich besser als die ehrbaren Flüchtlinge verstanden hat, durch Schlüssellöcher und Türspalten in das verbotene Land einzudringen. Keine solche Gemeinschaft besteht, wenn es auch in die Augen springt, daß die Moral der Gegner oft ebenso gefälscht ist und die Heiligenscheine aus geplünderten Theatergarderoben stammen. Nein, das Schicksal bindet nicht alle Menschen der ehemaligen Heimat, reinliche und andere, in Sympathie und Solidarität zusammen. Die Sympathie muß sich jedem zuwenden, der anständig und manierlich sein Schicksal trägt. Auch diese Einwanderer mögen nicht allesamt den Schönheitsbegriffen entsprechen, die man in einzelnen Ländern bevorzugt, aber auch ihre Verfolger sind nicht immer ästhetische Gestalten, und manches innere und manches äußere Wesen erinnern daran, daß Gott nur die ersten und ja gleichfalls mißlungenen Menschen nach seinem Ebenbilde hat schaffen wollen. Solidarisch ist man gegenüber der bleichen, sich ängstlich duckenden Not. Das gequälte Tier hat wenigstens seinen Schrei.«

Zu der »streitbaren Mannschaft« im Exil und seiner äußerst geringen Neigung, sich im Ausland am *»Kampf gegen die neuen Machthaber« in Deutschland* zu beteiligen, merkte Wolff an:

»Im Grunde zufrieden, die journalistische Tagesarbeit, in die ich 45 Jahre lang eingespannt war, abschütteln und einige Bücher schreiben zu können, und auch, nachdem ich den oft wohl gefährlicheren Nahkampf geliebt hatte, ohne besondere Neigung für den Fernkampf, nahm ich in der Emigration an Zeitungspolemik und propagandistischer Aktivität nicht teil. Das wollte mancher nicht verstehen, während ich jede Handlungsweise, die sich aus dem Zwang der Überzeugung ergab, verstand und respektierte, aber ich habe mir immer, durch dick und dünn, meine Wege allein gewählt. [...] Die wirksamste Sprache aber schien mir immer die Sprache der Tatsachen zu sein. Die Sprache der Tatsachen, der Tatsachen, der Tatsachen, keine andere ist so laut.

Nun einmal bei solchen Bekenntnissen angelangt, will ich auch nicht verhehlen, daß ich in das Verdammungsurteil, mit dem hier und da ein ganzes Volk, ein Volk in seiner Gesamtheit, bedacht worden ist, nicht einzustimmen vermag. Ich sträube mich gegen diese Verallgemeinerung nicht nur deshalb, weil ich die lange Reihe der bitteren Fehler und Versäumnisse nicht unterschätze, durch die man auch dort, wo solche Urteile gefällt wurden, die Entwicklung der Dinge begünstigt hat. Es genügt auch nicht, zu sagen, daß eine simple Durchschnittsmentalität, der man viele Vorgänge verborgen hat, oder die sich nicht gern darum kümmern wollte, sich nach Zeiten der Not und Verwirrung leicht einer planvoll entschlossenen, rücksichtslosen Energie unterwirft. Die Soziologen haben viel über die Massensuggestion geschrieben, und wenn sie dann ihre Kraft auf einen durch mancherlei Umstände prädestinierten Organismus ausübt, dann geht man vielleicht zu schnell über solche Erscheinungen hinweg. Aber kann man bei dem Schweigen, das es neben den stürmischen Zurufen und dem Geräusch der Marschkolonnen doch geben mochte, nicht an den grandiosesten, in Stein gemeißelten Protest der besiegten Freiheit denken, an die unpathetische Gestalt, die am Medizäergrab Michel Angelos aus trübem Traum zum trüben Tag erwacht? Man ist niemals gerecht, wenn man ein ganzes Volk, eine so große Gemeinschaft verschiedenartiger Menschen, streng verwirft, ohne sich ehrlich zu fragen: was darf man von dem durchschnittlichen Individuum fordern, und was tätest denn du? Und haben nicht Unzählige, bis zur letzten Selbsthingabe, den vollen Beweis ihres Mutes erbracht?«

(Wolff, Grabmal, 137f.)

Zu den Seiten 11 bis 47 Fürst Bülow am Fenster

Über den erwähnten Skandal, den Anfang der dreißiger Jahre die *Bülow-Memoiren* hervorriefen. Über die Details der Verfälschungen, Bearbeitungen und die sog. Verschlimmbesserungen der Herausgeber informiert die Untersuchung von Friedrich Frhr. Hiller von Gaertringen (s. »Literaturempfehlungen«). Zu den übrigen *Tagebuch-Memoiren-Skandalen* sind die Hinweise in den entsprechenden Bänden der von Winfried Baumgart herausgegebenen »Quellenkunde zur deutschen Geschichte der Neuzeit von 1500 bis zur Gegenwart«, Darmstadt 1977 ff. (noch nicht abgeschlossen), zu konsultieren.

Zu den *Unterhaltungen Wolffs mit Bülow* vgl. in erster Linie die elf interviewähnlichen Unterredungen, die in der Edition Wolff, Tagebücher (s. »Manuskripte und veröffentlichte Schriften Theodor Wolffs«), zugänglich sind. Es sind die Gespräche vom 12. August (Nr. 6), 11. und 15. Dezember (Nr. 65 f.), 1914; vom 28. Mai (Nr. 163) und 12. Juni (Nr. 170) 1915; vom 31. Januar (Nr. 297), 11. Mai (Nr. 357), 7. Juni (Nr. 372), 9. Oktober (Nr. 442) und 14. Dezember (Nr. 482) 1916; sowie vom 18. September (Nr. 608) 1917.

Zu der *Bülow-Wolff-Korrespondenz* kann auf die Briefdoku-

mente in derselben Edition der Wolffschen »Tagebücher« verwiesen werden: Nr. 4 (Wolff an Bülow, 12. XII. 1914), 879 f.;
Nr. 6 (Bülow an Wolff, 23. XII. 1914), 882; Nr. 7 (dass., 5. II.
1925), 883−885; Nr. 17 (Bülow an Wolff, 11. VII. 1916),
896−899; Nr. 18 (Wolff an Bülow, 14. VII. 1916), 899 f.;
Nr. 20 (Bülow an Wolff, 28. VII. 1916), 902−904; Nr. 21
(Wolff an Bülow, 16. VIII. 1916), 905−907; Nr. 22 (Bülow an
Wolff, 25. VIII. 1916), 905; Nr. 37 (Wolff an Bülow, 17. IX.
1921), 927−931; Nr. 38 (Bülow an Wolff, 10. VII. 1923),
929 f.; Nr. 39 (dass., 16. V. 1924), 931 f.; Nr. 40 (dass., 7. II.
1925), 932−941; Nr. 41 (Wolff an Bülow, 11. III. 1925),
941−945; Nr. 42 (Bülow an Wolff, 30. IV. 1925), 945−948.
Zu den *Reden Bülows* vgl. die Angabe von Hoetzsch, Otto/Penz-
ler, Johannes (Ed.): Fürst Bülows Reden nebst urkundlichen Beiträgen zu seiner Politik. Mit Erlaubnis des Reichskanzlers gesammelt und herausgegeben. 3 Bde. (1897−1909). Berlin
1907−1909.

Die folgenden Auszüge aus zwei Artikeln sollen die *Charakteristik des Fürsten Bülow* abrunden; Wolff veröffentlichte sie im
»Berliner Tageblatt«. Am 3. Mai 1924 schrieb Wolff in der
Abendausgabe (Nr. 211) unter dem Titel »Fürst Bülow. Zum
75. Geburtstag«:

»Dem *Fürsten Bülow*, der heute in der Villa Malta in Rom seinen fünfundsiebzigsten Geburtstag feiert, senden ihren aufrichti-
gen Glückwunsch all' diejenigen, denen politische Meinungsverschiedenheit den Blick für ungewöhnliche Eigenschaften und die
Freude an einer aus dem Alltäglichen hervorragenden Persönlichkeit nicht trübt. Wie man die Ära Bülow auch beurteilen
mag − der Eindruck, daß über ihren Irrtümern der Glanz eines
verführerischen Talentes lag, bleibt zurück. Entschiedener und
gleichmäßiger als viele andere, die hinterher zu rückschauenden
Propheten der Kritik geworden sind, habe ich die einzelnen Akte
dieser Ära bekämpft. Flottenpolitik und Marokkopolitik, der
Dilettantismus Wilhelms und der Doktrinarismus des Herrn v.
Holstein führten dazu, daß Deutschland, statt auf den Platz an
der Sonne, auf den Platz zwischen Stühlen geriet. Der schwarz-
blaue Block, aus Konservativen und Freisinnigen zusammenge-
fügt, war ein Trugbild und versperrte nur den Weg zu jeder
wirklichen Reform. Den autokratischen Neigungen eines überall
mitsprechenden Monarchen und dem Treiben aufgeregter Ver-

einspolitiker wurde kein genügend fester Damm entgegengebaut. [...]

Man soll von der Tanne nicht verlangen, daß sie Äpfel trägt, und vom Apfelbaum nicht, daß er hoch wie die Tanne wächst. Wer gerade einen neuen Freiherrn vom Stein suchte, konnte ihn in Bülow nicht wiederfinden, aber er zündete die Diogeneslaterne wahrhaftig nicht vergebens an. Er fand doch einen Mann mit Gaben, die in Deutschland überaus selten, in der wilhelminischen Galerie sonst gar nicht vorhanden waren − den Mann mit der bestrickendsten Redekunst, der feinsten Kultur, der leichtesten und geschicktesten diplomatischen Hand. Mit dem Fürsten Bülow kamen die Grazien in die Mark. [...]

Obgleich er, in einem Gemisch von weltmännischem Skeptizismus und konservativem Traditionalismus und auch in innerer Fremdheit gegenüber demokratischen Bewegungen, an durchgreifende Neuerungen gar nicht herangehen wollte, kann man nicht glauben, daß er, mit seiner Beobachtungsgabe, die Schäden nicht sah. Er war immer ein unvergleichlicher Plauderer, aber er behielt auch, opportunistisch und ironisch, sehr vieles für sich. [...]

Aber ganz unzweifelhaft ist, daß Fürst Bülow nicht in den Krieg hineingeglitten wäre, denn er besaß im höchsten Maße jenes Wagenführertalent, das auch im letzten Augenblick, noch hart am Rande des Abgrundes, den Absturz vermeiden kann. Er war ein Jongleur, der die Kugel noch zurückholt, wenn sie im Fallen schon den Boden zu berühren scheint. Irrtümer gediehen bei ihm nie bis zur letzten Katastrophe, und Fehlerhaftes auszubessern, war eine besondere Art seiner großen diplomatischen Geschicklichkeit. Er kann, wenn er im Gespräch die Politik vor dem Ausbruch des Krieges streift, mit Recht sagen, die Fehler, die damals verübt wurden, hätte er nicht begangen. In schwierigen Momenten war er wachsam, fiel ihm immer das Richtige ein. Warum hat man im Juli 1914, als er in Klein-Flottbek, gar nicht weit von Berlin saß, seinen Rat nicht eingeholt? Es wäre vieles anders gekommen. [...]

Man grüßt ihn doppelt gern, wenn man gegen ihn gekämpft hat, denn heutzutage verspürt man selten das Bedürfnis, vor politischen Gegnern den Hut zu ziehen.«

Und in Wolffs »Nachruf« hieß es u. a.:

»Die letzten Worte, die ich aus dem Munde des Fürsten Bülow hörte, waren Lob und Anerkennung für Stresemann. Das war

gegen Ende September und ungefähr eine Woche bevor Stresemann starb. Der Fürst hielt sich, wie alljährlich um diese Zeit,
auf der Rückreise von Klein-Flottbek nach Rom in Berlin auf,
und wie immer, wenn er hier weilte, konnte ich einen Nachmittag im Adlon mit ihm verbringen. Er war frisch und lebhaft, war
mit elastischem Schritt von Besuchen bei Bekannten in das Hotel
zurückgekommen, seine physische Widerstandskraft war durch
den tiefen Schmerz, den ihm der Tod der Gattin bereitete, nicht
gebrochen, er hatte noch die leichten anmutigen Gesten, die gerade elegante Haltung, das Gesicht war im Alter etwas schwam-
miger und weicher geworden, aber die Augen, die er bei maliziö-
sen Bemerkungen amüsant zur Hälfte schloß, hatten nichts von
ihrer Ausdrucksfähigkeit eingebüßt. Er plauderte über Vergangenes und Gegenwärtiges, und ein Nachlassen des vollkommen-
sten Gedächtnisapparates zeigte sich, wie übrigens schon seit einigen Jahren, nur darin, daß er Urteile und Anekdoten, die er
vor einer Weile vorgebracht hatte, wiederholte und mitunter
auch das eben Geäußerte vergaß. Aber welch ein Unterschied
zwischen diesem Einundachtzigjährigen, der sicherlich nicht ans
Sterben dachte, an vielen Memoirenbänden arbeitete, mir römische Besuchspläne für den nächsten Frühling entwarf, und Stresemann, auf dem, als ich ihn zuletzt gesehen hatte, das Kennzei-
chen des nahen Todes lag! [...]
Aber in der letzten Zeit, und eigentlich wohl schon in der vorletzten, hatte sich Bülow merklich mit dem republikanischen
und demokratischen Staatswesen ausgesöhnt. Er war doch zu
klug, und zu wenig verbohrt in Vorurteile, um sich dauernd der
Einsicht zu verschließen, daß die Entwicklung nicht stehenblei-
ben, der Gang der Geschichte nicht immer das Gleichmaß des
Paradeschrittes wahren muß, und daß die Nationen auf verschiedene Weise emporsteigen können. Hindenburgs Präsidentschaft
erfreute ihn, Stresemanns Politik erkannte er als »die einzig richtige« ohne jede Einschränkung an. Immer mehr verband er die
liebkosende Betrachtung seiner alten Erinnerungsschätze mit einer wohlwollenden Beobachtung der Gegenwart.

(»Berliner Tageblatt« 510, 29. X. 1929: »Was Fürst Bülow im
Sommer 1914 getan hätte.«)

Zu den Seiten 48 bis 102 Der Gegner: *Graf Monts*

Für den Grafen liegt eine einseitig gestaltete Memoiren- und Briefsammlung vor, die von Karl Friedrich Nowak und Friedrich Thimme herausgegeben wurde (s. »Literaturempfehlungen«). Zur vollständigen Wiedergabe der erhaltenen Monts-Wolff-Korrespondenz s. Wolff, Tagebücher, 875 ff., vgl. insbesondere die Briefe Nr. 1 (Monts an Wolff, 19. VIII. 1914), 875−877, und Nr. 19 (dass., 26. VII. 1916), 900−902, aus denen Wolff in seinem Erinnerungsbuch nur jeweils zwei Zitate auswählte, bzw. den Brief Nr. 25 (Monts an Wolff, 23. V. 1917), 912 f., aus dem Wolff nur ein Zitat heranzog.

Die Zensur ließ den Artikel »Freiheit der Meere« nicht passieren.

Zu den Seiten 103 bis 127 Der Briefschreiber: *Fürst Bülow*

Zu der *Bülow-Wolff-Korrespondenz* vgl. die Einzelausgabe der Zusammenstellung zu dem Kapitel »Fürst Bülow am Fenster« in diesem Kommentarteil.

Dem Nachlaß Theodor Wolffs (Bundesarchiv Koblenz, Bd. 7) läßt sich entnehmen, daß Wolff nicht 1914, sondern bereits 1907 seinen *ersten Brief von Bülow* erhalten hat.

Die Auseinandersetzungen zwischen Bülow und Wolff über die Darstellung und Bewertung der *»Ära Bülow« in Wolffs Buch »Das Vorspiel«* gewinnen eine wissenschaftliche Dimension in den Rezensionen zweier zeitgenössischer Historiker. Veit Valentin (1885−1947), später durch seine zweibändige Geschichte der deutschen Revolution von 1848/49 (1930/31) einer größeren Öffentlichkeit bekannt geworden, schrieb:

»Theodor Wolff war der erste und der am besten informierte zeitgenössische Kritiker der Marokko-Politik. Es ist ganz natürlich und völlig unposiert, daß ein paar seiner historisch gewordenen Artikel im Berliner Tageblatt erwähnt werden [...]

Wolff hat aber immer viel mehr gewußt, als er in seinen Artikeln mitgeteilt hat. Die Indiskretion, die er so hübsch das Hausmittel Kaiser Wilhelms II. nennt, gab es in seiner politischen

Apotheke nicht: und so hat sich die Zahl seiner diplomatischen Freunde immer vermehrt.

Das Neue, das stofflich Neue seines Buches beruht hauptsächlich auf den Erzählungen dieser Gewährsmänner. Wer so nahe den Ereignissen selbst gestanden hat, der weiß, daß nicht Alles in den Akten steht, ja daß manche der wichtigsten Aktenstücke gar nicht so aufbewahrt werden, daß sie spätern Historikern in die Hände fallen können. Nicht ohne Ironie spricht Wolff von den Bemühungen der Hohenpriester der Wissenschaft, alle Rätsel zu lösen; er selbst hat keinen Geschmack für die zurückblickende Kontemplation der Klostergärten: er hat im großen politischen Theater in der vordersten Logenreihe gesessen, ja er hat manchen Schauspieler in der Garderobe gesprochen, während der sich schminkte, und hat sich manche hochdramatische Szene von einem verdeckten Platze zwischen den Kulissen angeschaut. [...]

Sollte Fürst Bülow wirklich seinen Hang zur originellen Skepsis so weit treiben, daß er keine politischen Erinnerungen hinterläßt, so hätte man in Theodor Wolffs Buch eine Art von Ersatz, Bülow und Wolff sind an Geist und Geschmacksrichtung gleichgestimmte Naturen; die vertrauensvolle Bekanntschaft, die sie verbindet, muß aber begreiflicherweise immer in politischem Meinungsaustausch, in historisch-politischen Betrachtungen und Erzählungen gipfeln. Der Staatsmann von gestern und der Publizist, der sich und Andern Rechenschaft über das Werden des deutschen Schicksals geben will – sie können nicht anders. Wolff hat den Fürsten Bülow erst nach dem Rücktritt vom Kanzleramt näher kennen gelernt; die Politik Bülows hat er ja in Vielem bekämpft, und davon braucht er nichts zurückzunehmen. Auf Wolffs Buch hat nach Stoff und Auffassung Bülow stark eingewirkt. [...]

Sei dem, wie ihm wolle: Fürst Bülow scheint mir bei Theodor Wolff etwas zu gut wegzukommen. Wenn er unter Holstein litt, dann mußte er sich früher von ihm befreien, wenn er Zweifel an Tirpitz hatte, wie aus den jetzt veröffentlichten »Dokumenten« des Großadmirals selbst hervorgeht, dann mußte er den Mut haben, ihn offen zu bekämpfen und ihn nötigenfalls aus seinem Amt entfernen.

Auch Bethmann, dem ja Kiderlen allzu früh wegstarb, hat die wirklich großen Fragen der deutschen Außenpolitik nicht lösen können; daß er sie richtiger gesehen hat als Bülow, scheint mir schon jetzt unzweifelhaft.

Theodor Wolff hat sich selbst zu sehr als Meister in der objektiven Austragung von Meinungsverschiedenheiten bewährt, als daß er diese meine abweichende Ansicht als unbequem empfinden wird.

Grade die Wissenschaft, mit der zu konkurrieren er ja verschmäht, wird ihm für sein nicht nur an Geist reiches Buch dankbar sein.«

(Auszug aus »Die Weltbühne« 21 [1925], 226–230)

In dem bedeutendsten Fachorgan der deutschen Geschichtswissenschaft rezensierte der Danziger Professor für Geschichte, Friedrich K. Luckwaldt (1875–1945), Wolffs Buch:

»Theodor Wolff ist einer der wenigen Publizisten von Rang, die das neuere Deutschland hervorgebracht hat. Als Pariser Korrespondent und später als Hauptschriftleiter des Berliner Tageblatts hat er in der Vorkriegszeit mit Scharfblick und nicht geringem moralischen Mut, lange fast allein, auf die schweren Fehler und Gefahren der Außenpolitik Wilhelms II. hingewiesen. So kann ihm niemand das Recht und die Fähigkeit absprechen, jetzt rückblickend »das Vorspiel« der großen Tragödie kritisch zu würdigen. Sein Buch ist ein Mittelding von Geschichtsdarstellung und Memoiren. Als Geschichtsdarstellung sorgfältig und kenntnisreich, eine geschickte Verwendung namentlich der großen amtlichen Aktenpublikation, wertvoller und fesselnder aber doch unbedingt in den Teilen, die auf persönlichen Eindrücken oder vertraulichen Mitteilungen dritter, in erster Linie hier des Fürsten Bülow, beruhen. Die Disposition ist lose. [...]

Wie ein Händler in einem orientalischen Basar lasse er [Wolff über Bülow] die Edelsteine in die Schale gleiten. Damit charakterisiert er eigentlich zugleich seine eigene Art, ihre Vorzüge und etwa auch das, was ein grämlicher Leser bei Erörterung so ernster Probleme gelegentlich als störend empfinden mag. Er schreibt geistreich und unterhaltend. [...] Namentlich auch wird der unheilvolle Einfluß der deutschen öffentlichen Meinung, den [der Historiker Johannes] Haller in der »Ära Bülow« als Milderungsgrund nicht anerkennen wollte, richtig gewürdigt. Gerade für diese Seite hat W. als Journalist natürlich besonderes Verständnis. Seine Fähigkeit, Volksstimmungen festzustellen und zu analysieren, zeigt sich erst recht glücklich in der Schilderung des deutsch-französischen Verhältnisses. [...]

Die sehr eindrucksvolle Erzählung Bülows von seinem letzten Besuch bei Holstein: der Sterbende beschwor ihn, im Amt zu bleiben, weil absolut kein Ersatzmann da sei.«

(»Historische Zeitschrift« 133 [1926], 113–116)

Zu den Seiten 128 bis 164 Das tragische Haus: *Bethmann Hollweg, Michaelis, Hertling, Max von Baden*

Über seine *Besuche in der Wilhelmstraße bei Bethmann Hollweg* hat Wolff bereits in seinem Buch »Der Krieg des Pontius Pilatus«, 143 ff., berichtet. Dort und bei anderen Gelegenheiten traf er auch mit Kurt Riezler, einem der Mitarbeiter des Reichskanzlers, zusammen, dessen Tagebücher und tagebuchartige Aufzeichnungen die Atmosphäre und die Überlegungen des Kreises um Bethmann Hollweg spiegeln. Die Unzulänglichkeiten der wissenschaftlichen Ansprüchen nicht genügenden Edition zeigen sich am deutlichsten in dem Abschnitt zur sog. Julikrise von 1914 (im einzelnen vgl. die text- und editionskritische Untersuchung von Sösemann, Bernd: Die Tagebücher Kurt Riezlers, in »Historische Zeitschrift« 236 [1983], 327–369); s. auch Wolff, Tagebücher, 356 und passim; insbesondere den Brief Nr. 44 (Riezler an Wolff, 21. III. 1930), 950 f. Wolff stand dem jungen Riezler ironisch-distanziert bis skeptisch gegenüber; besonders Riezlers Versuche, die Bethmann Hollwegsche Politik während des Ersten Weltkriegs zu rechtfertigen, überzeugten ihn nicht. In einer fiktiven Rede formulierte Wolff 1917 die Grundsätze einer entschieden auf friedliche Verständigung und auf eine innere Neuorientierung hinzielenden Politik:

»Zarte Seelen scheuen vor dem Worte ›Geschäftsfrieden‹ mit einer Empfindsamkeit, die manche von ihnen gegenüber dem Kriegsgeschäft nicht spürten, und auf den Namen kommt es schließlich nicht an. Ein solcher Frieden besagt, daß man durch Verzicht auf das, was man entbehren zu können glaubt, anderes erwirbt, was unentbehrlicher erscheint. Er besagt, daß man in diplomatischem Verhandeln Zugeständnisse macht, um anderes zu erlangen, und daß man so eine möglichst vorteilhafte Gesamtlage, die Stärkung der eigenen Interessen und die Sicherung der eigenen Zukunft erreicht. Daß die volle Freiheit des Handels

gefordert werden muß, ist eine Selbstverständlichkeit. An jeder
Stätte, wo die deutsche Unternehmungskraft bisher sich betätigte, muß ihre weitere Betätigungsfreiheit geschützt werden, ob
diese Stätte nun Sidney, Yokohama oder Antwerpen heißt. Auf
Kriegsentschädigung wird, wenn die Aussichten es zulassen, niemand gern verzichten, aber es gibt keine verfehltere Spielerrech-
nung, als ihr nachzujagen und von der Verlängerung des Krieges
einen Gewinn zu erhoffen, der unsicher bleibt. Geld kann niemals, vom Einzeljammer ganz abgesehen, entschwundene Volks-
kraft ersetzen, und wir wollen nicht dem Manne gleichen, der im
verödeten Hause, nur umringt von Gräbern, einen verspäteten
Reichtum empfängt. Die anderen bringen gleichfalls Forderungen − und vorläufig auch sinnlos große − an den Konferenz-
tisch mit. Man wird das Unannehmbare abweisen und den Preis
nennen, der für das vielleicht Annehmbare zu zahlen ist. So,
oder ähnlich, wird eines Tages der Frieden durch Verständigung
kommen, und das ist alles, was in diesem Augenblick ein Reichskanzler darüber zu sagen vermag. Dieser Verständigungsfrieden
wird den Völkern genügen können, wenn er zugleich Sicherheiten für eine dauernde Verständigung schafft.

Da man, wie erwähnt, von allen Seiten Wünsche äußert, so
darf man wohl noch einen Wunsch vorbringen, der den Schluß
der erwarteten Rede betrifft. ›Der höchste Gewinn, der höchste
Ruhm des deutschen Volkes‹, möchte man Herrn v. Bethmann
Hollweg sprechen hören, ›wird der unvergleichliche Kraftbeweis
bleiben, den dieses Volk heute, im Kampfe mit einer Welt, sich,
den anderen und den kommenden Geschlechtern gibt. Diesem
Volke alle Rechte zu verleihen, die in anderen Ländern längst
bestehen, ist uns eine selbstverständliche Pflicht. Die Kluft zu
überbrücken, die uns, durch die Unterschiede des politischen Systems, vom Rest der zivilisierten Erde trennt, und das gering-
schätzige Urteil zu entkräften, mit dem an Selbstregierung gewöhnte Völker herblicken und den Glanz des deutschen Namens
verdunkeln, ist ein dringliches Gebot kluger Politik. Wir werden
das Mittel finden, jetzt schon, ohne Zögern, in Preußen das gleiche Wahlrecht einzuführen, das allein der Gerechtigkeit entspricht und allein auch den so lange währenden Streit beenden
kann. Gemeinsam mit dem Verfassungsausschuß werde ich die
Grundlagen für ein System schaffen, das im Reiche die Mitwirkung des Volkes durch seine gewählten Vertreter herbeiführen
soll. Kein Reichskanzler, kein Minister, meine Herren, wird
mehr hier stehen wollen und dürfen, wenn er nicht Ihr klar

bekundetes Vertrauen besitzt. Ohne die Teilnahme und die Kontrolle der Volksvertretung wird keine Entscheidung gefällt oder vorbereitet werden können, die das Schicksal dieses großen Volkes berührt. Seit ich von der ›freien Bahn für den Tüchtigsten‹ sprach, sieht man sich mit verstärktem kritischen Eifer diesen und jenen meiner Mitarbeiter an. Ich werde das gleiche tun und überall den besten auf den schwierigsten Posten stellen. Es ist mir nicht unbekannt, daß mancher von Ihnen die Neugestaltung, die ich Ihnen ankündige, mehr noch mit formalen als mit sachlichen Bedenken bekämpft. Aber in solchen Stunden, meine Herren, erscheint mir bedenklich nur derjenige, der allzuviel bedenkt . . .‹ Es könnte gewiß unhöflich erscheinen, einem Redner so seine Gedanken vorwegzunehmen, bevor er spricht. Das Vergehen wird dadurch gemildert, daß es vermutlich nicht seine Gedanken sind.«

(Auszug aus Leitartikel in »Berliner Tageblatt« 217, 30. IV. 1917: »Kriegsziele − eine fiktive Rede Bethmanns«)

Als die Memoiren Bethmann Hollwegs erschienen, kritisierte Wolff die rechtfertigenden Passagen; versöhnlicher klingt der knapp zwei Jahre später veröffentlichte »Nachruf«.

»In seinen ›Betrachtungen zum Weltkriege‹ bestreitet Herr v. Bethmann Hollweg jegliche Schuld. Weder absichtlich noch unabsichtlich, weder planmäßig noch fahrlässig, weder durch die in den letzten Friedensjahren betriebene Politik noch durch die Politik in den letzten Friedenswochen habe die deutsche Reichsleitung irgendwie gefehlt. Dort, wo Herr v. Bethmann Hollweg die verglimmenden Friedensmöglichkeiten des Juli 1914 erörtert, sagt er: ›Deutsche Versäumnisse liegen nicht vor.‹ Dort, wo er die ›Ursachenfragen‹ darlegt, schreibt er: ›Aufgerichtet ist der Holzstoß zum Weltenbrande von Mächten der Entente.‹ Herr v. Bethmann Hollweg ist von der Richtigkeit und Gerechtigkeit all der Entschließungen, die er gefaßt, und all der Schritte, die er unternommen hat, felsenfest überzeugt. Er protestiert auch gegen die Behauptung, daß er in den Weltkrieg ›hineingestolpert‹ sei. So harmlos, und vor allem so klug und vorsichtig, wie er es uns und sich selber beweisen möchte, war die deutsche Politik leider nicht. Für so unschuldig vermag sie auch derjenige nicht zu halten, der sehr genau die Schuld der Ententemächte sieht. Auch Herr v. Bethmann Hollweg vermag nichts gegen die peinliche Fragestellung, die einfach so lautet: ›Wenn ihr nicht geglaubt

369

habt, daß das Ultimatum an Serbien zum Weltkriege führen würde, so seid ihr sehr kurzsichtig gewesen, und wenn ihr es geglaubt habt, was wart ihr dann?‹ Als schließlich die in Wien und Berlin waltende Staatskunst die Fehler gehäuft, sich im Engpaß festgerannt, vor der Welt alles Odium übernommen hatte, hielten Gegner, die eine solche Gelegenheit nicht versäumen wollten, sie mit geschicktem Griff in der Falle fest. Herr v. Bethmann Hollweg will auch noch immer nicht erkennen, daß im Sommer 1914 allerlei ihm unsichtbare Kräfte sein Boot vorwärtstrieben und daß der bedrohliche Geist, den man bei der Zabernaffäre gesehen hatte, hinter ihm war. Dieser Geist des hochfahrenden Militarismus und des engen Nationalismus, der auch in Äußerlichkeiten das Bild der Nation entstellt hatte, erwartete seine große Stunde, während in Petersburg, in Paris und London eine intrigierende Kamarilla auf der Lauer lag.«

(Auszug aus Leitartikel in »Berliner Tageblatt« 289, 28. VI. 1919: »Heute . . .«)

»Herr v. Bethmann Hollweg ist aus dieser Welt geschieden, durch die er nur noch wie ein Einsamer schritt. Er hat – und das zeugt für seine menschlichen Eigenschaften, für die Anziehungskraft seines Geistes und die Lauterkeit seines Willens – unter seinen Mitarbeitern treue, fast fanatisch ergebene Freunde gewonnen, aber Hohenfinow war doch der Zufluchtsort eines Gescheiterten, der an den Strand geworfen war. Ich für mein Teil verzichte darauf, an seinem Grabe umständlich auseinanderzusetzen, was er erstrebte, und nicht erreichte, dachte und nicht konnte, und wie er, fremde Fehler erkennend, doch in tragischen Stunden nicht die Entschlußkraft zur Verhütung noch furchtbarerer Fehler fand. Man müßte, um das alles in seinen Ursprüngen und Beweggründen zu erklären, mindestens die Geschichte eines Jahrzehntes schreiben, und damit sind nur diejenigen schnell fertig, deren zustimmende oder tadelnde ›feste Meinung‹ keines stützenden Wissens bedarf. In den Jahren vor dem Kriege wurde die innere Politik des Reichskanzlers Bethmann Hollweg, die bureaukratisch quietistische Politik der ›gottgewollten Abhängigkeiten‹, hier an dieser Stelle mit der notwendigen Schärfe bekämpft. Die Ansichten, mit denen Herr v. Bethmann Hollweg an die Leitung der *auswärtigen* Politik herantrat, waren sehr vernünftig, aber er konnte sie nicht verwirklichen und manchmal zeigte sich zwischen Ansicht und Tat ein unüberbrückbarer Widerspruch. [. . .]

Der Mann, der jetzt leblos, von weltgeschichtlichen Sorgen nicht mehr gedrängt, in Hohenfinow liegt, ist unter anderem auch deshalb viel angegriffen worden, weil er sich zur Schaffung des polnischen Staates verleiten ließ. Die Idee hatte ihr Gutes, der Zeitpunkt war falsch gewählt und wurde nicht von dem Reichskanzler, sondern von den Generälen, die schon polnische Rekruten aufblühen sahen, bestimmt. Ein polnischer Staat aber wird immer nur Lebensfähigkeit haben, wenn er, der mit einem feindlichen Rußland rechnen muß, ein versöhntes Deutschland zur Seite hat. Herr v. Bethmann Hollweg hat, trotz all seinen folgenschweren Irrtümern, nicht unrichtiger geurteilt, als es in Paris und Warschau geschieht. Er hat die Resultate der Fehler, die ihm oft von einer *Militärpartei* und einem gedankenlosen Nationalismus aufgezwungen wurden, noch erlebt. Manche Früchte reifen schnell und manche brauchen etwas Zeit ... Daß man uns nicht in einer Note untersagt hat, gleichzeitig mit den Alliierten in das neue Jahr einzutreten, ist eigentlich schade und gewissermaßen eine verpatzte Gelegenheit. Es wäre im Grunde nicht dümmer gewesen als vieles, was man ernsthaft betreibt.«

(Auszug aus Nachruf auf Theobald von Bethmann Hollweg in »Berliner Tageblatt« 2, 3. I. 1921 [A])

Zu dem Porträt des Reichskanzlers Georg *Michaelis* vgl. die Aufzeichnung Nr. 581 in Wolff, Tagebücher, 524 f. (27. VII. 1917); über dessen Nachfolger Georg Friedrich Graf von *Hertling*, ebd., Nr. 633 (29. X. 1917), 522 f., kann Wolff trotz der bestehenden Zensur in seinem ersten Leitartikel nach Bekanntwerden der Kandidatur die folgende ablehnende Stellungnahme im »Berliner Tageblatt« publizieren (Nr. 552, 29. X. 1917): »Aber Graf Hertling, der, auf preußische reaktionäre Wünsche hin, wegen seiner Gegnerschaft gegen die Gewerkschaften, zum bayerischen Ministerpräsidenten ernannt wurde und sich bis zuletzt scharf gegen Parlamentarisierung und Demokratisierung gewendet hat, ist schwerlich der Reichskanzler, dem die Linke gläubig ihre Unterstützung gewähren kann. Er ist der Kandidat derjenigen, die nur darauf ausgehen, die heutige Mehrheit zu sprengen, und es ist begreiflich, daß die gesamte Linke seiner Kandidatur mit Mißtrauen gegenübersteht.«
Über seine Begegnung mit dem Reichskanzler Prinz *Max von Baden* am 22. Oktober 1918 berichtet Wolff in seinem Tagebuch ausführlich (Nr. 793, S. 635−638).

Zu den Seiten 165 bis 205 Die Revolution des
Schlemihl: *Die revolutionären Ereignisse des Winters
1918/19 in Deutschland*

Wolff ist zu den entschiedenen liberalen Kritikern des Wilhelmi-
nismus und des sog. persönlichen Regiments Wilhelms II. zu
zählen. Dennoch formulierte er nach dem Sturz des Monarchen
nahezu als einziger einen kritisch-abwägenden Rückblick, mit
dem er sich von den Journalisten und Politikern distanzierte, die
in der »günstigen Stunde« des revolutionären Umsturzes dem
Kaiser die Alleinschuld an den langjährigen Versäumnissen und
an den Fehlentscheidungen anzulasten strebten.

»So sicher es ist, daß der von der Höhe herabfallende Stein nicht
in der Luft hängenbleiben kann, so sicher stand, nach dem Gesetz der Schwere, seit Wochen diese Lösung der großen Frage
fest. Besser wäre es auch hier gewesen, dem Willen des Volkes
nicht hinterdrein zu folgen, sondern ihm mit Herrscherwürde
voranzugehen. Aber trifft die Könige die alleinige Schuld, wenn
sie zu lange glauben, das ganze Volk sei in liebender Anhänglichkeit um sie geschart? Wann tritt, zwischen huldigenden Bür-
germeistern, Ehrenjungfrauen, Spalierenthusiasten, Lakaien und
Triariern, die Wahrheit an sie heran? Und wie sollen sie verstehen, daß plötzlich so mancher, der gestern noch den roten
Adlerorden vierter Klasse glückstrahlend entgegennahm, heute
die demokratische Überzeugung möglichst sichtbar ins Knopfloch steckt? Es ist verzeihlich, wenn sie an eine so schnelle
Wandlung nicht glauben wollen, die doch nur dartut, daß selbst
in der furchtbarsten Tragödie die menschliche Komödie unverändert weitergeht.

Wer dem Kaiser nie die Rosen, die aus den Gärten von Byzanz
stammen, dargebracht hatte, wird in diesem Augenblick gern
darauf verzichten, auf die Schwelle, über die er hinausschreitet,
nur Beschuldigungen zu streuen. Er hat dreißig Jahre lang regiert, und er ist das Opfer von Eigenschaften geworden, die ein
Teil seiner Natur waren und von fatalen Persönlichkeiten zugunsten falscher Ziele ausgebeutet worden sind. Man kann ihn nicht
mit wenigen Worten und Strichen zeichnen, denn sein Wesen ist
sehr gemischt und es geht in ihm vieles, was unvereinbar scheint,
durcheinander und nebeneinander her. Er schien, wie ein moder-
ner Mensch, überall Wissen und Berührungen zu suchen, und er

war doch offenbar überzeugt, Gott habe ihn und sein Haus zu Sendboten, zu Vollstreckern seines Willens gewählt. [...]

Wilhelm II. besitzt Fähigkeiten, Anlagen, Eigenschaften, die bei Monarchen wie bei anderen Menschen nicht alltäglich zu finden sind. Sein Gedächtnis bewahrt alles, was er gesehen und gehört hat, mit seltener Sicherheit auf, und er überrascht so durch vielartige Bemerkungen oft die Personen, zu denen er spricht. Er hat im Gespräch jene Leichtigkeit des Ausdruckes, die in Deutschland so vielen fehlt. Auf dem Gebiet der Technik hat er, wie alle, die auf einem Schiffe oder in einer Fabrikanlage seinen Erläuterungen zugehört haben, versichern, die wirkliche Begabung des Ingenieurs. Sehr viel weniger entwickelt, und besonders sehr viel weniger ausgeglichen, war immer sein politischer Sinn. Die große Politik behandelte er mit jener Sprunghaftigkeit, die sich schnell von einer Frage abwendet und ein neues Gewebe beginnt. Wie in seinen Worten fehlte ihm in seinen politischen Handlungen das richtige Maß. Er wurde sich nicht in ruhigem Überlegen über die Tragweite seiner plötzlichen Regungen klar. Nur zwei Ideen hat er, ohne Kursänderung, konsequent verfolgt. Er wollte eine glanzvolle, mächtige Flotte schaffen, und er wich von dem Gedanken, daß er Österreich-Ungarn die ›Nibelungentreue‹ halten müsse, nicht ab. Bei den Flottenplänen wurde Tirpitz sein Helfer, der die Politik in unheilvollster Weise beeinflußte und überdies unverwendbare Riesenschiffe statt der Unterseeboote schuf. Dieser Pläne wegen wurde die öffentliche Meinung gegen England aufgeregt, wurde das Bündnis mit England, das wir vor und noch nach neunzehnhundert haben konnten, zurückgewiesen, wurden England und Frankreich zusammengebracht. Die ›Nibelungentreue‹ führte zunächst zu der Kündigung des Rückversicherungsvertrages mit Rußland, dann im Laufe der Begebenheiten zu einem Überwiegen der österreichischen Interessen und zu einer Politik, von der Bismarck immer abgeraten hat. Sie führte uns, im Verein mit den anderen politischen Fehlern, dorthin, wo wir heute stehen.

Es wäre eine gewaltsame Ungerechtigkeit, zu behaupten, er habe alle Fehler selbst begangen, uns allein so weit gebracht. Unter der Kanzlerschaft des Fürsten Bülow wurde die Flottenpolitik, die Ablehnung des englischen Bündnisvertrages, die Marokkoaffäre und die Abwendung von Rußland in der bosnischen Frage, die fatale Situation geschaffen, unter der Kanzlerschaft des Herrn v. Bethmann Hollweg wurden wir, durch Fortsetzung und Steigerung all' dieser Irrtümer, zum Kriege geführt. In der

Marokkopolitik hatte Wilhelm II. instinktiv richtiger als Fürst Bülow gesehen. Aber er operierte doch auch mit phantastischer Verkennung der tatsächlichen Verhältnisse auf eigene Hand. [...]

Die Reden, die vielen Reden, kamen hinzu. Wilhelm II. war kein ›Alldeutscher‹, er ist von den Alldeutschen lange als ein friedliebender Schwächling angesehen worden, und er hat doch das alldeutsche Vokabularium abwechselnd bereichert und ausgeschöpft. [...]

Kann man behaupten, er habe diesen entsetzlichen Krieg gewollt? Er war nie der ›Attila‹, dessen blutgieriges, grausames Bild die Ententepresse so rastlos malt. Über den Ursprung dieser Menschheitskatastrophe werden wir sprechen, wenn der Frieden geschlossen sein wird. Wilhelm II. hat dabei nicht die Rolle des führenden und voranschreitenden, sondern nur die Rolle des Gedrängten und Geschobenen gespielt. [...]

Das alles wird später, in Ruhe — denn einmal werden wir doch wieder zur Ruhe kommen müssen — besser und gründlicher zu zeigen sein. Wilhelm II. war nicht der alleinige Urheber, aber der Repräsentant einer aberwitzig kurzsichtigen, die Kräfte und Ideen des Auslandes falsch schätzenden Politik, und er war das Symbol einer Zeit und eines Geistes, der, in Machtbegehren und Selbstüberhebung, die Katastrophe herbeigeführt hat. Er mußte abdanken, auch wenn die Aufstandsbewegung im ganzen Lande nicht so brausend und unbezwingbar angeschwollen wäre, wie es niemand erwartet hat. Nur diejenigen sollten ihn heute nicht anklagen, die Hurra gerufen haben, als er ihnen ›herrliche Zeiten‹ und, im August 1914, die glanzvollsten Siege versprach. Der Sozialist Ebert wird Reichskanzler werden, die deutsche Nationalversammlung, die konstituierende Versammlung, wird sofort einberufen werden, wie es auch von uns gefordert worden ist. In der Nationalversammlung wird das deutsche Volk darüber entscheiden, wie nach dem Abschluß der Wilhelminischen Epoche das Deutsche Reich aus den furchtbarsten Wirren zu neuer Ordnung geführt werden soll.«

(Auszug aus Leitartikel in »Berliner Tageblatt« 575, 9. XI. 1918 [A]: »Abdankung des Kaisers«)

Die Dynamik der revolutionären Vorgänge des 9. Novembers, aber auch der politische Mitgestaltungswille des Journalisten treten in dem Begrüßungsartikel »Der Erfolg der Revolution«

auf der Titelseite des »Berliner Tageblatts« unmittelbar hervor. Der ein Jahr später niedergeschriebene Rückblick kann resignative Züge nicht verbergen, wenn er auch mit einer Wende ins Hoffnungsvolle schließt:

»Die größte aller Revolutionen hat wie ein plötzlich losbrechender Sturmwind das kaiserliche Regime mit allem, was oben und unten dazu gehörte, gestürzt. Man kann sie die größte aller Revolutionen nennen, weil niemals eine so fest gebaute, mit so soliden Mauern umgebene Bastille so in einem Anlauf genommen worden ist. Es gab noch vor einer Woche einen militärischen und zivilen Verwaltungsapparat, der so verzweigt, so ineinander verfädelt, so tief eingewurzelt war, daß er über den Wechsel der Zeiten hinaus seine Herrschaft gesichert zu haben schien. Durch die Straßen von Berlin jagten die grauen Autos der Offiziere, auf den Plätzen standen wie Säulen der Macht die Schutzleute, eine riesige Militärorganisation schien alles zu umfassen, in den Ämtern und Ministerien thronte eine scheinbar unbesiegbare Bureaukratie. Gestern früh war, in Berlin wenigstens, das alles noch da. Gestern nachmittag existierte nichts mehr davon. Das Ministerium des Prinzen Max von Baden wurde gebildet, um den Waffenstillstand zu schließen, und es hat diese Aufgabe bis nahe zur Verwirklichung geführt. Bei einer ruhigen Entwicklung hätte es wohl gedauert, für Sturmzeiten war es, durch seine ganze Zusammensetzung, zu schwach. Es hat nicht rechtzeitig den Kaiser zur Abdankung zu nötigen vermocht. Es hat die Vertreter der alten Traditionen in ihren Ämtern gelassen und hat kein Programm, das den Massen Interesse und Vertrauen abgewinnen konnte, gehabt. Aber wahrscheinlich hätte es selbst mit größerer Tatkraft in diesem Augenblick die Bewegung nicht aufhalten können, die durch alle Teile des Landes ging. Die besten Programme helfen gegen Naturgewalten nicht.

Ebert ist − wenn nicht Uneinigkeit ihn zum Verzicht nötigt − nun Reichskanzler, und er will eine Regierung bilden, die einen Halt in das durcheinanderwogende Chaos bringen soll. Jeder, der die Gefahren der Stunde erkennt − und wer könnte sie verkennen? − würde dieser Regierung seine volle Unterstützung leihen. Alles, was Ebert in seinen Aufrufen an die Bevölkerung sagt, ist wahr und klug. Er warnt davor, die Produktion und die Einfuhr von Nahrungsmitteln zu hindern, er fordert zum Verlassen der Straße, zu Ruhe und Ordnung auf. Er wendet sich in warmen Worten an die bisherige Beamtenschaft in Stadt und

Land. Er sagt verständnisvoll, daß es vielen dieser Beamten schwer werden müsse, mit den neuen Männern zu arbeiten, und bittet sie, aus Liebe zum Volke auf ihren Posten auszuharren. In diesen Worten liegt nicht nur eine Aufforderung an die Helfer des alten Staates – auch eine Mahnung an die Bekenner des neuen liegt darin. Niemand, der selbst auf freies Denken Anspruch erhebt, wird denjenigen zu nahe treten, diejenigen kränken dürfen, die mit ihrem Herzen bei einem anderen Götterkultus sind. Es sind nicht immer die Schlechtesten, die nicht bei jeder Winddrehung und beim Emporsteigen neuer Mächte umzulernen verstehen. Ein zur Selbständigkeit gelangendes Volk ehrt sich selber, indem es auch in denjenigen, über deren Vorrechte es hinwegschreitet, die aufrichtige Gesinnung ehrt. Gestern haben, im Jubelrausch des Erfolges, Personen, die weder zum Arbeiterstande noch zu den Soldaten gehörten, diese Achtung nicht immer genügend gewahrt. Ebert fühlt und weiß, daß eine Revolution, die fleckenlos dastehen will, dem besiegten Gegner mit Schonung und Menschlichkeit zu begegnen hat. Die Nationalversammlung wird, frei und souverän, über die Frage entscheiden, ob Deutschland eine Republik werden oder in welcher Form es in Zukunft seine neuen Wege beschreiten soll. Es ist eine große, aber absolut notwendige Aufgabe, mitten in der allgemeinen Auflösung die Wahlen zu dieser Versammlung so vorzubereiten, daß jede Meinung sich sicher und unbehelligt äußern kann. Das, was geschaffen werden soll, muß durch die Volksmehrheit verbürgt und dauernd sein. Es dürfen nicht unterdrückte Kräfte sich hinterher in der Behauptung zusammenfinden, die neue Volksherrschaft habe einen Zwang auf sie ausgeübt. Aber die Regierung hat noch sehr viel anderes zu tun und zu erfüllen, bevor oder während sie das Volk an die Wahlurnen ruft. Niemals türmten sich vor neuen Männern so ungeheure Pflichten auf. Der Schutz der Bevölkerung gegen Elemente, die in Tagen der Erregung an den ehrenhaften Arbeiter und Soldaten sich herandrängen und ihre Instinkte austoben lassen, ist die oberste Pflicht. Die Bevölkerung erhofft von der Energie der Regierung und von der Umsicht des Arbeiter- und Soldatenrates, daß diesen Elementen jede irgendwo aufgegriffene Waffe schnell wieder aus der Hand genommen werden wird. Dann kommt die Sorge für die Ernährung, die Ebert in seinem Aufrufe berührt. Jeder versündigt sich am Volke, der nicht mit ganzer Kraft bei der Sicherung seiner Versorgung hilft. Nach der Verkündung des Waffenstillstandes werden die Millionen von Kriegern, die noch

an der Front und in den Etappen stehen, heimzuleiten, unterzu-
bringen, im Lande zu verteilen, mit guter Arbeitsgelegenheit zu
versehen sein. Die Einrichtung der Arbeiter- und Soldatenräte ist
heute die einzige, die diese Probleme noch lösen kann. Wir wissen nicht, ob die Revolution aus einem Zufall entstand und
dann, getragen durch den allgemeinen Geist, vorwärtseilte, oder
ob sie seit langem planmäßig organisiert gewesen ist. Aber in
diesen Tagen, seit dem ersten Ruf aus Kiel, haben diejenigen, die
ihre Leistung in die Hand nahmen, ein seltenes, selbst in dem
Lande der Gewerkschaften und der alten militärischen Schulung
überraschendes Organisationstalent gezeigt. Jetzt hat dieses Organisationstalent eine noch schwerere Probe zu bestehen. Die gestern zur Macht gelangten politischen Führer werden auch den
Dank Andersdenkender verdienen und vor der Geschichte groß
erscheinen, wenn diese Probe gelingen wird. Dazu ist vor allem
nötig, daß Einigkeit unter ihnen herrscht. Es ist auch nötig, daß
man die Vertreter des Bürgertums nicht fernhält und daß die
Vertreter des Bürgertums selber Abneigungen in sich überwinden, mit denen sich das Ziel, die Beendigung dieser beispiellosen
Wirren, nicht erreichen läßt.
Wer gestern in den Nachmittagstunden Berlin gesehen hat,
trägt Eindrücke und Bilder in sich, die unauslöschbar sind. Dort,
wo bisher noch das Leben nach preußischem Zuschnitt sich ab-
spielte, feierte die Revolution ihren Triumph. Endlos lange Züge
von Arbeitern, Soldaten und Frauen marschierten vorbei. Rote
Fahnen wurden vorangetragen, Ordner gingen neben den Reihen. Die Soldaten und auch viele Zivilisten hatten die Gewehre
über die Schulter gehängt. Die schweren Lastautos der Militärdepots und die grauen Autos, in denen eben noch die Offiziere
gesessen hatten, jagten herum, bis zum letzten Stehplatz mit bewaffneten Soldaten, Zivilpersonen, Trägern großer roter Fahnen
gefüllt. Vieles erinnerte an Zeichnungen der alten französischen
Revolutionsmaler, und ein Schauspiel für Nervenschwache war
es mitunter nicht. Das waren die ersten Freudenkundgebungen,
und hoffentlich werden schnell die Worte wirken, mit denen der
neue Volkskanzler zum Verlassen der Straße, zu Ruhe und Ordnung mahnt. Auch im Volke dürfte jeder empfinden, daß jede
Ausschreitung zu unsagbarem Unglück führen, Unordnung die
Ordnungsstifter und die Gegenrevolution mit unabsehbarem
Blutvergießen herbeirufen kann.«
(Auszug aus Leitartikel in »Berliner Tageblatt« 576, 10. XI.
1918: »Der Erfolg der Revolution«)

»Wir sehen alle, und die Radikal-Literaten brauchen es uns nicht
erst zu erzählen, daß in der Republik noch viel vom Geiste des
monarchischen Staates lebt. Aber wer geglaubt hat, ein in langer
monarchischer Tradition geschultes, die Selbständigkeit kaum
ahnendes, mit starren Anschauungen vollgepfropftes Volk könnte an einem Revolutionstage sich, wie in dem Märchen, aus
einem Bären in einen Bräutigam verwandeln, hat eine seltsame
historische Betrachtungsweise und weiß nichts von Völkerpsy-
chologie. Nie und nirgends hatten die geistigen Führer ein Volk
so wenig zum freien Selbstbestimmungsrecht, zum Verständnis'
republikanischer Staatsform erzogen, nie und nirgends trat eine
Nation so unvorbereitet, so noch ganz verstrickt in den alten
Fäden, an diese große Aufgabe heran. Gegen all' dieses Einge-
wurzelte, gegen die idiotische, den nationalistischen Haß züch-
tende Brutalität der Ententemächte, gegen die zerstörende, den
erschreckten Bürger zur Reaktion treibende Radikalerei, und gegen die Dummheit, die alle Miseren dem neuen System zuschreibt, muß die demokratische Republik sich durchsetzen, und
man wundert sich darüber, daß sie, nach einem Jahre, noch
nicht einheitlich und rein wie ein Griechentempel sich aus dem
Sumpfe erhebt? Fielen denn von jenen Völkern, denen republikanische Traditionen eingeimpft und vorausblickende Bahnbrecher
erstanden waren, die Fetzen des alten Kleides an einem Revolu-
tionsmorgen ab? [...]
Die Revolution des 9. November war nicht so fröhlich, kam
nicht aus den Festsälen des Karnevals, sondern aus Trauerstuben
und den Höhlen endlosen Leides, und war überschattet von dem
schwarzen Gewölk, das von den Felsen der Niederlage herüber-
zog. Vom jauchzenden Sankt Christophorus hatte sie nichts,
konnte sie nichts haben, und Genies hat die sozialistisch-bürger-
liche Republik ebensowenig wie das Kaisertum oder der Radika-
lismus hervorzubringen vermocht. Sicherlich war es ein unge-
heueres Unglück, daß die Revolution gerade losbrach, als das
Verhandeln über den Waffenstillstand begann. Daran waren
nicht zum wenigsten jene höfischen Ratgeber schuldig, die dem
Kaiser abrieten, die längst unvermeidliche Abdankung zu vollziehen. Ob das rechtzeitige Verschwinden Wilhelms II. es möglich gemacht hätte, die Revolution dauernd, auch nach dem jam-
mervollen Friedensschlusse, nach der Auflösung der Armee, zu
verhindern, weiß heute kein Mensch. Die Professorenfrage, was
aus der Welt geworden wäre, wenn Alexander der Große länger
gelebt hätte, ist von ähnlicher Art. Nur eine Ansicht, zu der

manche Demokraten sich bekennen, dürfte ganz bestimmt irrig sein. Die Ansicht, daß es in Deutschland möglich gewesen wäre, das unter dem Prinzen Max von Baden eingeleitete System parlamentarischer Regierung im Frieden auch ohne Revolution fortzusetzen und zu festigen, entspringt einem mit melancholischem Bedauern gemischten Optimismus, der die Nachprüfung nicht verträgt. Nirgends ist früher und entschiedener als hier an dieser Stelle das parlamentarische System verlangt worden, das allein ein Volk gegen dunkle Olympierpolitik, gegen eine Wiederkehr geheimen Unheilspinnens schützen kann. Aber wenn gesagt werden soll, ob dieses System im kaiserlichen Deutschland sich ungestört, unangetastet erhalten hätte, so erscheint mir das zweifelhaft. Macaulay führt die Tatsache, daß die Engländer schon in den Zeiten, wo anderswo der Absolutismus noch die Völker niederzwang, sich eines anstoßlos waltenden Parlamentarismus erfreuten, auf das Fehlen eines stehenden Heeres in England zurück. Seither hat es parlamentarisch regierte Staaten mit großen Heeren gegeben, aber in einem kaiserlichen Deutschland hätte das Militär leicht immer wieder das Parlament in die Ecke gedrückt. Wir sehen doch, daß auch im besiegten Deutschland Generale die Politik meistern und ihre eigenen Irrtümer auf die Demokratie abladen wollen. Wie hätte ein Parlament sich gegen den durchkreuzenden Einfluß bei Hofe beliebter Militärs jemals untrüglich schützen können, und wie hätte es geflüsterten Rat und versteckte Winke auch nur rechtzeitig zu erkennen vermocht? Der Parlamentarismus, der gegenwärtig geübt wird, ist noch sehr schlecht diszipliniert und ähnelt mehr einer viel zu geschäftigten Fraktionsherrschaft als jener allein nützlichen Ordnung, wo eine starke Regierung, ohne täglich zweimal die Parteien zu befragen, die Geschäfte leitet, bis ihr die Volksvertretung das Vertrauen entzieht. Die Zuschauer hoffen, daß bald jeder seine Rolle gelernt haben wird. Aber man sollte sich auch klar darüber werden, daß doch eigentlich erst die Revolution, so getrübt ihre Sonne auch aufging, dem deutschen Volke die Rechte und die schweren Pflichten mündiger Nationen gesichert hat. Das sollte man zugeben, auch wenn man ihr den festlichen Erinnerungskranz versagt.«

(Auszug aus Leitartikel in »Berliner Tageblatt« 534, 10. XI. 1919: »Die deutsche Revolution«)

Zu den Seiten 206 bis 217 Ludendorff bei Nacht

Noch vor dem Zusammenbruch der Monarchie veröffentlichte Wolff diesen Versuch eines Porträts:

»Der Mann, der so voll Groll den Platz verläßt, hat mehr als zwei Jahre lang wie ein *Diktator* Deutschland beherrscht. Das Publikum, dem man nur weniges sagen durfte, hat von dieser Diktatorgewalt, ihrer Anwendung und ihren Wirkungen nur eine sehr unzureichende Vorstellung gehabt, aber um so mehr haben die Regierungen und alle, die an der Politik irgendwie teilnehmen mußten, die unablässige, ruhelose und gefährliche Tätigkeit dieser allmächtigen militärischen Persönlichkeit verspürt. Es ist gewiß rühmenswert, daß Ludendorff in seinem stolzen Selbstbewußtsein sich vor keinem, der durch Geburt und Gewohnheit die höchsten Rechte zu haben glaubte, beugte und daß er seinen Namen mit keinem Adelszeichen belasten ließ. Aber der gleiche Stolz und das gleiche Selbstvertrauen trieben ihn, als er schlecht beraten wurde und das Machtgefühl ihn ganz erfüllte, zu weit weniger erfreulichen Taten und Ideen. Wie ein Napoleon wollte er allen seinen Willen aufzwingen, griff er in alles, in absolut alles, hinein. Ohne ihn sollte kein Rad in Deutschland sich drehen. Gewiß kann mitunter, in Kriegszeiten, die höchste Kraftentfaltung erzeugt werden, wenn alle Gewalt in den Händen eines genialen Ausnahmemenschen liegt. Aber die Völker sind heute selbständiger, die Staatsbetriebe sind komplizierter als früher, und aus den preußischen Kadettenanstalten mit ihrer einseitigen Erziehung kommen im allgemeinen nicht die napoleonischen Universalgenies. [...]
Ludendorff hat zweifellos dann auch im Westen sein glänzendes Organisationstalent gezeigt. Ein Organisationstalent, das glänzend war, solange es beschränkt auf militärische Dinge blieb. Über seine militärischen Leistungen mögen die Fachmänner urteilen, und das ganz richtige, unzensurierte Urteil wird wohl erst die Kriegsgeschichte fällen. Sie wird wohl auch bestrebt sein, ruhig und objektiv die Gründe, aus denen die Offensive an der Marne scheiterte und der allgemeine Rückzug nötig wurde, festzustellen. Hier kann nur von dem gesprochen werden, was Ludendorff dann, wenn er nicht die Generalstabskarte vor Augen hatte, unternahm. Er unternahm, wie gesagt, soviel, daß fast nichts mehr ohne seine Einmischung zustande kam. Schon als er noch, in den Sonnentagen Falkenhayns, im Osten

sein Quartier hatte, stieg er gewissermaßen in die sämtlichen wirtschaftlichen, sozialen und politischen Probleme hinein. Er schuf sich Bureaus für alle Fragen, ließ sich Berichte schreiben und Vorträge halten und glaubte dann, zu den schwersten Entscheidungen hinreichend vorbereitet zu sein. Er zeigte sich als ein ungemein arbeitsamer und schnell erfassender Mann. Aber es ist klar, daß auch der begabteste Dilettant in dieser Zeit nicht alle Weltfragen auf einmal ordnen und richten kann.

Ludendorff glaubte an sich, und das mag kein Fehler sein. Aber er glaubte so sehr an sich, daß er die Gesten des Diktators annahm, und dazu kam, daß er unter dem Einflusse seiner ihm nahe stehenden Untergebenen auf ganz bestimmte Wege geriet. Die Meinungen und die Wünsche der Kriegsindustriellen, des Herrn Duisberg und der Schwerindustriekapitäne, herrschten dort vor. Man war alldeutsch, oder etwas Ähnliches, und betrieb die Eroberungspolitik. [...] Immer, wenn politische Angelegenheiten geregelt werden sollten, war Ludendorff da. Frankreich hat früher die sogenannten politischen Generale gehabt, und alle deutschen Geschichtsschreiber sagen, daß das kein Glück für Frankreich gewesen sei. Die Franzosen haben sich das, und manches andere, abgewöhnt, und sie haben sehr recht darin gehandelt, denn es ist wirklich kein Glück. [...]

Es ist klar, daß ein Mann wie Ludendorff die Demokratisierung Deutschlands und alles, was damit zusammenhängt, nur unwillig sah. Er hat sämtliche Regierungen beherrscht, hat Bethmann Hollweg und Kühlmann beseitigt und soll sich nun einer demokratischen Zivilregierung unterordnen, sich unter eine Volksregierung stellen. Er mag ehrlich meinen, daß die jetzigen Verfassungsänderungen für einen Heerführer kränkend, für die Armee schädlich seien. Wir anderen sind überzeugt, daß der Heerführer nur achtunggebietender dasteht, wenn er sich nicht in die Politik hineinmischt, und daß die Armee nur gestärkt wird, wenn jeder, der Hohe wie der Niedrige, zur Disziplin und zur Einordnung verpflichtet bleibt.«

(Auszug aus Leitartikel in »Berliner Tageblatt« 550, 27. X. 1918: »Der Rücktritt Ludendorffs«)

Zu den Seiten 218 bis 258 Der Jude Ballin

Ballin war wie Wolff Mitglied der »*Deutschen Gesellschaft 1914*«. Neben Delbrücks »Mittwochabend« und dem »Holtzendorff-Tisch« trat diese im November 1915 begründete Gesellschaft in der politischen Öffentlichkeit stark hervor. Sie wollte selbst politischen Gegnern die Chance einer direkten Begegnung verschaffen, so daß eine Unterstützung des Bethmannschen Konzepts der »Diagonalen« weniger in tagespolitischer Hinsicht intendiert, als vielmehr durch die sukzessive Herausbildung eines Minimalkonsenses in zentralen politischen Fragen bestimmt war. Den Tagebüchern Theodor Wolffs und den Themen der Vorträge, die in der »*Deutschen Gesellschaft 1914*« gehalten wurden, läßt sich entnehmen, welche herausragende Bedeutung gerade dem Bereich der Kriegsziele und vorrangig der Frage nach der Behandlung Belgiens zukam und wie die Gespräche schließlich auch auf die Regierung zurückwirkten (vgl. den bibliographischen Hinweis in Anmerkung 44 der »Einleitung«).

Die gegen die Aktivitäten der Annexionisten gerichtete *Delbrück-Wolff-Dernburg-Denkschrift* und die Bemühungen Wolffs, Ballin für eine Mitunterzeichnung zu gewinnen, sind ausführlich dokumentiert in Wolff, Tagebücher Nrr. 177−192; die an Bethmann Hollweg gerichtete Denkschrift datiert vom 27. Juli 1915 und hat folgenden Wortlaut:

»Berlin, den 27. Juli 1915. Deutschland ist in den Krieg nicht mit der Absicht auf Eroberung gegangen, sondern zur Erhaltung seines von der feindlichen Koalition bedrohten Daseins, seiner nationalen Einheit und seiner fortschreitenden Entwicklung. Nur was diesen Zielen dient, darf Deutschland auch bei einem Friedensschluß verfolgen. Eingaben, welche Eurer Exzellenz zugegangen sind, verstoßen gegen diese Ziele. Wir halten es daher für unsere Pflicht, diesen Bestrebungen mit aller Entschiedenheit entgegenzusetzen und offen auszusprechen, daß wir in ihrer Verwirklichung einen folgenschweren politischen Fehler und nicht eine Stärkung, sondern eine verhängnisvolle Schwächung des Deutschen Reiches sehen würden. In rein sachlicher Erwägung bekennen wir uns zu dem Grundsatz, daß die Einverleibung oder Angliederung politisch selbständiger und an Selbständigkeit gewöhnter Völker zu verwerfen ist. Das Deutsche Reich ist hervorgegangen aus dem Gedanken der nationalen Einheit, der nationalen Zusammengehörigkeit. Es hat nationalfremde Elemente nur langsam und noch unvollkommen mit sich verschmolzen, und wir wollen uns weder durch Ereignisse, noch durch Personen, noch durch leicht erzeugbare Stimmungen dazu drängen lassen, die leitenden Grundlinien der Reichsschöpfung aufzuheben und zu verändern und den Charakter des Nationalstaates zu zerstören.

Es ist ganz selbstverständlich, daß die von uns nach Maßgabe unserer Friedensbedingungen zu räumenden Gebiete nicht zu einem Bollwerk für unsere Gegner werden dürfen, daß kein Rivale Deutschlands sich dort festsetzen darf. Die Möglichkeit darf nicht bestehen, daß feindselige Gefühle der Bewohner sich in feindselige Handlungen umsetzen, die den Frieden und die Sicherheit unserer Grenzen bedrohen könnten. Solchen Gefahren kann vorgebeugt werden, und wir vertraun darauf, daß es gelingen wird, geeignete und wirksame Mittel auszuwählen und zu verwirklichen. Dazu vermögen wir aber wiederum solche Mittel nicht zu rechnen, die uns auf Umwegen schließlich doch zur Annexion hinleiten würden.

Wir alle sind, mit dem ganzen Volke, fest überzeugt, daß dieser Krieg mit einem vollen Siege Deutschlands enden wird. Nach so bewundernswürdigen Heldentaten, nach so unendlichen Opfern und Mühen, nach so viel Ruhm und so viel still und mit Seelengröße getragenem Leid wird das deutsche Volk einen Siegespreis beanspruchen dürfen, der — soweit das überhaupt möglich ist — dem, was es hingegeben hat, entspricht. Der höchste Siegespreis wird immer in der stolz errungenen Gewißheit bestehen, daß Deutschland auch eine Welt von Feinden nicht zu fürchten braucht, und in dem beispiellosen Kraftbeweis, den unser Volk den andern Völkern der Erde und den kommenden Generationen gegeben hat. Das deutsche Volk kann aber nur einen Frieden schließen, der den strategischen Bedürfnissen, den politischen und wirtschaftlichen Interessen des Landes und der ungehemmten Betätigung seiner Kraft und seines Unternehmungsgeistes in der Heimat und auf dem freien Meere gesicherte Grundlagen gibt. Wir hegen das Vertrauen, daß es Euer Exzellenz mit den verfassungsmäßig berufenen Instanzen gelingen wird, unbeirrt, zu gegebener Zeit, auf der Höhe unserer militärischen Erfolge einen solchen Frieden zu schaffen.«

(Zitiert nach Wolff, Tagebücher, 253 f., Anm. 10)

Zu der *Ballin-Wolff-Korrespondenz* vgl. Wolff, Tagebücher, 890—892 (Nr. 11 f. [jeweils von Ballin an Wolff gerichtet], 13. und 16. Juli 1915). Als Ballin sich inmitten des Zusammenbruchs und der revolutionären Entwicklungen das Leben nahm, konnte Wolff im Drang der redaktionellen und politischen Geschäfte nur mit einer äußerst kurzen Würdigung Abschied von dem Freund nehmen:

»In dieser Stunde kann ich nur mit einem kurzen Wort von dem Freunde Abschied nehmen, der so unerwartet diese wirre Welt verlassen hat. Ich möchte alles an Wehmut, Liebe und Verehrung hineinlegen, was sich in einem Worte zusammenfügen läßt. Ballin war einer jener geistig großen und ganz von Güte erfüllten Menschen, die man nur in seltenen Glücksstunden auf seinem Lebenswege trifft. Er war einer der klarsten Geister, die Deutschland besaß. Es ist ein Unglück für das Land, daß sein Rat verschmäht, sein politisches Verständnis nicht in der rechten Stunde ausgenutzt worden ist. Er gehörte zu den wenigen, die seit langem die Katastrophe kommen sahen. Im Juli 1914 ging er, während der Krise, nach England, wo er mit Grey und Asquith sprach. Vergeblich bemühte er sich, den Sinn der Blinden in Berlin aufzuhellen. Er warnte mit aller seiner Sachkenntnis vor dem Unterseebootkrieg und dem Bruch mit Amerika. Er hat ebenso vergebens, auch später noch, den Kaiser gewarnt. Die Clique, die den Ausschlag gab, widmete ihm ihre Abneigung und hielt ihn fern. Alles ist eingetroffen, was er prophezeit hat, und sein Herz hat die Verwirklichung dieser Voraussagen nicht zu ertragen vermocht. Es ist unendlich traurig für seine Freunde, daß sein kluger Mund nie wieder zu ihnen sprechen wird. Es ist in diesem allgemeinen ungeheueren Zusammenbruch ein unsagbarer Verlust, daß auch dieser wundervolle Mann unter der Last der Eindrücke zusammengebrochen ist.«

(Nachruf auf Albert Ballin in »Berliner Tageblatt« 576, 10. XI, 1918: »Generaldirektor Ballin«)

Zu den Seiten 259 bis 322
Der romantische Ritter: *Graf Brockdorff-Rantzau*

In den »Tagebüchern« hat Wolff drei ausführliche *Unterredungen* mit *Brockdorff-Rantzau* festgehalten. Es sind die Gespräche vom 18. Dezember 1918 (Nr. 825, S. 668 f.), vom 7. März

(Nr. 851, S. 698 f.) und vom 6. April 1919 (Nr. 865, S. 706–708). In seinem Nachruf zeichnet Wolff ein Gesamtporträt:

»Zum ersten Male war ich ihm am 23. Juni 1914 bei einem Festmahl begegnet, das Ballin nach dem Regattasegeln auf der Unterelbe, an Bord der ›Viktoria Luise‹, dem Kaiser gab. Er war damals Gesandter in Kopenhagen, ich hatte schon viel von ihm, seiner Persönlichkeit, seinen Lebensgewohnheiten, seiner diplomatischen Begabung, seiner scharfen Dialektik und seinem stacheligen Esprit gehört – an diesem Tage war er, wie so viele andere, unter den Gästen Ballins, und ich empfand es als sehr angenehm inmitten dieser majestätischen Angelegenheit, ihn kennenzulernen und die amüsanten Bosheiten zu genießen, die er losschoß, während Wilhelm II. belehrend in einem Kreise von Hamburger Patriziern stand. Mancher wollte Züge an ihm finden, die als ›dekadent‹ bezeichnet werden, sein scharf geformter Kopf, die Eleganz seiner Manieren, seine Art, Überhöfliches und Bissiges dicht hintereinander vorzubringen und in gepfefferter und getrüffelter Konversation Zynismus vorzutäuschen, konnten diesen Eindruck erzeugen, und irgend etwas vom Geiste eines aufgeklärten, mit Ironie und Selbstironie durch die Zeit wandelnden Adligen aus dem achtzehnten Jahrhundert schien auf ihn vererbt zu sein. Alles, was man sonst noch von ihm wußte, paßte zu diesem Bilde: daß er in der Nacht arbeitete und am Morgen sich niederlegte, ein Kenner in aller Kunst wie in Speisen und Getränken war, und mit sehr fortschrittlichen, politischen und sozialen Ansichten einen Herrenstolz verband, der sich bisweilen in Schroffheit entlud. Aber das Bild, so einseitig aufgefaßt, war doch falsch. Denn er besaß eine durch großen, nicht kleinlichen Ehrgeiz vorwärtsgetriebene Energie, eine Zähigkeit und Kraft des Willens, eine Stetigkeit in seinen Plänen, einen Mut in der Übernahme schwerer Verantwortung – lauter Eigenschaften, die den ›Dekadenten‹ fehlen –, und wenn er am liebsten in der Nacht, bei unzähligen Zigaretten und anderer Anfeuerung, arbeitete und seine Sekretäre noch bis zuletzt in Moskau zwang, an dieser Lebensweise teilzunehmen, so leistete er dabei dreifach so viel wie andere, und seine Anordnungen und Berichte waren mit klarster Überlegung durchdacht. Wenige Tage nach jener Begegnung auf der Unterelbe wurde in Serajewo der österreichische Thronfolger ermordet, und da wir durchaus für die Interessen Österreich-Ungarns, die uns nichts angingen,

385

in Nibelungentreue das letzte hergeben mußten, wurde das deutsche Volk von den trefflichen Lenkern seines Schicksals in die Hölle des Krieges geschickt. Während der Kriegsjahre blieb Graf Brockdorff-Rantzau in Kopenhagen, und ich sah ihn erst wieder, als ihn nach dem militärischen Zusammenbruch und der Revolution Ebert zum Minister des Äußeren ernannte und nach Berlin berief. Brockdorff-Rantzau war ein Gegner der unheilvollen Annexionspolitik gewesen, hatte sich durch aufrichtige Kritik der deutschen Kriegspolitik unbeliebt gemacht, und es war kein Geheimnis, daß dieser Aristokrat in seinen Anschauungen sich kaum von einem Demokraten unterschied. [...]

Ebert, der ihn aus jener Zeit her liebte, hat gewiß wenigen Ernennungen so gern zugestimmt, wie derjenigen, die, im Jahre 1922, die Entsendung des Grafen Brockdorff-Rantzau nach Moskau betraf. Es braucht nicht mehr mit Wortaufwand gesagt zu werden, welch ein glänzender Botschafter Brockdorff-Rantzau dort sechs Jahre lang war. Vielleicht blieb er nicht immer ganz frei von der diplomatischen Gewohnheit, das Land, in dem man wirkt, als das Zentrum der Politik anzusehen. Mit dem eigenwilligen, leidenschaftlichen Temperament, das, hinter der geistreichen Spöttelei und dem Schlau-Schauspielerischen, das Wesentliche seiner Natur war, suchte er jede Störung abzuwehren, die, von anderen Horizonten her und durch andere Kombinationen, die Ostpolitik, die Zusammenarbeit mit Sowjetrußland, hätte bedrohen können. Dieser ›Junker‹, dieser Herrenmensch, dessen Erscheinung und Allüren die von einer langen Ahnenreihe übernommenen Merkmale aufzuweisen schienen, sicherte sich das Vertrauen der argwöhnischen Bolschewisten, gefiel allen in Moskau und traf ihnen gegenüber, ohne in kritischen Momenten auf Festigkeit und energischen Eingriff zu verzichten, den richtigen Ton. Eine wirkliche Freundschaft, nicht nur eine politische Sympathie, entwickelte sich zwischen ihm und Tschitscherin, der aus ähnlichen geistigen Bezirken kommt, auch die Nacht dem Tage vorzieht, auch die künstlerischen Neigungen hat und auch die Ironie reichlich verausgabt, und unzählige Male haben diese beiden, während draußen Moskau schlief, zwischen saftigem Witz und anderen Säften, schwierige Probleme gelöst. Wenn man heute fragt, wer Brockdorff-Rantzau ersetzen soll, so kann nur geantwortet werden, daß ihm gewiß irgend jemand nachfolgen, aber keiner ihn ersetzen wird. Die Personalpolitik des Auswärtigen Amtes, die in den letzten Jahren aus der deutschen Diplomatie immer mehr eine enge Zunft ge-

macht hat, ist nicht darauf bedacht, Persönlichkeiten heranzuziehen, und dazu kommt – aber das ist noch keine Entschuldigung –, daß in Deutschland Persönlichkeiten mit staatsmänni-
schem Können und weltmännischem Auftreten nach wie vor selten sind. Die Lücke wird ausgefüllt, ein Gefühl der Leere bleibt
zurück. Es bleibt noch stärker zurück in den Freunden Brockdorff-Rantzaus, denn das Bild der Welt ist wieder etwas ärmer
geworden, ärmer um eine Gestalt, zu der, unwiderstehlich angezogen, über das graue Einerlei hinweg unsere Blicke gingen.«

(Auszug aus Leitartikel in »Berliner Tageblatt« 429, 11. IX.
1928: »Erinnerung an Brockdorff-Rantzau«)

Von Wolff erfuhr Brockdorff-Rantzau eine intensive publizistische Unterstützung. Berühmt wurden die Leitartikel »Nein!«
und »Erzberger contra Brockdorff-Rantzau«.

»Obgleich wir auf vieles, und sogar auf alles, gefaßt waren,
kann nur, soweit schon die Auszüge ein Urteil zulassen, gesagt
werden, daß der Vertrag die schlimmsten Erwartungen noch bei
weitem übertrifft. Er läßt nicht eine Spur von staatsmännischer
Überlegung oder gar von den Grundsätzen Wilsons erkennen,
sondern ist nur mit gedankenloser Brutalität im Rausche erzeugt. Oberschlesien, Posen, Westpreußen, Ostpreußen, das
Rheinland, alles, was in den Mitteilungen der ›Times‹ noch fehlte, steht darin. Und wie!
     Es ist noch nicht möglich, auf Einzelheiten einzugehen. Es
würde zunächst auch beinahe überflüssig sein. Gestern versicherte ein Pariser Telegramm des Wolffschen Bureaus, Foch sei
über die Bedingungen, die das Rheinland betreffen, verstimmt.
Warum sollte er verstimmt sein, da ja *die Besetzung des deutschen Gebietes am Rheine* ausdrücklich in dem Vertragsentwurf
gefordert wird? Fünfzehn Jahre lang sollen die französischen
Truppen am Rheine stehen. In einigen Städten will man sich mit
kürzerer Okkupation begnügen, wenn wir pünktlich die ganze
Liste der sonstigen Forderungen erfüllen. Die Franzosen schienen bisher Bedenken zu haben, diese neue Wacht am Rheine
allein oder nur mit den Belgiern zu übernehmen, und ihre Presse
machte täglich die Engländer und Amerikaner auf die Pflicht,
dort mitzuwachen, aufmerksam. Offenbar haben zum mindesten
die Engländer sich nun auch diesem Wunsche der Herren Foch
und Clemenceau gebeugt. Können wir ebenso nachgiebig sein?

Wären wir es, so würde in wenigen Jahren der militaristische Revancheruf durch Deutschland hallen, würde jener militaristische Nationalismus wieder die Geister packen, dem das deutsche Volk *diese* Stunde verdankt. Aber erst bei den Bedingungen über den *Osten* tobt die Gewaltpolitik der Entente in schönster Raserei. [...]

Herr *Clemenceau* hat gestern im Trianon-Palace-Hotel die Überreichung dieses Vertragsentwurfes mit einer Ansprache eingeleitet, die in ihrem Tone durchaus zu dem Inhalt des Dokumentes paßt. Er stand da wie eine Medea in Hosen oder wie sonst eine klassische Theaterperson, in der meuchelnder Haß alle Gebote der Vernunft verdrängt. Er hatte die Worte, die demütigen sollten, mit etwas deutlichem Literatenraffinement ausgeklügelt und die Geste des Siegers sorgfältig einstudiert. Die Geschichte, die manchmal anders richtet, als die Tyrannen meinen, wird sagen, ob in diesem Augenblick der Sieger nicht kleiner als der Besiegte gewesen ist. Graf *Brockdorff-Rantzau* hat, als er seine Antwortrede verfaßte, die Bedingungen der Entente noch nicht gekannt. Soviel in dem Moment, wo der Wortlaut seiner Rede eintrifft, sich ersehen läßt, hat er das deutsche Volk mit Würde und Wärme in einer Szene vertreten, die unvergleichbar in ihrer Tragik war.

Das, was man bisher über den Vertragsentwurf weiß, kann — auch wenn Einzelheiten falsch dargestellt sein sollten — jedem genügen, der sich ein Urteil bilden will. Dieser Entwurf ist ein Dokument der ältesten, von allen Völkerbundsideen weltenweit entfernten, von keinem neuen Geiste auch nur leise berührten, Gewalt an die Stelle des Rechtes setzenden Unterjochungspolitik. Ob es möglich sein wird, ihn in Verhandlungen abzuändern, wird man sehen. Nichts darf unversucht bleiben, um mit kaltblütigen Einwendungen und praktischen Gegenvorschlägen diesen Vertrag umzugestalten, der in seiner jetzigen Form gerade den wirklichen Freunden des Völkerfriedens unannehmbar erscheint. Der ganze Vertrag soll aus zehntausend Worten bestehen. Bleibt er so oder ähnlich, wie er heute aussieht, dann kann man nur ein einziges Wort sprechen: *Nein!*«

(Auszug aus Leitartikel in »Berliner Tageblatt« 206, 8. V. 1919: »Nein!«)

»Jedesmal, wenn man in diesen letzten Wochen einem der in Deutschland weilenden Ententegesandten klargemacht hatte, daß die deutsche Regierung unerträgliche Bedingungen nicht unterzeichnen könne und werde, zog er, mit der Verschmitztheit eines Untersuchungsrichters, ganz am Schlusse des Gespräches als Gegenbeweis den Namen Erzberger hervor. Erzberger war für all' diese Herren der Dolch im Gewande, die große Karte, die man nicht übertrumpfen kann.

Vielleicht weiß Erzberger von alledem nichts. Er ist so heiter geschäftig, daß er die Fäden, mit denen er umsponnen wird, vielleicht gar nicht sieht. Er ist ›hoho ho ho, so schön und froh‹ – der immer gut gelaunte Postillion auf unserer Unglücksfahrt. Ein glückliches Naturell, ein nie verlegenes Redetalent, und, was man gewiß nicht unterschätzen soll, eine große Arbeitskraft. Eigentlich müßte die von ihm geleitete Waffenstillstandskommission mit ihrer Armee von Beamten und Agenten am Tage des Friedensschlusses erledigt sein. Man wird sehen, daß er sie nur ein wenig umtaufen und ihr neue Wirkungskreise erschließen wird. Über alle Angriffe, die gegen ihn gerichtet wurden, über alle Vorwürfe, die seinem Auftreten beim Waffenstillstand und bei den späteren Verhandlungen galten, ist er stets mit behender Leichtigkeit hinweggelangt. Wie die runde Boje tauchte er immer sofort wieder unbeschädigt aus Sturm und Wellen auf. Ein Mann mit so widerstandsfähigen Nerven und solcher Schlagfertigkeit ist zweifellos sehr verwendbar, und er muß, um sich auch zum Nutzen der Allgemeinheit ausleben zu können, nur auf dem richtigen Posten stehen. Leider hat Erzberger, dessen Lächeln nicht wie das berühmte Lächeln der Mona Lisa ›nach innen gewendet‹ ist, auch seine politischen Interessen nach außen gewendet und seine Tätigkeit auf das Gebiet der auswärtigen Angelegenheiten verlegt. Er ging schon während des Krieges mit wichtigen Aufträgen in das damals noch neutrale Italien, in die Schweiz, nach dem Süden, dem Norden, dem Osten und dem Westen, und ob uns das regelmäßig zum Heile gereicht hat, steht nicht fest. Dann verhandelte er im Salonwagen mit Foch, und die beiderseitige Unkenntnis der von der anderen Seite allein gekannten Sprache hat den unmittelbaren Eindruck der Argumente gewiß nicht bezwingend erhöht. Ja, es ist sehr schade, daß der rührige, parlamentarisch ungemein geschickte Erzberger sich nun gerade auf diese diplomatische Kunst geworfen hat, bei der, neben Kenntnissen, psychologischer Feinfühligkeit und Instinkt, Schweigen und Zurückhaltung so unentbehrlich sind. Vielleicht hat er nur durch sein überquellendes Naturburschentum, durch harmloses Redebedürfnis den Anlaß dazu gegeben, daß man auch in neutralen Hauptstädten heute in ihm den Mann, der alle Bedingungen unterzeichnen würde, erblickt. Denn auch in neutralen Ländern nähern sich dem Kreise der Ententegesandtschaften Personen, die ganz genau über die Absichten Erzbergers unterrichtet sein wollen.«

(Auszug aus Leitartikel in »Berliner Tageblatt« 262, 10. VI. 1919: »Erzberger contra Brockdorff-Rantzau«)

Wolffs Bericht über das *Gespräch mit Lloyd George* erschien im »Berliner Tageblatt« 502, am 23. X. 1927 unter dem Titel »Tischgespräch«. Dort hieß es u. a.: »Ich [Theodor Wolff] erwähnte, daß ich in jenem Sommer 1919 − so lange, wie es irgend möglich schien, diese Taktik mit einiger Aussicht auf Gelingen und ohne Zerschlagung der deutschen Einheit zu befolgen − gegen die Unterzeichnung des Vertrages gewesen sei, und fragte: ›Was wäre im Falle der Weigerung geschehen?‹ Lloyd George machte eine strategische Seitwärtsbewegung, sprach, statt vom Friedensvertrag, vom Waffenstillstand, und versicherte, er sei überrascht gewesen, daß Deutschland die Waffenstillstandsbedingungen akzeptierte, statt mit seiner Armee hinter den Rhein zurückzugehen. Dann wäre er genötigt gewesen, nach London zu fahren und seinen Landsleuten zu erklären: ›Ihr könnt den Frieden haben, aber er wird nicht ganz so aussehen, wie ihr euch die Sache vorgestellt habt‹, und sicherlich hätten die Friedensfreunde ihren Willen durchgesetzt. ›Deutschland hat keinen richtigen Führer, die Militärs hätten es nicht machen können, die hatten abgewirtschaftet, aber der Führer hat euch gefehlt‹. Ja, entgegnete ich, indem ich die Zweifel, die seine nachträgliche Darstellung der Lage erwecken mußte, still unterdrückte, uns fehlte Lloyd George. Er nahm das lachend an, und ich wollte aus begreiflichen Gründen nicht daran erinnern, daß damals in Deutschland die schlappen Zivilisten, der Prinz Max und die anderen, sich gegen den Waffenstillstand gesträubt und die Heerführer, die Generäle der Obersten Heeresleitung, zuerst dringlich die Einleitung der Verhandlungen gefordert und dann den Unterhändlern befohlen haben, die Unterzeichnung zu vollziehen.«

Über sein *Gespräch mit Ellis Loring Dresel* (1865−1925; war 1915 Attaché in Berlin) berichtet Wolff im Tagebuch unter dem 10. Februar 1919 (»Tagebücher«, Nr. 839, 686 f.). Dresel hatte bereits am 31. Dezember 1918 eine Unterredung mit Wolff gehabt, über die er folgendes meldete:

Nach einer Einschätzung der Parteien und der Lage in den östlichen Provinzen (Auseinandersetzung mit Polen) heißt es: »The great dangers to Germany arising from the political situation are (1) Bolshevism, which may follow impoverishment and (2) a nationalism which, although it may not be monarchial, may lead the nation again into militarism through the channel of a republican national uprising. It is, therefore, unwise to humble Germany too much or to ruin her completely. As far as Bolshevism is concerned he stated that the labor unions had lost in power, and that thus an element of discipline was lost to the State.« Dann folgten Wolffs Ansicht über Rathenau (»had lost his influence and his credit«) und eine Prognose zu den Wahlen zur Nationalversammlung. Das Protokoll endet mit den Feststellungen: »Wolff was thoroughly optimistic, and thought that, even should Germany pass through a period of Bolshevism, she would be able to overcome it and would be able to renew her strength. In conclusion he said that Radek's presence was a great danger, as he was unscrupulous and immoral. He was no better than a thief, and had been expelled from both Polish and German Party organizations.«

(Wolff, Tagebücher, 672, Anm. 1)

In text- und quellenkritischer Hinsicht ist über die *Tagesnotizen aus Weimar* womöglich ähnliches festzuhalten wie für die entsprechenden Aufzeichnungen in dem Kapitel »Die Revolution des Schlemihl«, doch waren für diesen Zeitabschnitt in Weimar die Originale im Nachlaß nicht mehr aufzufinden, so daß eine klare Feststellung unmöglich ist. Nach dem Scheitern der Brockdorff-Rantzauschen Politik in Versailles resümierte Wolff:

»Wir haben die Unterschriftspolitik bekämpft, sind überzeugt, daß ohne das voreilige und laute Hinausschreien des Unterzeichnungswillens die Entente uns andere Bedingungen geboten hätte, aber man hat ja versichert, ohne die Unterzeichnung seien innere Ruhe und Ordnung im Lande nicht herzustellen. Einstweilen hat man ja noch nicht viel von Ruhe und Ordnung, sondern nur einen Eisenbahnerstreik, Drohungen mit dem Generalstreik, Plünderungen in Berlin und den Aufstand in Hamburg gesehen. Dazu kommt, daß auch auf der anderen Seite der Barrikade, bei den freiwilligen Truppen und ihren Offizieren, nun mancherlei Verstimmungen fühlbar sind. Nach dem langen Kriege bleibt das

Leben ein täglicher Kampf. Indessen, gerade am heutigen Tage weisen wir tatscheue Mutlosigkeit zurück. Wenn das deutsche Volk sein inneres Gleichgewicht wiederfindet, wird es sich aus dem Elend emporraffen, unter das Clemenceau sein Eulensiegel drücken will. Darüber können noch Jahre vergehen? Mag sein, aber Jahre zählen wenig in der Geschichte, und der immer wieder neues Leben weckende Zeitenwind hat festergefügte Türme umgeworfen als diesen von kleinen Weltbaumeistern erkünstelten, heute schon brüchigen und unhaltbaren Versailler Vertrag. [...]

Trotzdem muß, auch wenn die anderen nicht lernen wollen, das deutsche Volk in strenger Prüfung und Selbstprüfung die Lehren überdenken, die dieser furchtbare Tag ihm bringt. Nur durch mutiges Erkennen wird es den Weg aus dem Abgrunde emporfinden, in den es gestürzt worden ist. Es verwirft den Vertrag, den seine Delegierten unterzeichnen, und es glaubt nicht einen Augenblick lang, er könne und werde von Dauer sein. Er ist, obgleich er auf festes Pergament geschrieben wurde, ein ›Fetzen Papier‹, weil er allen Gesetzen der Vernunft und der Moral Hohn spricht, und er ist ein Schandstück im Museum der Zivilisation. Herr v. Bethmann Hollweg verweilt in seinem Buche bei jener Szene, wo er dem englischen Botschafter Goschen sagte, der belgische Neutralitätsvertrag sei nur ein Fetzen Papier. Wir wollen, selbst wenn wir könnten, den Friedensvertrag nicht mit militaristischer Gewalttätigkeit zerreißen, wie der belgische Garantievertrag zerrissen wurde, denn wir wollen nicht noch einmal einen Krieg mit all' seinen Verheerungen und seiner weit nachwirkenden Scheußlichkeit. Wer dem militaristischen und nationalistischen Geiste unterliegt, wird nur immer wieder die anderen Völker gegen uns herausfordern, sie zu engem Zusammenschluß bewegen, uns für unabsehbare Zeit in das Elend bannen, das dieser Geist uns bereitet hat. Wir müssen, um das, was der heutige Tag uns bringt, von unseren Schultern zu wälzen, eine Politik treiben, die uns Vertrauen und Freundschaften sichern kann. Nicht in unpolitischer Pazifistenschwärmerei können wir das Heil suchen, aber in pazifistischer Politik. Dazu gehören nicht Dilettanten, sondern Männer, die begreifen, daß auch demokratische Diplomatie eine Kunst bleibt, die man nicht auf Versammlungstribünen erwirbt. Eine Politik, die zur Revision des Friedensvertrages führen könnte, läßt sich aber auch nur dann betreiben, wenn diejenigen, die sie verwirklichen sollen, nicht fortwährend von Volkserregungen umtobt sind und nicht das Gerüst wanken fühlen, auf dem sie stehen. Nichts kann erreicht werden, jedes konsequente Bemühen wird unmöglich, solange dieses Gerüst unter Streik, Aufstand und wilder Agitation zusammenzukrachen droht. Wollt ihr, daß das, was man heute in Versailles uns auflastet, wieder von uns genommen wird? Wenn ihr das wollt, dann handelt danach!«

(Auszug aus Leitartikel in »Berliner Tageblatt« 289, 28. VI. 1919: »Heute ...«)

Zu den Seiten 323 bis 343 Das Exil und Sokrates:
Otto Braun

Zu den Themen »Bollwerk Preußen« und »Ermattung des Willens« in den ereignisreichen Monaten des Jahres 1932 geben die Leitartikel vom 19. Oktober 1930 sowie vom 17. und 24. April 1932 nicht nur die zeitgenössische Atmosphäre wieder, sondern lassen auch erkennen, welche Schwierigkeiten entschieden demokratisch eingestellte Journalisten mit Politikern wie Braun und Brüning haben mußten. (Zu der Reichstagswahl vom 5. März 1933 vgl. den Leitartikel Wolffs in dem biographischen Teil der Einleitung.)

»Es mag sein, daß die unpathetische, nüchterne Sprache der Vernunft − die Sprache des Reichskanzlers Brüning − die Saiten des Gemüts nichts genügend in Schwingungen versetzt. Wer noch immer mit Sachlichkeit und Klarheit, statt mit Phrasenschwall und Blechmusik redet, darf heute auf den Beifall der Leute nicht rechnen, die weder nachdenken noch prüfend zuhören, noch die Wahrheit vertragen können. Soll man, um der Modegeneration der neuen Unsachlichkeit zu schmeicheln, in jenem verstiegenen, schwülstigen Schlagwortjargon sprechen, der mehr Aussicht hat, ihr zu gefallen? Soll man sich auch blödsinnig stellen, wie jener Lucius Junius Brutus, der auf diese Weise ein Reich gewann? Gewiß erleichtert sich Brüning seine Aufgabe nicht, indem er, in dieser Zeit, nur ausschließlich an den Verstand appelliert. Gewiß wäre es vorteilhaft, wenn sich mit der Solidität der Argumente die populäre Schlagkraft des Ausdrucks verbände, und wenn er es nicht unterließe, in das kluge Gewebe der Rede Goldfäden für die Phantasie einzuspinnen. Aber man würde sehr falsch urteilen, wollte man hinter der kühlen Sprache eine Natur ohne Wärme vermuten, und hinter dem oft trocken erscheinenden Stil des Sachwalters einen unbeschwingten Geist. Die Aufgabe, unter den heutigen Umständen den Staat zu halten und wieder in Ordnung zu bringen und sich der fortreißenden und niederreißenden Strömung zu widersetzen, ist für dürre Gewächse gewiß nicht verlockend – dazu gehören ein gefestigtes Verantwortungsgefühl, ein tapferer Glaube, eine idealistische Selbstlosigkeit. Von einer Schwierigkeit zur andern, jede nur mit schärfster Anspannung der Intelligenz zu überwinden, vorn der offene Angriff und im Rücken die Intrige, eingesponnen in Arbeit und Beratungen, ohne einen freien Augenblick für einen erholenden Schritt in den Garten, und jeder Dummkopf auf der Gasse plärrt das im Rinnstein der Demagogie aufgegriffene Geschwätz über »die faule und unfähige Regierung« nach. Nein, eine innerlich schwunglose, indifferente Persönlichkeit würde finden, daß diese Dankbaren sich ihren Dreck alleene machen könnten, wie der nette und witzige König sagte, der übrigens auch nicht trocken war.

Als Brüning im Reichstag auf der Rednertribüne die Regierungserklärung verlas, unterließ er jede Geste, und die Zurufe der Nationalsozialisten und Kommunisten glitten von ihm ab, wie das Regenwasser vom Schieferdach. Diese Ruhe, diese Selbstbeherrschung sind gewissermaßen selbstverständliche Züge in der inneren und äußeren Erscheinung eines Mannes, der in der Disziplin der katholischen Kirche erzogen wurde und, Historiker und Staatswissenschaftler, auf dem Felsboden ihrer Traditionen steht. Dort, auf diesem Boden, hat ihren Ursprung auch die leise Art seiner Staatskunst, seiner wägenden Diplomatie. Ganz im Gegensatz zu Stresemann, der sich mit seinem unermüdlichen Temperament, seiner rednerischen Werbekraft fortwährend an die Öffentlichkeit wendete, ist Brüning ein im stillen vorwärtstastender Knotenentwirrer, der aber ohne Zweifel über die nächsten Hindernisse hinweg den weiteren Weg, oder mehrere Wege, vor sich sieht.«

(Auszug aus Leitartikel in »Berliner Tageblatt« 494, 19. X. 1930: »Brüning«)

»Mehr noch, erheblich mehr, als ein jetzt abrollender Film, in leider zu wenig Kinohäusern, es zeigt, hat die Regierung Otto Brauns für Preußen getan. Im April 1920 übernahm Otto Braun, mit der »Weimarer Koalition«, die Leitung des Staates, nach dem kurzen Zwischenspiel eines Kabinetts Stegerwald regierte er vom November 1921 bis zum Ende des Jahres 1924 unter Mitwirkung der Volksparteiler, seither kämpfte er sich wieder mit den sogenannten Parteien von Weimar durch alle Schwierigkeiten hindurch, und das sind, denn die geringe Unterbrechung zählt kaum, genau zwölf Jahre – und was für Jahre, wie man sich freundlichst erinnern mag! Die Gegner des parlamentarischen Systems pflegen als Lieblingsargument die Behauptung auszuspielen, daß bei der Zerfahrenheit der Parteiherrschaft ein festes und konsequentes Regieren unmöglich sei. Hier in Preußen haben sie die Festigkeit, die Konsequenz, die Stetigkeit. Mit besonderer Befriedigung hat man gesehen, daß ein anderes deutsches Land, Bayern, nach mancherlei Wirren nun gleichfalls eine überaus wertvolle Schildwache vor dem Gebäude des Reiches und ein Wall gegen die demagogische Flut geworden ist. Aber seltsam, dieselben Leute, die den Mangel an stabiler Regierungsautorität, den zumeist von ihnen verursachten, so heftig bejammern, finden die preußische Stabilität unerträglich, haben keinen Sinn für die starke Autorität dieses Regierungswillens und toben gegen den »roten Zaren«, obgleich ihnen doch sonst ein bißchen Zarismus ganz gut gefiel. Wer strenge Kritik üben will, kann allenfalls sagen, daß ihm die Auswahl der ins Land hinausgeschickten republikanischen Beamten, wie freilich auch die Duldung manchen zweifelhaften Republikaners, nicht immer gefallen hat. Es sind unter diesen Staatsdienern nicht jene dem Strafrichter verfallenen oder entwischten dunklen Existenzen, die ihre schützende Freistätte beim Nationalsozialismus gefunden haben, aber gewiß kam bisweilen nicht der richtige Mann auf den richtigen Platz. Zugegeben, daß hier und da eine Person falsch verwendet wurde – heute sollte jeder sich besinnen, wie die Zustände in Preußen anderthalb Jahre nach dem Kriege waren, als Otto Braun, seine Minister und die ihm Hilfe leistenden Parteien an den ungeheuer schweren Wiederaufbau gingen. In allen Teilen des Landes sind die Beweise dieser staatsmännisch neuschaffenden Tätigkeit sichtbar, und diejenigen, die am wütendsten den Sturz des infamen Preußenregimes fordern, haben von den Leistungen dieses Regimes am meisten profitiert. Vergeblich suchte man in den Blättern und Reden der gewaltigen Beutejäger, die schon wieder Preußen in der Tasche zu haben glauben, nach einer nicht nur phrasenhaften Begründung ihrer glühenden Abneigung, nach irgendwelchen ernsthaften Einwendungen gegen das in zwölf Jahren vollbrachte Regierungswerk. Nichts entdeckt man als das stumpfsinnige Geheul über den »Marxismus«

und die »schwarzrote Tyrannei«, nichts als die einzigen Produk-
te leerer Gehirne, die abgedroschensten Schlagworte und den
ödesten Krakeel.«

(Auszug aus Leitartikel in »Berliner Tageblatt« 182, 17. IV.
1932: »Dann würde man sie wiedersehen ...«)

»Da das Schlagwort ›Gegen den Marxismus‹ abgenutzt ist und
viel von seiner Zugkraft verloren hat, laufen die großen und die
kleinen Hetzapostel mit dem Wahnwort ›Novemberlinge!‹ durch
die Gassen, und ›Nieder mit den Novemberlingen!‹ ist jetzt ihr
Feldgeschrei. In der Tat, obgleich gerade die Braun, Severing
und das preußische Kabinett das meiste dazu beigetragen haben,
die aus der Niederlage entstandenen Revolutionswirren durch
eine feste Ordnung zu ersetzen, wäre sie ohne die Revolution des
November 1918 nicht zur Regierung gelangt − sie würden,
ebenso wie Ebert, Stresemann, Brüning und andere Persönlichkeiten von staatsmännischer Bedeutung, in der Blüte des kaiserlichen Regimes gewiß nicht zur Leitung des Staates berufen worden sein. Wir ziehen diese Novemberlinge den minderbegabten
Günstlingen, den Bürokraten und Triariern der wilhelminischen
Ära vor. Wenn einige der nachrevolutionären Talente schon damals in der Wilhelmstraße gewaltet hätten, wäre man vielleicht
nicht so unvorsichtig in den Krieg hineingeschlittert, wäre manches anders gekommen. Aber sind nicht die Hitler, Hugenberg
und all' die Skandalmacher der ›nationalen Opposition‹ in voll-
stem Maße, sozusagen vom Scheitel bis zur Zehe, Novemberlinge, Profitierer der Revolution, und Profitierer ohne jede Gegen-
leistung, die das Kabinett Braun aufzuweisen hat? Sie profitieren
doch von dem allgemeinen gleichen Wahlrecht, vom Plebiszit,
vom parlamentarischen System, und sie wären samt ihrer wüsten
Agitation absolut unmöglich, hätte die republikanische Verfassung nicht auch denen soviel Freiheit verliehen, die solcher Geschenke nicht würdig sind. Herr Hitler, Österreicher von Geburt
und Reichsdeutscher durch einen Titelkniff, ist sogar das Geschöpf zweier Revolutionen, steht mit jedem Fuße auf einer, wie
der Koloß von Rhodos auf zwei Ufern stand. Und ein Regie-
rungsrat, der nichts tut, nicht ins Büro geht, sich nur zu persön-
lichem Nutzen ernennen ließ, entspricht doch wohl den witzig-
sten Karikaturen, mit denen die Zeichner der ›nationalen‹ Firmen die sogenannten Novemberlinge verächtlich machen wol-

len, und nicht mit Unrecht hat ihn der bayerische Ministerpräsident Held »den übelsten Parteibuchbeamten« genannt. [...]

Soll, nach zwölf Jahren stetiger, schaffender und auf Ordnung bedachter Regierung, Preußen so aussehen, und sollen auch in den anderen deutschen Ländern, in denen heute gewählt wird, diese Gestalten der Tiefe nach oben gelangen? Es ist doch nachgerade Zeit, daß der Fieberzustand endet, eine wirkliche Ruhe und das Gefühl der Sicherheit wiederkehren, die Tollhäuslerei der durch Stadt und Land kreischenden Agitation aufhört, die Demagogen ihre heiseren Kehlen schonen, das Ausland wieder an die Kreditfähigkeit Deutschlands glauben lernt, neu erwachende Unternehmungslust eine anhaltende Verminderung der Arbeitslosigkeit ermöglicht und in Genf und Lausanne Brüning die Befreiung von der Reparationslast betreiben kann.«

(Auszug aus Leitartikel in »Berliner Tageblatt« 194, 24. IV. 1932: »Gegen die wahren Dolchstößler!«)

Wolffs Anregung, unter gesellschafts- und militärpolitischen Aspekten die Einführung eines Milizheeres nach Schweizer Vorbild in Deutschland zu prüfen, entstand in den Diskussionen über die entsprechenden Bestimmungen des Versailler Vertrags. In der sog. ruhigen Mittelphase und in der Endphase der Weimarer Republik kam Wolff auf diese Idee mit Nachdruck wieder zurück. Die Replik Kurt Hillers in der »Weltbühne« und eine mit Wissen Schleichers und Groeners unternommene inoffizielle Erkundungsreise nach Frankreich – siehe dazu Sösemann, Ende, 169-172 – bezeugen das öffentliche und ministerielle Interesse an Wolffs Vorstellungen.

»[...] ich erlaube mir, Sie in aller Fröhlichkeit und allem Ernste zu fragen, ob die deutschen Demokraten und Sie mit ihnen die Wiedereinführung des staatlichen Zwangs, zu töten und sich töten zu lassen, alias der allgemeinen Wehrpflicht deshalb verlangen, weil Demokratie, ›gleichbedeutend mit Emanzipation des Individuums und mit Wahrung der Menschenrechte‹ [– hatte Wolff am 29. VIII. 1926 im »Berliner Tageblatt« unter dem Titel »Die Säulen des Herkules« geschrieben –] ist. Ich erwarte, daß auch Sie zu den Gewaltherrschaften, von denen sich das ›Individuum‹ zu ›emanzipieren‹ hat, jene zählen, die es zwingt, sich abschlachten zu lassen für Interessen, die nicht die seinen sind, und daß Sie zu den ›Menschenrechten‹, die es zu ›wahren‹ gilt, unter andern das Recht auf Leben rechnen.«

(Auszug aus einem Offenen Brief von Kurt Hiller an Theodor Wolff in »Die Weltbühne« 22/II [1926], 393: »Demokratie und Wahrung der Menschenrechte«)

»Ich nehme an, daß Sie [i. e. Kurt Hiller] beim Niederschreiben dieser Frage mit arger List gelächelt haben, ungefähr wie ein Professor, der bei der Prüfung einen unbeliebten Schüler in der Schlinge zu halten meint. [...] aber ich für mein Teil lege einigen Wert auf die Erhaltung der Republik, so mangelhaft und verbesserungsbedürftig sie auch sein mag, und darum ziehe ich ein System vor, das den Feinden dieses republikanischen Staates nicht nützlich werden kann.

Ihnen, sehr verehrter Herr Kurt Hiller, ist vielleicht erinnerlich, daß ich den Krieg auch dann nicht liebte, als er da war und ganz Troja in Begeisterung schwamm. Ich habe an meiner Meinung unter Schwierigkeiten festgehalten, von denen mancher radikale Pazifist nichts ahnt. Ganz einverstanden bin ich mit Ihrer Bemerkung, daß man niemand zwingen dürfe, ›sich für Interessen abschlachten zu lassen, die nicht die seinen sind‹. Jeder Ruf zu den Waffen, der nicht vom Volke selber ausgeht und nicht aus innerster Not heraus erhoben wird, gilt mir, ganz wie Ihnen als verbrecherisch. Aber Sie sind zu scharfsinnig, um zu verkennen, daß es im Getriebe dieser Welt alle Möglichkeiten, auch die abscheulichsten, gibt. Wenn man es ablehnt, sich im Innern und draußen jemals zur Wehr zu setzen, dann kann es in der Tat geschehen, daß man für fremde Interessen abgeschlachtet wird. [...]
Mir scheint, die beste Bürgschaft gegen frivoles und tölpelhaftes Hineingleiten in den Blutschmutz liegt doch − trotz alledem − noch in den Einrichtungen und den Kontrollmöglichkeiten der Republik und der Demokratie. Sie zweifeln an dem Willen oder der Fähigkeit der Demokratie und teilen, auf Grund Ihrer Kenntnis, wie Sie sagen, meine Ansicht nicht. So hoch ich Ihre Kenntnisse schätze, so wenig vermag ich, unter den bisher bekannt gewordenen Staatsformen rechts und links, eine zu entdecken, die imstande wäre, das Individuum besser gegen kriegerische Überraschungen zu schützen, ihm mehr Sicherheit gegen geheime, im dunkeln reifende Entscheidungen zu verleihen. Unsre Meinungsverschiedenheit kann man wohl so formulieren: Sie

betonen das Prinzip, daß man niemand ohne seine Zustimmung abschlachten dürfe, und mir erscheint es als die Hauptsache, daß alles Abschlachten unterbleibt.«

(Auszug aus »Antwort an Hiller« von Theodor Wolff an Kurt Hiller in »Die Weltbühne« 22/II [1926], 551 f.)

»Es müßte sich dann nicht um eine Vergrößerung, sondern um eine Verkleinerung der kostspieligen Reichswehr handeln, und um eine Ergänzung durch eine Miliz. Als die alliierten Generalstäbler für Deutschland eine Reichswehr mit hunderttausend Berufssoldaten, von denen jeder zwölf Jahre dienen müsse, ersonnen haben, war offenbar auch in ihren Köpfen keine völlige Klarheit, und jedenfalls haben sie nicht gerade das Gescheiteste getan. Heute wird von denen, die diese schöpferische Tat vollbrachten, klagend oder anklagend behauptet, eine Armee, in der jeder Mann zwölf Jahre lang die militärische Erziehung empfängt, sei eine Armee von künftigen Kompagnieführern, eine Kader-Armee. Denkbar wäre also eine Umorganisation, durch die etwa die Zahl der Soldaten mit der bisherigen langen Dienstzeit vermindert, auf die technischen Truppen beschränkt würde, und daneben eine Miliz nach dem schweizerischen Vorbild entstände, natürlich auf einer erweiterten Basis aufgebaut.[...]
Die Versuche, die Vorzüge darzustellen, die das Milizsystem im Vergleich zu einem nicht eng mit den Volksmassen verschmolzenen und deshalb schwer kontrollierbaren besoldeten Berufsheer haben könnte, wurden vom radikalsten Pazifismus ziemlich übel ausgelegt. Man hielt mir vor, Wehrpflicht sei Pflicht zum Töten, und der sehr geistvolle, aber ein wenig doktrinäre Kurt Hiller erwiderte mir schon 1926 in einem äußerst interessanten Aufsatz, der auch in seinem Buche ›Der Sprung ins Helle‹ zu finden ist, das Eintreten für die Milizidee sei in Deutschland ›tief reaktionär‹. Die Gegengründe, die sich gegen solche Behauptungen vorbringen ließen, hatten damals zur Voraussetzung, daß der Hauptteil der Reichswehr hinter der Miliz verschwinden würde, und wenn man sie an diese Voraussetzung knüpft, treffen sie meiner Meinung nach auch heute noch zu. Ein besoldetes Berufsheer ist ein Staat im Staate, eine Miliz, die nach schweizerischem Muster aus allen Volksschichten ohne Unterschied der Parteien und Stände entnommen werden müßte, ist der Staat selber, der Ausdruck des Staatsganzen, und schon infolge ihrer Zusammensetzung gar nicht dazu imstande, das In-

strument einer Herrschaft im Sinne einer Parteirichtung oder eines diktatorischen Willens zu sein. [...] Das demokratisch gesinnte Volk müßte nur verlangen, daß der organisatorische Aufbau der Miliz jegliche Einseitigkeit in der Rekrutierung unmöglich macht. Eine aus den Stahlhelmdepots und vom Nationalsozialismus belieferte Miliz, ein neues Parteiheer – herzlichen Dank! Jene konsequenten Pazifisten aber, die glauben, mit der Vermeidung der Wehrpflicht werde auch die Pflicht zum Töten vermieden, leben in einer schönen Illusion. Man kann doch nicht ernsthaft daran zweifeln, daß beim Ausbruch eines Krieges sofort die allgemeine Wehrpflicht da wäre, und es würde den eingezogenen Männern dann wohl nicht leicht sein, um die Schießpflicht herumzukommen. Des kindlichen Traumes wegen, daß der deutsche Zivilist im Kriege Zivilist bleiben und dem Schießzwang entgehen werde, soll die Republik sich im Frieden nur von einem besoldeten Heer beschützen lassen, dem die Anhänger dieser Doktrin doch nicht gerade vertrauensselig gegenüberstehen? Aufmerksamkeit: für logisches Denken leider bisweilen nicht genügend. Rechnen: schlecht.«

(Auszug aus Leitartikel in »Berliner Tageblatt« 432, 11. IX 1932: »Miliz«)

Die Chancen des »sozialen Generals« Kurt von Schleicher schätzte Wolff Anfang Januar 1933 skeptischer ein als in seinen Leitartikeln vom 11. und 18. Dezember 1932:

» ›Verglichen mit Papen‹ – von diesem Aufatmen hat Herr von Schleicher unbestreitbar profitiert. Alles ist bekanntlich heutzutage relativ. Leider hat der neue Reichskanzler sich schon auf der ersten Wegstrecke in einige Irrtümer hineinziehen lassen, die gefährlich werden können. Es ist gewiß noch nicht der ins pechschwarze Dunkel führende krause Weg, auf dem der andere einhertaumelte, aber es geht doch bisweilen ein wenig kreuz und quer. Herr von Schleicher ist, wir haben es nicht bestritten, mit guten Gedanken und Absichten gekommen. Er möchte die großen Volksmassen versöhnen, will der soziale General sein, und seine ersten Programmworte lauteten ›Arbeit und Brot‹. Herr Gereke, dem er die Arbeitsbeschaffung anvertraut hatte, machte sich ans Werk, und bei Gereke, hieß es, wird alles, was dazu gehört, zentralisiert. Sicherlich eine glückliche Anordnung, aber nicht nach dem Geschmack einer rundherum nistenden, den neuen Vogel eifersüchtig beäugelnden Bürokratie. Was das Brot betrifft – bisher wurde der dünnen Stulle der Armut etwas Margarine aufgeschmiert. [...] Schleicher möchte seinen Frieden mit den Gewerkschaften machen, und die sozialdemokratische Gewerkschaftsführung, die wenigstens einem Waffenstillstand nicht völlig abgeneigt ist, wird an den Rockärmeln zurückgehalten von der sozialdemokratischen Parteileitung, der politischen Instanz. Herr Bracht, der die Republikaner in der Verwaltung niedersäbelt, türmt auch zwischen den Gewerkschaften und dem Reichskanzler eine Mauer aus Leichen auf, wenn man so sagen darf. Jetzt handelt es sich, unter anderem, um die Schulreform. Im preußischen Unterrichtsministerium gibt es zahlreiche jener Charaktere, die mit deutscher Treue jeden Herrn bedienten und verließen, und diese Leute, die von den republikanischen Ministern langmütig geduldet wurden, sind nun, wie es zu erwarten war, auch die besten Helfer der Reaktion. Die Schulverwaltung soll ›vereinfacht‹ werden, und vereinfacht wird der politische Schulgeist, indem man alle, die in die antidemokratische Richtung nicht hineinpassen, ganz einfach vertreibt. [...] Herr von Schleicher hat es sich zur Aufgabe gemacht, die Volksmassen zu gewinnen und zu beruhigen, und so ist er an die Regierung gelangt. Dies ist seine Existenzbasis, dies die Mission, die ihm Hindenburg, nach Zögern, Widerstreben und schwerem Abschied von Papen, schließlich zugestanden hat. Welche Freude im Mäusenest, wenn man erklären könnte, er sei gescheitert, nicht nur die offiziellen Sozialdemokraten bekämpften ihn, sondern auch um die Versöhnung der Gewerkschaftskreise habe er sich umsonst bemüht! Auch diejenigen, die sich, wie wir, von Herrn von Schleicher, der Generalsseite seiner Mentalität und seiner Weltanschauung weit entfernt wissen, würden es sehr bedauern, wenn man später von ihm nur würde berichten können, beinahe wäre ihm sein Versuch geglückt, beinahe hätte er allen heimlichen Minierern und allen sozialreaktionären Anstiftern neuer Unruhe einen Strich durch die Rechnung gemacht und beinahe hätte er das Richtige getan. Es nützt dem Patienten nichts, daß man ihm sagt, beinahe hätte sich sein Befinden gebessert, und wenn nicht heimtückische Zwischenfälle abermals Fieber erzeugt hätten – beinahe wäre er nicht mehr krank.«

(Auszug aus Leitartikel in »Berliner Tageblatt« 13, 8. I. 1933 [A]: »Das Land des Beinahe«)

Zu den Seiten 344 bis 352 *Schlußbemerkung*

In dem unveröffentlichten Manuskript »Das Grabmal des Unbekannten Soldaten« bemerkte Wolff aufgrund seiner Erfahrung in
Frankreich zu den Themen *Exil und Emigranten* (161 f.):

»Aber es gibt Emigranten, die nicht einmal ein eingebildetes Verdienst vorweisen können und dennoch meinen, daß das Land,
das sie zum Exil gewählt haben, ihnen gegenüber zu noch mehr
als zu der im Kodex des Gastrechtes und in den Gesetzen der
Humanität vorgeschriebenen Behandlung verpflichtet sei. Sie sagen, sie hätten dieses Land geliebt, sie seien nur dieser Liebe
wegen gerade hierhergekommen, sie hätten Gegenliebe erwartet
und sie seien enttäuscht. Mindestens Hunderttausend sprechen
so. Aber selbst das glühendste Frauenherz verschließt sich, wenn
es von hunderttausend Liebhabern belagert wird. Und hat denn
jeder ein Recht, von seinen Liebesgefühlen zu sprechen, der im
Grunde doch nur gemeint hat, bei der Braut eine komfortable
Häuslichkeit und die gesicherte Ruhe finden zu können? Um ein
Land zu lieben, muß man eine innere Beziehung zu ihm haben,
man muß etwas von seinem Geist verspürt haben, seinem Gefühl
nahe gekommen sein. Es ist gewiß nicht unbedingt nötig, daß
man die historische Entwicklung vom ersten Anfang bis zur Gegenwart und die ganze Literatur vom ältesten Epos bis zum mo-
dernsten Roman genau studiert hat, aber wie sollte derjenige
warm mit einem Volk empfinden, oder es in seinen intimen Regungen verstehen, der von seiner Geschichte, seiner Kultur, von
all den Wurzeln seiner Natur, seines Lebens nichts weiß? Gewiß,
das Volk selbst weiß nicht immer sehr viel davon, aber es trägt
die Ergebnisse des Werdeganges in seinem Blut. Nein, nicht all
die hunderttausend Enttäuschten haben wirklich geliebt. Sie sind
enttäuscht, weil sie auf das falsche Pferd gesetzt haben, und nun
zürnen sie dem an der Hürde gestürzten Gaul.«

Wolffs Manuskript »Die Juden« − eine postume Veröffentlichung des »Jüdischen Verlags« bei »Athenäum« (1984) − wendet sich u. a. gegen *»die Ungerechtigkeit [des] im Plural«-
Redens*, wenn über »den Deutschen«, »den Juden« oder auch
»den Sozialdemokraten« leichtfertig geurteilt wird. In den folgenden beiden Textauszügen spiegelt sich die Position des assi-
milierten Juden, des Deutschen jüdischer Konfession:

»Aus Jugenderinnerungen heraufsteigend ist die Wärme des alt-jüdischen Familienlebens mir fühlbar mit seiner Innigkeit und seinen Gerichten, ob orthodox oder freidenkerisch gekocht. Und in wenig anderen Bethäusern habe ich die nur in frühen Knabenjahren gekannte Atmosphäre der Synagoge wiedergefunden, in der man zärtlich wie eine Geliebte die geschmückte, mit Silberglöckchen gekrönte Thora herumtrug, und der Vorbeter mit tiefdunkler Sammetstimme die feierlichen Melodien sang. Ich verstehe, daß Menschen, die immer herumgestoßen und aus ihrem Boden gerissen werden, eine Heimat brauchen, in der sie sich verwurzelt fühlen, und daß dieser Tempelraum mit all den alttestamentarischen Erinnerungen für sie diese Heimat ist. Wenn hinter den Fenstern einer benachbarten Wohnung ein frommes Ehepaar die Sabbatlichter anzündet, so sind das zwar nicht meine Kerzen, aber ihr Licht ist warm.«(Wolff, Die Juden, 37).

»Ist deshalb, weil die Urahnen angeblich Schulter an Schulter durch das Rote Meer marschierten, jeder für jeden ein Nebenmann in Reih und Glied? Ist jeder, der erzählt: ›Auch ich war in Berlin‹, oder ›Auch ich bin in Posen geboren‹, oder ›Auch ich habe in der Leopoldstadt in Wien gewohnt‹, einem anderen nahe, der vielleicht in Berlin, in Posen und in Wien sein Nachbar war? Die Verschiedenheit der nationalen Herkunft ist nicht das, was am entscheidendsten trennt. Die Verschiedenartigkeit des Geistes, der Kultur und vor allem der Moral ist das, was die einen von den andern entfernt. Soll der kultivierte, vornehm empfindende, in Geist und Herz seine hohen Ideale tragende Jude sich zu dem zynischen, mit Unmoral beklecksten, ideallosen und überzeugungslosen Geschäftemacher, dem unanständigen Schieber, dem kleinen schlecht zivilisierten Emporkömmling oder zu dem Großmogul hingezogen fühlen, der unbekümmert, inmitten des hungernden Elends, mit seinem aus dem Schiffbruch geretteten Gelde protzt? Er hat sie auch nicht in Berlin, Posen und auch nicht in Wien geachtet, nicht gekannt und nicht gegrüßt. Nein, man ist nicht ›solidarisch‹ mit dem ganzen unübersehbaren, unübersichtlichen Menschengemisch, das in der Emigration durch die Länder irrt, hie und da festen Fuß gefaßt hat, oder doch glaubte, festen Fuß fassen zu können. Diese Emigration ist nicht eine eng zusammengefügte Karawane, wie es die Hugenotten waren, die nach der Aufhebung des Edikts von

Nantes ausgewanderten französischen Protestanten, und wie es die englischen, den papistischen Stuarts entwichenen Amerikafahrer auf der Mayflower waren, die sich verbunden fühlten durch die Gleichheit der Sitten, der Lebensgewohnheiten, sogar der Bärte und der Kleidung und vor allem durch den gleichen Geist und das gleiche Ideal. Diese Emigration ist eine wirr zusammengewürfelte Masse auf der Flucht, aus allen Milieus herausgeeilt und so verschiedenartig in ihren Wesenszügen wie die großen und niederen Geschöpfe, die in Hast vor einem Präriebrande fliehen.« (ebd., 50 f.)

SCHRIFTENVERZEICHNIS VON THEODOR WOLFF

a) Gedichte, Schauspiele[2], Romane, Feuilletons

Der Märchenerzähler [Drama; lt. Berliner Fremdenblatt 267, 16. XI. 1886, veranstaltete Wolff am 12. Nov. eine öffentliche Lesung in der »Berliner Ressource«].

Erste Waffengänge, Monatsschrift der deutschen Jugend. 1. Jahrgang [in 5 Einzel-Nr. mit mehreren Beiträgen Theodor Wolffs, der als Mitherausgeber zeichnete; mehr nicht erschienen]. Berlin 1886.

Ibsens »Gespenster«. In: Saale Zeitung, 10. I. 1887.

»Mors imperator« und die deutsche Kunst [über ein Bild der Malerin Hermine v. Preuschen]. In: Prester Lloyd, 18. VII. 1887.

Der Heide. Roman. Berlin 1891.

Der Untergang. Roman. Berlin 1892.

Die stille Insel. Schauspiel in 4 Akten. Berlin 1894.

Die Sünder. Eine Liebesgeschichte. Berlin 1894; Köln [2]1909.

Niemand weiß es. Stück in 3 Aufzügen. München 1895.

Lied [Gedicht]. In: Simplicissimus, 4. IV. 1896, S. 3.

Die Königin. Schauspiel in 3 Aufzügen. Köln 1898.

− Dass., Übersetzung ins Dänische [Charlottenlund 1911 (?)[3]].

− Dass., Schauspiel in 4 Aufzügen [nach 1898]. Vom Verfasser stark überarbeitete Fassung (Fragment im Besitz des Ed. [B. S.]).

»Das sind nun reichlich dreißig Jahr…« [Gedicht]. Paris 1901. In: Dr. Arthur Levysohn zu seinem fünfundzwanzigjährigen Jubiläum am Berliner Tageblatt, gewidmet von Mitarbeitern und Freunden. Berlin [1901].

Pariser Tagebuch. München 1908; ibd.[2]1908; Neuausgabe Berlin 1927 [Widmung an Antoine Bavier-Chauffour 1927 zugunsten Frau Wolffs umformuliert].

Hans Narr I. [Gedicht. In: Wolff, Sünder (2. Aufl.), 1. c., 139−147.]

Spaziergänge. Köln 1909.

Anatole France. Den Mitgliedern der Maximilian-Gesellschaft zum 25. Januar 1925 (Berlin).

Die Schwimmerin. Ein Roman aus der Gegenwart. Zürich 1937.

b) Aufsätze, Vorworte und Einleitungen

Jens Peter Jacobsen. (Biograph. Einleitung zum Roman »Niels Lyhne« von J. P. Jacobsen. In: Reclams Universalbibl. 2551/2), Leipzig o. J. (1889), 3−29; in den Neuauflagen Paris 1895, V−XVI, und München 1903, V−XVI (in der letzten Ausgabe wird die veränderte Einleitung irrtümlich als »Vorrede zur ersten Auflage« bezeichnet).

Vorrede. Einleitung zu J. P. Jacobsen, »Niels Lyhne. Doktor Faust. Eines begabten jungen Mannes Tagebuch«. Übersetzung von M. Mann. Paris 1895, V−XVI.

Geistige und künstlerische Beziehungen zwischen Deutschland und Frankreich. In: 25 Jahre deutscher Zeitgeschichte, 1872−1897, Berlin 1897, 139−148.

Alfred Capus, Biographisches Vorwort zu A. Capus, Der Spielpächter, 1. c., V−VIII.
Casablanca. In: März 3/III (1907), 337−341.

Offener Brief an den Herausgeber [i. e. Ludwig Stein; betr. deutsch-englische Verständigungsmöglichkeiten]. In: Nord und Süd 36 (1912), 85−88.

Zeitungsartikel gegen Chauvinismus und Völkerverhetzung (»Amsterdammer«) [nicht nachzuweisen; vgl. Wolff, Tagebücher, vom 13. X. 1915 (Nr. 230)].

Vollendete Tatsachen, 1914−1917 [Sammlung von Leitartikeln aus dem »Berliner Tageblatt« mit einem Vorwort]. Berlin 1918.

− Die belgische Frage. In: Zukunft 26 (1918), 307−310 [Auszug aus Wolff, Tatsachen].

Von fünfen der Glücklichste [Bülow, Bethmann Hollweg, Michaelis, Hertling, Max von Baden]. In: Almanach 1920, Mosse-Verlag, Berlin 1919, 24−29.

Antwort an Hiller [zu dessen Offenem Brief an Th. Wolff unter dem Titel »Demokratie und Wahrung der Menschenrechte«, in: Die Weltbühne 22 (1926), 393]. In: ibd. 551 f. (5. X. 1926); auch Hiller, Sprung, 22−34.

Die deutsche Tagespresse. »Organisation der Zeitung«. In: Die Literarische Welt 2 (1926), Nr. 26, 1.

A 180 Français. M. Theodor Wolff repond au Manifeste des 180 intellectuels français. In: La Volonté (Paris), Nr. 1946, 20. II. 1931, 1f.

»Der Krieg des Pontius Pilatus«. Eine Erwiderung von Theodor Wolff. In: Pariser Tageblatt (Paris), 242, 11. VIII. 1934.

Une Promenade dans un Parc. In: Revue de Paris, November 1936 [vgl. dazu den Artikel »Guillaume II en juillet 1914«, in: Temps, 17. XI. 1936].

Souvenir de l'armistice. La rencontre de Foch et d'Erzberger. In: La Dépêche, 14. III. 1938.

Les relations franco-allemandes. In: La Dépêche, 11. IV. 1938; wieder abgedruckt in: Wild, Adolf (Hg.): Propos d'exil, 141–144.

Un moment critique. In: La Dépêche, 12. IV. 1938; wieder abgedruckt in: Wild, Adolf (Hg.): Propos d'exil 145–148.

Le procès de Moscou. L'affaire Krestinski. In: La Dépêche, 14. V. 1938.

Epitaph of a Newspaper [»Berliner Tageblatt«]. In: Living Age (Boston 1939), 84–86.

Die Marneschlacht hat nicht existiert. In: Argentinisches Tageblatt (Buenos Aires), 1. X. 1939.

Jusqu'en 1918 les Allemands ignorèrent... In: Annales Politiques et Littéraires (Paris), 10. XI. 1939, 394 f.

Garibaldiens du Nord. In: Handels- och Sjöfarts-Tidning, Göteborg 1940 [nicht genauer nachzuweisen].

c) Monographien zu geschichtlichen Themen

Das Vorspiel. München 1924.
- Le Prélude. Übersetzung von E. Dupuydauby (Collection de Mémoires, Etudes et Documents l'Histoire de la Guerre Mondiale). Paris 1926.

Der Krieg des Pontius Pilatus. Zürich 1934.
- Die Unschuldigen [Auszug aus Wolff, Krieg]. In: Die Neue Weltbühne 3 (1934), 837 f.
- Les Responsables de 1914. Les diplomates et la guerre [Auszug aus Wolff, Krieg]. In: Annales Politiques et Littéraires 114 (1939), 228–233.
- La Guerre de Ponce Pilate. Übersetzung von G. Bourdoncle. Paris 1936.
- The Eve of 1934. Übersetzung von E. W. Dickes. London 1935.
- Dass., New York 1936.
- Valka Pontia Piláta. Übersetzung von O. Laurinová. Prag 1937.
- Übersetzung in der griechischen Ztg. »Prota«, 1936.

- Dass., italienische Übersetzung (?)[4]
- Dass., rumänische Übersetzung (?)[5]

Der Marsch durch zwei Jahrzehnte. Amsterdam 1936.
- Through Two Decades. Übersetzung von E. W. Dickes. London 1936.
- Le Peuple en Marche. Übersetzung von M. Rémon. Paris 1937.

d) Übersetzungen[6]

»Gebüßet wird in manchem Jahr...« (Übersetzung eines Gedichts von Jens Peter Jacobsen). In: idem, Niels Lyhne, Paris 1895, XVI.

Der Spielpächter (Monsieur Piégois). Komödie in 3 Akten von Alfred Capus. Übersetzung von Theodor Wolff (Französisches Theater 14). Berlin o. J.

Das Glück (La Veine). Komödie in 4 Aufzügen von Alfred Capus. Übersetzung von Theodor Wolff (Regie-Buch). Berlin o. J. [1901?].

Verliebt (Amoureuse). Komödie in 3 Akten von Georges Porto-Riche. Übersetzung von Theodor Wolff [Berlin 1902?]. – Maschinenschriftliches Manuskript der Direktion des »Theaters am Gärtnerplatz«, Münchner Schauspielhaus.

e) Manuskripte[7]

Th. Wolff's Gedichte I, 1882/83 (28 x 2 S.)

Das Thal der Riesen, ein Schauspiel in 3 Akten [Berlin, Weihnachten 1900], maschinenschriftliches Manuskript mit eigenhändigen Korrekturen und Ergänzungen, 124 S.

»Als wir vor nun rund vierzig Jahren...« [handschriftliches Gedicht; Felix Hollaender gewidmet, 1. XI. 1927]; Schiller-Nationalmuseum, Deutsches Literaturarchiv/Handschriftenabteilung.

La Terrasse in der Gascogne.

I. Teil: Tagebuchartiges (1. VI.–2. VIII. 1940), 158 S.;

II. Teil: Autobiographie, Jugend (4. VIII und 5. VIII. 1940), 16 S.;

III. Teil: Erinnerungen.

1. Abschnitt (Juni 1940), 12 S.;
2a. Abschnitt (Juli 1940), 28 S.;
2b. Abschnitt (Juli 1940), 26 S.;
3. Abschnitt (Aug. 1940), 34 S.;
4. Abschnitt (Juni 1941), 26 S.;
5. Abschnitt (Aug. 1941), 19 S.; maschinenschriftliche Manuskripte, Bundesarchiv, Nachlaß Wolff 21, 22 [Nizza
   1940−42?]
Das Grabmal des Unbekannten Soldaten [Nizza 1941], maschinenschriftliches Manuskript, 188 S.
Notes sur l'Histoire de la Presse, maschinenschriftliches Manuskript mit handschriftlichen Korrekturen Wolffs, 233 S.
Zu Lessing und der literarischen Kritik, handschriftliches Manuskript, 31 S.
»Wenn ich alles zusammenzähle ...« Handschriftliches auto-
   biographisches Manuskript [Nizza 1943], 35 S.
Satire universitaire im Faust. 2 ½ Seiten maschinenschriftlicher
   Durchschlag, 8 ½ Seiten handschriftliches Manuskript.

f) Dokumentation aus dem Nachlaß

Meine Reise durch die Götterdämmerung. Aus einem unveröffentlichten Manuskript [Auszug aus Wolff, Grabmal]. Hg.
   von W. Köhler. In: Pannonia 6 (1978), 23−25.
Tagebücher, 1914−1919. Der Erste Weltkrieg und die Entstehung der Weimarer Republik in Tagebüchern, Leitartikeln
   und Briefen des Chefredakteurs am »Berliner Tageblatt« und
   Mitbegründers der »Deutschen Demokratischen Partei«. Ed.
   von Bernd Sösemann (Deutsche Geschichtsquellen des 19.
   und 20. Jahrhunderts 54/I, II). 2 Bde. Boppard/Rhein 1984.
Die Juden. Ein Dokument aus dem Exil 1942/43. Hg. und eingeleitet von Bernd Sösemann. Königstein/Ts. 1984.

Anmerkungen

1 Im folgenden mußte die unübersehbare Fülle der im »Berliner Tageblatt« veröffentlichten Korrespondentenberichte und Leitartikel
   unberücksichtigt bleiben.

2 Zumeist den Bühnen gegenüber als Manuskript gedruckt bzw. vervielfältigt.

3 Veranlaßt vom »Skandinavisk Teater Bureau« Henrik Hennigs, Charlottenlund/Dänemark.

4 Eine italienische Übersetzung wurde 1936 vom Verlag Sansoni in Florenz geplant.

5 Eine Übersetzung ins Rumänische wurde von Victor A. Beldiman angeregt und für den »Verlag für internationale und rumänische Literatur« geplant.

6 Dem Albert Ahn Verlag in Berlin, Köln, Leipzig, gegenüber als Manuskript gedruckt bzw. vervielfältigt.

7 Die folgenden Übersetzungen Theodor Wolffs konnten nicht nachgewiesen werden: Bernstein, Henri: Die Kralle; Capus, Alfred: Der Gegner; idem: Unsere Jugend; idem: Die Schloßherrin; Clemenceau, Georges: Der Schleier des Glücks. – Nach Karl Kraus (»Die Fackel« 148 [2. XII. 1903], 29 wurde laut »Neuem Wiener Tageblatt« in Wien das Schauspiel »Crainquebille« von Anatole France in der Übersetzung von Th. Wolff aufgeführt – auch diese Arbeit ließ sich nicht finden.

LITERATURHINWEISE

a) Werke und Schriften von Zeitgenossen

Anschütz, Gerhard: Parlament und Regierung im Deutschen Reich. Berlin 1918.

Bethmann Hollweg, Theobald von: Betrachtungen zum Weltkriege. 2 Bde. Berlin 1919/21.

Idem: Kriegsreden. Ed. von F. Thimme. Stuttgart 1919.

Blume, Gustav: Herr Theodor Wolff und das Ressentiment. Offener Brief an den Chefredakteur des »Berliner Tageblatt«. Berlin 1920.

Brentano, Lujo: Elsässer Erinnerungen. Berlin 1917.

Brockdorff-Rantzau, Ulrich Graf von: Dokumente und Gedanken um Versailles. Berlin 1920 (^{3}1925).

Bülow, Bernhard Fürst von: Denkwürdigkeiten. 4 Bde. Berlin 1930/31.

Clemenceau, Georges: Discours de la Guerre. Publiés par la Société des Amis de G. C. Nouvelle édition. Paris 1968.

Conrad von Hoetzendorff, Franz Frh.: Aus meiner Dienstzeit, 1906–1918. 5 Bde. Wien 1921–25.

Czernin, Ottokar Graf von: Brest-Litowsk [Tagebuchartige Aufzeichnungen vom 19. XII. 1917 bis zum 11. II. 1918], in: Idem, Im Weltkriege, Berlin 1919, Kap. X, 289–347.

Idem: Im Weltkriege. Berlin 1919.

Deutelmoser, Erhard: Die amtliche Einwirkung auf die deutsche Öffentlichkeit im Kriege. In: Die Deutsche Nation 1 (1919), 18–22.

[Ebert, Friedrich]: Schriften, Aufzeichnungen, Reden. Mit unveröffentlichten Erinnerungen aus dem Nachlaß. Ed. von Friedrich Ebert, jun., Dresden 1926.

Eisner, Kurt: Die neue Zeit. 2 Bde. München 1919.

Idem: Gesammelte Schriften. 2 Bde. Berlin 1919.

Erzberger, Matthias: Erlebnisse im Weltkrieg. Stuttgart 1920.

Flotow, Hans von: Um Bülows römische Mission. In: Süddeutsche Monatshefte 28 (1931), 399–404.

Foch, Ferdinand: Mémoires pour servir à l'Histoire de la Guerre de 1914 à 1918. 2 Teile. Paris 1931 (deutsch unter dem Titel: Meine Kriegserinnerungen, 1914–18. Leipzig 1931).

Gebhard: Berliner Tageblatt und Frankfurter Zeitung. In: Alldeutsche Blätter 27 (1917), 390–392.

Giolitti, Giovanni: Denkwürdigkeiten meines Lebens. Stuttgart 1923 (Original 2 Bde., Mailand 1922 [^{3}1945]; deutsche Übersetzung gekürzt).

Grey, Edward: Twenty-Five Years, 1892 to 1916. 2 Bde. London 1925 (deutsch unter dem Titel: Fünfundzwanzig Jahre Politik, 1892–1916. München 1926).

Groener, Wilhelm: Lebenserinnerungen. Jugend, Generalstab, Weltkrieg. Ed. von F. Freiherr von Gaertringen (Deutsche Geschichtsquellen des 19. und 20. Jahrhunderts 41). Göttingen 1957.

Haase, Hugo: Sein Leben und Wirken. Mit einer Auswahl von Briefen, Reden und Aufsätzen. Ed. von E. Haase. Berlin [1929].

Haller, Johannes: Lebenserinnerungen. Gesehenes – Gehörtes – Gedachtes. Stuttgart 1960.

Hammann, Otto: Bilder aus der letzten Kaiserzeit. Berlin [1922].

Ders.: Der neue Kurs. Erinnerungen. Berlin 1918.

Ders.: Deutsche Weltpolitik, 1890–1912. Berlin 1925.

[Haußmann, Conrad]: Aus Conrad Haußmanns politischer Arbeit. Ed. von seinen Freunden. Frankfurt/M. 1923.

Ders.: Schlaglichter. Reichstagsreden und Aufzeichnungen. Ed. von U. Zeller. Frankfurt/M. 1924.

Heine, Thomas Theodor: Ich warte auf ein Wunder. Stockholm [1945?].

Herold, Albert: Die Sünden des »Berliner Tageblatts«. Eine Mahnung an Christen und Juden. Hannover 1920.

Herzl, Theodor: Gesammelte zionistische Werke. 5 Bde. Berlin ^{3}1934/35.

Hugenberg, Alfred: Streiflichter aus Vergangenheit und Gegenwart. Berlin ^{2}1927.

Hutten-Czapski, Bogdan Graf von: Sechzig Jahre Politik und Gesellschaft. 2 Bde. Berlin 1936.

Kühlmann, Richard von: Erinnerungen. Heidelberg 1948.

Lichnowsky, Karl M[ax] Fürst von: Auf dem Wege zum Abgrund. Londoner Berichte, Erinnerungen und sonstige Schriften. 2 Bde. Dresden 1927.

Linksliberalismus in der Weimarer Republik. Die Führungsgremien der Deutschen Demokratischen Partei und der Deutschen Staatspartei 1918–1933. Ed. von K Wegner/L. Albertin (Quellen zur Geschichte des Parlamentarismus und der politischen Parteien, 3. Reihe V). Düsseldorf 1980.

412

Ludendorff, Erich: Meine Kriegserinnerungen, 1914–1918. Berlin 1919 (^{9}1926).

Idem (Ed.): Urkunden der Obersten Heeresleitung über ihre Tätigkeit 1916/18. Berlin 1920.

Luxemburg, Rosa: Gesammelte Werke (Institut für Marxismus-Leninismus beim ZK der SED). 5 Bde. Berlin (Ost) 1970–75.

Mantoux, Paul: Les Délibérations du Conseil des Quatre. 24 mars-28 juin 1919. 2 Bde. Paris 1955.

Materialien betr. die Friedensverhandlungen. Teil 3: Die deutschen Gegenvorschläge zu den Friedensbedingungen der alliierten und assoziierten Mächte. Ed. vom Auswärtigen Amt. Charlottenburg 1919.

Max von Baden, Prinz: Erinnerungen und Dokumente. Stuttgart 1927.

Meinecke, Friedrich: Straßburg, Freiburg, Berlin, 1901–1919. Erinnerungen. Stuttgart 1949.

Montgelas, Max Graf: Leitfaden zur Kriegsschuldfrage. Berlin 1923.

Monts, Anton Graf: Politische Aufsätze (Flugschriften 3). Berlin o. J. [1917].

[Idem]: Erinnerungen und Gedanken des Botschafters A. Graf Monts. Ed. von K. F. Nowak/F. Thimme. Berlin 1932.

Müller-Franken, Hermann: Die November-Revolution. Erinnerungen. Berlin ^{2}1931.

Naumann, Friedrich: Werke. Bde. 2–5: Politische Schriften. Ed. von Th. Schneider et al. Köln 1964.

Noske, Gustav: Erlebtes aus Aufstieg und Niedergang einer Demokratie. Offenbach/M. 1947.

Poincaré, Raymond: Au Service de la France. Neuf Années de Souvenirs. 10 Bde. Paris 1926–1933.

Raschau, Ludwig: Der Weg in die Weltkrise. Betrachtungen eines deutschen Diplomaten aus den Jahren 1912–1919. Ed. von A. Dix. Berlin 1934.

Rathenau, Walther: Gesammelte Schriften. 5 Bde. Berlin 1918.

Idem: Tagebuch, 1907–1922. Ed. von Hartmut Pogge von Strandmann. Düsseldorf 1967.

Die Regierung des Prinzen Max von Baden. Ed. von E. Matthias/R. Morsey (Quellen zur Geschichte des Parlamentarismus und der politischen Parteien, 1. Reihe II). Düsseldorf 1962.

Die Regierung der Volksbeauftragten 1918/19. Ed. von S. Miller/H. Potthoff (Quellen zur Geschichte des Parlamentarismus

413

und der politischen Parteien, 1. Reihe VI, 1/2). Düsseldorf 1969.

Röhl, John C. G.: Zwei deutsche Fürsten zur Kriegsschuldfrage. Lichnowsky und Eulenburg und der Ausbruch des Ersten Weltkrieges. Eine Dokumentation. Düsseldorf 1971.

Rohrbach, Paul: Um des Teufels Handschrift. Zwei Menschenalter erlebter Weltgeschichte. Hamburg 1953.

Rosen, Friedrich: Aus einem diplomatischen Wanderleben. Bde. 1/2: Berlin 1931/32; Bde. 3/4 (aus dem Nachlaß ed. von H. Müller-Werth): Wiesbaden 1959.

Scheidemann, Philipp: Memoiren eines Sozialdemokraten. 2 Bde. Dresden 1928.

Siebert, Benno von (Ed.): Diplomatische Aktenstücke zur Geschichte der Ententepolitik der Vorkriegsjahre. Berlin 1921.

Tirpitz, Alfred von: Erinnerungen (Deutsche Denkwürdigkeiten). Leipzig 1919.

Idem: Politische Dokumente. Bd. 1: Der Aufbau der deutschen Wehrmacht; Bd. 2: Deutsche Ohnmachtspolitik im Weltkriege. Stuttgart 1924/ Hamburg 1926.

Wassermann, Jacob: Mein Weg als Deutscher und Jude. Berlin 1921.

Wilhelm II.: Ereignisse und Gestalten aus den Jahren 1878–1918. Berlin 1922.

Wolff-Metternich, Paul Graf: Gegen die Unvernunft. Der Briefwechsel zwischen P. Graf W.-M. und Wilhelm Solf, 1915–1918, mit zwei Briefen Albert Ballins. Ed. von E. Vietsch. Bremen 1964.

Zedlitz-Trützschler, Robert Graf: Zwölf Jahre am deutschen Kaiserhof. Aufzeichnungen. Stuttgart 1923, [11-13]1924.

b) Allgemeine historische Darstellungen und Untersuchungen

Albertin, Lothar: Liberalismus und Demokratie am Anfang der Weimarer Republik. Eine vergleichende Analyse der Deutschen Demokratischen Partei und der Deutschen Volkspartei (Beiträge zur Geschichte des Parlamentarismus und der politischen Parteien 45). Düsseldorf 1972.

Becker, Werner: Demokratie des sozialen Rechts. Die politische Haltung der Frankfurter Zeitung, der Vossischen Zeitung und des Berliner Tageblatts, 1918–1924. Göttingen 1971.

Idem: Die Rolle der liberalen Presse. In: Mosse/Paucker, Judentum, 67–135.

Bermbach, Udo: Vorformen parlamentarischer Kabinettsbildung in Deutschland. Der Interfraktionelle Ausschuß 1917/18 und die Parlamentarisierung der Reichsregierung (Politische Forschungen 8). Köln 1967.

Eigenbrodt, August: »Berliner Tageblatt« und »Frankfurter Zeitung« in ihrem Verhalten zu den nationalen Fragen, 1887–1914. Ein geschichtlicher Rückblick. Berlin 1917.

Epstein, Fritz T.: Zwischen Compiègne und Versailles. Geheime amerikanische Militärdiplomatie in der Periode des Waffenstillstandes 1918/19: Die Rolle des Obersten Arthur L. Conger. In: Vierteljahreshefte für Zeitgeschichte 3 (1955), 412–445.

Epstein, Klaus: Matthias Erzberger und das Dilemma der deutschen Demokratie. Berlin 1962.

Erdmann, Karl-Dietrich: Der Erste Weltkrieg. In: Gebhardt, Handbuch der deutschen Geschichte, hg. von H. Grundmann, Stuttgart ^{9}1973, Bd. IV/1, 1–144.

Fischart, Johannes [i. e. Dombrowski, Erich]: Das alte und das neue System. [1. Folge:] Die politischen Köpfe Deutschlands; 3. Folge: Köpfe der Gegenwart. Berlin 1919/20.

Fischer, Fritz: Griff nach der Weltmacht. Die Kriegszielpolitik des kaiserlichen Deutschland, 1914/18. Düsseldorf 1961 (^{4}1971).

Idem: Krieg der Illusionen. Die deutsche Politik von 1911 bis 1914. Düsseldorf 1969.

Idem: Der Erste Weltkrieg und das deutsche Geschichtsbild. Beiträge zur Bewältigung eines historischen Tabus. Düsseldorf 1977.

Gutsche, Willibald: Bethmann Hollweg und die Politik der »Neuorientierung«. Zur innenpolitischen Strategie und Taktik der deutschen Reichsregierung während des Ersten Weltkrieges. In: Zeitschrift für Geschichtswissenschaft 13 (1965), S. 209–234.

Haller, Johannes: Die Aera Bülow. Eine historisch-politische Studie. Stuttgart 1922.

Hardach, Gerd: Der Erste Weltkrieg, 1914–1918 (Geschichte der Weltwirtschaft im 20. Jahrhundert 2). München 1973.

Hartenstein, Wolfgang: Die Anfänge der Deutschen Volkspartei, 1918–1920 (Beiträge zur Geschichte des Parlamentarismus und der politischen Parteien 22). Düsseldorf 1962.

Haupts, Leo: Deutsche Friedenspolitik 1918/19. Eine Alternative zur Machtpolitik des Ersten Weltkrieges. Düsseldorf 1976.

Helbig, Herbert: Graf Brockdorff-Rantzau und die Demokratie. In: Zur Geschichte und Problematik der Demokratie. Festgabe für Hans Herzfeld, hg. von Wilhelm Berges und Karl Hinrichs. Berlin 1958. 577–599.

Hiller von Gaertringen, Friedrich Freiherr: Fürst Bülows Denkwürdigkeiten. Untersuchungen zu ihrer Entstehungsgeschichte und ihrer Kritik (Tübinger Studien zur Geschichte und Politik 5). Tübingen 1956.

Holl, Karl: Der Austritt Theodor Wolffs aus der Deutschen Demokratischen Partei. In: Publizistik 16 (1971), 294–302.

Huber, Ernst Rudolf: Deutsche Verfassungsgeschichte seit 1789. Bd. 4: Struktur und Krisen des Kaiserreichs; Bd. 5: Weltkrieg, Revolution und Reichserneuerung; Bd. 6: Die Weimarer Reichsverfassung. Stuttgart 1969–81.

Huldermann, Bernhard: Albert Ballin. Oldenburg [4]1922.

Illustrierte Geschichte der Novemberrevolution in Deutschland. Hg. vom Institut für Marxismus-Leninismus beim ZK der SED. Berlin (Ost) 1968.

Janßen, Karl-Heinz: Der Kanzler und der General. Die Führungskrise um Bethmann Hollweg und Falkenhayn, 1914–1916. Göttingen 1967.

Jarausch, Konrad H.: The Illusion of Limited War. Chancellor Bethmann Hollweg's Calculated Risk, July 1914. In: Central European History 2 (1969), S. 48–76.

Kessler, Harry Graf: Walther Rathenau. Sein Leben und sein Werk. Berlin 1928.

Kielmansegg, Peter Graf: Deutschland und der Erste Weltkrieg. Frankfurt/M. 1968.

Klein, Fritz, et al. (Hg.): Deutschland im Ersten Weltkrieg. Vorbereitung, Entfesselung und Verlauf des Krieges bis Ende 1914. 3 Bde. Berlin (Ost) 1970.

Kluge, Ulrich: Soldatenräte und Revolution. Studien zur Militärpolitik in Deutschland 1918/19 (Kritische Studien zur Geschichtswissenschaft 14). Göttingen 1975.

Köhler, Henning: Novemberrevolution und Frankreich. Die französische Deutschlandpolitik, 1918–1919. Düsseldorf 1980.

Köhler, Wolfram: Der Chef-Redakteur. Theodor Wolff. Ein Leben in Europa, 1968–1943. Düsseldorf 1978.

Kolb, Eberhard: Die Arbeiterräte in der deutschen Innenpolitik,

1918–1919 (Beiträge zur Geschichte des Parlamentarismus und der politischen Parteien 23). Düsseldorf 1962.

Müller, Walter: Die Stellung der deutschen Presse von der Ermordung des österreichischen Thronfolgers Franz Ferdinand am 28. Juni 1914 bis zum Ausbruch des Weltkrieges am 4. August 1914. Diss. phil. Göttingen 1924 (maschinenschriftliches Manuskript).

Paul, Fritz: Theodor Wolff und die Berliner Bohème des »Schwarzen Ferkels«, 1892–94. Mit einem Bericht Wolffs und unveröffentlichten Briefen Strindbergs und Munchs. In: Skandinavistik 13 (1983), 9–30.

Ritter, Gerhard: Staatskunst und Kriegshandwerk. Bd. 2: Die Hauptmächte Europas und das Wilhelminische Reich, 1890–1914; Bd. 3: Die Tragödie der Staatskunst. Bethmann Hollweg als Kriegskanzler, 1914–1917; Bd. 4: Die Herrschaft des deutschen Militarismus und die Katastrophe von 1918. München 1960, 1964, 1968.

Röhl, John C. G.: Germany without Bismarck. The Crisis of Government in the Second Reich, 1890–1900. London 1967 (deutsch unter dem Titel: Deutschland ohne Bismarck. Tübingen 1969).

Schüssler, Wilhelm: Die Daily-Telgraph-Affäre. Fürst Bülow, Kaiser Wilhelm und die Krise des zweiten Reiches 1908. Göttingen 1952.

Schulze, Hagen: Otto Braun oder Preußens demokratische Sendung. Berlin 1977.

Schwabe, Klaus: Deutsche Revolution und Wilson-Frieden. Die amerikanische und deutsche Friedensstrategie zwischen Ideologie und Machtpolitik, 1918/19. Düsseldorf 1971.

Schwarz, Gotthart: Theodor Wolff und das »Berliner Tageblatt«. Eine liberale Stimme in der deutschen Politik, 1906–1933 (Tübinger Studien für Geschichte und Politik 25). Tübingen 1968.

Sösemann, Bernd: Das Ende der Weimarer Republik in der Kritik demokratischer Publizisten. Theodor Wolff, Ernst Feder, Julius Elbau, Leopold Schwarzschild (Abhandlungen und Materialien zur Publizistik 9). Berlin 1976.

Idem: Periode des Übergangs oder »Ende des Systems«? Liberale Publizistik im Weimar der Präsidialkabinette. In: Th. Koebner (Hg.), Weimars Ende (Suhrkamp-Materialien 2018). Frankfurt/M. 1982, 143–181.

Thimme, Friedrich: Fürst Lichnowskys »Memoirenwerk«. In: Archiv für Politik und Geschichte 10 (1928), 22−64.

Vietsch, Eberhard von: Wilhelm Solf. Botschafter zwischen den Zeiten. Tübingen 1961.

Wengst, Udo: Graf Brockdorff-Rantzau und die außenpolitischen Anfänge der Weimarer Republik (Moderne Geschichte und Politik 2). Bern 1973.

Winzen, Peter: Bülows Weltmachtpolitik. Untersuchungen zur Frühphase seiner Außenpolitik, 1897−1901 (Schriften des Bundesarchivs 22). Boppard 1977.

Wirtschafts- und Sozialgeschichte des Weltkrieges. Deutsche Serie. 12 Bde. (Veröffentlichungen der Carnegie-Stiftung für Internationalen Frieden, Abt. Volkswirtschaftsgeschichte.) Stuttgart 1927−32.

Wuest, Erich: Der Vertrag von Versailles im Licht und Schatten der Kritik (Wirtschaft, Gesellschaft, Staat 21). Zürich 1962.

Young, Harry F.: Prince Lichnowsky and the Great War (The University of Georgia Press). Athen 1977.

Idem: Maximilian Harden. Censor Germaniae. The Critic in Opposition from Bismarck to the Rise of Nazism (International Scholars Forum 11). Den Haag 1959.

Zahn-Harnack, Agnes von: Adolf von Harnack. Berlin 1936 ([2]1951).

c) Veröffentlichungen zu Judentum, Antisemitismus und Emigration.

Angress, Werner T.: Das deutsche Militär und die Juden im Ersten Weltkrieg. In: Militärgeschichtliche Mitteilungen 19 (1976), 77−146.

Arendt, Hannah: Eichmann in Jerusalem. Ein Bericht von der Banalität des Bösen. München 1964.

Bein, Alex: Die Judenfrage. Biographie eines Weltproblems. 2 Bde. Stuttgart 1980.

Bering, Dietz: Der Name als Stigma. Antisemitismus im deutschen Alltag, 1812−1933. Stuttgart 1987.

Biographisches Handbuch der deutschsprachigen Emigration nach 1933. Bd. 1: Politik, Wirtschaft, Öffentliches Leben. Hg. von W. Röder et al. München 1980.

Boehlich, Walter (Hg.): Der Berliner Antisemitismusstreit. Frankfurt/M. 1965.

418

Böhm, Adolf: Die zionistische Bewegung bis zum Ende des Weltkrieges. Bd. 1. Tel Aviv 1935.

Dahm, Volker: Das jüdische Buch im Dritten Reich. 2 Bde. Frankfurt/M. 1979/1982.

Dawidowicz, Lucy S.: The War Against the Jews, 1933−1945. London 1975 (deutsch München 1979).

Fabian, Ruth/Coulmas, Corinna: Die deutsche Emigration in Frankreich nach 1933. München 1978.

Greive, Hermann: Geschichte des modernen Antisemitismus (Grundzüge 53). Darmstadt 1983.

Goldhagen, Erich: Weltanschauung und Endlösung. Zum Antisemitismus der nationalsozialistischen Führungsschicht. In: Vierteljahreshefte für Zeitgeschichte 24 (1976), 379−405.

Grossmann, Kurt R.: Emigration. Geschichte der Hitler-Flüchtlinge, 1933−1945. Frankfurt/M. 1969.

Hamburger, Ernest: Juden im öffentlichen Leben Deutschlands. Regierungsmitglieder, Beamte und Parlamentarier in der monarchischen Zeit, 1848−1918 (Schriftenreihe wissenschaftlicher Abhandlungen des Leo-Baeck-Instituts 19). Tübingen 1968.

Hilberg, Raul: Die Vernichtung der europäischen Juden. Die Gesamtgeschichte des Holocaust. Berlin 1982.

Katz, Jacob: From Prejudice to Destruction. Anti-Semitism, 1700−1933. Cambridge/Mass. 1980.

Laqueur, Walter: A History of Zionism. London 1972 (deutsch unter dem Titel: Der Weg zum Staat Israel. Geschichte des Zionismus. Wien 1975).

Leuschen-Seppel, Rosemarie: Sozialdemokratie und Antisemitismus im Kaiserreich. Die Auseinandersetzungen der Partei mit den konservativen und völkischen Strömungen des Antisemitismus, 1871−1914. Bonn 1978.

Low, Alfred D[avid]: Jews in the Eyes of the Germans. From the Enlightenment to the Imperial Germany. Philadelphia 1979.

Lowenthal, Ernst G.: Die historische Lücke. Betrachtungen zur neueren deutsch-jüdischen Historiographie. Tübingen 1987.

Maurer, Trude: Ostjuden in Deutschland, 1918−1933 (Hamburger Beiträge zur Geschichte der deutschen Juden 12). Hamburg 1986.

Mosse, George L.: Rassismus. Ein Krankheitssymptom in der europäischen Geschichte des 19. und 20. Jahrhunderts. Königstein 1978.

Mosse, Werner E./Paucker, Arnold (Hg.): Deutsches Judentum

in Krieg und Revolution, 1916–1923. Ein Sammelband (Schriftenreihe wissenschaftlicher Abhandlungen des Leo-Baeck-Instituts 25). Tübingen 1971.

Nipperdey, Thomas/Rürup, Reinhard: Antisemitismus. In: O. Brunner et al. (Hg.): Geschichtliche Grundbegriffe, Stuttgart 1972, 129–153.

Paucker, Arnold: Der jüdische Abwehrkampf gegen den Antisemitismus und Nationalsozialismus in den letzten Jahren der Weimarer Republik (Hamburger Beiträge zur Zeitgeschichte 4). Hamburg ²1969.

Poliakov, Léon: Histoire de l'antisémitisme. 4 Bde. Paris 1961–1977 (deutsch unter dem Titel: Geschichte des Antisemitismus. 4 Bde. Worms 1978–1981).

Ders.: Le Mythe Aryen. Essai sur les sources du racisme et des nationalismes. Paris 1971 (deutsch unter dem Titel: Der arische Mythos. Zu den Quellen von Rassismus und Nationalismus. Wien 1977).

Reichmann, Eva G.: Die Flucht in den Haß. Die Ursachen der deutschen Judenkatastrophe. Stuttgart o. J. [1956].

Richarz, Monika (Hg.): Jüdisches Leben in Deutschland. Selbstzeugnisse zur Sozialgeschichte, 1780–1781. Stuttgart 1976.

Rürup, Reinhard: Emanzipation und Antisemitismus. Studien zur »Judenfrage« der bürgerlichen Gesellschaft (Kritische Studien zur Geschichtswissenschaft 15). Göttingen 1975.

Schoeps, Julius H.: Über Juden und Deutsche. Historisch-politische Betrachtungen. Stuttgart 1986.

Shaked, Gershon: Die Macht der Identität. Essays über jüdische Schriftsteller. Eine Veröffentlichung des Leo-Baeck-Instituts. Aus dem Englischen von Ulrike Berger. Königstein 1986.

Thalmann, Rita R.: Die Emigration aus Deutschland und die öffentliche Meinung Frankreichs 1933–1939. In: Das Unrechtsregime. Internationale Forschungen über den Nationalsozialismus, hg. von Ursula Büttner, Bd. 2: Verfolgung, Exil, Belasteter Neubeginn (Hamburger Beiträge zur Sozial- und Zeitgeschichte 22). Hamburg 1986, 249–266.

Thieme, Karl (Hg.): Judenfeindschaft. Darstellung und Analysen (Fischer-Taschenbuch 524). Frankfurt/M. 1963.

Toury, Jacob: Die politischen Orientierungen der Juden in Deutschland. Von Jena bis Weimar (Schriftenreihe wissenschaftlicher Abhandlungen des Leo-Beck-Instituts 15). Tübingen 1966.

Tutas, Herbert E.: Nationalsozialismus und Exil. Die Politik des

Dritten Reiches gegenüber der deutschen politischen Emigration, 1933–1939. München 1975.

Volkov, Shulamit: Kontinuität und Diskontinuität im deutschen Antisemitismus 1878–1945. In: Vierteljahreshefte für Zeitgeschichte 33 (1985), 221–243.

Weizmann, Chaim: Palestine's Role in the Solution of the Jewish Problem. In: Foreign Affairs 20 (1942), 324–338.

Weltsch, Robert: Die deutsche Judenfrage. Ein kritischer Rückblick. Königstein 1981.

Zmarzlik, Hans-Günther: Der Sozialdarwinismus in Deutschland als geschichtliches Problem. In: Vierteljahreshefte für Zeitgeschichte 11 (1963), 246–273.

Personenregister

Aehrenthal, Aloys Graf Lexa von 73
Albert, König von Belgien 243
Alexander II., Kaiser von Rußland XLIV, 22
Alexander VI., Papst 151
Alexander der Große, König von Griechenland 378
Alfons XIII., König von Spanien 122
Alkinoos, König der Phäaken 13
Andrássy, Julius Graf von (d. J.) 154
Angeli, Heinrich von 69
Anschütz, Gerhard 247
Antiochus III., König der Seleukiden 329
Anzengruber, Ludwig XX, XLVII
Ariosto, Ludovico 156
Aristophanes 323
Arnim, Bettina von 103 f.
Asquith, Herbert Henry Earl of Oxford and 89, 141, 238, 384
Assing, Ludmilla von 104 f., 127
Assisi, Franz von 9
Auer, Erhard 173, 280
Auguste Viktoria, Deutsche Kaiserin und Königin von Preußen 52, 98, 227−229, 239, 253, 283

Baake, Curt 188, 312
Ballin, Albert XXXVII, 19, 26, 35, 39, 52, 121 f., 218-258, 273 f., 344, 382−385
Ballin, Amalie 32
Ballin, Samuel Joel 219 f., 232
Barrère, Camille 23, 32 f., 40 f., 54, 118
Bartenwerffer, Paul von 93
Barth, Theodor Wilhelm XXIII, XLVIII
Bassermann, Ernst 88 f.
Bauer, Gustav Adolf 171, 321
Bauer, Max Hermann 255
Bauernfeld, Eduard von XX, XLVII
Bebel, August 46, 168, 280
Beerfelde, Hans Georg von 189 f.
Behncke, Paul 89
Benedikt XV., Papst 36, 122, 150
Berchtold, Ferdinandine Gräfin von 76
Berchtold, Leopold Anton Graf von 31, 38, 68, 70, 80
Berg, Friedrich Wilhelm von 255 f.
Bergerac, Cyrano de 156
Bernhard, Georg XXXI, XLVIII, 93
Bernhardi, Friedrich von 112
Bernstorff, Johann Heinrich Graf von 142, 149, 251, 277−279, 295, 307
Beseler, Hans Hartwig von 92

Besenval, Pierre Joseph Victor
Baron de 152
Bethmann Hollweg, Theobald
Theodor von XL, XLIV,
18, 22, 25 f., 27 f., 32 f.,
35, 37–42, 52, 58 f., 64,
68, 74, 76, 79, 81, 84 f.,
89, 91, 94, 97, 111–113,
121 f., 128–164, 188,
206 f., 212, 217, 228, 231,
235, 242 f., 246, 248,
250 f., 253, 262, 355, 365,
367–371, 373, 381–383,
392
Bettinger, Erzbischof in Bay-
ern 72
Bismarck, Johanna von 117
Bismarck, Otto Fürst von
XVI, XXIII f., XLVI, 8,
11, 28, 39, 59, 61, 68, 74,
76–78, 81, 117, 123, 151,
156, 229, 231, 235, 262,
298 f., 309, 329, 351, 373
Björnson, Björnstjerne XVI
Blunck, Andreas 313
Bodenstädt, Friedrich von
XX, XLVII
Börne, Ludwig 6
Boileau-Despréaux, Nicolas
261
Borgia, Cesare 12, 151
Borsig, Conrad August von
190
Boucher, François 103
Bourgin, F. XXXIX
Bracht, Franz 401
Brahm, Otto XXV
Braun, Emilie 325, 327
Braun, Magnus Freiherr von
93
Braun, Otto 167 f.,

323–343, 348, 355,
393–401
Brentano, Lujo (Ludwig Jo-
sef) 247
Brissot, Jacques Pierre 346
Brockdorff, Therese Gräfin
von 283
Brockdorff, Ulrich Baron
261
Brockdorff-Kletkamp, Gräfin
261, 267
Brockdorff-Rantzau, Ulrich
Graf von XXVII, 149,
158, 226, 259–322, 350,
355, 384–393
Brueghel, Peter 154
Brüning, Heinrich 130, 333,
340, 393 f., 396 f.
Brutus, Lucius Junius 393
Brutus, Marcus Junius 14
Bülow, Bernhard Ernst von
123
Bülow, Bernhard Heinrich
Fürst von IV, XIX,
XXXVII, XL, XLIII f.,
11–49, 51, 53, 55–61,
66 f., 79 f., 83, 93, 95–98,
101, 103–127, 130, 132,
142, 226, 231, 233, 236,
241, 245, 247, 251,
297–299, 355, 360–367,
373 f.
Bülow, Karl Ulrich von 18 f.
Bülow, Maria Anna Fürstin
von 19 f., 28, 30, 33 f.,
38, 40, 98, 125 f., 130,
158, 363
Buffon, Georges Louis Leclerc,
Comte de 115
Burckhardt, Jacob 7
Burián von Rajecz, Stephan
Graf 31 f., 155

Byron, George Noel Gordon,
Lord   109, 114, 168

Caesar, Gaius Julius   14, 218
Cambon, Jules Martin
   XLIV, 22−24, 32 f.,
   39−41, 118, 120 f.
Cambon, Pierre Paul   118
Camporeale, Domenico Bec-
   cadelli di Bologna Fürst
   33
Caprivi, Georg Leo Graf   42
Carlyle, Thomas   165
Carr, Edward   XXXIX
Caruso, Enrico   XXV
Cassel, Sir Ernest   228
Cato, gen. C. Uticensis   303
Cavour, Camillo Benso Conte
   di   124
Chapiro, Joseph   XXVIII f.
Charmes, Francis   33, 110
Chateaubriand, Francois-René
   Vicomte de   109. 114
Christian X., König von Dä-
   nemark   122, 275
Churchill, Sir Winston Leo-
   nard Spencer   74, 238
Cicero, Marcus Tullius   114,
   150
Cimabue, Giovanni   3
Claudius, Tiberius C. Nero
   Germanicus, römischer
   Kaiser   345 f.
Clemenceau, Georges   XXV,
   117, 150, 194, 291 f.,
   301−303, 305, 307, 387 f.,
   392
Cohen-Reuß, Emanuel, gen.
   Max   189
Columbus, Christoph   284 f.
Condé, Louis II. de Bourbon

gen. Le Grand Condé, 4.
   Prince de   261
Conrad von Hoetzendorff,
   Franz Graf von   84, 90
Coriolanus, Gnaeus (Gaius)
   Marcius   215
Corneille, Pierre   303
Courier, Paul-Louis   209
Cromwell, Oliver   181, 205
Cuno, Wilhelm   282
Cuvier, Frédéric   269
Cuvier, George   269
Czernin, Ottokar Theobald
   Graf von und zu Chude-
   nitz   212

Dankl-Krasnik, Viktor   82 f.
Dante Alighieri   7, 16, 218,
   328 f.
Danton, Georges Jacques
   165, 205
Daumier, Honoré   260
David, Eduard   293
Davidsohn, Recha siehe Wolff,
   Recha
Davidsohn, Dr. (Großvater
   mütterlicherseits von
   T. W.)   XIII
Delbrück, Clemens   252
Delbrück, Hans Gottlieb
   von   113, 120, 246 f.,
   382 f.
Delcassé, Théophile   55, 70,
   113, 119
Dernburg, Bernhard Jakob
   244−247, 307, 382 f.
Desmoulin, Camille   165
Dessoir, Max   XXI f., XLVII
Deutelmoser, Erhard Eduard
   248
Dickens, Charles   148
Dilthey, Wilhelm   XXI

424

Dostojewski, Fedor Michai-
lowitsch 6, 270
Dresel, Ellis Loring 292 f.,
390 f.
Dreyfus, Alfred XXV
Dschem, türkischer Prinz
156
DuDeffand, Marie Anne Mar-
quise 40, 103
Duisberg, Carl 381
Duse, Eleonora 28

Eberstadt, Rudolf 194
Ebert, Friedrich XXVII,
100, 118, 167, 188, 194,
201, 208, 276 f., 279–282,
294, 304, 307 f., 310, 313,
315, 318 f., 374–377, 386,
396
Eckardstein, Hermann Johannes Freiherr von 11
Eduard VII., König von Groß-
britannien und Irland
39, 42, 120, 145, 228
Eichhorn, Robert Emil 192,
196
Eisner, Kurt XLVIII, 93 f.,
193 f., 277
Elias, Julius XVI, XLVI
Elisabeth I., Königin von England 228
Emerson, Ralph Waldo 59 f.
Engels, Friedrich 329
Epikur 113
Erzberger, Matthias XXVII,
40–42, 122, 132,
135–137, 149, 285 f., 289,
292, 297, 299 f., 310 f.,
313, 315, 318, 320 f., 387,
389 f.
Estournelles de Constant,
Paul Baron d' 118

Eulenburg, August Ludwig
Graf zu 233
Eulenburg, Philipp Konrad
Graf zu 74 f.
Eulenburg und Hertefeld, Phi-
lipp Fürst zu 124, 235

Falkenhayn, Erich Georg
von 32, 83, 85, 88, 90 f.,
97, 101, 138, 242 f., 250 f.,
380
Fehrenbach, Constantin
117, 153, 293
Ferdinand I., Kaiser von
Österreich 73
Ferdinand, König von Bulga-
rien 83, 89, 97
Ferry, Abel Jules Edouard
118, 302 f.
Fischbeck, Otto 190, 294
Fischer, Samuel XXV
Flaubert, Gustave 5
Flotow, Hans von 16 f.,
29, 124 f.
Foch, Ferdinand XXVII,
213, 291 f., 300, 310, 317,
387, 389
Fontane, Theodor XX
Forckenbeck, Max von
XXIII, XLVIII
Fouquet (Foucquet), Jean
236
Fouquier-Tinville, Antoine
Quentin 216
Fra Angelico (eig. Guido di
Pietro) 148
Fragonard, Jean Honoré 103
France, Anatole XXVIII,
336
Franz Ferdinand, Erzherzog
von Österreich-Este 68,
73, 77, 98, 273, 385

Franz Joseph, Kaiser von
Österreich und König von
Ungarn 26, 31 f., 68,
76 f., 90
Freiligrath, Ferdinand 166
Freycinet, Charles-Louis de
Laucles de 118
Freytag, Gustav XIX, 345
Friedberg, Robert 191
Friedenthal, Karl Rudolf 231
Friedrich III., Deutscher Kaiser
und König von Preußen
11
Friedrich I., König von Preu-
ßen 106
Friedrich der Große, König
von Preußen 16, 50
Friedrich Wilhelm II., König
von Preußen 11
Friedrich Wilhelm IV., König
von Preußen XIII, 91

Galilei, Galileo 305 f.
Galliffet, Gaston Alexandre
Auguste Marquis de 118
Galster, Karl P. H. 65 f.
Gambetta, Léon 117 f.,
308 f., 337
Geibel, Emanuel XX,
XLVI f.
Gerard, James Watson 84
Gereke, Günther 400
Gibson, Thornley G. 300
Giesberts, Johann 311
Giolitti, Giovanni 29 f.
Giotto di Bondone 3
Goethe, Johann Wolfgang
von 108, 114, 273, 283,
342, 350, 352, 357
Gordon, Adolf von 16
Goschen, Sir William Ed-
ward 27, 392

Gothein, Georg XXXVII,
316, 318
Greco (eig. El Greco), Theo-
tokòpulos 161
Gregorovius, Ferdinand 118
Grey, Sir Edward 23, 38 f.,
41 f., 89, 141, 242, 384
Grillparzer, Franz 12
Grimm, Herman XXI,
XLVIII
Groener, Wilhelm 334, 397
Grosz, George 259 f., 262,
271, 305
Gustav V., König von Schwe-
den 122

Haas, Ludwig 312
Haase, Hugo 188, 277,
279 f., 310, 316, 321
Haguenin, François Emile
290–292, 316 f.
Hahnke, Wilhelm von 97
Hakki Pascha, Ibrahim 152
Haldane of Cloan, Richard
Burdon Lord 52, 228,
234 f., 238, 242
Haller, Johannes 113, 336
Hamerling, Robert XX,
XLVII
Hammann, Otto 11
Haniel von Haimhausen, Ed-
gar K. Alf 70 f., 301
Hannibal 329
Harden, Maximilian XXV,
XXVII, 174, 233, 289, 310
Harnack, Karl Gustav Adolf
von 118 f., 124, 126,
130, 247
Hatzfeldt-Trachenberg, Her-
mann Fürst von 62 f.,
111, 149, 246 f.

Hatzfeldt-Wildenburg, Paul
Graf von 123
Hauptmann, Gerhart
XXXV−XXXVII, IL
Hauptmann, Margarete
XXXVI
Haußmann, Conrad XLII f.,
147, 156−158, 161, 177
Hecker, Friedrich 166
Heine, Heinrich 6 f., 104,
, 108, 149
Heine, Wolfgang 307, 321
Heinrich IV., Deutscher Kai-
ser 305
Heinrich VII., Deutscher Kai-
ser 7
Held, Heinrich 397
Helfferich, Karl Theodor
93, 97, 147
Helphand, Alexander (Pseu-
donym: Parvus) 275
Henckel-Donnersmarck, Gui-
do Fürst von 247 f.
Herder, Johann Gottfried
345
Hermogenes 324
Hertling, Georg Friedrich
Graf von 72, 74 f., 97,
128−164, 255, 275 f., 355,
367−371
Herwegh, Georg 166
Heydebrand und der Lasa,
Ernst von 89
Heyse, Paul von XX, XLVII
Hiller, Kurt 179, 397−399
Hindenburg, Paul von Benek-
kendorff und von 81−85,
88, 93, 97, 132, 153, 193,
207, 217, 273, 289, 325,
327, 333 f., 363, 401
Hintze, Paul von 153
Hinzpeter, Georg Ernst 123

Hirschfeld, Alice (Nichte von
T. W.) XII
Hirschfeld, Käthe siehe Wolff,
Käthe
Hitler, Adolf XXIX, 330,
396
Hoesch, Leopold von 151
Hoffmann, Adolph 185 f.,
188
Hoffmann, E. T. A. 264
Hoffmann, Max[imilian]
207
Hohenlohe-Langenberg, Her-
mann Fürst zu 124
Hohenlohe-Oehringen, Fürst
zu 62 f.
Hohenlohe-Schillingsfürst,
Alexander Prinz zu 157,
160
Hohenlohe-Schillingsfürst,
Chlodwig Fürst zu 11,
157
Hohenlohe-Schillingsfürst,
Gottfried Prinz zu 25 f.
Hollaender, Felix XXII,
XLVIII
Holstein, Friedrich von 32,
55 f., 58, 71, 112, 361,
365, 367
Holtzendorff, Arnd von
244−246, 248, 307, 382
Holtzendorff, Henning von
248
Homer XVIII, XX, 142, 349
Horaz XVIII, 109
Hübbe-Schleiden, Wilhelm
XXI, XVII f.
Hugenberg, Alfred 396
Hugo, Victor 7 f.
Huldermann, Bernhard 224,
234, 249, 252 f.
Humboldt, Wilhelm von 357

Hutten-Czapski, Bogdan Graf
von 70

Ibsen, Henrik XVI
Ionescu, Dimitru, gen. Take
77
Iswolski, Alexander Petro-
witsch 97 f., 120

Jacobsen, Jens Peter VIII
Jacoby, Johann XIII, XLVI
Jagow, Gottlieb E. von
XLIV f., 18, 20, 22 f., 26 f.,
29, 36, 39, 81, 89, 97,
121, 227, 237 f., 241,
244 f.
Jaurès, Jean 39, 165
Jefferson, Thomas 6

Kahl, Wilhelm 246 f.
Kant, Philipp Immanuel
13, 214
Kapp, Wolfgang 201, 334
Karl V., Deutscher Kaiser 17
Karl I., Kaiser von Österreich
und König von Ungarn
93, 97
Karl I., König von England
und Schottland 203
Karl I., König von Rumä-
nien 27, 77, 120
Karl Alexander, Großherzog
von Sachsen-Weimar 123
Kaufmann, Max XXII
Kautsky, Karl 300
Keim, August Alexander 112
Kerr, Alfred XLVIII
Kessel, Gustav E. von 93,
251
Keyserling, Hermann Graf
von 18
Kiderlen-Waechter, Alfred

von 37, 58, 64, 68 f.,
97, 156, 365
Kleopatra VII. Philopator,
Königin von Ägypten 240
Kokowzow, Wladimir Niko-
lajewitsch Graf von 139
Kriege, Johannes 296
Kriton 324
Kühlmann, Richard von
93, 149, 151, 153, 276,
381

Lachmann-Mosse, Hans
XXXI–XXXIV, IL
La Fontaine, Jean de 22,
236 f.
Lahusen, Friedrich 247
Landauer, Gustav XLVIII
Landsberg, Otto 188, 194,
311
Lansing, Robert 90
Lasker, Eduard XII, XLVI
Lasson, Adolf XXI
La Vallière, Louise Françoise
de Labaume Leblanc de
236
Leinert, Robert 311, 319
Le Jay, Ehefrau des französi-
schen Verlegers 11
Lenin (eig. Uljanow), Wladi-
mir Illjitsch 43, 169, 329,
357
Le Nôtre, André 236
Lerchenfeld-Köfering, Hugo
Graf von und zu 173
Lespinasse, Julie de 103
Lessing, Gotthold Ephraim
357
Lichnowsky, Karl Max Fürst
von 23, 36, 62 f., 65,
78, 107, 124, 189, 238,
240, 250, 290, 300

Liebknecht, Karl 167, 178, 186, 198, 202
Liebknecht, Wilhelm 280
Liman von Sanders, Otto Karl 58
Linau, Paul XXII
Linsingen, Alexander A. von XLIII, 177 f.
Lloyd George, David, 1. Earl of Dwyfor 288 f., 390
Loewe, Ludwig XXIV, XLVIII
Lucas, Georg 191
Luckwaldt, Friedrich K. 366 f.
Ludendorff, Erich Friedrich 82, 92 f., 132, 153, 206−217, 253, 255, 355, 380 f.
Ludendorff, Margarethe 209 f., 214 f.
Ludendorff, Mathilde 215
Ludwig XIV., König von Frankreich 15, 106, 236
Ludwig XVI., König von Frankreich 203
Ludwig III., König von Bayern 150
Lüttwitz, Walther Freiherr von 202
Lukanus, Friedrich von 51 f.
Luther, Martin 36
Luxemburg, Rosa 167
Luzzatti, Luigi 55, 61

Macaulay, Thomas Babington 348, 379
Macchio, Karl Freiherr von 32
Macchuba (auch Machbuba) 105
Machiavelli, Niccolò 145

Mackensen, August von 88
Maercker, Georg 321
Maintenon, François d'Aubigné, Marquise de 106
Mann, Thomas L, 219
Marcus Antonius 240
Marie-Antoinette, Königin von Frankreich 152, 203
Marija Fedorovna (Dagmar), Mutter der Kaiserin von Rußland 82, 97
Marschall von Bieberstein, Adolf Hermann Freiherr von 68
Marx, Karl 119, 329
Max, Prinz von Baden XL, 93 f., 128−164, 172 f., 175, 319, 367−371, 375, 379, 390
Maximilian II., König von Bayern XLVII
Melchior, Carl Joseph 311, 318
Mendelssohn, Franz Robert von 247
Menzel, Adolph von XX
Mereschkowskij, Dimitrij Sergewitsch 165
Messalina, Ehefrau des röm. Kaisers Claudius 345 f.
Meyerheim, Friedrich Eduard XLVII
Meyerheim, Paul XX, XLVII
Michaelis, Georg 40 f., 93, 128−164, 251, 275, 367−371
Michaelis, Margarethe 143
Michelet, Jules 165
Minghetti, Donna Laura 25, 28, 33
Miquel, Johannes von 97
Mirabeau, Honoré Gabriel

Riqueti, Comte de 11, 205, 262, 282, 295, 320
Moissi, Alexander 194
Molkenbuhr, Hermann 189
Moltke, Eliza Gräfin von 189
Moltke, Helmut Karl Bernhard (d. Ä.) Graf von XX
Moltke, Helmuth Johannes Ludwig (d. J.) Graf von 19, 38, 81, 94 f., 242
Mommsen, Theodor 341
Monnier, Henri Bonaventure 260
Montaigne, Michel Eyquem de 44 f.
Montesquieu, Charles de Secondat, Baron de Labrède et de 103
Monts, Bertrand de 52 f.
Monts, Generalmajor Graf von 69
Monts, Henriette von 53, 56, 69–71
Monts, Jean Jacques 53
Monts, Louis Graf 53
Monts de Mazin, Anton Graf von XXXVII, XL, 32, 43, 48–102, 124, 247, 364
Moor, Karl XXIII
Mosse, Albert (Vetter von T. W.) XII, XLV
Mosse, Dr. med. (Onkel von T. W.) XII, XLVI
Mosse, Ehefrau des Dr. med. (Tante von T. W.) XII
Mosse, Rudolf (Vetter von T. W.) XII, XXV, XLV
Müller, Friedrich von 69 f.
Müller, Hermann 117
Müller (Obermatrose) 195–197

Müller-Meiningen-Hof, Heinrich Ernst 313
Mussolini, Benito 5, 349

Napoleon I., Kaiser der Franzosen 16, 134, 147 f., 165, 176, 189, 208 f., 218, 336
Napoleon III., Kaiser der Franzosen 8, 256, 337
Naumann, Friedrich 294
Naumann, Victor 302, 313, 315 f.
Nicholson, Harold XXXIX
Nikita I., König von Montenegro 73, 97
Nikolaus I., Kaiser von Rußland XLIV, 22
Nikolaus II., Kaiser von Rußland XLIV, 22, 28, 36, 39, 42 f., 120, 357
Nord, Roger Graf du 118
Noske, Gustav Heinrich 192 f., 201, 307 f., 315 f., 318
Nuschke, Otto 187 f.

Oeser, Rudolf 315
Oppenheimer, Felix 71 f., 95, 100 f.
Osborn, Max XXII, XLVIII

Pachnicke, Hermann 315
Pallain, Georges 118
Palma, Jacopo, gen. P. Vecchio (eig. Jacopo d'Antonio Nigretti) 130
Papen, Franz von 333 f., 400
Payer, Friedrich von 117, 147, 149, 313, 317 f.
Petersen, Carl Wilhelm 315

Phaidon von Elis   324
Philipp II. (Egalité), Herzog
   von Orléans   156
Plato   209
Plötz, Alfred   XLVIII
Plutarch   59 f., 303
Poincaré, Raymond   33, 97 f.
Posadowsky-Wehner, Artur
   Graf von, Freiherr von Po-
   stelwitz   97
Prel, Carl Ludwig Freiherr
   du   XXI, XLVII
Preuß, Hugo   117, 314 f.,
   319
Prittwitz und Gaffron,
   Max[imilian] von   81
Proust, Marcel   15, 129
Pückler, Carl Graf von   71 f.,
   99
Pückler-Muskau, Hermann
   Ludwig Heinrich Fürst
   104–106, 108, 127

Quidde, Ludwig   XXXIX,
   290, 315

Radek, Karl Bernhardo-
   witsch   391
Radowslawow, Wasil Chri-
   stoph   83
Radowitz, Joseph Maria von
   152
Raphael (eig. Raffaello San-
   ti)   48, 59
Raleigh, Sir Walter   60
Ranke, Leopold von   347
Rantzau, Ernst Graf zu
   261 f., 267–269, 273, 278,
   281, 283, 305 f.
Rantzau, Heinrich von   261,
   266
Rantzau, Josias von   261

Rantzau, Wilhelm Hermann
   Graf von   261
Rathenau, Walther   101,
   239, 282, 298, 309, 391
Rauscher, Ulrich K.   179,
   321
Reclam, Philipp (d. J.)   VIII
Reinhardt, Max   XLVIII, 194
Reischach, Hugo Freiherr
   von   253
Renvers, Rudolf von   130
Richter, Eugen   XXIII, 46
Riezler, Kurt   132, 367
Rilke, Rainer Maria   8
Rizow, Dimitr   152
Robespierre, Maximilian Ma-
   rie Isidor de   165
Rodd, Sir James Rennel, 1.
   Earl of   32
Rodenberg, Julius   XVI,
   XLVI
Roedern, Siegfried Friedrich
   Graf von   93
Rolland, Romain   157
Ross, Colin   189
Rouvier, Pierre Maurice   55
Rubens, Peter Paul   130

Sabatini, Rafael   151
Saint-Just, Louis Antoine
   189
Saint-Simon, Louis de Rou-
   vroy, Duc de   14 f., 104
Sainte-Beuve, Charles Augu-
   stin   14 f.
San Giuliano, Antonio Mar-
   chese di   23
Sazonow, Sergej Dimitrie-
   witsch   38, 97 f.
Schacht, Horace Greely Hjalmar   190, 300 f.

Scheidemann, Philipp   187 f.,
201, 299, 307 f.
Schiffer, Eugen   307, 321
Schiller, Friedrich von   XVIII,
16, 215, 339, 342, 344
Schinkel, Karl Friedrich   XIII
Schleicher, Kurt von   333 f.,
397, 400 f.
Schlieffen, Alfred Graf von
81, 94
Schmidt, Robert   315
Schoen, Wilhelm Eduard Frei-
herr von   93
Schönaich-Carolath, Heinrich
Prinz zu   62 f., 132
Scholl, Friedrich L. K. von
118
Schücking, Walther M.
XXXIX, 290, 311 f., 315,
317 f., 321
Schweinitz, Hans Lothar   65
Scott, Sir Walter   140
Scribe, Eugène   29
Sering, Max   247
Severing, Carl   167 f., 396
Sévigné, Marie de Rabutin-
Chantal, Marquise de   236
Sforza, Ascanio   156
Shakespeare, William   163,
215, 236, 257, 265, 337,
342
Sidney, Sir Philipp, Earl of
Essex   60
Siebert, Berut von   237
Siemens, Carl Friedrich von
247
Sieyès, Emanuel Joseph   8
Singer, Paul   280
Sixtus IV., Papst   151
Sokrates   323−343, 348 f.,
355, 393−401

Solf, Wilhelm Heinrich   149,
277−279
Sonnino, Sidney Baron   32,
34 f.
Sophokles   XVIII
Sorel, Georges   349 f.
Spielhagen, Friedrich   XX,
XLVII
Staël-Holstein, Anne Louise
Germaine Baronne de   103
Steed, W.   XXXIX
Stegerwald, Adam   394
Stein, Adolf   61
Stein, August   247
Stein, Hermann Christl. Mat-
thias von   147
Stendhal (eig. Beyle), Henri
175 f.
Stern, J.   IL
Stern-Rubarth, Edgar   267,
269, 284
Stieber, Wilhelm   XVI, XLVI
Stinnes, Edmund Hugo   190,
255
Stockhammern, Karl Edler
von   318
Stoecker, Adolf   XXIII f.
Strachey, Giles Lytton   15 f.
Strafford, Thomas Went-
worth, 1. Earl of   203
Stresemann, Gustav   41,
88 f., 100, 132, 191 f.,
298, 340, 362 f., 394, 396
Struve, Gustav von   166
Stürgkh, Karl Reichsgraf
von   80
Stürmer, Boris Wladimiro-
witsch   122
Stumm, Wilhelm August von
39
Stumm-Halberg, Ferdinand

Ed. Freiherr von (d. Ä.)
XLII, 177
Szterényi, Joseph Baron von
154

Tacitus   317 f.
Taine, Hippolyte Adolphe
176
Talleyrand-Périgord, Charles
Maurice Herzog von
31 f., 107, 262, 298
Talma, François Joseph   21
Tardieu, André   291
Tasso, Torquato   109, 114
Thiers, Louis Adolphe   118,
298 f., 308 f.
Thoma, Hans   69
Tietz, Leonhard   XV, XLVI
Tirpitz, Alfred von   52,
64−66, 70, 84 f., 88 f.,
93, 101, 138, 191, 228 f.,
244 f., 250, 253, 365, 373
Tisza von Boros-Jenö und
Szeged, Stephan Graf   76,
81
Tittoni, Tommaso   33
Tizian (eig. Tiziano Vecellio)
17
Tolstoi, Lew Nikolajewitsch
Graf   209, 270
Träger, Albert   XXIV, XLVI-
II
Treitschke, Heinrich von
XXI
Treutler, Carl Georg von   97
Trojan, Johannes   XIV, XLVI
Trost (Obermatrose)   195
Trotha, Adolf von   307
Trotzki (eig. Bronstein), Lew
Davidowitsch   329
Tschirschky und Boegendorff,

Heinrich Leonhard von
31 f., 51, 71 f., 96
Tschitscherin, Georgij, W.
269 f., 272, 297, 386
Turgot, Anne Robert Jacques,
Baron de l'Aulne   163

Valentin, Veit   L, 364−366
Valentini, Rudolf von   233,
255
Varnhagen von Ense, Karl
August   11, 104
Vaudreuil, Pierre de Rigaud
de Cavagnal, Marquis de
(1778 gest.)   152
Vazsonyi, Wilhelm   154
Vergniaud, Pierre Victurnien
346
Viktor Emmanuel III., König
von Italien   51
Virchow, Rudolf   XXIII
Vollmar, Georg Heinrich
von   280
Voltaire, François Marie
Arouet de   15, 50, 103,
163, 328
Voß, Johann Heinrich   13

Wahnschaffe, Arnold
172−175
Waldersee, Alfred Graf von
11, 79, 122
Wallace, Edgar   29
Wallenstein, Albrecht, Herzog
von Friedland   215
Warburg, Max M.   222 f.,
257
Wartenberg, Gräfin von, geb.
Rickers   106
Washington, George   60
Watteau, Antoine 103

433

Weber, Alfred   187, 191 f.
Weber, Max   191 f.
Wedel, Bodo (Botho) Friedrich
  Graf von   83
Wedel, Georg Graf von   29
Wehberg, Hans   L
Wekerle, Alexander   154
Wermuth, Adolf   149, 307
Westarp, Cuno Friedrich Graf
  von   89, 208
Weyler y Nicolau, Valeriano,
  Marquis de Tenerife   209
Widenmann, Wilhelm   66
Wiese (eig. – und Kaiserswal-
  dau), Leopold Max von
  112
Wilhelm I., Deutscher Kaiser
  und König von Preußen
  XI, XVIII, XXIV, 186
Wilhelm II., Deutscher Kaiser
  und König von Preußen
  XLI–XLIII, 11 f., 28, 36,
  38 f., 41–44, 51 f., 55–58,
  63 f., 66, 68, 70, 72 f., 77,
  80 f., 83, 90 f., 94, 96 f.,
  99, 112 f., 118–120,
  122–125, 130, 144 f., 150,
  153–156, 161–163, 169,
  171–178, 186, 222, 225,
  227–236, 239–244,
  250–258, 267, 273 f., 278,
  283, 299, 361, 364, 366,
  372–375, 378, 384 f.
Wilhelm (Friedrich Wilhelm),
  Kronprinz des Deutschen
  Reiches   XLI, 132, 162
Wilhelmine, Königin der Nie-
  derlande   255 f.
Wilson, Thomas Woodrow
  88, 90–94, 122, 153, 158,
  174 f., 255, 307, 387
Windhorst, Ludwig   151

Wirth, K. Joseph   101, 117
Wissel, Rudolf C.   315
Wolff (Großeltern väterlicher-
  seits von T. W.)   IX, XI,
  XIII
Wolff, Adolph (Vater von
  T. W.)   XI–XIII, XV f.,
  XVIII, XXIII f., XLV
Wolff, Fritz (Bruder von
  T. W.)   XII, XVII f., XLV
Wolff, Käthe, verh. Hirschfeld
  (Schwester von T. W.)
  XII, XVII, XLV
Wolff, Lilli (Tochter von
  T. W.)   XVIII f., XXXVI,
  XLVI, 186
Wolff, Marie Luise Anna,
  gen. Aenne (Ehefrau von
  T. W.)   XXXVI, 186,
  194, 209, 256
Wolff, Martha (Schwester
  von T. W.)   XII, XVII,
  XLV
Wolff, Recha, geb. Davidsohn
  (Mutter von T. W.)   XI,
  XIII–XV, XX, XXII, XLVI
Wolff, Richard (Sohn von
  T. W.)   XV, XVII,
  XXXVI, XLVI, 186
Wolff, Rudolf (Sohn von
  T. W.)   IV, VII, XVII,
  XXXVI, XXXVIII, XLVI,
  186
Wolff-Metternich zur Gracht,
  Paul Graf von   66, 70,
  240, 244–247

Xenophon   323 f., 343

Zedlitz-Trützschler, Robert
  Graf von   11

Zeppelin, Ferdinand Graf
  von 84, 87
Zimmermann, Arthur 29,
  91, 248

Zola, Emile XXV, 303
Zuccarini, richtig: Zuccalli,
  Enrico 69

JÜDISCHER VERLAG

**Auf der Suche nach einer
jüdischen Theologie**
Der Briefwechsel zwischen Schalom Ben-Chorin
und Hans-Joachim Schoeps
Herausgegeben und eingeleitet von
Julius H. Schoeps

Obwohl in politischen Fragen Antipoden, verband
beide die Erkenntnis der Notwendigkeit jüdischer Theologie in unserer Zeit.

**Hermann Zvi Guttmann
Vom Tempel zum Gemeindezentrum**
Synagogen im Nachkriegsdeutschland

Dieser Bildband versammelt die Entwürfe und das
Bildmaterial zu Guttmanns Bauten in Oltenbach, Hannover, Osnabrück, Düsseldorf, Würzburg und in vielen
anderen Städten in der Bundesrepublik, erläutert
durch seine eigenen konzeptionellen Texte über den
Synagogenbau.

**Ludwig Basnizki
Der jüdische Kalender**
Entstehung und Aufbau
athenäum^s taschenbücher Band 134

LEBENSBILDER

Harry Zohn
Karl Kraus

»Ich gab mein Herz dahin im Hassen,
Sie wußten nicht, was Liebe sei.«

Karl Kraus

Wilhelm von Sternburg
Arnold Zweig

»Ich sitze in Palästina, weil ich die jüdischen
Dinge in mir dadurch für geordnet halte und mich in
der Lage fühle, von dieser Basis aus freier in die Welt
hinein zu wirken …«

Arnold Zweig an Kurt Tucholsky

Hartwig von Wiedebach
Hermann Cohen

»Er war im Grunde ganz einfach. Er war ein frommer
Mensch.«

Franz Rosenzweig über Hermann Cohen

Weitere Bände in Planung, z. B. über Moritz
Heimann, Gershom Sholem, Ernst Weiss, Magnus
Hirschfeld, Max Brod, Aron Bernstein, Else Lasker-
Schüler, Siegfried Kracauer, Georg Simmel, Max
Liebermann und Egon Erwin Kisch.

Ismar Elbogen / Eleonore Sterling
Die Geschichte der Juden
in Deutschland

Dieses Werk des Religionswissenschaftlers Elbogen ist die erste Gesamtdarstellung der Geschichte der Juden in Deutschland. Beginnend mit der Ansiedlung jüdischer Menschen während der Römerzeit folgen die Schilderungen der wirtschaftlichen und sozialen Verhältnisse der Juden im Mittelalter, der Verfolgung zur Zeit der Kreuzzüge und des Schwarzen Todes.

Untersucht werden die Rückwirkungen des Humanismus und der Reformation und übergehend in das Zeitalter der Aufklärung, der Kampf um die rechtliche und politische Emanzipation im 19. Jahrhundert. Weiterhin werden die wirtschaftliche Lage der Juden im Kaiserreich und in der Weimarer Republik sowie die religionsgeschichtlichen Motive des politischen Antisemitismus im Rahmen der Gesamtpolitik analysiert.

Das Buch endet mit der Geschichte der Verfolgung und der Vernichtung der Juden in Deutschland.

athenäum

Karl Emil Franzos
Der Pojaz

Karl Emil Franzos ist wohl nur noch einigen wenigen ein Begriff, die ihn als Erstherausgeber des Büchner-Werkes oder als Redakteur der um die Jahrhundertwende vielgelesenen Zeitschrift »Deutsche Dichtung« kennen. Eine Wiederentdeckung ist sein großer, in der Tradition des deutschen Bildungsromans geschriebener Roman »Der Pojaz«

Die Anklänge an »Wilhelm Meister« sind unübersehbar und wie für diesen wird für Sender Glatteis, dem jungen galizischen Ghettojuden, das Theater zum entscheidenden Erlebnis.

Einmal mit dem Geist der Aufklärung in Berührung gekommen, will er ein »Deutsch« werden und gerät dabei in lebensbedrohliche Verwicklungen und Konflikte mit seiner orthodoxen Umwelt.

athenäum